# BOXER CODEX

*A Modern Spanish Transcription and English Translation
of 16th-Century Exploration Accounts of East
and Southeast Asia and the Pacific*

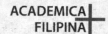
ACADEMICA FILIPINA+

# BOXER CODEX

*A Modern Spanish Transcription and English Translation of 16th-Century Exploration Accounts of East and Southeast Asia and the Pacific*

*Transcribed and Edited by*
ISAAC DONOSO

*Translated and Annotated by*
MA. LUISA GARCÍA
CARLOS QUIRINO
NATIONAL ARTIST OF THE PHILIPPINES
& MAURO GARCÍA

vibal FOUNDATION

**BOXER CODEX**
*A Modern Spanish Transcription and English Translation of*
*16th-Century Exploration Accounts of East and Southeast Asia and the Pacific*
2nd Printing 2018

Modern Spanish transcription copyright © Isaac Donoso
Compilation of original text and English translations copyright
© 2016 Vibal Foundation and their respective translators,
Ma. Luisa García, Carlos Quirino, Mauro García, and *Philippine Journal of Science*

Plates 1 to 14, 16 to 21, and 23 to 61 from the original *Boxer Codex* manuscript of the Lilly Library, Indiana University, Bloomington, Indiana and used with permission. Copyright the Lilly Library.

The English translation of the *Boxer Codex* Philippine sections entitled "The Manners, Customs, and Beliefs of the Philippine Inhabitants of Long Ago, Being Chapters of 'A Late Sixteenth-century Manila Manuscript.' Transcribed, Translated, and Annotated" is used with the permission of the heirs of Carlos Quirino and the *Philippine Journal of Science*.

All rights reserved. No part of this book may be reproduced or used in any form or means without written permission from the authors and the publisher.

**ABOUT THE COVER IMAGES AND ENDPAPERS**

*Upper half of front and inside back covers*: Abraham Ortelius's *Indiae Orientalis*, Antwerp, 1587. One of the first maps of Southeast Asia, the *Indiae Orientalis Insularumque Adiacientium Typus*, or in Latin, "the Map of the East Indies and the islands adjoining," emphasizes the Spice islands, namely the present day Malukus, including Gilolo, Ternate, Tidore, Motir, Machia, and Bachia. Note the missing Luzon island of the Philippines and the preliminary depiction of Taiwan, Japan, China, New Guinea, and the presumed Australis continent, which was based on the fantastical accounts of Marco Polo. The charming map is filled with sea monsters, a pair of mermaids, and the mythical Californian cities of Quivira, Cicuie, and Tiguex. The map captures the world as known by Western cartographers in the late sixteenth century, which they based upon the then-exisiting Spanish and Portuguese sources. Used with permission of López Library and Museum.

*Lower half of front and inside front cover*: Watercolor illustration of a Spanish galleon dropping anchor in May 1590 in the Marianas (Ladrones Islands) and surrounded by a fleet of Chamorros in outrigger boats, from the *Boxer Codex* of the Lilly Library, Indiana University, Bloomington, Indiana. Copyright the Lilly Library.

Executive Director: Gaspar A. Vibal
Program Director: Kristine E. Mandigma
Managing Editor: Rosalia E. Eugenio
Copy Editor: Andrea L. Peterson
Production Editor: Esmeralda S.A. Urgelles
Editorial Assistant: Jason B. Buan
Cover Design: Ryan T. dela Cruz
Layout: Francisco C. Mendoza
Photo Editing: Elvis N. Butihen, Leo Girard Manzanares, Michelle Carreón, Genevieve Talattad,
 and Ryan Dela Cruz
Print Coordinator: Alex Biñas
Administrative Assistant: Donald A. Joven

**Published by Vibal Foundation, Inc.**
1253 G. Araneta Avenue, Quezon City, 1104 Philippines
Tel. No. +63 2 580 7400. Visit http://www.vibalgroup.com
**Shop** https://shop.vibalgroup.com. **Call** 1 800 1000 VIBAL (toll-free from outside Metro Manila)

---

THE NATIONAL LIBRARY OF THE PHILIPPINES CIP DATA

Recommended entry:

Donoso, Isaac.
 Boxer Codex : a modern Spanish transcription and English translation of 16th-century exploration accounts of East and Southeast Asia and the Pacific / transcribed and edited by Isaac Donoso ; translated and annotated by María Luisa García, Carlos Quirino (National Artist of the Philippines), and Mauro García. -- Quezon City : Vibal Foundation, Inc., [2016], © 2016.
 448 pages : 61 illustrations, 3 maps ; 17.78cm x 25.4cm

 ISBN (hard cover) 978-971-97-0693-9
 ISBN (soft cover) 978-971-97-0692-2
 In English and Spanish text.

 1. Ethnic groups – Philippines – History – 16th century. 2. Ethnic groups – Philippines – History – Customs and traditions. 3. Ethnology – Southeast Asia – History – 16th century. 4. Manuscripts, Filipinos. 5. Manuscripts, Asian. I. García, María Luisa. II. Quirino, Carlos. III. García, Mauro. IV. Title.

 305.89921   GN671.P5   2016   P620160303

# Índice / Contents

| | | |
|---|---|---|
| *vii* | Abreviaciones | List of Abbreviations |
| *ix* | Figuras y mapas | List of Figures and Maps |
| *x* | Prefacio | Preface |
| *xii* | Introducción | Introduction |

## BOXER CODEX SECTIONS

| | | |
|---|---|---|
| 2 | *1*: Relación de las islas de los Ladrones | *1*: Account of The Ladrones [Marianas] Islands |
| 8 | *2*: Descripción de la tierra de la provincia de Cagayán y el estado de ella. Traje y uso de los naturales y sus costumbres. Ríos y esteros de ella, es como se sigue | *2*: Description and Status of Cagayan Province, the Dress and Customs of Its Natives, and Its Rivers and Creeks, as Follows |
| 22 | *3*: [Relación de los indios Zambales] | *3*: [Account of the Natives of Zambales] |
| 24 | *4*: Costumbres y usos, ceremonias y ritos de Bisayas | *4*: Customs, Ceremonial Usages, and Rites of the Bisayans |
| 62 | *5*: Costumbres y usos de moros de las Philipinas islas del Poniente | *5*: Customs and Traditions of Moros in the Philippine Islands of the West |
| 78 | *6*: Relación de los ritos y ceremonias gentilezas de los indios de las islas Philipinas | *6*: Account of the Pagan Rites And Ceremonies of the [Tagalog] Indios of the Philippine Islands |
| 96 | *7*: Costumbre de moros | *7*: Customs of the Moros |
| 108 | *8*: Borney | *8*: Borneo |
| 144 | *9*: Las costumbres, modo, manera de vivir y secta de la gente del Maluco | *9*: The Customs, Modes, Manner of Living, and Religion of the People of the Maluku Islands |
| 148 | *10*: La más verdadera relación que se ha podido tomar de los javos y su modo de pelear y armas es de esta manera | *10*: The Most Accurate Account that Could Be Given of the Javanese and Their Martial Style and Weapons as Follows |
| 150 | *11*: Derrotero y relación que don Juan Ribero Gayo, obispo de Malaca, hizo de las cosas del Achen para el Rey nuestro señor | *11*: Sea-Maps and a Report that Dom João Ribeiro Gaio, Bishop of Malacca, Made of the State of Aceh for Our Lord the King |

| | | |
|---|---|---|
| **204** | 12: Relación que hizo don Juan Ribero Gayo, obispo de Malaca, con Antonio Díez, Enrique Méndez, Francisco de las Nieves, Juan Serrano, de las cosas de Patani y población del Achen y Panarican | 12: Report of Dom João Ribeiro Gaio, Bishop of Malacca, with Antonio Dias, Henrique Mendes, Francisco Das Neves, and João Serrano about Matters Concerning Patani and the Towns of Aceh and Panarican |
| **214** | 13: Relación y derrotero del reino de Siam para el Rey Nuestro Señor [por Juan Ribero Gayo] | 13: Report and Sea-Maps of the Kingdom of Siam for the King Our Lord [by João Ribeiro Gaio] |
| **226** | 14: Relación que Miguel Rojo de Brito da de la Nueva Guinea | 14: Account of New Guinea by Miguel Roxo de Brito |
| **248** | 15: Japón | 15: Japan |
| **254** | 16: [Reinos tributarios de China] | 16: [Tributary Kingdoms of China] |
| **260** | 17: Relación de las cosas de China que propiamente se llama Tay Bin [por Fr. Martín de Rada] | 17: An Account of Matters Related to China, which Is Properly Called Tai Ming [by Fr. Martín de Rada] |
| **312** | 18: [Ceremonias del emperador chino] | 18: [Ceremonies of the Chinese Emperor] |
| **316** | 19: [Batallas del los chinos con los tártaros] | 19: [Battles of the Chinese Against the Tatars] |
| **318** | 20: [Los dioses e ídolos que adoran en China] | 20: [Gods and Idols that Are Worshipped in China] |
| **330** | 21: [Aves, animales y monstruos de China] | 21: [Birds, Animals, and Monsters of China] |
| **340** | 22: Relación de las costumbres del reino de Champa | 22: Account of the Customs of the Kingdom of Champa |
| **348** | Adenda: [Cartas del Obispo de Malacca escrita a su Majestad y al Gobernador de Filipinas] por Don Juan Ribero Gayo] | Addenda: [Letters of the Bishop of Malacca, Dom João Ribeiro Gaio, Written to His Majesty and the Governor of the Philippines] |
| **354** | [Carta de Fray Gregorio de la Cruz al Gobernador de Filipinas] | [Letter of Fr. Gregorio de la Cruz to the Governor of the Philippines] |
| **358** | [Carta del Fr. Gerónimo de Belén certificando la traducción del portugués] | [Letter of Fr. Gerónimo de Belén Certifying the Translation from the Portuguese] |
| **360** | [De la conquista del reino de Siam por Don Luis Pérez Dasmariñas] | [On the Conquest of the Kingdom of Siam by Don Luis Pérez Dasmariñas] |
| **365** | Agradecimiento | Acknowledgments |
| **367** | Cronología | Chronology |
| **373** | Glosario | Glossary |
| **377** | Bibliografía | Bibliography |
| **385** | Índice alfabético | Index |

# List of Abbreviations

| | |
|---|---|
| B&R | Blair, Emma H. and James A. Robertson, eds. *The Philippine Islands, 1493–1898*, vols. 1–55. Cleveland: The Arthur H. Clark Co., 1903–09. |
| Boxer 1950 | Boxer, Charles R. "A Late Sixteenth-century Manila MS," *Journal of the Royal Asiatic Society of Great Britain and Ireland* 82, nos. 1 and 2 (April 1950): 37–49. |
| Boxer 1953 | ———. *South China in the Sixteenth Century: Being the Narratives of Galeote Pereira, Fr. Gaspar da Cruz, OP, and Fr. Martín de Rada, OESA, 1550–1575*. London: Hakluyt Society, 1953. |
| Boxer and Manguin | Boxer, Charles R. and Pierre-Yves Manguin. "Miguel Roxo de Brito's Narrative of His Voyage to the Raja Empat (May 1581–1582)," *Archipel* 18 (1979): 175–94. |
| Buzeta and Bravo | Buzeta, Manuel, OSA, and Felipe Bravo OSA. *Diccionario geográfico, estadístico, histórico de las Islas Filipinas*. Madrid: José C. de la Peña, 1850–51. |
| Carroll | Carroll, John S. "Berunai in the *Boxer Codex*." *Journal of the Malaysian Branch of the Royal Asiatic Society* 55, no. 2 (1982): 1–25. |
| Chirino in B&R | Chirino, Pedro, SJ. *Relación de las Islas Filipinas* [1604]. Translated by Frederic W. Morrison and Emma Blair in Emma H. Blair. and James A. Robertson, eds. *The Philippine Islands, 1493–1898*, vols. 12 and 13. Cleveland: The Arthur H. Clark Co., 1907. |
| Colín in Pastells | Colín, Francisco, SJ. *Labor evangélica de los obreros de la Compañía de Jesús en las Islas Filipinas: Nueva edición illustrada con copia de notas y documentos para la crítica de la historia general de la soberanía de España en Filipinas* [1663], vols. 1–3. Edited by Pablo Pastells. Barcelona: Henrich y Cía., 1900–1902. |
| Colín in B&R | Colín, Francisco, SJ. "Native Races and Customs (from *Labor evangélica*, ch. IV and book I, xiii–xvi; from a copy of the original edition [1663] in possession of Edward E. Ayer, Chicago." Translated by James A. Robertson, in Emma H. Blair and James A. Robertson, eds. *The Philippine Islands, 1493–1898*, vol. 40. Cleveland: The Arthur H. Clark Co., 1906. |
| Encarnación | Encarnación, Juan Félix de la, *Diccionario Bisaya-Español*. 3$^a$ ed. Manila: Tipografia de Amigos del País, 1885. |
| Kroeber | Kroeber, Alfred Louis. *People of the Philippines*. Second and revised edition. New York: Anthropological Handbook Fund, 1943. |
| Llanes | Llanes, José. "A Study of Some Terms in Philippines Mythology." *University of Manila Journal of East Asiatic Studies* 5 (Jan. 1956): 1–14; 5 (April 1956): 15–35; 5 (July 1956): 36–85; 6 (April 1957): 87–126; 7 (Jan. 1958) 127–152; 7 (April 1958): 153–183. [Up to Letter N. Beginning with vol. 5, no. 3 bears the new title, *Dictionary of Philippine Mythology*.] |

| | |
|---|---|
| Loarca | Loarca, Miguel de. "Relacion de las Yslas Filipinas (Tratado de las Islas Philipinas, en que se contiene todas las islas i poblaciones que están reducidas al servicio de la Magestad real del Rei don Philipe, MS 1580)" in Emma H. Blair and James A. Robertson, *The Philippine Islands, 1493–1898*, vol. 5. Cleveland: The Arthur H. Clark Co., 1903. |
| Martínez de Zúñiga | Martínez de Zúñiga, Joaquín. *Estadismo de las Islas Filipinas o mis viajes por este país. Publica esta obra por primera vez extensamente anotada por W.E. Retana*. Madrid: M. Minuesa de los Ríos, 1893. |
| Merrill | Merrill, Elmer D. *An Enumeration of Philippine Flowering Plants*, vols. 1–4. Manila: Bureau of Printing, 1922–26. |
| Morga | *Sucesos de las Islas Filipinas por el Dr. Antonio de Morga. Nueva edición por W.E. Retana*. Madrid: Victoriano Suárez, 1909. |
| Noceda and Sanlúcar | Noceda, Juan de and Pedro de Sanlúcar. *Vocabulario de la lengua Tagala*. Manila: Imprenta de Ramírez y Giraudier, 1860. |
| Pigafetta | Pigafetta, Antonio. *Magellan's Voyage Around the World*. Translated by James A. Robertson. Cleveland: The Arthur H. Clark Co., 1906. |
| Plasencia | Plasencia, Juan de. "Customs of the Tagalogs," in *The Philippine Islands, 1493–1898*, edited and annotated by Emma H. Blair and John A. Robertson, vol. 7. Cleveland: The Arthur H. Clark Co., 1903. |
| Quirino and García | Quirino, Carlos and Mauro García. "The Manners, Customs, and Beliefs of the Philippine Inhabitants of Long Ago; Being Chapters of 'A Late Sixteenth-century Manila Manuscript.' Transcribed, Translated, and Annotated." *Philippine Journal of Science* 87 (1958): 325–449. |
| Quisumbing | Quisumbing, Eduardo. *Medicinal Plants of the Philippines*. Manila: Bureau of Printing, 1951. |
| Romuáldez | Romuáldez, Norberto. *Filipino Musical Instruments and Airs of Long Ago*. Manila: Catholic Trade School, 1932. |
| SA&M | Santos Alves, Jorge M. dos and Pierre-Yves Manguin, eds. *O roteiro das cousas do Achem de D. João Ribeiro Gaio*. Lisbon: Comissão Nacional para as Comemorações dos Descobrimentos Portugueses, 1997. |
| S&T | Souza, George Bryan and Jeffrey S. Turley, eds. *The Boxer Codex: Transcription and Translation of an Illustrated Late Sixteeenth-century Spanish Manuscript Concerning the Geography, Ethnography, and History of the Pacific, South-east Asia, and East Asia*. Leiden: Brill, 2016. |
| Scott, 1984 | Scott, William Henry. *Barangay: Sixteenth-century Philippine Culture and Society*. Quezon City: Ateneo de Manila University Press, 1984. |
| Serrano-Laktaw | Serrano-Laktaw, Pedro. *Diccionario tagalog-hispano*. Manila: Imprenta de Santos y Bernal, 1914. |
| SG | Sollewijn Gelpke, J.H. "The Report of Miguel Roxo de Brito of His Voyage in 1581–1582 to the Raja Ampat, the MacCluer Gulf, and Seram," *Bijdragen tot de Taal-, Land- en Volkenkunde* 150, no. 1 (1994): 123–45. |
| Zingg | Zingg, Robert M. "American Plants in Philippine Ethnobotany," *Philippine Journal of Science* 54 (1934): 221–74. |

# List of Figures and Maps

**Figures**
1. The ex-libris of Holland House and Charles R. Boxer
2. Detail of Manila Galleon in Ladrones Islands in 1590
3. Ladrones Male Warrior [2r]
4. Cagayan Woman in Finery [7v]
5. Cagayan Warrior in Feathered Headdress [8r]
6. Negrito Hunting Couple [14r]
7. Zambal Hunting Pair [18r]
8. A Pair of Zambal Hunters Butchering a Carabao [19v]
9. A Pair of Male and Female Zambal Hunters [20r]
10. Bisayan Pintados (Tattooed Couple) [23v]
11. Bisayan Principal Couple [24r]
12. Gold-embellished Bisayan Noble Couple 2 [25v]
13. Gold-embellished Bisayan Noble Couple 3 [26r]
14. Manuscript Leaf 41-recto, Depicting a Bisayan Penis Ring or *Sagra*
15. Photos of a penis ring
16. Manuscript page 59r, "Relacion de los rrictos y serimonias gentilesas de los yndios de las Philipinas"
17. A Trio of Tagalog Common Men [51v]
18. Two Tagalog Common Women [52r]
19. Gold-embellished Tagalog Noble Couple [54r]
20. Gold-embellished Tagalog Noble Couple 2 [56r]
21. Gold-embellished Tagalog Noble Couble 3 [58r]
22. Photos of gold ornaments from the 10th to 13th-century Surigao hoard
23. Manuscript page [41r], "Las costumbres de moros"
24. A Sword-holding Brunei Warrior and His Consort [71v]
25. A Sword-wielding Brunei Warrior and His Consort [72r]
26. A Bejeweled Malukan Woman [87v]
27. An Arquebus-wielding Malukan Soldier [88r]
28. A Berobed Javanese Warrior [91v]
29. A Spear-toting Javanese Soldier [92r]
30. A Pair of Sword-Wielding Siamese Warriors in Loincloth [96r]
31. A Gaily Dressed Siamese Man and His Consort [100r]
32. A Kimono-clad Japanese Man and Woman [152r]
33. A Giao Chi (Vietnamese) Loincloth-clad Soldier and His Consort [156r]
34. A Xa que (Minority Chinese) Couple [166r]
35. A Simple Cheylam (Keelung, Taiwan) Man and Woman 170r
36. A Berobed Champa (Central Vietnam) Couple [174r]
37. A Tamchuy (Danshui, North Taiwan) Headhunting Male and Skull-holding Consort [178r]
38. A Daimao [Lingayen Gulf] Couple [182r]
39. A Cambodian Man and His Consort [186r]
40. A Temquigui (Terengganu, Malaysia) Couple [190r]
41. A Richly Dressed Tohany (Patani, Thailand) Couple [194r]
42. A Warmly Clad Tarraro (Tatar) Couple [198r]
43. A Sangley (Resident Chinese) Couple [202r]
44. A Berobed Sangley (Resident Chinese) Couple [204r]
45. A Richly Berobed Chinese General and His Aide [206r]
46. A Mandarin Scholar and Partner [208r]
47. A Chinese Prince and Princess [210r]
48. The Chinese Emperor and Empress [212r]
49. The Chinese God Husin [245v]
50. The Chinese God Yuayzon Concho [247v]
51. The Chinese God Nazha [249v]
52. The Chinese God Chimbu [255v]
53. The Chinese God Hiau ganzue [267v]
54. Quartet of Chinese Beasts 1 [279v]: Chu, Gac, Guiom, and Quiy
55. Quartet of Chinese Beasts 2 [282r]: Chaccin, Souv, Quiyrin, and Xiauqy
56. Quartet of Chinese Fish [289v]: Corhu, Olohu, Caphu, and Yamhui
57. Quartet of Chinese Beasts [290r]: Siuhu, Liomma, Lioc, and Emliom
58. Quartet of Chinese Beasts [292v]: Sau, Chay, Zay, Touv
59. Quartet of Chinese Birds [300r]: Conchio, Tanhon, Soatiy, and Lousi
60. Manuscript page 3 [27r], Ladrones
61. Photos of Charles Boxer & Carlos Quirino

**Maps**
1. Route of the Spanish Galleons and the Portuguese Maritime Empire
2. China, Philippines, and Southeast Asia
3. New Guinea, Maluku islands, and Raja Ampat

# Preface

The publication of *Boxer Codex* in a modern Spanish transcription and English translation is the inaugural volume of Vibal Foundation's *Seryeng Kinsentenaryo* (Quincentennial Series) commemorating 500 years since the first Filipino-Spanish encounter in 1521.

Recent historiographical developments allow the modern reader a broader latitude of frameworks to understand history, identity, and culture. Increasing digital access to widely scattered and broken-up archives[1] has allowed diligent and determined scholars new ways of teasing out "a usable past."

The traditional approach in analyzing the Spanish empire was to view it from the prism of a nation-state, in this case, the Philippines, thus overlooking other significant events in other countries. For example, this has happened frequently in many books on the 250-year history of the galleon trade with "Mexican historians, despite their acknowledged accomplishments [emphasizing] the Mexican legacy in the Manila Galleon trade," while Filipino historians reluctantly addressed "the Hispanic past of their country due to ideological, racial, and nationalist reservations, and thus [tended] to overemphasize indigenous developments."[2]

The disconnected historiographies were inadvertently the outcome of a host of nationalist,[3] neocolonialist, Marxist, post-structuralist, subaltern, or even in-

---

1 Adolfo Polo of the University of Maryland at College Park has contributed a thoughtful overview of digital resources at Spanish state institutions in regard to the early modern Spanish empire. See "The Spanish Imperial Archives" at http://dissertationreviews.org/archives/14040. Accessed 20 August 2016.
2 Birgit M. Tremml, "Review of Eva María Mehl's 'Vagrants, Idlers and Troublemakers in the Philippines, 1765–1861," *Dissertation Reviews*, 3 May 2013, accessed 20 August 2016, http://dissertationreviews.org/archives/4753.
3 The eminent Filipino national historian Teodoro Agoncillo prefaced his then-radical history textbook with the definitive statement that "Philippine history before 1872 [was], in the main, a lost history," claiming that historical epochs before that period were simply the history of Spain in the Philippines. See Teodoro A. Agoncillo and Oscar M. Alfonso. *A Short History of the Filipino People* (Quezon City: University of the Philippines, 1960). For a detailed analysis of the book's multifarious editions and long publishing history, see Vernon Totanes, "History of the Filipino People and Martial

digenized[4] lenses that have made the study of history increasingly fragmentary.

Fortunately a growing body of work has tackled the histories of the Philippines and its neighbors from within a global perspective. Scholars, such as Arturo Giráldez, Eva Mehl, Dennis O. Flynn, and James Sobredo, have encountered "success in highlighting the centrality of the Philippines in [their] studies on global movements and interactions that have inspired globalization studies, maritime, and trans-regional approaches…"[5]

There are also refreshing points of departures with works from Carolyn Hau, Vicente Rafael, and Richard Chu where they have created "critical work examining the ways in which the nation has been imagined and reimagined at specific historical periods."[6]

*Seryeng Kinsentenaryo* revisits the Hispanic past even as it has become increasingly problematic because of the Filipino distancing from his or her own Hispanic roots. As Milagros Guerrero wrote in the foreword to William Henry Scott's book, *Looking for the Pre-Hispanic Filipino* (1992), it is still possible "to use the same sources consulted by conventional historians" and access "the voluminous documentation in the Spanish archives," as well as "draw new methodologies and perspectives," knowing that historical research requires "the need to re-read the historical documents hitherto ignored or taken for granted and, just as important, to subject to harsh scrutiny the mediated (i.e., translated) sources that we have inherited from an earlier generation of historians."[7]

This new quincentennial series of books sheds light on significant aspects of political, economic, and cultural "encounters" between Spaniards and Filipinos in the early modern period. Iberian imperial expansion led to the unleashing of the historical processes of colonization, imperialism, and globalization. Through the use of a meticulous and scholarly presentation of primary documents, these multidimensional and multidirectional historical processes are refracted through a lens of archipelagic Hispanization that emphasizes native agency and reveals the subtext of the Filipino response to Spanish incursion—whether it be resistance, co-optation, or acculturation.

---

    Law: A Forgotten Chapter in the History of a History Book, 1960–2010," *Philippine Studies* 58, no. 3 (2010): 313–48.

4  See Portia Reyes's comprehensive analysis of the development of Filipino historiography and the powerful *pantayong pananaw* (for-us perspective) indigenization movement that was initiated by the Filipino public intellectual Zeus Salazar in "*Pananaw* and *Bagong Kasaysayan*: A History of Filipino Historiography as a History of Ideas," accessed 20 August 2016, http://elib.suub.uni-bremen.de/diss/docs/E-Diss389_reyes.pdf.

5  Tremml 2013.

6  Lisandro Claudio refers to the following works: *Necessary Fictions, Philippine Literature and the Nation, 1946–1980* (2000); *The Promise of the Foreign: Nationalism and the Technics of Translation in the Spanish Philippines* (2006); and *Chinese and Chinese Mestizos of Manila: Family, Identity, and Culture, 1860s–1930s* (2010), respectively. See Claudio's "Postcolonial Fissures and the Contingent Nation: An Anti-nationalist Critique of Philippine Historiography," *Philippine Studies: Historical and Ethnographic Viewpoints* 61, no. 1 (2013): 45–75.

7  William Henry Scott, *Looking for the Pre-Hispanic Filipino* (Quezon City: New Day Publishers, 1992), v–vi.

# Introducción

Por Isaac Donoso
y Gaspar Vibal

Dentro de la historiografía española, los géneros "crónicas de Indias" y "relaciones de sucesos" constituyen las principales fuentes de la narración de los hechos, jornadas y campañas de exploración, colonización y conquista durante la era de los descubrimientos, desde 1492 hasta, aproximadamente, finales del siglo XVII, sobre todo en relación al hecho americano, aunque de forma amplia puede hacerse extensible al conjunto de los cinco continentes[1].

La gran mayoría de las obras representan, a día de hoy, un patrimonio literario, histórico y cultural de las naciones y regiones que describen, y cuentan con varias ediciones, estudios críticos y una tradición académica que consagra las obras de la historiografía española como textos, no sólo históricos, sino también patrimoniales del acervo literario. Como consecuencia de ello, las historias de las literaturas de todos los países americanos, de norte a sur, dedican un capítulo específico a las crónicas y relaciones, a una literatura escrita en español que les pertenece.

No sucede lo mismo en las numerosas historias generales de la literatura filipina, circunstancia que coarta y mutila parte de la historia cultural del país[2].

1 Véase el estudio clásico de Simón Valcárcel Martínez, *Las crónicas de Indias como expresión y configuración de la mentalidad renacentista*, Granada, Diputación Provincial de Granada, 1997, o el más reciente Karl Kohut, *Narración y reflexión: las crónicas de Indias y la teoría historiográfica*, México, El Colegio de México, 2007. Sobre las relaciones de sucesos en Filipinas César de Miguel Santos realizó un estudio pionero, "Las relaciones de sucesos: Particularidades de un género menor. Las relaciones de sucesos de tema asiático", en *V Congreso Internacional de la Asociación Asiática de Hispanistas*, Tansui, Universidad Tamkang, 2005 [conferencia inédita]. Véase también Cayetano Sánchez, "The first printed report on the Philippine Islands", en *Philippiniana Sacra*, Manila, Universidad de Santo Tomás, 1991, vol. 26, núm. 78, pp. 473–500. Para una visión general de la producción escrita en Filipinas en esta época véase nuestro trabajo "El Barroco filipino", en Isaac Donoso (ed.), *Historia cultural de la lengua española en Filipinas: ayer y hoy*, Madrid, Verbum, 2012, pp. 85–145.

2 Hemos reflexionado en torno a esta problemática historiográfica en otros lugares: "La formación de la historiografía literaria filipina", en *Perro Berde. Revista hispano-filipina de agitación cultural*, Manila, Embajada de España, 1 (2010), pp. 107-111; "Intracomparatismo: El paradigma filipino", en Pedro Aullón de Haro (ed.), *Metodologías comparatistas y Literatura comparada*, Madrid, Clásicos Dykinson, 2012, pp. 527-533; "Cuestiones de historiografía literaria filipina", en *Revista Filipina*, vol. I, núm. 1, 2013, http://revista.carayanpress.com/resources/Historiografia.pdf; "Historiografía comparatista de las letras en Filipinas", en Pedro Aullón de Haro (ed.), *Historiografía y Teoría de la historia*

# Introduction

BY ISAAC DONOSO
& GASPAR VIBAL

*W*ITHIN SPANISH HISTORIOGRAPHY, the genres of *crónicas de Indias* ("chronicles of the Indies") and *relaciones de sucesos* ("narrations of events") were employed as the main narrative devices in the description of events, expeditions, and campaigns of exploration, colonization, and conquest during the age of discovery, from 1492 until approximately the end of the seventeenth century, not only in relation to the Americas but also to the whole of the five continents.[1]

The great majority of those works today constitutes the literary, historical, and cultural patrimony of the nations therein described, and are found in numerous editions and critical studies. The academic tradition has established these works of Spanish historiography as texts that are not only historical, but also patrimonial in the sense of literary heritage. In this regard, the history books of the literature of North and South American countries usually dedicate a specific chapter to *crónicas* and *relaciones*.

This is not the case in the numerous general histories of Philippine literature, which have diminished and mutilated part of the cultural history of the country.[2] But what is undeniable is that several of the most original, profound,

1  See the classic study of Simón Valcárcel Martínez, *Las crónicas de Indias como expresión y configuración de la mentalidad renacentista* (Diputación Provincial de Granada, 1997), or the more recent one of Karl Kohut, *Narración y reflexión: las crónicas de Indias y la teoría historiográfica* (México: El Colegio de México, 2007). Regarding the Philippine relaciones de sucesos, César de Miguel Santos completed a pioneer study, "Las relaciones de sucesos: particularidades de un género menor. Las relaciones de sucesos de tema asiático," in *V Congreso Internacional de la Asociación Asiático de Hispanistas* (Tansui: University of Tamkang, 2005 [unpublished conference paper]). See also Cayetano Sánchez, "The First Printed Report on the Philippine Islands," *Philippiniana Sacra* 26, no. 78 (1991): 473–500. For a general view of the works written in the Philippines during this epoch, see "El barroco Filipino," in Isaac Donoso, ed., *Historia cultural de la lengua española en Filipinas: ayer y hoy* (Madrid: Verbum, 2012), 85–145.

2  Donoso discussed this problematic historiography in "La formación de la historiografía literaria filipina," in *Perro Berde: Revista hispano-filipina de agitación cultural*, 1 (2010), 107–11; "Intracomparatismo: El paradigma filipino," in Pedro Aullón de Haro, ed., *Metodologías comparatistas y literatura comparada* (Madrid: Clásicos Dykinson, 2012), 527–33; "Cuestiones de historiografía literaria Filipina," *Revista Filipina* 1, no. 1 (2013), http://revista.caravanpress.com.resources/Historiografia.pdf; "Historiografía comparista de las letras en Filipinas," in Pedro Aullón de Haro, ed., *Historiografía y teoría de la historia del pensamiento, la literatura y el arte* (Madrid: Clásicos Dykinson, 2015), 689–706; and

El hecho es de notable gravedad ya que, en Filipinas, se redactaron varias de las más originales, interesantes y bellas crónicas españolas, incluyendo una de las pocas obras iluminadas con una serie completa de imágenes (reproducidas en noventa y siete páginas), la cual constituye seguramente la primera que reúne de una forma general el conjunto de regiones y pueblos del Extremo Oriente. Una obra, en otras palabras, que puede ser considerada la "primera historia general de Asia oriental". En efecto, en 1601 se publica en Barcelona—aunque redactada en Filipinas—la voluminosa *Historia de las Islas del Archipiélago, y Reinos de la Gran China, Tartaria, Cochinchina, Malaca, Sian, Camboxa y Japón*, del franciscano Marcelo de Rivadeneyra. Sin embargo, todos los indicios parecen indicar que el manuscrito iluminado adquirido por el orientalista Charles R. Boxer[3], actualmente alojado en la Biblioteca Lilly de la Universidad de Indiana, y que ha acabado denominándose «*Boxer Codex*»[4], precede cronológicamente a la importantísima obra de Rivadeneyra.

El llamado *Boxer Codex* ha permanecido, sorprendentemente hasta nuestros días, como un texto inaccesible, no sólo para la comunidad académica, sino también para todo aquel que quisiera acercarse a su contenido, bien por motivos históricos, bien por intereses literarios, a pesar de constituir una fuente que se presumía capital para reconstruir la historia asiática de finales del XVI. En efecto, el descubrimiento de la existencia de un manuscrito iluminado e ilustrado con numerosas miniaturas y dibujos, coetáneos a un texto presumiblemente del siglo XVI, causó admiración en muchos ámbitos científicos, sobre todo ante la posibilidad de descubrir nuevos datos relativos a Asia en el momento de establecerse los españoles en Filipinas.

**Contexto histórico**

Varios estudios recientes[5] han puesto de manifiesto, de manera convincente, el modo en que Filipinas se convirtió en el epicentro de una de las primeras olas de

---

*del pensamiento, la literatura y al arte,* Madrid, Clásicos Dykinson, 2015, pp. 689-706; y "Ensayo historiográfico de las letras en Filipinas", en *Transmodernity. Journal of Peripheral Cultural Production of the Luso-Hispanic World*, 2014, vol. 4, núm. 1, pp. 8-23.

3   *Cf.* Charles R. Boxer, "A late sixteenth century Manila MS", en *Journal of the Royal Asiatic Society of Great Britain and Ireland* 82, núm. 1–2 (abril, 1950), pp. 37-49.

4   El manuscrito original único se encuentra en la colección [Boxer mss. II, Lilly Library LMC 2444], descrito como "*Sino-Spanish Codex dating from the late sixteenth century and frequently called the Boxer Codex*", de la Lilly Library Manuscript Collections, en la Universidad de Indiana, Bloomington. Actualmente se encuentra completamente digitalizado en http://www.indiana.edu/~liblilly/digital/collections/items/show/93.

5   Véase Carlos Martínez Shaw y Marina Alfonso Mola, "The Philippine Islands: A Vital Crossroads during the First Globalization Period", *Culture and History Digital Journal* 3(1), de junio de 2014 en http://cultureandhistory.revistas.csic.es/index.php/cultureandhistory/article/view/43/166, consultado el 15 de agosto de 2016. Una conclusión semejante se explica en el estudio integral del galeón de Manila y su impacto en tres continentes por Arturo Giráldez en su *The Age of Trade: The Manila Galleons and the Dawn of the Global Economy*, Lanham, Rowman & Littlefield, 2015. Una gran cantidad de nuevos estudios sobre esta primera época de la globalización se puede encontrar en los dos tomos titulados *The Manila Galleon*, editados por Edgardo J. Angara y Sonia P. Ner, Manila, Read Foundation, 2012-14.

and magnificent Spanish chronicles were written in the Philippines, including one of the few works that were illuminated with a complete series of images (on ninety-seven pages) and was probably the first one that gathered in a general form the entirety of the regions and countries of the Far East. It is in other words the "first general history of East Asia." In fact, in 1601, the voluminous *Historia de las Islas del Archipiélago y Reinos de la Gran China, Tartaria, Cochinchina, Malaca, Sian, Camboxa y Japón* of the Franciscan Marcelo de Rivadeneyra, was published in Barcelona, although it had been written in the Philippines. However an illuminated manuscript appeared even before Rivadeneyra's, which was later acquired by the Orientalist Charles R. Boxer.[3] Now found in the Lilly Library of the University of Indiana, it has been subsequently called the *Boxer Codex*.[4]

Despite being one of the principal sources of Asian history as of the end of the sixteenth century, the *Boxer Codex* has remained inaccessible to this day, not just to the academic community but also to all those who wish to become familiar with its contents for historical as well as literary motives. Nevertheless, the discovery of the existence of an illuminated manuscript, illustrated with numerous miniatures and drawings corresponding to a text presumably of the sixteenth century, caused wonder in many areas, particularly in the face of the possibility of discovering new data about Asia at the time the Spaniards established their presence in the Philippines.

## Historical context

Several recent studies[5] have dramatically highlighted how the Philippines was transformed into the epicenter of one of the first waves of maritime globaliza-

---

"Ensayo historiográfico de las letras en Filipinas," *Transmodernity: Journal of Peripheral Cultural Production of the Luso-Hispanic World* 4, no. 1 (2014): 8–23.

3 See Charles R. Boxer, "A Late Sixteenth-century Manila MS," *Journal of the Royal Asiatic Society of Great Britain and Ireland* 82, nos. 1 and 2 (April 1950): 37–49. A codex (from the Latin term *caudex* for tree trunk) is a handwritten manuscript that was made by folding sheets of parchment or rice paper into bound folios. The codex was an evolution of the ancient scroll used in Egyptian and Roman times. For an entertaining discussion of the technological evolution from tree trunk, tablets, scrolls, and then codices to books, see Andrew Haslam, *Book Design* (London: Laurence King Publishing, 2006), 7–9.

4 The original manuscript can only be found in the collection classified as "Boxer mss. II, Lilly Library LMC 2444" and described as a "Sino-Spanish Codex Dating from the Late Sixteenth Century and Frequently Called the Boxer Codex" of the Lilly Library Manuscript Collections in the University of Indiana, Bloomington. This has been completely digitized and is available at http://www.indiana.edu/~liblilly/digital/collections/items/show/93.

5 See Carlos Martínez Shaw and Marina Alfonso Mola, "The Philippine Islands: A Vital Crossroad During the First Globalization Period," *Culture and History Digital Journal* 3, no. 1 (June 2014), accessed 15 August 2016, http://cultureandhistory.revistas.csic.es/index.php/cultureandhistory/article/view/43/166. A similar conclusion is elucidated in the comprehensive study of the Manila galleon and its impact on three continents by Arturo Giráldez in his *The Age of Trade: The Manila Galleons and the Dawn of the Global Economy* (Lanham, MD: Rowman & Littlefield, 2015). A wealth of new studies on this first age of globalization can be found in the two volumes entitled *The Manila Galleon*, edited by Edgardo J. Angara and Sonia P. Ner (Manila: Read Foundation, 2012–2014).

la globalización marítima[6], al establecer España una colonia permanente en Cebú a partir de 1565. Después Manila durante más de doscientos años se convirtió en centro de la globalización mundial, especialmente por el papel que desempeñó en el transporte de plata mexicana al continente asiático. Este metal se convirtió en la moneda de referencia internacional, y el archipiélago filipino en plataforma para las ambiciones imperiales españolas y campañas de evangelización cristiana en China, Japón, Borneo, las islas Molucas y las regiones de todo el Sudeste asiático.

Este fascinante período simboliza el telón de fondo del *Códice Boxer*, un compendio de ilustraciones suntuosamente iluminadas y relaciones históricas, etnográficas y marítimas, escritas por cronistas anónimos y conocidos. Como si se tratara de un libro de maravillas y hechos asombrosos de los antiguos reinos orientales, repletos de oro, bestias míticas, trajes, rituales y creencias desconocidas, el *Boxer Codex* es una relación ibérica de finales del siglo XVI que va más allá del medievo, para reflejar el inicio de las identidades modernas de sus escritores, españoles y portugueses que se alejan de la concepción antigua de los mundos, aún desconocidos y míticos, de Asia y el Pacífico.

Ciertamente el continente asiático y el "Lejano Oriente" eran de algún modo conocidos durante la época grecorromana, pero la geografía no avanzó demasiado en tiempos medievales, y la poca información que existía fue:

> […] acomodada a las creencias cristianas. Los expertos bíblicos y los monjes de la época generalmente creían que la región era el lugar del Jardín del Edén, un área remota […] que disfrutaba de una eterna primavera y un entorno idílico atravesado por un río. Tales regiones remotas (distintas de Palestina) evocaban historias donde los miedos y los sueños se combinaban y donde a su vaga existencia sólo la imaginación ponía límites: cuanto más lejos del lugar, más exóticas las historias que se podían escuchar. Inmensidad, peligros y riesgos abundaban, pero también la riqueza, exuberancia, grandes premios y, presumiblemente, inmensas recompensas, como se refleja en la literatura sobre 'cosas admirables' o 'maravillas' (conocido como *mirabilia*)[7].

La primera de las grandes narraciones europeas del viaje a Asia la realizó Marco Polo en su *Livres des merveilles du monde* (Venecia, c. 1300), después de haber visitado Catay desde 1276 a 1291. Tras la primera vuelta al mundo, dirigida por

---

6   Martínez Shaw define el acto de la globalización como la sistematización de los intercambios de todo tipo—humanos, económicos y culturales—entre diferentes continentes.

7   Florentino Rodao en "The Castilians Discover Siam: Changing Visions and Self-Discovery," *Journal of the Siam Society* 95 (2007): 1–23, proporciona un marco excelente de cómo, por ejemplo, un mayor contacto de los ibéricos con el reino de Siam no sólo conduce a un cambio en el marco cognitivo medieval de los exploradores ibéricos, sino también una evolución interna de sus propias identidades como individuos y miembros de los estados-nación europeos. Sus crónicas fueron influenciadas por su inclinación por los mirabilia, "una categoría retórica de lo maravilloso que caracteriza la literatura renacentista de descubrimiento y exploración". De hecho, los europeos reproducen la misma fascinación que anteriormente los árabes habían experimentado en sus viajes mundiales y transmitido en sus *kutub al-'ajā'ib*, "libros de maravillas". Para una descripción detallada de las maravillas árabes en Asia oriental véase I. Donoso, *Islamic Far East: Ethnogenesis of Philippine Islam*, Quezon City, Universidad de Filipinas, 2013.

tion⁶ when Spain was able to establish its first viable Asian colony in Cebú in 1565. Later Manila for more than two hundred years became the crossroads of globalization due to its role in the transshipment throughout Asia of Mexican silver, which became the international currency of choice, and its strategic location as a launching pad for Spanish imperial ambitions and Christian evangelization campaigns in China, Japan, and the countries throughout Southeast Asia.

This fascinating period sets the backdrop for the *Boxer Codex*, a compendium of sumptuously illuminated manuscripts and historical, ethnographic, and maritime reports written by both anonymous and well-known chroniclers. It is filled with tales of wonder and mystery and confabulations of ancient kingdoms that are replete with gold, mythical beasts, and unknown costumes, rituals, and beliefs. The *Boxer Codex* is a late sixteenth-century Iberian artifact that reflects the emerging early modern identities of its writers as Spaniards and Portuguese explorers moving away from their medieval conception of the still-to-be-mapped out worlds of Asia and the Pacific.

Although the existence of the continent and the "Far East" was already known during the Roman times, very little was still known during the medieval times, and what little information there was

> ...accommodated to early Christian beliefs. The region was widely believed by biblical experts and monks of the time to be the site of the Garden of Eden, a remote area... enjoying an eternal springtime and an idyllic setting traversed by a river. Such far-flung regions (other than Palestine) evoked stories where fears and dreams were combined and where their vaguely ascertained existences were the only limits to imagination: the farther away the place, the more exotic the tales that could be heard. Vastness, perils and hazards could abound, but also wealth, abundance, great prizes and presumably immense rewards, as reflected in the literature about 'admirable things' or 'wonders' (known as *mirabilia*).⁷

The first European travel account of Asia was made by Marco Polo who related wondrous tales, recounted in the book *Livres des merveilles du monde* (Venice, c. 1300), after he visited Cathay from 1276 to 1291. After the first circum-

---

6   Martínez Shaw defined globalization as the systematization of exchanges of every kind—human, economic, or cultural—between different continents.

7   Florentino Rodao in "The Castilians Discover Siam: Changing Visions and Self-Discovery," *Journal of the Siam Society* 95 (2007): 1–23, provided an excellent framework of how, for example, increased contact of the Iberians with the kingdom of Siam led not only to a change in the Iberians' medieval cognitive framework but also an internal evolution of their own identities as individuals and members of European nation-states. Their chronicles were much influenced by their penchant for mirabilia, "a rhetorical category of the marvelous that characterized Renaissance literature of discovery and exploration." Indeed the Europeans were reproducing the same fascination that previously the Arab world and their *kutub al-'ajā'ib*, "accounts of marvels" had pioneered. For a detailed description of Arab marvels in the Far East see Isaac Donoso, *Islamic Far East: Ethnogenesis of Philippine Islam* (Quezon City: University of the Philippines, 2013).

Hernando de Magallanes[8] y completada posteriormente por Sebastián Elcano, su compañero Antonio de Pigafetta de Vicenza, Italia, escribió un diario del viaje, lleno de aventuras y fascinantes descripciones etnográficas. En una conferencia, el Premio Nóbel de Literatura del año 1982, Gabriel García Márquez, describió cómo Pigafetta escribía acerca de "cerdos con el ombligo en el lomo, y unos pájaros sin patas cuyas hembras empollaban en las espaldas del macho", y cómo a un natural de la Patagonia "le pusieron enfrente un espejo, y aquel gigante enardecido perdió el uso de la razón por el pavor de su propia imagen". Esta evocación del sentido de la maravilla se despliega intencionalmente para ocultar "el vacío existente en el mismo acto de poseer"[9]. Sin embargo, para el novelista colombiano, la narración de Pigafetta sigue siendo un libro fascinante que contiene "las semillas de la novela moderna".

Pigafetta sin embargo dependía irónicamente, para comprender los nuevos territorios descubiertos, de la traducción de "Henrique, esclavo de Sumatra de Magallanes, quien realmente fue la primera persona en completar la circunnavegación del globo"[10].

A diferencia de lo que modernamente se suele creer, el distinguido historiador del imperio español, Henry Kamen, ha destacado siempre que la España de los siglos XV y XVI era en realidad un país relativamente pequeño, pobre y poco poblado, en comparación con sus vecinos europeos. Otros historiadores anteriores, como R. B. Merriman o Salvador de Madariaga[11], habían exagerado el ascenso de España como primera potencia mundial, atribuyendo su vertiginosa supremacía a su "increíble destreza imperial". Esta perspectiva, esencialmente imperialista y eurocéntrica, contrasta con la de una España incapaz de manejar el imperio por sí misma sin el concurso de muchos otros actores europeos (por ejemplo los financieros italianos o los comerciantes holandeses), más una gran

---

8 La vida de Magallanes está siendo reevaluada en los últimos años, con nuevas fuentes de archivo, por Danilo Madrid Gerona, *Ferdinand Magellan: The Armada of Maluco and the European Discovery of the Philippines*, Quezon City, Spanish Galleon Publisher, 2016.

9 Stephen Greenblatt, *Marvelous Possessions: The Wonder of the New World*, Chicago, University of Chicago Press, 1991, p. 80, citado en la introducción de Antonio Pigafetta por Theodore J. Cachey, Jr., *The First Voyage Around the World, 1519–22: An Account of Magellan's Expedition*, Toronto, University of Toronto Press, 2007.

10 Rodao, 2007. El historiador filipino, Carlos Quirino, afirmó que Enrique no era de Sumatra, sino un nativo de las Filipinas. Véanse sus diversas obras: "The First Man Around the World Was a Filipino" en *Philippines Free Press*, 28 de Diciembre de 1991; "Pigafetta: The First Italian in the Philippines" en *Italians in the Philippines*, Manila, Philippine-Italian Association, 1980, y "Enrique" en *Who's Who in Philippine History*, Manila, Tahanan Books, 1995, pp. 80–81. Ciertamente, tuvieron lugar encuentros entre Europa y Asia oriental antes del viaje de Magallanes, durante el período de la globalización islámica que conectaba al-Andalus con China. Véase I. Donoso, "Al-Andalus and Asia: Ibero-Asian Relations Before Magellan", en idem (ed.), *More Hispanic than We Admit: Insights into Philippine Cultural History*, Quezon City, Vibal Foundation, 2008, pp. 9–35.

11 Ver Roger B. Merriman, *The Rise of the Spanish Empire in the Old World and in the New*, Nueva York, Macmillan, 1918–34, 4 vols., y Salvador de Madariaga, *Spain: A Modern History*, Nueva York, Praeger, 1958.

navigation of the world, led by Ferdinand Magellan[8] and completed later by Sebastián Elcano, their companion Antonio de Pigafetta of Vicenza, Italy, crafted a highly entertaining travelogue full of adventures and fascinating ethnographic descriptions. In a Nobel literature award lecture of 1982, Gabriel García Márquez described how Pigafetta wrote of "hogs with navels on their haunches, clawless birds whose hens laid eggs on the backs of their mates" and how a Patagonian native "was confronted with a mirror, whereupon that impassioned giant lost his senses to the terror of his own image." This evocation of the sense of marvelous was intentionally deployed to cover up "the emptiness at the very center of the maimed act of possession."[9] Yet to the Colombian novelist, Pigafetta's narrative remained nonetheless a fascinating book that contained "the seeds of our present-day novels."

Ironically Pigafetta's ability to deeply comprehend the new territories he encountered was severely limited since he had "to rely on Henrique, Magellan's Sumatran slave, who in fact was really the first person to complete the circumnavigation of the globe."[10]

Contrary to modern popular belief, the distinguished historian of the Spanish empire Henry Kamen consistently emphasized that Spain in the fifteenth and sixteenth centuries was in reality a relatively small, poor, and thinly populated country in contrast to its other European neighbors. Previous eminent historians R.B. Merriman and Salvador de Madariaga[11] exaggerated Spain's rise as the first global superpower, ascribing its dizzying ascendance due to its "incredible imperial prowess," an essentially imperialist and Eurocentric perspective, while in reality Spain was unable to run the empire itself without the cooperation of many other European players such as Italian financiers, Dutch traders, and a host of non-Eu-

---

8   Magellan is seen in a new light with a comprehensive study based on archival sources by Danilo Madrid Gerona, *Ferdinand Magellan: The Armada of Maluco and the European Discovery of the Philippines* (Quezon City: Spanish Galleon Publisher, 2016).
9   Stephen Greenblatt, *Marvelous Possessions: The Wonder of the New World* (Chicago: University of Chicago Press, 1991), 80, quoted in Theodore J. Cachey, Jr.'s introduction to Antonio Pigafetta, *The First Voyage Around the World, 1519–1522: An Account of Magellan's Expedition* (Toronto: University of Toronto Press, 2007).
10  Rodao, "The Castilians Discover Siam." Filipino historian Carlos Quirino contended that Enrique was not Sumatran but a native of the Philippines. See his various writings: "The First Man Around the World Was a Filipino," *Philippines Free Press*, 28 December 1991; "Pigafetta: The First Italian in the Philippines" in *Italians in the Philippines* (Manila: Philippine-Italian Association, 1980); and "Enrique" in *Who's Who in Philippine History*, (Manila: Tahanan Books, 1995), 80–81. Certainly many encounters took place between Europe and East Asia previously to Magellan's voyage during the period of Islamic globalization that connected al-Andalus with China. See Isaac Donoso, "Al-Andalus and Asia: Ibero-Asian Relations Before Magellan," in *More Hispanic than We Admit: Insights into Philippine Cultural History* (Quezon City: Vibal Foundation, 2008), 9–35.
11  See Roger B. Merriman, *The Rise of the Spanish Empire in the Old World and in the New*, 4 vols. (New York: Macmillan, 1918–1934) and Salvador de Madariaga, *Spain: A Modern History* (New York: Praeger, 1958).

cantidad de actores extraeuropeos (entre ellos la élite gobernante filipina)[12]. Kamen cita dos ejemplos significativos de cómo el imperio español era percibido por individuos que no eran españoles. En primer lugar el caso de un burgomaestre holandés de Amsterdam, Cornelis Hooft, quien decía en 1600: "en comparación con el Rey de España, somos un ratón contra un elefante". Algunos siglos después el Sultán de Joló afirmaba que "si bien somos del tamaño de un perro, y los españoles del de un elefante, puede llegar el día en que el perro se encuentre encima del elefante"[13].

Otros estudiosos modernos como William L. Schurz[14] también han alentado esa percepción imperial, incluso acuñando el término "lago español" para caracterizar la dominación española de la cuenca del Pacífico (América y Asia), Oceanía, y el Atlántico ibérico, lo que implica procesos históricos unidireccionales y unidimensionales. Por el contrario Rainer F. Buschmann, Edward R. Slack, Jr., y James B. Tueller han creado una creciente bibliografía que caracteriza este llamado "lago" como entidad multidimensional y multidireccional, mediante un proceso de hispanización archipelágica que hace hincapié en la iniciativa indígena y la cooperación nativa. Por ejemplo, se podría señalar la fascinante intrahistoria del filipino mestizo chino Antonio Tuason y su regimiento de milicias urbanas del Príncipe Real, apoyo fundamental para que los españoles fueran capaces de mantener el control sobre Filipinas durante la invasión británica[15].

En su estudio acerca de la civilización islámica en los extremos de la ecumene clásica, desde el Extremo occidental al Extremo oriente, Donoso postula que la civilización islámica acabó culminando su expansión ecuménica precisamente al tener lugar este "nuevo escenario de contactos humanos", esto es, con un Islam que desaparecía en la Península Ibérica, pero que había transmitido su herencia a españoles y portugueses, y que, al mismo tiempo, en gran parte como respuesta a la intromisión de los pueblos ibéricos en Asia, se convertía en la gran respuesta civilizacional para gran parte del mundo malayo:

> El primer encuentro tuvo lugar cuando Portugal conquistó el Sultanato de Malaca en 1511. España y Portugal—el antiguo Extremo occidental islámico conocido como al-Andalus—transfirieron las realidades humanas de Islam ibérico al Sudeste asiático. Como consecuencia, el proceso natural de islamización que estaba sufriendo la región se encontró de súbito con la aparición de los antiguos andalusíes. La imagen cultural de los musulmanes occidentales se aplicó a Oriente, y cómo era entendido el Islam en la Península Ibérica se tradujo a un ambiente totalmente diferente […] Este raro evento creó un fenómeno humano sorprendente: la identificación y asociación entre las dos comunidades islámicas más alejadas del mundo. Como fruto de este encuentro tuvieron lugar las relaciones más inesperadas: en primer lugar, el contacto entre los

---

12 Ver Henry Kamen, *Empire: How Spain Became a World Power, 1492–1763*, Nueva York, Harper Collins Publishers, 2003, pp. xxi–xxviii. El brillante prólogo resume sus opiniones.
13 Ibid., p. xxiii.
14 Ver las obras históricas de William L. Schurz, *The Manila Galleon*, Nueva York, E.P. Dutton, 1939, y "The Spanish Lake", en *Hispanic American Historical Review* 5 (1922): 181–194.
15 Rainer F. Buschmann, Edward R. Slack, Jr., y James B. Tueller, *Navigating the Spanish Lake: The Pacific in the Iberian World, 1521–1898*, Honolulu, University of Hawaii Press, 2014.

ropean players, including the Filipino ruling elite.¹² Kamen recounts two indicative stories of how non-Spaniards perceived imperial Spanish histories. A Dutch burgomaster of Amsterdam Cornelis Hooft in 1600 stated that "in comparison with the king of Spain we were like a mouse against an elephant," while the Sultan of Jolo pointedly told a local Spanish official that "although it is true that we may be likened to a dog and the Spaniards to an elephant, yet the elephant may one day find the dog on top of it."[13]

Other modern scholars like William L. Schurz[14] also encouraged the perception of this imperial worldview by even coining the term "the Spanish lake" to characterize the Spanish domination of the Pacific rim (the Americas and Asia), Oceania, and the Iberian Atlantic, implying unidirectional and one-dimensional historical processes. In contrast, Rainer F. Buschmann, Edward R. Slack Jr., and James B. Tueller have created a growing body of literature that characterizes this so-called lake as being multidimensional and multidirectional, using a lens of archipelagic Hispanization that emphasizes native agency and cooperation. For example, in the fascinating microhistory of Chinese Filipino mestizo Antonio Tuason and his regiment of the Urban Militias of the Real Príncipe (Royal Prince), they revealed that only with active Filipino resistance were the Spanish able to hold onto the Philippines during the British invasion of the Philippines.[15]

In Donoso's study of Islamic civilization at the extreme ends of the classic *ecumene*, from the Far West to the Far East, he posited that Islamic civilization lay at the center of "this new panorama of human contacts," which featured an Islam vanishing in the Iberian peninsula while it was transmitting its legacy to the Spaniards and the Portuguese, who were simultaneously and in great part with their intromission into the Iberian towns in Asia becoming the bearers of their civilizational influence in a great part of the Malayan world:

> The first encounter took place when Portugal conquered the Sultanate of Malacca in 1511. Spain and Portugal—the former Islamic Far West known as al-Andalus—transferred the human realities of Iberian Islam to Southeast Asia. Accordingly, Islamization in the region was confronted by the emergence of the former Andalusians. The cultural image of Western Muslims was applied to the East, and how Islam was understood in the Iberian peninsula was translated into a totally different environment.... This rare event created quite an astonishing human phenomenon—the identification and association between the two farthest Islamic communities of the world. The most unexpected relations occurred: first, the contact between the two edges of the Islamic world took place in the inverse

---

12 See Henry Kamen, *Empire: How Spain Became a World Power, 1492–1763* (New York: Harper Collins Publishers, 2003) xxi–xxviii. His brilliant preface served as a capsule summary of his views.
13 Ibid., xxiii.
14 See William L. Schurz's landmark works *The Manila Galleon* (New York: E.P. Dutton, 1939) and "The Spanish Lake," *Hispanic American Historical Review* 5 (1922): 181–194.
15 Rainer F. Buschmann, Edward R. Slack, Jr., and James B. Tueller, *Navigating the Spanish Lake: The Pacific in the Iberian World, 1521–1898* (Honolulu: University of Hawai'i Press, 2014).

dos límites del mundo islámico se llevó a cabo en sentido inverso, es decir, después de la expansión islámica de La Meca hacia Oriente y Occidente, estas dos líneas se encontraron, completando la circunferencia de la tierra, en el siglo XVI, pero a través de los océanos Atlántico y Pacífico, y no a través del centro del mundo islámico, el Mar Mediterráneo y el Océano Índico. En segundo lugar, el contacto no se llevó a cabo a través de la evolución natural del Islam, sino a través de su desintegración. Por lo tanto, el encuentro final entre los extremos del mundo islámico clásico acabó siendo un reflejo de la visión de los Otros, de los cristianos ibéricos, aplicándose las mismas categorías antropológicas para ambas comunidades musulmanas (concepto de *Maurus*), tanto para musulmanes ibéricos como para musulmanes filipinos[16].

El *Códice Boxer* captura el mundo de las *Indiae orientalis*, que se reproduce encantadoramente en el famoso mapa de 1570 del cartógrafo Abraham Ortelius, en la primera edición de su célebre atlas moderno (véase mapa 1), con la India, el Lejano Oriente y las Indias Orientales. Las relaciones que el Boxer Codex recoge de estas regiones, relativamente desconocidas, fueron compiladas metódicamente siguiendo, aproximadamente, la secuencia de las agujas del reloj, y comenzando "con las islas de los Ladrones y Filipinas, luego se va […] a través de Borneo, las Molucas, Java, vía Sumatra, Malasia e Indochina hasta acabar en China. Sólo la breve sección sobre Japón e isla Hermosa, además de las secciones sobre Champa, se desvían de este diseño"[17].

## Datos generales del códice

El *Códice Boxer* se compone de 305 hojas de papel de arroz que han sido escritas por un escriba a "una sola mano de fines del siglo XVI, de tipo familiar para cualquiera que haya estudiado documentos del Archivo de Indias de Sevilla"[18]. La compilación consiste en veintidós secciones, casi todas ellas escritas de forma anónima, con la excepción de cinco de ellas. Las tres relaciones sobre los reinos vecinos del Sudeste asiático, Patani (en la actual Tailandia), Aceh, y Siam, se derivan de un texto escrito por el obispo portugués de Malaca, João Ribeiro Gaio. La relación acerca de las islas Molucas y la región del Rajá Ampat en Nueva Guinea es, asimismo, un texto en español de la relación del aventurero portugués Miguel Roxo de Brito. Finalmente el largo relato sobre China fue escrito por el fraile agustino Martín de Rada, el conocido misionero de las islas Bisayas, que visitó por primera vez el sur de China en 1575.[19] Las diecisiete secciones escritas anónimamente representan catorce relatos de viaje y tres listas con subtítulos para acompañar magníficas ilustraciones de los dioses chinos y de animales míticos, y parejas de representantes de los reinos tributarios chinos.

16 Donoso, Islamic Far East, 2013, pp. xv–xvi.
17 Boxer, 1950, p. 47.
18 Ibid., p. 37.
19 La biografía de Martín de Rada (tanto en español como en inglés) ha sido publicada por Pedro Galende: *Apologia pro Filipinos: The Quixotic Life and Chivalric Adventures of Fray Martín de Rada, OSA, in Defense of the Early Filipinos*, Manila, Salesiana Publishers, 1980, y *Fray Martín de Rada: científico y misionero en Filipinas y China*, Pamplona, Gobierno de Navarra, 2015.

sense, that is to say, after the Islamic expansion from Mecca to the West and the East, these two lines met, approximating the Earth's circumference, in the sixteenth century via the Atlantic and Pacific Oceans, and not through the center of the Islamic world, the Mediterranean Sea, and the Indian Ocean; second, the contact was not carried out through the natural evolution of Islam but through its disintegration. Hence, the encounters between the Islamic Far West and the Islamic Far East were reflections of one another, applying the same anthropological categories to the Muslim communities (concept of Maurus), whether Iberian Muslims or Filipino Muslims.[16]

The *Boxer Codex* captures the world of the *Indiae orientalis*, as enchantingly reproduced in 1570 by the famed cartographer Abraham Ortelius in his first edition of the celebrated modern atlas (see the cover and inside front cover), which featured India with the Far East and the East Indies. The *Boxer Codex* accounts of these relatively unknown regions were methodically compiled in a roughly clockwise sequence, beginning "with the Ladrones islands and the Philippines, then goes… via Borneo, the Moluccas, Java, up through Sumatra, Malaya, and Indochina to China. Only the short section on Japan and Formosa, apart from the sections on Champa deviate from this layout."[17]

## Overview of the compendium

The *Boxer Codex* is comprised of 305 leaves made of rice paper that have been written on by a single scribe in "a late sixteenth-century hand, of a type familiar to anyone who has studied the documents in the Archivo de Indias at Seville."[18] The compilation consists of twenty-two sections, almost all of them anonymously written save for five accounts. The three accounts of neighboring Southeast Asian kingdoms of Patani (in present-day Thailand), Aceh, and Siam derive from a Spanish text of the accounts of the Portuguese bishop of Malacca, João Ribeiro Gaio. The *relación* of the Maluku islands and the Raja Ampat region of New Guinea is likewise a Spanish translation of the Portuguese adventurer Miguel Roxo de Brito's account, while the lengthy narrative of China is that of Augustinian friar Martín de Rada, the renowned evangelist of the Visayan islands who first visited southern China in 1575.[19] The seventeen anonymously written sections consist of fourteen travel narratives and three captioned lists to accompany magnificent illustrations of Chinese gods, mythical animals, and paired representatives from Chinese tributary kingdoms.

---

16  Donoso, *Islamic Far East*, xv–xvi.
17  Boxer 1950, 47.
18  Ibid., 37.
19  Comprehensive accounts of Rada's life and accomplishments in both Spanish and English have been penned by Fr. Pedro G. Galende, *Apologia pro Filipinos: The Quixotic Life and Chivalric Adventures of Fray Martín de Rada, OSA, in Defense of the Early Filipinos* (Manila: Salesiana Publishers, 1980) and *Fray Martín de Rada: científico y misionero en Filipinas y China* (Pamplona: Gobierno de Navarra, 2015).

Debido a la fuerte influencia china que se encuentra en las ilustraciones, se piensa que un artista local chino, empleado en Manila, iluminó el texto con acuarelas con tintas y pigmentos tradicionales de la época de la dinastía Ming. Por otra parte, estas impresionantes imágenes se encuadran en marcos y bordes de estilo occidental, decorados con motivos de animales foliados que son, en gran medida, una reminiscencia de los manuscritos iluminados occidentales.

El códice original fue completado con la adición de cuatro hojas escritas por un solo escriba con paginación contigua desde la 143r a la 146v. Estos textos adicionales consisten en dos cartas escritas por el obispo Ribeiro Gaio al rey español y al Gobernador General de Filipinas Luis Pérez Dasmariñas, respectivamente, ambas fechadas el 11 de abril de 1595; otra carta escrita por el franciscano Gregorio de la Cruz al mismo gobernador, de 24 de septiembre de 1594; una certificación de la traducción del portugués emitida por el padre dominico Gerónimo de Belén—residente en Manila—al gobernador Dasmariñas, de 5 de julio de 1598; y una petición directa del mismo gobernador para el rey español, suplicando la conquista del reino siamés. En el compendio original, las relaciones más tempranas se remontan al año 1574, mientras que la última relación lleva la fecha de 1591.[20]

El comienzo de la relación acerca de las islas de los Ladrones se hizo en mayo de 1590 por un testigo ocular a bordo de uno de los dos galeones con destino a Manila que anclaron para hacer aguada, después de setenta días de viaje desde Acapulco. Un ejemplo encantador a doble página (fig. 2 y cubierta) de este barco flotando sobre un fondo azul acuoso en medio de las corrientes arremolinadas, y una flota de bancas (canoas de doble mástil lateral) llenas de los naturales chamorros, pescando, nadando y retozándose, abren el códice. Siguen dos páginas con la imagen de dos guerreros de las Ladrones, uno armado con una lanza (fig. 3) y el otro sosteniendo un arco y tres flechas. Boxer (1950, 38) cree que el observador era un laico, e incluso atribuye la autoría de la narración al propio gobernador Gómez Pérez Dasmariñas, o a su hijo Luis, que fueron con la expedición[21].

Siguen seis relaciones sobre los pueblos del archipiélago filipino, introducidas por dos imágenes, una mujer de Cagayán (fig. 4) y un guerrero vestido con taparrabos y joyas de oro, armado con escudo, lanza y corona (fig. 5). La gente de Cagayán se describe sumariamente como una raza dada a fiestas y borracheras. Esto es seguido por cuatro ilustraciones, la primera de una pareja de negritos o aetas (fig. 6), y tres ejemplos de pares de cazadores zambales (figs. 7–9). Uno de los pares se representa con una escena un tanto visceral, después de abrir el vientre de un carabao para devorar sus intestinos (fig. 8). La escueta relación describe las formas agrestes de los zambales.

20 John N. Crossley afirma que fue el propio Boxer quien añadió estas secciones. Véase "The Early History of the Boxer Codex", *Journal of the Royal Asiatic Society*, 24 (2014), p. 115.
21 Boxer (1950, 37) señala que el buque insignia *Capitana* zarpó de Acapulco el 1 de marzo de 1590 con el nuevo gobernador general Gómez Pérez Dasmariñas a bordo, junto con su hijo don Luis. Así dedujo que se trataba del mismo buque insignia que se representa en la ilustración a doble página.

Because of the strong Chinese influences detected in the illustrations, it is theorized that a locally employed Chinese artist in Manila painted these in watercolors, using traditional inks and pigments of the Ming dynasty era. Moreover, these stunning images were beautifully contrasted with Western-style borders decorated with foliated animal motifs that are heavily reminiscent of Western illuminated manuscripts.

The compilation was bookended by the addition of four sheets that start with a new pagination from 143r to146v, with all four having been written by a single scribe. These consist of two letters of Bishop Ribeiro Gaio to the Spanish king and the governor-general of the Philippines Luis Pérez Dasmariñas respectively, both dated 11 April 1595; another letter of Franciscan Fr. Gregorio de la Cruz to the same governor dated 24 September 1594; a personal certificate of translation from the Portuguese issued by Dominican Fr. Gerónimo de Belén—domiciled in Manila—to Governor Dasmariñas dated 5 July 1598; and a direct plea of the same governor to the Spanish king supplicating the conquest of the Siamese kingdom. Within the original compendium, the earliest accounts can be dated to the year 1574, with the last account dating to 1591.[20]

The opening account of the Ladrones islands was written in May 1590 by an eyewitness on board one of two Manila-bound galleons that anchored there for provisions after its seventy-day voyage out of Acapulco. Preceding the first page there are two illustrations depicting rather large Ladrones warriors, one armed with a spear and the other holding a bow and three arrows (fig. 3). There is a charming double-page illustration (fig. 2 and cover) of this ship floating on a blue watery background amidst swirling currents and a fleet of *bancas* (double-outrigger canoes) filled with the native Chamorros fishing, swimming, and frolicking about. Boxer (1950, 38) believed that the observer was a layman and even attributed the narrative's authorship to either Governor Gómez Pérez Dasmariñas or his son Luis who accompanied the expedition.[21]

This is immediately followed by six *relaciones* about the Philippine peoples. These accounts are introduced by way of two plates depicting a Cagayan woman (fig. 4) and a loincloth-clad warrior who is armed with a shield and spear and sports a feathery headgear (fig. 5). The Cagayanes are summarily described as a race given to drunken revelries. This is followed by four illustrations, one of a Negrito or Aeta couple (fig. 6) and three illustrations of Zambal hunting pairs (figs. 7–9). One of the pairs is depicted rather gruesomely after having slashed a carabao's belly to devour its intestines (figure 8). The rather terse account describes the savage ways of the Zambal tribespeople.

---

20 John N. Crossley stated that it was Boxer himself who appended these sections. See "The Early History of the Boxer Codex," *Journal of the Royal Asiatic Society* 24 (2014): 115.

21 Boxer (1950, 37) noted that the flagship *Capitana* left Acapulco on 1 March 1590 with the new Governor-General Gómez Pérez Dasmariñas on board with his son Don Luis. Thus he deduced that it was this very same flagship that was depicted on the double-page illustration.

La relación sobre la gente de Bisayas comienza con una ilustración profusamente detallada de los naturales pintados o tatuados que, con orgullo, llevan adornos decorativos en la cara, el cuerpo, las extremidades, e incluso dientes postizos (fig. 10), seguido por tres ilustraciones de parejas de bisayas bien ornamentadas y adornadas con oro. La narración, profusa en detalles y leyendas antropológicas, destaca por resaltar de forma sensacionalista un instrumento sexual, que se ilustra por primera vez en la esquina superior izquierda de la hoja 41r (fig. 14).

Prosigue una relación de los moros de las islas Filipinas, centrada sobre todo en los que, para la época, eran propiamente los moros filipinos, esto es, los tagalos islamizados de Luzón, y no las tribus musulmanas de Sulú y Mindanao. Las costumbres y tradiciones de estos moros tagalos, que están relacionados con la cultura y la política de Brunei, se describen en detalle en la sección quinta.

Cinco imágenes profusamente adornadas con objetos de pan de oro preceden a la sexta relación sobre los tagalos. Estas figuras se han representado muchas veces en los libros sobre historia filipina[22], y circulan repetidamente en piezas de museo u obras de arte sobre la Filipinas prehispánica[23]. A pesar de que estas relaciones de sucesos son anónimas, Boxer albergó la sospecha de que podrían estar vinculadas a las narraciones de Miguel de Loarca (1580) o de Juan de Plasencia (1589)[24].

La séptima sección gira en torno a las costumbres de los moros, sobre todo su política y modos de vida. La sección octava trata de la isla de Borneo y el Sultanato de Brunei, precedida por dos dibujos que representan dos parejas de guerreros (figs. 24–25), no tan finamente vestidos como los naturales tagalos. Boxer estima que el texto fue escrito hacia el año 1589, debido a las referencias que da de la expedición del gobernador general Francisco de Sande de 1578 contra el reinante sultán, del que se dice que tenía 59 años de edad cuando la relación fue escrita.

La sección novena trata de las islas Malucas, precedida por dos imágenes de una mujer de la nobleza y un guerrero (figs. 26–27). La breve narración es

---

22 Ver la portada de William Henry Scott, *Barangay: Sixteenth-century Philippine Culture and Society*, Quezon City, Ateneo de Manila University Press, 1994, o de Florina Capistrano-Baker, *Philippine Gold: Treasures of Forgotten Kingdoms*, Nueva York, Asia Society, 2015, la cual acompañaba a una importante exposición que contó con el magnífico tesoro de oro de Surigao.

23 La serie serigráfica de Imelda Cajipe Endaya "Forefathers" y "Ninuno", desde 1976 hasta 1979, giraba en torno a la repetición de yuxtaposiciones inesperadas de este tipo de imágenes icónicas en la exploración de la identidad filipina. Véase Patrick D. Flores et al., *Imelda Cajipe Endaya: Stitching Paint into Collage*, Manila, Lenore RS Lim Foundation for the Arts, 2009, p. 36. Según Flores, las obras de arte de Endaya explotan "el concepto de memoria como un activo, o activismo, hacia una nostalgia del pasado" que está "enraizado en la historia y la retrospección historiográfico" (pp. 18-19). Los hallazgos áuricos encontrados recientemente y fechados entre los siglos X y XIII, muestran grandes similitudes con los que se dibujan en las ilustraciones del *Códice Bóxer*. Han sido expuestos en museos filipinos y extranjeros como prueba positiva de un pasado desconocido y glorioso. Véanse las páginas 29-36 del catálogo de la exposición de la Asia Society & Ayala Museum sobre el oro prehispánico filipino.

24 Boxer, 1950, p. 39.

The account of the Bisayan people opens with a profusely detailed illustration of the *pintados* or tattooed natives who proudly bear decorative flourishes on their face, body, extremities, and even their posteriors (fig. 10), followed by three plates of well-ornamented and gold-embellished Bisayan couples. The account, heavy in anthropological detail and lore, is capped with the sensational discovery of a sexual instrument, which is illustrated for the first time on the upper-left corner of leaf 41r (fig. 14).

This is immediately followed by an account of the Moros of the Philippine islands, referring properly to the Islamized Tagalogs of Luzon and not the Muslims of Sulu and western Mindanao. The customs and traditions of these Tagalog Moros, who are connected with the culture and politics of Brunei, are described in detail in section 5.

Five plates (figs. 17–21) that are lavishly embellished with gold leaf precede the sixth account on the Tagalogs. These figures have been featured heavily in many Philippine books[22] and remain in repeated circulation in museum exhibits or fine artworks that reference or appropriate the pre-Hispanic past.[23] Although these Philippine accounts are anonymously written, Boxer suspects that they are a close retelling of the accounts of Miguel de Loarca in 1580 and that of Fr. Juan de Plasencia in 1589.[24]

The seventh section circles back to the customs of the Moros, but concentrates more on their class structure and life-ways. The eighth section about the island of Borneo and the Brunei Sultanate is preceded by two plates depicting two warrior couples (figs. 24–25), who are not as finely dressed as the Tagalog natives. Boxer estimates that it was written around 1589 because of the reference to Governor-General Francisco de Sande's previous expedition of 1578 against the reigning sultan, Saiful Rijal, who is stated to be 59 at the time of the writing.

Section 9 on the Maluku islands is preceded by two plates of a noblewoman and a warrior (figs. 26–27). The brief account is a cursory description of its

---

22  See the cover of William Henry Scott, *Barangay: Sixteenth-century Philippine Culture and Society* (Quezon City: Ateneo de Manila University Press, 1994), or Florina Capistrano-Baker, *Philippine Gold: Treasures of Forgotten Kingdoms* (New York: Asia Society, 2015), which accompanied a major exhibit featuring the magnificent Surigao golden hoard.

23  Imelda Cajipe Endaya's serigraphy series, "Forefathers" and "Ninuno," dating from 1976 to 1979, revolved around the repeated appropriation and unexpected juxtapositions of such iconic images in the exploration of Filipino identity. See p. 36 in Patrick D. Flores et al., *Imelda Cajipe Endaya: Stitiching Paint into Collage* (Manila: Lenore RS Lim Foundation for the Arts, 2009). According to Flores, Endaya's artworks exploit "the concept of memory as an active, or even activist, nostalgia of the past" that is "rooted in history and historiographic retrospection" (pp. 18–19). Similarly in recent years, ancient Philippine gold from the tenth to thirteenth centuries, which were found in spectacular hoards and are quite similar to those depicted in the *Boxer Codex* illustrations, has been displayed in Philippine and foreign museums as proof positive of a glorious unknown past. See pp. 29–36 of the Asia Society and Ayala Museum exhibition catalog of Philippine gold referenced in note 22.

24  Boxer 1950, 39.

una descripción somera de las formas y maneras de sus habitantes musulmanes. La décima sección está precedida por dos estampas que representan imponentes guerreros de Java, uno de ellos armado con un kris y un arcabuz (fig. 28). Tan larga como cinco párrafos, la relación es bastante superficial, pero no se olvida de mencionar la costumbre javanesa del juramentado. Esta sección esta seguida por una imagen que representa primitivos guerreros siameses (fig. 30), y otra sección va seguida de un par de siameses vestidos más elegantemente (fig. 31).

La sección undécima presenta una traducción al español de la carta y relación del obispo portugués João Ribeiro Gaio. Dividida en "capítulos" breves (algunos de los cuales de un solo párrafo), la relación está dirigida al rey Felipe II, implorándole que lleve a cabo una invasión ibérica conjunta del Sultanato de Aceh en Sumatra noroccidental, con el fin de garantizar la seguridad de Malaca y asegurar el paso de los buques españoles que navegan entre el océano Índico y China. Un aventurero portugués, Diogo Gil, es mencionado por el obispo como fuente de la información, a raíz del cautiverio que sufrió en Aceh. Boxer fija la fecha de esta relación hacia 1584, a causa de un pasaje en el que se refiere el asedio achenés de Malaca[25].

La sección decimotercera es otra carta escrita contemporáneamente por el obispo portugués sobre Aceh y el Sultanato de Patani (Tailandia). Algunos portugueses anónimos serían sobre todo su fuente de información. Ésta ofrece información sobre el conflicto entre Tailandia y Birmania, y señala que el reino de Siam había sido anteriormente destruido por el rey de Birmania. Debido a su debilitado estado, el obispo afirma que Siam fácilmente puede ser conquistada con tan sólo mil hombres, y que una armada portuguesa de Goa podría ser enviada para vencer al belicoso sultán de Aceh. El obispo también recomienda encarecidamente que una expedición española se envíe desde Manila y México para coincidir con el ataque contra Aceh. Con una estrategia tan agresiva, el obispo asegura que su Majestad fácilmente podría convertirse en el señor de Patani, Siam, Cochinchina, e incluso China, y que podría poseer la principal ciudad comercial de Cantón. La petición está fechada el 27 de diciembre de 1584.

La sección decimocuarta es una relación española escrita por el aventurero portugués Miguel Roxo de Brito sobre sus amplios viajes de descubrimiento, desde 1581 hasta 1582, en las islas Molucas y territorios del Rajá Ampat y el continente occidental de Nueva Guinea.

La sección decimoquinta está precedida por una ilustración de una pareja de japoneses vestidos con kimonos (fig. 32). Escrito durante el shogunato de Toyotomi Hideyoshi (1537–98), este pequeño texto relata su ascenso al poder y cómo vengó éste el asesinato de su señor Oda Nobunaga, quien era considerado uno de los tres unificadores del Japón. Los guerreros japoneses son presentados como bravos e imbuidos de un fuerte espíritu marcial, incluso para el suicidio ritual si se enfrentan a una inminente derrota. El anónimo autor termina deliberadamente su relación afirmando modestamente que otra relación más detallada y completa se puede encontrar en la historia de Japón del padre Luis Fróis, que había sido

---

25 Ibid., p. 40.

Muslim inhabitants' ways and manners. The tenth section is prefaced by two plates depicting imposing Javanese warriors, one equipped with a kris and an arquebus (fig. 28). About five paragraphs long, the account is rather cursory but does not neglect to mention the Javanese custom of running amok. This section is followed by a plate depicting relatively primitive Siamese warriors (fig. 30) and another of a more elegantly dressed Siamese couple (fig. 31).

The eleventh section presents a Spanish translation of Portuguese bishop João Ribeiro Gaio's rutter and account. Divided into brief "chapters"—some of which are only a paragraph long—the account is addressed to King Philip II and implores him to undertake a joint Iberian invasion of the sultanate of Aceh in northwestern Sumatra in order to guarantee the security of Malacca and to secure the safe passage of Iberian ships sailing between the Indian Ocean and China. A certain Portuguese adventurer, Diogo Gil, is mentioned by the bishop as the source of inside information arising from his captivity in Aceh. Boxer dates this account to the year 1584 because of a passage that refers to the Acehnese siege of Malacca.[25]

Section 13 is yet another rutter written contemporaneously by the bishop about Aceh and the sultanate of Patani (in Thailand). He credits four other unknown Portuguese men as the source of its information. It provides insight into the Thai-Burmese conflict and notes that the kingdom of Siam had been destroyed earlier by the Burmese king. Because of its weakened state, the bishop claims that Siam can easily be conquered with just 1,000 men and that a Portuguese armada from Goa could be sent to vanquish the militant Acehnese. The bishop also strongly recommends that a Spanish expedition be dispatched from Manila and Mexico to coincide with the attack on Aceh. With such an aggressive strategy, the bishop assures His Majesty that he would easily become the lord of Patani, Siam, Cochinchina, and even China, and that he would posses the major trading city of Guangzhou. The entreaty is dated 27 December 1584.

Section 14 is a Spanish text of Portuguese adventurer Miguel Roxo de Brito's account of his wide-ranging voyages of discovery from 1581 to 1582 in the Maluku and Raja Ampat islands and the western mainland of New Guinea.

Section 15 is preceded by an illustration of a kimono-clad Japanese couple (fig. 32). Written during the shogunate of Toyotomi Hideyoshi (1537–98), the relación recounts his rise to power and how he avenged the assassination of his protector Oda Nobunaga, who was considered one of the three unifiers of Japan. The Japanese warriors are portrayed as being numerous and imbued with a strong martial spirit, even committing ritual suicide in the face of impending defeat. The anonymous writer has deliberately delimited his account due to modesty, as he claims that another more detailed and comprehensive account could be found in Fr. Luis Fróis' *La historia de Japón*, which had been

---

25 Ibid., 40.

publicada anteriormente en 1585. Boxer fija la fecha de la relación en 1590 ó 1591, debido a la mención de la preparación de Hideyoshi para la campaña contra los coreanos.

La sección decimosexta es una lista subtitulada de los reinos vecinos que pagan tributo a China. Se compone de dieciocho retratos altamente elaborados de parejas representativas de Vietnam, Taiwán, Champa, Camboya, Terengganu (Malasia) y Patani (Tailandia). Véanse figs. 33-42.

La sección decimoséptima se refiere al imperio del Tai Ming (dinastía Ming) y está precedida por seis retratos lujosos y elaborados de dos parejas de sangleyes o comerciantes residentes en Filipinas, un general chino y su ayudante, una pareja mandarina, un príncipe y su consorte, y el imponente emperador y la emperatriz china. Esta relación fue escrita por el padre Martín de Rada, que fue acompañado por el soldado Miguel de Loarca en una expedición al sur de China en mayo de 1575. La relación es uno de los textos mejor conocidos del códice por ser fuente de información de la famosísima *Historia de las cosas más notables, ritos y costumbres del Gran Reyno de la China* de González de Mendoza, obra publicada por primera vez en Roma en 1585 y, posteriormente, traducido a todos los principales idiomas de Europa occidental. Mientras que el propio Mendoza nunca visitó China, su libro resultante combina la relación de Rada con el *Tractado das Cousas de China* del sacerdote portugués Gaspar da Cruz, que fue escrito mucho más temprano, en 1570.[26]

La sección decimoctava es un resumen de tres párrafos de los ritos y rituales que acompañan a la ceremonia imperial con ocasión de la partida del emperador. La decimonovena es una leyenda extendida que debía acompañar a una ilustración perdida de los chinos luchando contra los tártaros.

La sección vigésima es una lista de los títulos que acompañan a treinta espectaculares ilustraciones de dioses que son adorados en China (véanse algunos ejemplos en las figs. 49-53). Prosigue la sección vigésimo primera, que es una enumeración similar de aves, animales y monstruos de China, de los cuales el observador anónimo afirma que el mismo diablo debe haber tenido un papel en convencer a los chinos de su existencia. Cuatro animales, a veces mezclados con monstruos, están dispuestos en cada página (figs. 54-58). Detalles particulares se prodigan en las ilustraciones de aves con el fin de diferenciarlas mejor de las que se pueden encontrar en España (fig. 59).

La última sección trata de las costumbres y habitantes de Champa, y presta atención especial a la descripción de la cacería de elefantes del rey y los rituales funerarios, que requieren que la mujer recientemente enviudada sea inmolada en la pira de su marido.

El códice se completa con las cinco adiciones arriba mencionadas, terminando con una apelación directa al Rey de España por Luis Pérez Dasmariñas el cual, desde 1593 a 1596, había desempeñado el cargo de Gobernador General de Filipinas tras la muerte de su padre, el anterior gobernador. También es

---

26 Charles Boxer traduce y anota con brillantez las dos relaciones en su libro de referencia *South China in the Sixteenth Century: Being the Narratives of Galeote Pereira, Fr. Gaspar da Cruz, OP, and Fr. Martín de Rada, OSA, 1550–1575*, Londres, Hakluyt Society, 1953.

published earlier in 1585. Boxer dates the account to have been written around 1590 or 1591, due to its mention of Hideyoshi's preparation of the campaign against the Koreans.

Section 16 is a captioned list of the neighboring kingdoms that paid tribute to China. It consists of eighteen highly elaborate portraits of representative pairs from Vietnam, Taiwan, Champa, Cambodia, Terengganu (Malaysia), and Patani (Thailand). See figs. 33–42.

Section 17 concerns the empire of the Tai Ming (Ming dynasty) and is preceded by six lavish and elaborate portraits of two *sangley* couples or Philippine-based traders, a Chinese general and his aide, a mandarin couple, a prince and his princess-consort, and the imposing Chinese emperor and empress. This account was penned by Fr. Martín de Rada, who was accompanied by the soldier, Miguel de Loarca, on an expedition to the south of China in May 1575. This relación was already known as one of the bases for González de Mendoza's popular *Historia de las cosa más notables, ritos y costumbres del Gran Reyno de la China*, which was first published in Rome in 1593 and subsequently translated into all the major Western European languages. While Mendoza never visited China himself, his resulting book combined Rada's account with that of the Portuguese priest Gaspar da Cruz's *Tractado das cousas de China*, which was written much earlier in 1570.[26]

Section 18 is a three-paragraph summary of rites and rituals that accompany the imperial ceremony on the occasion of the Emperor's departure.

Section 19 is an extended caption to accompany a missing illustration of the Chinese battling the Tatars.

Section 20 is a list of captions that accompany thirty spectacular illustrations of gods that are worshipped in China (see some samples in figs. 49–53). This is followed by section 21, which is a similar enumeration of Chinese birds, animals, and monsters of which the anonymous observer claims that the devil himself must have had a role in persuading the Chinese of their existence. Four beasts, sometimes mixed in with monsters, are arrayed in each plate (figs. 54–58). Particular detail is lavished on the bird illustrations in order to better differentiate them from those that can be found in Spain (fig. 59).

The last section deals with the customs and inhabitants of Champa, and pays particular attention to describing the king's elephant hunt and the ritual of *sati*, a funeral practice that requires a recently widowed woman to be immolated on her husband's pyre.

The compendium is bookended by the five above-mentioned addenda, which end with a direct appeal to the king of Spain by Luis Pérez Dasmariñas who from 1593 to 1596 became Philippine governor-general upon the death of his father, the previous governor. It is also highly significant that the terminal date of the Spanish translation from the Portuguese letters was dated late 1598,

---

26  Charles Boxer brilliantly translated and annotated both accounts in his landmark book *South China in the Sixteenth Century: Being the Narratives of Galeote Pereira, Fr. Gaspar da Cruz, OP, and Fr. Martín de Rada, OSA, 1550–1575* (London: Hakluyt Society, 1953).

significativo que la fecha final de la traducción al español de las cartas portuguesas sea fines de 1598, por lo que es muy probable que el proyecto fuera efectivamente completado por Dasmariñas hijo.

Boxer llegó a la conclusión de que no era inverosímil pensar que don Luis, o su padre Gómez (también gobernador general desde 1590 hasta 1593) fueran los propietarios originales del códice. George Bryan Souza y Jeffrey Turley, en su edición de este año en curso, también suponen que Dasmariñas, padre e hijo, deben de ser razonablemente "los mentores del códice y los autores intelectuales más probables del proyecto, encargando la realización de la obra a un compilador o compiladores que ejecutaron el plan [...] En lugar de ser 'un manuscrito de Manila', el apelativo que se le dio en origen, el códice podría haber sido directamente bautizado como el *Codex Dasmariñas*"[27].

## Historia del descubrimiento del manuscrito, publicaciones y traducciones posteriores

El 10 de julio de 1947 un misterioso manuscrito fue subastado en Londres. Proveniente de la Biblioteca de Sir Ilchester en la Holland House, fue descrito como un "manuscrito oriental con dibujos de colores de las razas autóctonas del Lejano Oriente, incluyendo las Ladrones, Molucas, Filipinas, Java, Tailandia, China, y otros lugares, con imágenes de la realeza china, guerreros, mandarines, etc., en trajes magníficos, ricamente adornados con oro, también ochenta y ocho dibujos menores en color de pájaros y animales fantásticos (cuatro en una página), todo dentro de bordes decorados...".

El magnífico manuscrito, afortunadamente, pasó a manos de Charles R. Boxer[28] (1904–2000), un oficial jubilado del ejército británico que había asumido

---

27 George Bryan Souza y Jeffrey S. Turley, *The Boxer Codex: Transcription and Translation of an Illustrated Late Sixteeenth-century Spanish Manuscript Concerning the Geography, Ethnography, and History of the Pacific, South-east Asia, and East Asia*, Leiden, Brill, 2016, p. 9. John N. Crossley ha publicado recientemente las biografías completas—con documentación inédita de archivos—de Dasmariñas padre e hijo, en una obra titulada *The Dasmariñases. Early Governors of the Spanish Philippines*, Abingdon, Oxon, Routledge, 2016. En su libro Crossley narra con sorprendente detalle los trágicos resultados de las ambiciones imperialistas de ambos, en su expansión por el Sudeste asiático. En la expedición de 1593 para capturar Ternate en las Molucas, el padre fue asesinado por una tripulación de remeros chinos amotinados a bordo del buque insignia, después de lo cual, su hijo Luis fue nombrado Gobernador General de Filipinas. Emulando a su padre, Luis continuó las aventuras marciales, llevando a cabo una desastrosa (pero autofinanciada) expedición a Camboya en 1598. El padre es recordado por ser el gobernador que ordenó la construcción de la fortaleza real de Santiago y la fortificación completa de la ciudad amurallada de Intramuros, Manila, mientras que su hijo Luis es conocido por haber donado un pedazo de tierra en Binondo para servir como enclave de los chinos cristianizados. Don Luis murió en el gran levantamiento chino de Manila en 1603. Para una descripción detallada de esa revuelta véase José Eugenio Borao, "The Massacre of 1603: Chinese Perception of the Spaniards in the Philippines," *Itinerario*, vol. 23 (1998), no. 1, pp. 22–39.

28 Dauril Alden ha escrito la biografía más exhaustiva del renombrado erudito, *Charles R. Boxer: An Uncommon Life: Soldier, Historian, Teacher, Collector, Traveler*, Lisboa, Fundação Oriente, 2001. Una biografía concisa y excelente también fue escrita por Michael

thus making it highly probable that the project was indeed completed by the younger Dasmariñas.

Boxer concludes in his monograph that it is not far-fetched to believe that either Don Luis or his father Gómez (also a governor general from 1590 to 1593) was the compendium's original owner. George Bryan Souza and Jeffrey Turley in their own edition (2016) also surmise that the Dasmariñas father and son were logically the compendium's "patron and the most probable intellectual authors of the *Boxer Codex* project, meaning that they may have commissioned and outlined their conception of the work to a compiler or compilers who executed their plan.… Instead of the codex initially being called a 'Manila Manuscript,' it could have just as easily been called the *Dasmariñas Codex*."[27]

## History of the manuscript's discovery, subsequent publication, and translations

On 10 July 1947 a mysterious manuscript was put up for auction in London. Deriving from the Earl of Ilchester's library at Holland House, it was described as an "Oriental manuscript with colored drawings of native races in the Far East, including the Ladrones, Moluccas, Philippines, Java, Siam, China, and elsewhere, those of China depicting Royalty, Warriors, Mandarins, etc., *in gorgeous Robes, richly heightened with gold*, also 88 smaller Coloured Drawings of Birds and fantastic animals (4 on a page), *all within decorative borders*…"

The magnificent manuscript fortunately came into the possession of Charles R. Boxer[28] (1904–2000), a retired British military officer who had assumed that

---

27 See George Bryan Souza and Jeffrey S. Turley, eds., *The Boxer Codex: Transcription and Translation of an Illustrated Late Sixteeenth-century Spanish Manuscript Concerning the Geography, Ethnography, and History of the Pacific, South-east Asia, and East Asia* (Leiden: Brill, 2016), 9. John N. Crossley published comprehensive father-and-son biographies, based on archival research, entitled *The Dasmariñases, Early Governors of the Spanish Philippines* (Abingdon, Oxon: Routledge, 2016). In the book Crossley narrates in stunning detail the tragic outcomes of both of their imperialist ambitions on Southeast Asia. On an expedition in 1593 to capture Ternate in the Malukus, the father was killed on board the flagship by a crew of mutinous Chinese rowers, after which the son Luis was named Philippine governor-general. Emulating his father, Luis continued the martial adventures by venturing on a disastrous (but self-financed) expedition to Cambodia in 1598. The elder is well remembered as the governor who ordered the construction of the royal Fort of Santiago and the complete fortification of the walled city of Intramuros, Manila, while his son Luis is known for having donated the parcel of land in Binondo, Manila, to serve as an enclave of the Christianized Chinese. Don Luis was killed in the great Chinese uprising of Manila in 1603. For a detailed account of that revolt based on both Spanish and Chinese archival sources, see José Eugenio Borao, "The Massacre of 1603: Chinese Perception of the Spaniards in the Philippines," *Itinerario* 23, no. 1 (1998): 22–39.

28 Dauril Alden has written the most exhaustive biography of the renowned scholar, *Charles R. Boxer: An Uncommon Life: Soldier, Historian, Teacher, Collector, Traveler* (Lisbon: Fundação Oriente, 2001). A concise and superb biography was also written by Michael Cooper on behalf of the Asiatic Society of Japan, where Boxer's scholarly career was first nurtured in the 1930s. See "In Memoriam: Charles Ralph Boxer," accessed 1 August 2016, http://asjapan.org/Memorial_Wall/boxer.htm.

ese mismo año la «Cátedra Camoens de Estudios Portugueses» en el King's College de la Universidad de Londres. El profesor Boxer era eminentemente la persona adecuada para ser su custodio. Formado en Sandhurst, su precocidad en la cultura y el lenguaje japoneses le permitió conseguir una buena posición en el ejército y llegar a ser adscrito al ejército japonés en la década de los años 30 del siglo pasado como oficial de idiomas.

Inició su carrera académica investigando en archivos históricos japoneses y publicando estudios sobre las incursiones portuguesas en Japón durante el siglo XVI. Fue ascendido a oficial de inteligencia en Hong Kong en 1936. Al comienzo de la Segunda Guerra Mundial en Asia oriental, fue capturado y encarcelado por los nipones. Fue capaz de reducir la pena militar de cuatro años por interceder con los soldados, impresionados por su conocimiento de la lengua japonesa.

Casado con Ursula Tulloch—mujer conocida por su belleza y, sobre todo, por rumorearse que era espía internacional—, Boxer tuvo un romance con la periodista estadounidense Emily 'Mickey' Hahn, corresponsal de *The New Yorker* en China. Con el trasfondo de una terrible guerra mundial, su romance, muy poco ortodoxo, se convirtió en materia de leyendas, y fue muy difundido por la misma Hahn, que escribió *China to Me: A Partial Autobiography*.[29]

Con la mano izquierda atrofiada, Boxer decidió dar un cambió a su carrera profesional a mediados de su vida, aceptando la cátedra de Estudios Portugueses. Resulta irónico que, a pesar de su pasión por la investigación académica y los estudios de historia naval y colonial de holandeses, españoles y portugueses, nunca obtuviera formalmente un título universitario. No obstante, tal era su ética de trabajo y pasión por la investigación, que acabó siendo conocido como el "magistral historiador de Portugal y su oscuro pasado imperial"[30]. Ocupó varias cátedras de Estudios Portugueses en varias universidades de todo el mundo, y fue galardonado con varios premios nacionales del gobierno portugués.

Su producción académica incluye más de 300 artículos y libros de referencia, tales como *Fidalgos in the Far East, 1550–1770: Fact and Fancy in the History of Macao* (1948); *The Christian Century in Japan* (1951); *The Tragic History Of The Sea* (1959); *Fort Jesus And The Portuguese In Mombasa* (1960); *Race Relations in the Portuguese Colonial Empire* (1963); *The Dutch Seaborne Empire, 1600–1800* (1965); *The Portuguese Seaborne Empire: 1415–1825* (1969); *The Anglo-Dutch Wars of the 17th Century* (1974); y *Mary and Misogyny: Women In Iberian Expansion Overseas, 1415–1815* (1975)[31].

---

Cooper en nombre de la Sociedad Asiática de Japón, donde Boxer inició en la década de los años 30 su carrera académica. Véase http://asjapan.org/Memorial_Wall/boxer.htm, consultado el 1 de agosto de 2016.

29 Kenneth R. Maxwell suministra muchos episodios reveladores sobre Boxer en "The C.R. Boxer Affaire: Heroes, Traitors, and the Manchester Guardian", Council on Foreign Relations, 16 de Marzo de 2001 en http://www.cfr.org/world/cr-boxer-affaire-heroes-traitors-manchester guardian/p3924, consultado el 1 de agosto de 2016.

30 El apelativo fue empleado por el periódico inglés *The Guardian*, en el obituario publicado el 16 de mayo de 2000.

31 Una bibliografía completa se puede encontrar en la página web de la Lilly Library en http://www.indiana.edu/~liblilly/shorttitle/boxer-offprints-byBoxer.html.

same year the Camoens chair of Portuguese studies at King's College, London University. Professor Boxer was eminently the right person to be its custodian. Educated in Sandhurst, his precocity in Japanese language and culture allowed him to secure a good position in the army and to become seconded to the Japanese army in the 1930s as a language officer.

He initiated his scholarly career by delving into historical archives there and publishing studies on Portuguese incursions into Japan during the 16th century. He was eventually promoted as intelligence officer in Hong Kong in 1936. At the outbreak of World War II in the Far East, he was captured and imprisoned by the Japanese. He was able to mitigate the harshness of a four-year war detention by interceding with the Japanese military officers who were impressed by Boxer's command of Japanese.

Although already married to Ursula Tulloch, a woman renowned for her beauty and rumored to be an international spy, Boxer carried on an affair with the American journalist Emily "Mickey" Hahn, *The New Yorker*'s correspondent in China. Set against the backdrop of the raging world war, their highly unorthodox romance became the stuff of legend and was highly publicized by Hahn herself, who penned *China to Me: A Partial Autobiography*.[29]

His left hand atrophied, Boxer switched his career in mid-life when he accepted a prestigious chair in Portuguese studies. Ironically, notwithstanding his passion for serious research on Dutch, Spanish, and Portuguese maritime and colonial histories, he never formally obtained a university degree. But such was his work ethic, passion for research, and lifelong commitment to study that he eventually became a "magisterial historian of Portugal and its dark imperial past."[30] He held several chairs in Portuguese studies across several universities around the world, and received national awards from the Portuguese government.

His scholarly output included over 300 papers[31] and landmark books such as *Fidalgos in the Far East, 1550–1770: Fact and Fancy in the History of Macao* (1948); *The Christian Century in Japan* (1951); *The Tragic History of the Sea* (1959); *Fort Jesus and the Portuguese in Mombasa* (1960); *Race Relations in the Portuguese Colonial Empire* (1963); *The Dutch Seaborne Empire, 1600–1800* (1965); *The Portuguese Seaborne Empire, 1415–1825* (1969); *The Anglo-Dutch Wars of the 17th Century* (1974); and *Mary and Misogyny: Women In Iberian Expansion Overseas, 1415–1815* (1975).

---

29 Kenneth R. Maxwell supplies many revealing episodes about Boxer in "The C.R. Boxer Affaire: Heroes, Traitors, and the Manchester *Guardian*," *Council on Foreign Relations*, 16 March 2001, accessed 1 August 2016, http://www.cfr.org/world/cr-boxer-affaire-heroes-traitors-manchester-guardian/p3924.

30 The moniker was coined by the well-regarded British newspaper, the *Guardian*, in the great scholar's obituary dated 16 May 2000.

31 A comprehensive bibliography can be found at the website of the Lilly Library at http://www.indiana.edu/~liblilly/shorttitle/boxer-offprints-byBoxer.html.

Bibliófilo consumado, Boxer estableció una de las mejores bibliotecas de libros y manuscritos raros de los imperios coloniales de Portugal y España[32]. Cultivó amistades con académicos de todo el mundo y mantuvo correspondencia constante a lo largo de los años. Todo lo cual le dio acceso a un conocimiento privilegiado que plasmó en los numerosos libros y ensayos que escribió con una encomiable versatilidad académica.

## Una constelación internacional de investigadores trabajando sobre el «Manuscrito de Manila»

Aunque era considerado un coloso en el mundo académico, Boxer fue extraordinariamente generoso con los investigadores de su tiempo, y atendía sus consejos. Tres años después de adquirir y estudiar el misterioso códice, Boxer publicó el ensayo "A Late Sixteenth-century Manila Manuscript" en la revista *Journal of the Royal Asiatic Society*, en abril de 1950. El profesor prefirió llamar modestamente al códice "un manuscrito de Manila". En su honor posteriormente se cambió la denominación.

A lo largo de los años Charles R. Boxer continuó trabajando en la transcripción de las partes del códice. En 1953 tradujo la narración sobre China del padre Martín de Rada, que adjuntó a las relaciones de Galeote Pereira y Gaspar da Cruz, en el libro *South China in the Sixteenth Century*. La introducción, con más de setenta páginas, es un resumen del estudio de toda su vida sobre los principios de la China moderna, y muestra su dominio de las historias imperiales de España y Portugal. En años tan tardíos como la década de los setenta, Boxer seguía trabajando en el códice, en la transcripción y traducción de la última sección sobre Champa.

Durante décadas, Boxer mantuvo una cercana amistad con el historiador filipino Carlos Quirino (1910-99)[33]. Esta relación comenzó cuando Quirino, en carta fechada el 20 de diciembre de 1957, buscó audazmente permiso para comprar el "Manuscrito de Manila" o, de no ser posible, al menos solicitaba una reproducción del texto. En lugar de ofrecer respuesta ofensiva a petición tan audaz, Boxer, de su puño y letra, dio permiso para su reproducción, e incluso aconsejó a Quirino que obtuviera una copia fotostática de los archivos en microfilm de la Colección Ayer de la Biblioteca Newberry de Chicago, que había sido tomada anteriormente en 1948.[34]

---

32 Su biblioteca, de clase mundial, fue adquirida posteriormente por la Biblioteca Lilly de la Universidad de Indiana.

33 Académico consumado como Boxer, Quirino publicó más de trescientos artículos y libros de referencia, incluyendo *Quezon: Man of Destiny* (1935); *The Great Malayan* (1940); *Magsaysay of the Philippines* (1958); *Philippine Cartography* (1959); *Damián Domingo: First Eminent Filipino Painter* (1961); *Maps and Views of Old Manila* (1971); *History of the Philippine Sugar Industry* (1974); *Filipinos at War* (1981); y *Amang, the Life and Times of Eulogio Rodríguez, Sr.* (1983). Editó series de varios volúmenes como la *Filipiniana Book Guild*, colección de 24 volúmenes, y la enciclopedia *Filipino Heritage* de diez tomos, además de escribir las biografías de todos los presidentes de Filipinas. También ocupó los cargos de Director de la Biblioteca Nacional de Filipinas y Director fundador del Museo Ayala. Por su servicio a la nación, se le confirió el premio Artista Nacional de Literatura en 1997.

34 Carta escrita por Boxer a Quirino con fecha de 30 de diciembre de 1957. Todas las cartas de Prof. Boxer han sido consultas por cortesía de Richie Quirino, hijo de Carlos.

A consummate bibliophile, Boxer assembled one of the finest libraries of rare books and manuscripts on the Spanish and Portuguese colonial periods.[32] He cultivated friendships with scholars from all over the world and maintained constant correspondence through the years, which thus gave him access to privileged knowledge that he parlayed into the many books and essays that showcased his wide-ranging and interdisciplinary academic pursuits.

## An international constellation of scholars working on the "Manila Manuscript"

Although considered a colossus in the academic world, Boxer was extraordinarily generous to scholars with his time and advice. Three years after acquiring and studying the mysterious codex, Boxer published the scholarly essay "A Late Sixteenth-century Manila Manuscript" in the April 1950 issue of the *Journal of the Royal Asiatic Society*. Modest to the end, the professor preferred to call it a "Manila Manuscript." In his honor subsequent scholars have named it after him.

Along the years Prof. Boxer continued to work on the transcription on parts of the codex. In 1953 he translated Fr. Martín de Rada's tract on China, which he included with the pivotal accounts of Galeote Perreira and Gaspar da Cruz. The resulting book, *South China in the Sixteenth Century*, is a marvel for its lucidity and erudition. The introduction alone runs over seventy pages and summarizes his lifelong study of early modern China and showcases his command of both Spanish and Portuguese imperial histories. As late as 1970, Boxer still continued to work on the codex, transcribing and translating the last section on Champa.

Over decades Prof. Boxer cultivated a friendship with Filipino historian Carlos Quirino (1910–99).[33] This began rather inauspiciously with a letter dated 30 December 1957 when Quirino audaciously sought permission to purchase the "Manila Manuscript," asking whether he had any objection to a Filipino historian taking reproductions of the manuscript.[34] Rather than being affronted by such an upfront request, Boxer to his credit gave permission for its reproduction while even directing Quirino to obtain a photostat copy from the microfilm archives of the Ayer Collection in Newberry Library, Chicago, which had already arranged for its reproduction earlier in 1948.

32 His world-class library was subsequently acquired by Lilly Library of Indiana University.
33 A consummate scholar like Boxer, Quirino published over 300 articles and landmark books, including *Quezon: Man of Destiny* (1935); *The Great Malayan* (1940); *Magsaysay of the Philippines* (1958); *Philippine Cartography* (1959); *Damián Domingo: First Eminent Filipino Painter* (1961); *Maps and Views of Old Manila* (1971); *History of the Philippine Sugar Industry* (1974); *Filipinos at War* (1981); and *Amang, the Life and Times of Eulogio Rodríguez, Sr.* (1983). He edited multi-volume series such as the 24-volume *Filipiniana Book Guild* series and the 10-part *Filipino Heritage* encyclopedia, apart from writing the biographies of all the Philippine presidents. He also served as the director of the Philippine National Library and the founding director of Ayala Museum. For his service to the nation, he was conferred the National Artist award for historical literature in 1997.
34 Letter of Charles Boxer to Carlos Quirino dated 30 December 1957. All of Boxer's letters regarding the codex were furnished courtesy of Quirino's son, Richie.

Menos de dos semanas después, Boxer envió a su nuevo amigo una copia del "Manuscrito de Manila", y le aconsejó que consultara la bibliografía de Paul S. Lietz, *Calendar of Philippine Documents in the Ayer Collection* (Chicago, 1956). Dos días más tarde, Boxer envió otra misiva, notificando a Quirino que había enviado el raro manuscrito a un fotógrafo especialista para obtener imágenes a color de todas las diecisiete ilustraciones de Filipinas, para una exhibición que había planeado Quirino en Manila. Boxer escribía eufórico a Quirino, informándole que "éstos son los dibujos más antiguos que se conocen de los pueblos del archipiélago filipino, ya que los dibujos del viaje de Pigafetta […] no se hicieron en el momento (como éstos), sino en Europa y de segunda o tercera mano"[35].

Estimulado por el historiador británico, Quirino procedió a publicar un artículo en dos partes sobre el códice en la edición del 30 de agosto de la revista *Philippines Free Press*. Es entonces cuando Boxer invita a Quirino y su familia a visitarle en su casa de Berkhamsted, Inglaterra, en abril de 1960, con objeto de poder examinar "la joya de su colección", y acudir a la exposición *Rariora filipina* que Boxer había especialmente comisariado para el evento. Existe una fotografía de este entrañable encuentro tomada por Quirino, que documenta las cálidas relaciones personales que se desarrollaron entre Carlos, su esposa Liesel e hija Denden, y Charles Boxer y su esposa Mickey Hahn (ver fig. 61).

Tras la publicación de un largo ensayo académico de Quirino para el *Philippine Journal of Science*,[36] Boxer envió una carta de agradecimiento a Quirino, afirmando que "estoy especialmente agradecido de que usted me enviara la 'primera copia', que siempre formará uno de los tesoros de mi biblioteca […] usted y el Sr. M[auro] García[37] han hecho un excelente trabajo tanto en la transcripción como en la traducción, así como también en la anotación del códice. Su artículo es una contribución de primer orden en los estudios de Filipinas"[38]. Equilibrando este hermoso elogio, Boxer no descuidó sin embargo corregir algunos de los errores que Quirino y García habían marcado en la traducción con la palabra [ilegible].

---

35 Carta escrita por Boxer a Quirino con fecha 16 de enero de 1958.
36 Carlos Quirino y Mauro García, "The Manners, Customs, and Beliefs of the Philippine Inhabitants of Long Ago; Being Chapters of 'A Late Sixteenth-century Manila Manuscript,' Transcribed, Translated and Annotated," *Philippine Journal of Science* 87 (1958), pp. 325–449. Por algún motivo Quirino y García omitieron la breve relación sobre Zambales. El artículo de 1958 fue reimpreso dos décadas más tarde por Mauro García en su compilación *Readings in Philippine Prehistory*, Manila, Filipiniana Book Guild, 1979, vol. 1, pp. 307–357.
37 Mauro García fue un reconocido bibliógrafo y editor académico especializado en la historia antigua de Filipinas. Trabajó con Carlos Quirino y el distinguido bibliotecario Gabriel Bernardo, y fue el editor de *Philippine Journal of Science*. También llegó a ser famoso como el hombre que avisó al investigador William Henry Scott acerca de los engaños perpetrados por José E. Marco en relación con el antiguo Código de Kalantiaw, el cual, supuestamente, se remontaba a 1433. Véase Paul Morrow, "Kalantiaw: The Hoax" (1998, revisado en 2008), en http://paulmorrow.ca/kalant_e.htm, consultado el 1 de agosto de 2016; y William Henry Scott, "Kalantiaw: The Code that Never Was", *Looking for the Pre-Hispanic Filipino*, Quezon City, New Day, 1992, pp. 159–170.
38 Carta escrita por Boxer a Quirino con fecha de 13 de agosto de 1961.

Less than two weeks later, Boxer followed up by sending his new friend a copy of the out-of-print "Manila Manuscript" article, advising him to consult Paul S. Lietz's bibliography, *Calendar of Philippine Documents in the Ayer Collection* (Chicago, 1956). Two days later, Boxer sent another missive, notifying Quirino that he had the rare manuscript taken to a specialist photographer to obtain color plates of all seventeen of the Philippine illustrations for an exhibit that Quirino had planned in Manila. Boxer wrote of his elation to Quirino and informed him that "these are the oldest known direct depictions of the peoples of the Philippines, as the plates in Pigafetta's voyage… were not made on the spot (like these) but only in Europe at second or third hand."[35]

Directly encouraged by the British historian, Quirino proceeded to publish a two-part magazine article on the codex in the 30 August 1958 issue of the *Philippines Free Press*. Boxer invited Quirino and his family to visit him at home in Berkhamsted, England, in April 1960, to examine "the gem of his collection" and to view *rariora filipina* that Boxer had especially curated for the event. There is a photograph of that special encounter taken by Quirino that documents the warm personal ties that developed between Carlos, his wife Liesel, daughter Denden, and Charles Boxer and his wife Mickey Hahn (see fig. 61).

After Quirino's publication of a long scholarly essay for the *Philippine Journal of Science*,[36] Boxer sent a letter to compliment Quirino, stating that "I am especially grateful that you sent me the 'first copy', and it will always form one of the treasures of my library… you and Mr. M[auro] García[37] have made a very good job both of the transcription and the translation, as also of the annotation of the codex, and that your article is a first-rate contribution to Philippine studies."[38] To even out the wholesome praise, Boxer however did not neglect to correct some of the errors that had been marked in Quirino and García's translation with the words "illegible." At the end of the lengthy letter, he softened his

---

35 Letter of Charles Boxer to Carlos Quirino dated 16 January 1958.
36 Carlos Quirino and Mauro García, "The Manners, Customs, and Beliefs of the Philippine Inhabitants of Long Ago; Being Chapters of 'A Late Sixteenth-century Manila Manuscript,' Transcribed, Translated and Annotated," *Philippine Journal of Science* 87 (1958): 325–449. For some reason Quirino and García omitted the brief account on the Zambales, perhaps believing it was too gruesome. The 1958 article was subsequently reprinted two decades later by Mauro García in his compilation *Readings in Philippine Prehistory*, 2nd series, vol. 1 (Manila: Filipiniana Book Guild, 1979), 307–57.
37 Mauro García was a renowned bibliographer and a scholarly editor who specialized in Philippine prehistory. He worked with Carlos Quirino and the distinguished librarian Gabriel Bernardo, and was the editor of *Philippine Journal of Science*. He also achieved fame as the man who alerted pre-Hispanic scholar William Henry Scott on the hoaxes perpetrated by José E. Marcó regarding the ancient Code of Kalantiaw that supposedly dated to 1433. See Paul Morrow, "Kalantiaw: The Hoax," (1998, revised 2008), accessed 1 August 2016, http://paulmorrow.ca/kalant_e.htm; and William Henry Scott, "Kalantiaw: The Code that Never Was," *Looking for the Pre-Hispanic Filipino* (Quezon City: New Day, 1992), 159–70.
38 Letter of Charles Boxer to Carlos Quirino dated 13 August 1961.

Al final de la larga carta, suavizó su tono, asegurando a Quirino que "se trata de pequeños errores, que no disminuyen un trabajo muy útil y valioso"[39].

William Henry Scott, escribiendo veintisiete años después de la publicación de Quirino y García, señalaba secamente que "el llamado *Códice Boxer*, de procedencia desconocida, pero supuestamente de Manila, ha sido ignorado en gran medida por los historiadores. [F. Landa] Jocano lo utilizó con buenos resultados en la introducción a su *The Philippines at Spanish Contact* (Manila, MCS Enterprises, 1975), pero otros académicos han tendido a descartarlo como una repetición de las relaciones anteriores"[40].

En verdad, las anotaciones de Quirino y García, aunque eruditas en algunas partes, a veces se convierten en nada más que un estudio transversal y comparativo de las narraciones de Miguel de Loarca (1582), Juan de Plasencia (1589), Pedro Chirino (1604), y Antonio de Morga (1609)[41], repitiendo así el estudio pionero de M. Edmunde Delbecke, *Early Filipinos at the Coming of the Spaniards*, que había sido publicado mucho antes. Quizás para enfatizar esto Landa Jocano, en su reimpresión de la monografía de Quirino y García en 1975, eligió deliberadamente suprimir las abundantes notas en su totalidad.

En cualquier caso, Scott señalaba que la restauración completa del *Códice Boxer* era una necesidad historiográfica, como obra única, citando cuatro aspectos históricos que sólo aparecían en esta obra: el observador anónimo es el primero en describir la prenda que los maranaos llaman *malong*; se ilustra el dispositivo sexual utilizado por los bisayas; se afirma categóricamente que el "esclavo" de una casa se libra de su condición al casarse, convirtiéndose así en un cabeza de familia *namamahay*; y se confirma que los cazadores moros deben de llegar a su presa antes que sus perros, en observancia de la ley musulmana. Scott afirma que su "autor era probablemente un viajero inteligente, observador, tal vez un oficial colonial, que no se quedó por mucho tiempo en un solo lugar, no podía hablar ningún

---

39 En 1961 Quirino, entonces Director de la Biblioteca Nacional, hizo honor recíproco al acoger al académico británico en Manila con motivo del primer congreso internacional en honor del centenario del nacimiento del héroe nacional filipino José Rizal. Boxer expresó cierto temor con la idea, confiando a Quirino que "no soy una autoridad en Rizal, aunque soy un gran admirador de él, y no puedo contribuir personalmente en nada útil u original. Pero podría ocuparme de algún tema o personaje mencionado por Rizal en su edición de Sucesos de Morga, y contribuir con un documento sobre este tema". Los periódicos filipinos desde el 3 al 8 de diciembre de 1961 hacen eco constate del congreso, al cual asistieron personalidades tan valiosas como el profesor Boxer, el exiliado historiador español Salvador de Madariaga, el rizalista inglés Austin Coates, y la indonesia Rosihan Anwar. Un artículo de prensa señalaba que el artículo de Charles R. Boxer, "Apropos of a Footnote by Rizal: Three Unpublished Jesuit Letters on the Philippine and the Mariana Missions of 1681–89", resaltaba la actitud despectiva de algunos frailes y cronistas españoles, que se oponía a las opiniones favorables emitidas por los jesuitas españoles, como el padre Delgado.

40 Compárense las anotaciones de Quirino y García con las de Delbeke, *Religion and Morals of the Early Filipinos at the Coming of the Spaniards*, Manila, University of Santo Tomás Press, 1928.

41 Los títulos de sus relaciones son *Relación de las Islas Filipinas*, *Relación de las costumbres que los indios solían tener en estas islas*, *Relación de las Islas Filipinas*, y *Sucesos de las Islas Filipinas*, respectivamente.

tone, assuring Quirino that "…these are small slips, which do not detract from a very useful and valuable piece of work."[39]

William Henry Scott, writing twenty-seven years after Quirino and García's publication, noted drily that "the so-called *Boxer Codex*, of unknown but presumably Manila provenance, has been largely ignored by historians… [F. Landa] Jocano used it to good effect in the introduction to his *The Philippines at Spanish Contact* (Manila, MCS Enterprises, 1975), but other scholars have tended to dismiss it as a rehash of earlier accounts."[40]

In truth Quirino and García's annotations, although erudite in parts, at times devolve to nothing more but a reductive cross-comparative survey of the other more well-known accounts of Miguel de Loarca (1582), Juan de Plasencia (1589), Pedro Chirino (1604), and Antonio de Morga (1609),[41] thus repeating the pioneering study of M. Edmunde Delbecke, *Religion and Morals of the Early Filipinos at the Coming of the Spaniards*, which had been published much earlier in 1928. Perhaps to emphasize this, Jocano in his 1975 reprint of Quirino and García's monograph deliberately chose to suppress the copious notes in their entirety.

Scott, however, argued for the full restoration of the *Boxer Codex* as a unique work, citing four reasons for its original and eyewitness qualities: the anonymous observer is the first to describe the garment that Maranaos call the *malong*; illustrate a sexual device used by Bisayan men; categorically state that a house "slave" escaped his condition by marrying, thus becoming a *namamahay* householder; and confirm that hunters must first reach their game before their hunting dogs in order to bleed them before butchering in accordance with Muslim law. Scott confirms that its "author was probably an intelligent, observant traveler, perhaps a colonial officer, who did not

---

39 In 1961 Quirino, then the director of the National Library, reciprocated by hosting the famed British scholar in Manila on the occasion of the first international congress honoring the 100th birth centennial of Philippine national hero José Rizal. Boxer expressed some trepidation at the prospect, confiding to Quirino that "I am not an authority on Rizal, though I am a great admirer of him, and I cannot contribute anything useful or original on him personally. But I could deal with some topic or personage mentioned by Rizal in his edition of Morga's *Sucesos*, and contribute to a paper on that." Philippine newspapers dated 3 to 8 December 1961 were filled with countless commentaries on the congress proceedings and the roster of thirty-two overseas delegates, which included Prof. Boxer, Spanish exiled historian Salvador de Madariaga, the English Rizalist Austin Coates, and the Indonesian Rosihan Anwar. A newspaper article noted that Prof. Boxer's paper "Apropos of a Footnote by Rizal: Three Unpublished Jesuit Letters on the Philippine and the Mariana Missions of 1681–1689" revealed the derogatory attitude of some Spanish friars and chroniclers, which were offset by the favorable opinions of Spanish Jesuits such as Father Delgado.
40 Compare Quirino and García's annotations to those of Delbecke, *Religion and Morals of the Early Filipinos at the Coming of the Spaniards* (Manila: University of Santo Tomás Press, 1928).
41 The titles of their accounts are *Relación de las Islas Filipinas, Relación de las costumbres que los indios solían tener en estas islas, Relación de las Islas Filipinas,* and *Sucesos de las Islas Filipinas,* respectively.

idioma de Filipinas, y utilizó un intérprete, dado a las convenciones ortográficas mexicanas, como *aguiguilitl*".[42]

John S. Carroll publicó la traducción de Brunei en 1982, basada en las imágenes fotostáticas obtenidas por el Museo Sarawak y utilizadas con el permiso del profesor Boxer. Carroll estaba familiarizado con el malayo, el tagalo y español, por lo que se han utilizado sus anotaciones para esta edición, a pesar de la calidad relativamente literal de su traducción.

En 1979 Pierre-Yves Manguin, junto con el propio profesor Boxer, produjo una transcripción (sin traducción) de la relación sobre las Molucas y Nueva Guinea de Miguel Roxo de Brito. Alrededor de la década de 1990, J. H. Sollewijn Gelpke recibió permiso de Boxer para traducir esta sección, que fue publicada en 1994.

Marjorie Driver tradujo la relación sobre Ladrones en 1991 para *The Journal of Pacific History*. En 1997 Jorge Manuel dos Santos Alves y Pierre-Yves Manguin proporcionaron un estudio en profundidad de la sección sobre Aceh, comparándola con otra copia del original portugués que fue transcrita en 1792 por el historiador español Martín Fernández de Navarrete.

En 2013 Isaac Donoso inicia la publicación de la primera edición completa y moderna del códice para la revista académica *Revista Filipina* (vol. 1 no. 2; vol. 2 no. 1; y vol. 2 no. 2). Esta edición, revisada e integral, es la base para la nueva traducción de María Luisa García de las secciones no filipinas del presente volumen. García también revisa y edita la traducción clásica de Quirino y Mauro García, con el fin de dar unidad al volumen en consonancia con la edición de Donoso.

A mediados del año 2016 la editorial holandesa Brill publicó la transcripción paleográfica completa y la traducción al inglés del códice por George Bryan Souza y Jeffrey S. Turley. Su transcripción reproduce línea por línea el texto original en español, y errores de copia o inconsistencias. La introducción de la edición, además de aceptar la conclusión lógica de que el padre y el hijo Dasmariñas fueron los patrocinadores y propietarios del códice, plantea una hipótesis sobre la identidad de su compilador[43].

Hay que anotar también que en 2014 John N. Crossley llevó a cabo un estudio sobre los orígenes del códice, basado en el magnífico estudio que hizo sobre Hernando Coronel de los Ríos, un colega cercano de los dos gobernadores generales Dasmariñas[44]. Habiendo encontrado la biblioteca de de los Ríos en la actual Biblioteca histórica Miguel de Benavides de la Universidad de Santo Tomás en Manila, comparó la encuadernación del códice con los libros de la época. La condición del *Códice Boxer*, ahora depositado en la Biblioteca Lilly de la Universidad

---

42 William Henry Scott, "Filipino Class Structure in the Sixteenth Century", *Cracks in the Parchment Curtain*, Quezon City, New Day Publishers, 1985, p. 98.

43 Debido a su lenguaje neutral, S&T descartan a los tres cronistas religiosos contemporáneos, el franciscano Juan de Plasencia, y los padres jesuitas Pedro Chirino y Francisco Colín. De los dos escritores seculares de la época eligen a Antonio de Morga sobre Miguel de Loarca como el verdadero compilador del *Boxer Codex*. Véanse las largas deliberaciones de S&T en las páginas 23-27.

44 John N. Crossley, *Hernando de los Ríos Coronel and the Spanish Philippines in the Golden Age*, Farnham, Ashgate, 2011.

stay long in one place, could not speak any Philippine language, and used an interpreter given to Mexican spelling conventions like *aguiguilitl*."[42]

John S. Carroll published the Brunei translation in 1982 based on the photostat images obtained by the Sarawak Museum and used with the permission of Prof. Boxer. Carroll was familiar with Malay, Tagalog, and Spanish, thus his annotations were used for this edition, notwithstanding the relatively literal quality of his translation.

In 1979 Pierre-Yves Manguin with Prof. Boxer himself provided a transcription (without a translation) of the Miguel Roxo de Brito-penned relación of Maluku and New Guinea. Around the 1990s J.H. Sollewijn Gelpke received permission from Boxer to translate this section, which was published in 1994.

Marjorie Driver translated the Ladrones account in 1991 for the *Journal of Pacific History*. In 1997 Jorge Manuel dos Santos Alves and Pierre-Yves Manguin provided an in-depth study of the section on Aceh, comparing it to another copy in the original Portuguese that was transcribed in 1792 by Spanish historian Martín Fernández de Navarrete.

In 2013 Isaac Donoso initiated the publication of the first complete and modern transcription of the codex for the academic journal *Revista Filipina*, (vol. 1, no. 2; vol. 2, no. 1; and vol. 2, no. 2). This transcription formed the basis for María Luisa García's all-new translation of the non-Philippine sections in this edition. García also edited the classic translation of Quirino and Mauro García (no relation) to maintain its consonance to Donoso's new transcription.

In 2016 Brill published George Bryan Souza and Jeffrey S. Turley's complete transcription and English translation of the *Boxer Codex*. Their transcription reproduces the original Spanish text line by line, as well as copyist errors or inconsistencies. The edition's introduction, besides accepting the logical conclusion that the father-and-son Dasmariñas tandem was the codex's ultimate patrons and owners, argues about the identity of its compiler.[43]

Lastly in 2014, John N. Crossley investigated the origins of the codex, based on the magnificent study he did on Hernando Coronel de los Ríos,[44] a close colleague of the Dasmariñas governors-general. Having located the actual library of de los Ríos at the Miguel de Benavides Heritage Library of the University of Santo Tomás in Manila, he compared their bindings and condition to that of the *Boxer Codex* that is now deposited at the Lilly Library in Indiana University. Given the latter's superb condition and sumptuous

---

42  William Henry Scott, "Filipino Class Structure in the Sixteenth Century," *Cracks in the Parchment Curtain* (Quezon City: New Day Publishers, 1985), 98.

43  Because of its even-toned language and secular neutrality, S&T discount the three contemporary religious chroniclers: Fr. Juan de Plasencia OFM, and the Jesuit fathers Pedro Chirino and Francisco Colín. Of the two secular writers of the period, they nominate Antonio de Morga over Miguel de Loarca as the true compiler of the *Boxer Codex*. See the lengthy deliberations of S&T, 23–27.

44  John N. Crossley, *Hernando de los Ríos Coronel and the Spanish Philippines in the Golden Age* (Farnham, England: Ashgate, 2011).

de Indiana, dada su excelente conservación y suntuosa encuadernación con piel de carnero, no puede haber permanecido en Filipinas. Crossley concluye que el códice todavía se conserva en su encuadernación original, y que, probablemente, se había previsto como un regalo a la corte real española. Un examen más detallado de la cubierta y su relleno en las guardas, puso al descubierto una hoja de papel de un libro de Pablo de Mera impreso en 1614 por la Compañía de Impresores y Libreros del Reino de Madrid, lo que demuestra que el libro fue de hecho encuadernado en España en 1614. Crossley explica que:

> Dasmariñas padre fue asesinado por su tripulación china en 1593, y su hijo murió en el levantamiento Sangley en 1603, y las dos muertes ocurrieron mientras que de los Ríos seguía en Filipinas. De los Ríos era un piloto, de hecho, el único piloto que conozco por nombre propio en Filipinas en ese momento, y había estado cerca de ambos, padre e hijo. En consecuencia, estaba en perfecta disposición de tener acceso al códice. En 1605 fue enviado a España por los manileños como Procurador General. Probablemente en este momento de los Ríos llevó el códice a España, dos años después de la muerte del hijo Dasmariñas.

Además, la extraña similitud de las relaciones de Miguel Roxo de Brito y de Pedro Fernández de Quirós, siendo esta última escrita en 1610, hicieron creer a Crossley que Quirós sólo pudo haber tenido acceso a este texto a través de de los Ríos, con quien tuvo reuniones entre 1607 y 1610. Crossley concluye su estudio afirmando que:

> Por lo tanto, llego a la conclusión de que de los Ríos llevó las páginas sueltas a España cuando fue allá en 1605, y que éstas fueron posteriormente encuadernadas en España no más tarde de 1614, cuatro años después del regreso de de los Ríos a Filipinas. Permanece la duda sobre la historia posterior del códice, en particular, por qué el manuscrito salió de la corte, pero esto parece ser un misterio, hasta que el texto reapareció en la biblioteca de Sir Ilchester en la Holland House[45].

**Motivos detrás de la composición de la obra**

El *Boxer Codex* no es obra de un solo autor, sino que constituye una recopilación de relaciones, derroteros y jornadas que describen la geografía, historia y costumbres de las principales regiones de Asia oriental.

A esta compilación uniforme y organizada de textos dispersos y misceláneos se adjuntan cuatro folios con nueva paginación desde la 143r a la 145v, con diferente letra y firmados por Luis Pérez Dasmariñas, siendo una relación epistolar de las Indias Orientales que culmina con la súplica de licencia regia para conquistar el reino de Siam. El cuerpo del volumen está redactado por un único escriba, con la

---

45 Crossley, "The Early History of the Boxer Codex", loc. cit., p. 123.

and elaborately tooled sheepskin binding, Crossley concluded that the compendium was still conserved in its original binding and that it had probably been intended as a gift to the Spanish royal court. On closer examination of both the cover and its pastedown filler, he discovered that it consisted of a sheet of paper from a Pablo de Mera book printed in 1614 at the Compañía de Impresores y Libreros del Reino (the Royal Company of Printers and Booksellers) of Madrid, proving that the book was indeed bound in Spain in 1614. Crossley explained that

> ...the elder Dasmariñas was murdered by his Chinese crew in 1593, and his son died in the Sangley uprising in 1603, both deaths taking place while de los Ríos was still in the Philippines. De los Ríos was a pilot, indeed the only pilot I know by name in the Philippines at that time, and he had been close to both father and son. Consequently, he was in the perfect position to have access to the codex. In 1605 he was sent to Spain by the citizens of Manila as Procurator General. The timing suggests that the codex was taken by de los Ríos to Spain, two years after the death of the son....

In addition, the uncanny similarity of the accounts of Miguel Roxo de Brito and the subsequently written one by Pedro Fernández de Quirós in 1610 led Crossley to believe that Quirós could only have had access to it via de los Ríos who had met him earlier between 1607 and 1610. Crossley concluded his study by stating that

> I therefore conclude that de los Ríos took the unbound pages to Spain when he went there in 1605 and that they were subsequently bound in Spain no earlier than 1614, four years after de los Ríos returned to the Philippines. There remains the question of the subsequent history of the codex, in particular why the manuscript left the court, but this appears to be unknown until it appears in the library of Lord Ilchester in Holland House.[45]

## The rationale behind the compendium

The *Boxer Codex* is not the work of only one author but a collection of reports, rutters, and exploration accounts describing the geography, history, and customs of the main regions of East and Southeast Asia and the Pacific.

To these were added four sheets with a new pagination from 143r to 145v with various letters signed by Luis Pérez Dasmariñas, which were epistolary accounts of the East Indies justifying the conquest of the kingdom of Siam. The whole compilation was written by a single scribe, with the collaboration of one

---

45 Crossley, "The Early History of the Boxer Codex," 123.

colaboración de uno o varios iluministas de origen chino, y encuadernado, según las últimas investigaciones, en Madrid hacia el año 1614.[46]

En varios de los textos o secciones del códice el autor aparece reflejado de forma explícita (especialmente los portugueses Juan Ribero Gayo, obispo de Malaca, y Miguel Rojo de Brito). De otros textos puede inferirse la autoría, aunque el autor no se mencione (en especial la relación de China, que parece claramente obra de Martín de Rada). En los folios añadidos se menciona explícitamente la traducción del portugués al castellano como obra realizada por el dominico Gerónimo de Belén, y el uso de la primera persona y firma de Luis Pérez Dasmariñas. Pero en general, no se nos informa del motivo de la recopilación, de las iluminaciones, y del conjunto de la obra. Todos estos datos, quizá, aparecían en una portada, actualmente perdida. Es muy probable que el códice, cuidadosamente dispuesto, ordenado y redactado, tuviese una portada, y no comenzase de forma abrupta con las imágenes y relación de las islas de los Ladrones.

Tampoco hay fecha clara de composición, siendo el *terminus ante quem* el año de 1589 en el cuerpo del códice (en concreto en la relación de Borney), y el 5 de julio de 1598 en los documentos adjuntos. Si se asume que Luis Pérez Dasmariñas pudo ser el principal promotor de la redacción e ilustración de la obra, y que éste partió en expedición financiada por sí mismo para la conquista de Camboya en septiembre de 1598,[47] es probable que entre julio y septiembre de 1598 el texto estuviera listo para ser enviado al Rey de España.

Los motivos de la composición de esta original obra hay que buscarlos—hasta la aparición de nuevos datos—en la relación de los gobernadores Dasmariñas con la población china y sangley de Manila, y los intereses políticos de padre e hijo. Ambicionando estos objetivos, Gómez Pérez muere dramáticamente en 1593. Luis Pérez le sucede en el cargo de Gobernador. Consecuentemente, es la persona más indicada para tener acceso a textos y documentos confidenciales de alto valor estratégico, como son los documentos que el códice reproduce. Pero hay que buscar las razones de la composición de una obra tan meticulosamente diseñada en el porvenir de Luis Pérez Dasmariñas una vez que deja de ser gobernador. En efecto, concibe Filipinas como plataforma para la conquista de tierra firme, comenzando por Camboya. Es de entender, según las cartas reproducidas en la adenda, la voluntad de crear un nuevo Virreinato asiático, al margen del de Goa, centrado en Malaca-Manila, que tuviera virrey propio y capacidad de emprender nuevas conquistas.

El texto del *Boxer Codex* parece por lo tanto una obra de largo propósito que tenía como fin convencer al Rey de España de la grandeza de la conquista asiática, a través de la fascinación y el exotismo de las ilustraciones. Y es probable que, por mediación de los consejos e insistencias del obispo de Malaca, quien envía en fecha de 11 de abril de 1595 dos cartas, tanto al monarca español como al gobernador de Filipinas, Luis Pérez Dasmariñas, éste último empezase la creación de un volumen cuyo fin prioritario fuera deslumbrar al monarca para obtener concesiones regias en la conquista de tierra firme y, en último

---

46 Ibid.
47 *Cf.* Florentino Rodao, *Españoles en Siam, 1540-1939: una aportación al estudio de la presencia hispana en Asia*, Madrid, CSIC, 1997, p. 23.

or several illustrators of Chinese origin, and finally bound into book form in Madrid around 1614.[46]

Several of the compendium's sections explicitly identify their respective authors, particularly those by the Portuguese bishop of Malacca João Ribeiro Gaio and Miguel Roxo de Brito. Other accounts do not credit its authors, but the account of China is certainly that of Martín de Rada. In the folios that were appended, we are told that the translation of the text from Portuguese to Spanish was explicitly vouched for by the Dominican Gerónimo de Belén. We can also recognize the authorship of the other addenda that were written and signed in the first person by Governor Luis Pérez Dasmariñas. But we are left in the dark with regard to the reason for the codex's compilation, illuminations, and the rationale of the entire work. Perhaps this was stated in a cover (that is now missing), since the manuscript begins abruptly with the account on the Ladrones Islands.

The exact year when the work was written remains unclear, with the last mentioned date within the general text (that of the account of Borneo) dated 1589, while 5 July 1598 is stated as the last date in the addenda. If it is assumed that Luis Pérez de Dasmariñas was the principal patron of the book's compilation and illustration and that he left in September 1598 on an expedition which he financed on his own for the conquest of Cambodia,[47] it is probable that the text could have been completed and was ready to be sent to the king of Spain between July and September of 1598.

Unless new evidence appears, the rationale for the writing of this unique compilation can be gleaned through the account of Governor Dasmariñas on the Chinese and the Sangleys; the dramatic death of Gómez Pérez Dasmarinas in 1593; the ascent to the position of governorship of his son Luis Pérez Dasmariñas; and as a consequence, his access to numerous confidential and strategically valuable texts that were written about the Far East. But above all, the most important reason must be attributed to Luis Pérez Dasmariñas's own attempt to use the Philippines as the platform from which to launch the conquest by land of Cambodia once he was no longer governor. From the letters reproduced in the addenda, it may be deduced that there existed a strong desire to create a new Asiatic viceroyalty on the fringes of Goa, centered between Malacca and Manila, which would have its own viceroy and the capacity to launch or undertake new conquests.

The text of the *Boxer Codex* indicates that it was a work that had been planned for some time and that its main objective was to convince the king of Spain of the greatness of an Asian conquest with the use of its highly detailed rutters and its fascinating and exotic illustrations. And it is probable that through the counsel and insistence of the bishop of Malacca who had sent letters on 11 April 1595, not only to the Spanish monarch but also to the governor-general of the Philippines Luis Pérez Dasmariñas, the latter began the compilation of a volume whose ultimate aim was to dazzle the monarch and thus convince him to authorize the conquest

---

46 Ibid.
47 Cf. Florentino Rodao, *Españoles en Siam, 1540–1939: una aportación al estudio de la presencia hispana en Asia* (Madrid: CSIC, 1997), 23.

extremo, la creación del «Virreinato de las Indias Orientales del Sur» con sede en Manila.

Dado que la interinidad de Luis Pérez Dasmariñas no le permitió actuar con libertad y desarrollar grandes proyectos, una vez que llega Francisco Tello al cargo en 1596, Luis Pérez decide acometer la empresa de la conquista de tierra firme por su cuenta, pero buscando el respaldo del monarca, fin último que tendría el manuscrito iluminado.

Más que una relación, una crónica o un arbitrio, el manuscrito exhorta, a través de las imágenes, sobre la grandeza y riquezas de Asia, las cuales el monarca español estaba desaprovechando, en su propio deservicio y en el de Dios. Consecuentemente, el fin último de la obra no es la descripción de los usos y costumbres de la población asiática, que también, sino su descripción con fines coloniales y misionales, a través de la descripción detallada de derroteros, puertos, defensas, caminos, armas, ejércitos, poblaciones, ciudades, y todos aquellos detalles necesarios para organizar la logística de una posible conquista. Se trataba de información privilegiada, adornada con imágenes exóticas, a la que sólo alguien de un alto puesto administrativo podía tener acceso, como es el caso del Gobernador Pérez Dasmariñas.

El texto debió ser diseñado y redactado como manuscrito por un amanuense durante un periodo en el cual no era posible imprimirlo. La imprenta xilográfica se inició en Manila en 1593, y la tipográfica fue una invención del sangley Juan de Vera en 1602.[48] Es de destacar que Juan de Vera fue un verdadero promotor de la cultura cristiana en el Parián manileño, intérprete, mecenas, pintor e inventor:

> Ha habido en este pueblo muchos chinos de muy ejemplar vida, Juan de Vera no sólo era hombre devoto, y de mucha oración, sino que hacía que todos los de su casa lo fuesen, oía siempre misa, y era frecuentísimo en la Iglesia, *y la adornaba curiosísimamente con colgaduras, y pinturas, por entendérsele este arte: y solo atendiendo al mucho fruto, que se sacaría con libros santos, y devotos, se puso al gran trabajo, que fue necesario para salir con Imprenta en esta tierra*, donde no había oficial ninguno, que le pudiese encaminar, ni dar razón del modo de imprimir de Europa, que es diferentísimo del que ellos tienen en su Reino de China, y con todo eso ayudando el Señor tan pío intento, y poniendo él en este negocio, no sólo un continuo, y excesivo trabajo, sino también todas las fuerzas de su ingenio, que era grande, vino a salir con lo que deseaba, *y fue el primer impresor, que en estas Islas hubo*, y esto no por codicia, que ganaba él mucho más en su oficio de mercader, y perdió de buena gana esta ganancia, por solo hacer este servicio al Señor, y bien a las almas de los naturales, que no se podían aprovechar de los libros santos impresos en otras

---

48 Sobre la imprenta en Manila véase I. Donoso, "El Humanismo en Filipinas", en Pedro Aullón de Haro (ed.), *Teoría del Humanismo*, Madrid, Verbum, 2009, vol. VI, pp. 283–328.

of new lands and create a Viceroyalty of the East Indies in the south—with its headquarters in Manila.

Since the ad hoc nature of Luis Pérez Dasmariñas's position did not allow him to work freely and develop grand projects once Francisco Tello had assumed the top position in 1596, Luis Pérez decided to undertake the project on his own, but always seeking the support of the monarch, who was the probable intended recipient of the illuminated manuscript.

More than an account or a freely undertaken chronicle, the manuscript—through the images of the grandeur and wealth of Asia—was an exhortation directed to the Spanish king who was reluctant [to perform] his service as king and his own service to God. Consequently, the ultimate purpose of the work was not only the presentation of the early modern traditions and customs of the autochthonous populations, but also a description intended for the purposes of evangelization and colonization through the detailed description of the sea-routes, ports, defenses, roads, weapons, armies, villages, cities, and all the attendant details needed to organize the logistics for a possible conquest. Adorned with exotic images, the *Boxer Codex* dealt with confidential information to which only someone with a high administrative position could have had access, as in the case of Governor Luis Pérez Dasmariñas.

The codex must have been conceptualized as a compilation during a period when it was still not technically posible to print it. In the Philippines, xylographic or woodblock printing commenced in Manila in 1593, and typographic printing was an invention of the Sangley Juan de Vera[48] in 1602. Juan de Vera was a true advocate of Christian culture in the Parián of Manila, an interpreter, a patron of the arts, a painter, and an inventor.

> In this city, there had been many Chinese who led exemplary lives. Juan de Vera was not only a devoted and prayerful person, but he also saw to it that everyone in his household was like him. He always heard mass, and was often in church, which he decorated in a very fascinating way with hangings and paintings. He was very knowledgeable in this art. Realizing the great benefit that would result from the reading of sacred books, he dedicated himself to the great work necessary to establish a printing press in this land where there was not a single official who could guide him nor explain to him the style of printing in Europe, which was completely different from what they had in his kingdom of China. With the Lord's help in this pious endeavor, and through his continuous and hard work and all the power of his mind, which was formidable, he achieved what he desired and became the first printer in these islands, and not because he was greedy—since he made much more money in his occupation as a merchant and he willingly gave up this income—to be of service to the Lord and for the good of the souls of the natives who could not benefit from the holy books printed in other lands since they did not understand

---

48 On the origins of the printing press in Manila see Isaac Donoso, "El humanismo en Filipinas," in Pedro Aullón de Haro, ed., *Teoría del humanismo* (Madrid: Verbum, 2009), 6: 283–328.

tierras, por no entender la lengua extraña, ni en la propia los podían tener, por no haber en esta tierra imprenta, ni quien tratase de ella, ni aun la entendiese[49].

Al mismo tiempo, Luis Pérez Dasmariñas vivió cotidianamente en el Parián y conocía directamente la vida de los sangleyes manileños. Es más, fue el artífice de la fundación del pueblo de Binondo al comprar y ceder los terrenos para ampliar la localidad de los chinos de Baybay:

> Para aumentar el Pueblo [de Baybay], que aunque está inmediato al otro, tiene distinto nombre, y alguna división, porque pasa un río por medio, y se llama Minondoc, compró este sitio, para dárselo a estos nuevos Christianos (como de hecho se le dio) Don Luis Pérez das Mariñas, Caballero del Hábito de Alcántara, Gobernador, que había sido de estas Islas, persona de muy superior virtud, que vivió con ellos en el mismo pueblo, dándoles admirable ejemplo, como persona, que tenía obras, y fama de santo[50].

Desde que Pérez Dasmariñas recibiera las cartas del Obispo de Malaca en 1595, hasta septiembre de 1598, creemos que es el periodo en el cual se dio forma definitiva al manuscrito, que, debido a su ostentosa iluminación, tenía como fin permanecer en manuscrito y no ser impreso, ya que, ciertamente, la imprenta manileña estaba en sus inicios. Y no sería raro que quien pudiera estar detrás de las iluminaciones y la composición china del libro fuera el industrioso Keng Yong, o Juan de Vera, personaje que está detrás de casi todos los libros confeccionados en Manila desde 1593 a 1604.[51]

## Criterios de edición

Algunas secciones y partes del códice han sido, a lo largo de los años, transcritas, editadas o traducidas por diferentes investigadores con diferentes fines[52]. No obstante el conjunto de la obra ha permanecido inédito hasta fechas muy recientes. Todas las ediciones que se han realizado han tratado de transcribir la lección original, con mayor o menor anotación de datos paleográficos, causando en muchos casos lecturas difíciles y textos inaccesibles para lectores poco familiarizados con el español del siglo XVI.

49 Diego Aduarte, *Historia de la Provincia del Sancto Rosario de la Orden de Predicadores en Philipinas, Iapón y China*, Zaragoza, 1693, p. 99–100.
50 *Ibid.*, p. 99.
51 *Cf.* Michael F. Suárez, S.J. and H. R. Woudhuysen (ed.), *The Book: A Global History*, Oxford, Oxford University Press, 2013, p. 112.
52 Estudio, edición y traducción de la parte filipina: Carlos Quirino y Mauor García, "The manners, customs and beliefs of the Philippine inhabitants of long ago: being chapters of 'A late 16th century Manila manuscript', transcribed, translated and annotated", en *Philippine Journal of Science*, diciembre, 1958, vol. 87, núm 4, pp. 325-453; estudio, edición y traducción de la parte de Brunei: John S. Carroll, "Berunai in the Boxer Codex", en *Journal of the Malaysian Branch of the Royal Asiatic Society* (JMBRAS), 1982, vol. 55, núm. 1, pp. 1-25; y estudio y edición de la parte de Nueva Guinea: Charles R. Boxer and Pierre-Yves Manguin, "Miguel Roxo de Brito's narrative of his voyage to the Raja Empat, May 1581–November 1582", en *Archipel*, 1979, vol. 18, pp. 175–194.

their language, nor could they have these books in their own country, there being no printing press in this land, nor anyone who dealt in this or knew anything about it.[49]

At the same time, Luis Pérez Dasmariñas was living in the Parián and had firsthand knowledge of the lives of the Manileño sangleys. Moreover, he was the architect of the town of Binondo, having bought and leased land to expand the locality of the Chinese of Baybay:

> A former Governor of these islands, a person of superior virtue, Don Luis Pérez das Mariñas, Caballero del Hábito de Alcántara, bought this sitio to enlarge the village [of Baybay], which, even if it was immediately adjacent to the next village with a different name called Minondoc and separated from it due to a river that flowed between them; in order to give it to the new Christians (as indeed it was given), he lived with them in the same village, and was an admirable exemplar to them as a person who did good works, and [later] he was known to be a saint.[50]

We believe that from the time that Pérez Dasmariñas received the letters of the bishop of Malacca in 1595 until September 1598, this was the period in which the manuscript was finalized, and that due to its lavish illumination, it was actually meant to remain in manuscript form, and not to be printed in particular because the use of printing presses in Manila was still in its initial stages. And it would not have been surprising to find that no one else could have been responsible for the illuminations and the Chinese composition of the book except for the industrious Keng Yong, or Juan de Vera, the very person who is credited with the manufacture of almost all the books made in Manila from 1593 to 1604.[51]

## Criteria of the edition

Aside from some isolated sections that have been previously published by several scholars that had different objectives and criteria,[52] the totality of the "Manila Manuscript," including its addenda, has remained unpublished. The earlier editions were transcribed from the original with major or lesser notes on paleographic data, making them all difficult to read or understand for readers who were not familiar with Spanish as it was written in the sixteenth century.

---

49   Diego Aduarte, *Historia de la Provincia del Sancto Rosario de la Orden de Predicadores en Philipinas, Iapón y China* (Zaragoza, 1693), 99-100.
50   Ibid., 99.
51   Cf. Michael F. Suárez SJ, and H. R. Woudhuysen, eds., *The Book: A Global History* (Oxford: Oxford University Press, 2013), 112.
52   For example, the study, edition, and translation of the Filipino section: Carlos Quirino and Mauro García, "The Manners, Customs and Beliefs of the Philippine Inhabitants of Long ago: Being Chapters of 'A late 16th-century Manila manuscript', Transcribed, Translated, and Annotated," *Philippine Journal of Science* 87, no. 4 (December 1968): 325-453; the study, edition, and translation of the section on Brunei, John S. Carroll, "Berunai in the *Boxer Codex*," *Journal of the Malaysian Branch of the Royal Asiatic Society* 55, no. 2 (1982): 1-25; and the study of the New Guinea in Pierre-Yves Manguin, "Miguel Roxo de Brito's Narrative of His Voyage to the Raja Empat, May 1581-November 1582," *Archipel* 18 (1979): 175-94.

Nuestra edición pretende solucionar los problemas de la arqueología filológica y la edición de textos que, de tan anotados, se vuelven ilegibles. Por ello actualizamos la ortografía a la norma culta del español actual, añadimos signos de puntuación, división de párrafos cuando es estrictamente necesario, y tratamos de reproducir un texto con fidelidad al original pero haciéndolo accesible a un lector moderno. Mantenemos sin embargo convenciones de la lengua del siglo XVI si no interfieren en la moderna lectura, con el fin de preservar el color histórico del texto (se respeta por ejemplo el uso de "ytem", "yerba" o "búfano").

Creemos que el amanuense escribió de forma intencionada el nombre del pueblo bisaya de Filipinas con la letra <b>, mientras que los visaya de Brunei aparecen con la letra <v>. Creemos que ésta es una de las primeras veces en que se utiliza un criterio ortográfico para diferenciar los bisaya (de Filipinas) con los visaya (de Brunei). El escriba emplea en solo una ocasión el término con <b> aplicado a Brunei, probablemente un error. Por consiguiente parece que el amanuense diferenciaba conscientemente ambos pueblos atendiendo a la letra inicial. En tal sentido mantenemos la misma distinción[53].

Siempre que sea pertinente para la correcta lectura, actualizamos la toponimia, manteniéndola en casos como "Philipinas" o "Borney". Cuando se mencionan topónimos remotos, se intenta uniformizar el término para no confundir al lector. Sólo añadimos de nuestra pluma algunos encabezados que se indican entre corchetes, con el fin de ordenar la materia. Indicamos el salto de página igualmente entre corchetes, y si se trata de página 'recto' o 'verso', sin añadir ningún otro dato paleográfico que estorbe la lectura.

**Notas a la traducción inglesa**

La clásica traducción al inglés y anotación de cinco de las seis partes sobre Filipinas por Carlos Quirino y Mauro García se ha revisado a fondo para que sea fiel con la nueva edición, atendiendo a las imágenes de alta resolución proporcionadas por la Lilly Library de la Indiana University[54]. La traducción original contenía errores debidos a la calidad deficiente de las copias fotostáticas que habían recibido los investigadores filipinos. Ambos no tenían acceso a la gran cantidad de herramientas filológicas y bibliográficas con las que contamos en la actualidad para acercarse a un manuscrito español del siglo XVI[55]. Sin

---

53 Cantius J. Kobak, OFM, y Lucio Gutiérrez, OP, editores de la monumental traducción y anotación en tres volúmenes del manuscrito de 1668 titulado *Historia de las islas e indios de Bisayas*, obra del padre Francisco Ignacio Alcina, SJ, Manila, Universidad de Santo Tomás, 2002-5, escrupulosa y consistentemente mantuvieron el uso de la palabra "bisaya" para indicar el grupo de islas o su población en el transcurso de su estudio, que duró casi cinco décadas.

54 Disponible íntegra y gratuitamente para su descargar en http://www.indiana.edu/~liblilly/digital/collections/items/show/93.

55 En su edición, George Bryan Souza y Jeffrey S. Turley han señalado en sus copiosas notas al pie muchas de las transcripciones erróneas, malas traducciones o erratas de Quirino y García; con algunas de las cuales no estamos de acuerdo.

This edition attempts to solve the problems of archeological philology and the critical editing of texts that have been excessively or heavily annotated, thus making them unreadable. For this reason, we have updated the transcription's spelling to the current Spanish norm, adding punctuation marks for clarity and dividing the text into paragraphs whenever strictly necessary, while trying to reproduce a text as close or as faithful to the original as possible, thus making it accessible to the modern reader. Nevertheless, we maintain the conventions of sixteenth-century language, and when it does not interfere with the reading, we have preserved the natural color of the text (for example, we retain the use of the word *ytem*).

The anonymous authors deliberately spelled the name of the Philippine Bisayan people with the letter *b* and the Bruneian Visayas with the letter *v*. We think that this is one of the first times that an orthographic criterion has been used to differentiate the Bisayans (from the Philippines) from the Visayas (from Brunei). The scribe used Bisaya only once as applied to Brunei, and this was probably a copyist's error. We believe that the scribe consciously differentiated one from the other by using those initial letters consistently. Consequently, we maintain the same distinction in both the Spanish transcription and its corresponding English translation.[53]

We have standardized the toponyms with current usage as much as possible (with the exception of maintaining the word "Philipinas" in order to highlight its historical orthography), and standardized on only one form of spelling of the several variants that tend to appear whenever place names are mentioned in order to not confuse the reader (while keeping the variations for remote and unfamiliar places). We have added some headings [enclosed in square brackets] with the objective of organizing the subject matter. We have also indicated the page break within brackets, thus marking the front or back of the folio, without adding any other paleographic data that could hinder reading.

**Notes on the English translation**

The classic English translation and annotation of five of the six Philippine accounts by Carlos Quirino and Mauro García have been thoroughly revised for this edition to remain faithful to the new transcription, which was based on the high-resolution scans made available by the Lilly Library of Indiana University.[54] Their original Philippine translation was marred by errors due to the poor legibility of the photostat copies they had originally received. Both did not have access to the wealth of philological tools and research to be able to decipher a late sixteenth-century Spanish manuscript.[55] Nevertheless, Quirino

---

53 Cantius J. Kobak OFM, and Lucio Gutiérrez OP, the co-editors of the monumental three-volume translation and annotation of the 1668 manuscript *Historia de las islas e indios de Bisayas* of Fr. Francisco Ignacio Alcina SJ (Manila: UST Publishing House, 2002–2005), scrupulously and consistently adhered to the use of the word Bisaya to denote either the group of islands or their people over the course of their five-decade study.
54 This is available to download in its entirety at http://www.indiana.edu/~liblilly/digital/collections/items/show/93.
55 In their edition, George Bryan Souza and Jeffrey S. Turley have noted in their copious footnotes many of Quirino and García's wrong transcriptions, mistranslations, and errors, some of which we do not agree with.

embargo, Quirino y García tuvieron cuidado en marcar en su estudio de 1958 los pasajes aparentemente ilegibles, encerrándolos entre corchetes.

Las diecisiete secciones restantes, así como las cuatro adiciones, han sido recientemente traducidas por María Luisa García, con una interpretación más literal. A diferencia de la edición española, todos los nombres de lugar se actualizan en la traducción inglesa con sus equivalentes modernos, identificados según las investigaciones de Carlos Madrid, Rodrigue Lévesque y Marjorie Driver (Ladrones), John S. Carroll (Brunei), Charles Boxer (China, Champa, y Nueva Guinea), Carlos Quirino, Mauro García, William Henry Scott, Carolyn Brewer Edmunde Delbeke y F. Landa Jocano (Filipinas), Jorge Manuel dos Santos Alves (Aceh), Pierre-Yves Manguin (Raja Ampat y Aceh), George Bryan Souza y Jeffrey S. Turley (Siam, Islas Molucas, Patani, y China), y J. H. Sollewijn Gelpke (Raja Ampat).

Las palabras chinas han sido romanizadas, en la medida de lo posible, usando el sistema Han Pinyin. Sin embargo, algunas de las transcripciones Wade-Giles se han mantenido por estar el lector occidental más familiarizado con ellas (por ejemplo, Cantón en lugar de la ciudad de Guangzhou o la provincia de Guangdong). La sección sobre China del padre Martín de Rada emplea una mezcla de amoy (Hokkien) y romanizaciones Wade-Giles.

**Conclusión**

En conclusión, creemos que es imprescindible en el momento actual, la publicación de una edición normalizada del texto original del *Boxer Codex*, y su puesta inmediata a disposición del público, tanto académico como general. En efecto, la obra filipina recogida en el códice que ha acabado llevando el nombre de Charles R. Boxer, no sólo es un texto histórico con una iconografía singular, sino también una obra que se puede disfrutar como producto literario del incipiente Barroco hispánico en Asia. En fin, buscamos ofrecer el manuscrito del *Boxer Codex* como texto para su disfrute literario, y como obra que merece formar parte de la historia literaria de Filipinas, Asia y el Pacífico.

and García were careful in marking in their 1958 study the seemingly illegible passages by enclosing them within square brackets.

The remaining seventeen sections, as well as the four addenda, were newly translated by María Luisa García who has favored a more literal rendering. In contrast to the Spanish transcription that has kept the original and oftentimes misspelled toponyms, all the place names in the English translation have been updated to their modern equivalents based on here-to-date research of Carlos Madrid, Rodrigue Lévesque and Marjorie Driver (Ladrones), John S. Carroll (Brunei), Charles Boxer (China, Champa, and New Guinea), Carlos Quirino, Mauro García, William Henry Scott, Carolyn Brewer, Edmunde Delbeke, and F. Landa Jocano (Philippines), Jorge Manuel dos Santos Alves (Aceh), Pierre-Yves Manguin (Raja Ampat and Aceh), George Bryan Souza and Jeffrey S. Turley (Siam, Maluku Islands, Patani, China), and J.H. Sollewijn Gelpke (Raja Ampat).

Chinese terms have been romanized, as much as possible, using the Han Pinyin system. Some of the Wades-Giles transcriptions though have been kept for reader familiarity (for example, Canton instead of Guangzhou for the city or Guangdong for the province). The Chinese section by Fr. Martín de Rada employs a mixture of Amoy (Hokkien) and Wades-Giles romanizations.

## Summary

In conclusion, we believe that it is essential to publish a standard edition of the original text of the *Boxer Codex*, and that it be placed immediately within the reach of the academic as well as the general public. In effect, the *Boxer Codex* is not only a historic text with a singular iconography, but it is also a work that can be enjoyed as a literary product of the Hispanic baroque period in Asia. Finally we offer this edition of the *Boxer Codex* for your literary enjoyment. The *Boxer Codex* is truly a work that deserves to be part of the literary history of the Philippines, Asia, and the Pacific.

# BOXER CODEX

*A Modern Spanish Transcription and English Translation
of 16th-Century Exploration Accounts of East
and Southeast Asia and the Pacific*

# 1

## Relación de las islas de los Ladrones

[3r] Este género de gente llaman los ladrones, habitan en unas islas que hay cuatrocientas leguas antes de llegar al cabo de Espíritu Santo, y son las primeras que descubren los navíos que vienen de Acapulco a estas islas Philipinas. Suelen hacer aguada en algún puerto de ellas, que hay muchos y buenos y, cuando no, se hace como en este viaje que se hizo el año de 90, por no haber falta de agua, que sólo por ella se suele tomar puerto. Ellos salen dos o tres leguas a la mar en unos navichuelos chicos y tan estrechos, que no tienen de ancho de dos palmos y medio arriba. Son de la forma que ahí van pintados a los lados. Tienen un contrapeso de cañas con que están seguros de zozobrar, cosa que a ellos se les da bien poco porque son como peces en el agua y si acaso se hinche de agua, el indio se arroja en ella y la saca con medio coco que les sirve de escudilla y sino con una paleta con que bogan estos navichuelos. Traen vela latina de petate, que es hecho de palma y se sirve mucho de ellos en estas partes y hácenlos los moros con muchas colores y labores graciosas que parecen muy bien, principalmente los moros borneyes y terrenates. Son estos navíos tan ligeros, que salen dos o tres leguas del puerto y en un momento están con el navío abordo aunque vaya a la vela, y tienen otra particularidad en su navegación, que no tienen menester para ella viento más del que corriere, séase cual fuere, que con ese marean la vela de suerte que van do quieren y es de manera que no parecen sino caballos muy domésticos y disciplinados, pues de estos navíos salen tantos en descubriendo navío de alto bordo que no parece sino que [3v] cubren la mar o que ella los brota.

# 1

## ACCOUNT OF THE LADRONES [MARIANAS] ISLANDS

[3r]  These people, called Ladrones,[1] live in several islands[2] that are 400 leagues from Cape Espiritu Santo, and are the first to be sighted by ships sailing from Acapulco to the Philippine Islands. The ships usually dock at one of their many good ports to top up their water supply, and when otherwise, as happened in the expedition of 1590, when there was no lack of water, which is the only reason the ships dock at the port, the Ladrones venture two or three leagues into the sea in small boats[3] that are so narrow they are barely two and a half spans wide. They are like they have been painted here [see fig. 2 and inside front cover]. On the sides they have cane outriggers that keep them from capsizing, something that affects them very little because they are like fish in the water, and when they take in water the native bails it out with a split coconut shell that serves as a bowl, or with a paddle that they use for rowing these boats. They are equipped with a lateen sail made of coconut matting, which is commonly used in these parts, and the Moros,[4] mainly those of Borneo and Ternate, adorn these with many colors and designs that look very pleasing. These boats are so light that, although we were two or three leagues from port, they were aboard our ship in an instant even though we were at full sail. They have another sailing trick, for they need nothing more than whatever wind, handling the sail to go wherever they want, and in a manner that makes them look like tame and well-disciplined horses, as so many boats come forth whenever they sight a ship [3v] such that they appear to cover or spring up from the sea.

1. *Ladrones* means thieves in Spanish. This unwarranted reputation on the part of the natives was a result of a misunderstanding between the explorer Ferdinand Magellan who had engaged in a trading deal with the natives on 6 March 1521. [The following footnotes were supplied through the kindness of Carlos Madrid.]
2. These islands were later called Marianas, and were ruled by the Spanish until 1898 when its capital Guam was ceded by Spain to the United States of America under the Treaty of Paris. The rest of the Marianas was ceded to Germany in 1899.
3. These boats are actually outrigger canoes that are similar to Philippine *bangkas* and can be found throughout the Malayo-Polynesian world.
4. Islamized natives of the Philippines and Southeast Asia that were named by the Spanish colonizers after the Moors of Andalusia, thus becoming the generic Spanish appelation for Muslims.

Su venida es a rescatar hierro porque éste es su oro porque lo estiman en más que no él, y de éste se sirven en todas sus labranzas y eras. Traen muchos cocos y agua fresca, muy buena, algunos pescados que cogen con anzuelo y algún arroz hecho a su modo, y envuélvenlo con unas hojas y arrójanlo al navío por hierro, y traen también algunas frutas, como plátanos y otras, que no las conocíamos, en llegando como a tiro de piedra, se levantan en pie y dan grandes voces diciendo *arre peque arre peque*, que dicen algunos que quiere decir "amigos, amigos," otros "quita allá el arcabuz." Sea lo uno o lo otro ellos gritan y dicen *arre peque*. Traen en la mano una calabaza grande de agua y cocos o pescado. Al fin cada uno trae, muestra aquello que tiene primero que se acerquen, dan muchos bordos con extraña presteza y velocidad y en viendo hierro se acercan y rescatan por él todo lo que traen amarrándose para mejor rescatar de un cabo del navío por la popa. Y de allí y de todo el navío les arrojan abundancia de clavos viejos y aros partidos de pipas y todo esto es muy de ver porque en cogiendo la soga donde va atado el hierro lo cortan con los dientes como si fuese un rábano y atan a ella los cocos y lo que les piden por señas.

Tienen una cosa extraña para ser tan codiciosos de hierro que no dan más por un gran pedazo, que por un pequeño, y esto se probó allí con ellos, y si les echan un pedazo a la mar, son tan grandes buzos y nadadores que antes que lleguen muy abajo, lo cogen y se vuelven a su navío y así lo hizo allí uno que echándoselo, amainó la vela y la echó [4r] al agua, y luego él se arrojó tras ella y cogió su hierro, y entró en el navío y sacando la vela y mojada del agua y era grande y al parecer tuvieron que sacar 3 ó 4 hombres y él solo la sacó con muchas facilidad y la alzó, y sin rescatar más hierro se volvió allí.

Deseábamos saber si tenían algún conocimiento de las armas que usamos y para esto tomé una espada desnuda y hice que se la quería arrojar, y al punto que la vieron dieron un alarido alzando grandes voces, y era que todos querían que la arrojase, pero cada uno la quería particularmente. Y para esto, ofrecieron con señas toda la agua y frutas, pescado y más. Uno que pensó llevársela con aquellos sacó de debajo muchos petates y algunas arquillas curiosas, y todo lo ofrecía. Al fin se fueron sin ella y después volvieron otras dos veces con el mismo deseo, y ofreciendo lo que tenían. Todas estas muestras dieron de desear mucho la espada y también un cuchillo viejo que uno rescató lo apartó aparte y sobre él hubieron de reñir entre ellos. Al fin se quedó con él el que lo tomó, que al parecer debía de ser más principal y valiente, y aun de mejor entendimiento, por lo que quería rescatar. Bailaba con ello y hacía muchos meneos, al parecer para aficionar a que se lo comprasen, usando, a entender, que estimaban ellos aquello y que era bueno.

Ella es gente muy corpulenta y de grandes y fornidos miembros, bastante indicio y argumento de su mucha fuerza y el tenerla es cierto por lo que les han visto hacer españoles que estuvieron surtos seis meses en una de estas islas, a los cuales ellos acometieron algunas veces, pero sin daño nuestro, y con alguno suyo por la bestialidad que tenían en moverse por las bocas de los arcabuces, hasta

They sail forth to obtain iron because they value this more than gold and have used it in all their labors across the ages. They carry a lot of coconut and fresh water, quite good, some fish caught with a hook, and some rice cooked in their style and wrapped in leaves, and they toss these into the ship for iron, and they also bring some fruits, like bananas and others that we were not familiar with, and coming to a distance a stone's throw away from the ship, they stand up, and some cry out *arre peque, arre peque*,[5] which means "friends, friends," while others shout "put the arquebus away." They call out one or the other and they shout *arre peque*. They lift up a big water gourd and coconuts or fish. Finally each one brings something aboard, shown around by those ahead. They bring a lot aboard with unusual agility and speed, and when they see iron they offer for this everything they carry, employing ropes to better transfer this from the ship's stern. From all the boats come a profusion of old nails and broken woven baskets, and it is a sight to see because upon grabbing the rope to which the iron is tied they sever this with their teeth as if they were biting a radish and tie to this the coconut and anything else signaled to them.

They have the peculiarity of being so avaricious for iron that they would offer the same for a big piece as for a small one. This was proven here when an iron piece was dropped into the sea; they showed themselves to be such good divers and snorkelers that they could catch this before it sank and return it to the boat. This we saw done by one of them, who shortened sail, threw a piece into the water, [4r] dove after and caught the iron, then returned to the boat and set the sail while still dripping water, even though it was a big piece and it appeared it took three or four men to raise it. He easily caught and brought it back, and without getting more iron returned to his task.

We wanted to see if they were familiar with the arms we carried, and so I drew a sword and made a signal as if wanting to throw it, and as soon as they saw this everyone cried out weapons, for they all wanted me to toss it over, and everyone wanted it for himself. In exchange, they offered us with hand signals all their water, fruits, fish, and more. One of them, to make a better offer, drew several curious caskets from beneath a pile of mats and offered these as well. Finally, they went away without it, and came back twice for the same purpose, offering everything they had. All this display was for the sword and an old knife that one obtained and quickly took away, and the matter had to be settled among them. In the end, it remained in the possession of the one who got it, for it appears he was more senior and braver, and it seems it was still good, for the others danced around and made gestures to show they wanted to trade for it.

These people are quite stout and have big and strong limbs, proof of their great strength, and this can be ascertained because it has been witnessed by some of the Spaniards who stayed in these islands for six months,[6] whom they attacked several times without causing harm. Some of them, however, were injured because of their beastly tendency to go in front of the arquebus. It came

---

5   *Ari* means "no" while *pek* was probably a newly derived word from the sound of the arquebus. Thus the phrase means "don't shoot." See Rodrigue Lévesque, *History of Micronesia* (Quebec: Lévesque Publications, 1992), 618n1.
6   These were probably survivors of the shipwreck *San Pablo* that occurred in Guam in 1568 (Lévesque, 619n1).

tanto que cayeron algunos que les puso un poco más freno y conocimiento de lo que era. [4v]

Pero volviendo a lo de las fuerzas, es gente que toma uno, un coco verde o seco cubierto de una corteza de 4 dedos o poco menos de grueso, y tan tejido que es menester, si es seco, partirlo con un hacha, y le dan artos golpes antes que le desnudan de solo la corteza. Y ellos de una puntada me afirman le parten todo y dan con él en la cabeza, y hacen los mismo también. Dicen que un día estando rescatando en tierra con los españoles uno de estos indios se apartó o adelantó de los demás, y tres hombres se abrazaron con él para cogerlo y tenerlo para traerlo consigo y él se abrazó con ellos y los llevaba arrastrando y él iba corriendo de manera que para que los soltase fue menester acudiesen otros con arcabuces y entonces los soltó. Esto es lo que toca a las fuerzas.

Su talle como digo es mucho más grande que el nuestro, hombres muy bien hechos de todo el cuerpo y mejor de piernas, que esto es gracia general en ellos, los indios de esta tierra. La cara ancha y chata, aunque otros bien agestados, pero todos muy morenos. La boca muy grande, y los dientes. Los labios aguzándolos como de perro y más, y los tienen con un barniz colorado que no se quita, que es para conservar la dentadura sin que jamás se caiga diente por viejo que sea. Otros los tienen de negro, que tiene la misma propiedad que el colorado, y esto hacen también los moros de esta tierra. El cabello tienen muy largo, unos suelto, otros le dan una lazada detrás. No visten, así hombres como mujeres género de ropa, ni otra cosa alguna, ni cubren parte ninguna de su cuerpo, sino como nacen andan. Tienen pocas armas y son sólo sus arcos con unas puntas en las flechas de hueso de pescado, unos dardillos arrojadizos, y pónenle su punta cuanto un jeme de hueso de pescado y muy fuerte, y de palo tostado. Usan honda, y ésta desembrazan con gran pujanza. Traen ceñidas unas talegas con picotas al propósito. No se sabe que tengan otras armas, salvo si han hecho algunos cuchillejos u otra cosa de hierro que rescatan. Dicen una cosa bien extraña de estas islas, que no hay en ellas ningún género de animal, ora sea nocivo o provechoso, ni tampoco ave o pájaro alguno. Esto no lo vimos porque no surgimos, pero lo afirman los que allí estuvieron, ser esto así. Esta es la noticia que hasta ahora se tiene de la gente de estas islas que llaman de Ladrones.

to pass that there were some who died because they had less restraint and knew no better. [4v]

But coming back to the matter of strength, they are the kind of people who can easily open a green or dry coconut covered with a husk just under four fingers thick. The husk is so wiry that when dry it can only be split by an axe, and it takes a lot of hacking just to remove it. I am told that they can open this with one blow in the same way they can split a man's head. There is a story that once, while trading on land with the Spaniards, one of the natives separated from the group and went ahead of the others, and three men tried to grab him and bring him with them. He grabbed them instead and began to drag them away, and it was only when the others threatened him with arquebuses that he let those men go. Such is their strength.

Their waist, as I say, is much thicker than ours. They are men with well-built bodies and better legs, which is a common trait among the natives of this land. Their face is broad and flat, although some are good-looking, but all of them sport brown skin. They have a wide mouth and big teeth. Their teeth are sharpened and look like dog fangs or worse, are covered with a permanent red substance that keep them from falling off no matter how old they get.[7] Others use a black substance, which acts in the same way as the red one, and this is done as well by the Moros of this land.[8] They wear their hair very long, either loose or looped at the back. They wear no clothes, both men and women, nor cover any part of their body, but rather go about as they were born. They have few weapons, only their tipped bows and arrows[9] tipped with fish bone. Some throw darts tipped with tough fish bone and fire-hardened wood. They use slingshots, which they discharge with great force. They are not known to use any other weapons, except for a few knives and other things made of the iron they obtain. One strange thing they say of these islands is that there are no animals, whether they be prey or predators, nor are there any birds.[10] We did not confirm this firsthand because we did not land, but it is attested to by those who have stayed there. This is all the information we have so far on the people of the so-called Islands of the Ladrones.

---

7 Tooth filing and staining were practiced throughout Asia. Chewing betel stained the teeth red.
8 This is evidently referring to the natives of the location of the writer, namely the Moros of Manila.
9 No bows or arrows have been found in the archeological strata of the Mariana islands.
10 This an exaggeration since sea birds and local doves exist in the islands.

## 2

## Descripción de la tierra de la provincia de Cagayán y el estado de ella. Traje y uso de los naturales y sus costumbres. Ríos y esteros de ella, es como se sigue

[9r] Está la boca del río que se llama Tajo, que es el mayor que hay en esta provincia, adonde está la población de los españoles, que se llama la ciudad de Segovia. Corre este dicho río de norte a sur. Sube hasta su nacimiento más de sesenta leguas y a la orilla de este dicho río hay muchas poblaciones de indios. Tienen muchos esteros que vienen a desaguar al dicho río, en los cuales hay asimismo cantidad de indios. Y hay algunos esteros que para subir a las poblaciones de los indios están cuatro y cinco días subiendo en barotos por los dichos esteros. Siembran a las orillas del río grande, y de estos esteros, mucha cantidad

# 2

## DESCRIPTION AND STATUS OF CAGAYAN[1] PROVINCE, THE DRESS AND CUSTOMS OF ITS NATIVES, AND ITS RIVERS AND CREEKS, AS FOLLOWS

[9r] AT THE MOUTH OF THE RIVER CALLED TAJO[2] that is the largest in this province, is the settlement that the Spaniards named the city of Segovia.[3] This river runs from north to south. It rises from its source more than sixty leagues away, and at the bank of this river, there are many indio[4] settlements. Many creeks empty themselves into this river, and along these creeks there also live many indios. There are some creeks that take four or five days travel aboard *barotos*[5] in order to reach the indio settlements. The indios plant at the banks of the large river and along

---

1. Cagayan was, according to Bishop Domingo Salazar, one of the seven provinces in Luzon Island in 1585. See W.E. Retana in Joaquín Martínez de Zúñiga, *Estadismo de las Islas Filipinas*, vol. 2 (Madrid, 1893), App. C, 376. For historical notes and descriptions of the province, see Manuel Buzeta and Felipe Bravo, *Diccionario geográfico, estadístico, histórico de las Islas Filipinas*, vol. 1 (Madrid, 1850) 432–42; also Martínez de Zúñiga, *Estadismo*, 2: 22–31. See map 2 indicating the Philippine places noted in the accounts.
2. Cagayan River was first called Tajo by the early Spanish conquerors after the river of the same name in the Iberian peninsula (Buzeta and Bravo, *Diccionario*, 1: 442. Cf. Retana, in Martínez de Zúñiga, *Estadismo*, 2: 416).
3. Segovia is now Lal-lo on the right bank of the Cagayan River. It was founded by Juan Pablo Carrión in 1582. Nueva Segovia was originally the capital of Cagayan province and the seat of the bishopric of the same name until its transfer to Vigan, Ilocos Sur. The bishopric was created in 1595. Fr. Miguel de Benavides took possession of it in 1599 as its first bishop. See Buzeta and Bravo, *Diccionario* (Madrid, 1851), 2: 366–67. Cf. Retana, in Martínez de Zúñiga, *Estadismo*, 2: app. C, 387; Retana, in his edition of Antonio de Morga, *Sucesos de las Islas Filipinas* (Madrid, 1909), 508.
4. A literal translation of *indios* in the original manuscript, a term used by the author and other early Spanish writers in referring to the natives not only of the Philippine archipelago but of other oversea possessions of Spain. The term "indio" or its plural here, therefore, should be taken in its historical context. [*Ed. Indio* was the term used by Spaniards to refer to the Philippine natives who accepted Spanish colonization. Those who resisted or fled to the mountains were called *infieles*. Islamized natives though were called *Moros*, or Moors, to differentiate them from the other highland, lowland or Hispanized natives.]
5. The name of a native water craft, *baroto*, according to Retana, is neither Tagalog, Bisayan, nor any other Philippine language. It measures about 80 feet in length, and is made of a single piece. See Retana, in Martínez de Zúñiga, *Estadismo*, 2: 521; Retana, in his edition of Morga, *Sucesos*, 510.

de arroz, borona y camotes, y antias, que es su comida y sustento. Apartados de los esteros en las montañas agrias habitan cantidad de negros, los cuales se sustentan con camotes y antias, y otras frutas salvajes que tienen, y buyos, que es una yerba que toda la provincia la estima en mucho, y es de mucho sustento para ellos.

Es toda la provincia muy fértil de muchos altos cerros pelados y de algunos llanos y ciénagas, adonde en el verano siembran mucha cantidad de arroz. Tienen su invierno, que es desde primero de octubre hasta fin de febrero. Reina el norte en todo este tiempo, a cuya causa no se puede navegar la costa de esta provincia, por ser travesía y la mar muy brava. Hay en este tiempo en el río muchas avenidas que por los llanos la venida de él suele hace daños en los arrozales, y trae muchas veces con las avenidas los búfalos y venados que coge. Tienen los naturales mucho oro. Entiéndese que hay muchas minas de él en las montañas

the creeks a great quantity of rice, *borona*,[6] sweet potato,[7] and other crops that are their staple food and sustenance. Isolated by the streams in the harsh mountains there live a number of Negros[8] who subsist on sweet potatoes, wild fruits, and *buyo*,[9] which is a plant much esteemed in this province and which provides much nourishment for them.

The entire province is very fertile, and has many high but barren hills and some plains and valleys where large quantities of rice are planted during summer. They have their winter from the first of October to the end of February. North winds prevail during this time, for which reason the coast of this province cannot be navigated, because of the strong winds and high seas. At this time there are many rivulets that flow from the river through the plains, and that from the south cause much damage to the rice fields, and many times these sudden strong streams of fresh water trap buffalos and deer. The natives possess much gold. It is believed that they have many mines[10] in the mountains, but they do not want to show them

6   Indian corn or maize (*Zea mays* Linn.). The name is applied "presumably by transfer from an earlier foreign plant—millet." See R.M. Zingg, "American Plants in Philippine Ethnobotany," *Philippine Journal of Science* 54 (1934): 230. Indian corn "was first planted in the Philippines in 1541, by members of the Villalobos expedition, which explored the archipelago before its conquest under Legazpi thirty years later." Ibid.

7   The American origin of sweet potato (*Ipomea batatas* Linn.) has been fixed, and like corn, authorities believed that it must have been introduced into the Philippines by the Villalobos expedition in 1541. See Zingg, "American plants," 228.

8   "Negros" is properly Negritos in the Philippine context. Buzeta and Bravo in referring to the peoples of Cagayan state: "…los Negritos o Aetas ocupan los montes próximos a los pueblos de la costa…" Buzeta and Bravo, *Diccionario,* 1: 434, col. 1. Cf. Morga, in B&R, 16: 45.

9   *Buyo* is derived from a climbing vine (*Piper betle* Linn.) called *ikmo* in Tagalog, *buyo* in Bikol, *gaoed* in Pangasinan, *gaued* in Iloko, *mamon* in Bisayan, and *samat* in Pampanga. See Eduardo Quisumbing, *Medicinal Plants of the Philippines* (Manila, 1951), 213. Together with betel nut (*Areca catechu* Linn.), called *bunga* in Tagalog and Bisayan, *luyos* in Pampangan, *boa* in Iloko, and *takobtob* in Bikol, it forms one of the principal components of the buyo masticatory that is extensively used throughout the Philippines, as well as in the Indo-Malayan and Polynesian regions. Ibid., 122. Regarding the custom of chewing buyo, see Morga, *Sucesos,* ed. W.E. Retana (Madrid, 1909), 181; English translation in B&R, 16: 97–98. Cf. Retana, in Morga, *Sucesos,* 492. A modern work on the buyo-chewing complex in the Philippines was authored by H.C. Conklin, "Betel Chewing among the Hanunoo," Proceedings of the 4th Far Eastern Pre-Historical Congress, Paper no. 56 (Diliman, Quezon City, 1958), 1–35 and plates 1–5.

10  These must be the Igorot gold mines. The Igorot gold mines have long been famous. As early as 1575, Governor Guido de Lavezares, influenced no doubt by report of gold, planned and dispatched an expedition to northern Luzon, but the undertaking had no result. In 1591, the energetic governor sent two other expeditions to the so-called province of Tuy. In 1594, Luis Pérez Dasmariñas dispatched Captain Toribio de Miranda to the same region. See B&R, 14: 281–26, for an account of these early expeditions. Pages 301–7 relate: "What has been known from old times, in these districts, of the rich mines of the Yglotes [Igorots] both from seeing the great amount of gold that the Indians of those mountains have extracted without skill, and are still obtaining, and which they sell to the neighboring provinces, and trade for food; and by persons [Spaniards as well as Indians] who have been in the mines opened by those mountaineers." As early as 1624, the workings of the Igorots appeared to be very old, and many of them were already abandoned. An engineer conversant with Chinese methods of mining told me recently that it was his belief that the Igorots had learned their methods from the Chinese. See

y no las quieren descubrir a los españoles a causa que no se las quiten. Tienen asimismo unas piedras que precian mucho, que se llaman *bulaganes* y *bahandines*, que son joyas que traen las mujeres. No se ha sabido, ni ellos saben dar razón, si las sacan de mina [9v] o dónde las hallan, más que todos dicen que las han heredado de sus pasados y así las estiman y tienen en mucho precio. Son negras y blancas.

Acerca de su traje y costumbre de los hombres, es traer bahaques, y unos sayos de manta negra anchos y largos, hasta medio muslo. La mayor parte de los naturales andan en cueros, y hay un estero que se dice de lobo, que la gente de él traen los bahaques de corteza de un árbol curada, y en la cabeza una venda de la misma corteza. Y este mismo traje tienen por luto toda la tierra, sino estos de arriba, que es su uso ordinario. Y todo el tiempo que traen luto no comen

to the Spaniards, fearing that the Spaniards would appropriate these. They also have some stones that they value highly called *bulaganes* and *bahandines*[11] and these are worn by women as jewelry. It is not known, nor can they explain, whether they get them from a mine [9v] or where they are found; all they say is that they have inherited them from their ancestors, and thus esteem and hold them at a high price. The stones are black and white.

Regarding their dress and customs, the men wear *bahaques*[12] and a skirt of black cloth, wide and long up to the mid-thigh. The majority of the natives go about naked, and there is a creek called *lobo* where the people who live wear *bahaques* or loin cloths made from the dried or cured bark of a tree, and on their head they wear a band of the same bark. This same apparel is used for mourning by all the people, except those previously mentioned who ordinarily use this dress. Throughout

---

Becker's account on native methods of mining in *21st Ann. Rep. U.S. Geolog. Surv.* (1910), 3: 576–680. Quirante writing in 1624 (B&R, 20: 276–79) stated that the Igorot men, women, and children were accustomed to wash gold in the small mountain streams during the rainy season. This was traded in the lowlands for cattle and other animals by its quantity as determined by sight instead of by weight. Quirante says that the natives had five hills where they had tapped the gold-bearing quartz rock, although they obtained but a small amount of the metal. The workings as described by Quirante appear to have been rather extensive. Their tools he says were "certain stakes of heavy wood fashioned like pickaxes, with the knot of the said stake larger at the end of it, where, having pierced it, they fit into it a small narrow bit of iron about one *palmo* long. Then seated in the passages or works, as the veins prove, they pick out and remove the ore, which having been crushed by a stout rock in certain large receptacles fixed firmly in the ground, and with other smaller stones by hand, and having reduced the ore to powder, they carry it to the washing-places." The gold was then obtained by repeated washings and crushings. Under Quirante's directions 26 assays of the ore taken from the old workings were made. Dean Worcester [*Philippine Journal of Science* 1 (1906): 848] wrote of the gold mining of the Lepanto Igorots: "The men have mined gold for centuries. They work over the faces of exposed cliffs, when necessary suspending themselves by means of rattans, and pick out the streaks of rich ore that show free gold. This they dig with their crude iron or steel implements, the use of powder being unknown among them. The ore, after being dug, is crushed and panned. Both men and women also wash gold from the sands of the streams, and the women are especially famed for the skill with which they save the very light float gold—a skill which American miners have found it impossible to attain. The gold is usually sold in the form of dust, although it is sometimes melted and run into ingots." See also James A. Robertson, "The Igorots of Lepanto," *Philippine Journal of Science* 9-D (1914): 520–21n105.

11 We have not been able to identify *bulaganes*; however *bahandines* must be from *bahandi*, meaning "alhajas, muebles, hacienda, joyas de oro, plata, et. cet." Juan Félix de la Encarnación, *Diccionario Bisaya-Español*, 3rd ed. (Manila, 1885), 28. Rizal (B&R, 16: 118) in annotating his edition of Morga thought *bahandin* was a misprint for *bahayin*, to which we can hardly agree. Morga's usage refers to "adornment and finery," which tends to confirm the meaning ascribed by Encarnación.

12 See p. 25n3.

arroz ni beben vino, sino tan solamente borona, camotes y otras yerbas. Traen el cabello largo, caído a las espaldas y cortado todo lo que toma la frente hasta las sienes. Traen encima de él unas guirnaldas de yerbas olorosas. Sus armas son lanzas y pavés largo de una braza, y de ancho tres cuartas. Tienen unas armas colchadas y un bonete a manera de morrión, coloradas, y unos puñales anchos de más de ocho dedos y de largo palmo y medio, con cabos de ébano con que de un golpe llevan una cabeza. Otros usan el arco y flechas, aunque por la mayor parte son los negrillos los flecheros. Tienen mucha yerba que en sacando una gota de sangre morirá con mucha brevedad, sino lo remedian con la contrayerba. Los indios de Purrao, que es cerca del nacimiento de este río Tajo, usan los indios de allí las armas de pellejos de búfano curado que son fuerte y duras de pasar, que tienen coseletes y morriones y paveses anchos y largos. Éstos tienen para sus guerras.

Esta provincia es gente que tienen guerras unos lugares con otros, y no toman a vida a ninguno, aunque sea mujer o niños, sino les cortan las cabezas. Tienen en cada pueblo un principal a quien obedecen y respetan, y éstos, por la mayor parte, son a indios valientes que por sus hechos los han señoreado [10r] y los obedecen. Sus inclinaciones es procurar de quitarse el oro el uno al otro, y quitar una cabeza. Gente muy traidora y cruel. Todas sus fiestas son borracheras, cualquiera que solemnizan es bebiendo hasta que se emborrachan, y después que lo están suelen armar pendencias entre ellos hasta que se matan unos a otros, y entonces se conciertan las juntas y traiciones que han de hacer para ir a quitar el oro al principal del pueblo que les parece y cortar cabezas de indios o indias. Lo que adoran es al diablo invocándole, y de la figura que se les aparece lo pintan, llamándole generalmente *anito*. Tienen asimismo un pájaro que llaman *bantay* que éste, todas las veces que salen fuera de su pueblo,

the time they are in mourning, they do not eat rice nor drink wine, only *borona*,[13] *camotes*, and other herbs. They wear their hair long—up to the shoulders and cut short at the front up to the temples.[14] They wear on their heads crowns or garlands made of fragrant herbs. Their weapons[15] are lances and shields a fathom long and three-fourths [of a fathom] wide. They have some quilted weapons and a cap like a colored *morrión* or helmet and some daggers more than eight fingers in width and a palm and a half in length, with hilts of ebony, with which they can cut off a head with one stroke.[16] Others use the bow and arrow, although the majority of these bowmen or archers are Negritos. They have many herbs a drop of which, introduced into the bloodstream, would cause quick death, unless remedied by another herb. The indios of Purrao,[17] which is near the source of this river Tajo, use for weapons cured buffalo hides which are tough and hard to penetrate; they have corselets and helmets and spears which are long and wide. These are their weapons for war.

This is a province where the people wage war, one place against the other, and where they do not leave anyone alive, even women and children, but cut off their heads. In each town they have a chief whom they obey and respect. The chiefs are mainly brave indios whom they have made lords because of their deeds. [10r] Their inclination is to steal each other's gold and to cut off heads; they are a very treacherous and cruel people. All their feasts are marked with drinking binges,[18] after which they get drunk, quarrel and fight among themselves until they end up killing each other. And then they make treacherous plans to rob the gold of a town chief that they fancy and to behead men or women. They adore the devil, invoking and painting it in the form in which it appears to them, usually calling this figure *anito*.[19] They also have a bird called *bantay*[20] and whenever they go out of their village and even in their dealings, if this bird sings from the left bank of the

13 See p. 11n6.
14 Morga, in B&R, 16: 75.
15 Regarding the native weapons, cf. ibid., 16: 81.
16 Ibid.
17 We suspect this place-name refers to present Aparri, which is located at the mouth of Cagayan River.
18 Spanish writers agree in their observations that the early Filipinos were addicted to drinking. See Chirino's description of their feasting and drinking in B&R, 12: 308–11. We owe Chirino for giving a more acceptable appraisal of their drinking habits when he stated that it did not disadvantageously affect their behavior. Cf. Loarca, in B&R, 5: 117; Morga, in B&R, 16: 80; and Colín, who follows Chirino, B&R, 40: 65.
19 "The idea that dominates all Filipino religion is the belief in a class of supernatural beings called *anito*. This term is hard to translate, because it includes gods or divinities proper; evil or beneficent spirits of lower rank; and finally the souls of dead human beings. An *anito* is therefore any being which possesses the intelligence of a human person and equal or superior faculties, but lacks of corporeal body." A.L. Kroeber, *Peoples of the Philippines*, 2nd rev. ed. (New York, 1943), 187. For citations regarding the subject by Spanish authors, see Loarca, in B&R, 5: 173–75; Chirino, B&R, 12: 181; Colín, B&R, 40: 71–73.
20 In most of the major Philippine languages, *bantay* means guard or sentinel, and was probably applied to the bird because of its habit of being invariably found around human habitations or settlements. Colín, undoubtedly copying from Chirino, says: "The Tagalogs worshipped a blue bird as large as a turtle-dove, which they called *tigmamanuquin*, to which they attributed the name Bathala, which … was among them a name for divin-

aunque sea a sus contrataciones, si le canta a la mano izquierda del río o estero, se vuelven y dejan de seguir su viaje, temiéndolo por mal agüero. Y lo propio es de una garza parda si se levanta de la mano derecha y se sienta a la izquierda del río o camino donde van. Y haciendo, en contra de esto, siguen su camino y van muy contentos principalmente si van a hacer guerra con otros. Entienden que llevan la victoria de su parte, y si la tienen, y traen algún despojo, o cabezas de sus enemigos, lo celebran asimismo con borracheras tañendo unas campanas que ellos tienen, bailando unos y bebiendo otros, y mujeres entre ellos, y todos celebran la fiesta de la victoria que tuvieron poniéndose en las guirnaldas muchas plumas amarillas de oro, péndolas, y éstas se las ponen los indios valientes que han cortado algunas cabezas. Y suelen estar en estos bailes y borracheras dos y tres días y más algunas veces celebrando esta fiesta.

Los *maganitos* que hacen, que es el adoración que ellos tienen, es cruel, lo que unas viejas e indios que andan en anitos de mujer, les dicen. Y éstos cuando quieren saber de su anito algún suceso, hacen traer a una sala o aposento cantidad de salserillas llenas de arroz y cangrejos y aceite y agua y unas yerbas verdes, y otras cosas que les piden, y todo esto cocido y junto lo dicho, si el anito [10v] es por algún enfermo, lo hacen que esté allí junto a sus hijos, y alrededor de él baila y canta con un paño en las manos haciendo muchos ademanes y así mismo le ayudan otras indias que no hacen más de bailar y volverse a su puesto. Y la maestra de esta ceremonia se queda con el enfermo. Y hablando entre sí con muchos ademanes se queda medio traspuesta y luego vuelve en sí y se va al enfermo, y le unta con aceite la cabeza y muchas partes del cuerpo, y le dice que el anito le dará salud. Y la comida que está en las salserillas, acabado el anito, come el enfermo de ella y los hijos y los demás de casa, y si sobra algo lo vienen a pedir los vecinos como si fuera pan bendito. Y cuando el maganito no es de enfermo, sino de desposorio, o por las cosechas de sus sementeras, traen todo el oro y piedras preciosas que cada uno tiene encima de sí. Y lo propio las mujeres con todas sus joyas. Y hacen juntas en casamiento en casa del desposado o del suegro. Y así para las sementeras, en una particular que tienen para este efecto, y allí en pie con su anito, bebiendo y comiendo, y tañen campanas y otros sones, y las mujeres y mancebos bailan, y es de manera que en veinte o treinta días que dura esta fiesta no dejan de bailar y cantar. En el baile, el cual nunca está vaco, sino que en cansándose unos entran otros luego, para entrar a ello. Y los demás principales e indios valientes están comiendo y bebiendo hasta que se emborrachan y caen, que entonces lo llevan a cuestas sus esclavos o mujer a

river or creek, they return and abandon their journey, fearing it is a bad omen.[21] The same thing occurs with a gray heron—if it rises from the right side or alights on the left side of the river or road where they are traveling, they proceed happily, especially if they are going to war, believing victory will be theirs. And if they win and bring back some loot or heads of their enemies, they also celebrate by drinking, and ringing some bells that they possess. Some of them dance and some drink, including women, and everyone celebrates the victory they won, putting on their garlands many feathers or quills of gold—these are worn by the brave indios, those who have cut off heads. These celebratory dances and drunken binges usually last two or three days, and sometimes even more.

A form of worship they practice are the cruel *maganitos*[22] in which old women or indios dressed as women officiate. When they wish to divine something from their *anito*,[23] they bring to a sala or bedroom a quantity of saucers filled with rice, crabs, oil, water, and some fresh herbs and other things asked of them; all these are cooked and placed together. If the [mag-]anito is held for some sick person, [10v] they reunite all his children and around him they dance and sing with a shawl in their hands, striking many postures; and in this way they are helped by other native women who do nothing but dance and return to their places. The woman leader of these ceremonies remains at the side of the sick person and talking to herself and with many posturings, she falters, then recovers and goes to the sick person to anoint oil on his head and many parts of the body while muttering that the anito will grant him health. Once the anito is finished the food on the saucers is given to the sick man, his children, and others in the house to eat; if there are leftovers, the neighbors ask for them as if these were blessed bread. When the maganito is not held for a sick man but for a betrothal or for the harvest in their fields, each one wears all the gold and precious stones he owns and the women put on all their jewelry. The marriage takes place in the house of the betrothed or that of the father-in-law. If it is held for a harvest, then it is on a field which they selected for this purpose, and there they start their [mag-]anito, drinking and eating and ringing bells and other instruments, with the women and young people dancing. Thus, in the twenty or thirty days during which the feast lasts, they do not stop dancing and singing, until some get tired and others take their place; while the chiefs and the brave indios eat and drink until they fall down drunk or pass out, and are brought by their slaves and women elsewhere to sleep. When they wake up

---

ity. They worshipped the crow... and called it *Maylupa*, signifying "master of the earth!" See Colín, in B&R, 40: 7. Morga speaks of the bird as yellow-colored, in B&R, 16: 131.

21 For native beliefs in omens and auguries, see Colín, in B&R, 40: 77–78; Plasencia, B&R, 7: 189.

22 Forms of sacrifices, the methods of which depended on the occasions or purposes for which they were intended. Cf. Colín, in B&R, 40: 75–77. See p. 35n16. [*Ed.* Men dressed as women were considered shamans who communicated with the supernatural world.]

23 The anonymous author equates the term *anito*, the native term for their supernatural beings (see p. 15n19) with *maganito*, the act itself of performing the sacrifice toward such beings, which should not be the case. See p. 35n16 for more citations dealing with native sacrifices.

que duerma. Y en volviendo en sí torna a la casa y junta, y se emborracha de nuevo. Y después de haber pasado todo esto, el tiempo en que están en su anito la vieja maestra saca unas cuentas coloradas y las da a los indios más principales y valientes, y a las mujeres de éstos, y ellos las estiman en mucho y las guardan como nosotros, las que son benditas. Y los platos, salserillas y vasijas en que se ha hecho este maganito, las quiebran y echan fuera de la casa, y no quieren que nadie se sirva de ellas. Y luego, otro día como salen de allí, los que han de hacer [11r] sementeras acuden a ellas y ponen por obra, y las cultivan.

Y si es casamiento, dándole el marido a la que ha de ser su mujer las arras, desde entonces lo queda, con condición que si por parte de ella se deshace el casamiento, le ha de volver todo lo que le ha dado. Y si por parte de élla, se ha de quedar ella con todo el dote, y es costumbre que el marido ha de dotar la mujer, y sino no se casan nunca. Es costumbre entre ellos de casarse y descasarse, por lo que se les antoja. Lo que hacen, en naciendo la criatura, es llevarla al río y lavarla, y la madre hace lo mismo. Y allí le cortan a la criatura el ombligo, y lo lavan muy bien, y lo ponen a secar y dánselo al padre para que lo guarde. Y él lo toma y lo guarda en una bolsa donde tiene las piecillas del oro. Ya los muchachos, en siendo de ocho años, les enseñan a tirar con un arco y flechas, y a otros, como tienen de jugar, una lanza y pavés, y con el arco salen grandes flecheros. Y si algún principal tiene algún hijo pequeño, procura en las guerras donde él va, traerle un muchacho o indio, para que les corte las cabezas y cebarle a su inclinación. Es gente muy celosa, y suelen matar las mujeres si las hallan con otros indios, y sobre esto acaece moverse guerras entre ellos que cuestan muchas muertes.

### La costumbre que tienen en los entierros es la siguiente:

- Llevan una sarta de bahandines y bulacanes, los cinco grandes, y los otros medianos, y los bulaganes muy buenos.
- Cinco sartas de bulaganes y bahandines de muchos géneros ceñidos en la barriga.
- Unas orejeras que suelen pesar quince taes de oro.
- Un gorjal de oro batido que dicen pesa dos taes de oro.
- Llevan un paño negro ceñido por la barriga y pecho con muchos leones de oro y otras figuras, sembrado por todo él, de mucho valor.
- Unos palillos de oro con un plumaje que suele traer un puñal en la cabeza cuando va a las guerras, todo de oro de mucho valor.
- Entiérranlos en un hoyo de dos brazas de hondo, cuatro brazas de largo, y braza y media de ancho, donde está un baroto aserrado por medio, el medio de bajo entero, y el de arriba en dos pedazos como puertas, y una

they return to the feast and get drunk again. And while this [mag-]anito is going on, the old woman leader takes some red necklaces and gives them to the chiefs and brave indios and their women, who regard them highly and treasure them as we do on blessed objects. The saucers, plates, and cups that have been used in this maganito are broken and thrown outside the house, as they do not want anybody to be served from them. Later, on another day, those who have to work [11r] leave the place of the maganito and go to cultivate the fields.

If the maganito is for a marriage, the husband gives the dowry to the woman who will be his wife.[24] From that time on, the condition is imposed that if she breaks the marriage, she must return all that was given to her, but if he does so, she retains all the dowry. It is the custom for the man to give a dowry to the woman; otherwise they do not get married. It is customary among them to get married and unmarried as they please. When a child is born they take it to the river to bathe, and the mother does likewise.[25] There they cut the infant's umbilical cord, wash it well, dry it thoroughly, and turn it over to the father to keep, and he places it in a bag containing small pieces of gold. When a boy reaches eight years of age, he is taught to shoot with a bow and arrow. Others are taught to use lances and spears; later those who use the bow and arrow become great archers. If a chief has a small boy, the child is brought to war by a servant or indio to cut off heads and to encourage the child's inclination for it. They are a very jealous people and usually kill their wives if they are found with other men and on this account, they often wage war against each other, which results in many deaths.

### The customs they have in funerals are the following:[26]

- The deceased carry a set of *bahandines* and *bulaganes*, five large, the others others medium-size, and the *bulaganes* are very good.
- Five sets of *bulaganes* and *bahandines*[27] of many kinds wrapped around the stomach.
- Earrings that usually weigh fifteen taels of gold.
- A choker of beaten gold that they say weighs two taels.
- They carry a black piece of cloth over the stomach and chest with many golden lions and other embroidered figures, all of much value.
- Some sticks of gold with feathers that they carry like a dagger in the head when they go to war, all of gold and of great value.
- They bury them [the deceased] in a hole two fathoms deep, four fathoms long, and a fathom and a half wide, where a *baroto* sawn in half is buried; the lower half, whole and the upper half is cut in two pieces like doors;

24 See p. 47n52, n55.
25 See p. 47n48.
26 These appear to be short notes that the author must have intended for later elaboration.
27 See p. 13n11.

tabla por la misma abertura, y dos petates puestos encima, y allí [11v] le meten un chicubite de bonga, y otro de cal, y otro de buyo.
- Meten los dos chicubites de mantas, cada lado el suyo.
- Dos chicubites de platos, a cada lado el suyo.
- Un chicubite en que le ponen los riborcillos de aceite y otros muy olorosos aceites.
- Dos bateas, la una a la cabecera, y la otra a los pies.
- Cúbrenlo todo de tierra, y luego hacen un camarín sobre la sepultura.
- El traje de las mujeres es la chinina, hasta el ombligo, largas de mangas, y las atan por las espaldas con una cinta.
- Tienen las mantas cortas hasta las rodillas, abiertas por un lado, en la cabeza traen trenzado el cabello con un bejuco muy bien labrado y delgado y muy largo, el cabello muy bien curado con sus aceites.
- Andan descalzas aunque sea la más principal.

and a wooden plank is placed through the same opening, and here two mats are placed on top and there [11v] they put small bits of areca nut, lime, and betel nut.

- They put two small blankets on each side of the deceased.
- Two tiny plates on each side.
- Small jars of oil and other fragrant oils.
- Two trays, one at the head, and the other at the feet.
- They cover everything with soil, and later they build a shelter over the sepulcher.
- The women's dress is the *chinina*[28] up to the navel, with long sleeves and tied at the back with a ribbon.
- They have short skirts up to the knees, open on the side, and a thin skewer in the hair made of bamboo, well carved; their hair is kept well by oils.
- They walk barefoot, even if belonging to the leading classes.

---

28  This must be the *chinanas* of Morga. See Morga, in B&R, 16: 76, particularly note 46, where Rizal attempts a possible derivation for the term.

# 3

## [RELACIÓN DE LOS INDIOS ZAMBALES]

[21r] Entre muchas cosas que usan estos Zambales, es que si matan alguno, al momento le quitan la cabeza y hacen una como corona con el bararao, y por allí le chupan los sesos y después guardan el casco o cabeza, porque demás de tenerlo por hacienda entre ellos, es aquella la honra y los trofeos suyos, de manera que el que más hombres ha muerto y mayores crueldades ha hecho es temido por más bravo y valiente.

Su habitación, ordinaria es por la mayor parte, en tierras montuosas y en serranías muy ásperas. Es gente muy suelta y ligera, muy atrevida para una bellaquería y traición, que con éstos hacen sus mangas pero cobarde. Sacados de ellas usan un rito maldito y de gran crueldad, que es que si uno tiene muchos hijos, hace cuenta con la hacienda y oro que tiene y reparte a su parecer al primero y segundo, y si es poco, sólo al primero, y todos los demás los matan o venden por esclavos a otros. Y cuando le han de matar, hacen un maganito, que es su borrachera, y allí después de bienvenidos, matan el muchacho. También si se les muere algún pariente cercano o se lo matan, han de matar por aquél otros hombres en venganza de la muerte de su deudo, y hasta cumplir esto traen luto cortándose los cabellos de atrás que por delante no los traen, y dejando de comer arroz y otras cosas que ellos prometen de no hacer hasta vengarse. Comen carne cruda mejor que perros, porque en matando un carabao, que es búfalo, le abren y comen las tripas sin lavar ni limpiar de cosa, y éste tienen por gran regalo.

Otras muchas cosas guardan que se parecen a los demás indios de estas [21v] islas, que por evitar prolijidad y decirlas en las demás relaciones que van con ésta no se refieren aquí.

# 3

# [ACCOUNT OF THE NATIVES OF ZAMBALES]

[21r]     AMONG OTHER CUSTOMS THAT THESE NATIVES OF ZAMBALES[1] practice is when they kill someone, they at once remove the head and incise it in a crown pattern with a bararao,[2] and suck the brains out. They then save the head or skull as treasured property and trophy representing the number of men they have killed, and the more men they have killed and the more cruelties they have inflicted, the greater their honor, and he who has the most trophies becomes the most feared, and is thus considered the bravest and most courageous.

Their dwellings for the most part are very ordinary, and built on steep hilly land and rough mountains. The people are undisciplined and agile—very prone to trickery or treachery with which they make trouble, but in truth, they are cowardly. Tying up their foes, they practice a cruel and evil rite, which is: if one has many children, they make an accounting of his wealth and gold, and portion it as they deem right to the first and second child, and if it is not substantial, the wealth is given only to the first, and all the others are killed or sold as slaves to others. And when they have to kill, they hold a *maganito*, which is a drunken orgy, and after welcoming the boy, they kill him. Also if some close relative dies or is killed, they have to kill other men to avenge the death of their kinsman, and until their mourning is done, they cut off their hair at the back and in front, and they stop eating rice, and promise not to do other things until they have achieved their revenge. They eat raw meat better than dogs, because in killing a carabao, which is a buffalo, they slice it open and eat the innards without washing or cleaning any part,[3] and they consider this a great delicacy.

They have many of the same features and traits as the other natives [21v] of these islands which are described in other accounts, and to avoid tediousness, we shall not refer to them here.

1   This anonymous account describes the Zambal people in the province of Zambales, a mountainous and rugged region, which is located northwest of Manila and immediately north of Bataan province. The area was first explored by the Spanish conquistador Juan de Salcedo in 1572. He founded the towns of Subic and Botolan.
2   A type of double-edged knife. Antonio de Morga makes mentions of it his *Sucesos*.
3   This incident is depicted graphically in an accompanying illustration that shows a Zambal with bow and arrow and his companion wielding a *bararao* and slicing the carabao's stomach open.

# 4

## Costumbres y usos, ceremonias y ritos de Bisayas

[27r] Acostumbran los bisayas a pintarse los cuerpos con unas pinturas muy galanas. Hácenlas con hierros de azófar puestos al fuego, y tienen oficiales muy pulidos que los saben bien hacer. Hácenlas con tanta orden y concierto y tan a compás, que causan admiración a quien las ve. Son a manera de luminaciones. Píntanse los hombres todas las partes del cuerpo, como son los pechos, barriga, pierna y brazos, espaldas, manos y muslos, y algunos los rostros. Las mujeres se pintan solamente las manos muy galanamente. A los hombres sirven estas pinturas como si fuesen vestidos, y así parecen bien, aunque andan desnudos de ordinario, que no traen en el cuerpo sino un paño de algodón, de largura de dos brazas poco más, y de anchura de tres cuartas, el cual con unas vueltas muy pulidas que con él hacen poniéndoselo revuelto a la cintura, y entre una pierna y otra, tapando con él sus vergüenzas y partes traseras, quedando todo lo demás del cuerpo desnudo. Al cual paño en su lengua llaman *bahaque*, y con esto parecen bien las pinturas como si fuese un vestido muy galano. Tiene otra manera de vestidos, que son unas mantas de algodón que hacen unas como ropas de levantar. Son cerradas por la delantera. Traen los hombres en las cabezas

# 4

## CUSTOMS, CEREMONIAL USAGES, AND RITES OF THE BISAYANS[1]

[27r] The Bisayans are accustomed to paint their bodies with some very elegant tattoos.[2] They do this with iron or brass rods, the points of which are heated on a fire. They have artisans who are adept at this. They do this with such order, symmetry, and coordination that they elicit admiration from those who see them. These are done in the manner of illuminations, painting all parts of the body, such as the chest, the stomach, legs, arms, shoulders, hands, and muscles, and among some, the posteriors. The women paint only the hands very elegantly. To the men, these paintings serve as clothing, and thus they look alright although they usually go around naked, and wear nothing on the body except a cotton cloth two fathoms long or a bit longer, and three-fourths of a fathom wide, which with a few polished turns, they wrap around the waist and between the legs so as to cover their private parts and posteriors, leaving the rest of the body naked. This cloth they call in their tongue *bahaque*,[3] and with this and the paintings on their bodies, they look well as if they were dressed very elegantly. They have another type of clothing, which consists of cotton blankets that they make into morning wear. These are closed at the front. The men

---

1 [*Ed.* The English term Visayas refers to one of the three main geographical regions of the Philippines. Situated between Luzon and Mindanao, the Visayas refers specifically to the principal central Philippine islands of Cebu, Leyte, Panay, Negro, Bohol, and Samar. However, we have opted to call the natives—or the languages—of the Visayan region as Bisayan (with the letter "b") in this edition to preserve its fidelity to the original Spanish. There is much polemical debate regarding the origin of the word Visaya, from the nebulous association with the ancient Sri Vijayan kindom foisted by H. Ottley Beyer in 1921 (based on his etymology of the word) and further propagated by historian Gregorio Zaide. A useful overview of the problematic issues surrounding the concept is found in Lourdes Rausa-Gómez, *Philippine Studies* 15, no. 1 (1969): 78–9. Rausa-Gómez states that "Beyer's etymology is dubious, however. For one thing, all the Spanish and European works cited by Blair and Robertson associate the term Visayas or Bisayas with the Pintados Islands, 'the Islands of painted men,' so called because the inhabitants covered themselves with tattoos."]

2 The method of making these tattoos is described by Chirino, in B&R, 12: 205–6; see also Loarca, in B&R, 5: 115. Tattooing was not the monopoly of the Bisayans; Zúñiga reports that natives of Albay, Camarines, and Catanduanes also practiced it (Martínez de Zúñiga, *Estadismo*, 2: 51 and 66).

3 *Bahaque* is properly spelled *bahag* in most Philippine languages and means a loincloth.

unas muy galanas toquillas de muchas colores, que puestas en la cabeza hacen con ellas una manera de tocado como turbante turquesco. Llaman a éstas en su lengua *purones*, y cierto que es vistoso y galano. Y los que son mozos lo traen muy pulido, con muchas listas de oro.

El hábito y vestiduras de las mujeres bisayas son unas mantas muy listadas de diversas colores hechas de algodón, y otros de una yerba que tienen, de que las labran, y algunas hay que las traen de tafetán raso y damasco, de lo que viene de la China. La hechura de todas ellas es cosida, la manta, por una y otra parte, quedando hecha [27v] como una saca grande de trigo con dos bocas, y metiéndose la una de las bocas por la cabeza cuando se la visten, y después la doblan de la cintura abajo, cayendo las dos bocas de la manta a la parte de abajo. Y dan una lazada con la misma manta por encima de la cintura, cogiéndola por ser muy ancha y tener lugar con ésta de dar la lazada, y les queda apretada al cuerpo, y la lazada a un lado muy galanamente hecha. Y entonces parece el vestido como si trujesen dos faldellines, el uno más largo que el otro, porque con la dobladura que hacen viene aparecer de esta facción que digo. Traen junto con esto unos pezuelos o jubones con unas medias mangas arrocadas que les llega hasta los codos, aunque algunas hay que traen enteras todas las mangas. Son muy justos, sin cuellos, y escotados. Abróchanlos por delante, con unas trenzas o cordones de seda, y muchas hay que traen mucha chapería de oro con que los abrochan. Cuájanlos de cadenilla de oro o espigueta cada una como mejor puede. No traen ningún género de camisas, ni las acostumbran, porque todo esto lo traen a raíz de las carnes, y se les parece la cintura y barriga. Traen las piernas descubiertas casi un palmo. Cuando van fuera llevan unas cubiertas como mantos. Son de algodón, y blancas, y algunas hay que lo llevan de tafetán de colores. Cuando van fuera las mujeres de sus casas, a ver y visitar otras, van muy despacio, haciendo mil meneos con el cuerpo, llevando un brazo colgando, mangueando con él, porque lo tienen por gran bizarría. Lo mismo hacen los hombres. Si sin principales suelen llevar las mujeres unas como coronas o guirnaldas en las cabezas hechas de oropel, que se les trae de la China a vender. Y algunas veces, cuando no lo tienen, las llevan hechas de flores y rosas de los campos.

[28r] Los bisayas tienen y sienten del origen y principio del mundo una cosa harto para reír, llena de mil desatinos. Dicen que antes que hubiese tierra, había cielo y agua solamente, lo cual era *ab eterno*, y que había un ave que andaba siempre volando entre el cielo y el agua sin hallar dónde reposar, que esta ave era el milano, el cual andando volando, cansado de su continuo volar, determinó de revolver al cielo y al agua para ver si por aquí hallaría alguna parte donde poder asentarse y descansar del continuo trabajo que de andar volando tenía,

carry on their heads some very fine multi-colored head-scarfs which they wear as some sort of Turkish turban. They call these in their language *purones*,[4] and they certainly are nice-looking and elegant. The young men wear them very finely with many inserts of strips of gold.

The garments and dresses of Bisayan women[5] consist of some blankets with diverse colored stripes made of cotton, and others are made from a plant they have; some wear plain taffeta and damask that come from China. These are made as follows: a blanket is sewn in such a way it becomes like a big sack of wheat with two openings [27v]; the head is placed through one opening, folding it down to the waist with both openings of the blanket falling below; a slipknot with the same blanket is made above the waist by grasping it since it is very wide to be able to make the knot; it then hugs the body, with the knot to one side, very elegantly done, and now it appears as if they were wearing a dress with two skirts. One side is longer than the other because of the fold they make, and they appear in this fashion I have described. With this they wear a *pezuelo*, a chemise with half sleeves that reach the elbows, although some wear them with full sleeves. They are close fitting, without collars, and are low-necked or low-cut and are fastened at the front with braids or cords of silk. Many wear a lot of gold jewelry that they use as fasteners and small golden chains, which they use as best as they can. They do not wear any kind of blouse, nor have they become used to it, because all they wear is next to the skin; the waist and the stomach, together with the legs, are uncovered to palm length. When they go out, they bring a shawl-like wrap made of white cotton, some of colored taffeta. When the women leave their homes to visit others, they walk very slowly, making a thousand movements with their body, with one sleeved arm upraised, because they consider it fashionable to do so.[6] The men likewise do so, and if belonging to the *principalía*, the women wear crowns and garlands on their heads made of tinsel imported from China, and sometimes when they do not have these, they wear garlands made of roses and flowers from the fields.

[28r] The Bisayans have a belief about the origin and beginning of the world, which is something ridiculous and laughable and full of a thousand inconsistencies.[7] They say that before there was land, there was only the sky and the sea that existed from all eternity; and there was a bird that used to fly always between the sky and sea without finding a place to rest. This bird was a bird of prey which, tired of continuous flying, determined to make the sky and the sea quarrel so that it might thus find some place where it could alight and rest, be-

4 *Puron* is a headwear properly called *potong* or *podong* (in Samar-Leyte Bisayan), *purung* (in Hiligaynon), and *putong* (in Tagalog and Pampangan). See Morga, in B&R, 16: 76, especially note 48, by Rizal who quotes Colín. For a discussion of the headwear, see Kroeber, *Peoples of the Philippines*, 133–35.
5 Morga's description of the manner of dressing of the native women is in B&R, 16: 77–78.
6 Cf. Morga, B&R. 16: 79.
7 Of the cosmogony of the Bisayans as recorded by Loarca, see B&R, 5: 121–25. Although varying in certain details, Loarca's version reveals the same pattern found in the present document.

porque en el cielo no hallaba lugar para ello ni menos en el agua. Y subiéndose volando hacia el cielo, le dijo que la mar decía que se había de levantar en alto y meterse en el cielo hasta anegarlo con su agua, y que el cielo dijo al milano, que si la mar hiciese lo que decía, para quererle anegar, que él le echaría encima de su agua muchas islas y piedras, de manera que no pudiese jamás llegar su agua a donde el cielo estaba, ni hacerle mal alguno, porque con las islas y piedras que le echaría encima, la mar se andaría a la redonda de ellas y no tendría lugar de se levantar contra el cielo, como decía, ni subirse en lo alto, porque el mucho peso de las islas y piedras se lo estorbaría. Pues luego que el milano oyó esto al cielo, se bajó a la mar y le dijo que el cielo estaba muy enojado con ella, y que le quería echar encima muchas islas y piedras muy grandes y de mucho peso. Habiendo la mar entendido lo que el milano decía que el cielo quería echar contra ella, se enojó contra ella de tal manera que comenzó a levantarse y a crecer y subirse tanto arriba, con tanta fuerza e ímpetu, con determinación de anegarle, que el cielo comenzó a temer y a irse subiendo más arriba porque la mar no le anegase. Con lo cual la mar se levantaba con más fuerza y furor [28v] y procuraba subir más alta. Y visto el cielo que todavía la mar le iba siguiendo y creciendo más le comenzó a echar encima muchas piedras muy grandes y muchas islas, con el peso de las cuales la mar se fue abajando a su lugar donde estaba primero, y andaba entre las islas y piedras que el cielo le había echado encima, que no pudo más subirse contra él, quedándose el cielo en su mismo lugar muy contento con lo que con la mar había hecho.

Pues luego que el milano vio la tierra sobre la mar bajó allá con mucho contento por haber hallado donde descansar del continuo volar que tenía, y que estando en la tierra descansando vio por el agua venir una caña que tenía dos canutos tan solamente, los cuales la resaca de la mar los traía y llevaba hacia la tierra donde el milano estaba, a la orilla de la cual siempre la resaca de la mar los llevaba a dar a los pies del milano. Y aunque se desviaba a otra parte para que no le diesen en los pies, todavía la caña se iba a donde el milano estaba, y le daba en los pies, y le lastimaba con los golpes que le daba. Por lo cual el milano comenzó a dar grandes picadas en la caña, y hizo tanto con el pico que vino a quebrar y deshacer los dos canutos de caña. Y de ellos salieron luego, del uno un hombre, y del otro, una mujer, y que éstos fueron el primer hombre y mujer que hubo en el mundo. Y que el hombre se llamó Calaque y la mujer Cabaye, de los cuales dicen los bisayas que tuvieron principio los nombres de mujer y hombre, que entre ellos hay. Porque en su lengua llaman al hombre *alaque* y a la mujer *babay*, derivados de estos dos primeros nombres de hombre y mujer, que fueron hallados en los dos canutos de caña que el milano hizo pedazos.

Dicen más, que luego que el hombre y la mujer salieron de los dos canutos de caña, el hombre dijo a la mujer que se casasen [29r] el uno con el otro para que multiplicasen y viviesen generación, y que la mujer no quiso venir en el casamiento, diciendo que no era justo que ellos se casasen, porque eran hermanos, y se habían criado juntos en aquellos dos canutos de caña, donde no había de por medio más que tan solamente un nudo de la misma caña. Que si se casaban los castigarían sus dioses, Maguayem y Malaon, que así nombran y llaman a éstas

cause there was no place for it in the sky nor in the sea. Flying upwards toward the sky, it told him that the sea wanted to rise and submerge the sky with water, and the sky told the bird that if the sea did so it would hurl over its waters many islands and rocks, in such a way that the waters would never reach the sky and could never harm it because with the islands and rocks, the sea would have to go around them and would not have space to rise against the sky as it said, nor raise itself, because the great weight of the islands and stones would hamper it. Upon hearing this, the bird descended to the sea and said that the sky was very angry and wanted to throw many large islands and rocks of great weight. Hearing from the bird that the sky wanted to throw things at it, the sea became so angry that it started rising and increasing and ascending with such force and impetus and determination to submerge the sky, so that the sky began to fear and to raise itself higher so as not to become submerged, so that the sea raised itself with greater force and fury [28v] and tried to go higher. The sky began throwing down many large rocks and many islands, and with their weight the sea began subsiding to its original level, and with the islands and rocks that the sky had hurled, the sea could no longer rise, leaving the sky very happy in its same place because of what the sea had done.

Then later, when the bird saw the earth rising from the sea, it flew down very happily, having found a place to rest from its continuous flight. And while resting on the land, it saw a piece of bamboo floating on the waters. This had two nodes, and was being carried by the undercurrent to the shore where the bird was perched. The undercurrent always drove the bamboo forward until it hit the feet of the bird, and although it [the bird] moved elsewhere in order to avoid being hit on the feet, the bamboo stil went to where the bird was, hitting and hurting its feet. For this reason, the bird began to peck vigorously at the bamboo until its nodes split open, and later a man appeared from one of the nodes and a woman from the other. They became the first man and woman in the world. The man was called *calague* and the woman *cabaye*, from which the Bisayans say was the origin of the names of man and woman, which among them and in their language are called *alaque*[8] for man and *babay*[9] for woman, derived from this first man and woman who emerged from the two nodes of the bamboo, which the bird had split open.

They also say that after the man and the woman had come forth from the two bamboo nodes, the man told the woman that they would marry each other [29r] in order to multiply and have children. The woman did not want to be married, saying that it was not right that they should marry because they were siblings and were created together in those two nodes of the bamboo where there was not any other node in the same bamboo; and that if they married they would be punished by their gods Maguayem and Malaon,[10] for these were the names of their chief gods. The man told

8  *Alaque* is properly *lalaki* or *lalake*, in all major Philippine languages.
9  *Babay* is properly *babae*, respectively, in all major Philippine languages.
10 This term is not cited in Loarca who gives Captan instead. See Loarca in B&R 5: 121.

que son los más principales dioses que entre ellos hay. El hombre dijo a la mujer que de ello no tuviese ningún miedo, que bien se podrían casar y que, para saber si los dioses se enojarían o no, de ello que se lo preguntasen a los peces de la mar, que ellos dirían si se enojarían sus dioses de su casamiento. Y con este acuerdo lo fueron a preguntar a las toninas, y les respondieron que se podían muy bien casar, que no tuviesen temor que fuesen por ello castigados de sus dioses, porque también se habían ellos casado siendo hermanos como ellos, y habían venido en grande multiplicación y abundancia como veían, y no les habían castigado por ello los dioses. Y aunque esto vio y entendió, la mujer no quiso venir en el casamiento con su hermano, por el temor que a sus dioses tenía.

Y el hombre le tornó a decir que para más satisfacción de saber si sería bien casarse entre ambos, y que no se enojarían de ello los dioses, se lo tornasen a preguntar a las aves, que ellas lo dirían. Y acordados en esto, se fueron entrambos a las palomas y se lo preguntaron, diciéndoles como eran hermanos, y si los dioses se enojarían si se casaban el uno con el otro. Las palomas dijeron la misma respuesta que habían dicho las toninas, diciéndoles que era bien que los dos se casasen y que hubiese de ellos mucha generación, porque lo mismo habían ellas hecho, por lo cual habían multiplicado tanto en la tierra, y que aunque eran hermanos, no se habían por ello [29v] enojado los dioses.

Y con todo esto que la mujer oía no osó determinarse a casar por el temor que a los dioses tenía, sino vino a decir que si se había de casar, era preguntándoselo a algún dios de los suyos. Y que si él se lo decía, que entonces se casaría, y no de otra manera. Y el hombre dijo que así se hiciese, y de un acuerdo fueron ambos a lo saber y preguntar al dios Linuc, que es el temblor de la tierra. Y habiéndoselo preguntado, dio por respuesta y dijo que era cosa justa que los dos se casasen y ampliasen el mundo con su generación, que no temiesen que por ello los dioses se enojarían. Con lo cual la mujer vino y concedió en el casamiento, pues los pescados y las aves, y el dios Linuc, se lo decían, con que el casamentero entre ellos fuese el mismo dios Linuc, temblor de la tierra, y volviendo a él para que los casase. Y los casó, y quedaron contentos.

Dicen más, que poco tiempo adelante, la mujer se empreñó y vino a parir de una vez mucha cantidad de hijos e hijas, que no les podían sustentar después de criados, porque eran todos tan haraganes que se estaban en casa y no se les daba nada por buscar lo necesario ni menos querían ayudar a sus padres para ello. De lo cual se vinieron a enojar con los hijos y determinaron de los echar de su casa. Y para esto un día, viniendo el padre de fuera, fingió venir muy enojado y, entrando en casa, como los vio a todos jugando y ociosos, tomó un palo y, dando grandes voces, dio tras los hijos, dando a entender que los había de matar. Y los hijos dieron a huir, no osando esperar a su padre, viéndole tan enojado, temiendo que les había de matar. Y se apartaron unos de otros donde mejor pudieron, yéndose muchos fuera de casa de su padre [30r] y otros se metieron en el aposento de la casa, y algunos se quedaron en la casa principal de ella, y otros se escondieron detrás de las paredes de la misma casa, y otros se fueron a la cocina y se escondieron entre las ollas y en las chimeneas.

the woman not to have any fear because of that, as they could very well get married, and to know if the gods would get angry or not, they would ask the fishes in the sea whether or not the gods would be offended by their marriage. And agreeing on this, they asked the tunas, who replied that the pair could very well be married and not to fear punishment from their gods because the tunas had also married despite being siblings like them, and had multiplied greatly as could be seen, and they had not been punished by their gods for it. And although the woman saw and understood this, she still did not want to marry her brother for fear of displeasing their gods.

The man again said that, for the greater assurance of knowing whether or not they could get married without incurring the wrath of the gods, they should ask what the birds had to say; having agreed to this, they both went among the doves and asked them if they were siblings and if the gods would get angry if they married each other. The doves gave the same reply that the tunas had given, saying that it was well that the pair would marry and beget many children, because they themselves had done so; for which reason they had multiplied greatly on earth, and although they were siblings, [29v] the gods had not been displeased.

Despite hearing all these [words], the woman resolved not to marry for fear of their gods; she then said that if she was to marry, it would be after asking one of their own gods, and if he said yes, then she would be married, and in no other way. The man agreed it would be that way, and they went to ask the god Linuc,[11] which is the earthquake, and having asked him he replied and said it was proper for both to get married and enlarge the world with their progeny; and not to fear that the gods would get angry. With this assurance the woman consented to the marriage, because the fishes, the birds, and Linuc, the god of earthquakes, had said so. And they returned to him to marry them. He married them and they were happy.

It is said that a little later the woman became pregnant and gave birth at one time to a large number of boys and girls who could not be supported, because they were all such idlers. They stayed in the house and did nothing to support themselves, much less their parents. Thus the parents became angry at their children and decided to throw them out of the house. And so one day, the father arrived home, pretending to be very angry, and on entering the house, he caught them all playing and idling. He took a stick and began shouting at the children, giving them to understand that he was going to kill them. The children fled, not wanting to wait for their father, seeing him so angry and fearing that he would kill them; separating from one another as best as they could, many ran outside the house, [30r] others entered the bedroom of the house, some remained in the main living room, and others went to the kitchen and hid themselves between the pots and chimneys.

---

11 In Samar-Leyte Bisayan, (Encarnación, *Diccionario*, 208) earthquake is *linog*, which closely resembles the name of this god. Cf. José Llanes, "Dictionary of Philippine Mythology," *University of Manila Journal of East Asiatic Studies* 7 (1958): 163–64.

Dicen pues estos bisayas que de éstos que se metieron en los aposentos de la casa vienen ahora los señores y principales que hay entre ellos y los que mandan y a quien respetan y sirven, que son entre ellos como en nuestro España los señores de título, llámanles en su lengua *datos*. Y a los que se quedaron en la sala principal de la casa, son los caballeros y hidalgos entre ellos, porque son libres y no pagan cosa ninguna. A éstos llaman en su lengua *timaguas*. Los que se pusieron detrás de las paredes de la casa dicen que son los que tienen por esclavos, a los cuales llaman en su lengua *oripes*. Los que fueron a la cocina y se escondieron en la chimenea y entre las ollas, dicen que son los negros, diciendo y afirmando que vienen de ellos todos los negros que hay en las Philipinas, e islas del Poniente, en las serranías de ellas. Y de los demás que se fueron afuera de casa, que nunca más volvieron ni supieron de ellos, dicen que vienen todas las demás generaciones que hay en el mundo, diciendo que éstos fueron muchos y que se fueron a muchas y diversas partes. Y esto es lo que tienen del principio y creación de los hombres, teniendo junto con esto a sus antepasados por dioses, como los tienen, diciendo que les pueden favorecer en todas sus necesidades y dar salud, o quitársela. Y así cuando las tienen, los invocan y llaman, teniendo que a todo les han de acudir.

[30v] Dicen asimismo que la causa por que los que mueren no tornan a volver a este siglo es porque uno de sus antepasados, luego que comenzó a haber hombres, que se decía Pandaguan, que fue el primero según ellos que inventó el arte y manera de pescar, y hizo en la mar corrales para este efecto, que tomó un día en un corral de pescar que hizo, un tiburón, y que sacándole en tierra, se le murió, y que le hizo obsequias como si fuera algún hombre. Con lo cual se enojaron contra él los dioses y enviaron un rayo del cielo que mató a Pandaguan, porque hizo obsequias al tiburón, al cual Pandaguan, después de muerto, los dioses lo llevaron al cielo y entraron en consulta con él y lo tornaron a enviar al mundo, habiendo pasado treinta días que murió, para que viviese y estuviese en él. Y que en estos treinta días que Pandaguan estuvo en el cielo y fuera del mundo su mujer, que se decía Loblobam, se amancebó con uno llamado Marancon, entendiendo que Pandaguan, su marido, no había del volver más al mundo.

Tenía Pandaguan en esta su mujer un hijo, que se decía Anoranor, el cual fue el primero que vio a su padre cuando volvió al mundo, porque estando en su casa lo vio, porque allá fue donde primero Pandaguan vino por ver a su mujer Lobloban. Y preguntando a su hijo Anoranor por su madre, le dijo el hijo que no estaba en casa. Y mandole que la fuese a buscar, y le dijese que ya había resucitado, y que los dioses le habían enviado al mundo, y que quedaba en su casa aguardándola. Estaba Lobloban en aquella razón, cuando el hijo le fue a decir lo que Pandaguan le mandaba, en casa de su amigo Maroncon, holgándose en un convite que le hacía de un puerco que había hurtado, por lo cual es tenido entre los bisayas este Maroncon, por el inventor del [31r] hurto. Y como el hijo dijo a

The Bisayans say that those who entered the bedroom of the house became the ancestors of their lords and chiefs who command them and whom they respect and serve and whom they consider as we do in Spain lords with titles that they call in their tongue *datus*. And from those who stayed in the main living room of the house came the knights and the nobles among them, because they are free and pay nothing; they are called *timawas* in their language. From those who hid behind the walls of the house descended the slaves, whom they call *olipines*.[12] From those who went to the kitchen and hid in the chimney and among the pots came the Negros who are to be found in the Philippines, in the mountainous parts of the isles of the west. As for the rest who left the house and never returned or were ever heard from, they say that from these came the other peoples in the world, that there were many of them who had gone to many different parts of the world. And this is what they believe was the creation and origin of humankind. Along with this, they also consider their ancestors as gods, saying that these gods can help them in all their undertakings, give them good health, or take it away, and thus they invoke and call on these, believing that they would be helped in everything.

[30v] They also say that the reason why the dead do not return to this century is because one of their ancestors—once more people began to appear—called Pandaguan, who they say was the first to invent the art and method of fishing and made traps in the sea for this purpose, caught a shark in one of his fish traps. When it was brought ashore, it died, and he offered obsequies to it as if it were a human being, and for this the gods got angry at him and sent a bolt of lightning from the sky, which killed Pandaguan. After his death the gods took him to heaven and conferred with him; and thirty days after his death, they sent him back to earth to live; and during the thirty days that Pandaguan was in heaven and out of this world, his wife, called Lobloban, lived with someone named Marancon, believing that Pandaguan her husband would not come back to this world.

Pandaguan had by this wife a son named Anoranor who was the first person to see him return to this world, because he was in the house where Pandaguan first went to see his wife Lobloban. Asking Anoranor for his mother, the son said she was not in the house. Anoranor was told to look for her and inform her that Pandaguan had been resurrected and that the gods had sent him back to earth and that he was waiting for her in their house. Lobloban at that time was in the house of her friend Marancon, relaxing after a meal of pork which Marancon had stolen—for which the Bisayans believe that this Marancon is the inventor [31r] of thievery. When the son told Lobloban to return to their house because Pandaguan had been resurrected and had sent him to call her

---

12 [*Ed.* There were different social classes in pre-Hispanic society. *Datus* occupied the highest rank as the town chief, while *timawas* were free warriors.] This should be *olipon* (in Hiligaynon) or *alipin* (in Tagalog).

Lobloban que se fuese luego a su casa, porque ya Pandaguan había resucitado, y le enviaba a llamar porque la quería ver, enojose de esto Lobloban con su hijo Anoranor, dándole muy áspera y fea respuesta, diciéndole que mentía en lo que le había dicho, y que se fuese y no le dijese ninguna cosa de aquéllas, que pues ya Pandaguan era muerto, que no había de volver más al mundo, que pues el tiburón a quien él mató y hizo obsequias no había resucitado, menos resucitaría Pandaguan, su padre.

Y con esta respuesta volvió Anoranor a su casa y dijo a su padre Pandaguan, lo que su madre Lobloban había dicho, dándole con esto cuenta de todo lo que había hecho después que fue muerto con el rayo por los dioses, y cómo se amancebó con Marancon. Sintió mucho Pandaguan esto y, saliéndose de su casa con mucho enojo contra su mujer, se fue al infierno, a quien llaman en la lengua suya Sular, y que nunca más pareció ni volvió al mundo, de lo cual tienen estos bisayas que los hombres se hicieron mortales por haber hecho Pandaguan obsequias al tiburón muerto. Y tienen también que la causa por que los muertos no vuelven a esta vida del mundo después que mueren, fue porque la mujer Lobloban no quiso venir al mandado de Pandaguan su marido, porque de antes de todo esto que hemos dicho, tenían por inmortales a los hombres, y si alguno mataban los dioses, le resucitaban luego y volvían al mundo, y a vivir como primero como hicieron a Pandaguan.

Mas desacatados los que se morían y van al infierno, a quien como hemos dicho llaman Sular, hasta tanto que hubo entre ellos una cierta mujer [31v] llamada Si Baye Omahelury, y otros llaman Si Bay Omastiasan, la cual dicen ordenó un sacrificio a sus dioses para que las ánimas de los que muriesen no fuesen al infierno, sino que fuesen por ellos enviadas a cierta parte de aquellas islas en las más ásperas montañas, donde no fuesen vistas de ningún viviente, donde estuviesen en vida regalada, y en banquetes, de lo cual adelante daremos más particular relación. A este sacrificio que esta mujer inventó llaman en su lengua *maganito*, y puédenlo hacer hombres y mujeres, y los que los hacen les llaman

because he wanted to see her, Lobloban became angry with her son Anoranor, remonstrating harshly and forcefully, accusing him of lying in what he had told her, and telling him to leave and say nothing more of it. She insisted that Pandaguan was already dead, that he was not going to return—because the shark who was killed and rendered a sacrifice had not come back to life, much less would his father Pandaguan come back to life.

With this reply Anoranor returned to their house and told his father what his mother had said, giving Pandaguan an account of everything she had done after the lightning bolt of the gods had killed him, and how she had lived with Marancon. Pandaguan felt this deeply and, leaving his house in great anger against his wife, went to hell—which in their tongue is called *sular*[13]—and never returned nor appeared in this world. From this account the Bisayans believe men became mortals for what Pandaguan had done in offering obsequies to the dead shark; and they also believe that the reason why the dead do not return to life in this world after death is because the woman Lobloban did not want to come at the command of her husband Pandaguan, because before all this happened, as we have said, all men were immortals. And if someone was killed by the gods, he was resurrected and brought back to this world to live, as they did with Pandaguan.

But from that time on, all who died went to hell, which we have said is called *sular*,[14] until among them there was a woman [31v] called Si Baye Omahelury—others call her Si Bay Omastiasan—who it is said ordered a sacrifice made to their gods so that the spirits of those who died would not go to hell, but would be sent to a certain part of those islands—in the most rugged mountains where they would not be seen by any living person and where they were in life regaled and feasted;[15] about the sacrifice invented by this woman, we shall later give more details. They call this in their tongue *maganito*,[16] and this can be

---

13  This should be *solad*, which Encarnación explains as follows: "Profundidad, hondura, entrañas de la tierra. Metafóricamente significa desesperarse alguno, quererse matar, y suicidarse de hecho. Desafiarse algunos para quitarse la vida." See his *Diccionario* (Manila, 1885) 357. Cf. Plasencia, who has *casanaan* as the Tagalog term for hell; Plasencia, in B&R, 7: 196; and José Llanes, "Dictionary of Philippine Mythology," *University of Manila Journal of East Asiatic Studies* 6 (1957), 119. Also see p. 79n5.
14  [Ed. *Sular* is referenced as the Bisayan word for the concept of hell in William Henry Scott, *Barangay: Sixteenth-Century Philippine Culture and Society* (Quezon City: Ateneo de Manila University Press, 1984), 92–93.]
15  The last clause makes no sense.
16  The first detailed description of this sacrifice witnessed among the Bisayans is that of Antonio Pigafetta, historian of the epic voyage of Ferdinand Magellan, in B&R, 34: 163-67. Other descriptions are those of Loarca, B&R, 5: 131–33, 163, 173–75; Plasencia, B&R, 7: 185, 190, 191; Chirino, B&R, 12: 265–72, 302, 304; and Colín, B&R, 40: 75–77. Cf. Llanes, "Dictionary of Philippine Mythology" (1958), 136–38.

*baylanes* si son hombres, y si son mujeres *baysanas*, que es como entre nosotros hechiceros o hechiceras, o encantadores o encantadoras, y entre los gentiles romanos, sacerdotes o sacerdotisas. Éstos invocando a sus dioses o demonios, por mejor decir, con ciertas palabras supersticiosas y ademanes que tienen, matando el sacerdote o sacerdotisa que ha de hacer el sacrificio, con sus propias manos, con una lanza, un puerco, al cual cortándole la cabeza la pone por sí y aparte de toda la demás carne, no tocando nadie a ella de los que presentes se hallan, sino tan solamente el sacerdote que ha de hacer el sacrificio, o maganito, como ellos dicen, diciendo que aquella cabeza es para los dioses y que nadie puede tacar a ella, sino el que hace el sacrificio. El cual después de haber hecho el sacrificio o hechizo se la come él solo, y la demás carne se reparte entre todos los que se hallan presentes al sacrificio, comiendo muy espléndidamente, bebiendo cierta bebida que hacen de arroz, hasta que se emborrachan y los llevan a sus casas sus criados y amigos, de los brazos [32r] o a los hombros.

Y este sacrificio es el que acostumbran hacer cuando está alguno enfermo, y para que sus dioses le den salud y saber de ellos si les es acepto este sacrificio hacen esto: Toman los que tienen este oficio de sacerdotes el redaño del puerco que han muerto, y pónenlo sobre el suelo de una olla de barro, tocando a este tiempo unas campanas que ellos acostumbran, haciendo con ellas muy grande ruido, diciendo algunos cantares y haciendo otras cosas de regocijo y alegría, estando a todo presente el enfermo por cuya salud hace el sacrificio, derramando por el suelo mucha de la bebida que allí tienen para sólo este efecto, diciendo que aquello que se derrama es para que beban sus dioses, invocando junto con esto a sus antepasados, teniendo por cierto que les pueden favorecer y dar salud, porque también los tienen por dioses. Y si acaso el enfermo muere, siendo el tal persona poderosa, cuando le entierran meten juntamente con él algunos de los esclavos que tiene, enterrándolos vivos de por sí, porque al principal pónenlo en un ataúd de madera dentro de su misma casa, diciendo que los han menester los difuntos para que les sirvan en el otro mundo, y les aderecen la comida y lo demás que hubieren menester. Para lo cual hacen otro sacrificio y borrachera de muchos convites, invocando a los demonios con ciertas palabras que acostumbran, pidiéndoles que tengan por bien que las ánimas de todos aquellos que allí se entierran, las dejen salir del infierno y las lleven a unas serranías muy ásperas y muy altas, adonde no habita gente [32v] por su mucha aspereza, para que allí estén holgándose y banqueteando en vida regalada, en las cuales ellos entienden que están sus antepasados ocupados de continuo en comer y beber muy regaladamente. Y afirman tan en su seso este desvarío que oírselo pone admiración, de ver cuán creído tienen esto, que no hay quien se lo quite de la cabeza, aunque más les digan y afirmen que no es así ni pasa eso.

Tienen otros abusos y supersticiones como es que saliendo de sus casas para alguna parte, si alguno de ellos u otro estornuda, se tornan a entrar en ellas y se están un cierto espacio de tiempo que no tornan a salir. Y acabado, salen y van

done by men and women, and those who do it are called *baylanes*[17] if they are men, and *baysanas*[18] if they are women, who among us are known as witches or enchantresses, and among the heathen are the Roman priests and priestesses. These invoke their gods—or better still, their devils—with certain superstitious words and gestures they have, and using their own hands and a lance, they kill a pig. Cutting off its head, they set it apart from the rest of the meat, and no one present touches it except for the priest performing the sacrifice or maganito, as they call it; it is said that the head is for the gods and that nobody should touch it except he who is making the sacrifice. After the sacrifice or bewitchment, he eats it alone and the rest of the meat is divided among all those present at the sacrifice, who eat very splendidly and drink a certain liquid made from rice, until they get drunk and are carried by their arms [32r] or shoulders to their house by their servants and friends.

And this sacrifice is what they are accustomed to make when someone is sick and they ask the gods to give them health and knowledge. If this sacrifice is acceptable, they do this: those holding the priestly office take the omentum [intestine covering] of the pig that has been killed, placing on the floor an earthen pot, while ringing some bells and making a lot of noise, chanting songs and doing other things with joy and merriment—with the sick man for whom the sacrifice is being made present all the time—scattering on the floor much of the drink that they have. They say that what they scatter are the drinks for their gods, invoking also their ancestors. They are certain that their elders will favor them and give them good health because they also regard their ancestors as gods. If the sick man dies and he is a powerful person, they bury some of his slaves alive with him.[19] He is placed in a wooden coffin inside his own house, which is said to be necessary for the dead to be served in the other world, to be given food and attended to. For this purpose another sacrifice is held and a drinking feast with many invited guests, invoking the devils with words they are familiar with, asking for the well-being of the spirits of all those buried there, to let them out of hell and carry them to the high and rugged mountains uninhabited [32v] because of their remoteness, so that there they can enjoy a life of idleness, feasts, and luxury, alongside their ancestors who are eating sumptuously and drinking continuously. They affirm their belief in this nonsense so much that one has to admire them, and one cannot remove it from their heads even if one tells them that this is not so.

Other abuses and superstitions: on leaving their house for some place, if one of them sneezes, they turn back and tarry for some time before going out again and proceeding with what they were going to do.[20] And when they go to

---

17 *Baylan* or *babaylan* is the name given to native priestesses. In Iloko and Tinggian, they are known as *baglans*, in Bikol, *balyan*, and in Tiruray, *belian*. See Llanes, "Dictionary of Philippine Mythology," 57.
18 *Baysanas* as a term for female priestesses is not confirmed by other Spanish writers who state that the *baylanes* were generally women. See Loarca, in B&R, 5: 129, 133.
19 See Loarca, in B&R, 5: 135; Chirino, in B&R, 12: 302–4.
20 See Loarca, in B&R, 5: 165; Chirino, in B&R, 12: 267; Colín, in B&R, 40: 77.

a hacer lo que iban. Y cuando han de ir a alguna parte fuera de sus pueblos, a contratar o a hacer guerra, o a otra cosa alguna, echan suertes con unos colmillos de caimanes que para esto tienen, para por ellas saber si les ha de suceder bien en aquel camino que quieren hacer. Y si la suerte muestra que ha de suceder bien van luego a ello, haciendo primero dos o tres días borracheras. La misma orden guardan si han de ir a la guerra. Y si la suerte no es buena, dejan el camino o viaje por algunos días, hasta que le salga buena suerte.

Hay asimismo entre los bisayas unos a quien ellos llaman *axuanes* o *malaques*, que es lo mismo que entre nosotros brujos. Y dicen que tienen poder para matar a quien ellos quieren con sólo decir que se mueran las personas a quien estos axuanes o malaques quieren matar. [33r] Y dicen que también hacen los mismo si se enojan con alguna persona, que con sólo el mirar la matan. Y si alguna vez sucede que en el pueblo o parte donde alguno de estos hechiceros están, que muere alguna personal principal o hijo suyo, matan luego los parientes del principal que murió al hechicero que está o vive en aquel pueblo, juntamente con todos los de su casa y parentela, diciendo que aquel brujo mató al tal principal, y que por esto nadie de su linaje ha de quedar vivo, porque el que quedare ha de ser como el mismo hechicero y ha de matar a otros muchos.

Cuando juran acostumbran decir en sus juramentos estas palabras, teniéndolas por gran juramento, y que el que las dice, no ha de osar decir mentira: "el sol me parta, váyame yo con el sol o muérame con él, o el caimán o lagarto me coma si esto que digo no es así verdad," temiendo que si no la dicen, les ha de suceder lo que en el juramento han jurado. Y con todo dicen mil mentiras y falsos testimonios.

Tienen por muy cierto que todos los que mueren a puñaladas o les come algún lagarto o bestia fiera, así de mar como de tierra, o al que mata algún rayo del cielo, que los tales a quien semejantes muertes suceden, sus ánimas van al cielo con sus dioses, y no a las serranías altas que atrás dijimos que van los que mueren de sus enfermedades, diciendo que éstos se suben al cielo por los arcos que en él parecen cuando hay lluvias, a los cuales estiman y tienen en mucho, diciendo que son muy valientes.

No tienen templos ningunos, donde adoren y reverencien [33v] a sus dioses, ni menos tienen ningunos religiosos que les enseñen ni prediquen sus ritos ni hagan vida de abstinencia, ni religión como tienen los demás idólatras que hay en el mundo. Tan solamente tienen los hechiceros y hechiceras que hemos dicho, los cuales no hacen otra cosa más que las supersticiones de matar el puerco, con todo lo demás que sobre ello dijimos, ni hay más orden de religión.

some place outside their village to trade or to make war or something else, they cast lots with the eyeteeth of crocodiles that they use for this purpose—to find out if what they intend to do will turn out well. If it appears that all will go well, they proceed—but first they indulge in two or three days of drinking. They follow this same procedure when going to war, and if the omen is not good they desist or wait for a few days until good luck comes.

Among the Bisayans there are some persons whom they call *aswang*[21] or *malaques* who are the same as our sorcerers, and they say these have the power to kill anyone they want just by saying that these persons they want to kill will die. [33r] They also say these sorcerors can kill any person they dislike merely by looking at them. It sometimes happens that when a town's chief or the chief's son dies, his relatives kill the sorcerer who lives in that town, together with all the sorceror's relatives and people in their household, in the belief that the sorcerer had killed the chieftain, and for this reason no one of the sorceror's lineage should live, otherwise the survivor would become a sorcerer, and would kill many others.[22]

When taking an oath, these words are usually said, in the belief that these are a great oath and that whoever says them would not lie: "May the sun rend me asunder, may I go with the sun, or may I die with it or with the crocodile or reptile; may they eat me if what I say is not the truth." They believe that if they do not tell the truth the words of the oath will come true, but despite this, they utter a thousand lies and false testimonies.[23]

They are certain that the spirits of all those who die from being stabbed, eaten by some reptile or wild beast from either the land or sea, stuck by lightning, or other similar deaths, go to heaven with their gods and not to the high mountains which we have said is where those who die from maladies go. They say these dead ascend to heaven through the rainbows that appear during rains, and they value and esteem these highly, saying that those who died in this way are very brave.

They have no temples of any kind where they adore and revere [33v] their gods,[24] much less do they have religious persons who teach or preach their rites or lead a life of abstinence and piety as have other types of religious worship in the world. They have only sorcerers, as we have said, who practice nothing except the act of killing the pig and other superstitious rites as we have said; nor is there a religious order.

21  This should properly be *aswang* in modern orthography. An *aswang* is an evil spirit, witch, or demon that appears at night in the form of an animal, like a dog, cat, or bird. The belief in spirits is particularly prominent among the Bisayans, Pampangans, Bikols, and Mandayas. See Llanes, "Dictionary of Philippine Mythology," 58. For a more extended treatment of the subject, see F.X. Lynch, "Ang Mga Aswang," *Philippine Social Sciences and Humanities Review* 14 (1949): 401–27.
22  The killing of an *aswang* was reported in an article by an SVD priest who was stationed in Leyte. See Richard Arens, "Witches and Witchcraft in Leyte and Samar Islands, Philippines," *Philippine Journal of Science* 85 (1956): 451–65.
23  Colín observed that the native oaths were all execrations in the form of awful curses. See B&R, 40: 78–79. Cf. Morga, in B&R, 16: 132.
24  See Loarca, in B&R, 5: 129, and Plasencia, in B&R, 7: 185.

Estos bisayas traen el cabello muy largo, así hombres como mujeres, y préncianse mucho de ello, peinándose muy a menudo, echando en él ciertos ungüentos olorosos que hacen para ello. Tráenlo cogido a un lado de la cabeza, hecho con el mismo cabello una lazada muy pulida que no se les deshace si de propósito no se la quitan. No traen ningún tocado las mujeres en que lo traigan cogido, sino solamente como he dicho con la lazada, que en su manera es muy pulida y parecen bien. Y los hombres lo traen cogido con unas telillas muy galanas con que le dan unas vueltas a la redonda de la cabeza, a las cuales llaman *purones*, de que luego trataremos.

Los hombres y mujeres traen las orejas abiertas por muchas partes, y en las aberturas de ellas se ponen las mujeres y hombres muchas cosas y joyas de oro hechas con mucho primor, porque hay para esto en ellos muchos y muy buenos oficiales que labran de filigrana escogidamente y con mucha sutileza. Unas son de hechura de rosal, y éstas las traen las mujeres solamente, y llámanlas *pomaras*. Otras son como argollas redondas [34r] que las traen los hombres y mujeres, llámanlas *panicas*, y traen algunos tres o cuatro pares de ellas en las orejas que, como tienen tantos agujeros en ellas, lo pueden hacer.

No tienen estos bisayas rey ni persona mayor a quien todos obedezcan. Generalmente lo que más tienen es en cada un pueblo, hay uno o dos, o más principales a quien en su lengua, como hemos dicho, llaman datos, que es como en España señores de título. A éstos obedecen los de aquel pueblo en todo lo que les mandan, porque los más de ellos son esclavos de éstos y, los que no lo son en el pueblo, son deudos de los datos, a los cuales llaman timaguas, que es lo que en Castilla hidalgos, porque son exentos de no pagar ni contribuir ninguna cosa a los datos o principales.

Tienen de ordinario entre sí los bisayas muchas guerras y diferencias, mayormente antes que viniesen españoles a su tierra, que apenas había pueblo que tuviese paz con sus vecinos, matándose y robándose unos a otros con mucha crueldad, haciéndose mil traiciones, que de esto son grandes maestros, tomándose unos a otros por esclavos, no guardando la palabra que daban y prometían. Ahora después que hay entre ellos españoles, han cesado casi de todo punto estas cosas, porque apenas hay entre ellos guerras y diferencias, porque los españoles se las componen y les quitan de debates, porque como los tienen en encomienda, y

Fig. 1. *Boxer Codex*'s inside front cover, which contains Charles Boxer's ex-libris and that of Holland House

Note the cutout from the Hodgson's auction catalog dated 10 July 1947, wherein the manuscript is listed under lot number 60 as an "Oriental manuscript, with 75 coloured drawings... richly heightened with gold..." Beneath this paste-in, Prof. Boxer has handwritten in pencil a reference to his landmark study in 1950 and a note indicating "inserted at end [letters?] by Don Luis Pérez das Mariñas, 1598." The last notation was probably a reference to the letters that were subsequently appended to the original compilation.

Fig. 2. Detail of a Painting of a Manila-bound Galleon Docking in the Mariana Islands in 1590

In this vibrant seascape, enthusiastic Chamorros, natives of the Mariana (Ladrones) islands, converge with their outrigger canoes on the Spanish flagship *Capitana* in 1590. On the deck can be observed the red-plumed incoming Philippine Governor-General Gómez Pérez Dasmariñas, shown here with his son Luis on the upper deck, as they make a stopover in the Marianas en route to Manila. The anonymous observer writes that the Chamorros were eager to trade native products for the iron goods of the Spaniards. Iron was as good as gold in the islands.

**Fig. 3. Ladrones Male Warrior [2r]**

The herculean Chamorro with an atypical bow and arrow is depicted stark naked, save for the fictional fig leaf,. The anonymous writer continues his observation on "the speed attained by their outrigger canoes..., how they bartered fish, fruit, and water for bits of iron from the sailors of the passing Spanish ship."

**Fig. 4. Cagayan Woman in Finery [7v]**

"The natives possess much gold.... but they do not want to show them to the Spaniards, fearing that the Spaniards would appropriate these. They also have some stones that they value highly called *bulaganes* and *bahandines*, and these are worn by women as jewelry."

**Fig. 5. Cagayan Warrior in a Feathered Headdress [8r]**

"They wear their hair long—up to the shoulders and cut short at the front up to the temples. They wear on their heads crowns or garlands made of fragrant herbs. Their weapons are lances and shields a fathom long and three-fourths [of a fathom] wide. They have some quilted weapons and a cap like a colored *morrión* or helmet and some daggers more than eight fingers in width and a palm and a half in length, with hilts of ebony, with which they can cut off a head with one stroke."

**Fig. 6. Negrito Hunting Couple [14r]**

"... the majority of these bowmen or archers are Negritos. They have many herbs a drop of which, introduced into the bloodstream, would cause quick death, unless remedied by another herb."

Fig. 7. Zambal Hunting Pair [18r]

"Among other customs that these natives of Zambales practice is when they kill someone, they at once remove the head and incise it in a crown pattern with a *bararao*, and suck the brains out. They then save the head or skull as treasured property and trophy representing the number of men they have killed, and the more men they have killed and the more cruelties they have inflicted, the greater their honor, and he who has the most trophies becomes the most feared, and is thus considered the bravest and most courageous."

**Fig. 8. A Pair of Zambal Hunters Butchering a Carabao [19v]**

A pair of Zambal hunters is depicted rather gruesomely after having slashed a carabao's belly with a *bararao* to devour its intestines raw. "They eat raw meat better than dogs, because in killing a carabao, which is a buffalo, they slice it open and eat the innards without washing or cleaning any part, and they consider this a great delicacy."

**Fig. 9. A Pair of Male and Female Zambal Hunters [20r]**

"...if some close relative dies or is killed, they have to kill other men to avenge the death of their kinsman, and until their mourning is done, they cut off their hair at the back and in front, and they stop eating rice, and promise not to do other things until they have achieved their revenge."

**Fig. 10. Visayan Pintados (Tattooed Couple) [23v]**

"The Bisayans are accustomed to paint their bodies with some very elegant tattoos. They do this with iron or brass rods, the points of which are heated on a fire. They have artisans who are adept at this. They do this with such order, symmetry, and coordination that they elicit admiration from those who see them. These are done in the manner of illuminations, painting all parts of the body, such as the chest, the stomach, legs, arms, shoulders, hands, and muscles, and among some, the posteriors."

**Fig. 11. Visayan Principal Couple [24r]**

"They have another type of clothing, which consists of cotton blankets... The men carry on their heads some very fine multi-colored head-scarfs which they wear as some sort of Turkish turban. They call these in their language *purones*.... The young men wear them very finely with many inserts of strips of gold....The garments and dresses of Bisayan women consist of some blankets with diverse colored stripes made of cotton... they wear a *pezuelo*, a chemise with half sleeves that reach the elbows...They are close fitting, without collars, and are low-necked or low-cut and are fastened at the front with braids or cords of silk. Many wear a lot of gold jewelry that they use as fasteners and small golden chains, which they use as best as they can."

**Fig. 12. Gold-embellished Visayan Noble Couple 2 [25v]**

Bisayan women were noted by the anonymous observer to wear "shimmering sashes of woven gold with ornate repoussé buckles... while lighter cloth waistbands adorned with cord weights ... rattled with every step..." (Capistrano-Baker, 36).

Fig. 13. Gold-embellished Visayan Noble Couple 3 [26r]

"The men carry on their heads some very fine multi-colored head-scarfs, which they wear as some sort of Turkish turban. They call these in their language *purones* [putong], and they certainly are nice-looking and elegant. The young men wear them very finely with many inserts of strips of gold. The garments and dresses of Bisayan women consist of some blankets with diverse colored stripes made of cotton, and others are made from a plant they have; some wear plain taffeta and damask that come from China."

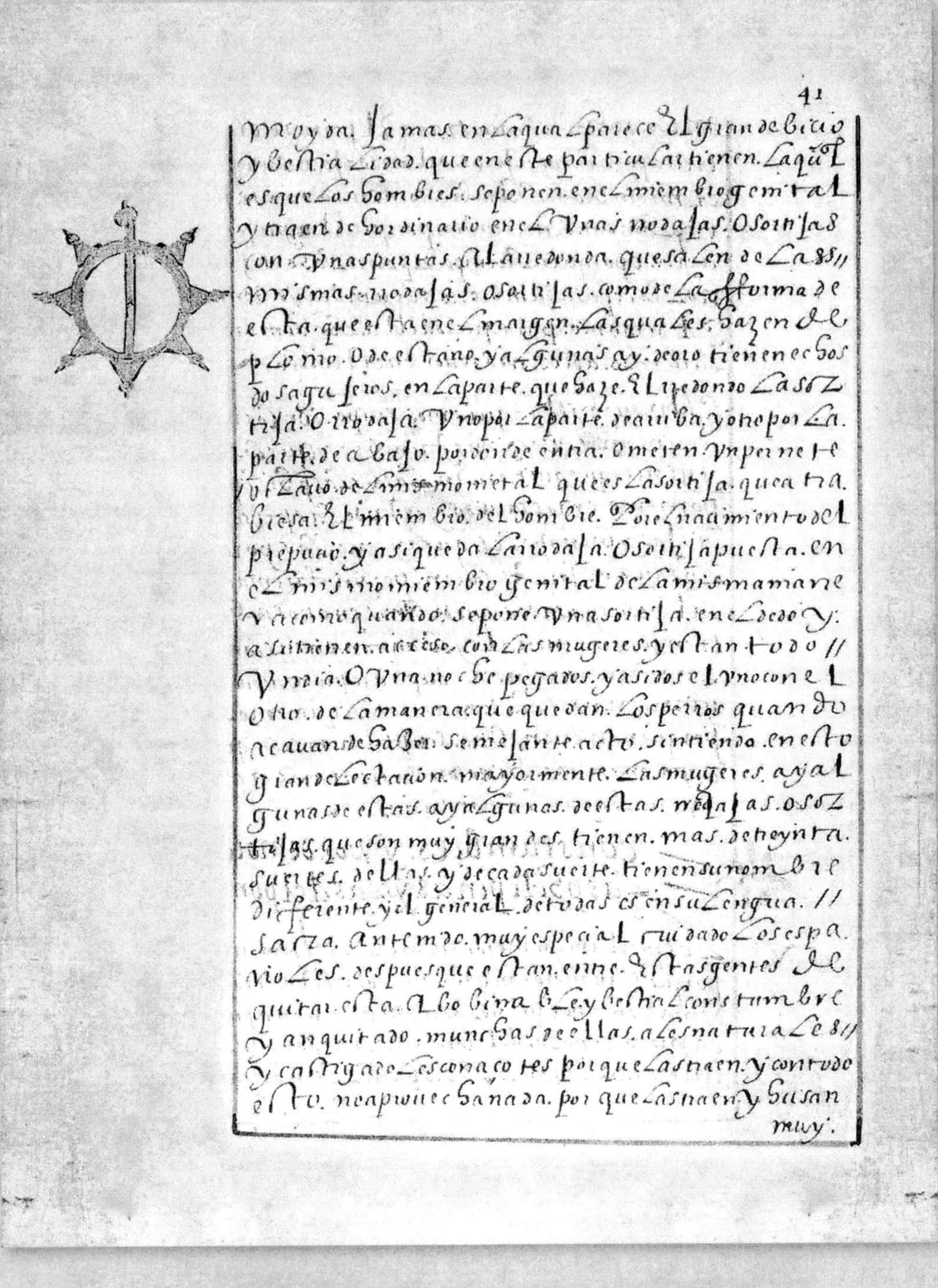

**Fig. 14.** Sixteenth-century Manuscript Leaf 41-Recto, Depicting a Bisayan Penis Ring or *Sagra*

"Finally, in the sins of the flesh, they are used to an object which is the newest and never before seen [41r] nor heard of... The men commonly place and wear on their genital member a certain wheel or ring with rounded spurs—in the form [drawn] on this page's margin—made of lead, brass, and in some cases gold.... the wheel or ring is placed on the very genital in the same way that a ring is put on the finger. Thus they have access with the women...."

**Fig. 15. Photos of a penis ring**

Left: an eight-studded ring of metal, approximately two inches in diameter, unearthed in the town of Dumangas, province of Iloilo, island of Panay in the West Visayas, and acquired through the kindness of Lourdes Dellota of Iloilo City. Right: the same ring of metal that has been photographed at an angle to show two holes on opposite sides that were presumably used to hold a traversing metal pin, which was unfortunately not recovered with the item. Both photos courtesy of Atty. F. William L. Villareal and reprinted from the monograph of the Philippine Numismatic and Antiquarian Society.

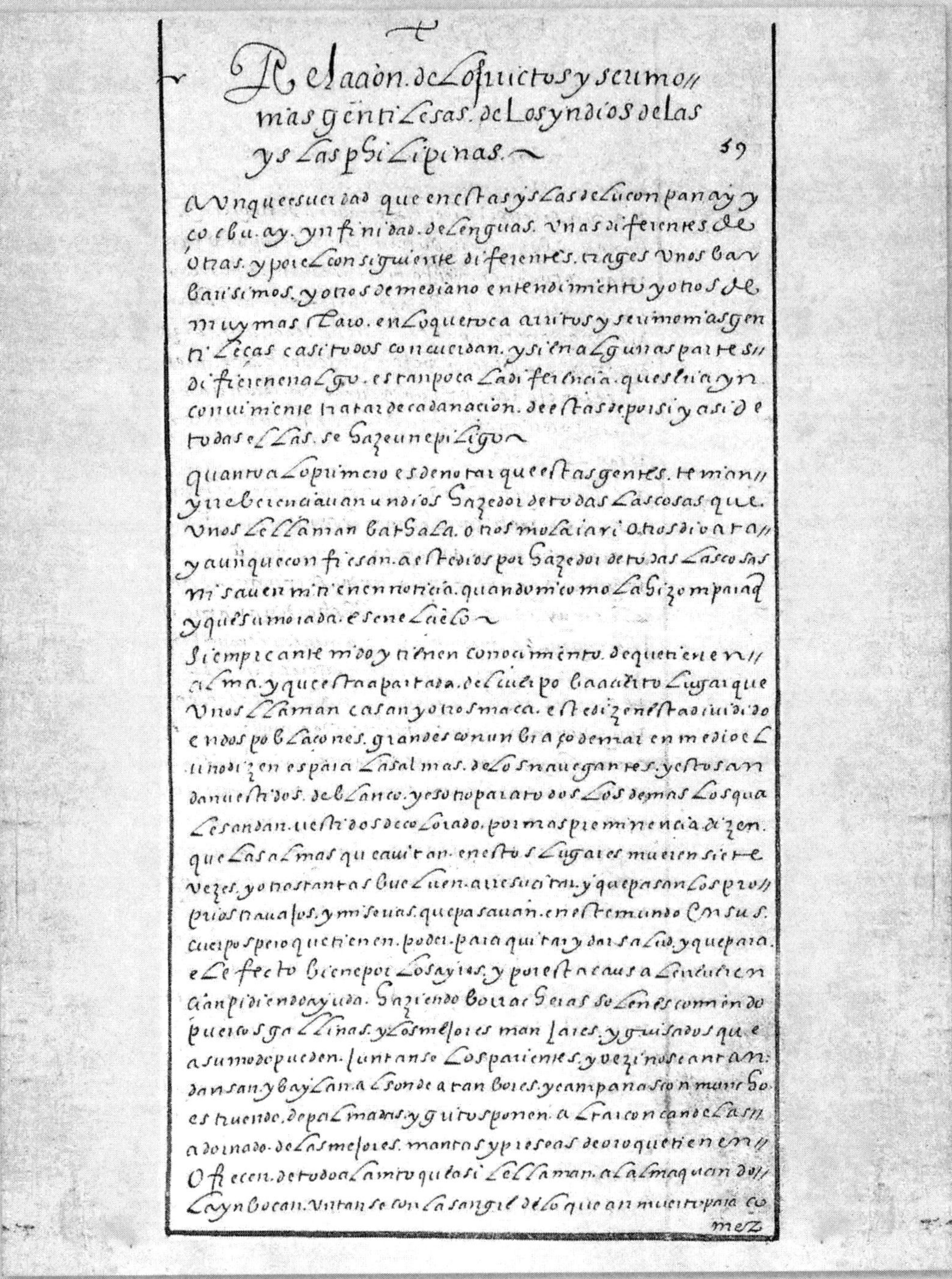

+

Relaçion de los rrictos y serimo//
nias gentileças de los yndios de las
yslas philipinas ~ 59

Aunque es verdad que en estas yslas de lucon panay y
cocebu ay ynfinidad de lenguas. vnas diferentes de
otras. y por el consiguiente diferentes trages vnos bar
barisimos. y otros de mediano entendimiento y otros de
muy mas claro. en lo que toca a rritos y serimonias gen
tileças casi todos concuerdan. y si en algunas partes//
difieren en algo. es tan poca la diferencia que no ay yn
conuiniente tratar de cada nacion de estas de por si y asi de
todas ellas se haze un epilogo ~

quanto a lo primero es de notar que estas gentes temian//
y rreberenciauan un dios hazedor de todas las cosas que
vnos le llaman bathala otros molaiari otros diuata//
y aunque confiesan a este dios por hazedor de todas las cosas
ni sauen ni tienen noticia quando ni como la hizo ni para q
y que es su morada es en el cielo ~

Siempre an tenido y tienen conocimiento de que tienen//
alma y que esta apartada del cuerpo va a cierto lugar que
vnos llaman casan y otros maca. este dizen esta diuidido
en dos poblaciones grandes con un braço de mar en medio el
uno dizen es para las almas de los nauegantes y estos an
dan vestidos de blanco y eso no para todos los demas los qua
les andan vestidos de colorado por mas preminencia dizen
que las almas que cautiuan en estos lugares mueren siete
vezes y otras tantas buelven a rresucitar y que pasan los pro//
prios trauajos y miserias que pasauan en este mundo con sus
cuerpos pero que tienen poder para quitar y dar salud y que para
el efecto biene por los aytes y por esta causa le ruegan
y an pidiendo ayuda haziendo borracheras solennes comiendo
puercos gallinas y los mejores manjares y guisados que e
a su modo pueden. juntanse los parientes y vezinos cantan
dansan y baylan al son de atanbores y campanas con mucho
estruendo de palmadas y gritos ponen altar con candelas m
adornado de las mejores mantas y preseas de oro que tienen//
ofrecen de todo al anito que asi le llaman al alma que an do//
lo y nbocan untanse con la sangre de lo que an muerto para co
mer

**Fig. 16. Manuscript page 59r, "Relacion de los rrictos y serimonias gentilesas de los yndios de las Philippinas"**

The title page of the anonymously written account on the Tagalogs of the Philippine islands. Prof. Charles Boxer believed that this chronicle was strongly influenced by other earlier accounts of Miguel de Loarca in 1580 and that of Fr. Juan de Plasencia in 1589, while William Henry Scott has argued that it is an original eyewitness account.

These Bisayans wear their hair very long, men as well as women,[25] valuing it highly, very often combing it and putting on certain fragrant unguents which they concoct. They wear it gathered to one side of the head, making a neat knot that does not unravel unless purposely done so. The women carry no other coiffure except as described, with a knot that in appearance is very neat and looks well. The men wear their hair gathered by very elegant sashes that they tie around the head and which they call *purones*,[26] which we shall deal with later.

The men and women have many holes in their ear lobes, and in these openings they place many objects and gold ornaments that are made very exquisitely,[27] as they have among them many gold artisans who do filigree work expertly. Some pieces look like roses and these are worn only by women and are called *pomaras*.[28] Others are like round rings [34r] worn by men and women who call them *panicas*.[29] Some wear three or four pairs of such rings in their ears, which they can do because they have so many holes.

These Bisayans do not have a king or high personage whom they all obey.[30] Generally what they have is a chief or two in each village whom they call in their tongue *datus*[31] as we have said, who are like titled lords in Spain. Their orders are obeyed in their villages because the rest of the inhabitants are their slaves and those who are not their slaves are their debtors; these are called *timawas*[32] who are like the *hidalgos* in Castile, because they are exempt from paying or contributing anything to the *datus* or chiefs.

Ordinarily among the Bisayans there were many wars[33] and major differences before the arrival of the Spaniards in their land. There were hardly any towns, nor peaceful relations with their neighbors, as they were often engaged in killing and robbing one another with much cruelty, committing a thousand betrayals. In this they were great masters, enslaving one another, and not keeping their word or promises. Now, after the arrival of the Spaniards, they have stopped all these practices, because at present there are hardly any wars or conflicts among them. The Spaniards have settled their differences and removed the cause of debates because they are held in *encomiendas*[34] where they pay trib-

25 Cf. Loarca, in B&R, 5: 115.
26 From *purung* (Hiligaynon for "crown, diadem, wreath"). See p. 27n4.
27 See Loarca, in B&R, 5: 117.
28 We have not been able to identify this term.
29 Both Noceda and Sanlúcar (*Vocabulario* [1860], 241), and Serrano-Laktaw (*Diccionario* [1914], 105) give the meaning of this as "oro de más de 18 quilates."
30 Cf. Morga, in B&R, 16: 119; Colín, in B&R, 40: 82.
31 Cf. Plasencia, in B&R, 7: 173.
32 *Timawas* are plebeians or freemen. See Morga in B&R, 16: 120; Loarca, in B&R, 5: 147–49. Although supposed by authorities to be applicable to the Tagalogs, Plasencia significantly does not employ the term; in his treatise, he refers to the plebeians or commoners as *aliping namamahay*. See B&R, 7: 175. Cf. Colín, in B&R, 40: 86.
33 Cf. Morga, in B&R, 16: 113.
34 [*Ed*. The *encomienda* was a grant given by the Spanish king to a conquistador or official to administer natives in a given territory. Although the grant was given with the requisite responsibility of educating and providing for the natives, the *encomendero* was allowed to collect tribute and to require forced labor. The system was much abused during the Spanish domination of the Philippines, which caused many local revolts.]

les pagan tributo, procuran de que no vaya ninguna de estas cosas, y las justicias por su parte hacen lo mismo.

[34v] Las armas que estas gentes acostumbran son unos puñales de extraña hechura, las vainas de madera llámanles *bararaos*, y unas lanzas con unos hierros de hechura de lenguados, las astas pequeñas, de la estatura de un hombre poco más. Tienen paveses de madera con que se cubren los cuerpos cuando pelean. Son largos y angostos. Tienen algunos muy galanos y pintados. Hacen unas armas a manera de corazas de hilo de algodón muy fuertes, que aunque les den o tiren con una lanza, aunque sea de muy cerca, no les harán daño ninguno. Tienen otras hechas de palo a manera de petos y espaldares, que defiende una flecha y una lanza, detienen arcos y flechas, en los hierros de las cuales echan algunas veces ponzoña, que hay mucha en todas las islas Philipinas y, en algunas de estas islas, usan unas cerbatanas como las que en España hay con que matan pájaros, con las que les tiran unas flechuelas muy pequeñas con hierros muy agudos, las cuales tiran por el agujero de la cerbatana. Y van los hierros de estas flechuelas llenos de ponzoña o yerba y, si hacen sangre en la herida que dan o hacen mueren de ellas, aunque sea muy poca. Hacen muchas lanzas de palo y cañas, con las puntas tostadas, las cuales tiran muy a menudo cuando pelean unos con otros. Tienen rodelas hechas de bejucos. Son muy fuertes porque no se pueden cortar ni pasar de ninguna cuchillada que sobre ellas den. En algunas partes traen en las cabezas unos como cascos o morriones hechos de cuero de pescado, que son muy fuertes. Tienen algunos coseletes hechos de cuero de búfano, y algunos hay de cuero de elefante, que hay algunos en una isla llamada Xoló, aunque no son [35r] tan grandes como los de la India.

Tienen mucha manera de navíos de muy diferentes hechuras y nombres, con los cuales hacen sus guerras y van a sus navegaciones. Son por la mayor parte pequeños, los que usan para la guerra e ir a robar, llaman *barangays* y, si son algo grandes, llámanles *vireyes*. Éstos son muy largos y angostos, van en ellos cincuenta personas y, si son algo grandes, van ciento, todas las cuales han de remar, excepto

ute; they [Spaniards] have tried to prevent [wars], and the justice officials ensure the same.

[34v] The weapons[35] these people are accustomed to using are daggers of a type with a strange design and with wooden scabbards, called *bararaos*,[36] as well as some lances with iron [tips] in the shape of tongues, with small poles more or less the height of a man. They have wooden shields with which they cover their bodies when fighting. These are long and narrow, and some are very elegant and painted. They make some kind of armor in the form of a cuirass from cotton fiber, which is very strong such that even if it is hit by a lance from a short distance, no harm will be inflicted. They have others made of wood in the manner of breast and back plates for defense; they have arrows[37] and lances whose iron [tips] are sometimes laced with poison, which is plentiful in all the Philippine islands. In some of these islands they use blow-guns[38] like those in Spain with which they kill birds, and with these they shoot some very small arrows with very sharp iron points through the hole of the blow-gun, and the iron points of these arrows are loaded with poison or herbs. If these draw blood in the wound they make, the victim dies even if [the wound] is small. They make many lances of wood and bamboo with signed points, which they often hurl at each other when they fight. They have shields[39] made of rattan. These are very strong because they cannot be cut or pierced by any stroke of the blade. In some areas they wear on the head some helmets or *moriones* that are made of fish skin and that are very strong. They have corselets made of buffalo skin and some made of skin from elephants,[40] which can be found in an island called Jolo, although they are not [35r] as large as those in India.

They have many types of ships[41] of different shapes and names, with which they wage their wars and go sailing. These are for the most part small and are used for war and depredation. These are called *barangays*,[42] while the larger ones are called *vireyes*.[43] These are very large and wide; one of them can fit fifty people, and if larger, one hundred; everyone on board has to row except the chief. The

35 Cf. Morga, in B&R, 16: 81–82; Colín, in B&R, 40: 87–88. See Retana, in Martínez de Zúñiga, *Estadismo*, 2: 500–1.
36 See Morga, in B&R, 16: 81–82, particularly Rizal's comment on this weapon.
37 Colín, in B&R, 40: 87. The use of the bow and arrow in the Philippines at the time of the conquest was widespread. See Kroeber, *Peoples of the Philippines*, 45, 175, 178.
38 Colín, in B&R, 40: 88; Kroeber, *Peoples of the Philippines*.
39 For different types of shields found in the Philippines, see Kroeber, *Peoples of the Philippines*, 178, 180–82.
40 On the question of whether elephants existed in the Philippines or not, see Jaime C. de Veyra, "Hubo elefantes en Filipinas," *Cultura Filipina* 2 (1912): 490 ff. Cf. Retana, in Martínez de Zúñiga, *Estadismo*, 2: App. D, 428.
41 Morga, in B&R, 16: 82–84. An alphabetical list of embarcations used in the Philippines is given by Retana, in Martínez de Zúñiga, *Estadismo*, 2: App. G, 512–16.
42 As the oldest name known for a native embarcation, this should properly be *balangay*. Noceda and Sanlúcar, *Vocabulario* (1860), 20. Cf. Retana, in Morga, *Sucesos*, 489, 490. [Ed. *Barangay* would through time connote a village, and thus the essential unit of local government in the Philippines. Scott elucidates on the concept and term in his book *Barangay*, 4–5.]
43 Retana, in Morga, *Sucesos*, 490.

el principal que va en el navío. Los remos de estos navíos son del tamaño de una vara de medir, poco más, con sus palas muy bien hechas. Estos remos no los atan al navío para remar con ellos, sino que sentados los que reman a bordo del navío, van remando con el remo muy descansadamente con entrambas manos. Son los navíos demasiadamente ligeros, echan dos o tres andanas de remos por banda cuando tienen gente para ello, yendo asentadas y puestas estas andanas que digo en unos contrapesos que los navíos llevan hechos de cañas muy grandes que hay en todas las Philipinas, e islas del Poniente, los cuales contrapesos van fuera del cuerpo del navío por entrambas partes, y en ellos van sentados los que reman, muy sin pesadumbre. Con estos contrapesos van los navíos muy seguros que no pueden zozobrar y cubren mucha mar a causa que suspenden el navío para arriba y no quiebran las olas en el cuerpo del navío, sino en el contrapeso. Usan de velas redondas como las nuestras. Tienen otros navíos que llaman *birocos*, son más grandes que los que hemos dicho porque hay algunos [35v] que son de porte de quinientas o seiscientas hanegas de trigo. Son también de remos, mas son muy largos y van atados al navío, como los nuestros, y tienen diferente hechura. Éstos son los mayores navíos que tienen, todos los demás son pequeños, y nómbranlos por muy diferentes nombres, y tienen diferentes hechuras, que no hay para qué tratar aquí de ellos, pues no importa mucho.

 No tienen estas gentes justicias ni hombres diputados para el bien común o de sus repúblicas, ni se castigan los delitos que hacen o cometen por ninguna persona, sino que, cada uno que es agraviado, toma por sí la satisfacción de las injurias que le son hechas. Los principales hacen lo que quieren, sin haber quien les vaya a la mano, haciendo esclavos al que se les antoja por muy poquito que contra ellos se haga, y dan libertad con la misma facilidad a quien quieren, sin haber quien en nada les vaya a la mano. Aunque después que los españoles están en las Philipinas y las tienen pobladas, no les dejan hacer ni consienten a nadie ninguna de estas tiranías, yendo a la mano a los principales y a los demás que las quieren hacer, y lo mismo hacen las justicias donde están.

 Los edificios y casas que tienen, y asientos de los pueblos, son muy ruines, porque no tienen traza, ni orden ni concierto en ello. Son de palos y de cañas muy grandes, que hay en todas las Philipinas e islas del Poniente, porque tienen a siete y a ocho brazas, y tan gordas como casi el muslo. Sírvense de ellas [36r] para todos sus edificios y obras. Hacen de ellas las paredes y suelos altos de las casas, partiéndolas por medio, y tejiéndolas unas con otras de la manera que los cesteros. Hacen los mimbres cuando hacen alguna canasta. Los pueblos no tienen concierto en sus calles ni casas, sino que cada uno la asienta y pone donde le parece. Hay en las calles y entre las casas muchos árboles silvestres y palmas de cocos, aunque en las partes que hay doctrinas, los religiosos les han puesto que tengan en esto alguna policía, y la hay. Tienen de ordinario las casas y pueblos a la orilla de los ríos y partes pantanosas y cenagosas, porque entre ellos lo tienen

oars of these ships are a yard long or a bit more, and their paddles are very well made. These oars are not attached to the boat for rowing, but the rowers are seated in them, and they row very easily with both hands. These vessels are very light, with two or three tiers of seated rowers per band when they have people for this; and counterweights or outriggers made of very large bamboo poles are attached to the sides of these vessels, which are to be found in all the Philippines or the Islands of the West. These counterweights are placed outside the body of the vessels on both sides, and on them are seated those who row with much difficulty. With these counterweights, the vessels travel very safely, because they cannot be capsized or overcome by the high seas unless the vessel is overturned. The waves do not smash against the body of the vessel but on the counterweights. They use round sails like ours. They have other ships they call *birocos*[44] that are much larger than those we have cited, and there are some [35v] that can load five hundred or six hundred bushels of wheat. These ships also have oars, but they are very long and are attached to the ship like ours, and have a different shape. These are the main ships they have. All the rest are small and are called by many different names, and have different shapes, which need not be dealt with here, not being of much importance.

These people do not have judges or men deputized to look after or protect the common good of their republics, nor do they punish the crimes committed by any person; but each one who is aggrieved takes it upon himself to exact reparation for the injuries inflicted on him. The chiefs do as they please without anybody stopping them, making slaves of anyone they fancy for the slightest fault committed, and then freeing them with the same facility. However, the Spaniards, having been here in the Philippines for some time with the people having been established in settlements, do not allow or consent to these tyrannies, and warn the chiefs and others who wished to commit these abuses. Justice officials do the same thing wherever they are.[45]

The structures, houses,[46] and town sites they have are very poor because they are not designed, nor is there any order or harmony in them. They are made of wood and very large bamboo, of which there is plenty in all the Philippines and Islands of the West. Because these bamboo are seven or eight yards long and as big as a man's thigh, they are used [36r] in all their buildings and works for walls and high floors. They cut these in half and weave them one against the other in the manner that basket makers place the osiers when weaving a basket. The towns have no order in their streets or houses. Each one builds his house where he pleases. There are many palm and coconut trees in the streets and between houses, although in places where the Gospel has been taught, the priests have enforced some neatness and order. Ordinarily they have the houses and villages at the banks of the rivers and at edges of swamps

---

44 Ibid.
45 Cf. the settlement of disputes described by Morga, in B&R, 16: 121. See also Colín, in B&R, 40: 84–86.
46 Morga, in B&R, 16: 117–18.

por mejor. Báñanse todos los días, así hombres como mujeres, una o dos veces al día públicamente, echando las carnes de fuera, tapándose las vergüenzas con las manos tan solamente, hasta entrar donde se las cubre el agua, a cuya causa son todos los más muy grandes nadadores y amigos de andar en el agua, así hombres como mujeres, porque desde que nacen los enseñan a esto.

En sus casamientos tienen esta costumbre, que queriendo casar algún padre a su hijo con hija de otro, el padre del hijo se concierta con el padre de la hija, en esta manera, que le da para ella, y porque se case con su hijo, cierta cantidad de oro o su valor, como mejor entre ellos se conciertan, conforme a la calidad de cada uno. Y esta cantidad se la da al padre de la moza y se queda con ella, sin darla a su hija, hasta tanto que los casados hacen y tienen casa por sí y aparte, que entonces se la dan. En estos casamientos se ayudan los parientes unos a otros de esta manera, que el padre de la desposada hace al padre del desposado, que dé a sus deudos [36v] de la desposada alguna cosa por razón del casamiento, y lo que les dan a los parientes, se quedan con ellos.

Mejoran entre ellos de ordinario a las mujeres, diciendo que pues ellas no han de ir a ganar lo necesario, las han de mejorar. Puédense casar con las mujeres que quisieren, estando vivas todas sin que por ello tengan pena ni castigo. Si quieren descasarse de la mujer que tienen, lo pueden hacer dejándole lo que dio por ella al tiempo que se casó, al cual precio llaman *buguey*, que es lo que en España llamamos dote. Y si es la mujer la que se quiere descasar, no ha de llevar nada. Y cualquiera de los dos se puede luego tornar a casar. Si la mujer hace adulterio, puede el marido dejarla y quitarle todo lo que tiene, y pudiendo, a ver al adúltero, lo puede matar en cualquier parte sin pena ninguna. Y si le da alguna cosa, la puede tomar y le perdona por ello. Y con esto no es afrenta entre ellos, aunque lo que le da sea de muy poco valor. Al principio del casamiento no paran en que la mujer esté virgen o no, porque todas las más están a este tiempo corrompidas, y no hacen caso de esto, ni reparan en ello, aunque tienen por afrenta el parir no siendo casadas. Traen las mujeres en los brazos muchas

and marshes,[47] because they believe it is best to bathe[48] daily, men as well as women, once or twice a day, publicly and nakedly, covering their private parts with their hands only until the water covers them.[49] Thus, they are all very good swimmers[50] and fond of staying in the water, men as well as women, because they have been taught to swim since birth.

They have this custom concerning marriage:[51] when a man wants to marry off his son to another man's daughter, the two fathers come to an agreement as to what the groom's father will pay for the marriage—a certain quantity of gold or its equivalent, as they may agree upon, depending on the rank of each party. This is given to the girl's father who keeps it until the couple has their own separate house, and then it is given to them.[52] In these marriages the parents of both sides help each other in this way: the father of the bride requires the father of the groom to pay his creditors [36v] something on account of the marriage, and what is given to the parents remains with them.

Ordinarily, women are given the *mejora*[53] [share of inheritance or financial assistance] because they say women cannot earn what they need. A man can marry any woman he wants, even if he has a previous wife who is alive, and he is not punished for this.[54] If one wants to unmarry his wife, he can do so by leaving her with what he gave her at the time of marriage, which price they call *bigay*[55] and which in Spain we call dowry. If it is the woman who wants to unmarry, she keeps nothing, and any one of the two can later remarry. If the wife commits adultery, the husband can leave her and take away all that she has, and on finding the adulterer, the husband can kill him anywhere without any penalty. If the husband is given something, he can accept it and forgive her because of it, no matter if it is of little value, and with this there are no reproaches. It is not considered a bother or a deterrent to marriage if a woman is not a virgin,[56] because by the time women reach a marriageable age, most of them are no longer virgins, and they do not mind this or object to it, although

47 Colín, in B&R, 40: 68.
48 Regarding the bathing habits of the natives, see Chirino, in B&R, 12: 212–13; also Morga, in B&R, 16: 78–79.
49 Colín, in B&R, 40: 68.
50 Ibid.
51 Cf. this account with other descriptions of marriage customs by Loarca, in B&R, 5: 119, 153–61; Plasencia, in B&R, 7: 181–84; Morga, in B&R, 16: 124–25; and Colín, in B&R, 40: 89–90.
52 A man's giving away of a dowry called *bigay-kaya* (see n55) was an important condition of marriage throughout the Philippines.
53 Mejora refers to the Spanish custom of leaving in a will a larger share than the legatee is entitled to under the law.
54 Loarca, in B&R, 5: 119. Colín (B&R, 40: 90), following Chirino (B&R, 12: 293), states: "Polygamy was not the fashion among the Tagalogs." Real polygamy in the Philippines, according to a modern writer, was introduced only by the Muslims. See Kroeber, *Peoples of the Philippines*, 155.
55 *Bigay* should properly be *bigay-kaya*. Morga, in B&R, 16: 125–26. For Rizal's interpretation of the dowry, see ibid., n147 and n148, in which he quotes from Colín. Cf. Plasencia, in B&R, 7: 183.
56 Loarca, in B&R, 5: 119; Morga, in B&R, 16: 131; Chirino, in B&R, 12: 251.

manillas de oro y otras de marfil, y también los hombres usan de esto muy de ordinario. A las de oro llaman *gambanes*, y las de marfil *tiposos*. Estiman en mucho las de marfil. Traen al cuello algunas cadenas de oro, teniéndolas por mucha gala y bizarría. Las mujeres se ponen en las piernas manillas de oro y latón, [37r] porque las traen descubiertas hasta las pantorrillas, y tiene traer manillas en las piernas por mucha gala.

Los juegos y pasatiempos son hacer que los gallos peleen unos con otros, teniéndolos para esto muy cebados y regalados en sus casas. Y cuando han de pelear, pónenles unas navajuelas muy sutiles y agudas hechas como de anzuelo con un encaje para atársela a las piernas, junto a donde las nace el espolón. Y de esta manera les hacen pelear unos con otros, poniendo por precio que el dueño del gallo que saliere vencedor lleve al vencido para se le comer o hacer de él lo que quisiere.

Este solo juego y pasatiempo tienen, y hacen borracherías, que esta es la fiesta más principal que entre ellos hay. No tienen día de fiesta, ni de guardar para ninguna cosa. Ahora que los españoles están en aquellas partes, han tomado de ellos algunos juegos, como es el del argolla, y damas de ajedrez, de que hay muy buenos maestros, especialmente del argolla. Algunos se han dado a los naipes, y los juegan, aunque de éstos hay pocos.

Los oficios que hay entre ellos son carpinteros, que hacen todo lo que se les pide de carpintería, como son casas, cajas, navíos, bancos. Los navíos hacen sin llevar ningún género de hierro ni brea ni otro betumen, sino tan solamente la madera. Y hácenlos tan estancos que no les entra agua ninguna. Son en extremo muy pulidos y bien labrados. Y plateros de oro, que labran de filigrana, sutilísimamente y saben fundir y afinar el oro muy bien. Y herreros que hacen de hierro muy bien cualquier herramienta [37v] que se les pida. Éstos son los oficios que entre ellos hay más ordinarios, y hacen todos los demás en que les imponen, que para todo tienen habilidad.

it is considered an affront for an unmarried woman to give birth. Women wear on their arms many bracelets of gold and of ivory;[57] the men also use these ordinarily. The gold ones are called *ganbanes*[58] and those of ivory *tiposos*;[59] they value highly those of ivory. They place around their necks chains of gold and consider them very pleasing and magnificent. Women place manacles or bracelets of gold and brass [37r] around their legs since they leave their legs bare up to their knees and they wear these bracelets around the legs with much gaiety.[60]

Their games and pastimes consist of making roosters fight each other and for this [purpose] they keep them in their houses, keeping them well-fed and taken care of. And when the [roosters] fight they attach with a lace a small, very sharp and pointed razor that is curved like a hook to the leg of the rooster next to the spur, and in this manner they make the roosters fight.[61] As a prize the owner of the winning rooster carries away the defeated fowl to eat or do with it as he pleases.

This is their sole game or pastime aside from drinking, which is their main festivity. They have no feastdays[62] nor special days for anything. Now that the Spaniards live in these parts, the natives have learned some games from them, such as the game with rings, checkers, and chess, at which there are many who have become masters, especially in the game of rings. Some have learned card games, although there are few of these.

They practice their trades as follows.[63] Among them, there are carpenters who do all types of carpentry work asked of them, such as building houses, boxes, boats, and benches. Boats are made without using any iron, tar, or other bitumen—using only wood. They make them so well that no water can enter the boat. These boats are very well built. They have goldsmiths who work on filigree very cunningly. They know how to melt and refine gold very well, and they have blacksmiths [37v] who can make very good iron tools. These are their most common occupations, but they can engage in other trades required, as they have the ability to do so.

---

57  Cf. Morga, in B&R, 16: 76.
58  Morga (ibid.) wrote that the gold ones were called *calombigas*.
59  See Encarnación, *Diccionario*, 410.
60  Morga, in B&R, 16: 113.
61  Cf. Colín, *Labor evangélica*, ed. by Pablo Pastell, 1: 81–82. For a much later report on the subject, see Martínez de Zúñiga, *Estadismo*, 1: 301–3. Some later foreign observers claimed that cockfighting was not an indigenous but an imported pastime, with some writers believing that the practice was introduced by the early Spaniards from Mexico. See F. Jagor, *Travels* (London, 1875), 27.
62  See p. 39n24.
63  Morga, in B&R, 16: 114, added that "the women have needlework as their employment and occupation, and they are clever at it, and at all kinds of sewing. They weave cloth and spin cotton, and serve in the houses of their husbands and fathers.... They raise fowl and swine, and keep the houses, while the men are engaged in the labors of the field and in their fishing, navigation, and trading." See also Colín, in B&R, 40: 87.

Son en general grandísimos haraganes y enemigos del trabajo. Gastan el más tiempo del año en andarse holgando y emborrachándose, que si la necesidad no les constriñe, se dejarían de sembrar sus sementeras y arroz, y las demás cosas que siembran para su sustento. No tienen huertas ni legumbres, ni árboles frutales que cultivar, porque todas sus frutas son silvestres, y agras y de mal gusto y paladar. Sólo los plátanos son buenos, y de éstos hay gran cantidad y diversidad de muchas suertes de ellos, los cuales cultivan en sus casas y sementeras, con algunas cañas dulces y patatas y camotes, de que también hay abundancia.

No acostumbran a dormir en camas ni las tienen, aunque hay comodidad para ello, porque las podrían hacer de cierta cosa que cogen de los árboles que en su lengua llaman *baro*, que sirve por colchones, como lana. Duermen en el suelo de sus casas, en lo alto de ellas, que es lo que habitan, porque de lo bajo no se sirven. Ponen debajo de los cuerpos tan solamente unas esteras de palmas. Otros duermen en unas como hamacas hechas de mantas de algodón, las cuales cuelgan con dos ramales de soga de los palos o cañas de la casa, y de esta manera son sus camas.

Las mujeres tienen por afrenta parir muchas veces, especialmente las que habitan en los pueblos [38r] cercanos al mar, diciendo que el tener muchos hijos son como puercas. A cuya causa, después que tienen uno o dos, las demás veces que se empreñan, estando ya de tres o cuatro meses, que se les echa de ver la preñez, matan la criatura en el cuerpo y vienen a mal parir. Y hay mujeres que tienen esto por oficio y, sobando las barrigas, ponen cierta yerba con que muere luego la criatura, y mal pare la preñada. Acostumbran también hacer esto las que no son casadas cuando están preñadas, que también tienen por afrenta tener hijos no siendo casadas, aunque no la tienen en andar y tener cuenta con los hombres siendo solteras, y estar con ellos amancebadas. Son todas más ordinariamente más amigas del trabajo que no los hombres, porque cosen, labran, hilan y tejen mantas de algodón, y otras cosas de que se visten. Van a las sementeras y trabajan en ellas haciendo oficios de hombres. En general son muy dadas al vicio de la carne, y muy interésales. No saben agradecer ninguna buena obra que por ellas se haga, y lo mismo hacen los hombres. Y aunque les den mucho, jamás agradecen nada, y no saben dar en recompensa de lo que les dan ninguna cosa, porque su negocio está fundado en interés, sin el cual no hay hacer virtud.

In general, they are great idlers and enemies of work.[64] They spend most of the year loitering and drinking; if necessity did not force them, they would abandon their fields without planting rice and other crops they cultivate for their sustenance. They have neither orchards nor vegetables gardens, nor fruit trees to cultivate, because all their fruits are wild, sour, and bad tasting. Only the bananas are good. These are found in large quantities and varieties that they cultivate in their homes and fields together with some sugarcane, potatoes, and camotes, of which there is also an abundance.

They are not accustomed to sleeping in beds nor do they have them, although they would find them comfortable, because they can make them from a certain fruit taken from trees which they call in their tongue *baro*,[65] which can be used to make a mattress—like wool. They sleep on the floor of their houses, in the elevated portion that they inhabit, as the portion below is not used.[66] They place beneath their bodies only some palm mats. Others sleep on some hammocks made of cotton cloth, which they hang with two lengths of rope from the poles or bamboos of the house, and these are their beds.

Women consider it an affront to give birth many times,[67] especially those who live in towns [38r] near the sea, saying that by having many children they are like pigs. For this reason, after having one or two children, when they are noticeably three or four months with child, they kill the infant in their womb and deliver it stillborn. There are women who do this for a living. They knead the stomach of the pregnant woman and place certain herbs, causing the infant inside to die and the pregnant woman to abort. Unmarried women who are pregnant also do this since it is considered a disgrace to have children if not married, although they do not mind going with men and becoming their concubines. All the women ordinarily love working—unlike the men. They sew, work, spin, and weave cotton blankets and other garments that they wear. They go to the fields and work the jobs of men.[68] In general, they are much given to vices of the flesh and are selfish. They do not know how to be grateful for any good deed done for them. The men are the same; although much is given to them, they rarely are grateful or know how to reciprocate what is given to them because their business is founded on self-interest, in which there can be no virtue.

64 Referring to the native indolence, see José Rizal, "Sobre la indolencia de los Filipinos," *La Solidaridad*, nos. 35–39, July 15, 31, Aug. 15, 31, and Sept. 15, 1890.
65 Merrill (*Enumeration*, 2: 356) identifies a tree bearing this name (in Sulu) as *Garuga littorialis* Merr. var. *paucijuga Merr.*, a *Meliaceae*. [*Ed.* This garuga plant is related to the family of torchwoods that are found in Asia and America.]
66 Morga, in B&R, 16: 118.
67 Loarca, in B&R, 5: 119.
68 See p. 39n24.

Hay entre estas gentes tres suertes y maneras de esclavos. Unos a quien llaman *hayo heyee*. De éstos se sirven dentro de su casa de todo lo que han menester, y mientras que son solteros [38v] hacen todas las cosas que les mandan y, en casándose, toman casa de por sí. Y mientras no tienen hijos, acuden a hacer el mismo servicio que hacían cuando estaban dentro de las casas de sus amos, de cinco días de la semana los dos, y entonces son de la segunda suerte de esclavos, a quien llaman *tuheyes*. Y, en teniendo hijos, van quitando de los días del servicio a su amo y, si tienen muchos hijos, no sirven de ninguna cosa, diciendo que harto tienen que hacer en buscar de comer para sus hijos. A la tercera suerte de esclavos llaman *horo hanes*. Éstos tienen tan solamente nombre de esclavos, porque no sirven de ninguna manera, sino es cuando sus amos van fuera a alguna guerra, que entonces los llevan para bogar en los navíos en que van por la mar. Y si es por tierra van haciendo oficios de soldados. De ordinario llevan éstos a sus casas cuando hacen algún convite y borrachera, para que se hallen en ellas como convidados y, cuando estos esclavos se mueren, sus haciendas, sin dejar nada, las toman sus amos para sí y, si tienen hijos, los tales hijos no han de servir a los amos de sus padres, mientras los padres viven. Mas luego que mueren sus padres, han de servir a sus amos en lugar de sus padres, y en el mismo oficio que hacían, siendo entre ellos esto ley inviolable. Acostumbran también los principales hacer esclavos a los que matan alguno o cometen algún adulterio, y esto es no teniendo alguna cosa con que poder pagar [39r] la muerte o adulterio que hicieron. Y en esto no perdonan a nadie, aunque sea muy cercano pariente suyo y la pena que por estos delitos les imponen es cierta cantidad de oro o su valor, que será como en Castilla, quince ducados cuando más. Y no pagando esto quedan hechos esclavos.

Acostumbran los padres vender a los hijos, y hermanos a hermanos, en tiempo de necesidad y hambre, y quedan los vendidos hechos esclavos perpetuos. No se prestan unos a otros cosa alguna y, cuando alguna cosa de éstos hácenles, han personalmente de servir hasta tanto que se la paguen realmente, no descontando por lo que les han servido, ninguna cosa. Y de otra manera no hay hacer virtud, aunque sea un hermano con otro. También se puede uno a sí mismo hacer esclavo de esta manera, que siendo tan pobre que no tenga ninguna cosa con que poderse sustentar, porque le den de comer y lo demás necesario, se puede hacer esclavo. Y hay muchos que por sólo esto lo son. Tienen otras muchas suertes y maneras por que hacen los principales esclavos, por no más de que pisan el sol, las cuales por ser tantas, dejo de las decir aquí por no cansar con ellas al lector. Y porque se vean algunas y saquen por ellas las demás, diré solamente dos. La una es que, por sólo que alguno pase por junto a un principal o, si el principal se topa con él, sino se desvía tan presto como quiere, le hacen esclavo. Y si alguno

Among these people there are three types of slaves:[69] those whom they call *hayo heyes*[70] who serve inside the homes where they have to reside while they are single [38v]. They do everything ordered them and upon marriage make their own home, and while childless, they render the same service they rendered while in the homes of their masters two out of five days of the week. There are slaves of the second type called *tuheyes*.[71] As soon as they start having children, they reduce the number of days they serve their masters. If they beget many children, they do not serve at all, saying that they hardly have time to find food for their brood. This third type of slaves is called *horo-manes*.[72] They are slaves in name only because they do not render any particular service except when their masters leave for some war; then they serve as rowers on ships that go to sea, and if on land, they serve as common soldier. These are invited to their master's homes during certain celebrations as guests, and when these slaves die without offspring, their estates are taken by their masters. If they have children, such offspring do not serve the father's master in the father's lifetime. Much later—when their father dies—they have to serve the masters in the place of their father and accomplish the same work he did, this being an inviolable law among them. The chiefs likewise make slaves of those who kill somebody or who commit adultery and this is if he has nothing with which to compensate [39r] for the killing or adultery committed. No one is excused from paying, even close relatives. The penalty for these offenses is the payment of a certain quantity of gold or its value, which in Spain would be fifteen ducats more or less. If they are unable to pay this penalty, they are made slaves.

Parents are accustomed to sell their children, and brothers sell their siblings in time of need and hunger,[73] and those who are sold become slaves forever. They do not usually lend each other anything, but when they do, they have to serve the lender personally until the debt is fully paid without discounting the time they have served, even if it is a debt between one brother and another. One can also become a slave because he is given food and other necessities because he is so poor that he has nothing to sustain himself. And there are many who for this reason have become slaves. There are many other ways and manners by which the chiefs make slaves and there are so many that I shall not mention them here in order not to tire the reader, but I shall speak only of two. One is if somebody passes beside a chief, or if the chief collides with him because he was not quick enough to get out of the way, he is made a slave. And

69  Loarca, in B&R, 5: 143–45, enumerates three kinds of slaves: the *ayuey*, the *tumarampoc*, and the *tomataban*.
70  *Hayo heyes* is an *ayuey*, according to Loarca, in B&R, 5: 143. This observer wrote that such a slave worked three days for the master and one for himself.
71  *Tuhey* is not mentioned in Loarca who had, however, *tumarampoc* as the second type of slave, who worked one day out of four for the master. Ibid.
72  This must be the *tomataban* of Loarca, who worked "in the house of the master only when there is some banquet or revel." Ibid.
73  This custom appears unreported by other writers. Cf. Morga, in B&R, 16: 126n149, who recorded instead adoption between siblings; a practice that, according to Rizal, still existed in his time.

entra o pone los pies en el agua, sementera del principal, le hacen esclavo. Y a este tono van las demás cosas que tienen para hacer esclavos. No tienen ley ni costumbre de obligar a nadie a pena de muerte por ningún delito, sólo pueden hacerlos esclavos como hemos dicho, mas matarlos en ninguna manera.

[39v] Tienen por hermanos tan solamente a los que son hijos de un padre y de una madre, y si el padre o la madre se casa, segunda vez, y del matrimonio tienen algún hijo o hija, los que antes tenían cualquiera de ellos del primer matrimonio, no se tienen por hermanos de los del segundo matrimonio, ni los nombran por tales, porque tan solamente llaman hermanos a los que son hijos de un mismo padre y de una madre. No acostumbran celebrar matrimonio ni hacerlo con estos hermanos de padre o de madre, que ésta sola diferencia hacen de los demás deudos, porque con todos se casan, en cualquier grado de parentesco que sea, fuera de padre y madre o hermanos de padre y madre, o de estos hermanos de padre o madre, tan solamente a quien decimos que no tienen ni nombran por hermanos.

Las obsequias que estas gentes hacen a sus difuntos son que, muriendo algún principal, le meten en un ataúd de madera y pónenle en lo alto de la casa, y todas las noches le alumbran dos esclavos suyos con unos hachones de cañas encendidas que ellos acostumbran de ordinario para este menester. Hacen de esto más de dos meses arreo, y hacen matar algunos esclavos del difunto, dándoles la misma muerte que su amo tuvo, como es que si murió ahogado en el agua, ahogan también a los esclavos en el agua. Y si lo mataron a puñaladas, mátanlo a puñaladas, de manera que de la misma muerte que el amo muere, han de ser muertos los esclavos. Y si muere de su enfermedad, ahóganlo o entiérranlo vivo, diciendo que así es menester se haga, porque estos esclavos que matan en la manera que hemos dicho, dicen [40r] que son para que vayan al otro mundo a servir a sus amos y aderezarles la comida, poniendo junto con esto algunas ollas y platos debajo de las casas con alguna comida, colgados del enmaderamiento de la casa, diciendo que aquello es para que los difuntos coman. Y a los muy principales acostumbran enterrarlos en unos navíos, a quien llaman barangay, como muchos esclavos suyos vivos, y metiendo mucha comida, vestidos y joyas, diciendo que los esclavos son para que les sirvan, como cuando andaban navegando por la mar.

En las cosas de su comer, no son nada curiosos, porque no saben hacer guisados, ni tienen en ello alguna policía. Su ordinaria comida es un poco de arroz cocido en agua tan solamente, y un poco de pescado seco al sol, que huele mal. Y esto tienen por comida. También tienen algunas gallinas y puercos y venados, de que hay abundancia en las Philipinas. Y búfanos, que los hay en algunas partes de estas islas muy grandes y feroces. Tienen vino de muchas suertes, porque le hacen de arroz, de palmas de cocos, y de plátanos, y de otro género de palmas

if somebody enters or steps in the water in the field belonging to the chief, he is made a slave. They have neither law nor custom to penalize anybody for any crime with death.[74] They can only make them slaves, as we have said, but cannot kill them.

[39v] They consider as siblings only the children of the same father and mother, and if the father or the mother marries a second time and from this second marriage they have a child, the offspring of the second marriage are not considered brothers or sisters of the children of the first marriage, because only the children of the same father and mother are thus called. They do not celebrate marriage between a brother and sister of the same father or mother; this is the only difference/exception, because they usually marry any relative in any degree apart from their father and mother, or siblings by the same father and mother, or those half-siblings by the same father or mother, who are the only ones we have cited that are not considered nor called as their siblings.

The obsequies or funeral ceremonies[75] these people have for the dead are as follows: if a certain chief dies they place him in a wooden coffin on the elevated floor of the house, and every night his slaves light up the area around him with bamboo torches that they typically use for this purpose.[76] They do this for more than two successive months. They kill some of the slaves of the deceased in the same way that he died; that is, if the deceased died by drowning, they also drown the slaves; and if he died from a stabbing, they kill the slaves by stabbing; in that way the slaves die in the same manner as their master.[77] If he died from some sickness, the slaves are drowned or buried alive. It is said that it is necessary to do this so that the slaves who are killed in the manner we have described [40r] may go to the other world to serve food to their masters. Thus food is placed beside them, together with some household pots and plates under the house. Some food is also hung from the sidings of the house for the deceased to eat. They are accustomed to bury the chiefs in some ships called *barangay*[78] together with many of his live slaves and much food, clothing, and jewels, saying that the slaves are to serve him as they did whenever he went navigating in the sea.

In the matter of their food, there is nothing interesting because they do not know how to cook stews nor do they need any skill for cooking since their usual food is some rice cooked in water only and a little sun-dried fish which smells foul, and this what they have for food.[79] They also have some chickens, pigs, and deer, of which there is an abundance in the Philippines, and buffalos, which are found in some parts of these isles, some of them very large and fierce. They have many kinds of wine that they make from rice, palms, coconuts, ba-

74 See Loarca, in B&R, 5: 143.
75 Other descriptions of local mortuary customs are those of Loarca, in B&R, 5: 129–41; Plasencia, in B&R, 7: 194–96; Morga, in B&R, 16: 133; Chirino, in B&R, 12 302–3; and Colín, in B&R, 40: 79–82.
76 See Loarca, in B&R, 5: 135. Cf. Chirino, in B&R, 12: 304.
77 See Loarca, in B&R, 5: 135; Chirino, in B&R, 12: 303; Colín, in B&R, 40: 80.
78 Cf. Colín, in B&R, 40: 80.
79 See Morga, in B&R, 16: 79–80; Colín, in B&R, 40: 64–65.

que se crían en los lugares cenagosos, a quien llaman en su lengua *nipa*. Éste es razonable vino, y se emborrachan con él. El que más ordinariamente beben es el de arroz, y llámanle *pangasi*.

Cuando hacen amistad con los que tienen guerra o con otros algunos, acostumbran sacarse un poco de sangre de los brazos o de otra parte del cuerpo, y danla a beber a los que quieren ser sus amigos. Y los otros hacen otro tanto, y de esta manera dicen [40v] que queda el amistad y paz hecha perfectamente, y que no se ha de quebrantar.

También acostumbran hacerse la dentadura negra o morada, haciéndola muy de propósito de esta manera, con cierto zumo o yerba, que para esto acostumbran traer en las bocas. Y algunos traen los dientes engastados en oro. Especialmente traen esto las mujeres, haciendo con el oro en la dentadura una facción como almeninas, tan pulidamente asentadas en el mismo hueso del mismo diente, que no parece sino que allí en la dentadura se nació juntamente con ella. Y ponen esto de manera que nunca jamás se cae el oro. Hay entre ellos de este menester muy grandes y pulidos oficiales.

No tienen género de música ni instrumento de ella, sino tan solamente unas como guitarras o rabeles, que tienen tres o cuatro cuerdas de alambre, en las cuales tañen sin primor alguno ni concierto. Usan junto con esto algunas trompas hechas de caña, que tañen con ellas de la misma manera que nosotros con las trompas de París, poniéndoselas en la boca y dándoles con el dedo en una lengüeta que tienen hecha de la misma caña. Esto lo tienen de música. Y cuando van remando en los navíos, van cantando a compás como van echando el remo, a veces apresuradamente, y otras yendo más despacio.

Finalmente, acostumbran en el pecado de la carne, una cosa, la más nueva y nunca vista [41r] ni oída jamás, en la cual parece el grande vicio y bestialidad que en este particular tienen. La cual es que los hombres se ponen en el miembro

nanas, and other species of palms which are grown in the marshy places and which they call in their tongue *nipa*.[80] This is a reasonable wine with which they get drunk. What they ordinarily drink is wine from rice that they call *pangasi*.[81]

When they make friends with those with whom they are at war or with others, some are accustomed to take a little blood from their arm or another part of the body and give it to drink to those who wish to become their friends, and the others do likewise, and in this way they say [40v] that peace and friendship are forged perfectly and that this bond will not break.[82]

They are also accustomed to blacken or redden the teeth,[83] doing it precisely on purpose with a certain juice or herb that they are used to swilling in their mouths. Some have teeth enclosed in gold. The women bear gold studs on their teeth that are set like merlons.[84] The gold is so well-set in the teeth that it appears as if it has grown together with the teeth; and they place this in such a way that the gold never becomes dislodged or falls off.[85] There are among them many skilled artisans who are engaged in this task.

They do not have any kind of music or musical instrument[86] except some that are like guitars or rebecs that have three or four strings or wires that they strum on without any finesse or harmony. With these they use some trumpets made of bamboo, which they play in the same way we do with trumpets [or flutes] from Paris, by placing them in the mouth, blowing through a reed made from the same bamboo and playing with the fingers. This is their only music, and when they go rowing in ships, they sing in rhythm with the rowers, sometimes speeding up and sometimes slowing down.

Finally, in the sins of the flesh, they are used to an object which is the newest and never before seen [41r] nor heard of—and which seems to be the biggest and most bestial vice that they practice in this particular matter. The

---

80 *Nipa* is *Nypa fructicans Wurmb* in Quisumbing, *Medicinal Plants*, 136.
81 The method of preparing this wine from rice is described by Colín, in B&R, 40: 66–67.
82 The most historic blood compact (*sanduguan*) celebrated in the Philippines was that entered between Datu Sikatuna of Bohol and Miguel López de Legazpi in 1565, which was immortalized on canvas by Juan Luna, the famous Filipino painter. It is now found at Malacañan Palace, the official residence of the president of the Philippines.
83 See Morga, in B&R, 16: 78; Chirino, in B&R, 12: 187; Colín, in B&R, 40: 61. Rizal noted that blackening of teeth was practiced by married Japanese women to signify their chastity. Also see Morga, in B&R, 16: 78n56.
84 [*Ed*. The Spanish word for merlon, or the decorative upright stanchions of medieval wall parapets is *almena*; the diminutive form is *almenina*, indicating the pattern.]
85 See Colín, in B&R, 40: 61.
86 Colín (B&R, 40: 68) reported the *coryapi*, which Chirino (B&R, 12: 241) spelled as *cutyapi*, as one such instrument. Romuáldez reports no less than 10 percussion, 9 wind, and 9 stringed instruments of the Filipinos of long ago. According to this authority, the *coryapi* reveals details denoting Chinese influence. See Norberto Romuáldez, *Filipino Musical Instruments and Airs of Long Ago* (Manila, 1932), 24.

genital y traen de ordinario en él unas rodajas o sortijas, con unas puntas a la redonda que salen de las mismas rodajas o sortijas, como de la forma de ésta que está en el margen. Las cuales hacen de plomo o de estaño, y algunas hay de oro. Tienen hechos dos agujeros en la parte que hace el redondo la sortija o rodaja, uno por la parte de arriba y otro por la parte de abajo, por donde entra o meten un pernete o clavo del mismo metal que es la sortija que atraviesa el miembro del hombre, por el nacimiento del prepucio, y así queda la rodaja o sortija puesta en el mismo miembro genital de la misma manera a como cuando se pone una sortija en el dedo. Y así tienen acceso con las mujeres, y están todo un día o una noche pegados y asidos el uno con el otro, de la manera que quedan los perros cuando acaban de hacer semejante acto, sintiendo en esto gran delectación, mayormente las mujeres. Hay algunas de estas rodajas o sortijas que son muy grandes. Tienen más de treinta suertes de ellas, y de cada suerte tienen su nombre diferente. Y el general de todas es en su lengua *sagra*. Han tenido muy especial cuidado los españoles, después que están entre estas gentes, de quitar esta abominable y bestial costumbre, y han quitado muchas de ellas a los naturales, y castigándoles con azotes, porque las traen. Y con todo esto no ha provechado nada, porque las traen y usan [41v] muy de ordinario. Traen el pernete o clavo que entra por los agujeros de la rodaja o sortija, y por el miembro del hombre, continuamente puesto en el mismo miembro, porque el agujero no se cierre o, porque al tiempo de poner la sortija o rodaja, no les dé pesadumbre. Costumbre inventada por el demonio, para que con ella los hombres ofendan más a Dios, nuestro Señor, en este vicio.

men commonly place and wear on their genital member a certain wheel or ring with rounded spurs—in the form [drawn] on this page's margin—made of lead, brass, and in some cases gold. They have holes in the round part of the wheel or ring, one in the upper and the other in the lower part, through which they put a small pin or nail of the same metal as the ring, and with which they pierce the lower part of the prepuce, and thus the wheel or ring is placed on the very genital in the same way that a ring is put on the finger. Thus they have access with the women, with whom they remain joined for a day or a night in the way dogs remain when they have concluded a similar act, and this they find delectable, especially the women.[87] Some wheels or rings[88] are very large, there being more than 30 types each with a different name, and in general, these are called *sagra* in their language. The Spaniards have exerted special efforts, after coming among these people, to abolish this abominable and bestial custom among the natives, punishing with beatings those who use them, and in spite of this they continue to use and make them [41v]; and it is very common for them to carry a small peg or nail which they place through the holes of the wheel or ring, and they place [the nail] in the member of the man continuously so that the hole may not close and so the man will not be bothered with the time it will take to put on the ring or wheel—a custom invented by the devil so that men will offend God our Lord more with this vice.

87 The first European to record this custom was Pigafetta. He wrote in B&R, 33: 171, 173: "The males, large and small, have their penis pierced from one side to the other near the head, with a gold or tin bolt as large as a goose quill. In both ends of the same bolt, some have what have what resembles a spur, with points upon the ends; others are like the head of a cart nail. I very often asked many, both young and old, to see their penis, because I could not credit it. In the middle of the bolt is a hole, through which they urinate. The bolt and the spurs always hold firm. They say that their women wish it so, and that if they did otherwise they would not have communication with them. When the men wish to have communication with their women, the latter themselves take the penis not in the regular way and commence very gently to introduce it into their vagina with the spur on top first, and then the other part. When it is inside it takes its regular position; and thus the penis always stays inside until it gets soft, for otherwise they could not pull it out. Those people make use of that device because they are of a weak nature." The custom is also reported by Loarca, in B&R, 5: 117, and Morga, in B&R, 16: 130. [*Ed.* Donald Brown, James Edwards, and Ruth Moore in *The Penis Inserts of Southeast Asia* (Berkeley: University of California at Berkeley, 1988) confirm in their bibliography that penis rings were prevalent throughout the region, especially in Borneo, Indonesia, and the Philippines. The word *sagra* or *sakra* is a derivative of the Sanskrit *chakra* (ring, wheel, seat of psychic force), suggesting a religious origin. Sakra is used to describe the multiple-tipped metal crown that is fastened on the member, while *tugbuk* is the pin that holds it in place. Both terms were recorded by Alonso de Méntrida in his dictionary of 1637. In Borneo the sakra is known as a *palang*. In modern times Filipino men continue the practice of penis inserts which are accomplished by surgically embedding *bolitas* or ball bearings under the fold of the prepuce. According to Brown et al. "comparative perspectives generally support our thesis that penis inserts in Southeast Asia are at least in part explain by the traditional autonomy of women in the region… the nexus between genital surgery and female sexual pleasure is salient in the thought of Southeast Asians, including its women."]

88 Morga in *Sucesos* gave the name *sagras* to these devices.

Esto que hasta aquí hemos escrito son los ritos y ceremonias, usos y costumbres que los bisayas y gentes que habitan en las islas Philipinas del Poniente, hemos sabido, y esto de las personas más viejas y principales que hay en ellas, porque son los que mejor las saben, por información vocal de sus pasados, que de unos en otros ha venido de tiempo inmemorial, y lo cantan en sus cantares, donde dan a entender su principio, y cuentan sus guerras, y todas las demás cosas que hemos dicho, porque no tienen otra escritura ni cosa que se lo diga ni enseñe, sino son sus cantares, a quien ellos en su lengua llaman *biaus*.

This is what we have written thus far. These are the rituals, ceremonies, habits, and customs we have learned of the Bisayans and the people who inhabit these Philippine Islands of the West, from the oldest persons and leading chiefs amongst them, because they are the best informed and most knowledgeable on their past, passed on orally from one to another since time immemorial, and which they sing of in their songs about their origin, their wars, and other matters, which as we have said, are transmitted verbally,[89] because they have nothing written to show, except in their songs which they call in their tongue *biaus*.[90]

---

89  Cf. Chirino, in B&R, 12: 263.
90  *Biau* was a term for a native song or poem, see Encarnación, *Diccionario*, 43.

# 5

## Costumbres y usos de moros de las Philipinas islas del Poniente

[41v] Los que llaman moros en las islas del Poniente, no es porque sean moros, ni guarden los ritos ni ceremonias de Mahoma, porque no lo son, ni tienen ninguna cosa de moro, sino sólo el nombre. Sino porque luego que aquí llegamos los españoles, nos pareció que [42r] eran moros, y que tenían algunos ritos de Mahoma, porque hallaron de ello muchas muestras entre ellos a causa que venían a estas islas los naturales de la isla de Borney, a tratar y contratar, y éstos de Borney son moros como los de Berbería, y guardan la secta de Mahoma, la cual comenzaban a enseñar a los de las Philipinas, y así comenzaban a tener algunas cosas de ella, como era el retajarse y no comer carne de puerco, y otras cosillas de la ley de Mahoma. De esta suerte y de aquí se les vino a poner el nombre de moros que tienen, más ellos son realmente gentiles, y tienen casi las mismas costumbres y modos de vivir que los bisayas, aunque en lo de la creación del mundo y de los hombres lo sienten de otra manera que ellos, porque tienen mucha más lumbre de razón natural, y más vivos y sutiles ingenios. Y así rigen sus cosas por mejor orden y concierto que no los bisayas. Y porque todo lo digamos, pasa de esta manera:

Tienen los moros de las Philipinas que el mundo, tierra y cielo, y todas las demás cosas que en ellos hay, fueron creadas y hechas por un dios tan solamente, al cual dios llaman en su lengua Bachtala, *napalnanca, calgna salahat*, que quiere decir "dios, creador y conservador de todas las cosas," y por otro nombre le llaman Mulayri. Dicen que este su dios está en el aire antes que hubiese cielo ni tierra, ni las demás cosas, y que fue *ab eterno* y no hecho ni creado de nadie, ni por

# Customs and Traditions of Moros[1] in the Philippine Islands of the West

[41v] Those whom they call Moros in the islands of the West are not so because they are Moros who observe the rites and ceremonies of Muhammad, as they are not, nor do they have anything of the Moro except name. But after we the Spaniards arrived here we thought that [42r] they were Moros and that they had some rites of Muhammad, because we found among them many signs thereof, on account of [the fact] that the natives of the island of Borneo came to these islands to trade. These [people] from Borneo are Moros like the Berbers and follow the law of Muhammad, which they began teaching to [the natives of] the Philippines, such as circumcision and not eating the flesh of pigs and other minor laws of Muhammad; in this manner came to pass that the name Moro was applied to them. In reality they are pagans and have almost the same customs and modes of living as the Bisayans, although in the matter of the creation of the world or of man, they feel differently because they have greater light of reason, and are more lively and ingenious. Thus they do things with greater order and harmony than the Bisayans, as can be seen because all that we say occurs in this way.

The Moros of the Philippines have [the belief] that the earth, sky, and everything therein were created and made by only one God, which they call in their tongue *Bathala na may kapangyarihan sa lahat*,[2] which means God the creator and preserver of all things. They call him by the other name of Malayari.[3] They say that this their God was in the atmosphere before there was sky, earth, or other

---

1  In speaking of the Moros, the observer was in reality describing the Tagalogs of Luzon. How they came to be known as Moros is explained in the beginning of this section. Cf. Morga, in B&R, 16: 134. The same term is used by Loarca (B&R, 5: 171) for the natives "in the vicinity of Manila." As a generic, not ethnographic, term meaning the Islamized Filipinos it should have been applied to the peoples of Western Mindanao and Sulu, who are not the ones dealt with in this section.
2  Cf. Colín, in B&R, 40: 69–70; San Antonio, in B&R, 40: 333. This was the garbled transcription by the anonymous observer of the Tagalog expression *Bachtala, napalnanca, calgna salabat* (God, the Almighty).
3  This was garbled in the original text as Mulayri. *Malayari* in Tagalog is an indirect appellation of God. See p. 79n2.

nadie. Y que él solo hizo y creó todo lo que hemos dicho, por sola su voluntad, queriendo hacer una cosa tan hermosa como es el cielo [42v] y la tierra. Y que hizo y creó de la tierra un hombre y una mujer, de los cuales descienden y vienen todos los hombres y generaciones de ellos que hay en el mundo.

Y dicen más, que cuando sus antepasados tuvieron noticia de este dios, que es el que ellos tienen por el más principal, que fue por unos hombres profetas cuyos nombres no saben decir, porque como no tienen escritura que se lo enseñe, se han olvidado de los nombres propios de estos profetas. Mas lo que de ellos saben es que en su lengua les llaman *tagapagbasa, nansulatana dios*, que quiere decir "declaradores de los escritos de dios," por los cuales supieron de este su dios, diciéndoles lo que hemos dicho de la creación del mundo y de los hombres y de lo demás. A éste pues adoran y reverencian en sus entendimientos y en ciertas juntas que hacen en sus casas, porque no tienen templos para esto, ni los acostumbran, donde hacen unos convites y borracheras donde comen y beben muy espléndidamente, teniendo presentes a esto, unas personas a quien en su lengua llaman *catalonas*, que son como sacerdotes, y de estos hay hombres y mujeres. Lo que dicen que hacen es decir ciertas oraciones o palabras secretas, con alguna ofrenda de comida o bebida, pidiéndole que tenga por bien que haga aquello que le es pedido por la persona que hace aquel sacrificio, echando juntamente con esto ciertas suertes que también acostumbran, con unos huesos o cuentas que para esto tienen [43r] de respecto. Los cuales catalonas o sacerdotes llevan cierta paga por hacer el sacrificio.

Tienen asimismo otros muchos dioses que dicen les sirven para otra cosa particular, los cuales dicen que sus antepasados inventaron y hicieron, diciendo tener de ellos necesidad, como es el dios que llaman Lacanbaco, al cual tienen por dios de los frutos de la tierra, y hacen para cuando esto lo han menester, un

things, and that it was eternal, and not made or created by anybody and that he alone made and created everything as beautiful as the sky [42v] and the land, and that he did it and created from the earth a man and a woman from whom all men and generations in the world have descended.[4]

They say further that when their ancestors had news of this god which they have as their highest, it was through some male prophets whose names they no longer know, because as they have neither writings nor those to teach them, they have forgotten the very names of these prophets, aside from what they know of them who in their tongue are called *tagapagbasa nang sulatan a dios*—which means readers of the writings of god—from whom they have learned about this god, saying what we have already told about the creation of the world, people, and about the rest. This [god] they adore and worship and in certain meetings held in their homes—because they have no temples[5] for this purpose, nor are they used to it—they have feasts where they eat and drink very splendidly, in the presence of some persons whom they call in their tongue *catalonan*[6] who are like priests. Of these there are men and women. What they report is that they chant certain prayers or secret words, while offering some food or drink and supplicating [the god] for the well-being of he who offers that sacrifice. At the same time they cast some kinds of bone or beads which are normally used out [43r] of respect. And for this purpose the *catolonans* or priests are given a certain payment[7] for this sacrifice.

They likewise have many other gods whom they say serve them for particular purposes. They report that their ancestors invented and created these gods, saying they have need of them, such as the god they call Lakan-bakod[8] whom they have as the god of the fruits of the earth. For this purpose they hold on occasion

---

4   This belief is undoubtedly the result of the Christian influence upon the natives and may or may not be considered as indigenous.
5   See p. 39n24.
6   See Plasencia, in B&R, 7: 190, 192; Morga, in B&R, 16: 132; Colín, in B&R, 40: 74. For a lengthy treatment of this term, see Llanes, "Dictionary of Philippine Mythology" (1957), 120–22. [*Ed. Catalonan* refers to the animist priestesses or cross-dressers who were spirit summoners of the Luzon natives. They were known as *babaylan* to the Bisayans. Carolyn Brewer has written several studies based on historical accounts of the native shamans known as catalonan or babaylan. See "*Baylan, Asog*, Transvestism, and Sodomy: Gender, Sexuality and the Sacred in Early Colonial Philippines," *Intersections: Gender, History and Culture in the Asian Context* 2 (May 1999); *Holy Confrontation: Religion, Gender and Sexuality in the Philippines, 1521–1685* (Manila: Institute of Women's Studies, St. Scholastica's College, 2001); and *Shamanism, Catholicism and Gender Relations in Colonial Philippines, 1521–1685* (Aldershot: Ashgate Publishing, 2004). Scott describes the native priestesses in his *Barangay*, 239–41.]
7   See Colín, in B&R, 40: 77. Cf. San Antonio, in B&R, 40: 344.
8   *Lakan-bakod* was garbled in the original manuscript as *lakanbako*. Lakan-bakod is an anito which, according to Isabelo de los Reyes in *La religión antigua de los filipinos* (Manila: Imprena de El Renacimiento, 1909), 114, dwelled in certain kinds of plants used as fences. Cf. Llanes, "Dictionary of Philippine Mythology" 7 (1959), 54. [*Ed.* Lakan-bakod was known as a fertility god who according to San Buenaventura (1631) provided the strongest fields, especially after being offered eels after farmers demarcated a *kaingin* (swidden plot of land) because "linalakhan niya ang bakod nang bukid" (quoted in Scott, 234).

convite y borrachera en las sementeras, en una ramada que allí hacen para este efecto, en la cual ponen una manera de altar, y en él ponen una estatua de palo que dicen que es el dios Lacanbaco, con los dientes y ojos de oro y la natura dorada y del tamaño que quieren se sea la espiga de sus arroces, y tiene el cuerpo todo hueco. Y allí a la redonda se ponen a comer y banquetear, los que hacen el sacrificio y lo mandan hacer. Que los que lo hacen son los sacerdotes que hemos dicho, los cuales meten al dios Lacanbaco en aquello que allí comen en la boca, y le dan de beber de la bebida que tienen y, diciendo algunas palabras, tienen por cierto que les ha de dar muy buenos y cumplidos frutos de lo que le piden.

Tienen otro que dicen que es el dios de los campos y montes, al cual llaman Quinon sana, y al cual hacen sacrificios por los mismos sacerdotes llamados catolonas de algunas comidas, y dicen algunas palabras cuando esto hacen, pidiéndole a este dios que cuando anden en los campos y montes, no les hagan mal ni daño [43v] ninguno, diciendo que es poderoso para hacerle mal y daño y, porque no se lo haga, le hacen este sacrificio y convite, por tenerlo grato y propicio. Y a este mismo le tienen y temen mucho.

Tienen otro llamado Lacapati, al cual le hacen los mismos sacrificios de comida y palabras, pidiéndole agua para sus sementeras, y para que les dé pescado cuando van a pescar al mar, diciendo que si esto no hacen, que no han de tener agua para sus sementeras, ni menos cuando vayan a pescar han de tomar pescado ninguno.

Tienen otro a quien llaman Sayc. Éste tienen por dios de la mar, al cual hacen también sacrificio de banquetes y comida por los mismos sacerdotes, pidiéndole que cuando fueren navegando por la mar, les libre de tormentas y borrascas, que les dé buenos tiempos y sosegados vientos, teniendo que para todo esto es poderoso.

Tienen también a la luna por dios, a la cual adoran y reverencian todas las veces que es nueva, pidiéndole que les dé vida y riquezas, porque creen y tienen por cierto que se las puede dar muy cumplidamente y alargarles la vida.

Tienen también a sus abuelos por dioses, diciendo que están en el aire mirando siempre por ellos, y que las enfermedades que tienen se las dan o se las quitan sus abuelos. Y así les hacen muchos banquetes y borracheras [44r] por los mismos sacerdotes cuando están enfermos. Y habiendo rogado el sacerdote por

a drinking revelry in the fields under a canopy which they have for this purpose and under which they erect a sort of an altar and a wooden statue that they say is the god Lakan-bakod with teeth and eyes of gold, the genitals gilded and of the size they want which may be as big as the spike of the rice they desire, and the body all hollow. Around it those who are offering the sacrifice eat and feast, and the priests we have mentioned place in the mouth of the god Lakan-bakod the food they eat and give him to drink the wine they have; and by saying some superstitious words they ascertain that he will give them very good and abundant fruits that they have offered him.

They have another who they say is the god of the fields and mountains who they call Uwinan Sana,[9] to whom sacrifices of some food are made by the same priests called catolonans. They mutter some words asking this god to do them no harm when they [the people] walk over the fields and mountains, nor cause them [43v] any, [acknowledging] that it has the power to do them evil and harm and why it should not do so. They do this sacrifice and hold this gathering out of gratitude and propitiousness and because they fear greatly this god.

They have another called Lakan-pati,[10] to whom they make the same sacrifices of food and words, asking for water for their fields and for him to give them fish when they go fishing in the sea, saying if they do not do this they would have no water for their fields and much less would they catch any fish when they go fishing.

They have another they call Haik.[11] This they consider as god of the sea, to whom they also make the sacrifice of banquets and food with the same priests, asking that he free them of storms and squalls when traveling on the sea, and that he grant them good weather and favorable winds. They regard him as powerful for this purpose.

They also have as god the moon,[12] which they adore and revere whenever it is new, asking it for life and riches because they believe and have it for certain that it can do so absolutely and lengthen their life.

They also consider as gods their grandparents,[13] whom they say are in the air always looking over them, and they say that any illness they suffer has been inflicted or lifted by their grandparents; and thus they hold many banquets and drinking feasts [44r] with the same priests. When they are sick, and having im-

---

9  We have no known source identifying this alleged deity. [*Ed.* Transcribed by the anonymous Spanish observer as *Oinon sana*, Scott (236) identifies this god as the spirit dweller of grasslands or forests who was invoked prior to trespassing its domain.
10  This was transcribed as Lacapati in the manuscript. *Lakan-pati*, an idol of the Tagalogs, according to Noceda and Sanlúcar, who interceded for them in the fields. Cf. Blumentritt, in Retana, *Archivo*, 2: 59.
11  We have not been able to identify this so-called deity. [*Ed.* The transcription reads Sayc, which was probably the phonetic transcription closest to the Tagalog Haik, which is the sea god from whom sailors implored good seas and wind (Scott, 236).]
12  See Plasencia, in B&R, 7: 186; Morga, in B&R, 16: 131; Colín, in B&R, 40; 70.
13  Certainly not as gods, but as spirits. Respect for parents and elders was so deeply ingrained among the natives that those deceased were numbered among these. Cf. Isabelo de los Reyes, *Religión antigua*, 114. Chirino stated that "it was a general practice for anyone who could successfully do so to attribute divinity to his old father when the latter died." See B&R, 12: 264.

la salud del enfermo, estando muchos presentes a esto, toma el mismo sacerdote un buyo, que es cierta comida de una bellota que hay en las Philipinas, y una hoja envuelta en la bellota, que de ordinario la andan mascando todos los de estas islas, porque es buena para el estómago y dentadura, y untan con aquello mascado a todos los que se hallan presentes a este sacrificio, para que no les dé aquella enfermedad que el enfermo tiene. Y con esto tienen que sus abuelos les dan salud en sus enfermedades.

Tienen otros ritos y agüeros, como es si sueñan algún sueño que no les venga a propósito de lo que quieren hacer cuando quieren ir fuera de sus casas a alguna parte, o estornudan, u oyen cantar un pajarón a quien ellos llaman Bactala, o atravesar por delante de ellos algún ratón u otra sabandija cuando quieren ir camino o, estando en sus casas para ir a ello, se vuelven, y en tres días no tornan a ir a aquella parte o camino que querían hacer. Y, pasados, vuelven a hacer su camino. Y si acaso alguna cosa de éstas que hemos dicho les sucede en el camino o en cualquier parte de él, dan la vuelta a sus casas entendiendo que no les ha de suceder bien aquello que van a hacer. Y si van a la guerra, hacen lo mismo que hemos dicho de los bisayas, y lo propio es en el juramento que hacen y dicen, las mismas palabras que dijimos [44v] en lo de los bisayas, aunque demás de ellas tienen los moros unos idolillos pequeños que tienen en la mano cuando hacen el juramento, el cual es de barro o metal, y muy feo, quitado algún miembro de él. Llámanle a este Zumpa, en el cual juran diciendo estas palabras más que las que hemos dicho: "yo me torne como este Zumpa, si no es verdad lo que aquí digo," teniendo por creído que si dicen mentira ha de suceder luego lo que dicen que les venga por el juramento. Fuera de este juramento cuando quieren averiguar la verdad entre ellos, que sea muy cierta lo que dicen, hacen esto: que se van a un río y allí, en lo hondo del agua, toman cada uno una hasta de palo en las manos, y déjanse ir debajo del agua, diciendo que el que más espacio de tiempo estuviere debajo de ellas sin rellosar aquél, dice verdad. Y así a un tiempo se dejan ir y meten debajo del agua, y el que está más, ése dicen que dice verdad y alcanza justicia, y el otro se da y queda por condenado de lo que le piden o pide, y ésta es la más evidente prueba de decir verdad que hay entre ellos.

No tienen rey entre ellos, ni persona diputadas para que administre justicia, ni cosas de república, sino que en esto hacen lo mismo que los bisayas, que los que son principales hacen lo que quieren, quitando y dando las haciendas a quien y mejor les parece, por muy poca ocasión. Aunque es verdad que son los moros [45r] más llegados a razón, y tienen más concierto y policía en sus cosas,

plored the priest for the health of the sick person, in the presence of many, the priest takes a *buyo*,[14] which is a certain food prepared from a Philippine nut that is wrapped with a leaf and which is usually chewed in all these islands, because it is good for the stomach and the denture,[15] and they offer this nut to all persons present at the sacrifice so as not to become ill like the ailing person, and with this they ask their grandparents to give them recovered health from their maladies.

They have other rituals and omens,[16] such as if they dream something not suitable to what they want to do when they leave their houses for some place; or if they sneeze or hear the song of a bird[17] which they call *Bathala*;[18] or if some rat or other animal crosses when they want to leave their houses,[19] they return and for three days do not leave for that road or destination; afterwards they proceed. And if some of these we have described occur on the road or on any part thereof, they head back to their homes in the belief that nothing good would befall them. And if they go to war they do the same as that we have said [44v] of the Bisayans.[20] In taking an oath they chant the same words as the Bisayans;[21] although in addition, when the Moros make oaths they clutch in their hands some small idols made of clay or metal that are quite ugly because they have removed one of its limbs. They call this [oath] *sumpa* on which they swear with the words we have described, adding "may I be broken like this sumpa if what I say is not true," in the belief that, if they lie, what they say in their oath would come to pass. When they want to find out the truth among them, to be assured of the truth, they do this: they go to the deepest part of the river, each one takes a piece of stick in the hand and submerges himself, saying that he who stays longest underneath without breathing tells the truth.[22] And thus do they submerge themselves in the water, and he who stays underneath the longest tells the truth and is given justice, while the other is condemned. This is the most evident proof of telling the truth among them.

They have no king among them nor persons deputized to administer justice, nor units for government.[23] In this, they are the same as the Bisayans—the chiefs do as they please, removing and giving lands they wish for little reason, although it is true that the Moros [45r] are more amenable to reason and are more orderly and harmonious in their affairs and in their way of life [than the Bisayans] and have the advantage in all reasonable matters. They have better and more orderly houses and buildings, although located in swampy land or along

---

14 See p. 11n9.
15 See Morga, in B&R, 16: 98.
16 See p. 17n21.
17 See Plasencia, in B&R, 7: 189.
18 [*Ed.* The original word was transcribed as Bactala, perhaps a mistaken transcription. Morga in *Sucesos* 1971, 279, described the creator god Bathala as a bird of omen, while the anonymous writer of the Tagalog section on page 89, sixth paragraph, describes Bathala as "a bird colored reddish blue and black."]
19 See Plasencia, in B&R, 7: 189. Cf. Chirino, 12: 267.
20 See Loarca, in B&R, 5: 149.
21 See p. 39n23.
22 Colín, in B&R, 40: 85. See Rizal, who quoted from Colín, in Morga, B&R, 16: 128n153.
23 See Morga, in B&R, 16: 119.

y mejor modo de vivir y, en todas las cosas de razón, les hacen ventaja. Tienen mejores casas y edificios, y con más concierto, aunque también están en lugares cenagosos y orillas de ríos. Andan los moros vestidos de ropa de algodón, y no desnudos como los bisayas. Sus vestidos son unas chamarretas o saltaembarcas escotadas y sin cuellos, y con sus mangas y sus zaragüelles bien hechos, aunque también traen de la cintura para abajo unas mantas muy bien puestas con que traen las carnes tapadas hasta la rodilla, porque de allí para abajo traen las piernas de fuera, poniéndose las pantorrillas hasta las rodillas muchas como cadenetas menudas hechas de azófar, que ellos llaman *bitiques*. Y esto lo traen los hombres tan solamente, teniéndolo por mucha gala.

Traen asimismo muchas cadenas de oro al cuello, mayormente si son principales, porque esto es de lo que más se precian. Y hay algunos que traen de estas cadenas más de diez y doce de ellas en la cabeza. Traen unas toquillas puestas que no son anchas ni largas, que no dan más que una vuelta a la cabeza y con un nudo en ellas. No tienen el cabello largo porque se lo cortan como en España se acostumbra. No traen barba ninguna, ni se la dejan crecer, aunque son todos en general mal barbados, y la que les sale se la pelan muy de propósito. Y los bisayas hacen lo mismo.

Los moros traen tan solamente bigotes [45v] que esto no se pelan, y los dejan crecer todo lo que pueden. Los bisayas en ninguna manera. No acostumbran traer calzado ninguno, ni traen las orejas abiertas los hombres, como hacen los bisayas, las mujeres sí, en ellas muchas joyas de oro, porque son más ricas que no las bisayas. Y también usan hombres y mujeres traer muchas manillas y ajorcas de oro en los brazos, en las piernas no las acostumbran, y las mujeres traen también al cuello las mismas cadenas de oro que traen los hombres. Los moros no se pintan ninguna cosa de su cuerpo. En la lengua hay alguna diferencia, aunque todos se entienden muy bien, porque es como castellana y portuguesa, y aún más semejable. Son muy amigos de mercar y vender, y de tener contrataciones unos con otros, y así son grandes mercadelejos y buscavidas y muy sutiles en su manera de tratar. Y son grandes amigos de buscar y ganar dinero, y lo procuran haber por todas las vías que pueden. Para ganarlo son amigos de servir a los españoles, y así sirven por meses.

Cuentan el año por lunas, y es de una cosecha a otra. Tienen ciertos caracteres que les sirven de letras, con los cuales escriben lo que quieren. Son de muy diferente hechura de los demás que sabemos. Hasta las mujeres comúnmente saben

riverbanks.[24] The Moros are dressed with clothes of cotton and are not naked like the Bisayans. Their clothes[25] consist of tunics or collarless short jackets and well-tailored baggy pants, though they sometimes wear some mantle [malong] that hangs from their waist, which covers the flesh up to the knees and allows their legs to protrude. From the calf of the knees they wear many chainlets often made of brass, which they call *bitiques*.[26] These are worn only by the men who regard them as very stylish.

They also wear many golden chains around the neck,[27] especially if they are chiefs, because these are what they value most, and there are some who wear more than ten or twelve of these chains. They wear a headdress of small cloth which is neither wide nor long and which they wrap once around the head with a knot.[28] They do not have long hair[29] because they cut it as in Spain. They are not accustomed to wearing a beard, nor allowing it to grow, although in general they are all hairy. What grows is carefully removed,[30] and the Bisayans do likewise.

The Moros wear only mustaches, [45v] which they do not remove and which they allow to grow all they can. The Moros[31] in no manner are accustomed to wear any shoes[32] nor do the men sport pierced ears as do the Bisayans. The [Moro] women carry much gold jewelry because they are richer than the Bisayans. Men and women also wear many bracelets and chains of gold in the arms. They are not used to wearing them on the legs. Women likewise wear around their necks golden chains like the men do. The Moros do not paint any part of their body. There is some difference in language, although everybody understands each other because they are like Castilian and Portuguese and even more similar. They are very fond of trading, selling, and bargaining with each other; thus they are great merchants and very cunning in their dealings. They are very fond of making money and try every way of earning it. They like to serve on Spaniards and wait at their tables.

They count the year by moons and from one harvest to another. They have certain characters that serve them as an alphabet with which they write what they want.[33] These look very different from the ones that we are familiar with.

24 See p. 47n48.
25 These must have been the *cangan* garments observed by Morga, in B&R, 16: 75, which were collarless, sewn together in front, with short sleeves, and reaching slightly below the waist. Cf. Colín, in B&R, 40: 62.
26 *Bitik* or *ligas*, in Serrano-Laktaw, *Diccionario*, 136, were chainlets or garters that were made with precious stones or certain cords of many strands or colors. See Morga, in B&R, 16: 77; Colín, in B&R, 40: 62.
27 See Morga, in B&R, 16: 77; Colín, in B&R, 40: 62; cf. Chirino, in B&R, 12: 186.
28 This is the *putong*. See p. 27n4.
29 Cf. Colín (B&R, 40: 60) who stated "the Tagalogs wore the hair hanging to the shoulder."
30 Cf. Colín (B&R, 40: 61) who stated that they "did not glory in their mustaches or beards," removing these on purpose.
31 The observer probably meant the Tagalogs.
32 See Morga, in B&R, 16: 76; Colín, in B&R, 40: 62.
33 See Morga, in B&R, 16: 116. Chirino wrote: "All these islanders are much given to reading and writing, and there is hardly a man, and much less a woman, who does not read and write in letters used in the island of Manila…" Chirino, in B&R, 12: 242.

escribir con ellos y, cuando escriben, es sobre ciertas tablillas hechas de cañas de las que hay en aquellas islas, encima de la corteza. El uso de la tal tablilla, que es de ancho cuatro dedos, no escriben con tinta, [46r] sino con unos punzones con que rompen la tez y corteza de la caña. Y con tener letras no tienen libros, ni historias, ni escriben cosa que sea de tomo, sino solamente cartas y recaudos unos a otros. Y para esto solamente se sirven de estas letras, las cuales son solamente diez y siete. Es cada letra una sílaba, y con ciertos puntillos que les ponen a un lado o a otro de la letra, o a la parte de arriba o a la de abajo, hacen dicción, y escriben y dicen con esto lo que quieren. Y es muy fácil de deprender, por queriéndose dar a ello alguna persona, en poco más de dos meses se deprende. No son muy prestos en el escribir, porque lo hacen muy despacio. Y lo mismo es en el leer, que es como cuando deletrean los muchachos en la escuela.

Sus pueblos también los asientan y pueblan en partes cenagosas, y donde hay agua e ríos, como los bisayas, porque se acostumbran bañar de la misma manera, dos o tres veces al día. Tienen en ellos más concierto y policía, así en los edificios como en lo demás que los bisayas, aunque también hay árboles y palmas de cocos en las calles. Hay en los moros los mismos oficiales de carpinteros, herreros y plateros, y más oficiales de hacer y fundir artillería de bronce, que también la usan y tenían al tiempo que los españoles entraron en las Philipinas, donde ellos estaban. Ahora no la tienen, porque se la han quitado los españoles. Era toda pequeña, porque lo más que tenían era algunos falcones y mucha versería. Piezas grandes no las tenían, [46v] ni hacían, aunque ahora las saben muy bien hacer y fundir.

No comen carne de puerco, como hemos dicho, porque esto se les pegó de los moros mahometanos de Borney, que venían a tratar con ellos, con otras cosas de la secta de Mahoma que les enseñaban. Comen carne de cabra, búfano y gallinas y patos, que todo esto crían y tienen. Los bisayas no comen la carne de cabra, y los unos y los otros no comen queso ni leche, porque lo tienen por cosa muy asquerosa. Hacen muchas borracheras de ordinario, porque ésta es su principal fiesta, y el hacer pelear los gallos como dijimos en lo de los bisayas. El vino que

Women commonly know how to write with them and when they write they do so on top of the bark of certain pieces of bamboo, which are found in the islands. In using these little tablets, which are four fingers wide, they do not write with ink [46r] but with some stylus that breaks the surface and bark of the bamboo.[34] And even if they have a way of writing, they have neither books nor histories, and they do not write at length except missives and notes to one another. For this purpose they have letters that total only seventeen.[35] Each letter is a syllable and with certain little points placed to one side or the other of a letter, or above or below, they compose words and write and say with these whatever they wish. It is very easy to learn this and any person can do so in two months of studying. They are not so quick in writing because they do it very slowly. The same thing concerns reading, which is akin to when schoolchildren do their spelling.

They group and settle their towns in swampy lands and along riverbanks,[36] as in the Bisayas, because they are accustomed to bathing as the others twice a day.[37] They display greater order and neatness in their buildings and other matters than the Bisayans, even though there are trees and coconut palms in the streets. There are among the Moros the same carpenters, blacksmiths, jewelers, and other artisans to make bronze cannons[38] which they also use and had at the time of the arrival of the Spaniards in the Philippines, but which they no longer have now because the Spaniards have taken them away. They were all small because the most they had were some small cannons and many small culverins. They had no large pieces [46v] nor did they make them, although now they know very well how to make and cast them.

They do not eat the flesh of pigs, as we have said, a custom they got from the Muhammadans from Borneo who came to trade with them, together with other things the sect of Muhammad taught them. They eat the flesh of goats, buffalos, chickens, and ducks that they keep and breed.[39] The Bisayans do not eat the goat meat, and not one or the other eat cheese or milk because it is very loathsome to them. They usually hold many drinking feasts[40] because these are their main entertainment along with cockfighting[41] as we have said also of the

34 Morga, in B&R, 16: 116; Chirino in B&R, 12: 243.
35 Both Morga (B&R, 16: 116) and Chirino (in B&R, 12: 242) count 15, with 3 vowels and 12 consonants. Cf., Colín, in B&R, 40: 49.
36 See Morga, in B&R, 16: 117; Colín, in B&R, 40: 68.
37 See Colín, in B&R, 40: 68, and p. 47n48.
38 One such person versed in their manufacture was Pandaypira [or Panday (blacksmith) Pira], supposed to have been a native of Pampanga. See Morga, in B&R, 15: 62. Pandaypira's knowledge was limited to small pieces, as shown by the fact that in 1587 when Governor Santiago de Vera needed the founding of bigger pieces he had to import a founder for the cannons from Mexico. See Vera's letter to the Virrey of Mexico, dated 26 June 1587, quoted by Retana in his Morga, *Sucesos*, 406n50. Blumentritt observed that because a Portuguese headed the foundry found by the Spaniards in Manila in 1570, the making of such pieces was imparted by Portuguese adventurers. See Ferdinand Blumentritt, "Filipinas en tiempo de la conquista," *Boletín de la Sociedad Geográfica* 21 (1886): 217, and cited by Retana, in Morga, *Sucesos* (1909).
39 See Colín, in B&R, 40: 64.
40 See p. 15n18.
41 See p. 49n61.

beben es el que sacan y hacen de las palmas de cocos, luego que lo cogen fresco de las palmas, que es dulce y como mosto de uvas. Llámanle en su lengua *tupa*.

El vestido de las mujeres no es tan galano ni pulido como el de las bisayas, porque se ponen unas mantas de algodón o de tafetán revueltas al cuerpo, con muy poca policía. Los jubones y corpezuelos que traen son de la misma facción que dijimos ser los de las bisayas, y también traen el vestido a raíz de las carnes, pareciéndoles por la cintura y pechos, porque no usan camisas ningunas ni calzado. Las que son principales acostumbran, cuando van fuera de sus casas, que sus esclavos las lleven en los hombros, y de esta manera van por todas las calles. Llevan todas encima del vestido unas mantas pequeñas que les llegan a la cintura poco más. Son de algodón y de colores, y algunas hay de tafetán raso y damasco [47r] de lo que viene de la China.

En lo de los casamientos hacen lo mismo que los bisayas y ni más ni menos. En lo de los esclavos, y en el hacer amistades con sus enemigos y con los que vienen a sus pueblos. También acostumbran a traer la dentadura negra o morada, y para ello hacen lo que dijimos que hacen los bisayas, porque lo tienen por gala.

No tienen género de música, sino tan solamente las guitarras que dijimos que tienen los bisayas, en las cuales tañen con más primor que los bisayas. Y especialmente las tañen mujeres, y se entiende por el son que con ellas hacen como si estuviesen hablando. Y así muchas veces, está una en su casa y algún enamorado suyo en otra casa, allí cerca donde se puedan oír las guitarras. Tañen con ellas y se están requebrando, diciendo por lo que tañen lo que quieren, y así se entienden. Y esto no lo saben hacer todos porque se deprende y enseña entre ellos de la manera que en España la jerigonza de los ciegos.

Cuando se muere alguno, hacían un ataúd de madera en que lo meten y lavábanle el cuerpo, y poníanle algunos ungüentos olorosos con que se le untan, poniéndolos en el ataúd, algunas mantas y no otra cosa, y entierran el ataúd debajo de tierra. No meten oro ninguno ni joyas como los bisayas. Y después, los moros que quedan vivos deudos del difunto, ayunan un año arreo, sin comer más que yerbas o frutas silvestres, y plátanos, y no otra cosa. Y a esto llaman ellos *magarahe*. También lo hacen los bisayas, mas no lo hacen tanto tiempo. El

Bisayans.[42] The wine they drink is taken and made from the coconut palm; what they obtain fresh from the palm is sweet like the juice of grapes, which they call in their tongue *tuba*.[43]

The dress of the women[44] is not as neat nor as elegant as that of the Bisayans, because they wrap a cotton or taffeta mantle around the body with very little polish. They wear jackets and skirts in the same way we have described of the Bisayans. They also wear their dress skin tight, gathering it at the waist and breast because they use no chemise or stockings. The [wives of] chiefs, when going out of their houses, are customarily carried on the shoulders[45] of their slaves and in this manner travel through the streets. All carry over their dress some small mantles, which reach to the waist; these are of colored cotton, and some are of satin, taffeta, and damask [47r] obtained from China.

In marriages they follow the same [customs] as the Bisayans equally,[46] likewise in the matter of slaves and in making friends with their enemies and with those who come to their towns. They are also accustomed to coloring their teeth black or red,[47] and for this purpose they do what we have said the Bisayans do, because they consider it stylish.

They have no kind of music except the guitars[48] that we said the Bisayans have which they play with more dexterity than them, especially the women who play the instruments as if they were speaking to each other. And thus often when one is in his house and a sweetheart is nearby where the guitars can be heard, they play tunes with which they understand each other. Not everybody knows how to do this because they learn and teach themselves how to do this in the same way as the blind in Spain.

When a person dies they make a coffin of wood in which the corpse is placed;[49] they wash the body and anoint it with some fragrant unguents,[50] placing some mantles and no other object in the coffin, which they bury underneath the earth. They do not place gold or any jewelry the way the Bisayans do.[51] Afterwards the family of the deceased fasts for one whole year without eating except herbs, wild fruits, and bananas—and this they call *magarahe*.[52] The Bisayans do likewise, but

42  The observer probably meant the Tagalogs, instead of the Bisayans.
43  See Morga, in B&R, 16: 80 and Colín, in B&R, 40: 66.
44  See pp. 25–27 for the manner of dressing of the Bisayans.
45  This observation varies with that of Morga, in B&R, 16: 79, who wrote that the slaves only accompanied them, rather than carried them on the shoulder.
46  See p. 47n51 for other descriptions of marriage among the Bisayans.
47  See Morga, in B&R, 16: 78.
48  See p. 57n86.
49  See p. 55 for mortuary customs of the Bisayans. Cf. the mortuary customs described by Loarca, in B&R, 5: 129–41; by Plasencia, in B&R, 7: 194–96; by Morga, in B&R, 16: 133; and by Colín, in B&R, 40: 79–82.
50  See Chirino, in B&R, 15: 302 and Colín, in B&R, 40: 79.
51  Colín, B&R, 40: 79, wrote that the body was adorned with rich jewels and with sheets of gold over the mouth and eyes. Cf. Chirino, in B&R, 12: 303.
52  This must be Loarca's *maglahe*, which was said to last for a year. See B&R, 5:137. For women, Loarca (ibid.) had *morotal*, while Colín (B&R 40: 81) stated that this kind of mourning was called *sipa* by the Tagalogs.

moro que muere pónenle dentro de la sepultura un [47v] esclavo suyo, al cual meten vivo debajo del ataúd, a la parte que está la cabeza del difunto, para que en el otro mundo le sirva.

En el heredar las haciendas de sus padres tienen parte todos los hijos, aunque sean bastardos o adúlteros, aunque no en tanta cantidad y parte como los legítimos. Cásanse con todos sus parientes, excepto con hermanos. No acostumbran a dormir en camas, porque en esto hacen lo mismo que hemos dicho de los bisayas. Tienen también por afrenta las que no son casadas de parir, y matan las criaturas como las bisayas, aunque las que son casadas no se afrentan de parir muchas veces, antes lo tienen por bueno, y así no procuran malparir ni matar las criaturas como dijimos que hacían las bisayas casadas. Son generalmente todas muy viciosas en la carnalidad, y muy interésales y hacen lo demás que las bisayas. Puédense casar con las mujeres que quisieren estando vivas, y hacen las mismas cosas que dijimos hacen los bisayas en este particular. Guardan la misma orden cuando se casan. Tienen también muchas suertes de navíos y con muy diferentes nombres, que les sirven así para sus contrataciones como para las guerras, y son casi de la misma suerte que los que tienen los bisayas, aunque no tan buenos ni pulidos.

Acostumbran las mujeres traer en la cabeza sobre el cabello, que lo traen suelto, unas como diademas hechas de oro, y esto las que son principales, porque las que no lo son las traen de concha de tortuga, son muy galanas. Tienen también entre [48r] estos moros muchas guerras y diferencias con los pueblos sus comarcanos, y con otros, en las cuales hacen las mismas cosas que hemos dicho de los bisayas, y usan y traen las mismas armas. Y los más principales hacen todo lo que quieren sin haber quien les vaya a la mano en nada.

Esto es lo que acostumbran los moros y bisayas de las islas Philipinas y lo que de ellos hasta ahora hemos sabido.

not for such a length of time. [47v] A slave of the Moro who died is interred with the master. He is buried alive under the coffin at the head of the deceased, so that he may serve him in the other world.[53]

In the inheritance of their parents' estate, all children, even bastards or adulterous offspring, have a share, although not in the same quantity or part as the legitimate children.[54] They marry with all their relatives except with siblings. They are not accustomed to sleeping on beds because in this respect they do the same as we said of the Bisayans.[55] They also consider it a dishonor for an unmarried woman to give birth, and they kill the offspring as do the Bisayans; although among the married women it is no affront to have many births. As such they think it is good, and thus they do not abort or kill the offspring as we have said the married Bisayans do. In general they are very depraved in matters of the flesh and indulge in it more than the Bisayans. They can marry as many women as they wish. And they do the same things to them as we have said the Bisayans do;[56] in this particular they observe the same order when they marry.

They also have many kinds of ships with many different names that serve them for their commerce and wars and are almost like those of the Bisayans,[57] although not so good or well-done.

Women wear round diadems made of gold on their heads and over their hair, which is kept loose. This is if they are wives of the chief. If of others, the diadems they wear are made of tortoise shell. These are very elegant. They likewise have [48r] among themselves many wars and differences with their neighboring towns, wherein they do the same things we have said of the Bisayans. They use and carry the same weapons. The chiefs do everything they want to do without anybody raising a hindering hand.

These are the customary things among the Moros and Bisayans of the Philippine Islands about which we have learned up to now.

---

53 See Loarca, in B&R, 5: 135. Cf. Chirino, in B&R, 12: 303; Colín, in B&R, 40: 80.
54 Compare the description of the inheritance system by Loarca, in B&R, 5: 1653; by Plasencia, in B&R, 7: 181, 182; and by Morga, in B&R, 16: 125, 127.
55 Cf. Loarca, in B&R, 5: 119.
56 Cf. ibid., and see p. 47n53.
57 See pp. 43–45.

# 6

## Relación de los ritos y ceremonias gentilezas de los indios de las islas Philipinas

[59r] Aunque es verdad que en estas islas de Luzón, Panay y Cebú hay infinidad de lenguas, unas diferentes de otras y, por el consiguiente, diferentes trajes, unos barbarísimos y otros de mediano entendimiento y otros de muy más claro, en lo que toca a ritos y ceremonias gentilezas, casi todos concuerdan y, si en algunas partes difieren en algo, es tan poca la diferencia, que sería inconveniente tratar de cada nación de estas de por sí, y así de todas ellas se hace un epílogo.

Cuanto al primero, es de notar que estas gentes temían y reverenciaban a un dios, hacedor de todas las cosas, que unos le llaman Bathala, otros Molaiari, otros Dioata y, aunque confiesan a este dios por hacedor de todas las cosas, ni saben ni tienen noticia cuándo ni cómo la hizo ni para qué, y que su morada es en el cielo.

Siempre han tenido y tienen conocimiento de que tienen alma, y que está apartada del cuerpo. Va a cierto lugar que unos llaman *casan* y otros *maca*. Éste

# Account of the Pagan Rites and Ceremonies of the [Tagalog] Indios of the Philippine Islands

[59r] Although it is true that in these islands of Luzon, Panay, and Cebu there is an infinity of languages, each different from the others—and as consequence different costumes—some very barbaric, others of moderate understanding, and still others of very high conception. Almost all agree as to [their] pagan rites and ceremonies. And if in some parts they differ somewhat, the degree [of difference] is so slight that it would be inconvenient to dwell on each nation of these [peoples] and thus we can present a summary of all of them.

Regarding the first it is to be noted that these people have and revere one God, the maker of all things, whom some call Bathala,[1] others Malayari,[2] others *diwata*;[3] and although they profess belief in this God as the creator of all things, they do not know nor can they explain when, how, why He made them, or what His abode is in heaven.

They have always had and acknowledge the concept that they have a soul,[4] which on leaving the body goes to a certain place that some call *casanaan*[5] and

---

1 For a lengthy discussion of term Bathala, see Llanes, "Dictionary of Philippine Mythology," 51–54.
2 [*Ed.* This was originally transcribed as *molaiari* or *mulayare* in other parts of the manuscript. The term probably referred to Malayari, who was the highest-ranking deity among the Zambals, according to F. Landa Jocano in *Philippine Mythology* (Manila: Centro Escolar University Research and Development Center, 1969), 13–14. Contrast this with Scott's note on the Tagalog gods in *Barangay*, 233.]
3 The original transcription was *dioata*. This is not the name of a god, but a term referring to spirits, the equivalent of the *anitos* in Tagalog. Colín (Pastell, ed.), 1: 65. Cf. Blumentritt, in Retana, *Archivo*, 2: 45. For a more detailed description of the term, see Llanes, "Dictionary of Philippine Mythology," 79–82.
4 This knowledge of the soul is confirmed by their belief concerning its destination after death that, according to Loarca, is the infernal region. See Loarca, in B&R, 5: 131.
5 *Casanaan* is a place of anguish or hell, according to Plasencia, in B&R, 7: 196. The unknown author of the present work wrote *sular* for this place among the Bisayans. See p. 35n13. [*Ed.* Imke Rath makes a case that the word could either mean heaven or hell depending on its context. See "Depicting Netherworlds, or the Treatment of the Afterlife in a Colonial Contact Zone: The Paete Case" in Astrid Windus and Eberhard Crailsheim, eds., *Image-Object-Performance: Mediality and Communication in Cultural Contact Zones of Colonial Latin America and the Philippines* (Münster: Waxmann Verlag, 2013), 180–81.]

dicen está dividido en dos poblaciones grandes con un brazo de mar en medio. El uno dicen es para las almas de los navegantes, y éstos andan vestidos de blanco, y es otro para todos los demás, los cuales andan vestidos de colorado, por más preeminencia. Dicen que las almas que habitan en estos lugares mueren siete veces, y otras tantas vuelven a resucitar, y que pasan los propios trabajos y miserias que pasaban en este mundo en sus cuerpos, pero que tienen poder para quitar y dar salud, y que para el efecto viene por los aires, y por esta causa le reverencian pidiendo ayuda, haciendo borracheras solemnes, comiendo puercos, gallinas y los mejores manjares y guisados que a su modo pueden. Júntanse los parientes y vecinos, cantan, danzan y bailan al son de atambores y campanas, con mucho estruendo de palmadas y gritos.

Ponen altar con candelas, adornado de las mejores mantas y preseas de oro que tienen. Ofrecen de todo al anito, que así le llaman al alma cuando la invocan. Úntanse con la sangre de lo que han muerto para comer, [59v] en ciertas partes del cuerpo, teniendo que aquello les ha de ser causa de salud y larga vida. Y todo esto administra un sacerdote vestido en hábito de mujer. Le llaman *bayog* o *bayogrun*. O una mujer del propio oficio, que llaman *catolonan*. Y esta fiesta se viene a fenecer quedando todos borrachos, o la mayor parte, y a esto llaman los indios *maganito*, y pues está dicho de lo que es *maganito*, digamos de los sacerdotes y sacerdotisas que tienen, y lo que es anejo a sus oficios, y luego consecutivamente los ritos y ceremonias que en cosas particulares tienen y usan los indios.

Aunque estos indios no tienen templos, tienen sacerdotes y sacerdotisas, los cuales son los principales maestros de sus ceremonias, ritos y agüeros, y a quien en todos los negocios de importancia, todos se encomiendan, pagándoles muy bien su trabajo. Ellos, ordinariamente, en traje mujeril. Su modo, melindre y meneos es tan afeminado que quien no los conoce juzgara ser mujeres. Casi todos son impotentes para el acto de la generación, y así se casan con otro varón y duermen juntos como marido y mujer, y tienen sus actos carnales y finalmente son sométicos. Éstos se llaman *bayog* o *bayoguin*. Las sacerdotisas ordinariamente son viejas. Y éstas, es su oficio curar enfermos o, con palabras supersticiosas, o asistiendo en las borracheras invocando las almas de sus antepasados para el fin que pretenden, y haciendo las ceremonias que adelante se verán.

El oficio de los sacerdotes es acudir a todas las necesidades en general, acudiendo a invocar lo que las sacerdotisas, aunque con más ceremonias, más pompa y más autoridad. Hay también otro género de éstos a quien llaman

others *maca*.⁶ They say the latter is divided into two large towns separated in the middle by an inlet of the sea; one side, some say, is for the souls of mariners who are dressed in white; and the other is for the rest who are dressed in red because of their prominence. They say that the souls who inhabit these places die seven times, and some other souls are resuscitated and undergo the same travail and miseries that they underwent with their bodies in this world. But they have the power to remove and bestow health, which they effect through the air. For this reason the people revere and implore them for help by staging drinking feasts, eating pigs, chickens, and the best dishes and recipes made in their own best way. Parents and neighbors get together, then sing and dance to the tune of drums and bells, with lots of clapping and crying.

They build altars with candles and adorn these with the best mantles and golden ornaments they have. They offer everything to the *anito*, which is what they call the soul when they invoke it. They smear certain parts of their bodies with the blood of animals they slaughtered for food, [59v] believing that this would give them health and long life. All of this is administered by a male priest dressed in female garb. They call him *bayog* or *bayoguin*.⁷ If a woman is needed for the same office she is named *catalonan*. This feast terminates when everybody or most of them get drunk: this is called *maganito* by the indios, which has previously been explained. Let us describe the priests and priestesses that they have, what is attached to their office, and consecutively later the rites and ceremonies that the indios have and use in particular affairs.

Although these indios have no temples, they have priests and priestesses who are the principal ministers of their ceremonies, rites, and omens to whom all the important affairs are entrusted and whom they compensate well for their labor. Ordinarily the male priests dress in women's clothes, and their manner comes across as so coquettish and swishy. They are so effeminate that one who did not know them would believe that they were women. Almost all are impotent for the reproductive act, and thus they marry other males and sleep with them as if they were man and wife who have carnal knowledge of each other. Definitely these men are sodomites. They are called *bayog* or *bayoguin*. The priestesses [on the other hand] are usually old and their function is to cure the sick with superstitious words or assist in drinking feasts by invoking the spirits of their ancestors for their purpose while conducting the ceremonies, which we shall discuss below.

The role of the priests is to attend to all the needs in general, to help the priestesses invoke the spirits, although with more pomp, ceremony, and authority. There is also another kind that they call *catolonan* whose function is proper to the

---

6  A village of rest or paradise, according to Plasencia, in B&R, 7: 196. Blumentritt spells it as *makang*. See his *Diccionario*, in Retana, *Archivo*, 2: 77. Cf. Llanes, "Dictionary of Philippine Mythology," 131.
7  See Llanes, "Dictionary of Philippine Mythology" (1956), 58, and the works of Carolyn Brewer and William Henry Scott.

*catolonan*, el oficio de los cuales es el propio de las sacerdotisas, y éstos, ni ellas son de tanta autoridad como los que andan en hábito de mujer. Finalmente los unos ni los otros son hechiceros, y cuanto hacen, o es con hechicerías o engaños, para vaciar las bolsas del pueblo ignorante.

Estando enfermos usan de muchos géneros de ritos, unos [60r] con más aparato y otros con menos, según la calidad de cada uno, porque la gente principal ordinariamente hacen *maganitos* o borrachera solemne de la manera que atrás se ha dicho, asistiendo un sacerdote o más, el cual invoca sus anitos y dicen que vienen, y que los circunstantes oyen un ruido como de flauta, que según dicen los sacerdotes es el anito que habla y dice que el enfermo tendrá salud. Y con esto se prosigue la fiesta con gran júbilo.

Y si el enfermo muere habiendo dicho el anito que tendrá salud, da por excusa el sacerdote que la voluntad de su anito fue buena, pero que otros anitos de más poder lo estorbaron. Otros hay que encienden un hacho de zacate y lo echan por la ventana, diciendo que con aquello espantan a los malos anitos, causadores de la enfermedad, y que con esto se van. Otros echan suertes teniendo colgado de la mano un pedazo de palo atado en un hilo, o un colmillo de caimán, y ellos propios lo menean diciendo quién es la causa de la enfermedad de fulano, es fulano o no es fulano, no es zutano, pues quién, fulano.

Si hablan de consigo propios los que esto hacen y, enderezando la suerte que menean con su mano a quien les parece, de modo que se ve evidentemente patraña del que esto hace. Y con todo, no se persuade nadie a que lo es, sino que es aquello cierto. Otros que no tienen tanto caudal y costilla para gastar, ofrecen un poco de arroz cocido y un poco de pescado y vino, pidiendo salud al anito. Otros con mediana borrachera ofrecen al anito, y asiste una sacerdotisa o un sacerdote de los inferiores que llaman *catolonan*. Y éstos administran lo necesario y dicen que la causa de la enfermedad del enfermo es que el alma se le ha ido y que, hasta volvérsela al cuerpo, no sanará.

Y luego le ruega el enfermo que dé orden como se le vuelva. Y para esto les pagan adelantado conforme se concierta, y luego el *catolonan* se pone solo a un rincón, hablando entre sí. Y al cabo de un rato se llega al enfermo y le dice que se alegre, que ya tiene el alma en el cuerpo y que sanará, y con esto hacen su borrachera. Y si el enfermo muere, nunca le faltan excusas para disculparse. Y en estas borracheras calientan agua con la cual se lavan la cara todos, sanos y enfermos, diciendo que aquello preserva de enfermedad y alarga la vida.

[60v] Lo más general en estas islas es enterrar luego sin dilación los muertos, aunque no a todos se les hace igual pompa, porque la gente común no hace más de amortajar con una manta blanca al difunto, y enterrarlo, o junto a su casa o

priestesses, but neither the male priests nor the priestesses have such authority as those priests who go about dressed in women's clothes. Finally, neither one nor the other is a sorcerer, and when they perform, whether witchcraft or deceits, it is for the purpose of emptying the pockets of ignorant people.

When people suffer from a malaise, the priests employ many kinds of rituals, some [60r] with more paraphernalia and others with less, depending on the standing of the ill, because the elite ordinarily hold maganitos or drinking feasts in the manner we have described in which one or more priests invoke their anitos to come and during those circumstances hear a sound like that of the flute, which the priests say is that of the *anito* pronouncing that the ill will recover. And with this, the feast continues with great jubilation.

And if the ill dies even after the anito had prognosticated good health, the priest rationalizes that the anito had good intentions, but other more powerful anitos had disturbed it. There are those who put fire to a sheaf of grass and throw it out of the window, saying that by doing so the bad anitos responsible for the malady would be scared into leaving. Others cast lots by tying their hand with a string to a piece of wood or a crocodile's tooth that they swing back and forth while divining, "Who had importuned the malady of so-and-so?" "Is it this so-and-so, or is it that so-and-so?" "No, it is some other spirit!" "Well, then who?" "It's Fulano!"

If the people ministering to this are just disputing among themselves while manipulating the divination object to whomsoever they wish, it is evident that they are committing a hoax. Notwithstanding all this, nobody can be dissuaded that it is nothing else but genuine. Some who are not so well-to-do offer a wee bit of cooked rice, fish, and wine, requesting the anito for well-being; others offer a moderate drinking feast to the anito assisted by lesser priestesses or a priest whom they call catolonan, who administers what is needed and then pronounces that the cause of the illness is because the soul has left the body and until it returns the sick will not recover.

Later the afflicted asks the priest to order the return [of his soul] and for this they pay him in advance according to mutual agreement. Later the catolonan retires alone to a corner praying to himself and after a while returns to the ill and tells the latter to be happy because his soul has already returned to the body and he will get well. With this they stage a revelry, and if the sick should die, they never run out of excuses to absolve themselves. In these drinking feasts they heat water with which to wash the faces of all present, the healthy, and the sick, believing that this prevents sickness and lengthens life.[8]

[60v] In general in these islands the dead[9] are buried without delay, although not all are accorded the same pomp because the common people do no more than cover the deceased with a white sheet and bury the body next to their

---

8 See pp. 35–37 for descriptions of sacrifice among the Bisayans, and p. 35n16 for citations of other authorities on the subject.
9 See p. 55 for the mortuary customs of the Bisayans and p. 55n75 for other descriptions by different observers.

a su sementera, y luego hacen una borrachera, y con esto concluyen. Pero los principales los amortajan con las más ricas mantas de seda que tienen, y lo echan en un ataúd de madera incorruptible, y dentro echan algún oro conforme a la posibilidad del muerto.

Y entiérranlo debajo de una casa, que para el efecto tienen hecha, donde se entierra toda la parentela. Y cercan la sepultura con cortinas, y tienen sobre la sepultura lámpara encendida y comida, que ofrecen al muerto. Y esto dura conforme la persona es, y algunas veces pasa de tres o cuatro años, y aun ponen una mujer u hombre que esté de guardia todo este tiempo. En algunas partes matan esclavos y los entierran con sus amos, para que tengan quien les sirva en la otra vida. Y pasa a tanta desventura esto que muchos arman un barco con más de sesenta esclavos, y lo cargan de comida y bebida, y meten dentro al muerto y a él. Y a todo el barco, con todos los esclavos vivos, lo entierran debajo de tierra.

Y hacen las obsequias bebiendo más de un mes. Otros hay que tienen el difunto en casa seis o siete días, para que destile el jugo que tiene. Y en el ínterin, con toda aquella hediondez, están bebiendo que nunca paran. Y luego le quitan la carne de los huesos y la echan a la mar, y los huesos los guardan en una tinaja. Y al cabo de muchísimo tiempo, si les parece, los entierran con tinaja y todo, y si no déjanlos estar en casa. Pero la cosa de más asco y horror que hacen es que, en metiendo los huesos [61r] en la tierra, y con ella beben sirviéndoles de taza, y esto es en lo que llaman Batán hasta Mariveles.

Otros hay que no entierran los muertos, sino los llevan a un cerro, y allí los arrojan. Y luego se vienen huyendo a porfía, porque tienen que el que quedare postrero morirá, y por esta razón hay pocos que se atrevan a llevarlos. Y los que se atreven es porque se lo pagan muy bien cuando los llevan a enterrar. No los sacan por la puerta principal, sino por una ventana. Y si los sacan las cierran luego y la mudan a otra parte, porque tienen que los que pasaren por donde el muerto pasa, morirán. Lloran a los muertos, no sólo en casa, pero por el camino cuando los llevan a enterrar, diciendo endechas en las cuales publican las hazañas y virtudes del difunto, lo cual más parece canto que llanto, por lo mucho que gargantean y entonan la voz, casi lo más sin lágrimas, que para este efecto

house or field.[10] Later they hold a drinking feast and with this conclude the [ceremony].[11] But the elite are wrapped with the richest silken sheets they have and placed in an incorruptible wooden coffin in which some gold is placed in accordance with the rank of the deceased.

They bury him or her under a house that they have built for the purpose[12] where all the dead relatives are interred. They shroud the sepulcher with curtains, and on top of it they install lamps, and place food as offerings for the dead, depending on the importance of the deceased. Sometimes a man or woman is placed on guard all the time even after three or four years have passed. In some places they kill slaves[13] and bury them with their masters so that they may serve them in the other life. And this tragic event comes to a pass to the extent that many load a ship with more than sixty slaves, fill it up with food and drink, place the dead on board, and the entire vessel including the live slaves are buried in the earth.

They hold offerings by imbibing for more than a month. Others keep the corpse in the house for six or seven days so that its fluids may flow, and in the interim with all that fetid smell they keep on drinking without halting. Later they remove the flesh from the bones and throw it to the sea; the bones are then placed in an earthen jar.[14] After a considerable time that they deem fit, they bury the jar with all. If not, they retain it in their house. But the most repugnant and horrible thing they do is when, interring the bones, [61r] they drink with the bones serving as cups; and this is what they call "Bataan to Mariveles."[15]

There are others who do not bury their dead, but take them to a hill and there strew them about, and then they flee hurriedly because they believe that he who is last [to leave] will die, and for this reason there are few who dare carry them: those who risk do so because they are compensated well for interring them. When burying the dead they do not pass it through the main door but through a window,[16] and if they do so, close it later and change it to another part [of the house] because they believe that those who pass where the dead has passed would also die. They cry over the dead not only in the house but on the road to the burial, in a manner more like singing than crying because of the way they wail and intone the voice almost without tears. In this they

---

10   Cf. Plasencia, in B&R, 7: 194; Loarca, in B&R, 5: 135; Morga, in B&R, 16: 133.
11   See Morga, in B&R, 16: 133.
12   Cf. Plasencia, in B&R, 7: 194, and Chirino, in B&R, 12: 303.
13   Cf. Plasencia, in B&R, 7: 195, and Chirino, in B&R, 12: 303.
14   Morga, B&R, 16: 133, stated that the bones were placed in chests.
15   This is probably a colloquialism derived from "Bataan to Mariveles" (i.e., Corregidor), the distance between the two points serving as a measure of their endurance in their marathon drinking bouts. [*Ed.* Curiously, both Corregidor and Mariveles featured as the two defining locales of the fall of the Philippines to the Japanese imperial army at the beginning of World War II.]
16   This is still observed in many places in Pampanga; co-translator Mauro García was himself a witness to a burial of a relative whose body was brought not through the usual exit but through the window in carrying it from the house.

buscan de intento personas que lo saben hacer y casi lo tienen por oficio. Donde muere principal, ninguno del pueblo a cantar ni tañer género de instrumento de regocijo, ni aun los que pasan en barcos por su puerta, so gravísimas penas.

Los géneros de lutos que éstos tienen por sus difuntos es abstenerse de comer arroz tantos años como trae o dio de dote, y esto es cuando a los casado por sus mujeres, que los demás cada uno deja de comerlo conforme lo que sintió la muerte, o la falta que le hace el difunto. El viudo se mete dentro de una cortina si es principal, y en cuatro días no come cosa ninguna, porque dice que si esto no hiciese, se tornaría loco. Y en todo este tiempo anda un sacerdote bailando alrededor, cantando. Y si el muerto tenía esclavos, y sus parientes los tienen, todos los rapan a navaja por luto, y todos los parientes varones [61v] hacen lo propio, y las parientas cortan parte de los cabellos, y no todos. No se visten de seda ni se adornan con oro los parientes mucho tiempo. Pónense los varones en algunas partes collares de bejucos, y ellas en las muñecas, y no se bañan ni quitan el luto hasta matar alguna persona. Y entonces se lo quitan, y hacen borrachera solemne y van fuera los lutos.

Las mujeres que desean empreñarse crían puercos regaladísimamente, dándoles a comer de los manjares más gustosos que hay, y desde entonces los dedican para sacrificarlos al anito en pariendo. Y tienen tanta confianza en que criándolo se han de empreñar, que es cosa particular. En empreñándose no se quita el marido el cabello hasta que la mujer pare, teniendo que si antes se lo quita, la criatura no saldrá a luz, aunque esto no es en todas partes, sino en algunas.

En pariendo la mujer, no consienten en algunas partes que muelan arroz debajo la casa, sino lejos de ella, porque tienen que si del arroz que salta de los pilones comen las gallinas, morirá la criatura. Hacen *maganito* en pariendo, juntándose en él toda la parentela y vecindad. Comen con gran contento el puerco que criaron, regalado para el efecto, y todos se untan con la sangre de él, y untando a la criatura. Y bañan con agua al recién nacido y a la parida, y tienen particular cuidado de pagar a las parteras, porque tienen que si no les contentan, saldrá la criatura llorona. Y las parteras, cuando hacen su oficio, hacen oración a la primer partera que hubo en el mundo, a la cual no conocen ni saben quién es, diciendo: "Oh tú, primera partera, cuyo oficio por tu voluntad ahora hago, dame favor [62r] para que mediante mi ayuda salga a luz esta criatura."

Todas las veces que los principales comen, ponen en platillos en su propia mesa, de por sí de todo lo que comen y beben, por ofrenda a los anitos y al Mo-

purposely obtain the aid of persons who know how to mourn so and almost are professionals. When a chief dies nobody in that town sings or plays any kind of musical instrument in celebration, not even those who pass abroad the port in ships, under pain of punishment.[17]

The customs for mourning for the dead consist of abstaining from eating rice[18] for the same number of years as prescribed in the dowry. This applies only for husbands over their wives. The rest are permitted to stop abstaining depending on how the mourners feel the impact of death or how much they miss the loved one. The widow of a chief covers herself with a curtain and in four days eats nothing, because it is said that if this is not done he would turn mad. During the time of mourning, a priest dances around the mourner while chanting. If the deceased person or his parents had slaves they all shave [their heads] in mourning, and all the male relatives [61v] likewise; the female relatives cut their hair but only partly. None of the relatives wear silk or gold ornaments for a long time. The men wear collars of rattan on some parts of the body, and the women on the wrists.[19] They do not bathe or end their mourning until they kill a person;[20] then they remove the collars, hold a solemn drinking feast, and end their mourning.

Women who wish to get pregnant breed and fatten pigs by giving them food of the most palatable sort available, and from that time on they dedicate the pigs' sacrifice to the anito after they give birth. They have so much faith that they would get pregnant by fattening and slaughtering pigs that they believe the practice to be indispensable. During pregnancy the husband[21] does not cut his hair until his wife delivers, in the belief if he does so the child would not be born, although this belief is not prevalent everywhere but only in some parts.

When the women gives birth, in some places they do not consent to the milling of rice under the house, but far away from it, because they believe that if the rice that falls from the mortar is eaten by chickens the child will die. They hold a maganito upon childbirth, with all the parents and neighborhood present. They eat with great relish the pig that was luxuriously raised [and slaughtered] for this purpose. Everybody rubs themselves with its blood, including the child whom they afterwards bathe in water, as well as the mother; and they particularly take care in rewarding the midwives because they believe that if these are not contented the child would become a cry-baby. The midwives in performing their functions pray to the first midwives in the world—whom they know not—saying: "Oh, first midwife, by our goodwill, now grant me the favor [62r] such that through my help this creature may be born."

Every time the chiefs eat, they reserve a little of everything they eat or drink in small plates [and leave it] on the proper table as an offering to the anitos and

17 Cf. Chirino, in B&R, 12: 304, and Colín, in B&R, 40: 81.
18 Cf. Loarca, in B&R, 5: 137. Also see p. 75n49.
19 Ibid.
20 Ibid.
21 According to Colín, in B&R, 40: 78, it is the woman who does not cut off her hair. Cf. San Antonio, in B&R, 40: 341.

layare o Bathala, creador de todas las cosas. Y del arroz u otro cualquier fruto nuevo, no convidan a nadie, ni la ropa nueva, no consienten que otro la estrene, porque tienen que haciéndolo, han de padecer falta de aquella cosa.

No consienten que en la criba donde criban el arroz nadie coma cosa, porque tiene que, el que comiere, se morirá o se volverá loco.

Cuando llueve con sol y el cielo está algo bermejo, dicen que los anitos se juntan a darles guerra. Y están, y con grandísimo temor, y ni mujeres ni niños consienten que bajen de las casas, hasta que escampe y el cielo se pone claro.

Cuando la tierra tiembla, dicen que los anitos lo hacen, y por esto todos dan alaridos y golpes en las casas haciendo mucho estruendo, diciendo que con aquello se espantan los anitos, y cesa el temblor.

Cuando cazan tienen por agüero de que no cogerán nada nombrando cualquier cosa, tocante a la pesquería y pescando, si nombraren cualquier cosa. De caza lo propio.

Cuando van camino por alguna tierra, tienen muchos agüeros. En algunas partes hay un pájaro azul, colorado y negro que llaman *batala*. Este nombre quiere decir "dios," y así dicen los indios que este nombre le es impropio, porque ellos no lo tienen por dios, sino por un mensajero suyo, que con su canto da a entender a los hombres [62v] la voluntad del mismo Batala, que es dios. Y que por esto, cuando van camino y oyen el canto de este pájaro, o se paran o vuelven, o prosiguen su viaje conforme lo que han entendido del canto del pájaro. Si estornuda algo u oyen cantar lagartija o travesar el camino alguna culebra, se vuelven del camino diciendo que también son aquellas señales que dios les envía, para declararles que no es su voluntad que pasen adelante, y que si pasaren, les ha de suceder mal.

El primer día que parece la luna nueva, la adoran y le piden mercedes. Unos que les depare mucho oro, otros que les dé mucho arroz, otros que les dé mujer hermosa o marido gentilhombre y bien acondicionado y rico. Otros que les dé salud y larga vida, y finalmente cada uno le pide aquello que más apetece.

Yendo por agua al río, o en barco, hacen oración al caimán, pidiéndole que se vaya a lo hondo, y no les atemorice ni haga mal, que ellos no son sus enemigos, ni pretenden su daño, sino que antes buscan su provecho, que allá se lo haya con sus enemigos. Llámanle abuelo y dicen que son sus parientes, y otras boberías

the Malayari[22] or Bathala, creator of all things. And of the rice and any other fresh fruit, they do not invite anybody, nor would they consent to [the wearing of] new clothes by others because they believe that in doing so they would be in want of that thing.

They do not allow anything to be eaten where the rice is planted because they believe that he or she who does so will either die or turn mad.

When it rains while the sun is shining and the sky is somewhat reddish, they conclude that the anitos unite to war on them and they cower in great fear; and neither women nor children are allowed to go down from their houses until it stops and the sky clears up.

When the earth rumbles they attribute it to the anitos, and consequently they all go about delivering blows to the house and making much noise, saying that with these the anitos become frightened and stop shaking the earth.[23]

When they hunt they have as an omen that they would not catch anything if they name something about fishing, and when fishing if they name anything about hunting.[24]

They have many omens when going out on a journey. In some places, there is a bird colored reddish blue and black which they call *bathala*; this name means God, thus the indios say this name is improper because they do not believe it to be God but an acolyte who with its song makes men understand [62v] the will of the same bathala, who is God. And that is why upon leaving, when they hear the song of this bird, they either stop or return or continue with their trip, depending on what they understood from the bird's song.[25] If somebody sneezes, or they hear a lizard's clucking, or if some snake crosses their path,[26] they turn back, saying that those are the heaven-sent signs that it is not God's will for them to continue and that if they proceed some evil would befall them.

They adore the new moon on the first day it appears,[27] and ask favors—some for much gold, others for much rice, others that they may given a beautiful wife or a gentlemanly husband who is rich and highly placed, and others that they be given health and long life. And finally each asks what for what pleases him or her most.

When they walk by the river or travel on water in a boat they pray to the crocodile,[28] asking it to swim to the deep and not to frighten nor hurt them as they are not its enemies nor do they seek its harm but rather its well-being, and for it to inflict harm to their enemies. They call it grandfather, and they say they

---

22  See p. 77n56.
23  This superstition still prevails in many localities; as a young man, co-translator Mauro García witnessed its practice among his old folks in his hometown in Pampanga.
24  Cf. Colín, in B&R, 40: 78, and San Antonio, in B&R, 341.
25  Cf. Plasencia, in B&R, 7: 189.
26  Ibid.
27  Ibid., 7: 186.
28  Ibid., 7: 189; Morga, in B&R, 16: 131–32.

a este tono. Otros le ponen ofrenda de comida orilla el río, y tienen particular cuidado en esto. Y de todo no pretenden de él más que no les haga daño. Y si acaso los que van en barco lo ven andar encima del agua, lo tienen por mal agüero, y se paran hasta ver otro agüero bueno para pasar adelante.

Creen en sueños y así tienen cuenta en soñando, si el sueño es bueno o malo. Y si es bueno lo tienen por buena señal, y el malo por mala. Y siendo [63r] malo luego hacen *maganitos*, ofrendas y oraciones a su dios o anitos, y están tristes hasta que ven agüero que les significa algún bien suyo en contra de lo que soñó.

Y a los tocados de yerba mortífera o ponzoña, y a los apostemados o enfermos de enfermedad peligrosa, los curan con palabras que sólo en la isla de Burney, que guardan la secta mahometana, se entienden, por ser ordenadas allí. Y cuando curan, juntamente con las palabras, van mascando una yerba que llaman buyo. Y tienen tanta fe con estas palabras los que curan y los curados, que es cosa maravillosa que en diciéndolas dice luego el enfermo que siente mejoría.

El aceite de ajonjolí con que se curan le hacen cierto conjuro, a manera de bendición, con palabras burneyas. Y éste le guardan con mucho cuidado, para curar las enfermedades arriba dichas.

Usan también de estas palabras o conjuros para hacer a los gallos valientes e invencibles.

Usan asimismo de algunos conjuros para sus amores, y que les quiera bien y que no les vean ni sospechen de ellos cosa los maridos de sus requebradas, ni otra persona, sino solos los que ellos quieren. Y para ello traen escrito el conjuro consigo.

Usan de yerbas que las personas que la reciben se aficionan a la que la da, y por el contrario, usan de otras que desaficionan.

Usan de nóminas supertinacias, unas para no ser vencidos en guerras, otras para no poder ser presos, otras para hacerse invencibles, otras para ser bien afortunados, otras para que no los lleve el caimán, otras para hurtar a su salud, otras para [63v] tener larga vida, otra para que no le empezca yerba mortífera ni ponzoña, y para otras mil cosas. Estas nóminas, unas son con colmillos de caimán, otras con piedra de hombre, otras con cabellos que dicen son de duende, otras con yerba que aficiona, otras con algún hueso o raíz de árbol. Finalmente les echan mil invenciones a este tono, y en algunas traen conjuros en lengua burneya, y todo esto estiman en mucho.

Y cuando hacen alguna casa, antes de ponerle el techo, ponen un espantajo en lo más alto de ella, para que el búho no se asiente encima, porque tienen

are its relatives and other stupidities of this sort. Others offer it food at the river's edge and they take great care in doing this, asking only not to be harmed; and if they are traveling in a boat and they see it moving in the water, they consider this as a bad omen and halt until another good omen is seen before proceeding.

They believe in dreams, and take note whether a dream is good or bad; if good they consider it as good omen, and if bad as a bad omen. In the latter case, [63r] they hold maganitos, offerings and prayers to their gods or anitos. They remain sad until an omen signifying some good luck for them turns up.

Those suffering from deadly herbs or poisons or those with abscesses or who are afflicted with some dangerous disease are cured with spells understood only by those who keep the law of Muhammad in the island of Borneo, where these were drawn up. While uttering these words they crush a herb that they call *buyo*. Those administering the cure, as well as the sick ones, have such faith in these words that it is a marvelous thing to find the patient later getting well upon hearing them.

The sesame seed oil that they use for treatment is made with a certain incantation in the manner of a blessing, using Bornean words which they very carefully guard in order to cure the illnesses described above.

They likewise use these words or incantations to make cocks valiant and invincible.

They also use some conjurations for their lovemaking, that they might be well loved or that they might not be seen or suspected by their husbands in their courtships, nor by any other person except those by whom they want [to be seen], and for this purpose bring with them the corresponding magic script.

They use herbs to attract those whom they like and correspondingly use other herbs that ensure their disaffection from others.

They use superstitious amulets, some in order not to be defeated in wars, others not to be captured, others to make them invincible, others to become fortunate, others that the crocodile may not take them, others to improve their health, others [63v] to enjoy long life, others that deadly herbs or poison may not affect them, and for a thousand other things. These amulets are embellished with the eyetooth of the crocodile, others with a man-shaped stone, others with hair from a *duende*,[29] others with herbs that they favor, and others with the seed or root of a tree. In short, they have a thousand and one [amulets] or inventions of this sort, which in some cases bear conjurations in the Bornean language that they all highly regard.

When building a house, before they put on the roof, they place a scarecrow at the highest part of it so that the owl may not perch on it,[30] because they take

29 [*Ed*. In both Spanish and Tagalog, *duende* may mean a gremlin or goblin. In the Philippines duendes are mischievous creatures that hover as owners of a lair, usually an anthill or clumps in the woods. When passing their domain, natives will mutter "tabi-tabi po" (may I please step around you) in order not to infuriate them.]
30 Ibid. These superstitions connected with the building of a house are practically those observed among the Igorots of Lepanto, among others, as reported by James A. Robertson, "The Igorots of Lepanto," *Philippine Journal of Science* 9 (1941): 495, 509, 526.

por agüero que los que en ella viven, se morirán. Y si en la casa donde viven se asienta o entra dentro alguna golondrina o culebra, o dejan la casa o hacen borrachera, o *maganito*, porque temen que se morirán si no lo hacen.

Y cuando hacen algún barco, al tiempo que lo echan al agua la primera vez, sueltan una flecha hacia el cielo, o un arcabuz, diciendo que si aquello no hacen, que la *banca*, que así la llaman, no será ligera.

Cuando hacen algún navío de los que andan al trato mercadereando, al echarlo al agua hacen lo propio que a los barcos. Y demás de esto hacen borrachera pidiendo a sus dioses y a los anitos que lo haga dichoso y que les dé mucha ganancia en sus mercancías.

Antes de sembrar sus mieses, unos hacen *maganito* y otros ofrecen al anito, pidiéndole que aquella sementera venga a colmo y que no se pierda. Y si después padece la sementera algún trabajo, o de mucha agua o de poca, y el arroz se va perdiendo, tornan de nuevo a sus ofrendas y *maganitos*.

[64r] Y cuando tienen alguna guerra, hanse de ir o entrar en ella, hacen junta. Y en ella tratan lo que han de hacer, y juntamente *maganito* general para que tengan buen suceso. Si vencen, entran con la presa en su pueblo, cantando cantos de victoria, y hacen borrachera solemne. Y si son vencidos, entran los que quedaron con grandísima tristeza.

Y cuando salen de prisión o escapan de algún trabajo, es cosa ordinaria hacer borrachera y ofrenda al anito o a su dios, juntándose a ella todos los parientes y amigos, con mucho regocijo y contento.

Y cuando dos que se aman se apartan, el que queda es cosa ordinaria prometer al que se va, por tristeza. Y en señal de amor dejará de comer cierta cosa, o que no se mudará la ropa, o no se vestirá de tal color, o no dormirá con cabecera, o en estera, o no se bañará hasta que se tornen a ver. Y casi siempre lo cumplen.

Tienen por costumbre en esta tierra acerca de sus casamientos, que el varón dota a la mujer, al revés de nosotros. Y después de haber dado el dote, hacen borrachera y, para firmeza del casamiento, juntan a los novios dándoles de comer en un plato. Y estando comiendo, o cuando los juntan para esto, llegan sus padres y dícenles que vivan muchos años y que se quieran mucho. Y a la noche los llevan a la cama, o la madre de ella, o alguna vieja. Y allí los acuesta y cubre con una manta, diciéndoles palabras de chocarrería. Bajan al suelo de la casa y en derecho de la cama de los novios. Hincan una estaca diciendo que aquello hace el novio más apto y potente para la cópula. Y esto de la estaca no es en todas partes, sino en algunas. Tienen asimismo por costumbre que el novio, demás del dote que da, da cierta paga a cada uno de los parientes más cercanos de ella, que es un modo de cohecho para que consientan el [64v] casamiento.

that as an omen that those who will live in it will die. And if in the house where they live, a swallow or a snake should perch or enter,[31] they abandon it or hold a drinking revelry or a maganito, because they fear that they would die if they did not do so.

When they build a ship, upon launching it for the first time on the water, they shoot an arrow towards the sky or fire an arquebus, believing if they do not do so the *bangka* as they call it would not be light.

When making some ship for purposes of trading, they do the same thing when launching it on water, and furthermore they hold drinking feasts asking their gods or the anitos to bless them with fortune and give them much profit in their trade.

Before planting their grain some hold maganitos, others make offerings to the anito, asking that the fields be fruitful and that the harvest be not lost. Later if the field suffers from either lack of work or too little water and the rice yield is affected, they turn again to make offerings and to celebrate their maganitos.

[64r] Before going or entering into a war, they hold meetings in which they decide on what to do and join in a general maganito to ensure a successful result. If they return to their towns with prisoners, they sing victory songs and hold a solemn drinking feast; if defeated, those who survive return with great sadness.

When they leave prison or escape some task, it is common for them to hold a drinking feast and make an offering to the anito or to their god, together with their relatives and friends, amidst great contentment and rejoicing.

When a couple who love each other separate, it is common for the one left behind to promise the one leaving not to eat a certain thing as a sign of love and sadness, not to change clothes, wear a certain color, or sleep with a pillow or mat, or bathe until the loved one's return—and most always the promise is fulfilled.

They have a custom in this land regarding their marriage[32] for the man to give a dowry to the woman,[33] which is the opposite of ours. After giving the dowry they hold a revel. To firm up their marriage they unite the pair, making them eat from the same plate, and while eating, or when they have been brought together for their purpose, their parents arrive to bid them well with many years of life and love for each other. When night comes either the bride's mother or some old woman brings the couple to their bed where they are made to lie down and are covered with a sheet, as indecent jests are uttered. Then the rest go down from the house and directly under the bed of the couple drive a stake into the ground, believing that doing so will make the husband virile and potent for copulation. This matter of the stake is not done everywhere, but only in some places. It is likewise customary for the groom to give a larger dowry by paying something to each of the nearest relatives of the woman, which is a sort of a bribe for them to consent to the [64v] marriage. Without this and a dowry,

---

31 Cf. Colín, in B&R, 40: 77.
32 The marriage custom as described lengthily by Loarca is in B&R, 5: 153–61.
33 Plasencia, in B&R, 7: 183, and Colín, in B&R, 40: 39, stated that the dowry is given to the woman's parents. Cf. Loarca, in B&R, 5: 159. Also see p. 47n52 and n55.

Y sin esto y sin dote son muy raros los que se casan, porque ellas lo tienen por notable afrenta, aunque sea la más vil y desastrada.

En esta tierra hay algunos hombres valientes a quien los indios llaman *bayani*, y el llamarles de este nombre es por preeminencia o dignidad. Éstos se ponen en la cabeza cuernos de búfano de dos palmos de largo, cubiertos de chapas de oro. El oficio de los cuales es andarse como dicen de boda en boda, bailando. Y es de tal manera que cualquiera que le convida lo toma después por blasón y fanfarria, decir que hizo fiesta al *bayani*. Y así, ninguno que tenga mediana, pasa día, deja de procurar de hacer la fiesta para tomar este blasón. Esto es porque la costa de esta fiesta es mucha, y no tienen todos costilla para ello. Y como los ricos son estimados y los pobres desechados, no ha menester más para estar en fama de rico que saber que tuvo costilla para hacer fiesta al *bayani*. Y lo que pretenden del *bayani* por esta fiesta es que tienen, les hará su dios buenos por este medio y amados del pueblo.

Y hay también brujas como en España, y no brujos, las cuales usan muchas maldades y son temidas y reverenciadas, y acuden todos a darles lo que piden, por el miedo que les tienen. Y pues el oficio de las brujas en todas partes es uno, no hay para qué decir aquí las cosas que hacen.

they very rarely marry, because women consider it [the lack of a dowry] as a big insult even if they are of the worst and most wretched kind.

In this country they have some brave men whom the indios call *bayani*,[34] who are called by this name for reason of preeminence or dignity. They place on their heads buffalo horns two palms in length, which are covered by plates of gold. Their job is, as they say, to attend dances from one wedding to another because everybody invites them. The hosts regard it as distinction and boast about having given a feast to the bayani; thus anybody who can barely afford it gives a feast in order to boast about it, because such feasts are expensive and since rich men are highly regarded and the poor ones are not, the latter try to be known as rich enough to be able to afford a feast for the bayani. Those who aspire to give such a feast for the bayani believe their god would give them the means for this purpose and that they would be loved by the people.

There are also witches as in Spain, but no warlocks. These witches commit many evil things, and are feared and revered by all who hasten to surrender to whatever they want because of fear. The function of these witches is the same everywhere, and there is no use saying here the things they do.

---

34  *Bayani* is the Tagalog term for "valiant." It can also mean warrior and champion. Serrano-Laktaw, *Diccionario*, 118.

# 7

## Costumbre de moros

[65r] La gente de esta tierra nunca tuvieron rey, ni sus antepasados dicen haberlo tenido. En cada pueblo había tres o cuatro principales, conforme era el pueblo, y los que obedecían a éstos eran sus esclavos, que tenían obligación de les obedecer, porque no les servían dentro de sus casas, sino de cuando el principal fuese a la guerra, ir con sus armas, y llevaban la comida de sus casas. Y si iban por la mar, habían de ir bogando. Éstos tenían otras obligaciones, que después se declararán, y sólo el principal y los indios libres iban sin bogar en el cuerpo del navío. Y también si algún esclavo iba allí, que fuese muy valiente, le hacía el principal sentar con los indios libres, y esto tenían por muy gran honra. Sus guerras no son en campaña, sino de emboscadas, y albazos y traiciones. Tenían por armas para defensa de sus cuerpos una manera de coseletes de cuerno de búfano, que les cubría el pecho y estómago, y no les llegaba al ombligo, y por detrás el propio largor. Y esta arma tráenla tan corta por andar más ligeros, y encubrirse mejor con sus paveses, que les llega hasta el pecho, y de obra de dos palmos y medio de ancho.

Suelen traer algunos sayos que les llega hasta la rodilla, sin mangas, con mucho estofo de algodón, y muy basteados. Suelen traer unos tejidos de caña y cordeles de poco más de un palmo de altor. Cíñenselo al cuerpo, que les da una vuelta. Las armas que traían eran paveses como he dicho, y los que las traían, traían también lanzas arrojadizas, los hierros de más de un palmo, y de tres a cuatro dedos de ancho. Traen algunos en los propios paveses encajado, un cuchillo grande de más de tres palmos de largo, y de tres a cuatro dedos de ancho, son retorcidos. Traen esta arma para, en haciendo el golpe con la lanza, echar mano de este cuchillo y pelear con él las cuchilladas, alargándose con su pavés y, si llegan a los brazos, traen sus puñales en la cinta, de palmo y medio de largo, y de cuatro dedos de ancho. Hay también entre estos moros algunos flecheros, aunque pocos, que éstos no traen otra arma ofensiva sino su arco de palma montesina negro, con cuerdas de cáscara de árbol. No traen más de cinco

# 7

## Customs of the Moros[1]

[65r] THE PEOPLE OF THIS LAND NEVER HAD A KING and neither did their ancestors. There are three or four chiefs in each town depending on its size. Those who obey them are their slaves who are obliged to do so, not because they serve [their masters] within their houses, but outside. When the chief goes off to war, they [the slaves] carry arms and bring food from their houses. And if they go to sea they serve as rowers. They have other obligations, which will later be mentioned. Only the chief and the free indios aboard ships do not have to row. Likewise if some slave on board has been very brave, the chief makes him sit with the free indios, and this is considered as a very great honor. Their wars are not conducted by campaigns but by ambushes, dawn attacks, and treacheries. They have for body armor a sort of corselet made from buffalo horns that covers the breast and stomach without reaching the navel, and also the same thing at the back. They wear this armor short in order to be able to move lightly and to cover themselves better with their shields, which reach their chest and measure two and a half palms in width.

They usually wear well-stitched knee-length sleeveless jackets that are padded with plenty of cotton stuffing. They usually carry some woven bamboos about a palm wide and a cape worn that they twist around themselves in one turn. The weapons they carry[2] are shields, as I have said, and also lances tipped with iron a palm and three-quarters in width. They carry in the shields proper a large twisted and sheathed knife more than three palms long and from three to four fingers wide. They carry this weapon so that in making a charge with the lance they can take hold of this knife and fight with it with their shield for effect. If they board a ship they carry at the wasit their daggers, which are a palm and a half long and four fingers in width. There are also among these indios some archers, although few, who do not carry any other offensive weapon than their black palm bow with a cord made from a tree bark. They do not carry more than

---

1 See p. 63n1. From the context of this section, there is no doubt that the Tagalogs are meant. In dealing once more with the group, the author appears to be repetitious. However, as the reader will note, this account supplements his previous descriptions of the lowland indios.
2 Cf. the arms mentioned on p. 43 and n35. Also see Morga, in B&R, 16: 81.

o seis flechas en la mano, porque no usan carcaj, y su puñal en la cinta. Tienen estos indios algunos versos que compraban de los burneyes, y algunos que ellos hacían en la tierra con metal que les traían los chinos y [65v] éstos los llevaban en los navíos cuando iban por la mar. Y cuando los habían de disparar no sabían hacer puntería con ellos, sino poníanlos en la proa y pegábanles fuego.

Si traían alguna cabeza entraban en el pueblo con gran regocijo y hacían borrachera dos y tres días. Tienen obligación todos los esclavos de los principales, que se llaman *alipe namanahe*, quiere decir propiamente "esclavo que vive de por sí." Éstos tienen muchas obligaciones, y aquí tienen ésta, que ha de acudir cada esclavo con un tibor de quilán, que es hecha de cañas dulces. Es bebida que ellos usan de ella. Y también acudían con tantas gantas de arroz limpio. Hay otros esclavos que llaman tagalos, a unos llaman *namamahi*, otros *aguiguiltil*. *Namamahi* quiere decir indio que tiene casa de por sí, y *aguiguiltil* indio que está y vive en casa del amo, y le sirve de día y de noche, y lo sustenta. Este esclavo lo puede vender el amo, porque estos esclavos que están en casa de sus amos, ninguno es casado, sino solteros y solteras. Y, si es varón, en queriéndose casar, no se lo quitaba el principal.

Y este tal, en casándose, se llama *namamahe*, que vive ya de por sí. Y las esclavas que estaban en casa de los principales, por maravilla les daban licencia para que se casasen, y a los hombres no se la estorbaban a ninguno. Tienen obligación los esclavos que viven de por sí a equipar el navío a su amo cuando va fuera, y llevar ellos su comida. Y cuando hace el principal borrachera de obligación, como cuando se casa, o cuando le ha sucedido una muerte, o si se ha anegado o si a estado preso, o si ha estado enfermo, todas estas cosas hacen grandes borracheras, y esto ha de acudir el esclavo que vive de por sí con un tibor de quilán, o vino, y tanto arroz, y asistir a las borracheras dichas. Y si el principal no tiene casa, estos esclavos se la hacen a su costa sola. Les hace el amo al cortar los argues una borrachera y otra cuando los levantan, y a esto se juntan todos los indios del pueblo. Y si al levantarlos caía algún indio de arriba, lo tenían por agüero, y no hacían la casa. Y otra borrachera hacía cuando cubrían la casa y, al hacerla, acudían todos los esclavos que el principal tenía y vivían de por sí. Y ellos le cortan [66r] la madera y lo necesario para la obra de la casa, y por esto no les da más que la comida.

Daban estos esclavos que vivían de por sí cada año a su amo de tributo cien gantas de arroz en cáscara, que cada ganta tenía más de un cuartillo de almud.

five or six arrows in hand, because they do not use a quiver but keep a dagger at the waist. These indios have some culverins[3] that the Borneans brought, and some they make natively with metal that was brought to them by the Chinese, [65v] and these they carry on ships when going to sea. And when firing them they do not aim but place them at the prow and then discharge them.

If they bring back some head [of an enemy][4] they enter the town with great rejoicing and hold a drinking feast for two or three days. All slaves of the chiefs have obligations. These are called *aliping namamahay*,[5] that is, slaves who live by themselves. They have many obligations, such as having to give a large china jar of *quilang*,[6] [a drink] which is derived from the sugarcane—a common drink that they have. Likewise they have to give so many measures of polished rice. There are other slaves whom they call *tagalos*;[7] some they call *namamahay*; others *sa gigilid*. *Namamahay* means an indio who has a house of his own, and *sa gigilid* means someone who stays and lives in the house of his master, serves on him day and night, and is fed by him. The masters can sell the slaves who live in their houses because none of these are married but are rather single. And if a male slave wants to get married, surprisingly his master makes no objection.

After getting married he [the slave] is called *namamahay* and lives by himself. Slaves who live in the house of the chief are surprisingly allowed to get married, and the males are not disturbed in any way. Slaves who live by themselves have the obligation to equip the ship of their chief, hold an obligatory drinking feast such as when the master marries or someone in his family dies, if he is inundated or is made a prisoner, or if he becomes sick. On all these occasions big feasts are held, and the slave who lives by himself has to bring a jar of wine and so much rice, and to assist in such feasts. If the chief has no house, these slaves construct one for him at their own expense. The master only holds a drinking feast when the posts are cut, and another one when these are raised, in which [case] all the indios of the town come to help to lift them.[8] And if some indio should fail in doing so, they consider it as a bad omen, and cease construction.[9] They hold another feast when the roof is placed, at which all the slaves of the chief attend and cut [66r] the wood and do everything needed for the building of the house. For all this, they are given nothing more than food.

These slaves who live by themselves give their master as an annual tribute one hundred *gantas* of unhusked rice—the ganta being more than a fourth

3 See Morga, in B&R, 16: 82.
4 Morga, in B&R, 16: 81, stated: "They afterwards keep the heads suspended in their houses, where they may be seen; and of these they make a display in order to be considered as valiant."
5 This word was originally transcribed as *alipe namanahe*. See p. 41n32.
6 Colín, in B&R, 40: 65.
7 In noting down these social classes, the author appears to be confused, betraying carelessness in his observation. There is no doubt, however, that the *aliping namamahay* and the *alipin sa gigilid* are meant. *Tagalogs* as a term for slaves is doubtful. Plasencia, in B&R, 7: 173–85, has the most detailed treatise on the social classes of the group.
8 The Filipino concept of *bayanihan* or the spirit of social helpfulness is seen here.
9 For other superstitions connected with building a house, see pp. 91–93.

Y de todas las semillas que sembraban acudían a su amo con un poco de cada cosa. Y si hacían quilán, acudían con un tibor, y si iban a caza de venados, habían de dar una pieza al principal. Y si su amo era de los que guardaban la secta de Mahoma y llegaban con venado, antes que los perros lo hubiesen muerto, le degollaban primero que le diesen lanzada, para que comiese su amo de él, porque lo mandaban así los sacerdotes que mostraban la secta de Mahoma, que no comiesen carne sino fuese degollada primero. Y cuando moría alguno de estos esclavos tenían estas obligaciones dichas: si tenían hijos, le tomaba uno el principal para servirse de él en su casa, y éstos son los *aguiguiltil*, que están dentro de la casa del principal. Y si se casa un indio libre con una india esclava, un esclavo con una india libre, y han hijos, los parten en esta manera: el primero es libre, y el que sucede, es esclavo. Y por esta orden los parten tantos a la madre como al padre. Y de los que son esclavos no puede tomar el principal más de uno para su casa, y esto lo propio es que sea el padre y la madre esclavos. Y si tienen muchos hijos, cuando mucho toma dos para el servicio de su casa, y si toma más, lo tienen por agravio y tiranía. Y en saliendo que salen una vez en casa del principal para casarse, no vuelven a servirle más, sino a las obligaciones que tienen los *namamahe*, sino es que el principal les hace fuerza. Y esto tiénenlo por gran agravio y tiranía, haberles dado ya licencia para que salgan de su casa y hacerles volver a ella. Y estos esclavos heredaron de sus antepasados con estas costumbres.

 Hacían también a un indio esclavo aunque fuese libre como le hallasen en algún hurto, por pequeño que fuese. Y si era pobre, que no tuviese en qué echarle pena de dinero, si tenía el tal indio parientes ricos y pagaban por él, quedaba por esclavo de sus parientes. Y esto hacíanlo sus parientes por no verle esclavo en poder de otros. También si uno hallaba a otro con su mujer y no lo mataba, y no tenía hacienda en qué penarle, le hacían esclavo.

 Si un indio pobre pedía alguna cosa emprestada [66v] y quedaba de se la pagar dentro de tanto tiempo, y aquello había de ser con logro, como iba pasando el tiempo así iba creciendo el logro. Y esto de logro se usa hasta ahora cuando emprestan algunos dineros. Digo que con un tostón que diesen dentro del tiempo que quedaban, había de volver dos. Y si se pasaba otro tanto tiempo sin pagarlo, eran cuatro, y de esta manera iba creciendo hasta que lo venían a hacer esclavo. Y de estos esclavos hay muchos, y por las deudas de los padres tomaban los hijos y los hacían esclavos. Y cuando quedaba algún huérfano que no tuviese quién volviese por él, le achacaban los principales que su abuelo le debía alguna cosa, y por esto le hacían esclavo, aunque no lo debiese. Y también si no tenía padre ni madre ni tío, hermano de su padre, cualquier otro pariente que fuese sustentándole, se servía de él como si fuese su esclavo que lo hubiera comprado.

of an *almud*,[10]—and of all the seeds they plant. They give their chief a little of everything: if they make *quilang* they give him a jar; if they go hunting for deer, they give him its leg; and if their master is a follower of Muhammad and they reach the deer before the dogs kill it, they bleed it with a spear, because that is what the Muhammadan priests have ordered—not to eat the flesh unless it has first been bled. When some of these slaves die, they have these duties: if they have children, the chief would take one to serve him at his house and these are the sa gigilid who live within the house of the chief. And if a free indio marries a slave woman, or a male slave marries a free woman, the children are divided in this manner: the first born is free, the next is enslaved, and this order is kept in dividing as well with the mother as with the father. And regarding the enslaved children, the chief cannot take more than one to serve in his house, and this is proper only if the father and the mother are slaves. And if they have many children, when many are taken to serve in the house, and the master takes in more, they hold this as a grievance and a tyranny. And when they leave the house of the chief to get married, they do not return to serve him anymore, but take on the duties of those slaves called *namamahay*; unless the chief forces them to come back, which they consider as a great tyranny and offense inasmuch as he has already permitted them to leave his house only to later make the come back. These customs the slaves have are inherited from their ancestors.

An indio is also made a slave, even if born free, after he is found stealing,[11] no matter how small [the infraction] may be and [especially] if he was poor and has no one to lend him money as [payment of the] penalty. If such an indio has rich relatives to pay for him, he becomes the slave of such relatives;[12] this his relatives do in order not to see him be a slave of others. Likewise, if one is found with the wife of another man and is not killed or does not have enough properties to pay the penalty, he is made a slave.

If some poor indio asks for a loan [66v], and payment is not made within a certain time, he has to pay it with interest as time elapses. And thus the interest accrues. This matter of interest is still practiced when borrowing money. It is said that one tostón (4 reales) has to be repaid within a given time with two tostones (8 reales), and after another period without payment, four has to be returned; and in this manner the debt goes on increasing until they [the debtors] became slaves.[13] There are many such slaves; because of the debts of the parents the children are taken and made slaves. When some orphan remains without anybody to turn to, the chiefs enslave him on the excuse that his grandfather owed them something even if it was not so. If the orphan has neither father nor mother, nor paternal uncle or other relative to support him, he has to serve the chief as if he were a slave who had been [previously] bought.

10  An *almud* is a measure of grain by volume. Today the ganta is about one liter.
11  This contrasts with Plasencia's statement (in B&R, 7: 179) that they condemned no one to slavery, unless he merited the death penalty.
12  Cf. ibid.
13  Cf. ibid.

Cuando le viene la primera vez a una mujer su costumbre la cercan de mantas alrededor y tapan las ventanas, de suerte que esté, donde ella está, muy oscuro. Y le vendan los ojos, y no ha de hablar nadie con ella en aquel tiempo, sino es la india que hace las ceremonias. Si es libre está así cuatro días, y si es principal veinte días y un mes. Y no come cada vez sino dos huevos y cuatro bocados de morisqueta a la mañana, y otros tantos a la noche, y esto es aquellos cuatro días. Y aunque le hablen quienquiera que sea no ha de responder, porque dicen que si entonces hablan han de salir muy parlonas. El vendarles los ojos es porque no vea alguna cosa deshonesta, que dicen que si la ven, que han de ser malas mujeres de su cuerpo. Y que si les da el viento, que han de andar como tontas de la cabeza, y por esto se cercan tanto con las mantas.

Y cada mañana, antes que dios amanezca, las coge un indio y las lleva en hombros vendados los ojos al río, y la meten ocho veces en el agua, y luego la asienta en un asiento que tienen hecho en el río alto del agua, que está muy cercado con muchas banderitas de papel y de manta, y allí le quitan la venda y se tapa ella con sus propias manos, hasta que se la vuelven a poner en los ojos. Y la cargan en los hombros y la vuelven a su casa, y la untan con aceites que ellos tienen con almizcle, o con algalia, y con otros olores que ellos tienen.

Cuando las mujeres están preñadas, no se quitan los maridos [67r] el cabello, porque dicen que han de nacer sus hijos calvos y sin cabellos. Y las preñadas que son primerizas tienen por abusión en subiendo a cualquier casa, sino les dan en llegando un poco de sal o un buyo, pero la sal no les has de faltar para comer allí, y dicen que sino la comen les han de dar cámaras cuando paran. Tienen por abusión el comer dos plátanos que estén pegados uno con otro, y otra cualquier comida como estén dos en una, que dicen que han de parir dos criaturas de un vientre. Y el parir dos de un vientre lo tienen por grande afrenta. Tienen también por abusión el comer de dos arriba en un plato, porque no paran muchos hijos de un vientre. Y en pariendo que paren tienen hecho un cerco de mantas y allí las tienen cuatro días. Y al cabo de los cuatro días hacen calentar agua y se bañan y bañan a su hijo. Éstas son las indias principales, que la gente vulgar luego en pariendo se bañan con agua caliente y a su hijo también.

Crían estos indios a sus hijos con mucho regalo para lo que ellos tienen, y no los castigan en ninguna manera poco ni mucho, y así cuando son grandes no tienen ningún respeto a sus padres, antes si les enojan toman un palo y les dan con él a los padres. Y si el padre es esclavo y el hijo lo rescata, se sirve de él como de su propio esclavo.

When a girl first menstruates,[14] it is their custom to enshroud her with mantles and cover the windows, such that where she becomes very dark. They cover her eyes, and she is not allowed to talk to anybody during all that time except the woman who performs the ceremonies. Thus she stays—for four days if a free woman, or a month and twenty days if from the elite—and eats nothing for four days except two eggs or four mouthfuls of rice in the morning and the same amount at night. And even if somebody talks to her, she does not answer because they say if she does, she would become very talkative. They blindfold her eyes so she may not see anything indecent, because they say if she does, she will become a bad woman. And if the wind blows on her, she will became crazy in the head, and this is the reason she is covered with mantles.

Each morning before dawn an indio carries her blindfolded on his shoulder to the river where she is immersed eight times. Later she is seated on a chair that is built on the river above the water and is surrounded with many paper and cloth buntings. There they remove the blindfold, and she covers her eyes with her own hands until she is blindfolded again. They carry her on their shoulders and return her to the house and rub her with ointments, musk, civet, and other scents that they have.

When women are pregnant the husbands do not cut [67r] their hair because they say their offspring would be born bald and hairless.[15] Women on their first pregnancy are superstitious about entering any house if they are not given a little salt or *buyo* upon arrival; but they never lack salt to eat there and, it is said, if they do not eat it, they will have difficulties in giving birth. They are averse to eating two bananas joined as one or any other similarly joined food because they believe they will deliver twins from the same womb, which they consider a great affront. They likewise are averse to two people eating from the same plate lest many children emerge from one womb.[16] When giving birth they have an enclosure of mantles[17] where they stay for four days, and at the end of four days they heat water and take a bath and bathe their child. These [are the customs] among the elite indio women. The commoners after giving birth take a bath with warm water, and also their children.

These indios raise their children with much pampering and do not punish them in any way, much or little, and thus when they grow they up do not have any respect toward their fathers. Contrarily, if angered, the children take a stick and beat their parents. And if the father is a slave and the son ransoms him, he serves the son as if he were the son's own slave.

14  Cf. Plasencia, in B&R, 7: 191–92.
15  Cf. p. 87 where the author stated that the husband does not cut off his hair in the belief that if he does, the child would not be born.
16  Such beliefs regarding multiple births are still found today among the people.
17  This was apparently for privacy and for no other reason, considering the fact that native houses were often one-room affairs.

Cuando hacen la más solemne fiesta a su dios es cuando quiere saber alguna mujer de su marido o de su padre, y otra cualquier persona que está ausente. Ponen su altar pequeño con su manera de manteles colorados y de otra color, y en el altar ponen un ramo de albahaca en un jarro con agua o taza, y en una salsereta un poco de sal molida y junta, de suerte que esté llana. Y en una hoja de buyo un buyo mascado. Y ponen su tiesto con su braza donde echan perfume, y a cada lado del altar se pone una persona pariente de él, por quien quieren preguntar que anda fuera. Y el maestro de las ceremonias se sienta cruzados los pies, quitada la toquilla, y pone las manos y adora al altar. Y en esto hay gran silencio en la casa, porque hay mucha gente, y abajo de la casa tienen puesta centinela para que no haya perros ni gatos debajo que den ruido.

Y dice ciertas palabras el maestro de las ceremonias, a una escudilla que tiene con agua, y toma luego con unas hojas de palma y lanza y los rocía a todos y dice que aquella agua quita los pecados. Y luego se vuelve al altar y está un rato y le da un temblor [67v] en el cuerpo y, en quitándosele, dicen que miren lo que está puesto en el altar. Y acuden los que están puestos a los lados y míranlo, y si el albahaca está lacia, y las ramas se caen hacia la banda de los que están a los lados, y miran la salserita que tiene la sal, y si está la sal hendida y las hendiduras van para los lados donde están los parientes porque se procura, que están a los lados, dicen que está muerto y, por el consiguiente, el buyo mascado ha de tener hechas rayas como la sal.

Y alcánzanlo en la hoja en que está puesto y míranlo, y si queda la hoja mojada es mal señal, que dicen que significa que ha de haber llanto. Y si aquellas rayas de la sal y del buyo y ramas de albahaca se caen a diferente parte que adonde están, los dos indios puestos miran hacia qué casa van derechas, y luego el dueño de aquella casa le promete al dios de hacer una borrachera en su nombre, porque es aquella señal de que está su dios enojado del dueño de aquella casa. Y si el albahaca no se lacia ni la sal se hiende ni el buyo hace aquellas rayas, lo tienen por buena señal y, en acabando de mirar lo que está puesto en el altar, comienzan a hacer su borrachera.

Cuando había algún cometa decían que significaba que se había de despoblar un pueblo grande, o que había de morir algún principal. Cuando en la luna veían algún cerco decían que significaba muerte de algún principal. Cuando se eclipsaba la luna, si estaba algún indio para ir a alguna parte fuera del pueblo, aunque le importase mucho, dejaba de ir por más de un mes, y muchas veces dejaba la ida del todo.

Cuando iban navegando, si les hacía mal tiempo se desnudaban todos, uno a uno, y se miraban si tenían algún lunar delante y, si lo tenía, le echaban en el plan del navío. Y por el consiguiente, se holgaban si lo tenían en las espaldas. Tenían también por agüero si uno tenía en la frente algún remolino, y éste también le

They hold the most solemn feast to their god when they want to know something about their wife, husband, father, or some other absent person. They erect a small altar with mantles that are red or of some other color, and on it place a sprig of basil in a jar or cup of water, and in a salt container they mix a little ground salt—hopefully on a flat level—and place on a betel nut leaf some chewed *buyo*. They place there a large rope-bound earthen jar where they throw perfume. On each side of the altar they place a relative of the person about whom they want to inquire. The master of the ceremonies sits down with feet crossed and with headgear removed, places his hands on the altar, and prays. At this a great silence in the house prevails even when there are many people, for under the house they have placed a sentinel so that neither cat nor dog below may make noise.

The master of ceremonies chants certain words into a bowl containing water, which he later sprinkles on all [present] using a white palm. They say that water removes sins. The master then returns to the altar where he stays for a while. Then his body trembles [67v] and when it stops he tells them to look at what was placed on the altar. Those located at the sides then look. If the basil is withered and the branches fall towards those at the side, and if on looking at the salt container the salt is rent with cracks that lead towards where the relatives are, those at the side say that the person is dead.

Consequently, the chewed betel nut must have cracks like the salt, and they reach for the leaf on which it is placed and look at it; and if the leaf is wet, it is a bad omen and they say that this means there would be weeping. And if those cracks in the salt, the *buyo*, and basil branches fall towards a different place from where the two indios are located, they look to see which house they point to. Later the owner of that house promises the god to hold a drinking feast in his name, because it is a sign that his god is angry with him. If the basil is not wilted and the salt has no cracks, or the *buyo* has no lines, they consider it as a good omen. After contemplating what has been placed on the altar, they begin their feast.[18]

When some comet appears [in the sky] they say that this means that some large town will become depopulated, or that some chief will die. When a ring appears around the moon they say this portends the death of some chief. When a lunar eclipse occurs and if some indio is about to go outside his town for another destination—no matter how important—he will desist from doing so for more than a month and oftentimes not go at all.

If bad weather occurs while at sea, everybody has to strip naked one by one to find out if someone has a mole in the front [of his body]. If so, they prostrate him at the bottom of the ship. If someone had a mole on the back they then rest easy. They also hold it as an evil augury if somebody sports a whorl in front [of

---

18 For a discussion of omens and divination among the Filipinos, see Kroeber, *Peoples of the Philippines*, 201–5.

hacían meter debajo del navío, hasta que tuviesen buen viento. También tenían por agüero el poner la boca de la olla hacía la proa, porque decían que había de venir el viento derecho a la boca de la olla. Asimismo cuando van navegando tienen por costumbre llamar el viento por la popa, y si alguno le llama por la proa, le riñen y echan de allí creyendo que por donde llamaren el viento por allí ha de venir.

También usan la gente serrana de la laguna, en algunas partes traer entre el cuero y la carne cercado de pelotillas de brea virgen del tamaño [68r] de garbanzos gruesos, y esto hácenlo cuando son ya para conocer mujer. Tráenlas debajo del capullo y entre cuero y carne del miembro.

Si algún pueblo, o porque ha sido robado o por hambre o por pestilencia, va cabizbajo, todos dan tras de él, aun los amigos, hasta consumirlo.

Si algún navío se arriesga o da a la costa, todos acuden a robarlo, aunque sean de su mismo pueblo y, si es gente extranjera, aunque sean aliados que vengan allí a tratar. Les roban y cautivan a todos, en especial si es toda la gente extranjera.

Asimismo el esclavo *namamahe*, que es el que vive de por sí, si su amo lo vendía, no le daban por él más que dos taes de oro y, si él se rescataba, daba por la libertad de su cuerpo al principal ocho y diez taes de oro, y uno o dos esclavos en lugar de su cuerpo. Y el que compraba este esclavo le compraba con las obligaciones que atrás se declararon. En algunas partes daban en lugar de tributo a sus amos tantas brazas de sementera, y ésta la labraban y cultivaban ellos a su costa.

the forehead], and they place him below deck until good wind prevails. They also hold it as an auspicious omen to place the mouth of a jar towards the ship's prow because they say that the wind will blow straight into the mouth of the jar. Likewise when sailing they have the custom to call for the wind from the stern. If somebody calls it from the bow, they quarrel with him and send him away in the belief that the wind comes from the direction from whence it is called.

The people from some parts of the highlands of the lake insert between their [member's] skin and flesh a bundle of small balls of virgin tar the size of [68r] thick chickpeas, and this they do when they are to have intercourse with a woman. These are implanted underneath the foreskin and between the skin and flesh of their members.[19]

If some town has been robbed or ravaged by hunger or pestilence, everybody sacks it, even friends, until it is depleted. If some ship is wrecked on some coast, everybody goes to rob it, even if it is from their same town. Foreigners especially, even allies of trade, are robbed and all are taken as prisoners and enslaved.

In the same manner, the *namamahay* slave—that is, the one who lives by himself—will not fetch more than two taels of gold if sold by his master. And if the slave ransoms himself, he gives his master eighteen taels of gold plus two slaves to take his place. If a person buys this slave, the slave inherits the same duties [of a slave] that we have stated earlier. In some parts they give their masters in lieu of tribute so many fathoms of land, and this they till and cultivate at their own expense.

---

19 Cf. this penis-piercing custom with that of the Bisayans, supra, pp. 57–59, and also p. 59n87. [*Ed.* Obviously this is another reference to the tradition among conscientious Southeast Asian men of implanting penile inserts. See the previous note on the penis rings, or *sakras*, of the Tagalogs.]

# Borney

[73r] La isla de Borney, donde al presente reina el rey sultán Nulaalán, que por otro nombre siendo príncipe se llamó sultán Lixar, está de la ciudad de Manila doscientas y ochenta leguas a la banda del sudoeste. Es isla que corre noroeste sudoeste. Es grande, porque tiene más de trescientas y cincuenta leguas de box. Descúbrese yendo de Manila en el principio de ella una punta a la cual llaman Tañon sabamangayao, que quiere decir "Punta de corsarios." Tiene su

# Borneo

[73r] The island of Borneo,[1] where at present the Sultan King Nur-al-'Alam[2] reigns,—who by another name was known as a prince called [by the Spaniards as] Sultan Rijal[3]—is two hundred eighty leagues southwest of Manila.[4] The island runs from northeast to southwest. It is large, measuring more than three hundred and fifty leagues in diameter. Arrving from Manila, one first sights a a point called Tanjung Sempang Mengayau,[5] which means the point of privateers.

1   The anonymous writer applies a very generic approach to employing the word *Borney*, sometimes using it to characterize what is the present city of Brunei or the whole island of Borneo. John S. Carroll in "Berunai in the Boxer Codex," *Journal of the Royal Asiatic Society* 24, no. 1 (2014): 115–24, postulated that the anonymous Spanish chronicler received reports from a Malay-speaking Tagalog informant who was a resident of Borneo and had considerable knowledge of the area around 1589.
2   Sultan Nur-ul-'Alam was referenced by W.H. Treacher in "Genealogy of the Royal Family of Brunei" in *Journal of the Society of the British Royal Asiatic Society* 15 (1885): 79–80.
3   The sultan was known to the Spanish as Lixar, a garbled transcription of his other name Saiful Rijal. Not much is known of this eighth sultan of Brunei except that he reigned from 1533, when his uncle abdicated, until his death in 1591, when he was succeeded by his son Shah Berunai. The previous Spanish governor-general of the Philippines, Francisco de Sande, had raided Brunei in 1578, wanting to Christianize and claim it for Spain. Sande perceived the Sultanate of Brunei as a threat, as it had established a tributary kingdom in Maynila (located on the opposite bank of the neighboring kingdom of Tondo) at the time of Spanish contact there in 1571. Beset by illness, the Spaniards soon abandoned Brunei, only to reestablish a cautious relationship with the arrival of Spanish governor-general Francisco de Tello de Guzmán in 1599. Following this war, the Sultanate of Brunei turned from its ambitions of becoming an empire at sea, and moderated its territorial policies to become the island-state as known today.
4   This account relating Brunei to Manila is especially significant in light of the blood ties between the rulers of both cities. Lakandula, the effective ruler of Tondo at the time of the first Spanish contact in 1571, was probably married to a relative of the Sultan of Brunei, while the two other rulers of Maynila—Rajas Matanda and Soliman—were also related by kinship to the rulers of Brunei as well as Sulu, but there was little cooperation among the three, thus leading to their capitulation to the Spanish forces led by Miguel López de Legazpi in June 1571. From that time on, Manila was made the capital of the Philippines. See Graham Saunders, *A History of Brunei*, 2nd ed. (New York: Routledge, 2002), 54–59.
5   Tanjung Simpang Mengayau is known as the northernmost point of the whole island approaching from the Philippines.

asiento y casa el dicho rey y todos sus antecesores la han tenido en un río que se llama "el río de Borney," de adonde toma el nombre la dicha isla y reino. Está este río de la Punta de corsarios siguiendo la dicha costa treinta y cinco leguas poco más o menos. Hace antes de entrar en el río una ensenada que tiene doce leguas de box. Tiene la boca la dicha ensenada al norte. Es toda la ensenada y costa de toda la isla lama, y el suelo muy limpio, a cuya causa aunque haya muchos vientos no hay reventazones ni demasiadas olas. Tiene de fondo toda la costa de Borney de veinte a treinta brazas, y así en cualquier parte de ellas se puede surgir. La ensenada es limpia y baja, tiene de fondo donde más, dos a tres brazas, salvo a las puntas de dos embocaderos que tiene menos de media legua el uno del otro. En estos lugares es más fondo. Llámanse estos dos embocaderos, el primero Mohara Basar, que quiere decir *mohara* grande, y el otro Mohara Damit, que quiere decir *mohara* pequeña. Toman estos nombres de dos isletas que están en las puntas de los dos embocaderos que se llaman del mismo nombre. Está enfrente de la boca de la ensenada dos leguas a la mar una isleta poblada que se llama Labuhan, y por otro nombre Bancolasi, por causa de un pueblo que la dicha isleta tiene llamado Bancolasi.

Tiene el rey [73v] de Borney su casa y asiento legua y media de la mar el río arriba, en este río principal que digo se llama Borney. Tendrá la población ocho mil vecinos y está fundada sobre agua, de suerte que no se puede andar en la ciudad sin ver unas embarcaciones pequeñas que llaman *bancas*, y para este menester tienen mucha cantidad de ellas. Hay fuera de ésta otras muchas poblaciones los ríos arriba y en la costa, porque es isla muy poblada, especialmente la tierra adentro. Son todas las casas de madera y cubiertas con nipa, y están muy pegadas unas con otras, y así tienen mucha cuenta con el fuego. Baña agua salada toda la ciudad, y así es más brazo de mar que de río. Verdad es que arriba dos leguas es agua dulce. Tendrá de ancho el brazo de la ciudad doscientos y cincuenta pasos.

Está la ciudad abrigada con dos serranías que tiene a los lados, altas. El agua dulce que gastan la tienen con mucha curiosidad y a poca costa dentro en sus casas corriendo, a manera de pila todo el día y la noche. Y es de esta manera: en las dichas dos serranías hay mucha agua y buena que corre por ellas; toman cañas gruesas e hiéndenlas, y poniéndoles debajo unos puntales sobre que estén a manera de caña, les traen el agua de las dichas dos serranías a sus casas.

Extiéndese la jurisdicción de este reino hasta un río que está cerca del remate de esta dicha isla de Borney, corriendo hacia el sudoeste, que se llama el río de Sambas, el cual antiguamente era de este dicho rey, no ahora. Lo posee la reina de Java por haberlo ganado. Y fuera de ésta tiene otras muchas islas este dicho reino sujetas a sí. Por la contracosta está la isla de Joló, todas las cuales le obedecen y pagan tributo.

El reino de Borney, para que mejor se entienda, no es natural, sino advenedizo, y así hay dos géneros [74r] de gente en la isla, que son los antiguos

The king and all his predecessors have had their seats of governance and palace on the banks of the river of Borneo, from which the said island and kingdom derives its name. This river is more or less thirty-five leagues down the coast from the point of privateers. Before entering the river, there is an inlet that measures twelve leagues wide. The said mouth of the cove faces toward the north. The inlet and coast of the whole island is covered with very clean and smooth silt, so that although it is very windy, the waters are relatively calm and not even very turbulent. The entire coast of Borneo has a depth that runs from twenty to thirty fathoms, thus allowing anchorage. The inlet or cove is clean and shallow. Its deepest part runs a depth of from two to three fathoms, except in the heads of two channels, which are less than half a league from each other. In these places, the water is deeper. These two channels are named. The first one is Muara Basar, which means large estuary, and the other one is Muara Damit, meaning small estuary. These names are taken from the names of the two islets that are at the heads of the two channels that bear the same names. In front of the mouth of the bay that is situated two leagues toward the sea there is a populated islet called Labohan, and also known as Bancolasi, because of the town named Bancolasi that is on that islet.

The king [73v] of Borneo has his house and seat of governance a league and a half from the sea, upstream on this main river that I said is named Borneo. The city has eight thousand residents and sits on top of water, so one cannot walk through the city without using a few small boats called *bangkas*, and since these are a necessity, there are many of them. There are many other villages upriver and on the coast, because this is a very populated island, especially inland. The houses are made of wood and thatched with nipa roofs, and are built close to each other, and thus [the people] have to be careful about fire. There is much salty water [flowing] throughout the city, and so it is more a branch of the sea rather than an arm of the river though the truth is there is fresh wáter two leagues upriver. The city measures two hundred and fifty paces wide.

The city is protected on two sides by two high mountain ranges. It is interesting to note that the fresh water that they use flows into their houses and is always available at little cost, all day and night, in this way. On these two mountain ranges there is a lot of good water that flows from them; they [natives] take large bamboo canes, and place supports under them [in the manner of a trough], so that they carry water from these two mountains into their homes

The territory of this kingdom extends to a river that is near the end of this island of Borneo, running toward the southwest, to the place called Sambas [Kapuas?] river, which formerly belonged to the said king. The queen of Java is now its owner, having acquired it. And aside from this, there are many other islands that belong to this kingdom. On the opposite coast is the island of Jolo, all of which obey and pay him tribute.

The kingdom of Borneo, so it may be better understood, is not innate or ancient but newly formed. And so there are two kinds [74r] of people on the

naturales, a los cuales llamamos *visayas*, aunque no usan pintarse como los de Cebú. Llámanles en su lengua *bagangan*. Éstos no guardan el Alcorán, y en sus poblaciones crían muchos puercos y los comen, así caseros como monteses, que hay mucha cantidad en la dicha isla.

Todos estos visayas por la mayor parte viven la tierra adentro. Crían y cogen todo género de bastimentos salvo trigo, como en la isla de Luzón. Ellos traen a vender a la ciudad de Borney y a otras partes circunvecinas donde hay necesidad de ellos. No tienen estos dichos visayas señor que los gobierne ni a quien obedezcan, aunque en cada pueblo hay algunos principales que hacen cabeza de bando por ser ricos y bien emparentados. Y así tienen siempre discusiones unos con otros. Reconocen vasallaje al rey de Borney y le pagan tributo, que entre ellos llaman *upati*. Y este dicho tributo lo dan más por fuerza que de grado. Son enemigos de los borneyes y les quieren mal. Y si les pueden coger descuidados, los matan. Y esto es tan ordinario que en hallando ocasión para ello, no la pierden. Y cuando los dichos visayas tienen pleitos unos con otros, acuden a los jueces borneyes a que les administren justicia, y esto es conformándose los dichos visayas para ello, que si no, no les apremia el rey a que parezcan ante sus jueces.

El otro género de gente que en este dicho reino hay es los que se llaman *yslanes*, que quiere decir gente que no come puerco, que nosotros llamamos borneyes. Ésta es la gente que guarda el Alcorán, los cuales son advenedizos, y su origen y descendencia es la siguiente. Habrá trescientos años poco más o menos según se cuenta de ellos, que de las partes y provincias de la lengua malaya, que cae hacia Meca, un señor de una ciudad llamada Cauin, que su nombre de este era sultán Yuso, el cual según dicen era rey de aquella dicha ciudad de Cauin, y sus sujetos, partió de su reino a tierra trayendo [74v] consigo mucha cantidad de gente en muchos navíos, y habiendo venido descubriendo muchas tierras, llamándose siempre rey y señor de toda la gente que traía y llamándoles esclavos y siguiendo su viaje llegó a esta isla de Borney, en la cual tuvo algunas batallas con los naturales visayas que las habitaban.

island. There are the ancient natives, whom we call Visayas,[6] although they do not tattoo their bodies as the people of Cebú do. They are called *bagangan* in their language. They do not believe in the Koran, and in their villages they raise many pigs to eat. Like the mountain people, they also eat wild animals, which are plentiful in the said island.

All these Visayas, for the most part, live in the interior of the island. They raise and cultivate all kinds of food supplies except wheat, which is grown on the island of Luzón and which the traders [from Luzón] sell in the city of Brunei and other neighboring areas where there is a need. These Visayas do not have a lord who governs them or whom they obey, although in each village there are some men who make themselves leaders by virtue of their wealth, relations, or connections. Thus, there are always arguments between the different bands or groups. They pledge fealty to the king of Borneo and pay tribute to him, which they call *upeti*. This tribute is paid by force and not willingly. They are enemies of the Bruneians and do not wish them well. And if they catch a Bruneian unaware or unprepared in a careless or negligent manner, they kill him. And this is such a commonplace occurrence that when they find an opportunity or occasion to do it, they take advantage of it. And if and when these Visayas have lawsuits against each other, they go to the Bruneian judges to administer justice only if this is acceptable to the Visayas, and if not, the king is unable to command them to appear before his judges.

The other type of people that live in this kingdom are those who are called *yslanes* [Muslims], which mean people who do not eat pork and whom we call Bruneians. They are the people that believe and honor the Koran and who are newcomers to this land. Their origin and descent are as follows: about three hundred years ago—more or less depending on their system of counting—from the Malay-speaking areas and provinces that face toward Mecca, there arrived a lord of a city called Cauin who was named Sultan Yusuf[7] and who they say was the king of that city of Cauin. Yusuf and his subjects left his land and his kingdom. [74v] He brought with him a great number of people in many ships on a voyage of discovery. And having discovered many lands, he retained the title of king and lord of all the people he had brought with him that he called slaves. In the course of his journey, he reached the island of Borneo where he engaged in battles with the native Visayas who inhabited the area.

6   We have kept to the original Spanish by retaining the letter "v" to designate the local name of the non-Islamized Bornean natives. Confusingly Carroll stipulates that these people are also properly called "Bisayas," and are not the Bisayans mentioned by the anonymous writers in the previous *Boxer Codex* accounts regarding the natives of the Visayan islands of the Philippines. Carroll maintains that the Bisayas of Borneo inhabited the periphery of Berunai Bay along the Limbang, Klias, and Padas rivers. See Carroll, "Berunai in the Boxer Codex," 22n13, and Tom Harrison, "Bisaya in North Borneo and Elsewhere," *Sabah Society Journal*, no. 2 (March 1962): 6.
7   Carroll and Souza and Turley agree that this reference is most likely to Sultan Sharif Ali, the fourth Bruneian sultan who was a descendant of the Prophet Muhammad and reigned from 1425 to 1432. See George Souza and Jeffrey Turley, *The Boxer Codex* (Leiden: Brill, 2016), 401n28. Subsequent mentions of this landmark work will be referenced as S&T.

Y habiéndoles sucedido bien estuvo poblado algunos días, en los cuales tomó lengua de la tierra y de los frutos de ella. Y habiendo hallado el alcanfor, que hasta ahora no se sabe lo haya en otras partes sino en este dicho reino, cosa que entre ellos y otras muchas naciones es tenido en mucho, y asimismo algunas minas y lavaderos de oro, y sobre la banda del sur tiene algunas pesquerías de perlas, no contento con esto, como mancebo amigo de ver más, determinó el pasar adelante a buscar más tierras. Y tornándose a embarcar con toda su gente navegó la vuelta de nor-nordeste. Al cabo de algunos días, aportó a tierra de China, y pidiendo licencia para saltar en tierra, se desembarcó. Y fue a ver al rey de China, al cual reconoció por rey superior, y el dicho rey de China le confirmó el título de rey y le dio parte de las insignias y armas reales que en día de hoy tiene el dicho rey de Borney. Y visto que el dicho sultán Yuso estaba soltero lo casó con una sangleya. Y seguro parece por la razón que de ella ha quedado en el dicho reino era parienta del rey de China. La cual dicha sangleya era señora de una ciudad que se llama Namtay en el reino de China.

Y hecho este casamiento el dicho sultán Yuso se despidió del rey de China y trayendo consigo a su mujer y gente se volvió a Borney, dejando en la dicha ciudad de Namtay quien tuviese cuenta con las rentas y haciendas de su mujer. Y así hoy día, aunque los reyes de Borney, los naturales de [75r] Namtay no acuden con cosa ninguna no por eso dejan de tenerse por señores de la dicha ciudad de Namtay, y dicen que las rentas corridas se las tienen guardadas para cuando algún rey de Borney vaya allá por ellas.

Y llegado que fue el dicho sultán Yuso a Borney pobló con los dichos esclavos o vasallos suyos que llevaba y puso sujeción a los naturales visayas de la dicha isla, haciéndoles pagar tributo. Tuvo hijos en la dicha su mujer. Murió muy viejo y heredole el hijo mayor según el uso. Y cuando murió dejó una tabla de oro que según dicen sería de una braza en cuadra y delgada, en la cual dejó mandado se asentasen y escribiesen los nombres de los reyes que de él descendiesen, y así se asentaban en esta dicha tabla, la cual guardaba el rey mismo, y de su mano asentaba el nombre. Esta tabla se perdió cuando el doctor Francisco de Sande, gobernador que fue de estas islas, saqueó a Borney.

And the battles having gone well for him, he remained in place for several days, during which time he adopted the language of the land and its benefits. And he found camphor—which so far is not known to be found anywhere else but in this kingdom, and which between them and other many nations is a valuable commodity—and also some mines and streams where gold could be found, and toward the south some pearl fishing grounds. Not content with this, being youthful and adventurous, he determined to go forward to find more land. Turning the ship around with all his people, he sailed back north by northeast. After several days, he reached China, and asked for permission to drop anchor and disembark. He went to see the emperor of China, whom he acknowledged as his superior, and the emperor of China conferred on him the title of king and gave him permission to use the royal insignia and weapons that the said king of Brunei still possesses today. Seeing that the said Sultan Yusuf was a bachelor, the king married him to a *sangleya*[8] [an itinerant Chinese trader woman]. And it seems that the reason Yusuf remained in China was because the sangleya was a relative of the Chinese emperor, and was from the city called Namtay[9] in the kingdom of China.

After the marriage, Sultan Yusuf took leave of the emperor of China, bringing with him his wife and people, and returned to Borneo. He left someone in the abovementioned city of Namtay to take charge of the accounts of his wife who had an income and properties there. And to this day, even if the kings of Brunei do not go there, since they are citizens of [75r] Namtay, they are still considered lords of the said city, and their continuous revenues have been kept for them awaiting the time when some king of Brunei will go there to claim it.

When the said Sultan Yusuf arrived in Borneo, he and his slaves or vassals occupied the island, and he made subjects of the native Visayas of the island, making them pay tribute. He and his wife had children. He died at a very old age, leaving his eldest son as his heir, according to tradition. And when he died, he left a thin tablet of gold that they say measured one *braza* [1.67 meters] on which were to be listed names of the kings who descended from him. And so this was done on this tablet that the king himself had kept and on which he wrote down his own name. This tablet was lost when the doctor [of laws] Francisco de Sande,[10]

8 *Sangleya* is the Spanish female form of the Fujianese-derived word *sangley*, a term used by the Spaniards to denote itinerant pure-blooded Chinese traders that they encountered all over the Philippines and Southeast Asia. It is derived from a Fujianese word, which means business and is pronounced *seng-li*.
9 Carroll, in "Berunai in the Boxer Codex," 17, surmises that Namtay is the present city of Guangzhou.
10 Francisco de Sande (1540–1627) was the third Spanish governor-general of the Philippines from 1575 to 1580. He had outsize ambitions in conquering Maguindanao (western Mindanao), Sulu, and Borneo, in jealousy of the encroaching Portuguese and to further consolidate Spanish sovereignty in the region. Furthermore he equated the Islamic presence in the Sulu islands and the Maguindanao area as a sign of the aggressive influence of the Sultanate of Brunei. In 1578 he ordered an expedition to Borneo and then to Jolo island against the reigning sultan of Sulu Muhammad ul-Halim, also known as Pengiran Budiman (r. 1558–1585). This assault on the seat of the Sulu sultanate inagurated the centuries of Moro wars between the Spanish Christian

Entiéndese que el rey viejo, padre de éste, en cuyo poder estaba, la enterró o echó a la mar. Y como el dicho rey murió en aquel tiempo y no dejó claridad de lo que se hizo de la tabla, no se saben los reyes que en Borney ha habido sino es los que de noticia se pueden acordar, que son los siguientes: el bisabuelo de este rey que al presente reina se llamó sultán Solimán, y el abuelo se llamó sultán Salán, y el padre de éste, que es el que perdió la tabla, se llamó sultán Aril-lula. Y este dicho rey como dicho tengo se llama sultán Nulaalán, y el hijo que al presente está jurado para sucederle en el reino se llama Rajá Borney. Han ido sucediendo siempre los que han reinado en Borney por herencia legítima, sin haber habido quiebra, sino que siempre han ido heredando los hijos mayores, y así es la descendencia derechamente del dicho sultán Yuso, y de la dicha su mujer.

El uso que tienen [75v] en heredarse en la casa real, el que es varón mayor, aunque esté ausente, hereda el reino y la hija no, aunque sea mayor, y la demás hacienda. Heredan los hijos legítimos por iguales partes, y si en vida el padre les dio alguna cosa, no entra en cuenta. Y si tiene algunos hijos bastardos, puede el rey darles alguna cosa en vida, con tal que no sean preseas conocidas que haya heredado de sus padres, sino cosas adquiridas por él. Y en muerte heredan los hijos bastardos por iguales partes con los legítimos la hacienda que él adquirió durante su vida, y la demás gente de la casa real, que llaman *panguilanes*, que es como decir señores de título, heredan así hombres como mujeres por partes iguales, sin haber mejora como sean legítimos. Y asimismo puede el padre darles en vida lo que quisiere, como tengo dicho tal que no sea demasiado.

Y si tuviere hijos bastardos puede en vida darles algo con tal que no sea como dicho tengo presea conocida que haya heredado de sus padres. Y en muerte le heredan los bastardos la parte que les cabe de la hacienda que hubiere adquirido, que a esta hacienda llaman el *calacal*, que quiere decir lo que él ha granjeado. Y este mismo estilo siguen algunas personas que hay libres, que son

former governor of these [Philippine] islands, looted Brunei. It is believed that the old king, the father of this king, in whose hands the tablet was, either buried or threw it into the sea. And as the the king died at that time and did not leave any clear information of what had been done with the tablet, it is not known who the past kings of Brunei were, except those that could still be remembered, who were the following: the great-grandfather of this king who reigns at present [Saiful Rijal] was called Sultan Sulaiman,[11] and his grandfather was called Sultan Salán [Bolkiah],[12] and his father, who is the one who lost the tablet, was called Sultan Aril-lula [Abdul Kahar].[13] And this said king, as I have said, is [also] called sultan Nula Alan, and the son who at the present time has been adjudged to succeed him is called Raja [Shah] Berunai. Those that have reigned in Brunei have assumed their post by rightful and direct inheritance without interruption, with the oldest son always succeeding, so it is always the offspring of said Sultan Yusuf and his wife who have ruled.

The usual practice [75v] of succession in the royal family is that the oldest son, even if he is absent, inherits the kingdom and not the daughter, though she may be the eldest. Legitimate children inherit [the estate] equally, and if during the father's lifetime he has given them something, this is not taken into account. And if he has some bastard children, the king can give them anything while he is alive, as long as these are not valuable objects known to have been interited from his parents but that which he had acquired. Upon his death, bastard children inherit equally with the legitimate children the wealth that the deceased acquired during his lifetime. The other persons related to or belonging to the royal household are called *pengiranes*, which also means lords or titled persons. Both men and women inherit equal shares. Women do not receive a *mejora*[14] even if they are [proven to be] legitimate. While he is alive, the father can give them what he wishes to give, as I have said, as long as it is not too much.

And if he had bastard children, he can give them some things while he is alive, as long as these are not objects that are known to have been inherited from his parents. And in death the bastard children inherit the part of the estate that the deceased had acquired and that is called the *calacal*,[15] which means what he has earned. And this same procedure is followed by some of the not many people who are free and by other ordinary people who are regarded as slaves of the king. When he [the ordinary person] dies, the king takes over the estate, and if he [the

---

Philippines and the Islamic south. See Najeeb Saleeby, *The History of Sulu* (Manila: Bureau of Printing, 1908), 163–68, and Cesar Majul, *The Muslims in the Philippines* (Quezon City: University of the Philippines Press, 1973), 108–11.

11 Sultan Sulaiman (in Tagalog Soliman), son of the fourth sultan of Brunei Sharif Ali, reigned from 1432 to 1485, when he abdicated in favor of his son Bolkiah.
12 Sultan Bolkiah, also known as Nakhoda Ragam or the singing captain, reigned from 1485 to 1524.
13 Sultan Abdul Kahar reigned from 1524 to 1530.
14 *Mejora* is the Spanish custom of giving preferential shares to legitimate daughters. It is a tradition rooted in the innate acceptance of the woman's socially disadvantaged position in that time.
15 This is the Spanish spelling of the Tagalog word *kalakal*, which means merchandise.

pocos, y la demás gente común, que son tenidos por esclavos del rey. Cuando muere toma el rey la hacienda, y si deja hijos, repárteles la mitad para que busquen su vida, y tómale para sí la otra mitad por vía de herencia como que es suyo. Y si no deja hijos la toma toda y no puede el difunto en muerte hacer mandar donación a ningún hermano ni pariente. Y si en vida da algo y lo sabe el rey, lo quita.

Y si algún hombre o mujer de estas esclavas borneyas se amanceba [76r] o casa con algún forastero o natural, o con algún visaya que sea libre, en muerte de cualquiera de ellos hereda el rey la mitad de la hacienda, y la mitad de los hijos que hubiesen procreado por partes iguales sin seguir ley de vientre. Y la otra mitad de la hacienda queda para la parte libre. Y de la parte que al rey le cupo, toma la mitad para sí y la otra mitad da a repartir entre los hijos que por esclavos le quedan. Estas maneras de heredar se entienden entre los borneyes que guardan el Alcorán. Y entre los visayas en muriendo, que muere alguno como gente libre, parten por iguales partes su herencia.

Tiene el rey de Borney para que administre justicia cuatro jueces a manera de audiencia, cuyos nombres en juzgar son los siguientes: *bandahara, tamangon, panguilan degaron, sabandar*. Estos todos son *panguilanes*, aunque con los nombres no lo puse. Éstos tienen conocidamente las causas a que cada uno ha de acudir. El *panguilan bandahara*, que quiere decir "señor de título y gobernador," y el *panguilan tamangon*, que es su compañero, lo que quiere decir "señor de título y compañero del gobernador." Estos dos son jueces de todos los pleitos y causas que se ofrecen entre los vecinos del reino y naturales de él. El *panguilan degaron*, que quiere decir "señor de título que guarda la hacienda real," es juez de la hacienda real y de todos los esclavos del rey, y de toda la gente que anda ocupada en servicio real, que se entiende en astilleros y fundiciones. El *panguilan sabandar*, que quiere decir "señor de título y general de la mar," que es el postrero juez, es general de la mar y juez de toda la gente extranjera, y el que da peso y medida en el reino.

Estos jueces juntos y cada uno de por sí puede ahorcar y mandar ajusticiar sin que el rey se meta en ello, porque en su ausencia [76v] representan todos juntos y cada uno de por sí la persona del rey. Tienen libertad cuando se hallan juntos estos cuatro jueces, si quiere el superior, como van por sus grados, tomar la causa al otro que es inferior. Se la puede quitar y hacer a su voluntad de

deceased] has children, the half is given to them so that they can use it to make a living. Then the king takes the other half for himself as his inheritance since it is his. And if the deceased does not leave any children, everything goes to the king, and the deceased cannot bequeath anything to any sibling or relative. And if during his lifetime, the person gives anything to some man or woman and the king finds out about this, he confiscates it.

If any man or woman among these Bornean slaves cohabits or marries [76r] a foreigner or native or a Visaya who is free, upon the death of any one of them, the king inherits half of the estate, and the other half goes to the children born of the slaves in equal parts without following the *ley de vientre*,[16] and the other half of the estate becomes part of the free portion. And from the part that pertains to the king, he takes half for himself and the other half is distributed among the children who remain slaves. These customs regarding inheritance are followed among the Borneans who honor the Koran. And the Visayas—some of whom die as free people—divide their property or wealth equally among their heirs.

The king of Brunei administers justice in the manner of the *audiencia*[17] through four judges who conduct hearings and whose titles are *bendahara, temenggung, pengiran degaron,* and *shahbandar*.[18] They are all *pengiranes*, although I did not prefix this term to their names. They are all knowledgeable about the cases they will handle. The pengiran bendahara means "master of title and governor," and his companion, the pengiran temenggung, means "master of title and partner of the governor." These two are judges in all the lawsuits and cases that arise between residents of the kingdom and its natives. The pengiran degaron, which means "lord of title that safeguards the treasury," is a judge of the real property and all the slaves of the king and of everyone engaged in royal service, which is understood to be in the dockyards and foundries. The pengiran shahbandar, which means "master and commander of the sea," is the final judge and commander at sea and judge of all foreigners. He is the one who regulates weights and measurements in the kingdom.

These judges, together and individually, can have people hung and executed without any interference of the king, because in his absence, they collectively and individually represent [76v] the king. These four judges have freedom when they are together; [but] if the superior judge so desires it, since their power depends on their rank, he can take the case from another who is inferior. The

---

16 The *ley de vientre* is the Spanish law requiring the freedom from slavery of the children born to slaves.
17 The audiencia was the royal court of justice during the Spanish colonial times. It was considered the highest court. See Charles Cunningham, *The Audiencia in the Spanish Colonies, as Illustrated by the Audiencia of Manila, 1583–1800* (Berkeley: University of California Press, 1962).
18 These four terms are in Malay. They mean respectively vizier, assistant vizier, chief of public security, and port master. See Carroll, "Berunai in the Boxer Codex," 6; and S&T, 406n60–n62.

ella, sin cometer delito. Es el *panguilan bandahara* el mayor juez, y el segundo el *panguilan tamangon*, y el tercero el *panguilan degaron*, y el cuarto y menor de todos el *panguilan sabandar*.

Estos cargos nunca están sino en hermanos o hijos de rey, y así los que ahora los tienen, los dos mayores jueces, hermanos del rey legítimos, y el *panguilan degaron*, es primo del rey, yerno por otra parte, y el *panguilan sabandar* es hermano bastardo del rey y de más edad que el rey. Y así no hay apelación de éstos para el rey, sino que malo o bueno, lo que hacen lo da el rey por hecho.

Estos jueces asisten siempre en la ciudad donde el rey está. Y cuando envía algún capitán a algunos pueblos de los visayas a cobrar tributo, va a otros pueblos sujetos al rey. Lleva licencia del gobernador para conocer de ellos pleitos que hubiese. Tienen estos jueces muchos alguaciles, y en su lengua de ellos llaman *patis*. No usan traer vara ni insignia ninguna. Éstos prenden los delincuentes. Usan traer consigo gente a manera de porquerones. Tiene asimismo el rey de Borney tres oficiales que tienen cuenta de la hacienda a manera de factor, contador y tesorero. Llaman a éstos *urancayas degaron*, y a cada uno de por sí, que quiere decir "hombres principales que guardan la hacienda real." De estos tres el uno tiene cargo del gasto real, y el otro de las armas, y el otro de guardar [77r] la demás hacienda. Y en negocios de importancia se ayudan unos a otros. De estos tres oficiales reales es juez el *panguilan degaron*, y les manda lo que han de hacer, y ellos no pueden hacer nada sin darle a él parte.

No tiene el reino de Borney cárcel ninguna ni menos subterráneos para las cosas de que los jueces conocen, y así por maravilla dura el pleito más de la primera vista, que parece ante el juez, y si acaso por faltar alguna de las partes se dilata a la segunda vista, que cuando mucho es otro día, los dichos alguaciles se hacen cargo de guardarles en sus casas. Y llegados delante del juez en lo que queda averiguado, se concluye la sentencia vocal, y no por escrito, y así no hay pleito que dure dos días.

Proceden en sus averiguaciones de esta manera. Puesta la demanda ante el juez, si niega el reo al demandante de información, la cual da vocal, y luego sentencia, y si acaso no hay información que dar y el otro niega, díceles el juez si se quieren apartar de la demanda. Y si dice el demandante que no quiere, queda el negocio a que se averigüe por prueba.

Son las pruebas y averiguaciones de esta manera. Hacen dos candelas de igual peso y de igual tamaño, sin que en ellas haya fraude. Y enciéndenlas a un tiempo, y la primera que se gasta, ésa ha perdido. Hay otra que meten los dos a un tiempo las cabezas debajo del agua, y el que primero la saca, ése pierde. Hay otra que es reñir con armas o sin ellas, y el vencido pierde. Para venir a estas pruebas si es negocio de deuda o hurto, en venciendo, ha de pagar, si es pendencia que ha habido de palabras, y pide que le pruebe lo que le ha

inferior judge can be removed at the will of the superior judge who can do this without committing a crime. The pengiran bendahara is the senior judge, and the second in rank is the pengiran temenggung, the third is the pengiran degaron, and the fourth and least of all is the pengiran shahbandar.

These positions are always held by the brothers or sons of the king, and thus at present, the two superior judges are the legitimate brothers of the king, and the pengiran degaron is the cousin of the king and also his son-in-law, and the pengiran shahbandar is the bastard brother of the king who is older than him. And so there is no way to appeal to the king, whether the decision is good or bad, as the king considers the case finished.

These judges hear cases in the city of the king's residence. When the king sends a captain to some villages of the Visayas to collect tribute or to other towns that are subject to him, he [the judge] has authority from the governor to hear cases if needed. These judges have many bailiffs, and in their language they are called *patih*. They do not carry any rod, or any insignia of authority. They apprehend criminals. They usually bring with them persons who act as sheriffs in charge of bringing criminals to jail. The king of Brunei also has three officers who are in charge of the treasury as agent, accountant, and treasurer respectively. These are called *orang kaya di-gedong*, which means "principal men that safeguard the royal treasury." Of these three, one has charge of the actual expenditures, the other one of the weapons, and the other one of safekeeping [77r] the rest of the treasury. In matters of importance, they help each other. Of these three royal officials, the judge is the pengiran degaron, who instructs them on what to do, and they in turn cannot act or do anything without reporting to him.

The kingdom of Brunei has no jail or even any scribes that the judges need and so it is a wonder that litigation continues even after the first hearing before the judge. And in case one of the parties is delayed for the second hearing, which at the most is another day, the sheriffs will keep them [the plaintiff and complainant] in their homes. And when they appear before the judge during the rest of the hearing, a vocal decision is announced orally and not in writing, and thus there is no trial that lasts two days.

They conduct their investigations in this manner. If the defendant denies the accusation of the plaintiff when the case is brought before the judge, he expresses his opinion and later his sentence. In case there is no information to be given and the other party denies [wrongdoing], the judge asks if both want to withdraw the complaint. And if the complainant says they do not want to do so, the lawsuit remains and is conducted by means of an ordeal.

These ordeals and investigations are conducted in this way. They make two candles [to represent the parties] of equal weight and equal size without any cheating. Both candles are lit at the same time, and the first that is spent is the loser. There is another ordeal in which both parties immerse their heads in [a pail of] water, and the first one who comes up for air is the loser. Another test is for both parties to fight each other with or without weapons, and of course the loser is the one who is defeated. Regarding these ordeals, if the issue involves debt or robbery, the winner has to pay. If it is a quarrel, and the aggrieved party asks

llamado, si acaso le ha llamado [77v] de hechicero, que entre ellos es grande afrenta, u otras palabras de que se injurie, díceles el juez antes que vengan a la prueba, que se concierten en lo que se ha de hacer del vencido, y en lo que allí quedan, aunque sean esclavos del mismo rey. Y consienten que el vencido muera. Ha de morir. Y es uso no ir el juez a la mano a ningún concierto, y en él hacer cualquier prueba de éstas. No está a la voluntad del juez sino a la del reo. Y si acaso el demandante no quiere pasar por la prueba que le coge el reo, es dado por libre. Y si acaso el reo no quiere escoger ninguna, entonces el juez les señala la que ha de ser. Y en no queriendo alguno de ellos, es vencido.

Las sentencias para los delitos son de esta manera. El que hurta hacienda real o falsa moneda, muere por ello empalado y pierde toda su hacienda, y esclavos confiscados para el rey. Y lo mismo el vecino o extranjero que se huye del reino sin licencia del rey o de los jueces. El que hiere a otro, si no le perdona el herido por ruego o por paga, manda el juez que le dé otra herida, y esto se entiende después de sano el herido, porque si acaso muere de la herida, no hay remedio, sino que ha de morir por ello sin réplica. Asimismo sentencian a muerte al que es instrumento que otro muera. Al que es ladrón cortan la mano derecha, y así por maravilla se hallan ladrones entre ellos. Al que debe, mandan luego que pague, o vaya a servir al deudor, comido por servido, hasta que tenga para pagar.

Las maneras de matar por jueces son éstas: degollar, que entre ellos llaman *sinunbale*; ahorcar, que se llama *ganton*; empalar, que se llama *sinosuen*. Hay otra manera, que hacen sentar al ajusticiado en el suelo, a mujeriegas, sea hombre o mujer, [78r] y sobre el hombro izquierdo le ponen una hoja, y por la hoja y hombro le van metiendo un puñal de tres palmos hasta que la punta llega al ijar derecho, y luego sacan el puñal haciendo una manera de vuelta con el, para que venga cortando hacia el corazón. Llaman a este género de muerte *salan*.

Y de este género de ajusticiar usan más que de otro género ninguno. Tienen otra que llaman *pacuan*, que quiere decir enclavar, la cual es de esta manera. Tienden al ajusticiado sobre una tabla, y con dos clavos le clavan los pies, y con otros dos, las manos, y con otros dos, los muslos. Y pónenlo en un palo alto de suerte que queda echado. Y hácenle una manera de techumbre encima por amor del sol. Y allí lo dejan estar hasta que muere, sin consentir le den de comer.

Hay otra manera que llaman *cauitan*, que quiere decir escarpiar, que es meterle una escarpia por debajo de la barba, junto al gaznate, y allí está colgado hasta que muere. Hay otra manera nuevamente inventada, la cual se inventó el año de ochenta y ocho, y es de esta manera. Hacen dos cruces de palo del gordor de la muñeca, de cuatro palmos más larga. Un hombre, y lo que es más que el hombre, lo meten debajo de tierra, y quedan juntas y del tamaño del hombre que han de justiciar. Y luego encajan entre las cruces al hombre, de

that the offender prove his accusations or if perhaps he has called him [77v] a sorcerer—which they consider a big insult—or other grievous words, the judge orders them that before they take the tests that they would have to come to an agreement on what should be done to the one who is defeated, although they are slaves of the same king. And if they agree that the defeated one has to die, he must die. It is not the practice for the judge to participate in the agreement or to prove any of the accusations. It is not the decision of the judge but rather that of the accused. And in the event the complainant does not want to undergo the test that the defendant selects, the defendant is freed. And if the defendant does not want to choose any ordeal, then the judge indicates what has to be done. If one of them does not wish to take the trial, he is defeated.

The penalties for crimes are as follows: for stealing public funds or counterfeiting currency, death by impaling and confiscation of all properties and slaves for the king. And the same holds true for the resident or foreigner who flees the kingdom without the king's or judge's permission. In the case of a personal injury, unless the injured person does not forgive the one who wounded him either by wounding him in return or accepting payment, the judge orders that the offender be inflicted with a wound, and it is understood that the sentence will be carried out after the wounded person has healed, for if the offender dies from this wound, there is no remedy and he must die without reply. They also condemn to death the person that is instrumental in the death of another. They cut off the right hand of thieves, and so it is easy to see who are the thieves among them. Those who are indebted are ordered to pay their debt or work for the debtor until the debt is paid.

The methods used by judges for execution are these: beheading, which they call *sembale*; hanging, which they call *gantong*; and impalement, which they call *susuran*. There is another way where they make the sentenced man or woman [78r] sit on the ground in a side-saddle manner, the way ladies sit on horseback, and on the left shoulder they put a sheet, and over the sheet and shoulder, they insert a dagger about three handspans in length until the tip reaches the right flank, and then they extract the dagger back in such a way so that it cuts towards the heart. This kind of death is called *salang*.

This is the method of execution used most frequently. They have another method called *pakuan*, which means to nail, which is done in this way. They place the condemned man on a table and with two nails they nail the feet, and with two other nails they nail the hands, and with two other nails they nail his thighs to the table. And they place this table or plank on a tall pole so that he stands. Then they place a sort of roof over it to protect him from the sun, and there he is left until he dies of starvation since no one is allowed to feed the condemned man.

There is another way that they call *kepitan*, that means to clamp, which is done by placing a hook below the beard, next to the trachea, and there he is left [to hang] until he dies. There is another way just invented in the year 1588, as follows. They make two wooden crosses about the thickness of the wrist, and four handspans taller [than a man]. The two crosses are placed beneath the ground at a height a little deeper than the height of a man. And then they crucify the

suerte que la una queda arrimada a las espaldas y la otra a los pechos. Y allí amarrado puesto en cruz, le tiran de arcabuzazos hasta que muere.

Es uso en el reino de Borney que el hombre que halla a su mujer con otro, no haga daño ninguno a la mujer, si primero no mata al adversario. Y si hiere o mata a la mujer, morirá por ello. Y habiendo muerto al adversario, puede matar a ella en cualquier parte que la halle, como no sea delante la persona real [78v] o de sus jueces. Y para poderlos matar es uso en Borney que si apellidare el pariente favor para matar al adúltero o a ella, habiendo muerto al adúltero, se lo den todos los que lo vieren y oyeren, pena de que los castigara el rey muy rigurosamente. Y sucede por momentos dar favor el padre para que maten al hijo, y el amo al esclavo, y puede asimismo el pariente matar por terceras personas al adúltero, si acaso él no se atreve, sin que incurra en delito el que lo mata ni el que lo manda. Y si acaso el adúltero mata al pariente o a otra cualquier persona defendiéndose y huye, muere luego la mujer adúltera por el delito, por haber sido instrumento en aquella muerte. Mas si el adúltero huye sin dejar a ninguno muerto, no puede el marido hacer daño ninguno a la mujer, mas puede apartarse de ella y tomar la dote que le dio, sin darle a ella nada.

Usan en sus casamientos, así el rey como todos sus vasallos, en unirse de solo una mujer, a la cual llaman *binisungo*, que quiere decir "mujer verdadera." Y fuera de esto usan tener todas las amigas que pueden, según el posible de cada uno. A éstas llaman *gundi*, que quiere decir "mancebas," las cuales tienen dentro en su casa y delante de su mujer. Se echan con ellas porque duermen dentro del aposento, donde duerme, y cuando quiere se levanta de su cama, que en su cama no ha de hacer nada si no es con su mujer, y se va al pabellón de ellas, porque duermen todas juntas, y allí hace lo que quiera sin que la mujer le viera a él ni a ellas. Y esto causa el antiguo uso, y haber visto a sus madres pasar por ello.

Pueden matar a cualquiera que en su casa cogieren, sin cometer delito.

El rey de Borney usa casar sus hijos con los hijos del rey de Joló, que es primo hermano [79r] suyo y cuñado. Y esto es de tres abolengos a esta parte,

man between the crosses, so that one cross leans against his back and the other presses in front of his breast; and while he is tied to these crosses, he is shot with arquebuses until he dies.[19]

It is the practice in the realm of Brunei that if a [cuckolded] man finds his wife with another man, he will not do harm to the wife unless he first kills his adversary. And if he hurts or kills the woman [first], he will die for it. [But] after having killed the adulterer, he [the aggrieved husband] can then kill his wife anywhere he finds her, as long as it is done not in front of a royal oficial [78v] or the judges. It is a practice in Brunei to seek a relative's assistance to kill an adulterer or an adulterous wife—if he has previously killed the adulterer—and all those who see and hear him should assist him, and if they do not, they will be given very rigorous punishment by the king. And it may happen at times that the father will allow his son to be killed, and the master to allow his slave to be killed; and also the [aggrieved] relative may kill the adulterer through third persons if perhaps he [the cuckolded husband] does not dare, and the person who does the killing or the one that orders it will not incur any charge. And if perhaps the adulterer kills the relative or any other person while defending himself and then flees, the adulterous woman is then put to death for the crime because she was instrumental in that death. But if the adulterer flees without causing any death, the husband cannot inflict any harm on the wife, but he can separate from her and take back the dowry that he gave without giving anything [in recompense] to the woman.

It is customary with regard to marriage that the king, as well as all his vassals, weds only one woman, whom they call *bini sungguh*, which means "true wife." However, aside from her, he can have all the mistresses he wishes, according to his means. They call these women *gundek*, which means concubine. The man keeps this women inside his house and in front of his wife. He lies down with them them because they sleep in the [same] room where he sleeps, and when he wants [it] he rises from his bed because in his bed he cannot do anything if it is not with his wife. He goes to their pavillion, because they sleep all together, and there he does what he pleases without his wife seeing him or the women. And this is an ancient custom that they have seen their mothers pass through.

They can kill anyone they catch inside their homes without committing a crime.

The king of Brunei usually marries off his children to the children of the king of Jolo, who is his first cousin [79r] and brother-in-law.[20] And this has been

19  Perhaps this newly invented and particularly horrific punishment was cruelly patterned on the Christian symbolism of the crucifixion and implemented in revenge of the recent Spanish incursions into Brunei and to serve as a gruesome warning to the natives.
20  This refers to the Bruneian sultan, Saiful Rijal, who ascended to the throne in 1578 and whose sister had married the sultan of Sulu. Cesar Majul, citing the tarsila of Brunei, wrote that Sultan Bolkiah, grandfather of Sultan Rijal, took the daughter of Sulu Sultan Bathara, (Princess Putri Leila Men Chanei) as his wife. Sultan Bolkiah was the reigning sultan when Italian explorer Antonio Pigafetta with a group of Spanish adventurers arrived in 1521. Off the coast of Borneo they captured a then young prince that was later called Rajah Matanda from the kingdom of Maynilad. Rajah Matanda, who had arrived in Brunei to marry a cousin, was not only the grandson of Bruneian sultan Bolkiah. He was also the uncle of another Bruneian prince Rajah Muda, also known as Rajah Sulaiman or Soliman to Filipinos. Rajah Sulaiman was himself a son-in-law of Bruneian Sultan Abdul Kahar (see Saunders, *A History of Brunei*, 52). The Sulu and

que de antes usaba casar con hijas de otros reyes extranjeros vecinos suyos. Cásanse con primas y hermanas, y a veces con tías y sobrinas, de suerte que solo que hermanas reservan. Y también usan casarse con sus cuñadas, así el rey como su gente. Es uso entre la gente principal casar las hijas doncellas y, si acaso por vía de requiebro, aunque esté concertado casamiento. Si llega él a ella, morirán ambos por el delito. Todas las adúlteras que por justicia mueren u otras muchas, como sea mujeres, las matan con el dicho puñal que digo les meten por el hombro que llaman *salan*.

Para casarse no van a la mezquita. Y si la mujer no es doncella, contratando o concertando el casamiento los parientes convidan mucha gente a un convite, y en él dicen cómo fulano se casa con fulana. Juegan a pelear algunos gallos, que ellos y los convidados tienen a manera de regocijo. Y acabado el convite, queda hecho el casamiento. Da el hombre a la mujer dote, y no la mujer al hombre, aunque no dé él dote. Luego este dote lo guardan los padres de la mujer hasta que tienen hijos, y entonces se lo dan. Aunque muchas veces se alzan con ello para su bien. El marido está obligado a dar algunas cosillas fuera del dote a los padres y parientes de la mujer. Y si el casamiento es con doncella, hacen todas estas dichas cosas y añaden una, y es que la desposada no sale en suelo, y está metida en un pabellón y cama cosa de ocho días, todos los cuales hay convite entre el desposado y suegro en que ríense, y ella como por vía de vergüenza está los dichos ocho días allí encerrada, con ella otras mujeres y algunas doncellas como ella. Llaman esta manera de uso *nananatin*, y acabado esto y los convites quedan casados.

Y si acaso se quieren descasar, [79v] la mujer no es parte para descasarse como el hombre no quiera. Y si el hombre quiere, por poca ocasión que se dé, se puede descasar, aunque no sea más que porque su mujer miró con él para descasarse. No hay más ceremonias que echarla el marido de casa, y decir "no quiero que seas más mi mujer." Y puede hacer esto el hombre porque pierde el dote que dio. También se suelen descasar voluntariamente, queriendo ambos a dos, y entonces consientan devolver la mitad del dote y partir los hijos si los tienen. Y entonces se pueden casar cada uno con quien quisiere.

done for three generations; in the past, they usually married the daughters of other foreign kings who were their neighbours. They (the princes) marry their first cousins, and sometimes their aunts and nieces, but by luck exempt their sisters. They, that is, the king and his people, also marry their sisters-in-law. It is common among the noble people to marry off their daughters as virgins, even if there is an arranged marriage, but if there is any carnal contact between the groom and bride-to-be, both can be put to death for this crime. All adulteresses that are sentenced to death and many other womens are killed with the dagger, which as I [had previously] described, is thrust into the shoulder and then toward the heart, a method they call salang.

To marry, they do not go to the mosque. And if the woman is not a virgin when contracting or entering into a marriage, the relatives invite many people to a banquet, and there they announce that such and such is marrying such and such. They set up cocks for a fight, which for them and the invitees is their way of celebrating. After the banquet, the marriage is considered completed. The man gives a dowry to the woman, and not the woman to the man. About the dowry, this dowry is kept by the woman's parents until they have children, and then they entrust it to their daughter, although often they increase it for their own good. The husband is obliged to give some things aside from the dowry to the parents and relatives of the woman. And if the woman to be married is a maiden, they do all these things and add one more ritual, which is that the bride does not appear and remains in her pavillion and bed for about eight days, during which time, the bridegroom and and father-in-law enjoy themselves feasting and laughing, and she, being shy and embarrassed, remains locked up with other women and some virgins like her. This practice is called *nanatin* [*bersanding?*], and after this and the feasting, the couple is considered married.

And if perhaps they want to annul the marriage, [79v] this is not possible if only the woman wants it and the man does not. And if the man wants the marriage cancelled for any given reason, this is posible even for a flimsy excuse, such as the way the wife looks at him. There is no need for any ceremony. The husband can just simply send his wife out of the house and say "I no longer want you to be my wife.' And the man can do so because he loses the dowry he had given. It is also common for them to voluntarily separate when both of them want to do so; then they agree to return half of the dowry and divide the children they may have. And then each one can marry anyone he or she wishes.

---

Bruneian sultanates were closely knitted for a period of over two centuries where the royalty, noblemen, and citizens of the two kingdoms intermarried thus creating a unique Bruneian-Tausug transculture. For a detailed genealogy of the Bruneian princes that ruled Manila at time of first Spanish contact, see Luciano PR Santiago in "The Houses of Lakandula, Matanda, and Soliman (1571–1898): Genealogy and Group Identity," *Philippine Quarterly of Culture and Society* 18 (1990): 39–73. For the intertwined history of the sultanates of Sulu and Brunei, see Cesar Majul, *Muslims in the Philippines* (Quezon City: University of the Philippines, 1973) and "The Unconquered Kingdom," RHSS Foreign Ministry, accessed 1 September 2015, https://therhsssnews.wordpress.com/the-unconquered-kingdom/.

Tienen mezquita a la cual llaman *masiguit*, y allí acuden a encomendarse a Alá, al cual llaman dios, y a Mahoma, que dicen ellos es su procurador para con dios. No apremian mucho a que vaya a la mezquita la gente común. De las mujeres, nunca van sino es los hombres. Tienen a la puerta de la mezquita agua donde se lavan los pies. Hay tres géneros de religiosos, aunque no diferencian en el hábito a los que no lo son. Llaman a éstos *catif*. De estos tres géneros de *catif* el mayor es uno solo que dicen ellos es como obispo, y a éste llaman ellos *catif basar*, que quiere decir "religioso grande." Los demás, que llaman *catif* nomás, son los que tienen cargo de aderezar la mezquita y de decir los días de la semana, y de retajar cuando alguien se retaje, y acuden a las obsequias de difuntos y a los sacrificios y rogativas que hacen en algunos sepultados, de algunos que los entienden, como diré en su lugar, que han sido santos.

Estos *catifes* se casan y tienen amigas como los que no lo son, y en ellos no tienen escrúpulo. Acuden a la mezquita, en lugar de domingo, un día de la semana [80r], el cual día llaman *jumat*. Cae este día en martes, por una cuenta. Tardan este día en la mezquita, en sus rogativas, desde por la mañana hasta las once del día. Están con mucho silencio en pie, las cabezas bajas sin hablar, unos con otros. Mientras está el *catif* está haciendo sus ceremonias, que es alzar las manos llamando a Alá, y diciendo unas palabras que ellos tienen por oraciones. Y en acabando el *catif*, que es cerca de mediodía, se van a sus casas. No acuden otra vez a la mezquita a estas ceremonias sino el religioso mayor, a manera de capellán, va en casa del rey a hacer sus ceremonias.

Usan así hombres como mujeres retajarse, que entre ellos llaman *nas sucsunat*. Y retájanse en la mezquita todos, así como los hijos del rey como la gente común. A la mujer, para retajarla, le cogen con una mordacita de la superfluidad al medio del cejo, y cortan muy poco, cuando sacan sangre. Y a los hombres cortan todo el capillo. Retájanse siendo ya de edad, que son de ocho años. Y hacen para esto grandes convites, y las aves o cabras que matan las degüellan. Usan beber vino en todo género de convites y fuera de ellos sin escrúpulo ninguno.

Hay otro género de religiosos entre ellos, a los cuales llaman *siac*, que son como enseñadores de ley. De éstos hay tan pocos que por maravilla se hallan a ver dos o tres en un tiempo. Éstos, que como digo se llaman *siac*, cuando alguno de ellos muere entiérranlo, y aquéllos que han sido sus discípulos y otros muchos que para ello convidan, al cabo de tres días que lo han enterrado van a visitar la sepultura, porque dicen que si era perfectamente enseñador de secta, que Mahoma, como amigo suyo, habrá venido por el cuerpo y se lo habrá llevado allá donde está, para tenerlo consigo. Y si no era perfecto *siac*, que allí hallarán su cuerpo. Y abriendo la sepultura, por maravilla [80v] hallan cuerpo ninguno de estos enseñadores de secta.

Y de allí adelante es tenido en mucha veneración. Ellos tienen por sus abogados para con Mahoma.

They have a mosque which they call *masjid* and where they go to entrust themselves to Allah, whom they are call God, and to Muhammad, who they say is their procurator to God. Commoners are not urged to go to the mosque. It is men and never the women who attend at the mosque. At the door of the mosque, there is [a basin] of water where where they wash their feet. There are three types of religious, although they dress in the same fashion as those who are not. They are called *khatib*. Of these three types of khatib, only one is superior, which they say is like a bishop, and they call him *khatib besar*, which means "great religious." The others, whom they call khatib, are those who are in charge of preparing and adorning the mosque and saying the days of the week, carrying out circumcisions when needed, attending to the wakes for the dead, and participating in the sacrifices and rogations that they carry out in some burials for those who have been saints, as I will speak of later.

These khatibs marry and have lady friends like those who are not khatibs, and they have no qualms about this. They go to the mosque, instead of on Sunday, on another day of the week [80r], which they call *jum'at* [Friday]. This day falls on Tuesday[21] in one account. They spend the day praying in the mosque from morning until eleven o'clock of the day. In the mosque, they are barefoot and silent, with their heads bowed low and without talking to one another, while the khatib performs their ceremonies, which entails raising their hands and calling to Allah, and saying a few words which they use as prayers. And when the khatib is finished, which is close to noon, everyone goes home. They do not come again to the mosque for these ceremonies, except for the khatib besar who goes to the king's house as a sort of chaplain to mark their ceremonies.

It is a custom to circumcise both men and women, which among them is called *masok sunat*. This is done in the mosque on the king's sons and the common people. To circumcise a woman, a clasp is placed around the superfluity [prepuce] of the brow [clitoris] on which a little cut is incised to draw blood. And in the case of the boys or men, they cut off the foreskin [of the penis]. This is done when they are of age, about eight years old. They celebrate these occasions and invite many people, and slaughter many chickens and goats for the feast. Without any qualms they drink wine in all kinds of feasts and even when there are no celebrations.

There is another type of religious among them; these are called *shaikh*[22] and they are a sort of teacher of religion. These are so few that it is a marvel to see two or three of them at the same time. When one of them dies, he is buried and after three days, his disciples and those whom they invite go to visit the grave, because they claim that if he had been a perfect teacher, Muhammad would have come down to earth to take his body to have him at his side And if he had not been a perfect *siak* then his body would still be there. And opening the sepulcher by some miracle [80v], they find it empty.

And from that moment on he is much venerated. These teachers are considered their advocates before Muhammad.

---

21 Obviously this is a mix-up on the part of the anonymous scribe.
22 *Shaikh* is Arabic for religion teacher, while in Malay it is *siak*.

La gente borneya no usa enterrarse en mezquitas, y así la gente principal tiene casas de entierros de por sí, donde se entierran ellos y sus parientes. Y los que no tienen para enterrarse, o parientes que los entierren, los revuelven en un camisón y los arrojan en el río, sin peso, porque la menguante los saque a la mar.

No enseñan el Alcorán a unos, y a otros sí, sino es pagándoselo. Y a esta causa todos a una mano son amigos de escuchar y preguntar cosas de ley, así suya como ajena.

Usan mortajas, que entre ellos llaman *sapot*, y ponen escritura, nombre y alguna oración en la cual se encomiendan a Mahoma, que les conozca por personas que guardaron su secta. Son las mortajas de lienzo blanco, y el más delgado y fino que hallan. No apremian a nadie que tomen su secta, y hacen burla de los que la toman, porque dicen que no debían de saber nada, pues la dejó.

El luto que usan es quitarse el cabello las mujeres, y no comen arroz, sino algún género de semillas o de legumbres. Esto por tiempo de más de dos meses. Y lo mismo entre los hombres. Usan, cuando tienen sus mujeres preñadas, dejarse crecer el cabello hasta que han parido.

Es gente que obedece y se hace obedecer en la manera siguiente. El rey, cuando está sentado en su asiento, todos los que vienen delante de él, llegando a cuarenta pasos poco más o menos del rey, ponen las manos juntas y las alzan sobre la cabeza, a manera de obediencia. Y esto aunque sea por las espaldas. Y si es persona que va pasando, va el rostro puesto en el suelo, agachando sin volver las espaldas [81r] a la persona real, hasta que ha pasado un buen trecho de donde el rey está.

Y si es hermano del rey o alguna persona principal que va a negociar, después de haber hecho esta manera de obediencia, pasa adelante llevando siempre el rostro vuelto al rey, y se va a sentar en su asiento, sin hacer a ninguno de los que allí están género de cortesía. Y en sentando que sientan, aunque el rey no le mire, torna a hacer segunda vez la dicha obediencia. Y si acaso, hablando o no hablando, el rey le mira, torna a hacer la dicha obediencia. Y cuantas veces el rey le mira, ha de hacer la dicha obediencia. Y lo menos, todas las veces que empezare o acabare de hablar él del rey. Usa el rey tener ordinariamente el rostro alto, por maravilla mira a nadie, sino es queriendo preguntar alguna cosa.

Y este propio género de obediencia se hacen guardar todos los parientes del rey, y gente principal de sus inferiores, como no sea menos que capitán. Es descomedimiento estar en pie, y por esta causa los inferiores delante de sus superiores están siempre sentados en cuclillas. Y lo mismo así en la calle o en el río se encuentran, hasta que el superior pase, ha de estar el inferior sentado en cuclillas. Y cuando empareje con él, ha de alzar las manos juntas en señal de obediencia. Y si acaso el superior da al menor alguna cosa, en tomándola, la ha de poner sobre la cabeza, y luego la ha de poner junto a sí, y hacer la dicha obediencia alzando las manos.

Y cuando las personas son iguales, a un tiempo y por un estilo, se hacen el uno al otro la obediencia. Y si acaso vienen de fuera, el uno va dos días que no

The Bornean people are not buried in mosques, so the nobles have their own burial houses where they and their relatives are buried, and those who do not have burial houses or who do not have relatives who can bury them are wrapped in a robe and thrown into the river without weights since the ebbtide will carry them out to the sea.

They do not teach the Koran to others unless for pay. And because of this all of them are fond of listening and asking questions about religion, both about theirs and that of others.

They use shrouds that they call *saput* on which they put writings, names, and some prayers, thus entrusting them to Muhammad for him to recognize them as people who obeyed his law. These shrouds are made of the thinnest and finest white linen there is. They do not urge others to adopt their sect, but mock those who do because they say that those who did so probably did not know anything since they abandoned [their previous religion].

When they mourn women shave their heads and do not eat rice but some other types of seeds or legumes. This is observed for more than two months. This is also practiced by the men. When their wives are pregnant, men allow their hair to grow until the woman has given birth.

These people obey and make themselves obeyed in the following manner. When the king is seated in his throne, all those who come before him step forward forty paces or so from him and place their hands, joined together, over their heads in obeisance. They must do this even when they walk backward. And if the person is passing by, he lowers his head, and continues walking with his head bowed, without showing his back [81r] to the royal person, until he has gone a long stretch from where the king is.

If he is a brother of the king or an important personage there on business, after having paid homage in this manner, he goes forward, with his face always turned toward the king, without giving to any other person there any gesture of courtesy. Once he is seated, even if the king does not look at him, he repeats this sign of respect once more. And if the king looks at him, whether he is speaking or not, he repeats the gesture of obeisance. And he does this as many times as the king looks at him. And he also does this each time that he begins to speak to the king or stops doing so. The king usually has his face raised high but does not look at anyone unless he needs to ask someone a question.

This form of respect is required of all the king's relatives. And all important people require it of their inferiors who hold a rank lower than captain. It is bad manners for inferiors to stand in front of their superiors. They have to remain in a squatting position. When they meet in the street or along the river, one must squat and remain squatting until his superior has passed. When they are of the same rank, he has to raise his joined hands in the sign of respect. And if a superior gives an inferior something, upon receiving it, the inferior has to place it over his head, and then later hold it close to his body and raise his hands in the gesture of homage.

When the persons are equals, they give one another the sign of respect at the same time and in the same manner. In case they come from outside, if they have

se ven, si es de mayor o menor, hace el menor la obediencia al mayor, y el mayor abraza al menor. Y si son iguales, abrázanse, y en el abrazándose, se asen las manos derechas una con otra por espacio de un credo. Y en desasiéndose las manos [81v] acude cada uno con la suya a su barba a manera, como quien jura por ella. Y acabado esto se hablan. Y antes de hacer esto no.

Las maneras de dictados que entre ellos hay es *sultán*, que quiere decir "rey." *Rajá*, que quiere decir "príncipe." *Panguilan*, que quiere decir "señor de título." *Orancaya*, que quiere decir "hombre principal." *Mantiri*, que quiere decir "capitán." *Oranbayc*, que quiere decir "hombre bueno." *Manlica*, que quiere decir "libre." *Lascar*, que quiere decir "esclavo." "Gente de guerra" quiere decir *oran barcalai*.

El vestido que usan traer la gente borneya es una manta que se llama *tapi*, que cubre de la cinta abajo, y algunos usan traer unos zaragüelles debajo de ella blancos a manera de pañetes y una ropita sencilla que llaman *basu*, y una toca en la cabeza, que entre ellos se llama *dastan*. En la cintura traen un almaizal ceñido que entre ellos se llama *calicut*. Las mujeres usan el mismo vestido salvo el *basu* y el *calicut*, y encima de la cabeza ponen una manta a manera de sortija. Y la manta que le cubre de la cintura abajo la traen larga, que le arrastra por el suelo, y los hombres no, sino hasta la espinilla. No usan ningún género de calzado en pie ni pierna, hombres ni mujeres.

No usan sentarse en silla, sino en el suelo, sobre petates muy finos que para este efecto tienen, o sobre alfombras. Y en asentarse guardan sus preeminencias sentados, el mejor delante. Y cuando son iguales al parejo hombro con hombro. Y aunque sean en estado iguales, sino lo son en edad se sienta el más viejo delante.

Prefieren siempre los legítimos a los bastardos. Los hijos legítimos del rey no se les permite parecer delante del rey, sino es dentro en casa, y a los bastardos, sí en cualquier parte. Y esto hace el rey porque sean más respetados y obedecidos de su gente. Las mujeres principales no usan salir a lugares [82r] públicos ni a visitas sino es yendo sus maridos con ellas, y en los convites, aunque sean entre parientes. Comen los hombres a un cabo y las mujeres a otro. A los hombres sirven hombres y a las mujeres mujeres. Comen sobre mesas redondas y pequeñas de alto poco menos de media vara. En cada una comen dos o tres personas, y en la del rey ninguno. No ponen manteles. Tienen junto a sí agua con que se lavan las manos a menudo mientras comen. Comen muchos géneros de guisados y en ninguna echan manteca ni puerco, porque no lo comen.

Usan jurar al príncipe, y júranlo de esta manera. Siéntase el rey en un teatro que llaman *mariuandon*, y en él está un estrado alto. Allí se sienta el rey, y junto a él, el príncipe y toda la gente principal que cabe en el dicho teatro. Se asientan por sus grados y los que no caben están abajo en el suelo. El teatro tiene dos escaleras

not seen each other for a few days, the younger gives obeisance to the elder and the elder embraces the younger. And if they are the same age, they embrace each other and when they embrace, they give each other their right hand briefly. And when they separate their hands [81v] each one touches his beard as if taking an oath. This done, they begin conversing, but not before this.

The titles among them are *sultan*, which means king, while *raja* means prince, *pengiran* means titled gentleman, *orang kaya* means noble personage, *mantiri* means captain, *orang baik* means gentleman, *merdeheka* means free man, *lashkar* means slave, and *orang berkelahi* means warrior people.

The attire of these Bornean people is a cloth that is called a *tapih*, which covers the body from the waist down, and some wear white shorts under them like breeches, a simple blouse called *baju*, and headwear that they call *destar*. At the waist they wear a tight sash called a *calicut*.[23] The women have the same type of attire without the baju and the calicut, and on the head they place a cloth that has been folded and shaped into a ring. And the cloth that is wrapped around the waist is long, reaching and dragging on the ground. The cloth of the men only reaches their shins. Both men and women do not use any kind of footwear, whether on their feet or legs.

They do not sit on chairs but on the floor on very fine mats that they have for this purpose, or on carpets. And even in seating, they preserve the rules of preeminence, with the best persons seated in front. When they are equals, they sit shoulder to shoulder. And even if they are of the same rank, if they are not the same age, the older one sits in front.

They always prefer legitimate children to bastards. The legitimate children of the king are not allowed to appear before the king except inside the house; the bastards may appear anywhere. This is done by the king so that they may be more respected and obeyed by their people. Women of high standing do not go to public [82r] places or go visiting unless they are with their husbands, nor accept invitations even from their own relatives. Men eat in one area and women in another. Men serve men and women women. They eat at small round tables that are about half a *vara*[24] high. Two or three people sit at each table, but no one sits at the king's table. They do not use tablecloths. They have [a basin or bowl of] water beside them and wash their hands frequently while eating. They have a great variety of dishes, but they do not cook with pork fat or eat pork meat.

They swear allegiance to the prince, and do it in this manner. The king sits on a stage called the *mariuandon*,[25] where there is a tall dais. The king sits there, and with him are the prince and all the principal officials that can fit in said stage. They sit according to rank and those who cannot fit there sit below on the

---

23  Calicut is cloth that was traded along maritime routes. It is an unbleached and unprocessed cotton cloth that was manufactured in Calicut, India.
24  A vara is almost half a meter.
25  Carroll, "Berunai in the Boxer Codex," 22, believes that *mariuandon* is properly transcribed as the *balai sa bandong*, which means two semi-detached buildings. This fits the description of the Bruneian palace as described by Pigafetta.

para que por ellas puedan subir los que quisieren. Y luego el gobernador, que es el *panguilan bandaharaulal*, religioso mayor de ellos que llaman *catif basar*, que diga alto, que todos lo oigan, cómo el rey está presente, manda que obedezcan al príncipe su hijo por señor, porque él ha de heredar en el reino por ser mayor.

Y luego el *catif basar* lo dice, y luego se levanta el dicho gobernador y se va hacia el príncipe llevando alguna cosa que ofrécele, como oro o plata o joyas de valor, lo cual lleva en la cabeza en señal de obediencia. Y llegando al príncipe, se sienta en cuclillas y pone la ofrenda que lleva junto a los pies del príncipe. Y luego alza las manos en señal de obediencia, y después las baja juntas al rostro, quedando los pulgares arrimados a la nariz. Y baja el rostro a manera de quererle besar los pies. Y luego alzando el rostro torna segunda vez a alzar las manos y dice "soy tu esclavo." Y dicho, se levanta, y sin volver las espaldas al príncipe [82v] se va a su lugar. Y por este estilo van todos los demás a hacer la dicha obediencia por su orden, siendo los primeros los cuatro jueces, y después los demás hijos del rey o parientes, y la gente común, ofreciéndole todos conforme a su posible.

Tiene el rey casa de moneda, la cual tiene dentro de su fortaleza. Y la moneda que hacen es fundida, y no es de plata ni de oro, aunque antiguamente la usaba de plata, la cual tenía de peso cada una cuatro reales y medio. Llamaban a esta moneda *batguin*, la cual tenía el sello del rey de Borney, que es de esta manera: [espacio en blanco] por la una parte, y de la otra parte esta [espacio en blanco]. Y porque la gente extranjera que de trato y contrato allí venía les sacaba la moneda del reino, a cuya causa era no tener monedas de pequeño valor, andaba la gente común empeñada y pobre.

Juntó toda esta moneda y la desbarató, y mandó hacer dos géneros de moneda vaciadas en moldes cada una de por sí. La una es del tamaño de medio real y de estaño o plomo, a la cual llaman *pitis*. Tienen de valor trescientas y veintidós tomines, que entre ellos llaman una *lacsa*. La otra moneda es de cobre mezclado con plata, a la manera de blancas de Castilla, salvo que son más gruesas y de doblado peso. A estas monedas llaman *paco*. Dio de valor de a diez de éstas dos reales, que cada *paco* viene a valer treinta y dos *pitis*. Estas monedas hizo porque los extranjeros que tratan y contratan no saquen la moneda del reino, sino que empleen en las cosas que en el dicho reino hay.

Venden y compran con pesos y medidas selladas con el sello del *panguilan* de la mar, a cuyo cargo está, por ser juez de las mercaderías. Los pesos con que se pesa cosas de mucho peso son a manera de romanas. Llaman a estos pesos *chinantas*. El más alto nombre de pesa que tienen [83r] es una *bahala*. Esta *bahala* se reparte en tres partes. A cada parte llaman *pico*, y un *pico* se reparte en diez partes. A cada parte llaman *chinanta*, y cada *chinanta* se reparte en diez partes. Cada parte llaman *cati*, y cada *cati* se reparte en diecisiete partes, y cada parte se

floor. The stage has two stairs for those who wish to go up. Then, the governor, who is the *pengiran bendahara ulal*, the oldest religious person among them whom they call khatib besar, orders in a loud voice so that everyone can hear—as the king is present—obeisance for the prince as lord since he is going to inherit the kingdom, being the eldest.

And after the khatib besar speaks, the governor stands up and approaches the prince bringing some offering, such as gold, silver, or precious jewels that he carries on his head as a gesture of respect, and once before the prince, he squats and places the offering at the feet of the prince. Later, he raises his hands in obeisance and then lowers them together to his face with his thumbs close to his nose and lowers his face as if to kiss the feet of the prince and then, raising his face, lifts his hands a second time and pronounces "I am your slave." This done, he stands up and, without turning his back on the prince, [82v]returns to his place. And in this manner, all the rest go to give the said obeisance, the first being the four judges and then the other children of the king or his relatives, and then the common people, giving offerings according to their means.

The king has a mint which is situated inside his fort. And the currency they produce is smelted, and it is neither silver nor gold, although formerly they used silver, and each coin weighed as much as four *reales*[26] and a half. They called this money *batguin*, and it carried the seal of the king of Brunei, which is like this: [blank space] on one part and on the other part [blank space]. And because the foreigners who came to deal with them took away the money of the kingdom, there were no coins of small value, and the common people went around deep in debt and poverty.

So the king gathered all these coins together, got rid of them, and ordered two new kinds minted. One is the size of half a real and is made of tin or lead and is called *pitis*. It is worth three hundred twenty-two *tomines*[27] and is called a *laksa*.[28] The other coin is made of copper mixed with silver like the blanks of Castile, except that they are thicker and double in weight. This coin is called *paku*. Ten of these are worth two reales, and each paku is worth thirty-two pitis. These coins were made so that the foreigners who came would not take away the money but use it to buy the things sold in the kingdom.

They buy and sell using weights and measures that carry the seal of the pengiran of the sea, who is in charge of this matter as he judges the weight of merchandise. The balances for weighing heavy goods are like those of the Roman style. These balances for weights are called *chinantas*. The highest weight they have is called a *bahala*.[29] This bahala is divided into three parts. Each part is called a *pikul*,[30] and one pikul is divided into ten parts called *chinanta*; each chinanta is divided into ten parts called *kati*; each kati is divided into seventeen

---

26 A *real* was a Spanish silver coin that weighed 6 grams and was equal to 34 *marivedis*. The real was used as a currency in the Spanish colonies.
27 A *tomin* was one-eighth of a peso or equivalent to a real. It was divisible into 12 *granos*.
28 *Laksa* is the Malay and Tagalog term for the number 10,000.
29 A *bahara* is equivalent to 400 pounds.
30 A *pikul* weighs 133 pounds.

llama *tae*. Y cada *tae* se reparte en tres partes, y cada parte se llama *batguin*, y este *batguin* pesa justamente cuatro reales y medio de Castilla. Este género de pesas se entiende en todos especies de peso. El oro se pesa también por esta cuenta y pesas.

Y para cuando es cosa de poco peso lo que se ha de pesar, dividen el *tae* en dieciséis partes. A cada una de estas partes llaman *maes*, y cada *mae* dividen en tres partes, y cada parte llaman *cupa*.

También se pesa cosas de poco peso con pesos de balanza que se llaman *itinan*. A la medida llaman *ganta*. Tendrá tanto y medio que la de Manila. Miden colmado todas las cosas que pueden colmar en medida, y no traído, y no es gente que mida por varas, y así no la tienen.

Usan mercado o feria que llaman *basar*, y esto es ordinariamente dos veces cada día, una por la mañana y otra a la tarde. Se venden en él todos géneros de comida, a su usanza, y las demás cosas que tienen vender. Y como la ciudad está toda sobre agua, andan en unas embarcaciones pequeñas que se llaman *bancas*. Y en cada una *banca* de estas, va uno pregonando lo que vende. Son muchas estas bancas, que pasan de quinientas las que se juntan al dicho mercado. Y cuando se quieren ir a sus casas van por las calles pregonando lo que llevan que vender. No hay postura a cosa ninguna, sino que cada uno venda a como pudiere. Y el no la haber es porque los visayas naturales de la isla, [83v] que son los que son labradores, traigan a la ciudad a vender lo que tuvieren. Y así hay en la ciudad abasto de todas las cosas.

Hay mujeres que ganan a vender su cuerpo públicamente, las cuales no ganan en sus casas, sino en siendo de noche, andan por la ciudad en muchas *bancas*. Y en cada *banca* las mujeres que pueden ir tañendo y cantando con panderetes sin que venga hombre ninguno con ellas, y en la *banca* traen un pabellón, y cuando andan por la ciudad y calles, van diciendo muy recio *uran laqui manuali paranpuan mora*, que quiere decir "personas hombres compra mujeres mozas." Y entonces el hombre que tiene gana llama la *banca*, y allí escoge la que le parece. Y si quiere negociar con ella en la *banca*, métese en el pabellón. Y si no súbela a su casa, y después las compañeras vienen por ella. Y antes que amanezca se recogen todas a sus casas. Porque estas mujeres que acuden a esto son solteras, y casi todas esclavas, y van de día a servir a sus amos. Y cuando van a este trato van con licencia de sus amos. Y danles la mitad de lo que han ganado. No tienen tasa, sino es lo que más pueden. Llaman a este género de trato *palague*. Y los hombres son de poco trabajo, especialmente en caminar, y esto causado el poco ejercicio que entre ellos tienen, porque todo lo más del día están sentados a mujeriegas.

Las armas que usan son unos puñales de tres o cuatro palmos de largo. Tráenlo en lugar de espada, y con este otro puñal pequeño en lugar de daga. Y algunos traen alfanjes y unas cerbatanas con las cuales tiran unas flechitas que en lugar de hierro tienen [84r] un diente de pescado. Tráenlas untadas con hierba, de suerte que aunque no saque más de una gota de sangre, es mortal la herida

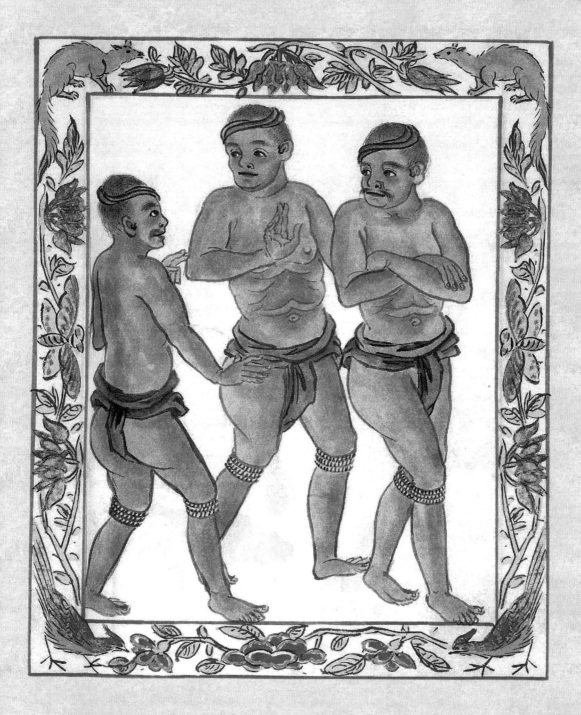

**Fig. 17. A Trio of Tagalog Common Men [51v]**

"The Moros [Islamized Tagalogs] are dressed with clothes of cotton and are not naked like the Bisayans.... From the calf of the knees they wear many chainlets often made of brass, which they call bitiques [bitik]. These are worn only by the men who regard them as very stylish."

**Fig. 18. Two Tagalog Common Women [52r]**

"Women wear round diadems made of gold on their heads and over their hair, which is kept loose. This is if they are wives of the chief. If of others, the diadems they wear are made of tortoise shell. These are very elegant."

**Fig. 19. Gold-embellished Tagalog Noble Couple [54r]**

"They also wear many golden chains around the neck, especially if they are chiefs, because these are what they value most, and there are some who wear more than ten or twelve of these chains. They wear a headdress of small cloth [*putong*], which is neither wide nor long and which they wrap once around the head with a knot. They do not have long hair because they cut it as in Spain."

**Fig. 20. Gold-embellished Tagalog Noble Couple 2 [56r]**

"The women carry much gold jewelry because they are richer than the Bisayans. Men and women also wear many bracelets and chains of gold in the arms. They are not used to wearing them on the legs. Women likewise wear around their necks golden chains like the men do."

**Fig. 21. Gold-embellished Tagalog Noble Couple 3 [58r]**

"The dress of the women is not as neat nor as elegant as that of the Bisayans, because they wrap a cotton or taffeta mantle around the body with very little polish. They wear jackets and skirts in the same way we have described of the Bisayans. They also wear their dress skin tight, gathering it at the waist and breast because they use no chemise or stockings....All carry over their dress some small mantles, which reach to the waist; these are of colored cotton, and some are of satin, taffeta, and damask obtained from China."

(a) Solid gold hilt from Northeastern Mindanao

(b) Garuda-shaped ear ornaments from Eastern Visayas

(c) The *upavita*, a solid gold body cord weighing four kilograms from Surigao del Sur

(d) Gold bracelet from Surigao del Sur

(e) Waistband from Surigao del Sur

**Fig. 22. Photos of tenth to thirteenth-century gold ornaments courtesy of Ayala Museum.**

"Philippine Gold: Treasures of Forgotten Kingdoms," the 2015 exhibit of Ayala Museum and the Asia Society of New York, showcased magnificent examples of highly wrought gold jewelry from the tenth to thirteenth centuries, many of which are similarly depicted in the lavish illustrations of the *Boxer Codex*.

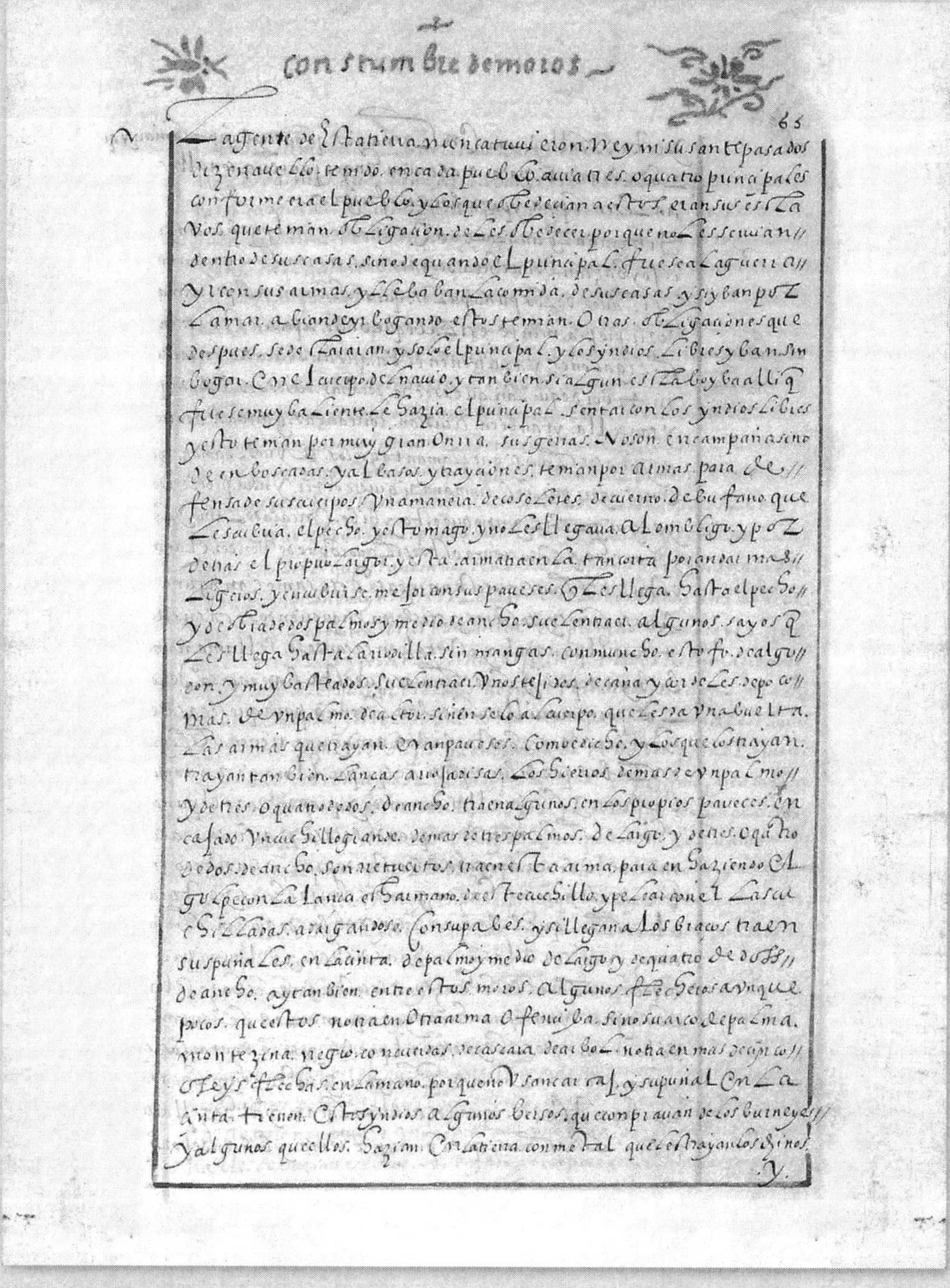

**Fig. 23.** Manuscript page [41r], "Las costumbres de moros"

"After we... Spaniards arrived here we thought that they were Moros and that they had some rites of Muhammad, because we found among them many signs thereof, on account of [the fact] that the natives of the island of Borneo came to these islands to trade. These [people] from Borneo are Moros like the Berbers and follow the law of Muhammad, which they began teaching to [the natives of] the Philippines, such as circumcision and not eating the flesh of pigs and other minor laws of Muhammad; in this manner came to pass that the name Moro was applied to them."

**Fig. 24. A Sword-holding Brunei Warrior and His Consort [71v]**

The eighth section about the island of Borneo and the Brunei Sultanate is preceded by two plates depicting two warrior couples (figs 24–25), which are not as finely dressed as the Tagalog natives. Prof. Boxer estimates that it was written around 1589 because of the reference to Governor-General Francisco de Sande's previous expedition of 1578 against the reigning sultan Saiful Rijal who is stated to be 59 at the time of the writing.

**Fig. 25. A Sword-wielding Brunei Warrior and His Consort [72r]**

"The attire of these Bornean people is a cloth that is called a *tapih*, which covers the body from the waist down, and some wear white shorts under them like breeches, a simple blouse called *baju*, and headwear that they call *destar*. At the waist they wear a tight sash called a *calicut*. The women have the same type of attire without the *baju* and the *calicut*, and on the head they place a cloth that has been folded and shaped into a ring. And the cloth that is wrapped around the waist is long, reaching and dragging on the ground."

**Fig. 26. A Bejeweled Malukan Woman [87v]**

"The women wear a short mid-calf length dress together with small long-sleeved doublets that have many creases. The prominent women wear half-sleeve velvet doublets, and on their wrists and arms many bracelets of gold, silver, and pearls. On the forehead they have a band with many costly pearls and beads. The women are of fair height, voluptuous, fresh, beautiful, and many have fair skin."

**Fig. 27. An Arquebus-wielding Malukan Soldier [88r]**

"The Malukans are brawny men who grow their mustaches and beards. They are imposing, very courteous in their speech, and take good care of themselves. They dress in the same way as the natives of the island of Luzon, but use silk, gauze, and other fine fabrics from India. They arm themselves with swords, shields, breastplates, helmets, caps, firearms, coats of mail, versos [pieces of light artillery used in ancient times], iron and wooden darts, and single-edged, crescent-shaped iron throwing weapons called *turanas* that are half a yard long. They have other weapons like harpoons and spears."

**Fig. 28. A Berobed Javanese Warrior [91v]**

"They wear buttoned-up knee-length shirts with low-cut necks and sleeves that reach the wrists. They wrap a mantle three or four times around their waist. This mantle reaches down to the shin or lower. The tunic and mantle are of any color they like. They wear a long turban wrapped around the head. This they wear in times of peace and war, although in war, since the mantle is long, they gather it up between the legs and tuck it in at the waist. They wear no footwear. The weapons they use for fighting are the pike and shield. They hold the concave shield and the pike in both hands. Their shields are large and round, and some are like long blocks. They carry a two-foot-long blade called *kris*."

Fig. 29. A Spear-toting Javanese Soldier [92r]

"The weapons they use for fighting are the pike and shield. They hold the concave shield and the pike in both hands. Their shields are large and round, and some are like long blocks. They carry a two-foot-long blade called kris. It is made of iron and has a wavy shape."

**Fig. 30. A Pair of Sword-wielding Siamese Warriors in Loincloth [96r]**

"...this kingdom of Siam was a great empire and was formerly called lord of all the neighboring kingdoms, and the other kingdoms paid tribute to it. And today, Patani still sends it a certain recognition that it is obliged by its ancestors to give. And in truth it can be said that Siam was one of the great empires of the world, and the land that it has today and its abundant inlets are among the best in the world."

**Fig. 31. A Gaily Dressed Siamese Man and His Consort [100r]**

"There are many rich men in this city. They have much gold, not because it exists in the land but because each year people come from China to buy the brazil wood of Siam. They also have much silver and everything is measured according to weight. And when they talk about a man's wealth they say so-and-so has so many millions in silver and so many jars of gold. And this treasure is carried on vessels through the canals of the city [138r]. These vessesls are called meruas and they serve as houses when there is news of an attack, and the people live in them and travel upriver to hide in the canals of the city."

**Fig. 32. A Kimono-clad Japanese Man and Woman [152r]**

Written during the shogunate of Toyotomi Hideyoshi (1537–98), the anonymously written *relación* recounts Hideyoshi's rise to power and how he avenged the assassination of his protector Oda Nobunaga, who was considered one of the three unifiers of Japan. The Japanese warriors were portrayed as being numerous and imbued with a strong martial spirit, even committing ritual suicide in the face of impending defeat.

parts called *tahil*; and each tahil is divided into three parts called *batguin*, and this batguin weighs exactly four and a half Castilian reales. This type of measurement is recognized in all types of weights. Gold is also weighed this way.

And when something light is to be weighed. the tahil is divded into sixteen parts. Each of these parts is called a *mace*,[31] each mace is divided into three, and each third is called a *kupang*.

Light things are also weighed with balance weights that are called *timbangan*. The measure they call *ganta* contains as much and a half [more] than that of Manila. They measure by filling all things that can be heaped into the measure without leveling it because they are not people who measure by *varas* (Spanish linear measure) since they do not have it.

They have a market or fair that they call *pasar,* which is usually held twice a day, once in the morning and in the afternoon. All kinds of food and many other things as well are sold there to suit every person's taste. Because the city is built on water, they travel in some small vessels they call *bangkas*. From each of them is hawked some products. These bangkas are so many that more than five hundred gather at each market. And when they want to return home, they go through the streets peddling their wares. There is no fixed price in selling, with each one selling at whatever [price] he wishes. Because of this the native Visayas [83v], who are the farmers, bring whatever produce they have to sell in the city; thus in the city, there is a supply of everything.

There are women who sell their bodies publicly. They do not do business in their houses, but at night they go around the city in the numerous bangkas. And in each bangka the unaccompanied women go calling out and singing with their tambourines. The bangka has a pavillion and when they go through the city and streets they call out *orang laki membeli perempuan muda*, which means "male persons buy young girls." And when the man feels like it, he calls the bangka and there makes his choice. If he wishes to do business with her in the bangka, he enters the pavilion with her. If not, he takes her home, and afterwards her companions fetch her. And before dawn, they all go home. The women who do this kind of business are single, and almost all are slaves, and in the daytime they serve their masters. When they engage in this business they have permission from their masters, who receive half of their earnings. They have no limit, but can work as much as they can. This kind of work is called *pelachur*.[32] The men are no good for work, especially walking, because of the little exercise among themselves, since most of the day they sit like women on their haunches.

The weapons that they use are daggers that are three or four spans long. They carry them in place of swords and together with this a small dagger. Some carry cutlasses and blowguns that shoot small arrows that do not have steel tips [84r] but instead have fish teeth at the tip. These teeth are smeared with herbs, so that even if the shot does not spill a single drop of blood, the wound is fatal

---

31  A *mace* is a traditional Indian unit of weight. It came to be used in Brunei via the Portuguese maritime traders in the sixteenth century. Each mace equaled one-sixteenth of a tael.

32  *Pelachur* is the Malay word for prostitute.

si no tiene contrahierba. Ésta es el arma que más usan, y son tan certeros con ellas que no yerran a nadie a tiro. Traen en el remate de la cerbatana un hierro de lanza muy bueno para valerse de él si llegasen a las manos con su enemigo. Usan de muchas lanzas arrojadizas, así de varas tostadas como de hierro. Usan arcos y flechas y arcabuces en los cuales, así el rey como sus vasallos, son muy ejercitados, y cada día hay terreros y tiran en presencia del rey los arcabuces. Usan de poco acá usar rodelas y escaupiles estofados.

En los navíos usan de artillería, aunque no es muy gruesa, porque casi toda es de servicios, como son falcones y medios falcones, y versos grandes y pequeños. Y de esto traen mucha cantidad, porque del reino de Patani traen muchos metales. Siempre funden artillería. Y la armada tiene para guardar su tierra adentro en su ciudad. Son cien navíos entre galeras y galeotas y fustas, las cuales están tan apercibidas que dentro de seis horas que tocan a arma en la ciudad, están todas prestas para salir al enemigo. Y esto causa que cada capitán tiene su galera arrimada cerca de su casa y la gente del esquifazón y pelea apercibida, y así luego acude cada uno a su navío. Las galeras están sobre agua encajadas, sobre quince o veinte aspas de madera, y cada aspa está por medio amarrada fuertemente. Y en queriendo que caigan al agua, cortan a un tiempo los cabos con que está atada el aspa, y cae luego la galera al agua. Y es hecho esto con tanta presteza que en dos credos está la galera sobre el agua. Sirven estas aspas de parales y llámanles *salanguntin*. Y esta es la causa porque [84v] con tanta presteza saca su armada.

Usa también en tiempo que se recela de enemigos corsarios. Traen dichas galeras en corso, las cuales andan veinte o treinta leguas de la ciudad haciendo centinela, y cada semana se remudan. Hay muchos navíos de carga, los cuales sirven de ir a tratar y concertar a otros reinos. Y para pelear no se sirven de ellos.

En sus navegaciones usan de agujas de marear como nosotros, con sus ocho vientos, cuyos nombres son los siguientes: norte, *hilaga*; nordeste, *amihan*; este, *silan*; sureste, *timor*; sur, *salatan*; sudoeste, *habagat*; oeste, *baratapat sa arao*; noroeste, *barat laut*.

El alcanfor se halla en un árbol muy grande y grueso, y ha de ser de más de braza de gordor para tenerlo. A este árbol llaman *payocapul*. Cortan este árbol por el pie y hiéndenlo por medio, y en el corazón le hallan dos o tres bujetas o receptáculos en los cuales está el alcanfor. Hállase cuando menos en cada árbol de ésta peso de una onza. Este alcanfor es unos pedacitos cuajados que se hallan en las dichas bujetas, de gordor como medios reales. Y el mayor pedazo no es mayor ni más grueso que medio real. Es en color y quiebras a manera de azúcar cande, salvo que es un poco más blanco. Tiene el olor casi como el

if an antidote is not applied to the wound. This is the weapon most commonly used by them, and they take such good aim that they do not miss a shot. They place a spearhead at the end of their blowpipe, which is very useful for hand-to-hand combat with the enemy. They make much use of throwing spears and rods like steel. They also use bows and arrows and arquebuses, at which their king and his vassals are very adept. There are fields where they fire their arquebuses in the presence of the king. They do not use targets or quilted battle armor.

They carry artillery in their ships, although these are not heavy. Most are serviceable weapons such as falconets and half-falconets, and large and small *versos*.[33] They carry many of these because the kingdom of Patani[34] abounds with much metal, and they produce artillery by smelting. Their armada has enough strength to guard its territory inside the city. There have a hundred galleys, galliots, and *fustas*,[35] which are always on the alert so that within six hours they can call the city to arms. These are all ready to meet the enemy. This is why each captain has his armed ship, crew, and armed men situated close to his house and ready to embark to his ship. The galleys are suspended aboe the water on fifteen or twenty wooden blades and reels, and each reel is tied tightly. Once they wish to embark, they cut the cables that tie the reels and the vessel slips into the water. And this is done with such speed that in a wink the boat is in the water. These reels serve as uprights and are called *salanguntin*. This is why [84v] the navy ships are launched so swiftly.

They also have to be wary of enemy privateers. These galleys serve as sentries and remain twenty or thirty leagues from the city and are replaced every week. There are many cargo ships that serve to go and do business with other kingdoms. But these are not utilized for battles.

In their voyages they use compasses for navigation like we do, with the eight winds, whose names are: north, *hilaga*; northeast, *amihan*; east, *silangan*; southeast, *timor*; south, *selatan*; southwest, *habagat*; west, *barat tapat sa arao*; and northwest, *barat laut*.[36]

Camphor is found in a very large and thick tree that is more than a *braza*[37] in thickness. They call it *kayu kapur*. They cut this tree at the base, then cut it open and split it in the middle and at the heart of it are two or three receptacles where the camphor is found. About an ounce of camphor is found in each tree. It is made up of little pieces approximately as thick as half a real and the largest piece is no larger or thicker than a half real. It has the same color as rock candy except that it is a little whiter. It smells almost like pine oil, since it is [almost] the same. The camphor that is gathered is sorted according to three categories

33 A *verso* is a light piece of ancient artillery, which in size and caliber was half the culebrina.
34 Patani was a sultanate on the northeastern Malay peninsula. It was ruled in the late sixteenth century by a succession of queens.
35 *Fustas* are lateen-rigged vessels.
36 The scribe has hilariously mixed up the Tagalog and Malay words for the points of the compass. *Hilaga, amihan, habagat,* and *silangan* are Tagalog terms, while *timor, selatan,* and *utara barat laut* are of Malay origin. Curiously, he has conjoined the term for west out of the Malay *barat tapat* (due west) and the Tagalog *sa araw* (to the sun).
37 A *braza* is approximately 1.67 meters in length.

aceite de abeto de estas bujetas agallas, puesto que todo es uno. El alcanfor que se saca y de un mismo efecto se hacen tres nombres y tres especies y precios. Los pedazos mayores, que tienen por lo mejor, que llaman *capul capala*, que quiere decir "alcanfor cabeza." Esto vale a treinta pesos el cate. El otro género es los pedazos menores, que vienen a ser como la uña del melgarite o poquito mayores. Les llaman *capul tanga*, que quiere decir "alcanfor del medio." [85r] Esto vale de veinte a veintidós pesos el cate. El postrero género es algunos pedacitos muy pequeños y casi hechos harina que quedan, y esto se llama *capul doquit*, que quiere decir "alcanfor chiquito." Esto vale a quince pesos el cate. Es cosa que se tiene en mucho porque de todas partes lo vienen allí a buscar. Son las tablas de estos árboles muy buenas para navíos, porque no les entra broma ni se pudren, sino es al cabo de mucho tiempo. Y así todos los más navíos que se hacen en este reino son con estas tablas.

El rey usa dar encomiendas a su gente principal, como es a los señores de título y a los capitanes que le han servido y sirven bien. Y estas encomiendas no las da por número de gente sino por provincia o pueblos. Y dalas con pensión de que le acudan a él con la mitad o con la tercia parte. Estas encomiendas que da son de gente visaya.

El rey cuando sale fuera saca de guardia que van delante de él, veinte capitanes arriba. Éstos llevan alfanjes al hombro. Y cuando está en su estrado, están estos dichos capitanes con los alfanjes desnudos, especial si hay alguna persona extranjera allí. Y cuando el rey va fuera y le acompaña algún *panguilan*, no va el dicho *panguilan* con la gente de guardia, sino detrás del rey.

Recibe a los mensajeros que a él van bien, y si les falta algo, manda se lo den. Es uso el mensajero, al darle las cartas que lleva, meterlas en una vasija a manera de tazón con su tapadera, y un paño encima, por honra de las cartas, y ponerla encima de la cabeza. Y de esta suerte llegar con ellas delante del rey. Esto hace porque obedezca el mensajero las cartas que lleva [85v] pues son de su rey y gobernador. Y llegado de esta manera a los pies del rey pone la vasija en el suelo y luego manda al obispo de ello tome la dicha vasija y la abra y saque las cartas y las mande leer públicamente.

Es el rey de rostro alegre, hombre grueso y el año de mil y quinientos y ochenta y nueve era de edad de cincuenta y ocho años. Y cuando va en alguna embarcación lleva por insignia en su navío un estrado con una almohada y una vasija a manera de tazón grande con su tapadera y un paño encima, y una pica atravesada baja con una banda larga y dos tirasoles grandes, uno de un lado y otro de otro, en un *tiquín* largo en medio de la proa. Al cabo ninguna cosa de estas puede traer navío ninguno, sino es en el que va el rey, aunque el rey esté ausente, salvo el tiquín, que en ausencia del rey lo puede traer el que fuere *panguilan*, mas sino el *panguilan* no.

by name, species, and price. The larger pieces, which are the best, are called *kapur kepala*, which means prime camphor. This is worth thirty pesos per *cate*. The second class is made up of smaller pieces that are the size of the nail or slightly larger called *kapur tengah*, which means medium camphor [85r] and is worth twenty two pesos per cate. The last kind is composed of some very small pieces that are almost like flour and this is called *kapur dikit*, which means tiny camphor. This is worth fifteen pesos a cate. This [camphor] is highly valued because people come from everywhere to seek it. The wood of these trees is very good for shipbuilding because the shipworm does not penetrate it and it does not rot for a very long time. That is why the ships of this kingdom are built of this wood.

The king gives encomiendas [or parcels of land] to his principal people such as lords with titles and captains that have served him well. These lands are not given according to the number of people who reside there but by province or town. He gives them pensions, half or a third of which they give back to him. These encomiendas that he gives away belong to the Visaya people.

When the king goes out he takes a guard of twenty captains or higher ranking officers who go ahead of him. They carry cutlasses on their shoulders. And when he is in his podium, these officers are there with bared cutlasses, especially when there is a stranger present. And when the king goes out and some pengiran accompanies him, said pengiran does not go with the guard, but goes behind the king.

He cordially receives the messengers who go to him, and if they lack anything, he orders that it be given to them. It is the practice that when a messenger presents letters to the king, he places them in a container like a cloth-covered bowl to honor the letters, and then places the bowl on his head. And thus he appears before the king. This is done because the messenger honors the letters that he carries [85v] since they come from his king and ruler. And having arrived in this manner, he places the container on the floor by the feet of the king and orders the bishop to take the said container, open it, take the letters, and order them to be read in public.

The king [Saiful Rijal] has a happy countenance, is thick of girth, and in the year one thousand five hundred eighty nine was fifty-eight years old. When he travels on his ship, he carries an insignia that is a cushioned dais with a container shaped like a large cloth-covered bowl and a pike laid across it. When he disembarks, he is accompanied by a large band, two large parasols, one on one side and another on the other, and a long *tikin*[38] in the middle of the prow. None of these things can be carried by any other ship, except the one where the king is, and even when he is absent— except for the tikin, which in the absence of the king may be used by the pengiran and by no one else.

---

38  A *tikin* is a long cane used in place of oars by Philippine natives.

Es gente que tiene año, mes y días como nosotros y semana. Y son los días de la semana los siguientes: *arbaa*; lunes, *camis*; martes, *jumat*; miércoles, *sapto*; jueves, *ahat*; viernes, *ysnayan*; sábado, *salasa*. Comienzan a contar la semana desde el martes, que como digo llaman *jumat*, porque es su fiesta de ellos. Y luego cuentan los demás días como aquí van sucesivamente. Los meses del año son los siguientes, y comienzan a contar desde el mes de enero como nosotros: *almoharran*; febrero, *safarron*; marzo, *rabiolagual*; abril, *rabiolaher*; mayo, *jumarilagual*; junio, *jumarilaher*; julio, *rajap*; agosto, *saauan*; septiembre, *ramalan*; octubre, [86r] *sagual*; noviembre, *rulcayrat*; diciembre, *rulija*.

These people have years, months, weeks, or days like we do. The days of the week are the following: [Sunday], *arbaa*; Monday, *camis*; Tuesday, *jumat*; Wednesday, *sapto*; Thursday, *ahat*; Friday, *ysnayan*; and Saturday, *salasa*.[39] They begin counting the week from jumat, which as I said is Tuesday because it is their feast day. And then they count the rest of the days as they follow successively. The months of the year are the following, which they start counting from the month of January like we do: *Muharram*; February, *Safar*; March, *Rabi'u'l-awwal*; April, *Rabi'u'l-akhi*; May, *Jamadi'l-awwal*; June, *Jumadi'l-akhir*; July, *Bajab*; August, *Sh'aban*; September, *Ramadan* [86r]; October, *Sh'aban*; November, *Khu'l-k'adah*; and December, *Dhu'lh'ijjah*.[40]

[39] In Bahasa: Ahad, Senin, Selasa, Rabu, Kamis, Jumat, and Sabtu, respectively. It must be noted that the scribe has garbled up the order of the days by mistaking the holy day of Friday (Jum'at) for Tuesday. See Carroll, "Berunai in the Boxer Codex," 20.
[40] In this English translation the garbled Spanish transcriptions have been replaced with the correctly transcribed months in the Malay-Arabic language. However since these months were then marked using the lunar calendar they cannot be equated with the Western solar calendar. See Carroll, "Berunai in the Boxer Codex," 23, and S&T, 426.

# 9

## Las costumbres, modo, manera de vivir y secta de la gente del Maluco

[89r] SON HOMBRES MEMBRUDOS y dejan crecer la barba y bigote, de buena presencia y en su lengua muy cortesanos y de presunción, y se tratan bien sus personas. Vístense al modo de los indios de la isla de Luzón, excepto que se visten de seda y almaizales y otros lienzos finos de la India.

Traen por armas espadas y paveses, pechos, celadas, capacetes, escopetas, cotas, versos, dardos de hierro y de palo, y otra manera de armas que llaman *turanas* que son enastadas, y el hierro con sólo un filo, que son arrojadizas, de media vara de largo. Y tienen otras armas a manera de fisgas y arpones. Y al tiempo de pelear salen con los mejores vestidos que tienen y con plumas y turbantes y con mucha bizarría.

El traje de las mujeres es vestido corto hasta media pierna con sus juboncillos con mangas muy largas que en el brazo hacen muchas arrugas. Y las mujeres principales traen unos juboncillos de terciopelo con media manga, y en las muñecas y brazos muchas manillas de oro, plata y perlas, y en la frente una cintilla o apretador con mucha pedrería y perlas de precio. Son mujeres de buena estatura, gordas, frescas, hermosas y muchas de ellas blancas.

Los reyes moros tienen cuatro mujeres principales, que los hijos de éstas heredan el reino. Aunque fuera de estas mujeres tienen otras muchas, hijas de principales, y no reparan [89r] en que sean sus sobrinas y primas, porque no respetan sino a madre y hermana.

La ley que tienen es la de Mahoma. Tienen sus mezquitas, guardan por fiesta el viernes y tienen por costumbre de que vayan pocas mujeres y, las que acuden, van después por las casas de los principales a predicar la secta a las mujeres y niños. Y las oraciones que hacen y fiestas que guardan en el discurso de cada día no se encuentra con una ley sino en el tocar del avemaría al anochecer, porque ellos rezan una vez antes que amanezca y otra después de mediodía.

# The Customs, Modes, Manner of Living, and Religion of the People of the Maluku[1] Islands

[89r]   They [the Malukans] are brawny men who grow their mustaches and beards. They are imposing, very courteous in their speech, and take good care of themselves. They dress in the same way as the natives of the island of Luzon, but use silk, gauze, and other fine fabrics from India.

They arm themselves with swords, shields, breastplates, helmets, caps, firearms, coats of mail, *versos* [piece of light artillery used in ancient times], iron and wooden darts, and single-edged, crescent-shaped iron throwing weapons called *turanas* that are half a yard long. They have other weapons like harpoons and spears. They engage in fights dressed in their best clothes, wearing feathers and turbans, and with much gallantry.

The women wear a short mid-calf length dress together with small long-sleeved doublets that have many creases. The prominent women wear half-sleeve velvet doublets, and on their wrists and arms many bracelets of gold, silver, and pearls. On the forehead they have a band with many costly pearls and beads. The women are of fair height, voluptuous, fresh, beautiful, and many have fair skin.

The Moorish[2] kings have four wives, and their sons inherit the land. But in addition to wives, they have many other women, daughters of leading men, regardless of their being nieces or cousins [89r], since they only respect their mother and sisters.

The law they follow is that of Muhammad. They have mosques, observe Friday as their holy day, and as is their custom women come to the mosque and these few women later go to the houses of prominent families to preach to women and children. The prayers and rites they observe daily do not conform to any set custom but rather take place like the Angelus at sunset, since they pray once before dawn and again at midday.

1   The Maluku islands were more commonly known in European lore as the Moluccas, which were associated with the rare spices of mace, cloves, and nutmeg that were coveted and became the subject of trade disputes among the European powers during the early modern age of Europe. This archipelago now forms part of the country of Indonesia and is located due east of the Sulawesi.
2   The Spanish observer is comparing the Muslims of Maluku to those Muslim Filipinos encountered in the environs of Manila or the Visayan islands of central Philippines.

Tienen su cuaresma cada año por el mes de agosto desde que sale la luna nueva hasta que salga otra. Su ayuno es no comer en todo el día desde que entran las estrellas hasta que salgan, ni lavar la boca ni escupir sino fuere el enfermo o el que trabajare.

Tiene esta gente una fiesta después de la cuaresma, que se junta toda la gente más comarcana del lugar donde el rey vive y le trae en escuadrón a la mezquita, repicando muchas campanas y disparando artillería, y haciendo otros géneros de holguras con atambores a su usanza. Sacan en esta fiesta un cabrón grande y barbado y lo suben a la mezquita, donde lo tienen mientras se les predica la secta.

Ocho días después, tienen otra fiesta donde se juntan todos los principales y deudos del rey, y todos ellos le hacen un banquete con mucho género de [90r] instrumentos, y con comidas y manjares de todas suertes, llevándolo en hombros y andas y con arcos triunfales.

No se entierran en las mezquitas sino en las pertenencias de sus casas y huertas.

Their Lenten season[3] takes place each year during August, starting on the new moon and ending at the next. They feast by not eating during the day, from sunrise to sunset, nor do they rinse the mouth or spit unless they are sick or suffering.

The celebrate a fiesta after their holy week; the people nearest the residence of the king gather together and bring him to the mosque amidst the pealing of bells, the firing of cannons, and the banging of their version of drums. During this feast they bring a bearded goat to the top of the mosque while preaching takes place.

Eight days later, another feast is held with the most prominent men and relatives of the king gathering together to hold a banquet, with many kinds of [90r] musical instruments and plenty of food and delicacies of all kinds brought in on their shoulders and on floats under triumphal arches.

They are not buried in the mosques, but rather within the walls of their homes and gardens.

3  The anonymous writer is comparing the feast of Ramadan to that of the Lenten season of the Christians.

# 10

## La más verdadera relación que se ha podido tomar de los javos y su modo de pelear y armas es de esta manera

[93r] Los javos son de la color de estos moros, algo más fornidos. Andan mutilados, quítanse la barba, y el que tiene bigote lo deja crecer, lo demás todo lo quitan.

El vestido que traen es una ropa cerrada, escotado el cuello con mangas largas hasta la muñeca, y cerrada larga hasta la rodilla poco menos que un jeme, y al cuerpo ceñida una manta que le dé tres o cuatro vueltas larga hasta la espinilla y más baja. Y la ropa y manta de la color que a cada uno le da gusto. Y en la cabeza una toca larga, que le da vueltas a la cabeza. Este hábito traen en paz y guerra, salvo que en la guerra, como la manta es larga, la recogen por entre las piernas, recogiéndola a la cintura. No traen zapatos ni otra cosa.

Las armas que tienen para pelear es pica y rodela; la rodela embrazada y la pica con ambas manos asida; las rodelas de ellas redondas grandes, y de ellas como pavés largo. Traen una daga larga de dos palmos que se llama kris; es el hierro de ella culebreado. Por la mayor parte traen yerba en el hierro de ella, y la herida que con ella dan, si trae yerba el kris, es de muerte. El hierro de la pica es ni más ni menos culebreado como el kris. Y al cabo que su contrario le da picazo, si le pasa el cuerpo vase metiendo, ya dando por el asta hasta llegar a herir a su enemigo si puede. Asimismo algunos de ellos traen alfanjes largos como cuchillos, de monte corvado, y tráenlos con una anta que cuelga del hombro como tiracuello.

Suélense hacerse *amucos*, y el hacerse *amuco* es para ir a morir, y es de esta manera. Sángranse, y esta sangre échanla en agua, vino, y beben de ella y toman cierta yerba que se llama *antion*, que es de grandísimo vigor y fuerza [93v] que los saca de sentido y alborota, y pone furor. Y de esta manera acometen a sus enemigos diciendo *amuco amuco*. De esta manera han de vencer o morir.

Traen versería en sus navíos. Arcabuz no le usan sino es que entre ellos hay otra nación que lo use, y se junten de concierto para contra otros. No tienen armas defensivas ni se sabe que las traigan y, si algunos las traen, que son mandadores, traen unos como coseletes hechos de cuero de carabao.

# 10

## THE MOST ACCURATE ACCOUNT THAT COULD BE GIVEN OF THE JAVANESE[1] AND THEIR MARTIAL STYLE AND WEAPONS AS FOLLOWS

[93r]  THE JAVANESE HAVE THE SAME SKIN COLOR AS THESE MOROS,[2] but are more husky. They are scarred and do not sport beards but wear their moustaches long. They shave the rest of their facial hair.

They wear buttoned-up knee-length shirts with low-cut necks and sleeves that reach the wrists. They wrap a mantle three or four times around their waist. This mantle reaches down to the shin or lower. The tunic and mantle are of any color they like. They wear a long turban wrapped around the head. This they wear in times of peace and war, although in war, since the mantle is long, they gather it up between the legs and tuck it in at the waist. They wear no footwear.

The weapons they use for fighting are the pike and shield. They hold the concave shield and the pike in both hands. Their shields are large and round, and some are like long blocks. They carry a two-foot-long blade called *kris*.[3] It is made of iron and has a wavy shape. Most dip the blade in poison, and a wound inflicted by a poisoned kris means certain death. The iron part of the pike is wavy like the kris. And when an enemy is pierced by the pike, it can penetrate the body up to the shaft. Some of them are also armed with a curved scimitar carried in a scabbard, which is strapped across the shoulder.

They often go *amok*,[4] which means going to one's death. It goes this way: they draw blood and drip this on water or wine, and drink this. They also ingest a strong and potent herb called opium, which results in an uncontrollable frenzy [93v]. And in this way they attack the enemy crying out *amuco, amuco*. Thus, they either succeed or die.

Their ships carry cannons. They do not use the arquebus unless an allied nation brings the arquebus to a fight. They are not known for using body armor, and if some do, these would be the leaders who wear corselets made of carabao leather.

1  This is an anonymous and undated account of the inhabitants of Java, the most populous island of present-day Indonesia.
2  The Spanish observer is once again comparing the Muslim Javanese to the Islamic Filipinos that they had previously encountered in the environs of Manila or in the Visayan Islands.
3  The *kris* is a distinctive dagger with a wavy blade that is forged of iron. The weapon is indigenous to the cultures of Southeast Asia, especially Indonesia.
4  *Amok* is derived from the Malay word *amuk*, which means a sudden frenzied episode of killing, often with a kris or sharp dagger.

# 11

## Derrotero y relación que don Juan Ribero Gayo, obispo de Malaca, hizo de las cosas del Achen para el Rey nuestro señor

### Capítulo 1

[101r] Primeramente el Achen tiene una punta de la parte del poniente que se llama por los mareantes *oest*, la cual los naturales llaman panchor. Y de esta punta a la barra de Achen habrá cinco leguas poco más o menos, aunque en la carta haya mayor distancia. Y desde la dicha punta para el oriente está la costa del Achen hasta la barra que por los mareantes se llama *lest*. Y esta punta está en cinco grados poco más o menos de la parte del norte, y adelante de la dicha punta la isla de Sumatra, de esta banda para el sureste. Tiene otra punta que se llama la punta de Sumatra, que es la punta de la contracosta. Y de la una punta a la otra habrá distancia de diez leguas, y entre ellas hay poblaciones y riachos de que en el capítulo siguiente se tratará.

### Capítulo 2
*De las poblaciones y riachos que hay entre la punta del Achen y la de Sumatra, a la parte del occidente*

De la punta del Achen hacia el occidente, distancia de una legua y media, hay una bahía pequeña que se llama Matalacuña, donde van los pescadores del Achen a pescar. Habrá en ella diez brazas y no se puede surgir allí por la mucha

# 11

# SEA-MAPS AND REPORT THAT DON JOÃO RIBEIRO GAIO,[1] BISHOP OF MALACCA, MADE OF THE STATE OF ACEH FOR OUR LORD THE KING

## Chapter 1

[101r] Firstly, there is a promontory situated west of [the city of] Aceh that sailors call Oest and that the natives call Ujong Pancu.[2] And from this point up to the bar of Aceh is a distance of about five leagues, although the map depicts it farther than that. Running east from said promontory is the coast of Aceh up to the bar that sailors call Lest. And this point is more or less five degrees from the northern part, and beyond said point is the island of Sumatra, which sprawls from this side going southeast. On the opposite coast there is another promontory called Point Sumatra. And from one point to the other is a distance of ten leagues, and between the two are villages and streams, which will be discussed in the next chapter.

## Chapter 2
*About the villages and streams between the promontories of Aceh and Sumatra going towards the western part*

A league and a half west of the point of Aceh is a small bay called Matalacuña, where the fishermen of Aceh go to fish. It is ten fathoms deep and cannot be

---

1 João Ribeiro Gaio was a Portuguese bishop (1578–1601) of the present Malaysian trading city of Malacca (in Malay Melaka) who was installed there after the Portuguese vanquished the Sultanate of Malacca in 1511. The Sultanate of Aceh on the opposite Sumatran coast was considered the formidable rival of the Portuguese interests over the so-called spice trade of Southeast Asia, particularly pepper. The bishop's report, written in Portuguese, was submitted to the king of Portugal in 1584 and then anonymously translated into Spanish and compiled in the *Boxer Codex*. The bishop's report is primarily an appeal for the invasion and subjugation of the sultanate, as well as other kingdoms of Siam, Cambodia, and even China. Some of his audacious plans called for the joining of the Spanish and Portuguese armadas, based in Manila and Malacca respectively, in coordinated attacks. See Paulo Jorge De Sousa Pinto, *The Portuguese and the Straits of Melaka, 1575–1619: Power, Trade and Diplomacy* (Singapore: NUS Press, 2012), 71.
2 This is transcribed in the manuscript as Panchor, which has been identified by SA&M as the present area of Ujong Pancu.

piedra que tiene. Y desde la dicha bahía hacia el occidente hay una punta Aertauar donde hay huertas y palmares y hasta cincuenta casas [101v] y una centinela para los que caminan.

Y tiene fuentes donde se puede hacer aguada de marea llena. De esta punta de Aertauar para el occidente está un riacho pequeño que se llama Daya, donde no puede entrar embarcación ninguna por las muchas piedras que tiene en la barra. Y tiene una población de seiscientos vecinos y muchas huertas. Y desde la dicha punta de Aertauar hasta Daya hay distancia de tres leguas. Y en toda esta costa se puede surgir a la mar de Daya. Hacia el occidente, cuatro leguas, está la punta de Sumatra, donde también hay algunos riachuelos y huertas y casas de todas las poblaciones declaradas en este capítulo. Se navega para la población del Achen, y desde la dicha punta de Sumatra por la otra parte, comienza la contracosta donde hay muchas poblaciones, ríos e islas, como es Barros priamao y otras, semejantes de donde navegan para el Achen.

## Capítulo 3

En lo alto de la dicha punta del Achen, distancia de un tiro de arcabuz de la mar, hay una estancia a manera de baluarte, donde están algunas cámaras y centinela con cuarenta hombres que, según las embarcaciones que vienen, así hacen señal a la población del Achen por esta orden, si es nao de paz. Por las señales que ven disparan dos tiros y la fortaleza de la barra responde [102r] con otros dos. Y si es de guerra y desconocida por suya de ellos, tiran cuatro tiros a la fortaleza de la barra. Responde con otros cuatro, y luego la gente de la población se pone en arma y acuden a la barra, y solamente en la punta donde están las dichas cámaras, hay casas donde se recoge la gente de la centinela. Y desde la mar para la dicha punta no se puede desembarcar ni ir gente, y de la parte de tierra. Toda la dicha punta es alta y servida hasta que va a dar abajo en lo llano, y de ella hay caminos por tierra para la población del Achen.

Desde esta punta del Achen a la mar, está una isla pequeña que se llama Pulochichen, que tendrá media legua de box. Y de la dicha punta a la dicha isla habrá un cuarto de legua, y entre ellas pasan embarcaciones pequeñas que vienen de la barra Manancauo, Barros, Daya y otros lugares de la contracosta, y de algunas islas que están a la mar hacia el poniente, donde dicen que está una isla que el señor de ella tendrá diez naves de oro. Y de marea llena o de menguante corre el agua con tanta fuerza entre la dicha punta y la isla, que contra ella no puede pasar embarcación alguna.

Y si alguna pasa por donde la corriente va, pasa, llegada a la dicha isla, porque de la parte de la punta de la tierra hace el agua en aquella ensenada un remolino tan grande que peligran las embarcaciones que dan en él. Y desde la dicha isla de Pulochichen a la mar está otra isla que se llama [102v] Pulonousa, de que abajo trataremos. Y entre estas dos islas habrá distancia de casi media legua, donde se hace un boquerón por donde entran naos grandes, principalmente las de Meca, Camboya y Daabul, cuando desgarran para aquella banda

navigated because of the many rocks there. West from said bay is point Ayer Tawar, which has orchards and palm groves and up to fifty houses [101v] and a sentry for pedestrians.

It has sources for taking in fresh water during the high tide. West of point Ayer Tawar is a small stream called Daya, which cannot be entered by any vessel because of the many rocks at the bar. It has a population of six hundred people and has many groves. From point Ayer Tawar up to Daya is a distance of three leagues. The entire coast gives access to the sea of Daya. Four leagues to the west is point Sumatra, which also has streams and groves and houses of the people mentioned in this chapter. The route to the town of Aceh is by water, and going the other way, the opposite coast begins from point Sumatra which has many villages, rivers and islands, such as Barros, Pariaman, and others, from which vessels sail for Aceh.

## Chapter 3

At the distance of an arquebus shot towards the sea from point Aceh is a fort-like structure that has several rooms and a guard of forty men who, depending on the ships coming in, send a signal to the town of Aceh in the following manner. If the ship comes in peace they fire two shots, and the fort at the bar replies with two shots [102r]. If these are unfamiliar warships, four shots are fired, and the fort fires four in reply, and the people arm themselves and rush to the bar, and at the point where said rooms are located, the men of the guard assemble. From the sea up to said point, no ship can disembark, nor can it be accessed by land. The entire point is elevated and manned up to the lowland, and from that point there are paths that lead to the town of Aceh.

Seawards from point Aceh is a small island called Pulau Chichen, which is half a league in diameter. From said point to said island is a distance of four leagues, and between them sail small vessels coming from the bar Minangkabau,[3] Barros, Daya, and other areas on the opposite coast and from some islands in the sea to the west, where it is said there is an island whose ruler has ten ships of gold. At high and low tides the water flows strongly between said point and the island, making it impossible for any vessel to sail against it.

And if one sails with the tide it can only do so until said island because on the point side a large whirlpool appears, making it unnavigable. To the sea beyond the island of Pulau Chichen is another island called [102v] Pulau Nasi, which will be described below. Between these two islands is a distance of half a league, with a wide opening through which big ships enter, mainly from Mecca, Camboya, and Daabul, when pushed there by winds and currents.

---

3   S&T doubt this reference to an inland town, attributing it to a mistake of the writer.

con los vientos y corrientes, y no entran las dichas naos sino de día y con marea llena, por causa de unas piedras que están de medio boquerón, para le tomar a ir bien por él a la barra del Achen con la proa al leste sureste, y se han de llegar a causa de las dichas piedras más junto de la dicha isla de Pulochichen.

## Capítulo 4

De la dicha punta del Achen para el oriente está una isla pequeña que se llama [102v] Pulanuesa, distancia de media legua. Y desde la dicha isla a tierra habrá un tiro de camelete, en la cual están dos casas y un poco de agua que mana. Y de noche velan en esta isla las personas que de día velan en la dicha punta del Achen, como queda dicho en el capítulo tercero.

## Capítulo 5

Desde la punta del Achen, que es de la parte del poniente, hay otra isla pequeña, que está hacia la barra, y se llama por los acheneses Puloancasa. Habrá una legua. Y desde esta isla a la de Pulonuesa, media legua, en la cual isla de Puloancasa [103r] está una casa de romería de los moros, y la guardan continuamente cinco o seis hombres acheneses. Asimismo hay en la dicha isla un poco de agua que nace de que beben y hay palmeras de esta isla de Puloancasa. Hasta la tierra es playa, y habrá casi un tiro de camelete, y pueden entre esta isla y la tierra surgir galeras y fustas porque hay más de cuatro brazas de agua, y de marea vacía y llena. De esta playa hasta la barra del Achen es arena, por lo cual se puede siempre desembarcar por toda la playa y, cuando desembarcaren, será en embarcaciones pequeñas, porque salga la gente a pie enjuto, porque quien ha de pelear y caminar conviene que salte en tierra con su persona y pólvora enjuta. Y haciendo olas grandes de necesidad, se han de ir a desembarcar entre la dicha isla de Puloancasa y la tierra.

## Capítulo 6

Yten de la dicha punta del Achen hasta la dicha isla de Puloancasa como arriba queda dicho hay una legua y, de la dicha punta del Achen hasta la dicha isla, puede surgir la armada ajustada, así de la punta del Achen y de la tierra de la punta, como de la isla de Pulonuesa, más de media legua hacia el oriente, escorándose en los ponientes, porque habiendo levantes, dará la armada en la costa y se guardarán de sufrir junto de la [103v] dicha punta del Achen más de la dicha media legua, porque cuando corre el agua para dentro o para fuera, hace grande remolino hacia la parte donde el agua corre, y estando ahí algún navío peligrara.

Y asimismo se guardarán de surgir en la punta y en toda su ensenada cerca de tierra, y de la dicha isla de Pulonuesa, porque hay mucha piedra. Y entre esta isla de Puloancasa y la punta del Achen habrá más de cuatro

Because of some rocks that are halfway into the mouth, ships only enter during daytime and at high tide, in order to sail safely through to the bar, with the bow pointing east-southeast, and avoid said rocks closest to the island of Pulau Chichen.

## Chapter 4

Half a league east of the point of Aceh is a small island called [102v] Pulau Nuesa. Said island is a *camelete*[4] shot from land, where there are two houses and some flowing water. At night the island is guarded by those who stand guard at point Aceh during daytime, as described in the third chapter.

## Chapter 5

From point Aceh, which is in the western part, towards the bar is another island called Pulau Ancasa[5] by the Acehnese. It is a league away. From this island to Pulau Nuesa is half a league; the island of Pulau Ancasa [103r] hosts a Moorish pilgrimage house that is constantly guarded by five to six men from Aceh. On said island there is scarce potable water and Pulau Ancasa has a few palm trees. From the land there is a beach a camelete shot away. Galleys and foists can sail between this island and dock because there are more than four fathoms of water, as well as high and low tides. From this beach up to the bar of Aceh all is sand, thus ships can disembark along the entire beach, and when disembarking, it should be done on small boats, so the men can land fully equipped, for it is appropriate for the fighting men to be fully fitted out when coming on land. And because of the big waves, they should disembark between the island of Pulau Ancasa and land.

## Chapter 6

The distance from said point of Aceh up to the island of Pulau Ancasa, as aforementioned, is a league, and a fitted-out fleet can sail from Aceh, as well as from the point of Aceh and the land of the point, and from the island of Pulau Nuesa, more than half a league to the east, relying on the westerly winds because with full sails the fleet can sail along the coast and be protected by [103v] said point of Aceh except for a half league distance because when the tide ebbs and flows, a large whirlpool appears in the part where the water flows and would thus be a danger to any ship anchoring there.

Also it should avoid anchoring at the point and along the entire inlet near the land, and from the island of Pulau Nuesa because of the many rocks. And between this island of Pulau Nuesa and the point of Aceh, the water is more

---

4  *Camelete* is a small cannon.
5  S&T locates Pulau Ancasa as the present-day Pulau Tuan.

brazas de agua hacia la mar, más hasta quince y veinte, y hay alguna piedra debajo del agua, por lo cual conviene tener cuenta con las marras, porque no se corten. Y adviértese que no solamente de la dicha punta del Achen a la isla de Puloancasa a la mar hay de quince brazas para arriba, mas de la dicha punta hasta enfrente de la barra del Achen hay de las dichas quince brazas para arriba. A la mar y a la tierra hay tres y cuatro brazas de buen fondo para surgir, y de allá la mar multiplica hasta quince y más todo de buen surgidero. Y débense de amarrar bien por las corrientes grandes y los noroestes y vientos que vienen de aquella banda.

La dicha isla de Puloancasa de la banda de la mar hace un arco y, por la parte de la tierra, es casi derecha, y es de mediana altura, que abriga las embarcaciones que surgen junto a ella, excepto de los vientos levantes, que son muy peligrosos [104r] en aquella costa, y toda puede amparar los navíos que estuvieren entre ella y la tierra que serán galeones, galeras y fustas. A la mar de esta isla está otra que se llama Pulonousa, de que en el capítulo 3º se hizo mención, donde se va a cortar madera para casas y piedra para las sepulturas de los difuntos moros. La cual isla de Pulonousa está, con la de Puloancasa, norte sur tres leguas grandes. Y junto a la de Pulonousa no hay surgidero alguno salvo cuando han de mandar el boquerón de que en el capítulo 3º se trató, porque de frente del dicho boquerón hay surgideros de una parte y otra, donde surgen las naos que esperan por las mareas para entrar, o decaen por el dicho boquerón, como en el dicho capítulo queda dicho.

Será esta dicha isla de Pulonousa de tres leguas en circuito, y de ella hacia el levante está otra isla que se llama Pulooe, que es la isla de los desterrados, como media legua, y está casi norte sur con la barra del Achen, de manera que por esta isla no se puede errar la barra del Achen. Y de esta isla a la de Puloancasa serán tres leguas y media, y están la una con la otra casi nordeste sudoeste.

Esta isla de Pulooe tendrá de box casi tanto como la de Pulonousa, y hay en ella población de los desterrados, y hay palmas, areca, betel, plátanos, agua y ñames. Y van a ella desde el Achen [104v] algunos paros a comprar y vender, y no hay surgidero cierto junto a la dicha isla, más bien lo puede haber de la banda del sur, pero surgiendo las naos con los vientos noroestes que vienen por encima de la isla (enfermará de calenturas toda la gente), y de la parte del poniente, que es desde la barra hasta la dicha punta del Achen no hay más islas que las dichas.

Hay asimismo una laja negra a que los de allí llaman Puloburo, que de madera llena y vacía, parece maza con el agua, donde siempre la mar está quebrando. La cual laja, cuando se va a tomar la barra del Achen que da a la parte del Achen la isla de los desterrados y, estando surtos en la barra, demora la dicha piedra al norte. Yten apartado de las dichas islas hay surgideros como se declarará adelante en el capítulo 9. Y no hay otras islas desde la dicha punta hasta la dicha barra excepto las de Gómez Pola, que se demoran a la mar de la dicha barra para la parte del norte cinco y seis y siete leguas de tierra, son de arboleda y sin gente.

than four fathoms deep going out to sea, and reaches even fifteen to twenty, and there are some rocks underwater. Here good seamanship plays a role in avoiding damage, so care should be taken so that ropes will not be cut. Be warned that not only from the point of Aceh to the island of Pulau Ancasa seawards is the water running fifteen fathoms or deeper, but from said point up to the front of the bar of Aceh the depth measures fifteen fathoms or more. To the sea and to land there are three to four fathoms and a good bottom for anchorage, and from there the sea drops down to fifteen, and all provide good anchorage. And they should be well anchored because of the strong currents and the nor'western and the winds coming from that side.

Said island of Pulau Ancasa, seawards, forms an arc, and landwards it is nearly straight and of medium height. It shelters ships that are anchored beside it, except from the trade winds, which are very dangerous [104r] along that coast. All kinds of ships can seek shelter by anchoring between this point and the coast, be these galleons, galleys or foists. Further to the sea from this island is another called Pulau Nousa, which has been mentioned in Chapter 3, where the Moors get wood for houses and stone for burying their dead. From north to south, the island of Pulau Nousa is three leagues from the island of Pulau Ancasa. And beside Pulau Nousa there are no anchorages except when the mouth mentioned in Chapter 3 opens because in front of the opening, there are anchorages from one side to the other where ships wait for the tides before entering, or they go down through said opening, as described in said chapter.

The abovementioned island of Pulau Nousa is three leagues in circumference, and towards the Levant is another island called Pulau Oe,[6] which is an island for outcasts, about half a league away and nearly north to south from the bar of Aceh, in such a way that the bar of Aceh cannot be entered from this island. And from this island to Pulau Ancasa are three and a half leagues, running almost northeast to southwest.

The island of Pulau Oe has a diameter almost like Pulau Nousa, and in it live the outcasts, and there are palm trees, areca, betel, banana, water and yam. And a few people go from there to Aceh [104v] to buy and sell, and there is no sure anchoring place beside the island, although these can be found in the southern part, but the ships risk the nor'western winds that blow across the island (all the men will run fevers), and from the west, which is from the bar up to the point of Aceh, there are no other islands.

There is also a large black stone that the natives call Pulau Buro, which like solid or hollow wood, seems like a hammer upon which the water breaks. Said stone, when going to the bar of Aceh [104v] from the island of outcasts, and anchored at the bar, lies to the north. And apart from the said islands there are other anchorages, to be discussed in Chapter 9. And there are no other islands between said point and bar except the islands of Pulau Gómez, north of the bar, five to seven leagues from land, which have trees but are deserted.

6   Located by S&T at Sabang, which is northwest of the present city of Banda Aceh.

## Capítulo 7

De la dicha isla de Puloancasa a la mar se podrá surgir, mas será con mucho trabajo, por causa de las grandes corrientes y vientos nortes y otros que vienen de la banda de los noroestes [105r] y no hay abrigo alguno.

## Capítulo 8

Por entre estas islas, aunque las vean apartadas las unas de las otras, no entrará navío alguno de alto bordo, porque corre mucho riesgo de se perder por causa de las muchas piedras que tienen, excepto por el boquerón que está declarado entre Pulonousa y la isla de Pulochichen, que están de frente de la punta del Achen.

## Capítulo 9

Declárase más, que desde la punta del Achen hasta la dicha isla de Puloancasa y, de esta isla hasta la barra del Achen, y desde la barra dos leguas al oriente, todo es surgidero y, cuanto más llegado a la tierra, tanto mejor y, con los vientos noroestes, dan las naos a la costa, sino están bien amarradas. Y éstos son los que cursan más en esta costa, y asimismo los nortes nordestes lestes y oestes, perjudican alguna cosa, más no tanto como los noroestes. Y cuanto más a la mar surgen las naos, tanto mayores son las corrientes y las mareas, y así se declara que entre la dicha isla de Puloancasa y la tierra pueden surgir galeones, galeras y fragatas amparados de los noroestes y oestes, y que de la dicha isla de Puloancasa a la mar también se puede surgir de la manera que arriba es declarado. Y así también entre la isla de los desterrados y la de Pulonousa se podrá surgir apartado de ella [105v] así de la parte de la mar junto de la tierra.

## Capítulo 10

Yten declárase más, que hay algunos truenos y aguaceros en esta costa, no tan frecuentados ni tan peligrosos como es fama entre nos, y la mayor parte de ellos vienen por encima de la tierra. Y la luna de mayo es muy peligrosa por ser entrada del invierno. Y en el mes de junio son tantas las aguas que bajan de las sierras de la mucha lluvia, que sale el río de madre, y anega toda la población, creciendo dos y tres palmos sobre la tierra, y dura dos y tres días. Y en el mes de septiembre vienen otras aguas semejantes a éstas por ser invierno en los dichos tiempos.

## Capítulo 11

Declárase también que desde la dicha punta del Achen hasta la isla de Puloancasa es todo playa de arena de buen camino, y hacia dentro hay huertas y palmares, campos y sementeras de arroz, y algunas cosas más. No hay río ninguno que impida el camino, y hay caminos para la ciudad, principalmente uno que co-

**Chapter 7**

Ships can anchor seaward of the island of Pulau Ancasa but with great difficulty because of the strong currents and winds that blow from the northwest, [105r] and there is no shelter at all.

**Chapter 8**

Ships of the line/high-board ships do not sail between these islands, although separate from each other because of the danger posed by many rocks, except for said opening between Pulau Nousa and Pulau Chichen, which are in front of the point of Aceh.

**Chapter 9**

From the point of Aceh to the island of Pulau Ancasa, and from this island to the bar of Aceh, and from the bar two leagues to the east, all are anchorages, and the closer to land the better, and the nor'western winds blow ships against the coast if these are not well anchored. And these winds are what prevail along this coast, together with the northerly, nor'easterly, easterly, and westerlies, which are dangerous, but not as much as the nor'western. And the farther into the sea the ships anchor, the stronger the currents and tides, and so it is advisable for galleons, galleys, and frigates to find shelter from the nor'western and western winds, between Pulau Ancasa and land, and they can also anchor seawards off Pulau Ancasa as earlier described. A ship can also anchor between the island of outcasts [105v] and Pulau Nousa, as well as near land.

**Chapter 10**

Also there are thunderstorms and downpours along this coast, not as frequent or as dangerous as we have been led to believe, and for the most part these come over the land. And the full moon in May is very dangerous for it heralds the rainy season. In June so much rainwater comes down from the mountains that the main river overflows and floods the entire town, rising two or three feet high, and this lasts two to three days. And in September similar rains come because of the wet season.

**Chapter 11**

From the point of Aceh up to the island of Pulau Ancasa lies a beach that is all sand and that can be walked on. Inland there are orchards and palm groves, rice fields, and a few others. There is no river that hampers travel, and there are paths leading to the town. The main path leads from the beach of Pulau

mienza de la playa de Puloancasa, derecho de la isla hacia tierra, el cual es muy frecuentado y sabido de los moros que vienen en romería a la casa que está en la dicha isla, que es medio día de camino a la dicha población, y podrán ser tres leguas a la dicha población del Achen. Por el cual camino hay casas y huertas [106r] y está la aldea que se llama Muaesa, que estará a medio camino para la población del Achen. Y en todo este camino no hay río ninguno, salvo dos riachuelos, el uno el de Indergit, que adonde se viene a pasar por este camino tendrá un palmo de agua.

Y pasada la dicha aldea de Muaesa está otro que se dice de Coalasaban, el cual será de altura en este lugar de dos palmos y medio poco más o menos. Y toda la gente que va a la dicha romería pasa el dicho río a pie, de marea vacía, como también se pasa el de Indergit, y podrá haber del uno al otro una legua, y desembarcándose la gente de la armada en la playa de frente de la dicha isla de Puloancasa, ha de venir por el dicho camino a parar a la dicha aldea Muaesa, y ha de pasar forzosamente por en medio de ella, y de ahí ha de ir para la población como se declara adelante en el capítulo 17.

Y nota que, desembarcándose la gente desde la dicha isla de Puloancasa hasta el dicho río de Coalasaban, siempre por todos los caminos ha de ir a buscar la dicha aldea Muaesa y, de ahí ha de ir para la población del Achen. Y en toda la playa es buen desembarcadero, y tiene caminos para la dicha aldea de Muaesa, mas no haciendo olas ni vientos. El mejor desembarcadero es entre el riacho de Indergit y Coalasaban, y haciendo vientos y olas, forzosamente se ha de desembarcar entre la dicha isla de Puloancasa y la tierra.

## Capítulo 12

Yten desde la dicha isla de Puloancasa por la playa de la mar hasta un riacho que está en la playa del Achen, que se llama Indergit, será una legua. Y este riacho tendrá de anchura menos de un tiro de piedra. Y cerca de él por la tierra adentro, distancia de un tiro de ballesta está una trinchera de tierra ya vieja, que sirvió de tener artillería, y ahora está yerma. Y asimismo hay huertas y casas, tierras y sementeras de arroz.

Y junto de este mismo río por toda la playa hay caminos que van a dar al camino de Muaesa, de que queda hecha mención, que es de la dicha isla de Puloancasa para la población del Achen. Y desde la dicha isla por entre las dichas huertas y sementeras hay caminos, y por entre las mismas huertas pueden ir a dar en el dicho camino y entrada que va de la dicha isla de Puloancasa para la población del Achen, de manera que en toda esta playa es desembarcadero, como arriba está dicho, y por cualquier parte de ella se puede ir a buscar el dicho camino para la dicha aldea de Muaesa y población del Achen.

Y declárase ser todo desembarcadero cuando no ventaren los vientos de la mar, que es de la banda del norte, porque los dichos vientos hacen grandes mares y forzosamente se ha de ir a desembarcar en la playa, entre la isla de Puloancasa y la tierra, como atrás queda declarado.

Ancasa, to the right of the island towards land, which is the most frequently used and most familiar to the Moros who go on pilgrimage to the house on said island, which is half a day's walk from said town and could be three leagues from the town of Aceh. Along the path are houses and groves and the village [106r] called Muaesa, which is halfway to the town of Aceh. Along the entire route there is no river, only two streams—one is Indragiri, where a foot of water has to be crossed.

Past the village of Muaesa is another [stream] called Kuala Saban, which in this area is about two and a half feet deep. Everyone who goes on pilgrimage wades across this stream on foot at low tide, just like at Indragiri, and the distance from one to the next could be one league. When the men of the fleet disembark on the beach in front of the island of Pulau Ancasa, they will have to follow the path to reach the village of Muaesa, and force a passage in the middle of it, and from here they can head for the town, as described further in Chapter 17.

Take note that upon disembarking, from the island of Pulau Ancasa up to the stream of Kuala Saban, the men should look out for the village of Muaesa, and from here they can march toward the town of Aceh. Along the entire beach the anchorage is good, and there are paths leading to the village of Muaesa, and there are no waves or winds. The best area for disembarking is between the streams of Indragiri and Kuala Saban, and if there are winds and waves, disembarkation can take place between the island of Pulau Ancasa and the mainland.

## Chapter 12

From the said island of Pulau Ancasa along the beach up to Indragiri stream there is a distance of one league. This stream is less than a stone's throw in width. And nearby, a crossbow shot's distance further inland, is an old ditch once used for artillery but now empty. There are also groves and houses, plots, and rice paddies.

And beside this stream, along the entire beach, there are paths that lead to Muaesa, as said earlier, which go from the island of Pulau Ancasa to the town of Aceh. And from said island, across the groves and fields, there are paths, and through the groves the path leading from Pulau Ancasa to the town of Aceh can be found, so that the entire beach can be used for disembarking, as already mentioned, and from anywhere the path leading to the village of Muaesa can be found, and thus the road to Aceh.

Men can disembark anywhere so long as there is no wind blowing on the north side from the sea, for then disembarkation will have to take place on the beach between the island of Pulau Ancasa and the mainland, as pointed out above.

## Capítulo 13

Yten de este riacho de Indergit hasta [107r] otro riacho mayor que se llama Coalasaban, que está hacia la banda del Achen, menos una legua y media, el cual será de anchura un buen tiro de piedra y de aguas vivas, podrán entrar fuste e ir por él arriba hasta la aldea de Muaesa. Este riacho de Coalasaban no se puede pasar a pie junto a la mar, aunque sea de marea vacía, pero como ya arriba queda dicho, este riacho de Coalasaban se puede pasar a pie de marea vacía, en otros lugares, distancia de una legua de la mar. Y entre estos dos riachos junto a la playa y por la tierra adentro hay palmares y sementeras de arroz, y por cualquier parte de la dicha playa junto al dicho río, de una parte y de otra hay caminos para la dicha aldea de Muaesa, así y de la manera que está declarado del río y playa de Indergit. Y desde la playa de este riacho de Coalasaban hasta la dicha aldea de Muaesa habrá más de dos leguas y media. Y adviértese que después de la gente desembarcada, se pueden llevar por este río mantenimientos y artillería y otras cosas en fustas hasta la aldea de Muaesa, con marea llena de aguas vivas. Y asimismo que no habiendo vientos que hagan mares entre estos dos riachos, es el mejor embarcadero de todos.

## Capítulo 14

Yten este riacho de Coalasaban a la barra del Achen habrá más de legua y media, que también es de buena playa, y por la tierra adentro [107v] es de palmares y huertas y sementeras de arroz, y tiene caminos aunque lodosos, para la población del Achen. Y de toda esta playa de Coalasaban para la playa cuanto más se llega la barra, tanto más lejos poca distancia queda a la dicha aldea de Muaesa, que a las otras playas atrás declaradas. Y en la entrada de este riacho de Coalasaban hacia la barra del Achen por el río adentro, distancia de un tiro de arcabuz, está una trinchera de piedra muy vieja y derribada que no tiene fortificación ninguna. En esta playa también se puede desembarcar como en las otras, excepto haciendo vientos de la mar que es de la banda del norte, como en las otras playas se declaró. Y desembarcándose de este riacho de Coalasaban para la barra no es tan buen desembarcadero como los que atrás quedan declarados por causa del lodo, y ser los caminos más embarazados.

## Capítulo 15

Por lo cual declara Diego Gil por haber estado muchos años cautivo en el Achen en poder del rey, y continuamente espiar, velar y pensar en este desembarcadero para dar a nos, don Juan Ribero Gayo, mejor relación de las cosas del Achen, que todos los otros con quien hasta el presente las comunicamos y con más verdad, el mejor desembarcadero de todos ser desde la playa que está de frente de la isla de Puloancasa hasta el dicho riacho [108r] de Coalasaban, por ser

## Chapter 13

Furthermore, from the stream of Indragiri [107r] up to the bigger one called Kuala Saban, foists can sail up the village of Muaesa about less than a league and a half. The [bigger] stream is about a stone's throw wide and has fast-flowing water. This stream of Kuala Saban cannot be forded near the sea, even at low tide, although, as earlier mentioned, it can be crossed at low tide in other areas about a league from the sea. And between the two streams, near the beach and inland, there are palm groves and rice paddies, and from any place on the beach next to the river, there are paths leading to the village of Muaesa, as the stream and beach of Indragiri has been described. And from the beach of Kuala Saban stream up to the village of Muaesa it is about two leagues and a half. Take note that after the men have disembarked, foists can ferry supplies, cannons, and other objects up this river to the village of Muaesa during high tide. And since there are no winds that create waves between the two streams, it is the best area for disembarking.

## Chapter 14

From the stream of Kuala Saban up to the bar of Aceh is a distance of more than a league and a half, which makes for a good beach. Inland [107v] there are palm groves, orchards, and rice paddies. There are paths, albeit muddy, that lead to the town of Aceh. The farther one goes up the beach of Kuala Saban towards the bar, the closer one gets to the village of Muaesa, compared to the other beaches mentioned earlier. And at the mouth of this stream of Kuala Saban towards the bar of Aceh, about an arquebus shot's length upriver, are the ruins of an old stone trench that has no defenses. Ships can disembark on this beach, like on the others, except when sea winds blow coming from the north, as mentioned before. Disembarking between the stream of Kuala Saban and the bar is not as advisable because the mud does not make for good landings as stated earlier, and the paths are more difficult to take.

## Chapter 15

This information was provided by Diogo Gil[7] who, remaining a captive of the king in Aceh for many years, never stopped spying, observing, and thinking of the disembarkation spot in order to give [the author] Dom João Ribeiro Gaio the best and most accurate report on Aceh among all that we have received to date. It points out that the best area for disembarking is along the beach facing the island of Pulau Ancasa up to the stream [108r] of Kuala Saban, this being

---

[7] Diogo Gil was a Portuguese adventurer who was held in Acehnese captivity.

toda playa limpia, salvo haciendo vientos que levanten mares, porque entonces forzosamente se ha de desembarcar entre la dicha isla de Puloancasa y la tierra, como atrás queda dicho, porque de cualquier parte de la dicha playa para la dicha aldea de Muaesa, todos son muy buenos caminos y, cuanto más junto al río de Coalasaban se desembarcare, tanto más cerca queda de la dicha aldea de Muaesa y de la población del Achen. Y el mejor camino de todos es desembarcar junto del dicho riacho de Coalasaban, de la banda de Indergit, y caminar siempre derecho a Muaesa y a la población del Achen.

## Capítulo 16
*De las cosas que están en la barra del Achen de la parte del poniente*

En la barra del Achen está un baluarte de tapia de tierra cuadrado, y tiene alguna artillería, el cual estará apartado del río un tiro de arcabuz, y de la mar medio tiro de camelete. Será el dicho baluarte de dos brazas y juega a la playa, barra y parte del río y alrededor, lo que alcanza la dicha artillería, y estará de la población del Achen tres leguas. Entrando fustas por la barra junto a la playa, las ofenderá poco la artillería, por estar lejos junto a este baluarte un tiro de piedra de la banda del sur. Entra del propio río junto a la barra en estero que va por la tierra adentro poca distancia y se vuelve a meter otra vez en el río casi una legua [108v] de la población del Achen. Y en la isla que hace este estrecho hay algunas casas de pescadores, y algunos plátanos y árboles salados; hay más por la orilla del río del dicho estrecho para la población, un estero angosto que atraviesa del río de un lugar que se llama Canpunpegu, y se va a meter entre las huertas y casi llega al río de Coalasaban. Y se pasa cerca del dicho lugar de Canpunpegu por una tabla de casi tres brazas de largo. Y de esta parte de la punta del Achen hasta la barra no hay otra aldea alguna sino la que está declarada que es Muaesa.

Y cerca del río algunos lodazales salados trabajosos de caminar, por lo cual junto al río no es buen desembarcadero, como está dicho. Y el camino del dicho baluarte para la población del Achen, o es por el mismo río en paraos, o por la otra banda del río de la parte de oriente, que es el camino bueno, y pasan el río desde el dicho baluarte en paraos, como abajo se declarará.

## Capítulo 17

Llegando a la aldea de Muaesa por cualquiera de los desembarcaderos que quedan declarados, porque por cualquiera de ellos que se desembarcare de necesidad se ha de ir a buscar por divisa y señal la dicha aldea de Muaesa, para desde allí ir a la población del Achen, el mejor desembarcadero, como ya también queda declarado es la playa que está junto de Coalasaban [109r] de la parte de Indergit. Y tanto que llegaren a la dicha aldea de Muaesa caminarán desde ella para la dicha población del Achen por esta orden. La dicha aldea está en medio de un campo, antes de pasar el vado del riacho de Coalasaban, pues caminarán por en medio de ella y, yendo por el dicho campo al oriente, pasarán el dicho vado de Coalasaban, desde el cual hay tres caminos. Uno de ellos cae

entirely clear, except when winds raise waves, for then the men will be forced to disembark between the island of Pulau Ancasa and the mainland, as mentioned above because from any place along the beach they can head for the village of Muaesa, for there are good paths, and the closer to the stream of Kuala Saban the men disembark, the closer they get to the village of Muaesa and the town of Aceh. And the best way is to disembark next to the stream of Kuala Saban, on the side of Indragiri, and march straight to Muaesa and to the town of Aceh.

## Chapter 16
### *About things relating to the bar of Aceh in the western part*

At the bar of Aceh is a square stronghold with earthen walls and a few artillery pieces, about an arquebus shot from the river and half the distance of a camelete shot from the sea. Said fort, two fathoms wide, overlooks the beach, the bar, and part of the river and the surrounding area covered by its guns, and is about three leagues from the town of Aceh. The guns pose little threat to foists entering the bar near the beach because of the distance, the fort being a stone's throw away from the southern side. From the river next to the bar they enter an estuary some distance inland and return to the river about a league from the [108v] town of Aceh. On the island that creates this strait there are several houses of fishermen and some banana and saltwater trees. Closer to the banks of the river of said strait and towards the settlement is a narrow marsh that crosses the river at a village called Kampung Pegu, winding through the groves and reaching nearly up to the stream of Kuala Saban. One can cross at Kampung Pegu along a board about three feet wide. And from this part of the point of Aceh up to the bar there are no villages aside from the aforementioned Muaesa.

And near the river there are saltwater mudflats that are difficult to negotiate, which eliminates the area next to the river as a spot for disembarking, as already stated. Taking the path from the fort to the town of Aceh, or along the river on parao boats, or by the eastern bank of the river, which has solid ground, or moving upriver from said fort on paraos, will be discussed below.

## Chapter 17

The village of Muaesa can be reached via any of the disembarkation areas mentioned—for it is imperative that the men locate it by signs and signals—so that from there they can march to the town of Aceh. The best spot for disembarking, as already stated, is the beach next to Kuala Saban [109r] on the side of Indragiri. And upon reaching the village of Muaesa the march to the town of Aceh can be done in the following order. Said village is in the middle of a field, and before coming to the ford of Kuala Saban, they will have to traverse this, and going across said field to the east, they will reach the ford of

a la mano izquierda, y va a dar a Canpundagao, y por éste no se ha de ir aunque es buen camino. Otro cae a la mano derecha, y va por entre las huertas a dar en la cerca del rey por la banda del poniente, y no es bueno por ser de mucho lodo.

Hay otrora uno por medio, y éste se ha de tomar e ir tan por él hacia el oriente, a demandar una punta de huertas que sale para el dicho campo un tiro de ballesta, más que las otras que quedan a la mano izquierda. Y dejándola a la mano derecha más de un tiro de arcabuz, y puestos con ella norte sur irán a demandar donde la dicha punta comienza de salir hacia el campo, y de allí derecho las huertas donde hallarán un camino que yendo por él entrarán en el camino que va por entre las huertas a la población del Achen. Y puesto que vean otras puntas de huertas no las sigan, sino solamente la dicha punta que demora al leste oeste, que es de la banda del oriente hacia mano derecha. Y es la postrera que está más para la banda de la dicha aldea de Muaesa.

Y si vieren otras puntas que demoran [109v] al lest nordeste, que es sobre la mano izquierda, no las tomen, aunque estén al oriente, y solamente la dicha punta tomarán. Y en llegando al camino ancho irán por él al oriente por entre las huertas. Y luego de ahí, un tiro de arcabuz, irán a dar a la casa de la fundición, y de ahí irán a mano derecha al sur, y pasarán por una población que se llama Betannajal, y pasan Saridria, donde moran los *pacenes*, la cual será de setecientos vecinos, y tiene dos calles de casas pajizas, una que va para la mezquita, y otra para la casa del rey, que son las principales, y por ellas se va con el rostro al sur.

La una de ellas pasa por medio de la población derecha a la mezquita grande y, llegando a un patio grande de la dicha mezquita, se tomará el camino a mano izquierda para el sureste, e irán a dar a la puerta de la cerca donde vive el rey. E yendo por la otra calle junto al río para el sur, también van derecho a la puerta de la cerca donde el rey mora, y caminando desde la casa de la fundición por el camino y orden que atrás queda dicho, quedamos a las espaldas de la aduana. Y de la dicha aduana hacia el norte está un langar que es casa de su romería. Y luego adelante al norte está Canpundagao, que es una población grande de seiscientos vecinos, donde viven todos los extranjeros.

Y luego desde esta Canpundagao [110r] para el norte está otra población que se llama Canpunpegu, que tendrá cien vecinos, donde se aposentan los *pegus*. Detrás de estas poblaciones de Canpundagao y Canpunpegu está otra población pequeña que se llama Canpunbengala, que tendrá otros cien vecinos. Y toda la demás tierra detrás de estas poblaciones es de huertas de palmares, platanares y árboles grandes, y tienen cercas donde están sepulturas de los moros. Y por las dichas huertas hay casas y vive gente en ellas, y las dichas huertas son cercadas de vallados y espinas.

Kuala Saban, from which three paths emerge. One of them leads to the left in the direction of Kampung Dagao,[8] and they should not take this no matter how inviting the road. The other on the right goes through the groves and leads to the king's compound on the western side, but should be avoided because it is very muddy.

The one in the middle should be taken, and it goes east, passing some groves, and leads to a spot about a crossbow-shot from the field to the right of the two other paths. And moving off to the left an arquebus shot in distance, going north to south, they will reach the spot where said point connects to the field, and from there straight through the groves they will find a path by which they will arrive at the path that emerges from the groves to the town of Aceh. And even if they see other groves, these should not be followed—only the one that runs east to west, which is in the eastern part to the right. And it is the last that is closest to the side of the village of Muaesa.

And if they see other points [109v] that lie east-northeast, which is on the left side, these should not be taken, even if they are in the east, and they should only follow said point. And upon reaching the wide path they are to go east through the groves. And from there, an arquebus shot away, they will come to the foundry, and from there they should turn right and to the south and pass a village called Betan Rajal, and then Pekan Seri Darya,[9] where the people from Pasai[10] dwell and which has a population of seven hundred. It has two main streets running through straw houses—one leading to the mosque and the other to the house of the king—and by these they continue moving south.

One of these kampungs runs right through the town straight to the large mosque, and upon reaching a large patio of the mosque, they should take the path on the left going southeast, and they will come to the door of the enclosure where the king lives. And following the other street next to the river heading south, they will also come to the door of the king's compound, and walking from the foundry by the path and in the manner described, they will arrive at the back of the customs house. And from the customs house to the north is a shed that serves as a pilgrimage site.

Up north is Kampung Dagao [110r], a large village with six hundred people, where all the foreigners live. After Kampung Dagao farther north is another village called Kampung Pegu, with six hundred residents, where the people of Pegu live. Beyond Kampung Dagao and Kampung Pegu is a small village called Kampung Bengala, which has one hundred residents. After that the land is dotted with palm groves, banana plantations, big trees, and an enclosure where the Moros are buried. Amid the groves are a few dwellings, and the groves are enclosed by fences and thorns.

---

8   SA&M suggest that Kampung Dagao is the present-day Kampung Pedagang.
9   SA&M have posited that this referred to a market named after Darya, a consort of the sultan.
10  Pasai was a competing sultanate to the east of Aceh and located on the river of the same name.

# Capítulo 18
## *De la cerca donde está el aposento del rey*

El aposento del rey está situado en una tierra llana adelante de las dichas poblaciones, para la parte del sur y, desde la postrera de las dichas poblaciones, a la puerta de la cerca de la vivienda del rey, será un tiro de arcabuz, y está un patio grande o plaza, en el cual a la mano derecha, yendo para la casa del rey, está una casa grande de muchos pilares, que se llama *bungasa tanquei*, que es "la casa del estado del rey", donde se recibe las embajadas. Y desde la dicha casa a la puerta del rey, que es la cerca, será más de un tiro de piedra, la cual casa es de madera y pajiza.

No vive en ella persona alguna, y será de setenta palmos de largo y de cuarenta de ancho, y es de soberado, y no tiene artillería ninguna ni hato ninguno, y solamente [110v] sirve de estado, que por debajo es toda abierta.

Y desde la dicha casa hacia la casa del rey, también a la mano derecha está un baleo o casa, de cuarenta palmos de largo y veinticinco de ancho, que sirve de auditorio a los oficiales de la justicia, que es a mano derecha, está un árbol en que está atado un elefante y, adelante del dicho árbol, hay una entrada para la puerta de la cerca del rey, donde están cuatro baleos pequeños.

Y a la mano izquierda de estos cuatro baleos o jacales, hay otros tres del mismo tamaño que los cuatro donde duerme el capitán mayor e hidalgos del rey, que podrán ser entre ellos y su gente, doscientas personas cada noche. Luego delante de los dichos baleos, está la entrada de la puerta, que será de veinticinco palmos entre los dichos baleos y la puerta. Está en este medio una puente de madera, en el peso del suelo, que pasa el agua por debajo de la cava de la cerca dos palmos de la puente hasta el agua, y en la fosa será de tres o cuatro palmos de alto. El agua está cerca del aposento del rey. Será de media legua en rueda, la cual es toda de vallado, de la tierra que se sacó de la fosa que hicieron alrededor de la dicha cerca, la cual cerca y vallado será de altura de doce palmos de la parte de fuera y, de la de dentro, es de menos altura.

Y tendrá quince palmos de grueso, y sobre este [111r] vallado y cerca de tierra, así echada y pisada con pilones, sembraron por ambas bandas y plantaron muchas cañas por su orden, y tan juntas que, en creciendo, hicieron una tela y fortificación, así de rama como de raíces por abajo, que pelotas de arcabuces no pueden pasar por entre ella.

Estos cañaverales no son de espinas, mas serán de palmo y medio de grueso, y de poco vacío por de dentro, y con las raíces tienen fortificado el dicho vallado, mas con una buena hoz rosa de la de dos golpes cortarán cada uno de los más gruesos, aunque esto no se podrá hacer tan fácilmente, por causa de estar muy tejidos y juntos. Pero la artillería lo deshará todo.

La dicha cerca tiene todo alrededor una cava que desde la dicha su puerta, que está al norte y no tiene otra para el poniente hasta el sur, y del sur al sureste será de largo de doscientos palmos, digo de anchura, y de altura de tres o cuatro palmos, de agua como atrás queda dicho, y el atolladero y lama de la dicha fosa

# Chapter 18
## *About the enclosure where the king lives*

The king's compound stands on flat land in front of said villages, to the south, and from the back of said villages it is an arquebus shot's distance to the door of the king's residence. There is a big patio, where, to the right, leading to the king's house, there is a big house with many pillars called *bungasa tanquei*, which is the king's state house where he receives the emissaries. This house, made of wood and straw, is only a bit more than a stone's throw away from the door of the king's compound.

No one lives there, and it measures seventy feet long and forty wide, and has a high ceiling. It contains no cannons or munitions and only [110v] serves for affairs of state, and downstairs it is wide open.

And from this said house to the king's residence, also to the right, is a structure that measures forty feet long and twenty-five wide and serves as a hall of justice. To its right is a tree to which an elephant is tied, and beyond the tree is an entrance that leads to the door of the king's compound where there are four small structures.

And to the left of these structures or huts, there are three others of the same size as the four where the king's commander and knights sleep, who together between them and their people could number two hundred each night. Later beyond the said huts is the entrance to the gateway, which should measure twenty-five feet between the said huts and the gateway. In the middle of it is a wooden bridge, at ground level, with water passing underneath the level of the enclosure two feet below the bridge and rising three to four feet from the bottom of the ditch. The moat surrounds the king's compound. It stretches for half a league, and the compound is fenced in with the soil dug from the ditch and with which they surrounded the said enclosure. The wall is twelve feet high on the outside and lower on the inside.

It is fifteen feet thick, and on top [111r] of this rampart and earthern enclosure, which were built and stacked with pylons, both sides have been planted with cane that grow so close together that they have been added to the fortification, with the branches above and the roots underneath providing ideal protection against arquebus shots.

This cane shield is not thin, being a foot and a half wide. It is very dense, and the roots strengthen the walls, and while two good blows with a sharp sickle could cut through the thickest cane, this would not be so easy to do because they are entwined and too close together. But artillery can overcome this.

The wall is surrounded by a ditch which from the door in the north—and there is no other door to the west, down to the south, and from south to southeast—measures two hundred feet wide and contains three to four feet of

podrá ser de dos palmos, y siempre en ella hay agua, y andan muchas ánades y aves de agua. Asimismo plantaron en ella varas delgadas de unos árboles que luego prenden y, en siendo de un dedo de grueso poco más, las cortan y queda una punta en ellas como púas, y de éstas hay muchas.

La dicha fosa desde el fuerte al oriente, y de ahí hasta la puerta principal, será de anchura la mitad menos que la otra [111v] y de la misma altura, y tiene las mismas varas y púas. Y del fuerte hasta el oriente y al septentrión, donde está la dicha puerta de la cerca, será la dicha fosa de anchura de cien palmos o menos, y tiene la propia altura de agua y plantas hechas, pues.

Y entrando por la dicha puerta de la cerca de la parte de dentro, está hecho un vallado de la misma manera del que está declarado, el cual está hecho a modo de un corredor de catorce pasos de largo y ocho de ancho. El cual corredor no tiene puerta, excepto una que da de la banda del occidente, al revés de la dicha puerta de la cerca. Entrando por la puerta están puestas en el suelo tres piezas de artillería a la parte del occidente, y luego, por aquella parte hacia el norte, están los almacenes de mantenimientos y clavazón, jarcias y brea, y otras cosas para las armadas.

Y desde los dichos almacenes para la banda del occidente, está un monte cerrado de árboles silvestres y, a la orilla del dicho monte, para la parte del sur, está la casa o baleo Muaesa, donde se recogen de noche los oficiales y criados de la casa del rey, los cuales todos son sus criados. Serán hasta ciento. Y desde la dicha puerta de la cerca y su puerta falsa, distancia de ciento y cincuenta palmos, está un vallado como el que arriba está declarado, que toma toda la cerca atravesando derecho [112r] del occidente al oriente. Y en medio de este vallado enfrente de la puerta que está declarada, está otra puerta que entra para dentro de la cerca de otra plaza como la dicha, aunque algo mayor, la cual puerta es de la misma manera y tiene su puerta falsa y corredor en el cual de frente de ella, está una bandera y una pieza de artillería que guarda la entrada de la dicha puerta. Y dentro de esta segunda plaza de la parte del occidente, es también monte espeso.

Y en la delantera del un baleo que se llama Sidasida, donde duermen los capataces del servicio del rey, y debajo del dicho baleo, está toda la artillería gruesa y menuda que el dicho rey tiene. Y pegado con el dicho baleo, está una casa donde están todas las balas y arcabuces. Y detrás del dicho baleo, distancia de treinta palmos, están unas casillas que sirven de pólvora y de algunas municiones para el artillería. Y en la dicha plaza hacia el oriente está solamente una casilla pequeña y sin gente que sirve de guardar algunas cosas del servicio del rey. Y luego, del occidente al oriente, está echado un muro de ladrillo y cal de dos palmos y medio de ancho, que tiene toda la cerca del cual muro para el sur.

Será mayor alguna cosa de la tercia parte de la cerca, y al pie de él, a la banda del norte, en la segunda plaza, están algunas cañas apartadas y sin orden [112v] y, en el medio del dicho muro, de frente de las dichas puertas de atrás, está una puerta solamente, de la cual puerta para dentro vive el rey, y tiene sus casas de madera cubiertas de paja para él. A la parte del oriente, y de dentro de ellas, tiene sus repartimientos, donde tiene sus mujeres, cada una de por sí, y una casa

water, as earlier mentioned. The sludge and mud in the ditch could be two feet deep, and it is always filled with water and replete with ducks and waterfowl. They also planted in it thin tree branches which upon growing more than a finger thick they cut at the top to leave a sharp point like a spike, and there are many of these.

The said moat, from the fort in the east up to the main entrance, is half as wide as the other, [111v] but just as deep and has the same spikes. And from the fort to the east and going north, where the entrance is located, the moat measures a hundred feet wide or less, and has the same water depth and spikes.

And entering through the said gate of the interior precinct one encounters a fence made in the same way mentioned above to create a corridor fourteen paces long and eight paces wide. This corridor has no other door apart from one facing west opposite the entrance of the enclosure. Upon entering this gate one finds on the floor three cannons facing west, and past this, facing north, are the warehouses of supplies, nails, rigging, pitch, and other items for the fleets.

And from those mentioned warehouses going west is a hill surrounded by woods, and at the foot of the said hill, to the south, is the hall or hut called Muaesa, which is the nocturnal meeting place of the king's officials and attendants, all of whom are considered his servants. These number about a hundred. At about a distance of one hundred fifty feet from the door of the enclosure and its false door is a similar wall, as described above, that runs straight [112r] and travels from west to east. And in the middle of this wall, facing the mentioned door that goes into an enclosure with another square that is similar although bigger, it has a gate that is similarly built and has a false door leading to a corridor, which is situated in front of it, where a flag and an artillery piece can be found that stands guard at the entrace of said gateway. And inside this second courtyard on the western part is also a thick forest.

And in front of a hut called Sidasida where the king's overseers sleep and under the said hut are arrayed all the king's big and small guns. Attached to the hut is a structure where the ammunition and arquebuses are stored. Behind this hut, at a distance of thirty feet, are several small huts that serve as powder magazine and munitions storage for artillery. East of the square is a sole small and uninhabited hut where some service properties of the king are kept. And in the direction going from west to east appears a brick and lime wall that is two and a half feet thick that runs the length of the said brick wall going to the south.

The wall is thicker by a third of the fence's width, and at its foot going north lies a second square where a scattering of disordered bamboos can be found, [112v] and in the middle of the wall, facing the back doors, is a single gate, which opens to where the king lives in his straw-roofed wooden houses. Inside, in the east wing are separate chambers occupied by his wives, with each to her

grande donde habrá doscientas mujeres labranderas encerradas, que se sirve por una puerta que la dicha casa solamente tiene. Y dentro, en este terreno, patio de una parte, y de la otra, enfrente de las casas del rey, hay casillas donde viven mujeres de servicio. Y desde las dichas casas del rey al lest sureste, dentro de este tercero patio, distancia de setenta palmos de muro, está un postigo pequeño escondido, que sale por entre los cañaverales para fuera, por el cual sacan los cuerpos de las mujeres que mueren dentro. Y adviértese que este postigo es el que se ha de buscar para entrar por él, como adelante se declarará. Dentro de la dicha cerca no vive hombre ninguno, si no es el rey, ni otras mujeres más que las suyas y de su servicio, y todo lo demás es patio que no tiene arboleda, y está cerca del norte para occidente.

Y del occidente para el sur, de la parte de fuera, y del sur hasta el sureste, tiene huertas y caminos comunes, y del sureste [113r] para el leste, y desde el leste para el nordeste, no hay caminos, y solamente huertas que enfrentan con la fosa y no pasan por ella sino los moradores de las dichas huertas, por no ser sabida la dicha puerta falsa que tienen la dicha cerca, y por no ser sabida es de menos anchura la dicha cerca por aquella parte.

Y del nordeste para el norte, donde está la puerta de la cerca, está un vallado de tierra y cañaveral, que viene a dar por la parte del oriente a las huertas, y de la parte del norte con el corredor de la puerta principal, el cual se hizo para que no pasase persona alguna de la otra parte hasta el oriente y fuerte, ni vean la dicha cava y puerta falsa, por haber menos fortaleza y ser por allí más fácil la entrada. Y no tiene la dicha por dentro ni fuera otras cosas de notar más de las declaradas.

### Capítulo 19
*En que se declara dónde ha de surgir la armada y desembarcar la gente de ella, y el camino que han de tomar para la población del Achen y por dónde han de entrar en ella y en la fortaleza del rey*

La armada que fuere al Achen ha de llevar mejoría de cuatro mil hombres portugueses sin la gente de mar y servicio, y ha de partir de Goa en tiempo que llegue al Achen hasta quince de marzo. Y si pudiere ser más temprano será mucho mejor [113v] por cuanto ha de venir a tiempo que pueda alcanzar victoria, antes de la luna de mayo, que es muy peligrosa en aquella costa para la armada y comienza el viento en aquellas partes. Y con la mucha agua no nos podemos aprovechar del artillería y arcabucería. Y dura el invierno hasta fin de septiembre y parte de octubre, porque de mediado octubre por delante es verano, y llueve pocas veces hasta mayo los vientos siguientes: leste, lest nordeste, y el viento nordeste norte, y el noroeste y oest noroeste y oest. Todos son perjudiciales en la costa del Achen, y no tiene abrigo, principalmente el noroeste, muy perjudicial.

Y partida esta armada de Goa con muchas amarras y buenas afondadas en cualquiera de los dichos tiempos, y con embarcaciones pequeñas para desembarcar la gente, siendo caso que decaigan para la banda de Daya, vendrán de ahí si pudieren a demandar las islas de Gómez Pola y, en pasándolas, gobernarán al

own chamber, and a large building that houses two hundred washerwomen and has only one door outside. Within this compound is a patio on one side and, in front of the king's houses, there are other small huts that house female servants. From the king's houses, going east-southeast, within this third patio seventy feet from the wall, is a small hidden postern which opens to the cane fields outside and through which the bodies of dead servants are removed. Take note that this postern is what the men need to find to come in, as will be discussed later. No other man lives within this compound except for the king, nor any other women except his wives and servants. The rest of the patio is bare of trees, and is enclosed from north to west.

From west to south, outside, and from south to southeast, there are groves and common paths, and from southeast to east [113r] and from east to northeast there are no paths, only groves facing the ditch, and no one goes there except the farmers because they do not know anything about the false door of said enclosure and because they do not know anything about it, the enclosure has been made less thick at that part.

And from northeast to north, where the door of the enclosure is located, there is a wall made of earth and cane, which runs along the eastern part to the groves east, and the one in the north runs to the corridor of the main door, which was built to keep out people coming from the other side, from the east and the fort. This disguises the fact that this wall and back door are not as strong and can more easily be breached. There is nothing more inside that is worth mentioning apart from what has already been described.

## Chapter 19
### *In which it is declared where the fleet should anchor and disembark men, and the path they should take on the way to the town of Aceh and through where they should enter this and the king's stronghold*

The fleet that heads for Aceh should bring at least four thousand Portuguese, aside from the sailors and servants, and should sail from Goa in time to reach Aceh by the fifteenth of March. And if this can be done much earlier, [113v] then so much the better, for to secure a victory, it must do so before the new moon in May, which is a very dangerous time along that coast for the fleet with the start of the winds in that area and downpours, thus artillery and arquebuses cannot be used to full advantage. The wet season lasts until late September and early October since summer starts in mid-October, and after May the following winds prevail: east, northeast, north-northeast, northwest, west-northwest, and west. All are dangerous along the coast of Aceh, and there is no shelter, particularly from the very dangerous northwestern.

And the fleet should sail from Goa with plenty of anchor and mooring lines as precaution against the weather, and small boats for unloading men; in case

sur sureste quedando siempre las dichas islas y otras siempre a la mano derecha. Y como vieren otras islas adelante, gobernarán al sur quedando las dichas islas apartadas a mano derecha poca más de media legua. Irán a demandar la costa tomando algún tanto del sur sudoeste hasta que hallen fondo de seis brazas hasta diez, y corriendo la costa con la proa en tierra y el plomo en la mano, hasta dar en cinco brazas, quedándole la tierra a la mano izquierda, irán así gobernando hasta de frente del Achen [114r] y, tanto que llegaren enfrente de la dicha barra del Achen, verán el baluarte.

Y en viéndole, pasarán delante de él hacia el poniente, distancia de dos leguas, donde verán la punta del Achen y de la dicha isla de Puloancasa. Y surgirán en cinco brazas, y de ahí para arriba y abajo conforme a las naos. Y este surgidero queda de la dicha isla de Puloancasa hacia la barra y el propio surgidero. Y mejor es de frente del riacho y playa de Coalasaban para la banda de Indergit. Y si al tiempo que pasaren las islas de Gómez Pola como atrás queda declarado, las corrientes llevaren la armada hacia el oriente que se veía por las alturas dichas corriendo la costa, tanto que vieren una sierra alta que se llama Loboc, que estará ocho leguas de la población y lo mismo de la barra, pasarán la dicha sierra gobernando por la misma altura, guardándose de una punta que echa a la mar, que se llama Ujonladen, y está en la punta de la sierra al poniente, que hace una restinga. Y luego adelante poco menos una legua está otra punta que se llama Lojor, que es la punta donde se acaba la playa de la barra del Achen, que es de la dicha barra el oriente.

Y en pasando la dicha punta gobernarán como atrás queda dicho haz de frente del riacho de Coalasaban, donde han de surgir. Pero débese tener grande aviso, porque de esta punta de Lojor última hasta enfrente de la barra es el fondo diferente, y tiene altos y bajos, pero los bajos nunca serán de menos altura que de cuatro brazas, y hay piedras por entre ellos. Y desde la dicha barra [114v] para el occidente, hasta la isla de Puloancasa hay buen surgidero. Y siendo caso que pasando la armada desgarrada como arriba queda dicho de la parte de Daya, y no pudiere gobernar a las dichas islas de Gómez Pola, entonces se llegará la dicha armada de la banda de Daya, para tierra de la punta del Achen, mandando primero sondar los boquerones, y sus entradas y salidas.

Y por ellos puede entrar por el boquerón que está a la mar las naos grandes, y por el que está entre la punta del Achen y la isla pequeña de Pulochichen, las embarcaciones pequeñas de la manera que queda dicho en el capítulo 3. Y pasados los dichos boquerones irán a surgir de frente del dicho riacho de Coalasaban.

Y surta la dicha armada, los navío de remo que pareciere, irán dando salva al baluarte de la barra, y pasando adelante a la parte del levante por la costa, distancia de casi dos leguas de la dicha barra, donde está el desembarcadero que es notorio a los acheneses, de que ellos se temen mucho, por tener buen camino y cierto. Y por aquella parte lo tienen fortalecido como abajo se declarará en el capítulo 21.

Y llegadas las dichas fustas enfrente de este desembarcadero, harán todas señal que quieren desembarcar, para que a esta parte acuda la gente. Y en este lugar dormirán las fustas, porque sea más notorio a los acheneses el haberse de desembarcar allí. Y las dichas fustas no llevarán gente alguna de la que se hubiere

it ends up on the side of Daya, it can head for the islands of Pulau Gómez and passing these, bear south-southeast, always keeping these and other islands to the right. When islands are sighted to the front, it should bear south, keeping said islands to the right more than half a league away. It will soon sight the coast to the south-southwest and come upon a depth of six to ten fathoms, and hugging the coast with the bow pointed toward land and sounding line in hand, the fleet should stay at five fathoms, and keeping the land to the left, sail in front of Aceh [114r] until it reaches the bar of Aceh and sights the fort.

It then passes in front of this, heading east for two leagues, until the point of Aceh and the island of Pulau Ancasa come into view. The ships can anchor in five fathoms of water, deeper or shallower depending on the ship. This spot is between the island of Pulau Ancasa, towards the bar, and the anchorage itself. The best place is in front of the stream and beach of Kuala Saban on the side of Indragiri. And if at the time it passes the islands of Pulau Gómez, as described above, the fleet is taken by the current to the east and comes to see the heights lining the coast and sights a tall range called Loboc—which is eight leagues from the town and from the bar—it should pass the range by the heights, looking out for a point that extends to the sea, called Ujong Ladan, which is at the end of the range in the west, which forms a sandbank. Barely a league beyond is another point called Lojor, which is the point where the beach of the bar of Aceh ends, which is the bar to the east.

And passing said point the ships should sail, as said earlier, to the front of the stream of Kuala Saban, where they can anchor. Be warned that from the point of Lojor to the front of the bar the depth varies, although the shallowest parts have a depth of four fathoms, and there are rocks scattered about. Going west from said bar [114v] up to the island of Pulau Ancasa there are good anchorages. And in case the fleet veers off from the side of Daya, as described above, and cannot sail towards the islands of Pulau Gómez, then the fleet can head for land on the point of Aceh, taking soundings of the entrances and exits.

And the big ships can enter the seaward mouth, and being between the point of Aceh and the small island of Pulau Chichen, the small vessels can enter as well, in the manner described in Chapter 3. Once past the mouths, the ships can anchor off the said stream of Kuala Saban.

And with the fleet anchored the oar ships can open fire on the fort at the bar, and move forward to the hidden part of the coast nearly two leagues from the said bar, the location of the well-known anchorage feared by the people of Aceh because of the good road and solid ground. And the area can be fortified, as will be described in Chapter 21.

When the foists reach the front of this anchorage, they can send signals to disembark their men, so that they can rally in this area. And the foists may remain in this area, for the men know well that it could be used for landings. The ships

de desembarcar para ir sobre la población [115r] y, en frente de la barra donde llegue el artillería, del baluarte surgirán también algunas naos con la menos gente que pudieren, porque no salga fuera armada ninguna del Achen. Y será mucho mejor que, siendo la gente desembarcada, que toda la dicha armada venga a surgir de frente de la dicha barra, quedando algunos navíos gruesos en el primer surgidero para los recaudos y cosas necesarias.

Y al cuarto del alba comenzará la gente a desembarcarse de manera que bien de mañana en esclareciendo lleguen a tierra, y no habiendo olas ni mares grandes, se desembarcarán de Coalasaban para Indergit. Y haciendo olas, para la dicha isla de Puloancasa y la tierra. Y desembarcada la gente y artillería necesaria, harán su camino para la aldea de Muaesa. Y de ahí para la puerta de la cerca del rey, como arriba queda declarado en el capítulo 17.

Y llegados a la cerca, puesto el real y artillería en orden como que quieren hacer su entrada en la cerca por la puerta principal que está al norte, jugando el artillería con la furia posible y sin peligro de la gente, estando así, repartirán setecientos hombres con alguna artillería de manera que puedan ser vistos y los echarán de la parte del occidente, como que van también a acometer la fosa y entrada por aquella parte.

Y harán el dicho acometimiento distancia de la dicha puerta principal antes de llegar al medio de la dicha cerca para el occidente poco más de doscientos y cincuenta palmos porque [115v] la gente que queda atrás queda ya peleando con el primer tablero de la cerca, que está de frente de la puerta primera de la cerca. Y estos setecientos hombres han de pelear con la gente del tablero segundo y jugarán la artillería de manera que apunten hacia el sur para que las balas no vayan a dar en una gente que ha de quedar peleando por la parte del oriente, como abajo se declara.

Y luego puestas estas dos órdenes de pelea en el mismo tiempo, irán mil buenos soldados y más, y se pasarán de la otra parte de la cerca del oriente, yendo alrededor de un vallado que va de la puerta para oriente y, tanto que llegaren a las huertas, romperán por ellas e irán caminando junto a la fosa de la cerca hasta el sur sudoeste, que es casi al cabo de las huertas. Y luego verán un extremo que está en la cerca que es la segunda puerta de esta cerca, de que en el capítulo 18 se hizo mención, y por aquí se ha de entrar tapado y cegando la fosa con fajina y tierra, llevando el artillería y todos los demás aparejos para hacer camino y cortar los cañaverales de la cerca y todo lo demás necesario, porque forzosamente por este camino se ha de entrar, que es por allí la fosa de menor anchura, y el vallado más delgado y menos fuerte y de menos tierra que el de la banda del poniente, por ser la fosa por allí más angosta y haberle sacado más poca tierra.

Y en las dichas huertas hay rama y fajina para el dicho enchinamiento. Y este camino es mejor por muchas razones, así por no haber fuerte alguno por de dentro de aquel patio [116r] mas que las casas y aposentos del rey y sus mujeres, como también por no dejar el rey entrar hombres en él, sino cuando sintiere que acometen. Y acometiéndose la entrada por la puerta principal de la cerca, tiene dos vallados de cañas al pasar, y el muro de ladrillo, y está la fuerza de la gente en aquellas partes.

are not to carry men for disembarking and marching on the town, [115r] and in front of the bar, within cannon range of the fort, some ships with as few men as possible should be stationed to prevent any sally from Aceh. It would even be better if, after unloading the men, the entire fleet would be stationed in front of the bar, leaving only a few large ships at the first anchorage to gather provisions for supplies and necessary provisions.

The men should start disembarking at four in the morning so that by sunrise they will be on land, and in the absence of waves or swells, they can disembark at Kuala Saban on the side of Indragiri. If there are waves, they can head for the island of Pulau Ancasa and land. Once ashore, the men and the guns can begin moving towards the village of Muaesa, and from there to the door of the king's enclosure, as described in Chapter 17.

Upon arrival at the enclosure, while men and guns are arranged in a feint against the main door of the enclosure in the north, with the guns being fired energetically without endangering the people, seven hundred men and a few guns will peel off in full view and make a maneuver towards the western part, as if planning to bridge the ditch and breach the wall there.

Said attack away from the main door should be made short of the middle of the wall, a little more than two hundred fifty feet to the west because [115v] the force left in front of the first door of the wall will already be engaging the first line of defense. The seven hundred men will engage the enemy at the second line and aim their guns to the south to avoid hitting the men fighting in the east, which will be explained below.

While the two attacks take place, a thousand hand-picked soldiers or more will head for the eastern part of the enclosure, going around a palisade that stretches from the door to the east, and upon reaching the groves, they are to go through this and march beside the moat going south-southeast until near the end of the groves. There they will see a wing in the wall which is the second door of the enclosure, which was mentioned in Chapter 18, and there they should fill in the ditch with brushwood and soil, bringing the guns and the tools they need to clear a path through the canes along the wall, since it is here that the men should make the breach, for here the ditch is narrower and the wall thinner and weaker than in the west because less soil was dug from the ditch for the wall.

The branches and fascines for filling up the moat can be found in said groves. And this path is much better for many reasons, including the absence of a strong point inside the patio [116r] apart from the houses and quarters of the king and his women, and the fact that the king does not allow the presence of other men, unless under threat of an attack. And forcing an entrance through the main door of the wall, the men need only breach two cane palisades and the brick wall, and they will arrive inside.

Y habiéndose de acometer la entrada por la banda del occidente, tiene primero la fosa muy ancha y de agua y lama, con lo cual con el nombre de Jesús y voz del bienaventurado Santiago, tomando por intercesora y guía la santísima Virgen nuestra señora de luz, a quien nos don Juan Ribero Gayo, prometemos, siendo mi señor servido de esta victoria, y dándonos vida, de hacerle una casa.

Toda la entrada y fuerzas se ha de meter por la dicha puerta pequeña que está de la banda del oriente al lest sureste, como arriba queda declarado. Y la gente que de aquella manera se partiere, ha de tener tal aviso, que quede peleando en todos los dichos tres tableros de la dicha cerca: que el primero es enfrente de la puerta y, la que peleare de la parte del occidente, peleará llegando al oeste, porque así queda acometiendo en el segundo tablero; y la gente que pasare de la parte del oriente, antes que llegue al sureste, donde ha de ser la entrada, peleará porque de las otras dos partes han de hacer acometimientos, con el menor peligro de gente que se pudiere.

## Capítulo 20
### *En el que se declara el río de la población del Achen*

[116v] Desde la barra donde se mete el río del Achen hasta la población y cerca de ella, habrá tres leguas, y desde la dicha población hasta las sierras donde el dicho río nace, es lejos, y no navegan en embarcaciones grandes, por lo cual no se tarda del dicho río más que solamente se declara que de la dicha población para arriba es muy fresco, y pueden ir por él en barotos pequeños hasta casi tres leguas.

Tienen muchos palmares, huertas y sementeras de arroz, y casas por entre las huertas y aldeas, y de la dicha población del Achen hasta la barra será el dicho río de tres leguas, y de anchura en partes de tiro y medio de piedra, y en partes de un tiro. Y de marea llena, entran galeras hasta la población, y de la bajamar entran fustas. Es el dicho río de algunas vueltas, y la canal de él, algunas veces llega a una banda y a otra, y tiene algunos pozos donde están naos, que entran vacías con la marea. Y este río, así de una banda como de la otra, en algunas partes tiene barrancas, principalmente de la banda de poniente, que es donde está la población. Tiene una barranca que comienza de la población de Campundagao hasta enfrente del patio de la mezquita grande, que será de altura de de diez palmos grandes.

El dicho río se pasa a vado de marea vacía en algunas partes, y da al hombre por debajo del ombligo, y del agua de ese bebe. Y no tiene el río otra ribera alguna sino ésta, y las embarcaciones que se hacen es de frente de su cerca, y las tienen en calas a la orilla del río, y junto de él no hay otra fortaleza excepto los dos baluartes que están [117r] en la barra, el uno de una parte y el otro de la otra.

La barra y entrada de este río es buena y no tiene peligro, solamente se ha de aguardar de una restinga que hace, la cual se muda con los vientos, por donde unas veces está al oriente y otras al poniente, según los vientos, y es pequeña y es fácil de conocer.

And attacking the wall in the western part, faced with a wide ditch filled with water and mud, in the name of Jesus and calling on St. James the Greater, praying for the intercession and guidance of the Most Holy Virgin, to whom I, Dom João Ribeiro Gaio, promise, for granting us victory for our Lord and preserving our lives, to build a church.

The main assault and the forces should be made through the small door in the eastern side, to the east-southeast as mentioned above. And the men assigned to this should be informed that there will be fighting in three areas of the wall: one in front of the door; another in the western part, with the men engaging the second line; and in the east, where before reaching southeast the men are to force an entry and fight the enemy, while the two other attacks are carried out with the least danger to the men.

## Chapter 20
### *The river of the town of Aceh*

[116v] It is a distance of three leagues from the bar where the river of Aceh emerges up to the town and its vicinity, and from the town up to the range where the river is born is a great distance, and no large ship sails up the river, therefore no more shall be said of it except before reaching the town the water is quite fresh and small *barotos* sail nearly three leagues upriver.

There are many palm groves, orchards, and rice paddies, and there are houses between the groves and villages. From the town of Aceh to the bar, the river stretches for three leagues, and it is one and a half stone's throw in width and in some parts, it is just a stone's throw wide. At high tide galleys can reach the town, and at low tide foists do so. Said river makes several turns, and at times the channel reaches one side or the other, and it has several branches that empty ships can enter with the tide. This river forms ravines in some areas, mainly in the western side, where the town is located. There is a ravine that stretches from the village of Kampung Dagao up to the front of the patio of the big mosque, as tall as ten big palm trees.

The river has fords in some areas during low tide, dropping to below a man's navel, and the water is potable. The river has no other bank, and ships are built facing the bank, with the parts laid beside the river, and it has no fort alongside except the two located [117r] at the bar, one on each side.

The bar and the mouth of the river are clear and pose no danger, although one has to watch out for a sandbank it creates, which is moved about by the wind, thus at times it is in the east and at times in the west, depending on the winds, and it is small and easy to spot.

## Capítulo 21
### *En el que se declaran las cosas que hay desde la población a la barra de la parte del occidente*

Desde la población a la barra, en pasando el río a la otra parte que es del occidente para oriente, está luego una población que se llama Campunpedayam, que es de los remadores, casi dos tiros de piedra de la barra del río, y de la cerca del río casi dos tiros de arcabuz. Y pasada esta población está un camino que va para la barra, el cual hacen algunas vueltas, por causa de las huertas que están de una banda y de otra, y hay algún lodo.

Luego al principio por distancia de dos tiros de arcabuz, y luego de ahí por delante, el dicho camino va casi derecho hasta un palmar que está pegado con el estero de Coalachao-hec, el cual estero se pasa a vado de marea vacía, que será de dos palmos de agua. Y de la población que queda atrás serán dos leguas y, en pasándole, va el camino derecho para la barra, y media legua de él está una estancia con su cerca de vallados de cañas, que es una casa donde el rey se va a holgar algunos días.

Y pasada la dicha estancia van por el camino derecho y hay algunas casas de la una parte y de la otra en que viven labradores [117v] hasta la barra y baluarte que está en ella. Y antes de llegar a la barra un buen tiro de arcabuz está un vallado de tierra y cañas que atraviesa por toda la playa hasta cerca de Coalachao-hec, que serán casi tres leguas de la barra, el cual se hizo para guarda y defensa de aquella playa en el tiempo que se dijo que Francisco Barreto iba al Achen.

Y entre el dicho vallado y la playa están algunas casas pequeñas con motas de espinas y árboles pequeños. Y saliendo del dicho vallado para la playa de la barra junto al río está otro vallado de tierra poco fuerte, a manera de trinchera, que también se hizo en tiempos de Francisco Barreto para le impedir la entrada. Y este segundo vallado y trinchera hacen una plaza que será de trescientos palmos de largo y doscientos de ancho. Y llegando a esta trinchera y vallado, en un rincón que hace de la banda del oriente, está un baluarte cuadrado poco mayor que el otro. Está de la parte del oriente y de la misma anchura y artillería y guarda, y está del dicho río un tiro de ballesta y de la playa de la mar más de un tiro de arcabuz.

Y juega la artillería toda la barra hasta donde alcanza, y está más al norte que el otro baluarte que está del occidente en la otra banda del río, y alcanza el artillería de un baluarte al otro, y en toda esta playa hasta Coalachao-hec, que serán casi tres leguas por la costa de la mar, tiene buenos desembarcaderos y caminos para la población [118r] del Achen, y se recelan los lachenes que por allí ha de ser una desembarcación, porque de toda la playa de la mar se puede caminar bien para la dicha población y, por donde no llegue el artillería del dicho baluarte. Mas como no solamente esta desembarcación, mas todas las de esta parte de levante, hay otras que abajo se declararán.

Tienen que se ha de pasar el dicho vallado, que es este río, y asimismo el río del Achen que es grande impedimento por ser hondo para pasar la gente

# Chapter 21
*In which is described the area from the town to the bar in the western side*

From the town to the bar, crossing the river from west to east, there is the village of oarsmen called Kampung Pedagang,[11] barely two stone's throw from the bar of the river, and barely two arquebus shots from the riverbank. Beyond this village is a path that leads to the bar, made winding by the groves on both sides, and somewhat muddy.

Beyond these, two arquebus shots' distance away, the path becomes almost straight until it reaches a palm grove next to the estuary of Kuala Chadec, which can be forded at low tide when the water drops to two feet. And it is two leagues from said village, and past this the path runs straight to the bar, and half a league away is a house fenced by canes where the king sometimes stays.

Beyond this house the path leads on and there are a few houses on either side where workers live, [117v] until it reaches the bar and the fort there. And a distance of an arquebus shot from the bar is an earth and cane palisade that stretches along the entire beach and ends near Kuala Chadec, which is nearly three leagues from the bar and which was raised to protect that stretch of beach in the time Francisco Barreto[12] was said to have gone to Aceh.

And between the palisade and the shore are a few small houses and a sprinkling of thorns and small trees. And jutting out from the palisade to the beach of the bar next to the river is another earthen palisade, augmented by a ditch, which was also raised during the time of Francisco Barreto to impede entry. And this palisade and ditch creates a square three hundred feet long and two hundred feet wide. And on the corner of the palisade and ditch at the eastern end is a square fortification a bit larger than the other one. This one to the east has the same width and artillery and guards, and is a crossbow shot's distance from the river and beyond the range of an arquebus from the seashore.

The artillery covers the bar up to its range, and it is further north than the fort in the west on the other side of the river. The forts are within cannon range of each other, and cover this beach up to Kuala Chadec, which stretches for nearly three leagues along the sea coast. There are good anchorages and paths leading to the town of Aceh, [118r] and the men of Aceh are wary of landing there because all along the beach, men can find solid ground for marching on to the town, which is beyond the range of the fort's guns. Apart from this disembarkation spot, there are others on the eastern side that will be discussed below.

The men will have to overcome this hindrance, which is the river, and the river of Aceh, which is a big obstacle, being too deep to wade through under

11  SA&M refer to Kampung Pedagang as the village of oarsmen, while S&T believe it is the same town previously referenced as Kampung Dagao.
12  This must be an unidentified Portuguese adventurer.

armada peleando, que da a un hombre por bajo del ombligo, de marea vacía, y de la parte de la población tiene barrancales altos de diez palmos para arriba y cortados que no se pueden servir, y a pedradas se pueden desde ellos defender el pasaje, porque desde la barranca de este río a la canal de él, donde el agua es más alta, será medio tiro de piedra. Por lo cual, respecto del río y de la barranca, no es buen desembarcadero éste de que en este capítulo se hizo mención, ni tampoco por la barra a causa de los dichos baluartes, y por ser el río y su canal embarazado de vueltas y bajos, que es necesario saberse bien la canal.

## Capítulo 22
*En el que se declaran las cosas que hay desde la barra hasta Coalachao-hec*

Desde la barra hasta el estero de Coalachao-hec, que es de la parte del oriente, serán tres leguas [118v] de muy buena playa y desembarcadero, y tiene buenos caminos, excepto el dicho estero que atraviesa de su entrada para la parte del occidente, donde se mete en el río del Achen dos leguas de la población. Y este camino no es bueno por el impedimento que tiene del dicho río y su barrancal, como queda dicho en el capítulo veintiuno. Y así tiene más el pasaje de este estero, que de marea vacía es de dos palmos y medio, y el vallado de cañas está junto a la playa, y del dicho baluarte, legua y media de frente de su playa para el oriente, se puede seguir en cinco o seis balsas y más de la dicha legua y media para el oriente hasta la punta del oeste. Son ruines surgideros como ya en los capítulos atrás se declara.

## Capítulo 23
*Que declara las cosas que hay desde el estero de Coalachao-hec hasta Lojor*

Del estero de Caolachao-hec para el oriente está una punta que sale a la mar hacia el monte y se llama Lojor, distancia de una legua, y hay camino para la dicha punta y palmas, algunas cosas entre ellas y la dicha punta. Están cuatro o cinco personas que vigían la gente que pasa y va para Eronrraya y Loboc, y otras poblaciones que están adelante. Y así por la dicha punta no pueden pasar sino las personas que llevan licencia [119r] y certificación de quién son, y a qué van. Tiene el dicho estero, y esta punta, no hay desembarcadero alguno, y a la mar se puede surgir en cinco, seis, siete brazas.

## Capítulo 24
*En que se declaran las cosas que hay desde Lojor hasta la otra parte de Ujonladen*

De la punta de Lojor para el oriente está otra punta que se llama Ujonladen, y de la una a la otra habrá menos de una legua. Y hay camino pero despoblado y sin palmares, y pasa de la dicha punta al pie de la sierra, están como diez casas

fire and reaching up to a man's navel during low tide. Next to the town are ravines at least ten palm trees high and sheer off, thus of no use. The pass can be defended by throwing rocks from the top, for from the ravine of this river up to its channel, where the water is higher, it is just half a stone's throw in distance. Thus the river and the ravine, the area discussed in this chapter, is not a good site for disembarking, nor is the bar because of the forts, and because the river and its channel takes winding turns that require familiarity with the channel.

## Chapter 22
*In which is stated the matters about the area between the bar and Kuala Chadec*

From the bar up to the estuary of Kuala Chadec, on the eastern side, there is a good beach and disembarkation area that stretches for three leagues [118v], and good paths, except for the estuary that connects to the mouth on the western side, where it meets the river of Aceh two leagues from the town. This path is not advisable because of the obstacle posed by the river and ravine, as explained in Chapter 21. And so to bypass this estuary—where the water at low tide is two and a half feet deep—and the cane palisade next to the beach, and the fort, a league and a half from the beach to the east, it would require five or six rafts rowing a league and a half to the east up to the western end. These are vile anchorages, as already described in earlier chapters.

## Chapter 23
*In which is described the area between the estuary of Kuala Chadec and Lojor*

A league east of the estuary of Kuala Chadec is a point that juts out to sea towards the mountain which is called Lojor, and there is a path leading to this point, and palm trees and a few other things between these and said point. There are four to five people who check those going to and from Eronrraya and Loboc, and other villages beyond. Thus no one can pass except those who carry permits and proof of their identity [119r] and destination. There is the estuary and the point, but no area for disembarking, and anchorage is five to seven fathoms deep.

## Chapter 24
*In which the area from Lojor up to the other side of Ujong Ladan is stated*

Less than a league to the east of Lojor is another point called Ujong Ladan. A path exists, but along the way it is barren and deserted, and beyond this point, at the foot of the range, are ten houses amid palm trees where goats

entre palmares donde hay criación de cabras y búfanos, y no es camino para pasar golpe de gente, ni tiene desembarcadero junto a la mar, por tener muchas piedras.

Esta punta de Ujonladen sale a la mar poco más que la de Loboc, y no reside en ella persona alguna. Y a la mar, como media legua, hace una restinga de que se han de guardar las naos detrás de esta punta. Para la banda del oriente pueden surgir muchas naos y todas las demás embarcaciones guardándose de los ponientes, porque de esta punta de Ujonladen para el oriente comienza la ensenada de Lojor.

## Capítulo 25
*En el que se trata de las cosas que hay desde Ujonladen hasta Eronrraya*

De Ujonladen hasta Eronrraya habrá dos leguas y media, y junto a la playa hay muy buenos [119v] desembarcaderos y, cuanto más llegados al riacho, mejor, y esto por ser la playa de la ensenada y los mares pequeños, salvo habiendo nortes. Y todos los vientos de aquella parte y los surgideros en toda aquella ensenada son buenos. Y de la dicha ensenada a la población del Achen habrá más de tres leguas y los caminos de esta playa para la dicha población tienen algunos lodos y algunos montes de campos, huertas y aldeas, y son caminos de tan ruines vapores que los más de los que pasan por ellos enferman de grandes fiebres, por lo que, puesto que algunos digan que este sea el desembarcadero para ir a la población del Achen, declárase que este camino no es bueno por las razones dichas, y por causa del río del Achen y sus barrancales como en los capítulos de atrás queda declarado. Y en el dicho riacho de Eronrraya pueden entrar fustas y hay una población de poco más de veinte casas que no tiene artillería ninguna, y es un río fresco. Esta población estará por el arriba como un cuarto de legua.

## Capítulo 26
*Que trata de las cosas que hay de Eronrraya a Loboc, para el oriente*

Del riacho de Eronrraya para el oriente, distancia de un tercio de legua, está una punta que se llama Loboc, y la cual es de la ensenada de Eronrraya, de manera que la dicha punta [120r] de Ujonladen es una punta de esta ensenada, y la punta de Loboc es la otra, y el riacho de Eronrraya queda en esta ensenada. Mas llegado a la punta de Loboc y por esta ensenada, hay buen surgidero, y buen desembarcadero, y camino para la población del Achen, y son de la misma calidad e inconvenientes que los de Eronrraya, como se dijo en el capítulo veinticuatro. Y en cualquier parte que se desembarcare en esta ensenada y se hubiere de ir a la población del Achen, siempre se ha de tomar por divisa la población de Eronrraya, porque queriendo ir por otra parte, hay sierras muy altas y no pueden subir por ellas.

Y la dicha población de Loboc es una punta que sale a la mar y hace un arco donde pueden también surgir muchas naos, y más que en la otra punta de Ujonladen, escorándose en los levantes de manera que estas dos puntas la

and buffaloes are raised, and the path is not for a crowd of men, nor is there a disembarkation area next to the sea because of many rocks.

This point of Ujong Ladan juts out to sea a bit farther than that of Loboc, and no one lives there. And out to sea, for about half a league, it forms a sandbank for which the ships should be on the lookout behind this point. Many ships can anchor off the eastern side, along with all the boats, sheltered from the westerly because the inlet of Lojor begins from this point of Ujong Ladan to the east.

## Chapter 25
*In which the area between Ujong Ladan and Eronrraya is discussed*

Ujong Ladan to Eronrraya is a distance of two and a half leagues, and next to the beach are many good [119v] disembarkation spots, and the closer to the stream, the better because the shore of the inlet and the seas are small, except there are northerly winds. And all the winds in that area and the anchorage in the inlet are good. And from this inlet to the town of Aceh is a distance of more than three leagues, and the paths from the beach to the town are a bit muddy and go through hills with farms, groves and villages, and are such noxious paths that most of the people who travel on these paths fall victim to high fevers. So, despite the insistence of some that this be the site for disembarking on the way to the town of Aceh, it should be avoided for the abovementioned reasons and because of the river of Aceh and its ravines, as mentioned earlier. As mentioned, foists can enter the stream of Eronrraya and there is a village of less than twenty houses which has no artillery, and the water is fresh. This village is about a quarter of a league upstream.

## Chapter 26
*About the area between Eronrraya and Loboc, to the east*

A third of a league east of the stream of Eronrraya is a point called Loboc, which forms the inlet of Eronrraya, together with the point of Ujong Ladan, [120r] and the stream of Eronrraya ends at this inlet. Closer to the point of Loboc, by this inlet, there is good anchorage and a good spot for disembarking, and a path leading to the town of Aceh, which all have the same quality and disadvantages as those of Eronrraya, as described in Chapter 24. Disembarking anywhere in this inlet and heading for the town of Aceh requires going through the village of Eronrraya because there are very high impassable mountain ranges along other routes.

The village of Loboc is a point that juts out to sea and forms an arc where many ships can anchor, and together with the point of Ujong Ladan, provides shelter from the winds, with Ujong Ladan sheltering ships from the westerly

de Ujonladen guarda las naos de los vientos ponientes, y la otra de Loboc de los levantes. Y este desembarcadero tienen certificado algunas personas a los virreyes ser bueno, mas no lo es por razón de ser los caminos de peligros para ir a la población del Achen.

## Capítulo 27
### *De las cosas de Loboc hasta Batopute*
De la punta de Loboc para oriente, distancia de cuatro leguas, está otra punta que se llama Batopute, y por toda esta playa hay caminos, mas son trabajosos y no hay desembarcadero alguno, y solamente la dicha punta tiene un *langar* en lo bajo, que es casa de romería de los moros. Y arriba tiene otro y junto al [120v] de abajo hay una población de diez o doce casas de *ciacas*, que son sus sacerdotes, y algunos pescadores, donde se pueden desembarcar de marea llena en embarcaciones pequeñas y de bajamar. No hay desembarcadero por causa de las muchas piedras

## Capítulo 28
### *De las cosas que están de Batopute hasta Bornot*

De Batopute hasta el riacho de Bornot habrá un tercio de legua, y junto del dicho riacho de Bornot hay desembarcadero. Y hacia la punta hace una ensenada pequeña donde pueden surgir fustas, galeras y carabelas hasta más de treinta. Y en el dicho riacho de Bornot de marea llena entrarán fustas, y tiene junto al riacho de la barra un tiro de arcabuz para dentro del río una población de quince casas.

## Capítulo 29
### *De las cosas de Bornot hasta Lampanas*

Del dicho riacho de Bornot a otro riacho de Lampanas que está al oriente, habrá una legua, y la barra de este riacho se cierra cuando vientan los ponientes. Viven en él algunos pescadores, y cuando la dicha barra está tapada, los pescadores pasan los barotos por encima del arena. Y en esta playa no hay surgidero ni desembarcadero.

## Capítulo 30
### *De las cosas que están del riacho de Lampanas hasta el de Bihaz*

Del riacho de Lampanas hasta el de Bihaz habrá [121r] dos leguas y en este de Bihaz de marea llena entran galeras, y es costa de mar, y bien pueden surgir en él. La mar no tiene abrigo de viento alguno y junto al riacho en la playa de la

and Loboc from the easterly winds. Certain people have attested to the viceroy that this is a good spot for disembarking, but it is not, due to the dangerous paths on the way to the town of Aceh.

## Chapter 27
### About the area between Loboc and Bato Pute

Four leagues from the point of Loboc, to the east, is another point called Bato Pute, and along the entire beach there are paths, albeit difficult, and there is no disembarkation spot, and the point only has a *langar* below, which is a Moorish pilgrimage site. There is another one above it, and next to [120v] the one below is a village of ten to twelve houses of *syekhs*,[13] which are their priests, and a few fishermen. Here men can disembark at high and low tide on small vessels. There is no landing spot because of the many rocks.

## Chapter 28
### About the area between Bato Pute until Bornot

From Bato Pute up to the stream of Bornot is a third of a league, and next to the stream of Bornot there is a landing area. Towards the point is a small inlet where at least thirty foists, galleys, and caravels can anchor. Smaller boats can enter the stream of Bornot at high tide, and beside it, an arquebus shot upstream from the bar, there is a village of fifteen houses.

## Chapter 29
### About the area between Bornot and Lampanas

A league east of the stream of Bornot is the stream of Lampanas, and the bar of this stream is closed off when the westerly blows. Some fishermen live there, and when the bar is blocked, the fishermen drag their barotos over the sand. Along this shore there is neither anchorage nor landing area.

## Chapter 30
### About the area between the stream of Lampanas and Bihaz

From the stream of Lampanas up to Bihaz is [121r] a distance of two leagues, and galleys enter the stream of Bihaz at high tide. It is a sea coast and ships can anchor there. The sea has no shelter from the winds and next to the stream,

---

13  *Syekh* is a Malay term derived from the Arabic word *shaik* for priest.

mar hay una población que será de treinta casas, y en ellas un *langar* que es casa de oración o romería de los moros.

## Capítulo 31
### *De las cosas que hay del río de Bihaz hasta el de Laban*

Del riacho de Bihaz hasta el de Laban habrá tres leguas. En este de Laban entran galeras y de marea llena es mayor alguna cosa que el de Bihaz. Hay costa de mar y tiene surgideros sin abrigo, y tiene una población que será de cincuenta casas que está en la playa apartada del riacho un tiro de arcabuz. Y en ella hay otro *langar*. De este riacho de Laban para oriente está una ensenada pequeña una legua del dicho río, donde surgirán hasta veinte naos pequeñas, y luego delante de esta ensenada media legua para oriente, está un río pequeño que se llama Otoy, que no es habitado, más de que solamente en la barra está un baleo donde desembarcan las personas que pasan por allí. Y luego delante de Otoy para el oriente una legua está el río de Pidir, de que se trata en el capítulo siguiente.

## Capítulo 32
### *Que trata de las de Pidir*

La población de Pidir tiene un río tan grande como el del Achen, y el lugar tendrá cerca de mil vecinos, y hay en él dos fortalezas flacas, y sus elefantes [121v] del rey estarán una legua de la barra, y en la barra no hay baluarte alguno. Y es limpia, mas no pueden entrar sino navíos de remo y, de marea llena, naos vacías, así como la barra del Achen, y a la mar tiene surgideros. Esta población de Pidir fue reino que el rey viejo del Achen tomó por mano. Tiene muchas poblaciones y mantenimientos y ganados de búfanos y vacas. Tiene buenas huertas, palmeras y tierras llanas, y caminos para el Achen y, habiendo impedimentos en la mar, se pueden llevar mantenimientos al Achen por tierra.

La mayor parte de la gente son mercaderes, mas no por eso dejan de andar en el servicio, y hay armadas del rey, y es gente tan desconfiada que no se fía el padre al hijo, ni la mujer del marido, y cada uno trata lo que es suyo. Son muy mentirosos, y de la misma manera es la gente del Achen, y de toda la costa de Pasen.

## Capítulo 33
### *Que trata de las cosas que hay de Pidir hasta el río de Guiguián para el oriente*

Y desde la población de Pidir para el oriente está un riacho que se llama Guiguián, distancia de dos leguas de Pidir al dicho río. Hay camino y es costa, y por la tierra hay huertas y palmares, sementeras de arroz y algunas cosas. Este riacho hace dos bocas que de una a otra habrá menos de cuatro leguas. Y entre las dichas

along the beach, there is a town of thirty houses, including a langar, which is a Moorish house of prayer or pilgrimage.

## Chapter 31
### About the area between the stream of Bihaz and Laban

From the stream of Bihaz up to the stream of Laban is a distance of three leagues. Galleys enter the stream of Laban and at high tide, it is somewhat deeper than that of Bihaz. There is a sea coast and unsheltered anchorages, and there is a town of fifty houses along the beach an arquebus shot away from the stream. Another langar can be found there. A league east of the stream of Laban is a small inlet where up to twenty small ships can anchor, and beyond this inlet, half a league to the east, is a small stream called Otoy, where there are no houses. It is nothing more than a ford where people who pass by the area disembark. A league to the east beyond Otoy is the river of Pidir, which is discussed in the next chapter.

## Chapter 32
### About Pidir

The town of Pidir has a river as big as that of Aceh, and the place has close to a thousand residents, and in it are two inadequate forts, and the king's elephants are kept a league from the bar, and at the bar there is no fort. Although clean, it can only be entered by rowboats, and at high tide, by empty ships, just like the bar of Aceh, and out to sea there are anchorages. The town of Pidir was the realm that the old king of Aceh took in hand. It has many people and supplies, as well as herds of buffalo and cows. It has good orchards, groves, flatlands, and paths leading to Aceh, and when there are obstacles at sea, supplies can be brought from here to Aceh by land.

Most of the people are merchants, but they do not neglect their duty to the king, and the king has naval fleets. The people are so distrustful that a father does not trust his son, or the wife her husband, and everyone minds his own business. They are great liars, in the same way as those [people] of Aceh and the entire coast of Pasai.

## Chapter 33
### About the area between Pidir and the stream of Guiguián to the east

And east of the town of Pidir is a stream called Guiguián, two leagues in distance. It has a road running along the coast, and inland there are orchards, palm groves, rice fields, and other things. The river has two mouths less than four leagues from each other. And between these mouths is an island, and

bocas hay una isla detrás de la cual en la tierra hay una población [122r] de hasta treinta casas. Por estas bocas pueden entrar fustas de marea llena.

## Capítulo 34
*De las cosas que hay de Guiguián para el riacho de Enjón*

De Guiguián para el oriente está un riacho pequeño que se llama Enjón, el cual no es habitado de gente, y en él podrán entrar de marea llena fustas, y hay caminos por tierra cerca de la playa, y estará de Guiguián casi una legua.

## Capítulo 35
*De las cosas que hay de Enjón a Erlaban*

De Enjón para el oriente, está un riacho que se llama Erlaban como una legua. Tiene caminos por tierra y pueden entrar en él grandes fustas de marea llena, y hay casas apartadas unas de otras. Será población de cien vecinos y estará de la barra una legua. Hay en este riacho mucha pimienta, areca y huertas.

## Capítulo 36
*De las cosas que hay de Erlaban a Samarlanga, de la parte del oriente*

Del dicho río de Erlaban para el oriente hay otro riacho, distancia casi una legua, que se llama Samarlanga, el cual río es ancho pero bajo, que solamente entran en él *caatures* de marea llena. Tiene una población de cien vecinos, huertas, palmares y sementeras de arroz, y todos estos ríos tienen camino por tierra. [122v]

## Capítulo 37
*De lo que hay de Samarlanga al río de Pidada*

De este riacho de Samarlanga para el oriente está otro riacho que se llama Pidada, distancia de legua y media, el cual tiene casas y pueden entrar *catures* en él de marea llena. Y tiene camino por tierra, huertas, palmares y sementeras de arroz, y la población será de doscientos vecinos.

## Capítulo 38
*De lo que hay de Pidada hasta el riacho de Ledey*

De este riacho de Pidada para el oriente está otro riacho que se llama Ledey, distancia de legua y media. Y podrán entrar en él fustas de marea llena, y tendrá ciento y setenta vecinos en una población que estará de la barra un tercio de legua por la tierra adentro, y de ahí, más de una legua está otro riacho que se llama Xancar que no tiene gente, y entrambos tienen caminos por tierra, palmares y huertas y labranzas de arroz.

behind this, on the mainland, is a town [122r] with up to thirty houses. Foists can enter by these entryways at high tide.

## Chapter 34
### About the area between Guiguián and the stream of Enjón

To the east of Guiguián is a small stream called Enjón, which is deserted and can be entered by foists at high tide. It has paths near the beach, and it is about a league from Guiguián.

## Chapter 35
### About the area between Enjón and Ayer Laban

East of Enjón is a stream called Ayer Laban one league in distance. It has paths, and large foists can enter at high tide, and there are scattered houses on both sides. It is a village of one hundred people and is a league from the bar. Along this stream there are many pepper and betel plantations, and groves.

## Chapter 36
### About the area between Ayer Laban and Samarlanga, on the eastern side

East of Ayer Laban, nearly a league in distance, is another stream called Samarlanga, which is wide but shallow so that only light boats can enter it at high tide. It has a population of one hundred people, orchards, palm groves, and rice paddies, and these streams are surrounded with paths. [122v]

## Chapter 37
### About the area between Samarlanga and the stream of Pidada

There is another stream a league and a half east of Samarlanga called Pidada, which has houses and can be entered by small boats at high tide. It has paths, orchards, palm groves, and rice fields, and the village has two hundred residents.

## Chapter 38
### About the area between Pidada and the stream of Ledey

From the stream of Pidada, to the east by a league and a half, is another stream called Ledey. It can be navigated by foists at high tide, and has three hundred and seventy residents in a village a third of a league inland from the bar, and from here, more than league away, is another stream called Xancar, in an area which is deserted, and between the two streams there are paths, palm groves, orchards, and rice fields.

## Capítulo 39
### *De las cosas que hay de Xancar hasta el riacho de Pasangán*

De este riacho de Xancar para occidente está otro que se llama Pasangán, distancia de un tercio de legua, y tiene una población de quinientos vecinos, y en ella una estancia que es como fortaleza. Y estará de la barra por la tierra adentro un tercio de legua. Y en el dicho riacho de marea llena [123r] entrarán *catures*, y tiene palmares, huertas y arroz.

## Capítulo 40
### *Que trata de lo que hay de Pasangán hasta el riacho de Labu*

Del riacho de Pasangán al oriente está otro que se llama Labu un tercio de legua, y tiene caminos por tierra como todos los demás riachos, y de marea llena entran en él *catures*. Tiene una población de cien vecinos y hay en él nipas, huertas y palmares.

## Capítulo 41
### *De lo que hay de Labu hasta Pucán*

De Labu para el oriente está otro riacho distancia de una legua que se llama Pucán, en el cual de marea llena entrarán *catures*, y tanto de la barra como un tercio de legua. Habrá cien vecinos. Tiene nipas, huertas y sementeras de arroz.

## Capítulo 42
### *De Pucán hasta Samauey*

De Pucan para el oriente hay otro riacho que se llama Samauey un cuarto de legua, y en él, de marea llena, entrarán fustas, y de luengo de la tierra de este riacho a la mar tiene buen surgidero para fustas y galeotas, escorándose en los ponientes. Tiene una población de sesenta vecinos y un *langar* o casa de romería de moros. Y de este riacho para el oriente es todo placel hasta delante de allí. Habrá desde éste al río de Pasen una legua, y en todo hay huertas y caminos por [123v] tierra por todos estos riachos.

## Capítulo 43
### *De las cosas de Pasem*

Pasem fue antiguamente un reino más poderoso que el de Pidir ni el del Achen, y de más tierra y mantenimientos, gente, huertas y riquezas, y de muy grande navegación, cuando fue reino, donde ya tuvimos un baluarte rico en la playa, que después tomaron los acheneses.

## Chapter 39
### *About the area between Xancar and the stream of Pasangán*

From the stream of Xancar, a third of a league to the west, is another called Pasangán, along which can be found a population of five hundred people and a fort-like structure. It is a third of a league inland from the bar. And the stream is entered by light vessels at high tide [123r] and has palm groves, orchards, and rice fields.

## Chapter 40
### *About the area between Pasangán and the stream of Labu*

A third of a league east of Pasangán is another stream called Labu, which is crisscrossed by paths like the other streams, and at high tide small boats can navigate it. It has a village of one hundred residents, and it has nipa trees, orchards, and palm groves.

## Chapter 41
### *About the area between Labu and Pucán*

East of Labu, a league away, is another stream called Pucán, which is entered by small boats at high tide up to a third of a league upstream from the bar. People live there. It has nipa trees, groves, and rice paddies.

## Chapter 42
### *From Pucán to Samauey*

A quarter of a league east of Pucan is a stream called Samauey, which foists enter at high tide, and the sea off this stream has good anchorage for small boats and galleys, being protected from the westerlies. It has a settlement of sixty people and a langar or Moorish pilgrimage site. From this stream toward the east there are only sandbanks up to its front. It is a league in distance from the river of Pasai, and it has groves and paths [123v] all over.

## Chapter 43
### *About Pasai*

Pasai was once a kingdom more powerful than Pidir and Aceh, and had more land and supplies, people, groves, and wealth, a very large fleet, when it was a kingdom where we had a stronghold on the shore, which was then captured by Aceh.

Este reino fue tomado del Achen por traición. Tiene la barra en el placel y de marea vacía parece toda la tierra del placel, excepto tres canales que van para el dicho placel a la barra, por los cuales podrán entrar de marea llena, con señales que les ponen, galeotas. Y la población será de mil quinientos vecinos. Es tierra abastecida de mantenimientos, donde se provee el Achen, y tiene mucha caza de venados, y muchas aldeas por la tierra adentro, y es muy buena tierra y tiene una fortaleza flaca.

## Capítulo 44
### *De las cosas que hay desde Pasem hasta Gouri, que es el río de Aru*

De Pasem hasta Gouri, que es el río de Aru, y está al oriente, podrá haber 28 leguas poco más o menos, y en esta distancia hay los riachos y poblaciones siguientes: de Pasem al oriente está un riacho que se llama Madina [124r] un tercio de legua, donde no hay casas ni gente, y al oriente de éste está otro tanto, otro donde tampoco hay gente, y luego otro distancia de diez leguas, que se llama Carti, y delante de éste otro que se llama Parlac, donde hay población de 400 vecinos por la tierra adentro. En este riacho de Parlac hay unas peras de que se saca aceite que sirve para muchas cosas, y se quema en lámparas cerradas de metal, porque abiertas, si le toca el fuego, quémase todo, y es tan fuerte que si le echan en agua sobre él, la misma se arde todo sin quedar nada, pegándole fuego. Está este riacho de Parlac del de Carti distancia de seis leguas, y de él hacia oriente está otro que se llama Bauaan cuatro leguas, y no tiene gente, y adelante una legua está otro que se llama Tarján, el cual por tierra adentro junto a las sierras tiene una población de doscientos vecinos. Y delante de Tarján otra legua está el de Bacitán, donde hay un *langar*. Y por este riacho arriba, cerca de las sierras, está una población de 150 vecinos. Al oriente Bacitán, media legua, está el riacho de Batinsarangán, donde hay población por el río arriba de cincuenta vecinos junto a las sierras, y al oriente de éste como un tiro de escopeta, está el de Cayolupán, que no tiene gente. Adelante de éste una legua está el de Lancate, también sin gente, y adelante de éste Delancat, está el río de Uri, que es el de Aru, del cual y de su población [124v] estará adelante de Gouri hasta Pasem. Todo es placel, como ya queda dicho, y pueden andar en él fustas y sallotas.

## Capítulo 45
### *Que trata de las cosas de Aru*

Aru es una población de mil quinientos vecinos y fue antiguamente reino poderoso de gente belicosa, que todos los reinos comarcanos le temían como hacen ahora al Achen. Tuvo este reino de Achen muchas guerras con él antes que lo tomasen.

Tiene este reino mantenimientos aunque no tantos como el de Pasem, y la mayor parte de la tierra está inhabitable y hecha montes por ser grande y la gente poca. Esta población tiene un río donde entran embarcaciones de remos, fustas y galeotas, y de la barra a la población hay camino de un día por ir contra la corriente. En algunas partes de este reino hay gente que come carne humana y

This kingdom fell to Aceh by treachery. The bar is on the sandbank and at low tide the entire sandbank emerges, except for three channels that run through the bar, by which it can be entered by galleys at high tide with the aid of signs placed there. And the town has one thousand five hundred residents. It is a land rich in supplies with which Aceh is provisioned, and it has plenty of deer and many villages inland. It has very fertile soil and a weak fort.

## Chapter 44
### About the area between Pasai and Gouri, the river of Aru

About twenty-eight leagues to the east of Pasai is Gouri, the river Aru, and within this area there are the following streams and settlements. A third of a league east of Pasai is a stream called Madina, [124r] where there are no people, and east of this is another stream, also deserted, and ten more leagues away is another called Carti, and in front of this is one called Parlac, which has a settlement of 400 people inland. Along this stream of Parlac are some pears that produce an oil with many uses, which is burned in closed metal lamps because when lit in the open, it burns everything, and burns so fiercely that when doused with water, this boils away to nothing. From the stream of Parlac to that of Carti is a distance of six leagues, and four leagues to the east is another stream called Bauaan, which is deserted, and a league further is another called Tarján, which has a village of two hundred people inland, next to the mountains. And in front of Tarján, a league away, is Bacitán, where there is a langar. And upstream, near the mountains, is a village with 150 residents. East of Bacitán, half a league away, is the stream of Batinsarangán, which has a village of fifty people upstream, beside the mountains, and to the east, a blunderbuss shot away, is the stream of Cayolupán, which is deserted. A league beyond this is the stream of Lancate, and further beyond is Aru's river, Uri, and both river and settlement [124v] face Gouri up to Pasai. All are sandbanks, as mentioned earlier, which can be negotiated by foists and galliots.

## Chapter 45
### About matters related to Aru

Aru is a town with one thousand five hundred residents and was once a strong kingdom of warlike men whom all the neighboring kingdoms feared as they now fear Aceh. It waged many wars with the kingdom of Aceh before it fell.

This town has plenty of supplies, but not as much as Pasai, and most of its land is uninhabitable, being mountainous, thus the population is small for its size. The town has a river sailed by rowboats, foists, and galleys, and the route from the bar to the town is a day's travel going against the current. In some parts of this kingdom there are cannibals, and among them some gold can be found. East

hay entre ellos algún oro. De esta población al oriente hay los ríos siguientes: el riacho de Cotabagunbele que es que estará de la población un tiro de arcabuz, y tiene casa junto a la sierra, y adelante de éste una legua está el de Tajón Sandan, que es también hay casas por la ribera cerca de los montes, y legua y media de éste hay otro que se llama Care, con casas al modo del de arriba, y un cuarto de legua de éste hay otro que se llama Caro, y no tiene gente, y una legua [125r] de Caro está Batobara, y éste al oriente, y otro que se llama Tanjón Pulopito, distancia de media legua, el cual tiene gente y población.

Junto de los montes de este riacho de Tanjón Pulopito distancia de cuatro leguas, está otro que se llama Asahan, que asimismo es población cerca de los montes. Hasta este riacho de Asahan llegan los límites de los reinos y señoríos del Achen, y todos estos riachos que se declaran en este capítulo tienen caminos por tierra para Aru, y por la mar todo es placel, por donde pueden navegar fustas y galeotas y otros navíos mayores, porque tiene dos y tres brazas de agua. Y los moradores de estos riachos se pasaron junto a las sierras desde el tiempo que los acheneses tomaron a Aru, porque antes habitaban en los dichos ríos que son muy frescos y buenos y por la tierra adentro hasta el Achen.

Es el Achen señor de todo hasta la contracosta de la otra banda y hasta Priamán, que le paga tributo, y Barros, que está más al oriente de la banda del Achen. Y del dicho Achen y todas las más poblaciones y riachos de la contracosta, que todo es suyo, y de las poblaciones que están en la contracosta para el Achen, no hay caminos por tierra, a causa de las grandes serranías que son muy ásperas y espesas.

Esto es lo que señorea de la isla de Sumatra el Achen, la cual isla es muy grande, que tendrá más de trescientas y cincuenta leguas de boj, y muchos reinos y señoríos, y toda ella es en sí de gran provecho así [125v] por ser las tierras singulares para labranzas como por sacarse de ella mucho oro y mucha pimienta, que solamente en lo que es sujeto al Achen se cogen cada un año treinta mil quintales de pimienta, que se carga para Meca, Camboya, Dabul, Bengala, Pegu, demás de la que se gasta en la tierra. Tienen más estos señoríos del Achen, pimienta luenga, que también llevan para Meca y Camboya. Tienen seda, aunque no tan buena como la de China, y se lleva para Camboya. Tiene alguna mies, mucha areca y cosas tiene en Barros, benjuí de lo más fino, y cánfora muy buena, sangre de drago, singulares tierras y mucho ganado de búfanos, vacas y gran cantidad de venados en los montes.

Todos los años vienen del Achen cuatro o cinco naos de Meca y de Camboya dos o tres, de Dabul una, de Pegu cinco y seis, y de la costa de Charamandel dos, tres, las cuales traen ropa y mucho acero, por causa del cual acero los menancabos acostumbran a venir con oro a Malaca, una hora por la contracosta de Sumatra al Achen. Y las de Camboya y Dabul traen ropa, anfión, agua rosada y trigo. Las de Pegu ropas y loza, grosero arroz, aceite, mantecas, vinos y plomo, y las de Meca traen arcabuces terciados, esclavoneses y ginoviscos, cuchillos, vidrios y espejos, agua rosada, anfión, paños y sedas, y algunos ruanes, hilos de oro, muchos de oro, y reales de plata, y turcos mercaderes y lombarderos y algunas [126r] piezas de artillería y otras muchas cosas. Juntará el Achen en espacio de diez días treinta mil hombres de toda broza.

of the town is the stream of Kota Bagunbele, which is an arquebus shot from the town and has a house beside the mountain, and a league beyond is the stream of Tanjung Sandan, which also has houses by the bank near the mountains, and a league and a half from this is another [stream] called Care, with houses like those above, and a quarter of a league from this is another called Caro, which is deserted, and east of Caro, a league away, [125r] is Bato Bara and Tanjung Pulopito, half a league in distance, which is populated.

Next to the hills of the stream of Tanjung Pulopito, four leagues away, is another called Asahan, which is also populated and located near the hills. The rule of Aceh extends up to the stream of Asahan, and all the streams mentioned in this chapter have paths leading to Aru, and the sea is entirely filled with sandbanks with two to three fathoms of water that foists and galleys and some bigger vessels can navigate. The residents of these streams have moved next to the mountains since the time of Aru's fall to Aceh. Before, they lived along the streams, which are quite fresh and good, and inland in the direction of Aceh.

Aceh rules over the land up to the opposite coast on the other side and up to Priamán, which pays tribute, and Barros, farther to the east on the side of Aceh. There are no land routes to Aceh from all the settlements and streams on the opposite coast under its rule because of the tall mountains that are rugged and filled with thickets.

This is what is under the rule of Aceh on the island of Sumatra, which measures more than three hundred and fifty square leagues and has many kingdoms and realms. All of these produce large revenues [125v] because the land is ideal for farming, mining gold, and producing pepper, for each of the lands under Aceh alone produce yearly 30,000 quintals of pepper, which is shipped to Mecca, Cambodia, Dabul, Bengal, Pegu, apart from what is locally consumed. These lands of Aceh also produce long pepper, which is also shipped to Mecca and Cambodia. They have silk, although not as good as that of China, which they sell to Cambodia. They have some cereals, plenty of betel, and other things. Barros has the finest benzoin and very good camphor, dragon's blood, exceptional soil, and plenty of buffaloes, cows, and large numbers of deer in the mountains.

Every year Aceh receives four to five ships from Mecca, two to three from Cambodia, one from Dabul, five to six from Pegu, and two to three from the coast of Coromandel, bringing clothing and plenty of steel which the Minangkabaus used to buy with gold in Malacca, an hour's travel by the opposite coast of Sumatra to Aceh. Those from Cambodia and Dabul bring clothing, opium, rose water, and wheat. Those from Pegu bring clothing and crockery, coarse rice, oil, butter, wine, and lead, while from Mecca ships bring short arquebuses, Slavic and Genoan blades, knives, glass and mirrors, rose water, opium, cloths and silks, and some printed cotton fabric, gold thread, and many gold and silver reales. Turkish merchants bring artillery gunners and some [126r] artillery pieces, and many other items. Thirty thousand men of all races gather together in Aceh in the span of ten days.

Tiene continuamente en cavas por la orilla del río embarcaciones en que pelea esta gente a costa de ella misma, y no a la del rey, que serán hasta trescientas embarcaciones, las veinte galeras y las setenta fustas y galeotas, y las demás son catures y lanchas y paraos y pequeños. Tendrá el dicho rey más de cien piezas de artillería gruesa de metal y asimismo algunas gruesas de hierro, y doscientas de artillería menuda, y grande número de arcabucería que todos los navíos les vienen de Meca. Y tiene hecha mucha y buena pólvora y gran suma de balas de toda suerte, y muchas flechas no tan recias como las turquescas, y grandísima suma de púas de un palo negro que continuamente las están haciendo, por lo cual es necesario que la gente lleve zapatos de dos suelas gruesas. Tiene también muchas lanzas y terciados buenos, ginoviscos y esclavoneses y rodelas. Tiene seiscientos elefantes en que el rey estriba todas sus fuerzas y poder más que en la artillería. Todo esto hay en el Achen, mas con el nombre de Jesús y voz del bienaventurado apóstol Santiago, a intercesión de la santísima Virgen de Luz, Señora nuestra, nuestro Señor nos dará victoria, porque ellos, en el tal tiempo, cada uno ha de acudir a su mujer e hijos para los poner en salvo por donde su poder será mucho menos [126v].

## Capítulo 46
*Que trata de las cosas que hay desde el cabo de Comorín hasta Japón y de cómo estas partes del sur son las mejores y más ricas de la India, donde metiéndose caudal será su Majestad el más poderoso que nunca hubo en el mundo, y de las armadas que ahora el Achen puede hacer y de cómo, cesando el Achen, valdrán mucho las aduanas de su Majestad*

El Achen, mientras vive y no es destruido, impide las riquezas de la India, y no rentan los derechos de las aduanas de su Majestad mucho, así en estas partes del sur como en la India y reinos de Portugal. El dicho Achen en septiembre de ochenta y dos salió con ciento y veinte velas en que había siete naos de alto bordo y catorce galeras, y las demás eran galeotas y fustas y otras embarcaciones de lanchas y bantines. Y, según los espías que tomamos, viniendo quince mil hombres, y pusieron cerco a esta ciudad de Malaca, que duró casi todo septiembre. Y este año de ochenta y cuatro, tenemos por cierto que ha salido y está en espera, setenta leguas de aquí, con trescientas embarcaciones donde dicen vieron cuarenta galeras, y él en persona, y las más embarcaciones son fustas, lanchas y bandines. Y dicen viene sobre esta ciudad de Malaca o al estrecho de Singapura [127r] a hacer una fortaleza para estorbar la navegación de la China, y de todas aquellas partes. Por lo cual debe su Majestad con brevedad acudir a esta empresa en que está todo el remedio y riquezas de la India. Y se puede conquistar de la manera siguiente:

Vuestra Majestad debe mandar hacer en el reino cinco mil hombres y embarcarlos a la India, donde se escogerán de ellos dos mil, y otros dos mil de los soldados viejos que allí están. Y con estos cuatro mil, siendo el Virrey persona que trate del servicio de Dios y Usted, y no de sí, que él mismo, dejando gober-

These men constantly have up to three hundred ships stationed at the side of the river on which they fight at their own cost, and not at the king's expense. Twenty of these ships are galleys, seventy are fustas and galiotes, and the rest catures, launches, paraos, and small boats. The king has more than one hundred pieces of heavy artillery—some heavy artillery made of iron—and two hundred pieces of light artillery, and a large number of arquebuses brought by the ships from Mecca. He has plenty of good powder and a large amount of shots and balls of all calibers, and plenty of arrows, though not as stout as those of the Turks, and a large number of spikes made of dark wood which are in constant production, which is why the men need to wear shoes with double soles. He also has plenty of spears and small swords, mail and chain armor, and bucklers. He has six hundred elephants, upon which the king relies more than on his artillery. All these can be found in Aceh, but with the name of Jesus and the voice of St. James, the intercession of the Blessed Virgin of Light, our Lady, the Lord will grant us victory, for in time the enemy will each run to his wife and children to take them where their power will not be as great. [126v]

## Chapter 46
*About the area between the cape of Comorin and Japan and why these lands in the south are better and richer than India, venturing into which His Majesty will become the most powerful man the world has ever seen, and about what the fleets of Aceh are capable of at present and how, with Aceh no more, His Majesty's customs houses will profit*

While it exists and is not destroyed, Aceh hinders the wealth of India, and His Majesty's customs do not yield much revenue in either these lands in the south or in Portugal. In September of 1582 a fleet sailed from Aceh with one hundred and twenty vessels, including seven high-board ships and fourteen galleys, the rest being galiotes, fustas, and others like launches and bantins, and according to the spies in our service, these carried fifteen thousand men, and these laid siege to the city of Malacca, which lasted nearly the entire month of September. And we are certain that in 1584 a fleet sailed and lies waiting seventy leagues from here with three hundred vessels, including, witnesses say, forty galleys, and the king himself, and the rest are fustas, launches, and bantins. And it is said that his destination is this city of Malacca or the strait of Singapore [127r] to build a fort to deter the ships from China and that whole area. Thus His Majesty should quickly give attention to this matter in which lies the entire solution and the wealth of India. And it can be conquered in the following way:

Your Majesty should have five thousand men assembled in the kingdom and shipped to India, where two thousand of them will be picked and joined with two thousand veteran soldiers there. And with these four thousand men, the viceroy himself, being your man and a man of God, and not out for himself,

nador en la India en el entretanto que le acuda con lo necesario de la manera que él se lo dejare ordenado, que el mismo Virrey venga a esta conquista con los dichos cuatro mil hombres derecho al Achen, por la orden del derrotero que va con ésta. Y que los otros tres mil hombres que vinieren del reino, queden en la India para su conservación.

Y tomado el Achen por la orden del derrotero y memorias de atrás, dejando en ella conservación necesaria, con fortalezas y capitanes que las acaben, el mismo Virrey con la demás gente, se venga sobre Johor, donde está una fortaleza y aduana del rey de la tierra, muy perjudicial a la cristiandad y Su real hacienda, que rentara ésta de Malaca mucho si aquella fuera destruida o estuviere por nuestra. Y Johor es nuestro vecino, y por la tierra y por la mar siempre nos da muchos trabajos, y recoge las amarras del Achen cuando vienen sobre esta ciudad. [127v] Y pacificado el Achen y Johor el dicho Virrey enviará a Maluco hasta mil hombres que bastará para desbaratarle, y todo lo puede hacer en una monzón que le dure desde quince de marzo hasta quince de enero. Y en enero se puede volver para la India dejando en estas partes gobernador y capitán mayor de la armada, al que le pareciere, y de esta manera tendrá más quietas estas partes del sur, y será señor de ellas, donde van todas las riquezas para Meca, y para la India de Portugal y del Achen, que esto da la isla de Sumatra, que son más de trescientas leguas de costa.

Van cada un año más de mil quintales de pimienta, la mejor de la India, y mucha canfora, benjuí de boninas, oro y seda, y todos los mantenimientos y otras muchas cosas, mucha madera para naos, como en el derrotero que va con éstas se declara. Y decían mucha pedrería y rubíes, benjuí, seda, y mucho palo de brasil, y otras muchas cosas que se declaran en el dicho derrotero. Y de Maluco mucho clavo, y de Banda mucha nuez y masa, y de la China todas las haciendas, ropas y otras riquezas. Y de Borney mucho oro, y tortuga. De la Sonda mucha pimienta, y de Timor mucho sándalo. Y de las islas de Java, que es tierra singular, muchos mantenimientos y muchas embarcaciones que se llaman juncos. Y de Japón mucha plata. Y del Chincheo [128r] todas las haciendas como de la China, mas son más bajas. Y de Cochinchina águila, calamba y tortuga y pan águila y oro, de que dan pimienta de Tenazarín, nipa, palo de Brasil, peltre de Patán, Pera y Barbas, peltre de Labe, pedrerías de diamantes, rocabela. Asimismo hay en estas partes muchas piedras besahares, almizcle y piedras de puerco, y otras muchas cosas y riquezas.

Éstas son las partes del sur y otras muchas islas que lo menos quedan. Corre para la India y Portugal, y lo principal va para Meca y otras partes de infieles. Y estando quieto el Achen todo pasará por las aduanas de su Majestad, y rentarán mucho y no irán las drogas, especieras y riquezas a los moros, turcos e infieles, y podrá su Majestad sustentar poder para quietar la isla de Ceilán, que es muy grande y ha muchos años que nos dan muchos trabajos y gastos, y es una isla que

leaving a governor behind in India to look after things as he has instructed, will take command of this force and lead it in the conquest of Aceh in accordance with the attached plan. And the three thousand men remaining in India will see to its defense. The viceroy will capture Aceh according to the plan and what has been written above.

And with Aceh defeated, leaving a force with forts and captains to finish the job, the viceroy with the rest of the men will move on to Johor,[14] where there is a fort and customs office of the local ruler, very detrimental to Christianity and Your royal treasury, for it will be of great benefit to the customs in Malacca if this one is captured or destroyed. And Johor is our neighbor, and by land and by sea it will always be a thorn in our side. It assists Aceh whenever they sail against this city. [127v] And with Aceh and Johor pacified, the viceroy can send to the Maluku Islands one thousand men, which will be enough to crush it, and everything can be done in one season from March 15 until January 15. By January he can return to India, leaving behind a governor and captain general of the fleet of his choosing, and in this way these areas in the south will be more quiet, and [Your Majesty] will be master of these, where all the wealth passes through to and from Mecca, Portuguese India, and Aceh, as happens with the island of Sumatra, which has more than three hundred leagues of coast.

Each year [Aceh] sells more than a thousand quintals of pepper, the best in the Indies, plenty of camphor, benzoin, gold and silk, and all kinds of food, plus plenty of wood for ships, as described in the attached plan, and also plenty of gems and rubies, benzoin, silk, and plenty of brazil wood and many other things described in said plan. From Maluku [comes] plenty of cloves; from Banda, a lot of nuts and paste; from China, all kinds of farm produce, clothing, and other riches; from Borneo [comes] plenty of gold and turtle wood; from Sunda arrives plenty of pepper; from Timor, much sandalwood; from the islands of Java, which is a unique land, many kinds of food and boats called junks; from Japan, plenty of silver; and from Guangzhou [128r], farm produce like those from China, but cheaper. From Cochinchina[15] [comes] agarwood, calambac wood, tortoise shell, and gold, for which they trade Tenazarín pepper, nipa, brazil wood, pewter from Patani, Perak, and Barross, pewter from Labe, and Rocabela diamonds. Also, in these parts there are many *besahares* stones, musk, and *piedras de puerco*, and many other riches.

These are the areas in the south and many other islands left unmentioned. They send goods to India and Portugal, and the majority is sent to Mecca and other infidel lands. And with Aceh pacified, all will pass through the customs of Your Majesty, and will yield a lot, and the drugs, spices, and riches of the Moors will not go to the Moors, Turks, and infidels. Your Majesty will be able to finance the force needed to pacify the island of Ceylon, which is large and has for many years now caused us much trouble and expense. It is an island that

14 Johor refers to the sultanate of Johor on the southern tip of Malaysia. It was founded in the sixteenth century.
15 Cochinchina is an early reference of the Portuguese traders to the region of southern Vietnam.

da mucho provecho y muchas perlas y mantenimientos. Y también se quietará toda la costa de Charamandel, donde está la casa del cuerpo del apóstol San Tomé, y hay muchas riquezas de ropas finas y mantenimientos. Y se pacificará Bengala que también tiene muchas riquezas de ropas finas y mantenimientos, y azúcares, y Masule Patan, que tiene muchas ropas finas y otras riquezas; Pegu, tiene muchas ropas, rubíes, oro, plata, cristal, plomo, hierro, almizcle [128v] y muchos mantenimientos en grandísima cantidad, y otros reinos hasta Malaca, y de la otra parte hasta Coachín.

También se hará señor y conquistará las partes de China, Siam, Camboya, Cochinchina, y asimismo se hará señor y tendrá quieta la costa del Malabar, Chaul, Basayn, Damanydio y Ormuz, y toda la demás costa hasta Mozambique y Sofala, porque como estas partes del sur estuvieren quietas, que son las mejores del mundo, y el Achen fuere destruido, rentarán los derechos de su Majestad mucho.

Y como los virreyes después que se hallan en la India, se acuerdan muy poco de este tan gran servicio de Nuestro Señor y de su Majestad, y bien de sus vasallos, a todos parece mejor que elija su Majestad en el reino una persona digna de esta empresa, que no solamente sea prudente en la guerra, noble, rico y virtuoso y católico, mas que tenga don de Dios para dar y repartir con los soldados, y que no trate de sí, sino del servicio de Dios y del de su Majestad, porque siendo éste, que es tal como fue Alonso de Alburquerque y don Juan de Castro para con nuestro Señor, alcanzarán mucho de tantos cuentos de cristianos como se esperan hacer en estas partes y de tantas riquezas para la renta de su Majestad y de sus vasallos, que toda al presente gozan infieles y se pierde por no acudir ley.

Sepa su Majestad que desde el cabo de Comorín [129r] hasta Japón, que se cuentan por las partes del sur, son las mejores partes del mundo, porque en ellas hay todas las riquezas, piedras preciosas, todas las haciendas del mundo, drogas y muy grandes reinos, e imperios, y con estos cuatro mil hombres y gasto de ochocientos o novecientos mil cruzados, todo se alcanza. Dará Nuestro Señor a su Majestad muchos y largos años de vida para poner en efecto esta victoria de tanta gloria y merecimiento para con Nuestro Señor y provecho de sus reinos y vasallos.

produces much revenue and plenty of pearls and foodstuffs. And the entire coast of Coromandel, where lies the body of the Apostle St. Thomas, and where there are many riches of fine clothing and supplies, will also be pacified. And also Bengal, which is also rich in fine clothing, supplies, and sugar; Masule Patan, which has plenty of fine clothing and other riches; Pegu, which has plenty of clothing, rubies, gold, silver, crystal, lead, iron, musk, [128v] and huge amounts of provisions; and other kingdoms up to Malacca, and on the other side up to Cochín.

He [Your Majesty] will also conquer and become lord of China, Siam, Cambodia, Cochinchina, and will also be lord and will pacify the coast of Malabar, Chaul, Bassein, Daman and Diu, and Hormuz, and the rest of the coast up to Mozambique and Sofala,[16] because with the pacification of these areas, which are the best in the world, and with Aceh destroyed, Your Majesty's revenue from taxes will increase greatly.

And since the viceroys, after being installed in India, forget about this great service to the Lord and Your Majesty, and the good of Your Majesty's subjects, it seems best for Your Majesty to choose in the realm a person worthy of this enterprise, who is not only prudent in war and also noble, rich, virtuous, and a Catholic, but also has the blessing of God to give and share with the soldiers, and will not think of himself but of serving God and Your Majesty, for by doing this, like Afonso de Albuquerque[17] and Dom João de Castro[18] did for the Lord, they will win fame in so many Christian tales, as they are expected to do in these areas, and gain such riches for Your Majesty's revenues and vassals, which at present are being enjoyed by infidels and lost due to the absence of law.

Your Majesty knows that the areas between the cape of Comorín [129r] and Japan, which are in the south, are the best in the world because they possess all the world's riches, precious gems, all the food in the world, drugs, and very large kingdoms and empires, and with these four thousand men and the cost of eight to nine hundred thousand *cruzados*, everything can be achieved. The Lord will grant Your Majesty many long years of life to gain this victory of such glory and value to the Lord and the benefit to Your Majesty's kingdoms and vassals.

---

16  Sofala was an ancient southeastern African trading entrepot (now in Mozambique) that was the center of the African gold trade. The Portuguese settlers regarded it as the Biblical city of Ophir.
17  Afonso de Albuquerque (c. 1453–1515) was a Portuguese general, military commander, and the second viceroy of Goa, who waged war against the Ottomon empire for control over the Indian Ocean, the Persian Sea, and the highly lucrative spice trade of Southeast Asia. His victorious campaigns allowed Portugal to become one of the first global maritime powers in the world. In 1510 he conquered Goa, India, and in the following year Malacca.
18  João de Castro (1500–1548) was the fourth viceroy of Goa, who was famed for his use of science in navigation.

# 12

## Relación que hizo don Juan Ribero Gayo, obispo de Malaca, con Antonio Díez, Enrique Méndez, Francisco de las Nieves, Juan Serrano, de las cosas de Patani y población del Achen y Panarican.

### Capítulo primero

De frente de la ciudad a la parte del oriente junto a la playa de la mar, de frente de la barra está una plazón grande que se llama Achen y Panarican, de la cual población a la ciudad de Patani en partes habrá distancia de un tiro de lombarda y en partes más y menos. En esta población viven todos los chinas y chincheos y demás extranjeros y naturales, que pasan de tres mil hombres, y todas buena gente. Toda la playa de la punta de Tanjón Lulo hasta Coalabaza, que es salida de la ensenada y mar para el norte, es playa de arena enjuta, y por la tierra adentro [129v] hasta la ciudad de esta parte también es playa de arena y campo enjuto, hasta enfrente de la ciudad de la parte del río de la ciudad y, cuanto más enfrenten de la ciudad de la parte del oriente y de la mar, tanto es mejor playa y mejor tierra, y campo y arena enjuta. Y de la parte de la mar hasta donde llega la marea, toda es basa y suelta, muy alta, y en esta población no hay fortaleza alguna y las casas todas son de paja y cañas, y no tiene resistencia salvo con fuerza de gente, porque la de esta población es la mejor que tiene el rey de Patani.

Y en esta playa forzosamente ha de ser el desembarcadero de marea llena y en desembarcaciones que con una plancha se llegue a tierra por causa de la basa. Mas otro desembarcadero paréceme por cómo abajo se trata.

### Capítulo que trata de la ciudad de Patani y de las cosas que hay en ella

La ciudad de Patani tendrá de circuito una legua y media poco más o menos, y desde la punta de Garsen hasta la de Tajón Lulo para el sur, y desde Tanjón Lulo hasta la vuelta de No a el occidente, y de la vuelta de No hasta la punta de No para el occidente, que son las tres partes de la ciudad. Tiene una cava de anchura de quince brazas y de altura que nada una fusta de marea llena, la cual es hecha a mano y tiene basa, si no es por la parte del norte que es a la parte de la población de Panarican, que tiene arena. Y toda la dicha cava [130r] por

# 12

# Report of Dom João Ribeiro Gaio, bishop of Malacca, with Antonio Dias, Henrique Mendes, Francisco das Neves, João Serrano, about Matters concerning Patani[1] and the towns of Aceh and Panarican

## First Chapter

In front of the city, on the western side next to the beach facing the bar, is a large place called Achen and Panarican, which is more or less within the range of a lombard from the city of Patani. In this town live all the Chinese and Chincheos[2] and other foreigners and natives, who number more than three thousand, all good men. The entire beach, from the point of Tanjung Lulo up to Kuala Baza, which is the mouth of the inlet and sea to the north, is made up of sand and dry ground, up to the front of the city [129v] on the side of the city's river, and the closer you approach the front of the city from the east side and the sea, the better the beach and land and the dry sand and ground. And from the seaside up to where the tide reaches, it is all very deep marshes and loose sediment. In this town there are no forts, and the houses are all made of cane and straw. It has no defense except the strength of its men because the men of this town are the best that the king of Patani has.

And along this beach men need to disembark at high tide on boats that have planks for stepping across to land because of the marshes. Another way to unload will be discussed below.

## Chapter discussing the city of Patani and what is found in it

The city of Patani has a perimeter of a league and a half, more or less, from the point of Garcen down to the point of Tanjung Lulo in the south, from Tanjung Lulo to the bend of No in the west, and from the bend of No to the point of No to the west, which are the three parts of the city. It has a moat with a width of fifteen fathoms and a depth that a foist can sail on at high tide. It is manmade and marshy, except in the northern area which is part of the town of Panarican, which is sandy. Within the moat [130r] and its sides there are many

1 Patani was a a Muslim sultanate that was considered a tributary to Sukhothai and Ayutthaya, the two kingdoms of Siam. Present-day Patani is located in the most southeastern tip of Thailand.
2 *Chincheo* is a name applied by the Portuguese to the people from Guangzhou, China.

dentro y las orillas tienen muchas púas. Está esta ciudad cercada toda de vigas gruesas de seis brazas. Tiene esta ciudad nueve baluartes de tamaño cada uno de setenta palmos cuadrados, y cada baluarte de estos tiene tres andamios de artillería gruesa y menuda, y cada baluarte doce piezas, las cuales sobrepujan en la altura a los muros tres brazas. Uno de ellos está en la punta de Garsen a la banda del norte, y juega para la banda de la mar, que es para Panarican, y para el río con sus reveses.

De luengo de los muros y junto al dicho baluarte para el norte, está una punta grande, y de la dicha punta de Garsen para el sur es, a la banda de la punta de Tanjón Lulo, distancia de un tiro de falconeta, otro baluarte mucho más fuerte y mayor que todos los otros baluartes, con más de treinta piezas de artillería. Y entre ellas una culebrina muy grande demás de otras muchas piezas gruesas. Y porque en este lugar es la frontera por donde ellos temen la entrada.

Y junto de este baluarte para la punta de Garsen está la puerta principal de la ciudad y, enfrente de ella, una anteparo de madera, y este baluarte es de la misma manera que la cerca y más fuerte, y de tres soberados, y en todos ellos hay estancias de artillería y, desde este baluarte al que queda atrás, están dos estancias de artillería, una de artillería gruesa a raíz del suelo con sus portañuelas, y otra en el mismo andamio de los mismos muros, de falcones versos, y toda esta artillería está asentada por su orden en las dichas estancias apartada [130v] una de otra tres brazas, la gruesa y la menuda no tanto.

Y desde el baluarte que está junto de la dicha punta principal que se llama Pintogarbán hacia el sur en la punta de Tanjón Lulo, está otro baluarte de la misma manera que el de la punta de Garsen, y desde esta punta hasta la punta principal hay la misma orden de artillería que la del muro que queda atrás y de la misma manera todo el muro de la ciudad entorno, excepto esta frontera de la puerta de Garsen hasta la punta de Tanjón Lula, que tiene mucha más artillería y asentada más menudamente y siempre de esta parte tiene centinela, y todo el peso de la ciudad y de la punta de Tanjón Lula, donde está el baluarte de que arriba se hizo mención, para el sur, está otro baluarte de la misma manera distancia de un tiro de arcabuz, y una puerta junto a él, y desde el dicho baluarte para el occidente está otro baluarte de la misma manera y distancia donde están algunas puertas pequeñas, y de este baluarte al occidente está otro donde hay también algunas puertas pequeñas que sirven a limpiar la ciudad, y de la vuelta de No hasta la punta de No no hay baluarte alguno, y en la punta No está un baluarte de la manera que los demás, y junto de éste para el occidente está una puerta, y entre éste de la punta de No y la punta de Garsen está la puerta levadiza de que atrás se hizo mención. Y luego adelante está una puerta grande hermosa que se llama Pinto Quidiya [131r] delante de ella los muros.

Dentro están los palacios del rey y, tras de ellos, está otro baluarte como los demás, y adelante otra puerta, y luego junto a ella otro baluarte de la misma manera. Y tiene esta ciudad más en sí, que está armada de calles y servidumbres por las dichas puertas, y tiene una calle principal muy ancha que comienza de la puerta principal, que es Pinto Garuán, y corta la ciudad por medio hasta la otra parte y palacios del rey.

spikes. This city is entirely surrounded by stockade that is six fathoms tall. The city has nine bastions, each measuring seventy square feet, and each bastion is armed with three batteries of heavy and light artillery that total twelve pieces, which surpass three fathoms above the walls. There is one located on the point of Garcen to the north, with guns aimed at the sea towards Panarican, which are pushed back towards the river by the recoil.

Along the walls, next to the fort towards the north, is a large point, and south of the point of Garcen, to the side of the point of Tanjung Lulo, a falconet shot away, is a stronghold bigger and stronger than the other bastions, with more than thirty pieces of artillery. Among them is a very large culverin, apart from other heavy guns because on this spot is the side where they expect an attack to come from.

And next to the fort, on the side of the point of Garcen, is the main gate of the city, and in front of this a wooden drawbridge. This is built in the same way as the wall, but stronger, and it has three turrets, all lined with artillery, and from this fort to the next one there are two ranks of artillery, one of heavy guns fixed behind breastworks and another, falconets and *versos*, mounted on the wall platform, and all these guns, both heavy and light, are spaced [130v] three fathoms from one another.

And from this bastion that is beside the said main gate called Pintu Garbán toward the south in the point of Tanjung Lulo is another bastion of the same type as that of the point of Garsen. From this point up to the main point is an array of guns similar to that previously mentioned, and it is the same along the entire stockade enclosing the city, except the stretch from the gate at Garsen up to the point of Tanjung Lula, which has more guns spaced more closely together, and which is always guarded by a sentinel and has all the fortification of the city. And from the point of Tanjung Lula, where the abovementioned fort is located, is another bastion facing the south built the same way, an arquebus shot in distance away. It has a gate next to it, and the same distance west of this fort is a similar one which has small doors, and west of this is another, which also has small doors used by street sweepers. From No point up to the No headland there is an absence of forts. At the No point there is a fort just like the others, and at the point of Garcen is the earlier mentioned drawbridge. Beyond, facing the wall, is a large beautiful gateway called Pintu Quidiya [131r].

Inside are the palaces of the king, and behind these another fort like the rest, and beyond is another gate, and next to this, another fort built the same way. And there is more within the city, which has streets and alleys leading from the entrances. It has a very wide thoroughfare that bisects the city in half, running from the main gate, which is Pintu Garuán, up to the other side and the king's palaces.

Las casas de esta ciudad todas son de paja y madera, y de la misma suerte son sus mezquitas, y la casa real podrá tener de artillería gruesa y menuda hasta esta ciudad mil piezas. Conviene a saber de salvajes camellos y esferas cincuenta piezas en que entra la dicha culebrina. Y en la demás artillería entran canes, falcones, medios falcones y versos y mosquetes, y tienen mucha arcabucería que se labra en la tierra, muy buena. Habrá en esta ciudad cuatro mil moradores, gente de guerra, y para ella puede juntar este rey de los labradores de fuera veinte mil hombres. Es esta ciudad fuerte de gente recia y lucida, cortesana, afable y de guerra, la cual nunca tuvo con los portugueses.

### *Capítulo que trata de la desembarcación y caminos para la ciudad*

Para ir sobre Patani hase de partir de Manila en el tiempo que atrás queda declarado, y lo mejor [131v] es al cabo de él, porque en aquella costa no hay vientos de peligro, siendo al cabo de la monzón y al principio con el armada, mucho riesgo, por causa de los vientos que son muy recios en aquella costa. Y la armada vendrá en conjunción de aguas vivas para que la gente de ella pueda desembarcar mejor así en la playa de Panarican como en la otra, por causa de la basa. Y lo mejor es llegar a Patani por la entrada de febrero, porque en el invierno, que es noviembre diciembre enero, no se puede hacer nada. Y llegada la gente se desembarcará de marea llena.

Y hase de notar que hay dos desembarcaderos. El uno de ellos es desde la población de Panaritan para el norte hasta el río de Coalasaba, el cual de marea llena es muy bueno y de buena playa de arena y campo, sin lama alguna. Y el otro es al fin de la ensenada para el occidente de frente de la punta de No, y éste se halla ser mejor. Y desembarcando la gente por el primero de ellos tendrá alguna resistencia de la gente de Panarican, que es la mejor que el rey tiene de guerra. Ha de caminar la gente para la banda de tierra junto del estero que sale de la basa de la ciudad y se va a meter en el río de Coalabara. Y yendo así caminando junto al dicho estero, que es para la punta de la ciudad que se llama Grasen, antes que lleguen a la dicha punta, pasarán el dicho estero de la otra parte que es de la parte de tierra por donde el artillería [132r] del baluarte de Grasen no les hará daño.

Y así irán marchando con el rostro a la ciudad hasta llegar a otro estero que es el de la boca del río, y se torna otra vez a meter en él, y en la isla que hace este estero puede estar toda la gente de la armada porque está cercada del río y estero. Y desde el cabo de ella, cuanto más llegados al sur, se puede batir la ciudad, porque por esta parte también es menos fuerte. Y es tomando los caminos que vienen por tierra, y este camino se halla ser muy mejor desembarcándose en la playa de Panarican, donde también puede luego, sin pasar el dicho estero, caminar para la ciudad, que es buen camino y sin estero. Mas por esta parte

The houses in this city are all made of wood and straw, just like the mosques, and this city could have up to a thousand pieces of heavy and light artillery. There are fifty of these beastly guns under the category of which said culverin falls. The rest of the guns are bamboo made, falconets, demi-falcons, versos, and hand cannons, and they have plenty of good locally made harquebuses. The city has four thousand fighting men, and to these the king can add twenty thousand men who work outside. It is a city of strong and lucid men, courteous and friendly, and who are also men of war, which they have not yet experienced with the Portuguese.

## Chapter about the disembarkation and routes to the city

Marching against Patani requires sailing from Manila[3] within the period already stated, and the best target [131v] is the cape there, for along that coast there are no dangerous winds. The fleet is at risk at the start of the monsoon because of the strong winds along that coast. The fleet should arrive in conjunction with the rising tide so that the men can more easily disembark onto the beach of Panarican like on the other because of the marshes. The best is to arrive at Patani by early February because in winter, from November to January, nothing can be done. And upon arrival the men can disembark at high tide.

It should be noted that there are two landing sites. One is from the village of Panarican up north to the river of Kuala Saba, which at high tide is quite good and has a good sandy beach without any mud. The other is at the end of the inlet to the west, in front of the point of No, and this one is better. The first men to disembark will encounter resistance from the men of Panarican, who are the best of the king's warriors. They will have to march towards the strip of land next to the estuary that emerges from the base of the city and enter the river of Kuala Baza. And marching beside said estuary, towards the point of the city called Garcen, before they arrive at said point they should cross the estuary to the other side that is an area not covered by the artillery of the [132r] fort of Garcen.

They will keep moving in the direction of the city until they reach another estuary which is at the mouth of the river, and they will again turn into it, and all the men of the fleet can stay at the island formed by this estuary because it is protected by the river and the estuary. And from the southernmost edge of its cape, the city can be taken because it is weakest in this area. And since they are to come by land and take this route, then it is better for disembarkation to take place on the beach of Panarican, where, without passing through said estuary, they can later march for the city on a good path without an estuary. But this is

---

3 Again the Spanish colonial city of Manila is viewed by Bishop Gaio as the combined Iberian imperial base for these expeditions and incursions throughout Southeast Asia.

está la puerta principal que se llama Pinto Garuán, y está la ciudad muy fuerte y tiene mucha artillería y mayor baluarte, y está toda la fuerza de la gente, porque por esta parte teme el rey y los suyos que se ha de acometer como lo hicieron los javos cuando fueron sobre Patani.

Y pareciendo mejor se desembarcará la gente por el otro desembarcadero de la ensenada de marea llena, y con el plomo en la mano, porque hay algunos bajos. Y yendo una embarcación delante con este aviso la podían seguir las demás, que han de ser fustas y otras más pequeñas. Y yendo por la dicha ensenada para el sur un pedazo volverán para el occidente hasta el cabo de la dicha ensenada donde el río se junta con ella, que se llama la punta de No, desviándose del artillería de aquel fuerte.

De la otra parte del río que es al occidente, se podrá desembarcar sin tener [132v] resistencia, y podrán llevar toda el artillería en las fustas y otras embarcaciones, y asimismo mantenimientos y todo lo demás que quisieren, y tanto que la gente fuere desembarcada caminará la orilla del río apartándose de la artillería del baluarte de los muros para el norte. Y pasarán un estero bajo y, llegando enfrente del medio de la ciudad, que es donde el río da vuelta para la tierra, que es a la puerta que llaman Larap, en este lugar lo más llegado que pudieren a la orilla del río para la banda de la ciudad, asentarán su real, porque el río en este lugar tiene de ancho un tiro de piedra y se puede mucho mejor batir la ciudad que de otra ninguna parte, y se toman aquí casi todos los caminos que vienen por tierra a Patán, excepto algunos de la parte del norte.

Mas en este lugar se toman todos aquellos por donde se traen mantenimientos a la ciudad, y también por la dicha ensenada se puede traer alguna galeaza de mar llena con artillería que entre por la boca del río para ayudar a batir la ciudad, que tenga el plan de manera que pueda nadar en poco agua. Y por esta parte parece mejor el desembarcadero a todos por donde también se puede hacer fácilmente por haber en este lugar madera, pasaje del río, contraer algunos juncos vacíos y dándoles barreno para que se embasen y pase la gente por ellos a la otra parte.

### *Capítulo del río de Coalabaza que está a la parte del norte*

[133r] De la población de Panarican al norte, distancia de un tiro de falcón, está un río que se llama Coalabaza, y en la barra de él hay surgidero de fustas y galeras. Y de la barra de este río, distancia de un buen tiro de arcabuz, se mete la cava que viene de la punta de Garsen al dicho río, de la cual está hecha mención. Y este río de Coalabaza entra por la tierra adentro, y junto de él hay población y huertas y es muy fresco y de muchas frutas y mantenimientos.

### *Capítulo de las cosas que hay desde el río de Coalabaza al de Coalatauar hacia el norte*

Del río de Coalabaza al norte, distancia de un día de camino, está un riacho que se llama Coalatauar en el cual, por ser pequeño, no pueden nadar embarcacio-

where the main gate called Pinto Garuán is located, and the part where the city is strongest has plenty of cannons and a bigger fort because it is from this side that the king and his men expect to be attacked, as happened when the Javanese attacked Patani.

And since it seems better, the men will unload at the other landing spot of the inlet at high tide, with sounding line in hand because there are a few shallows. And with a leading vessel taking soundings, the rest can follow, which should be foists and smaller boats. Heading south in the inlet for a bit, they will turn west for the said cape where the river joins it, which is called the point of No, turning away from the guns on the fort.

From the other side of the river, on the west, they can land without facing resistance [132v], and they can carry all the cannons on the foists and other vessels, as well as supplies and everything else they need, and as soon as the men are on the ground they can march along the river, avoiding the guns on the walls to the north. They will pass a shallow estuary, and arrive at the middle of the city's front, where the river turns back inland, where the door called Larap is located. Here, as close as possible to the riverbank on the side of the city, the royal standard can be raised because the river here is just a stone's throw wide. From this point the city can be attacked better than from any other place, and it is a major crossroad on the way to Patani where you can take all the overland roads to Patani except for some roads from the northern part.

It is also the place where supplies for the city pass through, and also a *galeaza del mar*, having a bottom that can negotiate shallow waters, can pass through the inlet to bring artillery for battering the city. This area seems the best for easily disembarking because the area has woods and a river route, and the men may recover a few empty junks that can be scuttled and used for creating a bridge to the other side.

### Chapter about the river of Kuala Baza on the northern side

[133r] At the distance of a falconet shot north of the town of Panarican is a river called Kuala Baza, and at the bar of this there is anchorage for foists and galleys. A harquebus shot's distance from the bar, the river is joined by the moat that stretches from the point of Garcen that has already been mentioned. This river runs inland, and beside it is a village, groves, plenty of fruit trees, and farm produce, and the water is quite fresh.

### Chapter about the area between the river of Kuala Baza and the stream of Kuala Tauar to the north

A day's walk north from the river of Kuala Baza is a stream called Kuala Tauar, which, being small, cannot be navigated by large vessels, and inland there are

nes grandes, y por la tierra adentro hay poblaciones pequeñas de gente pobre. Tienen huertas y frutas, poco mantenimiento.

### Capítulo de las cosas que están de Coalatauar hasta el río de Coalatiua para el norte

De este río de Coalatauar al norte está otro río que se llama Coalatiua, distancia de más de medio día de camino. Y en este riacho también entran solamente embarcaciones pequeñas, y es más fresco y más poblado y pertinaz de gente pobre.

### Capítulo que trata del río de Coalatiua hasta el de Sangora para el norte

[133v] Del riacho de Coalatiua para el norte, distancia de un día de camino, está otro riacho que se llama Sangora, en el cual solamente nadan embarcaciones pequeñas, y hay poblaciones de gente pobre como los de arriba.

### Capítulo que trata del riacho de Sangora hasta la ciudad de Bardalu

Del dicho riacho de Sangora al norte, distancia de dos días de camino, está un río grande y fondo donde entran juncos y galeras, junto del cual por la tierra adentro está una ciudad que se llama Bardalu, donde hay rey sujeto al de Patani. Este río es muy fresco y de muchas frutas y mantenimientos de arroz y carne, y es muy buena tierra y tiene buena playa y buenos desembarcaderos. Y de frente la boca del río para el sur, distancia de dos tiros de lombarda, está una isla muy hermosa, y alrededor de ella hay surgideros muy buenos, y adelante de esta isla, por la tierra adentro hay muchas poblaciones. Y de esta ciudad se provee la de Patani de muchos mantenimientos por tierra y por mar. Y hasta esta ciudad llega el reino de Patani. Fue antiguamente del reino de Siam. Es cercada y tiene una fortaleza.

small settlements of poor people. It has groves and fruit trees, but produces little food.

## Chapter about the area between Kuala Tauar and the stream of Kuala Tiua to the north

North of Kuala Tauar, more than half a day's walk away, is another stream called Kuala Tiua. Only small vessels can enter this stream, and its water is fresher, and it has a bigger population of poor tenacious people.

## Chapter about the area between the stream of Kuala Tiua and the stream of Sangora to the north

[133v] A day's walk from the stream of Kuala Tiua, to the north, is another stream called Sangora, which only small boats can enter, and the people who live beside it are poor, like those mentioned above.

## Chapter about the area between the stream of Sangora and the city of Patthalung[4]

North of the stream of Sangora, two days' walk away, is a deep, large river that junks and galleys can enter, beside which, going inland, stands a city called Patthalung, whose leader considers the king of Patani as his overlord. The river is very fresh and lined with fruit trees. It has supplies of rice and meat, good land, a beach, and landing sites. Two lombard shots in distance away from the mouth of the river lies a very beautiful island, around which there are very good anchorages, and further inland from the mouth there are many settlements. This city sends to Patani plenty of provisions by land and sea. This city marks the extent of Patani's realm. It was once part of the kingdom of Siam. It is walled and has a fort.

---

4  Patthalung was a Muslim settlement north of Patani. While coming under the influence of Siam, its king continued to pay tribute to the sultan of Patani

# Relación y derrotero del reino de Siam para el Rey Nuestro Señor

**Capítulo 1**

La ciudad y población de Siam está de la parte del norte en 16 grados poco más o menos, y de Malaca [134r] para la dicha ciudad hay monzón, que es en el mes de agosto. Y en febrero también podrán ir de luengo de la costa y, porque de esta navegación hay muchos pilotos y derroteros, remitiéndose a ellos no se trata aquí más largo.

**Capítulo 2**

Queriendo navegar desde las islas Philipinas para Siam, o de la China para Siam, tiene su monzón de mediado febrero hasta fin de marzo, y en este tiempo y más temprano es mejor haciendo su derrota y camino conforme a los derroteros que de ello hay.

**Capítulo 3**

La barra de Siam está en catorce grados de la parte del norte. Tiene por seña para conocerla un isleo norte sur de la barra. Y del dicho isleo a la barra habrá cinco leguas, y este isleo tiene otros muy apartados de sí, y en todos pueden surgir, principalmente en éste que está norte sur de la barra. Y puede estar detrás de este isleo toda la armada por grande que sea, sin ser sentida de la gente de tierra y población.

# REPORT AND SEA-MAPS OF THE KINGDOM OF SIAM[1] FOR THE KING OUR LORD

**Chapter 1**

The city and the inhabitants of Siam are located more or less 16 degrees north of Malacca [134r]. This city experiences monsoons that occur during the month of August. In February it is possible to go a long way along the coast and since there are many pilots and many routes, we do not need to deal with these at length.

**Chapter 2**

Those who wish to sail from the Philippine Islands[2] or from China to Siam should note that there are monsoons from the middle of February until the end of March, and during this time and even earlier it is better to prepare a route in accordance with the courses that already exist.

**Chapter 3**

The coast of Siam is fourteen degrees north from the sandbar. For a landmark, it has a little island that runs north-south of the sandbar. This islet is about five leagues distant from the sandbar. There are other islands that are quite far from each other, and ships can anchor in all of these, especially in this one that goes north-south of the sandbar. And the entire armada can shelter behind this island no matter how large it [the armada] may be, without being detected by the people of the country or the city.

---

1  The kingdom of Siam was based in Ayutthaya (in present-day central Thailand). Founded in 1351, it engaged in wars with Burma, until its great king Naresuan conquered a sizable territory from the Bay of Bengal to Martaban. The kingdom lasted until 1767 when its capital was sacked by the Burmese.
2  Bishop Gaio counseled the use of Manila as the base for military campaigns for both Spanish and Portuguese fleets.

Decían por razón de que Siam y todos sus puertos están metidos por la tierra adentro, y a toda la armada que fuere para Siam le conviene tanto que llegare a vista de unos montes altos a manera de órganos que se llaman Peynes, que están de la parte del oeste, no llegar a tierra, por no ser sentidos. Y navegarán luego por el dicho isleo, y en él y en los demás puede estar la armada un mes y dos, sin haber quien los vea.

Y partiendo de este [134v] isleo con marea y viento en cuatro horas a lo más llegarán dentro de la barra, la cual tiene un placel de dieciocho palmos de agua y lama norte sur de la dicha isla. Y por las partes derecha e izquierda, todo es placelado para embarcaciones que demandan mucho fondo, que las de menos a todo tiempo pueden ir por cualquiera de las bandas. En la entrada de la barra a mano derecha, está un estero que se llama el "Estero del mandarín", en el cual están continuamente 10/12 hombres, los cuales están allí por mandado del rey con paraos ligeros para dar rebate en la ciudad cuando entran embarcaciones. La boca del estero es muy fácil de tomar por no tener otra salida ninguna al río, y con dos bantines se podrá impedir. Lo cual se ha de hacer primero que de ellos sea vista la armada, porque no lleven la nueva a la población, y se pueda entrar en ella sin ser sentida, porque los dichos hombres no sirven más que de espías para este efecto.

## Capítulo 4

Esta ensenada de Siam desde los dichos montes Peyne hasta la barra tiene algunos puertos, como es Obibancosea. La ciudad de Perferit tiene un río muy hermoso, la cual antiguamente fue muy grande. Y en el año de 1582 vino sobre ella el rey de Camboya y la tomó, y llevó toda la gente a vivir en sus tierras sin dejar en la ciudad cosa viva sino yerma y despoblada, la cual está ya [135r] hoy en día tan reformada, como si nunca por ella hubiera pasado la dicha destrucción y ruina.

Son estos puertos arriba dichos de muy buenos surgideros y de grandes ensenadas, mas el fondo solamente es de tres brazas. Hay en ellos mucho palo brasil de que en España hacen tintas, y hay otras más poblaciones la tierra adentro, de que no se trata por ser pequeñas.

## Capítulo 5

Desde la barra de Siam a la ciudad habrá treinta y cinco leguas o cuarenta, y cualquier navío de remo las andará en veinticuatro horas. Si fuere esquivado por contra la marea, por ella, con mucho ímpetu, hasta una población que se llama Tabanga, de la cual hasta la ciudad serán tres leguas. Andan por este río de Siam abajo y arriba muchos paraos continuamente, porque a cada legua hay una aldea con muchas y frescas huertas, las cuales aldeas se despueblan en habiendo nuevas de enemigos. Y la gente de ellas se recoge a la ciudad y asiento. Do este río no hay quien pregunte quién sois excepto una casa que es como

They say that because Siam and all its ports are located inland, a fleet that goes to Siam will find it convenient to arrive at a place where they will see some tall mountains shaped like organs; these are called the Peynes, and are located to the west. They [the fleet] can navigate around the islet and they can remain there and in the others for a month or two without anyone seeing them.

Departing from this islet [134v] with tide and wind, they will arrive within four hours (at most) at the said island. And from all parts right and left, all is suitable for embarcations that demand much depth, and those that require less can go around any of the bands. At the right side of the entrance to the sandbar, there is an estuary that is called the Mandarin's Estuary where there are always ten or twelve men wih light *paraos* who have been ordered by the king to give warning to the city when vessels arrive. The mouth of the canal is very easy to take since there is no other way out to the river, and with two brigantines it can be blocked. This is the first thing that should be done upon seeing a fleet so that they do not carry the news to the city and it is easy to enter it without being noticed since these men serve only as lookouts.

## Chapter 4

This inlet—from the Peynes mountains until the sandbar—has some ports, like Obibancosca.[3] The city of Perferit[4] has a lovely river, which was formerly very large. In the year 1582 the king of Cambodia captured it and took all the people to live in his territory without leaving anything alive in the city, but it has been so well restored that nowadays [135r] it seems as if said destruction and ruin never took place.

These ports described above are very good anchorages with large coves and the depth of the water is only three fathoms. There is much brazil wood there; this is used in Spain to manufacture ink and there are more towns inland that we do not mention since they are small.

## Chapter 5

The distance from the sandbar to the city is about thirty-five to forty leagues and that any ship using oars can travel through it in twenty-four hours. But if this is avoided when there is a contrary tide, with a lot of momentum, the vessel will reach a place called Tabanga which is some three leagues from the city. Many paraos travel up and down this river continually because for every league there is a town with many fresh orchards, and these towns become uninhabited when there is news of enemies approaching. In this case, the townspeople retire to the city. No one along this river inquires who you are, except at a house that

---

3   S&T (493) has identified this as the present city of Chonburi on the east coast of Thailand.
4   A garbled transcription of present-day name of Phetchaburi according to S&T (493).

aduana, que se llama Peridiagui, donde preguntan a la gente de los navíos que entran que declaren quién y cuántos son y de dónde vienen, y a qué, y tanto que a esta aduana de Peridiagui llega alguna embarcación. Hecha con ellas las dichas diligencias, luego se despacha un parao muy ligero a la población de Embanga a hacérselo saber, y llegada allí la tal embarcación la hacen surgir y que no pase adelante hasta dar la obediencia [135v] al oficial del rey que hay. Está puesto de su mano. Y dada la dicha obediencia se va su camino para la ciudad, donde hace su hacienda conforme a la costumbre de la tierra.

Hay por todo este río de Siam arriba, muchas ventas donde dan de comer a su guisa y costumbre, y las casas de estas cuentas son los mismos paraos en que andan, y todas las cosas de comer no las venden sino mujeres, y ellas mismas son las que reman los dichos paraos en que a Siam van. La principal comida de esta tierra de Siam es fideos cocidos con caldo de pescado y camarones guisados con pimienta y tamarindos.

## Capítulo 6

El rey de Siam muy pocos años antes de que fuera destruido por el rey de Pegu, fue imperio, y es el más venerado rey que ahora en nuestros días se sabe, porque nadie habla con él que le mire derecho, sino con las manos entrambas levantadas y el rostro en el suelo. Y de esta manera estando desviado de él mucha distancia dice lo que quiere un mandarín suyo que a vivo modo es como persona del despacho del rey, y este mandarín está con la misma cortesía, sus manos levantadas, y dice al rey lo que la tal persona quiere y pide, el cual con el mismo mandarín responde muy despacio la razón que hace a la tal persona. Y para hablar con el rey de esta manera, primero que despache ha de saber [136r] qué presente o dádiva ha traído y, si es tal que le satisface, entonces le habla, y no de otra manera, y se vuelve el tal negociante sin hablarle.

Fue este reino de Siam como atrás queda dicho, un grande imperio, y se llamaba antiguamente señor de todos los reinos sus vecinos, y le pagaban tributo. Y hoy en día le envía Patani un cierto reconocimiento a que está obligado por sus antepasados. Y en verdad se puede decir por Siam haber sido una de las cosas del mundo en el imperio, que las tierras que hoy en día tiene y sus ensenadas y abundancia de ellas son de las mejores del mundo como abajo se declara.

## Capítulo 7

El rey de Siam, que ahora reina, es puesto por el Brahama, rey de Pegu, y es un hombre muy viejo. Tiene dos hijos, uno de ellos pide el reino al padre sólo para sustraerse de la obediencia del Brahama. El padre se lo desea dar. Es muy perverso y de malas costumbres y tan soberbio que entiende ser el mundo poco para él. Es gran tirador de arcabuz, que los hacen en Siam, mejores que en Goa por nuestros pecados.

is a sort of customs office called *peridiagui*, where the people who enter with the ships are told to declare who and how many they are and where they come from and why. Once this is done, a light parao is sent to the town of Embanga to inform those who are there, and when the vessel arrives at that place, they make it dock and do not allow it to go forward until the proper obeisance [135v] is made to the king's officer who is there. Once this is done, it can proceed to the city where it settles its accounts according to the customs of the land.

Many transactions take place along Siam river, where food is sold according to taste and habit, and the sites of these businesses are the same paraos that the people travel on. All the food is sold only by women and the paraos are paddled only by women. The principal food of Siam is noodles cooked with some fish broth and shrimp cooked with pepper and tamarind.

## Chapter 6

The king of Siam was emperor a few years before he was destroyed by the king of Pegu,[5] and he is the most venerated king we know about today, since no one could look at him directly when speaking, and the person speaking had to have both hands raised and his face on the ground. Being placed very far from him [the king], the person had to say what he wished to a mandarin who belonged to the office of the king, and this mandarin, with the same courtesy and hands upraised, told the king what the person asked for, and the king replied slowly to the mandarin, giving the reasons he would give to the person. And before speaking with the king in this manner, the mandarin had to know [136r] what present or donation had been brought. If it was satisfactory, the person was received and if not, he departed without having spoken with the king.

As we said before, this kingdom of Siam was a great empire and was formerly called lord of all the neighboring kingdoms, and the other kingdoms paid tribute to it. And today, Patani still sends it a certain recognition that it is obliged by its ancestors to give. And in truth it can be said that Siam was one of the great empires of the world, and the land that it has today and its abundant inlets are among the best in the world, as is declared below.

## Chapter 7

The king of Siam who rules today was placed there by Brahma, king of Pegu, and is a very old man. He has two sons, and one of them asks for the kingdom from his father solely to remove himself from having to obey Brahma. The father wishes to give it to him. He is very depraved, has very bad habits, and is so arrogant that he thinks the world is too small for him. He is a great arquebus shooter; these weapons are constructed better in Siam than in Goa, which is a shame.

5   Pegu was the Portuguese name for the present-day city of Bago in Myanmar. Under the Taungoo kings, it became a capital in 1539 and the base for incursions into the Siamese kingdom. Beset by the Portuguese, the Burmese moved their capital to Ava in 1599.

### Capítulo 8

Tiene este reino de Siam en sí todas las cosas necesarias a la vida humana, y esto en tanta abundancia que muchos años para encerrar la cosecha desperdician la del año pasado, principalmente [136v] arroz, que es tanto que todos los reyes vecinos excepto el de Camboya se proveen de Siam para lo cual entran todos los años por este río más de trescientos juncos de los reinos de Ligor, Patani, Panbintan, Johor, Jambean, Drugur, Palimban, Banca, Banjarmasen, y de Arrimata y otros muchos puertos sus vecinos.

### Capítulo 9

Tiene más este reino de Siam, que es muy abundante de ganado, y vale una vaca muy grande dos *paas*, que es poco más de un cruzado. Hay mucha cantidad de puercos, y son tantos los venados que no tienen número, y cuando vienen las crecientes los toman a manos y se meten dentro de las casas, y matan tantos que todos los años venden veinte y treinta y cuarenta mil cueros para Japón y otras partes.

Tiene más esta tierra, mucho anís en polvo y tinta de que se provee toda la Java y Menancauo. Y hacerse han todos los años veinte mil tinajas de este anís, y vale muy barato anís y jarras. Tiene mucho *sapao*, que es palo brasil, de que se provee toda la India, y toda la China y Japón. Tiene mucho benjuí blanco de pedazos tan grandes como ladrillos, y mucha ropa gruesa. Y por este respecto la fina vale mucho en Siam. Es abundante de madera para naos y galeras, más que otra tierra de las de nuestros tiempos [137r]. Es tan grande el trato de comprar y vender en Siam, que todos los días hay feria, y en cada ocho días se hace una feria general en su domingo, que es el día de luna nueva, y otra al cuarto, y otra en la luna llena, y al cuarto postrero el otro. Tiene esta ciudad grandísimas crecientes de avenidas que se anega toda, y la tierra de junto a ella con un codo de agua sobre la tierra, y entonces no tienen comunicación sino en paraos. Y en ellos y en otras embarcaciones tienen todos sus tratos, compras y ventas y otros cualesquier negocio.

### Capítulo 10

El río de esta ciudad de Siam es de muy buen fondo. Entran en él naos grandes y juncos que demandan dieciocho palmos de agua, y llegan por el río arriba hasta la ciudad, y mucho más si quieren, porque todo el dicho río es bueno y de buenos surgideros.

### Capítulo 11

La ciudad de Siam está situada en una tierra anegadiza, y es toda cercada de ladrillo, que cavado de hacer el muro, él mismo se deshace de por sí, y es en muchas partes el dicho muro de circuito más de ocho leguas, que en dos días

## Chapter 8

This kingdom of Siam has in itself all the things necessary for human existence, and in such great abundance that in order to be able to store the present harvest they waste the past one—mainly [136v] rice—which is harvested in such great abundance that all the neighboring kings, save the one of Cambodia, are provided with it. It is said that for this reason there are more than three hundred junks that enter this river every year from Ligor, Patani, Pahang, Johor, Jambi, Drugun, Palembang, Banca, Banjarmasin, and Arriata, and from many other neighboring ports.

## Chapter 9

This kingdom of Siam also has an abundance of cattle. A very large cow is worth more than two *phai* which is a little more than a *cruzado*. Siam has a great number of hogs, and deer are so plentiful that they cannot be counted. Each year twenty, thirty, and even forty thousand pelts are sold to Japan and to other countries.

    This land has much powdered anise and ink that supplies all of Java and Minangkabau. They produce twenty thousand jars of this anise, and it is very cheap. It has much *sapao*, which is *palo Brasil*, and provides all of India with this, as well as all of China and Japan. It has much white benzoin, with pieces as large as bricks, and much *ropa gruesa* or thick clothing. For this reason fine material is worth much in Siam. It [Siam] abounds with wood for ship building, more than any other land during our time [137r]. The business of buying and selling is so huge in Siam that every day there are fairs, and every eight days a general fair is held on their Sunday, which is the day of the new moon, and another on the quarter moon, another on the full moon, and another at the last quarter. The other thing the city has is a proliferation of riverlets that flood easily and overflow into the land, so that no travel becomes possible save by means of paraos. And they do business in those and in other water vessels in which they trade, buy, sell, and engage in any other form of commerce.

## Chapter 10

The river of this city of Siam has a very good depth. Large vessels and junks that require only eighteen hand spans of water enter and go upriver toward the city and even farther up if they wish, since the whole river is good and has convenient anchoring places.

## Chapter 11

The city of Siam is sitting on land that is subject to flooding and is encircled by brick [walls] and that as soon as a wall is dug it collapses by itself. In many places this wall is more than eight leagues in circumference and it would take

una persona andando bien tendrá que hacer en andarla alrededor. Y como es de tierra y ladrillo, tiene poca defensa, demás de estar edificada por orden y manera que fácilmente se puede entrar, y también por la grandeza de ella tiene muchas partes por donde entrarse, por causa de los muchos esteros que hay dentro de ella. Y por ellos se sirve en paraos [137v] y todos estos esteros tienen sus puertas en la dicha cerca, que son fáciles en su defensa y todos ellos se pueden pasar a vado de marea vacía.

Tiene más esta ciudad de Siam, dos baluartes de la parte del río con algunas piezas de artillería hechas en la tierra, sin proporción ni medida, porque no tienen uso de hacerlas, los cuales baluartes también son de poca defensa como la dicha cerca. Toda esta ciudad es de madera y cañas y paja, y en toda ella podrá haber veinte o treinta casas de ladrillo, que algunos hombres ricos tienen por temor del fuego a que es muy sujeta, y se quema muchas veces. Y por este respecto tiene cañaverales junto de las casas para impedir que no pase el fuego de una a otra. Hay dentro de la ciudad muchas *varelas* que son sus iglesias, y sus sacerdotes son muy estimados y tienen lo mejor de la tierra. Habrá en esta ciudad treinta mil vecinos, gente flaca que no sabe pelear, por lo cual es de muy poca fortificación y se puede entrar por cualquier parte sin mucha resistencia, por ser también la gente cobarde y de poco esfuerzo.

## Capítulo 12

Hay dentro de esta ciudad muchos hombres ricos que tienen mucho oro, no porque en la tierra lo haya, mas cada año viene de China para comprar el palo brasil que allí se lleva. Asimismo tiene mucha plata y todo corre por peso. Y cuando quieren abonar a un mercader dicen fulano tiene de suyo tantos millares de plata, y tantas tinajas de oro. Y toda esta riqueza tienen en unas embarcaciones que hacen dentro en los esteros de la ciudad [138r] que se llaman *meruas*, y sirven de casas cuando hay nuevas de guerra, porque en ellas se van por el río arriba y se meten por los esteros que hay en la ciudad.

La moneda menuda de esta tierra son *cauríes*, que son unos caracolillos blancos que hay en la isla de Maldiua, y en las de Philipinas. Es esta tierra en sí muy barata de todas las cosas como atrás queda dicho.

## Capítulo 13

Tiene este reino de Siam por la tierra adentro muchas ciudades y poblaciones y se va desde la de Siam a Pegu por tierra, y a Tenazarin. Tiene este reino de Siam de la parte del oriente los reinos de Camboya, que son muy abundantes de ganados y mantenimientos y muchas maderas, y asimismo los reinos de Champa, donde hay mucho palo enano, el reino de Cochinchina, donde hay mucho palo de águila, y los reinos de la gran China, donde hay todos géneros de hacienda, y asimismo los reinos de Japón, donde hay mucha plata. Y de Siam para todas estas partes hay navegaciones y tratos.

a person two whole days to walk around it. And since it is made of earth and brick, it has little defense, having been built in a manner that allows easy entry, and also because of its large size, it has many parts where it is easy to enter because of the numerous canals within it. For this reason paraos [137v] are used and all the canals have their own gates in said wall, and all of them are easy to enter.

This city has more features: two bastions on the side of the river with a few pieces of artillery on the ground. These are made without proportion or measure, since they do not know how to build them. These bulwarks serve little for defense like the said wall. The whole city is constructed of wood, bamboo, and straw, and in all of it there are maybe twenty or thirty houses made of brick that have been built by some men who fear the fires of which they are often victims. For this reason they have cane plantations close to their houses in order to prevent the fire from spreading from one house to the other. There are many *varelas* within the city; these are their churches. Their ministers are highly esteemed and have the best of everything. There are around thirty thousand inhabitants in this city, weak people who do not know how to fight, for which reason there is little fortification here and entry through any part of the city is easy, without encountering any resistance because the inhabitants are cowardly and have little inclination to exert any efforts [to resist].

## Chapter 12

There are many rich men in this city. They have much gold, not because it exists in the land but because each year people come from China to buy the brazil wood of Siam. They also have much silver and everything is measured according to weight. And when they talk about a man's wealth they say so-and-so has so many millions in silver and so many jars of gold. And this treasure is carried on vessels through the canals of the city [138r]. These vessesls are called *meruas* and they serve as houses when there is news of an attack, and the people live in them and travel upriver to hide in the canals of the city.

The small denominations of currency of this land are called *cauries*. These are tiny white shells that are found in the island of Maldiua and in the Philippines. Everything is cheap in this land.

## Chapter 13

There are many cities and towns inland, and one can travel from here to Pegu and Tenasserim by land. This kingdom has on its eastern side the kingdoms of Cambodia and these abound with cattle and other sustenance items and much wood. The kingdom of Champa also has much wood, called *palo enano* (dwarf wood). The kingdom of Cochinchina has much *palo de aguila* (eagle wood), and the kingdoms of great China have all kinds of agricultural produce. Japan has the same, and also much silver. There is much travel and commerce between Siam and all these kingdoms.

Ytem para la parte del occidente. Tiene el reino de Ligor, donde hay mucha pimienta, y Patani lo mismo. Pan, donde hay oro y piedras de diamante y besahares y águila. Tiene Johor y Malaca y todas las islas de Borney y Philipinas, Maluco, Java y todas las demás islas de aquella parte, que de Siam se puede navegar a ellas. Y por la parte del norte es tierra firme y tiene Pegu, como ya está dicho, y otros reinos y ciudades hasta llegar a la contracosta [138v] de la parte de Pegu y Tenazarin.

**Capítulo 14**

Esta ciudad y reino de Siam, por lo que está dicho, se pueden conquistar con mil hombres, por esta orden, que para quitar estas partes del sur en el tiempo que su majestad enviare la armada al Achen, por vía de la India conforme a la relación que de ello se le envía, que en el mismo año envíe por la vía de nuevas Panay, Philipinas, dos mil hombres sobre Patani como se declara en la relación de Patani que va con ésta. Y conquistado Patani, dejando en él mil hombres para su conservación, luego en el mismo tiempo los otros mil vayan sobre Siam, que bastan para pacificarle.

Y así quedarán todas estas partes del sur quietas y fácilmente se podrá conquistar lo de adelante, dejando primero allanado el Achen, Patani, Siam, Cochinchina y China, y ser su más gran señor y tener aquella ciudad de Cantón tan rica y suntuosa, y de todas aquellas partes del sur que son muchas y muy grandes y de grandes riquezas. Y será el mayor señor que nunca hubo en el mundo como largamente se declara en la relación del Achen que va con ésta. Y adviértese que la brevedad en la conquista del Achen, Patani y Siam importa mucho, porque al presente cuesta solamente seis mil hombres que se envíen a estas partes, y adelante costaría mucho, por irse haciendo estos gentiles cada día más poderosos y despiertos en las cosas de la guerra, demás de los muchos cuentos de cristianos que se harían en estas partes, riquezas y aprovechamientos de las rentas [139r] reales de su Majestad y de sus vasallos, que no tiene número. Nuestro Señor la real persona de su Majestad guarde por largos años para le hacer servicios de Malaca, a 27 de diciembre de 1584 años.

Regarding the western part: on this side are the kingdoms of Ligor and Patani where there is much pepper. In Pahang, one finds much gold, diamonds, *besahares*, and eagles. Johor and Malacca, the islands of Borneo, the Philippines, Maluku, Java, and the rest of the islands of that region can be reached from Siam by ship. On the north are terra firma and Pegu as well as other kingdoms and cities and going onward, one reaches the other side [138v] of Pegu and Tenasserim.

## Chapter 14

This city and kingdom of Siam, as has been said, can be easily conquered by a thousand men. To conquer these parts of the south in the time that His Majesty sends a fleet to Aceh via India in accordance with the report that is sent, in the same year two thousand men should be sent to Patani from Panay, Philippines (as has been mentioned in the narrative of Patani that acccompanies this). Once Patani is conquered, a thousand men should remain there for its conservation and the other thousand should go to Siam, these being sufficient to pacify it.

And thus all these parts will be quiet and the succeeding conquests will be easy, leaving Aceh, Patani, Siam, Cochinchina, and China subdued. Your Majesty will become a great lord and gain that rich and sumptuous city of Guangzhou and all those other parts of the south that have many great riches. And he will become a lord greater than any other in the world as is mentioned in the narrative of Aceh that accompanies this. It will be noted that the brevity of the conquest of Aceh, Patani, and Siam is very important because at present it will cost only six thousand men who will be sent to these parts, while in the future it will cost more, as these pagans grow day by day more powerful and become aware of matters concerning war, aside from the many tales heard from the Christians who travel to these parts about the wealth and advantages of the royal income [139r] of His Majesty and his countless vassals. May the royal person of His Majesty keep you for many years in his service, Malacca, 28 December of the year 1584.

# 14

## Relación que Miguel Rojo de Brito da de la Nueva Guinea

Partí de Bachán a 17 del mes de mayo de 1581 en dos caracoas de indios vasallos del reyezuelo de Bachán, nuestro amigo, a mi costa, en las cuales llevaba 140 hombres naturales de una isla que llaman Obe, la cual está de Bachán para el sur obra de dos leguas, y de otra isla que llaman Tape, junto a ésta, los cuales me entregó el dicho reyezuelo para que en todo me sirviesen y acompañasen. Y fui con ellos y remando al sur, y tomé la dicha isla de Obe, donde me proveí de bastimentos y mejoré de gente, dejando los muchachos, tomando hombres de fuerza para la boga.

Y de aquí camino del sur sureste tiene una isla que llaman Tape y luego, al mismo rumbo tomé otra que llaman Tapaeba, las cuales ambas son despobladas e islas pequeñas. En ellas hallé mucho pescado, cangrejos de la tierra, que son muy excelentes. Y fui caminando al este. Tomé la isla de Tamilonga, la cual tiene un volcán que se parece de lejos, ni más ni menos, como las islas de Basas. En esta isla hay una población de obra de cien indios que me dieron la obediencia,

# 14

# ACCOUNT OF NEW GUINEA[1]
# BY MIGUEL ROXO DE BRITO[2]

I SAILED FROM BACAN [in the Maluku islands] on 17 May 1581 with two *caracoas*[3] of the vassals of our friend the king of Bacan. The boats carried 140 natives from the island of Obi, two leagues south of Bacan, and the neighboring island of Tapat. These natives were commanded by said king to accompany and serve me. I left with them and headed south and reached the island of Obi, where I loaded provisions and got better men, leaving the boys behind and taking strong men for rowing the oars.

Southeast of here [Bacan] is the island of Tapa [Besar], and continuing with the same course, I reached another island called Tapaeba. Both are small and unpopulated. In both places, I found abundant fish and land crabs that are quite excellent. I headed east. I came to the island of Tamilonga [Tobalai],[4] which has a volcano, and which from afar looks more or less like the island of [Pico de] Vara [in the Azores].[5] This island has a population of a hundred na-

1 New Guinea was the Iberian name given to the present region of western New Guinea, which is composed of the Indonesian provinces of Papua and West Papua. The name in this account refers to both the Raja Ampat islands, which consist of Misool, Waigeo, Batanta, Kofiau, and Salawati, and New Guinea island, which is the second largest island in the world after Greenland. The main New Guinea island is composed of the westernmost Doberai peninsula, which is colloquially known as the Bird's Head that is linked by a thin strip of land to the eastern half of Bomberai peninsula. Miguel Roxo de Brito used Bacan island in the neighboring Maluku islands (on the western edge of Raja Ampat) as his starting reference point for the maritime explorations. See map 3 to trace the routes undertaken by Roxo de Brito.
2 Miguel Roxo de Brito was a Portuguese explorer who sojourned in New Guinea in search of gold. Not much is known about his life, but his death was associated with the infamous crucifixion of Franciscan missionaries, Fr. Martin de la Ascención and Fr. Francisco Blanco, in Nagasaki, Japan, on 5 February 1597. He died there shortly thereafter. See C.R. Boxer and Pierre-Yves Manguin, "Miguel Roxo de Brito's Narrative of His Voyage to the Raja Empat (May 1581–1582)," *Archipel* 18 (1979): 175–94; and J.H. Sollewijn-Gelpke, "The Report of Miguel Roxo de Brito of His Voyage in 1581–1582 to the Raja Ampat, the MacCluer Gulf, and Seram," *Bijdragen tot de Taal-, Land- en Volkenkunde* 150, no. 1 (1994): 123–45 [hereafter cited as SG].
3 A *caracoa* is a larger row-barge also used in the Philippines, Andaman islands, and Halmahera. See SG, 127.
4 SG believes that Tamilonga is rightfully the present island of Tobalai.
5 SG, 123, states that this is a reference to the iconic volcano of Roxo de Brito's hometown in Terceira Island, Azores.

y les hice botar una caracoa a la mar, con la cual me acompañaron todo este tiempo que por estas partes anduve.

De esta isla de Tamilonga camino del este, partí con tres caracoas. Hallé las islas de Bojor, que son muchas y despobladas. En ellas hallé mucho género de pescado y puercos del [139v] monte. Y de estas islas de Bojor al mismo rumbo este tomé una isla que llaman Labey, la cual hallé poblada de un reyezuelo, acompañado de obra de dos mil hombres que también me dieron obediencia, y se espantó de la gente blanca, porque sola noticia tenían de nosotros, mas nunca nos habían visto. Estas islas están una de otra sí a sí un día de camino.

Y de aquí me llevaron a una isla que llaman Mesol, en la cual hallé un rey acompañado de cuatro o cinco mil hombres, que me recibieron como cosa extraña y nunca vista. Éste me tuvo en un pueblo obra de treinta días, haciéndome mucho regalo, dándome preseas de oro en reconocimiento de amistad. Y preguntándole si había por aquella parte más islas y gente, me llevó camino del este nordeste a unas islas que llaman de Baygeo, las cuales hallé pobladas, y en ellas un rey que, por la misma manera que el pasado me recibió, haciéndome muchos regalos y echándome una cadena de oro al cuello de la caracoa en que yo venía, que pesaría 90 ducados.

Esta isla, que se llama Zol, es una isla cumplida y en muchas partes tiene serranía. Tendrá de boj 40 leguas en el cabo de la cual, por la parte del nordeste, tiene su población situada en una laguna de agua salada. Y tendrá en la boca anchura de una lanza. Y luego, entrando para dentro, se hace en toda torno de media legua, en la cual tienen hechas sus casas sobre grandes vigas metidas en el agua. Habrá en este pueblo obra de cuatro mil hombres que obedecen a un rey que tienen elegido ellos. Llámanle Suntrer. Tiene muchos indios por la tierra adentro que les hacen sus sementeras y huertas [140r] de *landán*, que es un pan que ellos comen, que es muy semejante a bizcocho y de mucha sustancia. Aquí me traían mucho oro labrado y por labrar para si lo quería comprar.

Preguntando yo a aquel rey dónde había aquel oro, me respondió que todos los años mandaba juntar a su gente a una isla que llaman Cerdeña, que está junto a la isla de Seyron, en la cual habrá cinco mil hombres que son todos mercaderes y muy ricos, y "con la gente que cautivan mis vasallos" por ellos rescatan oro, y campanas y muchas mantas, y que también llevan a vender estas campanas a la Nueva Guinea, a quien ellos llaman Botán, que quiere decir tierra firme, un reino que está en una punta de tierra firme el cual se llama Oneatuco de oro, y así posee mucho como digo, porque en toda esta gente no vi persona, como no fuese esclavo, que no trajese en sus orejas oro a su usanza, que cada uno podría pesar más de una onza, que por esta codicia son éstos de Mazol muy dados a hurtar. Por lo que hacen unas embarcaciones muy ligeras, que cada jornada andan más de doce leguas. Y traen en ellas cuatro órdenes de remos, una por de dentro en el cuerpo del navío, y tres por fuera. Y andando yo en ellas por ninguna manera podía tener en pie, por ser muy ligeros y a cada bogada hurtan el cuerpo al hombre.

tives who showed me obeisance, and I had them launch a caracoa into the sea, which stayed with me throughout the time I traveled these parts.

From the island of Tamilonga I sailed east with three caracoas. I came upon the many deserted islands of Boo.[6] There I found many kinds of fish and wild boar. [139v] Heading in the same direction from Boo, I reached the island called Torobi, which had a kingdom with two thousand men who also gave me obeisance and who were amazed by the sight of white men for they had only heard of but had never seen us before. These islands are a day's travel away from one another.

From there I was taken to an island called Misool, where I met a king who had four to five thousand men and who considered me a novelty. He entertained me in a town for thirty days, presenting me with many gifts and giving me gold medallions as a token of friendship. Asking him if there were in those parts more islands and people, he took me on a northeast course to several islands they call Waigeo, which were inhabited and had a king who like the first welcomed me, gave me many gifts, and hung on the prow of my boat a gold chain that weighed ninety ducats.

The island Misool is large and mountainous in many areas. Forty leagues from Boo, it has a cape in the northeast with people living on the saltwater lagoon. Its mouth is a spear's throw wide. Inside, it widens to about half a league, and there their houses stand on big stilts sunk into the water. This town has a population of four thousand men who serve a king whom they have chosen. They call him Prince Tien.[7] Inland there are many natives who work on the fields and orchards [140r] of *landang*,[8] a tree whose leaves they eat and are very much like biscuits, but thicker. Here they brought before me plenty of wrought gold and ore to see if I wanted to trade.

I asked the king where he got the gold. He told me that every year he sent his people to an island called Seram Laut, adjacent to the island of Seram, where there are five thousand men who are all merchants and very rich, and "with the people who captured my vassals" he earned gold in ransoms, [as well as] with gongs and many rugs. They took these gongs to be sold in New Guinea [island], which they call Botán, which means terra firma [mainland], a kingdom at the end of a land called Onin of gold, of which it has plenty as I say, since I have never seen anyone who was not a slave without gold earrings that could weigh more than an ounce, and because of this greed the people of Misool are inclined to theft. For this purpose, they build very light boats, which travel more than twelve leagues each time they sail. These are equipped with four banks of oars, one inside the hold and three outside. Aboard one of these I found it impossible to remain standing, for being very light the boat lurched with each pull on the oars.

6  Boo islands form the westernmost reach of the Raja Ampat islands. This group of islands lies off the western edge of Kofiau island.
7  SG, 130, transcribes this as Sun Tien, while Boxer and Manguin transcribe it as Sun Cien. *Sun* is the native word for lord or prince.
8  *Landang* is the Visayan word for powdered sago or palm starch, and is used to describe the staple derived from a tree. See SG, 130n21.

Éstos de Mazol en ninguna parte hurtan, si no es en la isla de Cerdeña, que dicha tengo. Estará esta de Mazol por la parte del sur 30 leguas poco más o menos. Y lo hacen de tal manera que va una armada treinta cuarenta navíos, y ninguno de ellos vuelve sin hacer presa. La primera que la toma rescata los cautivos y se vuelve para su tierra. Y no hay año que no tome 70 u 80 cerdaños [140v]. Y por el precio que se rescatan, una vez por el mismo precio; se rescatan cuantas veces fueren cautivos sin le quitar de precio nada. Y si no tienen con qué rescatarse, los matan. Por la cual traición, porque no pasen este trance cuando no tienen con qué se rescatar, piden a otros cerdaños ricos que los compren, y así quedan como esclavos. Y los mismos cerdaños me dijeron yendo con este rey treinta caracoas para hacer con ellos paces, con tal condición: que habían de quedar los de Cerdeña por vasallos de este dicho rey. Y por le tener yo así aconsejado lo cual, cometiéndoles yo el dicho pacto, me respondieron que no había cerdaño que no hubiese sido cautivo cinco veces, "y en cuanto tuviéremos velas con que podamos ir a buscar nuestra vida por las mercancías, no queremos ser vasallos, pues podemos con nuestra hacienda comprar nuestras libertades". A lo cual este rey papúa respondió: "En cuanto ellos tuviesen *tremos* y *calavales* —que son las armas de que ellos usan— a él ni a los suyos no les faltará oro ni qué vestir a su costa de ellos". Y así nos partimos de Cerdeña.

Fuimos a tener a una isla y lugar que llaman Daro, el cual está en la tierra firme de Seirón. En él hice a este rey hacer paces, por ser indios que me dieron nuevas de portugueses de la isla de Banday. Quedó este rey papúa de se las guardar en cuanto viviere, y desde este lugar mandar rescatar los cautivos que tomaren en Cerdeña, porque en ello le es de grande ganancia.

Tiene esta isla de Cerdeña de boj ocho leguas, y por la parte del sur tiene su pueblo situado al luengo de la playa. Hay en un otero una cerca de [141r] piedra puesta que ellos tienen por ofrenda, en la cual tienen algunas garitas con muchos versos. Tiene este pueblo partido en ocho principales, los cuales cada uno tiene tantos hombres que le obedecen, y así el de una sola no puede ser juez en la otra, y todos los años van dos principales de éstos con gente en sus navíos a hacer sus mercancías, y queda la demás gente en guarda y defensión de la tierra. Y cuando se vuelven a recoger los que fueron, van luego los otros que les cabe de entrar. Y así se gobiernan sin tener los unos de los otros ninguna diferencia.

Tienen estos de Cerdeña cuatro depositarios en cuyo poder tienen lo que traen y recogen, el oro y la hacienda, la cual juntan allí para las necesidades y bien común de todo este pueblo. Y todas las veces que vienen de fuera los navíos, dan un tanto que meten en este depósito, y cuando tienen alguna necesidad o guerra con algunas provincias, como fue la que tuvieron con las islas de Banda, pagan gente que hallan por un cierto precio en la isla de Siron, por la banda del noroeste, y con éstas hacen armada para se defender y ofender algunas veces

The men of Misool do not raid anywhere else except the island of Seram Laut.[9] It is about thirty leagues south of Misool. When they do so, they come out in a fleet of thirty to forty boats, and do not come back without any captives. Those that have captives return to their island. Each year they capture seventy to eighty people from Seram Laut [140v]. They have a standard price for the ransom. A man may be captured several times and his ransom will never vary. Those who cannot pay the ransom are killed. Because of this practice, those who cannot afford the ransom avoid death by asking the rich men of Seram Laut to pay for them, and thus they become slaves. Coming with me to Seram Laut with thirty caracoas, the king laid his condition for peace: that the people of Seram Laut become his subjects. And having explained this to them, they told me there was no one in Seram Laut who had not been captured at least five times "and so long as we have the sails to support our life through trade, we will not become subjects because with our finances we can buy our freedom." To which the Papuan[10] king replied: "So long as they have *tremos* and *calavales* [boats and ships]—which are the weapons they use—neither they nor their own will lack gold or clothing at their own expense." And thus we departed from Seram Laut.

We went to an island, to the place they called Baru, in the land of Seram. Here I convinced the king to make peace because the natives gave me news of the Portuguese on the island of Banda. The Papuan king left them in peace, and from this place negotiated for the ransom of those captured in Seram Laut, for this was what brought in big profits.

The island of Seram Laut is about eight leagues [southeast] from Boo, and in the south, it has a town located near the coast. On a knoll they have a stone wall that they considered as a tribute and along which there are several watchtowers that house many light artillery guns. The town is divided among eight chiefs, each of which has his own men who obey him, so that a chief from one area cannot sit as judge in another. Every year two of the chiefs sail with their men to trade, and the rest remain behind to protect the land. When they return with what they have obtained, two others sail out in turn. And so they rule in harmony with one another.

The people of Seram Laut have four custodians for everything they collect and bring home, including gold and wealth, which they keep collectively for their needs and for the common good of the people. And every time the boats come back, they add so much to this hoard, and whenever it is needed or when there is war with other areas, like in their conflict with the islands of Banda, they sometimes pay a certain price for the men of the island of Seram, toward the northwest, to fight for them. With these men, they form a force to defend

---

9 Technically this is Seram Laut, which lies off the southeast coast of the much larger Seram island, and is considered part of the Maluku archipelago.
10 Papua was the ancient name given to the people of the region prior to its contact with the West. There are various conjectures as to the origin of the name, with some explaining that it is the native word for "frizzy-haired," which is a characteristic of its inhabitants.

con ella. También tienen este tesoro para que si los de Mazol cautivan algún honrado de Cerdeña, y no tienen posible para se rescatar, lo sacan del depósito y lo rescatan, porque no se pierda del pueblo aquella persona, y no pase detrimento su honra.

Los de esta isla de Cerdeña me han dicho que se espantaban como no se tenía noticia de su isla con mucha riqueza que tienen. Tienen muchos versos, que entre todos habrá 600, con sus cámaras de metal que es lo que ellos tienen por grandeza, sin saber usar de ellas [141v.]

Navegan éstos de Cerdeña un sus navíos, los cuales hacen muy buenos como juncos javos, por todas las islas de Timor, por la banda de dentro y por las donde se coge el palo oloroso que llaman sándalo, y por todo el reino de Bale, donde sacan mucho oro y mantas, y por todo el reino de Bima, donde se halla mucho oro y ámbar y cereal, por la mayor parte de la Jama mayor, y también tienen comercio con los de las islas de Marceo y con las de Botan, donde rescatan mucho oro y mantas y algodón hilado. También tienen comercio con el Tambuco, donde traen mucho hierro y lo llevan a vender a la Nueva Guinea, en un reino que llaman Magusia, y allí lo truecan por un palo que se llama *masollo*, cual venden después a los javos, que lo tienen en mucho para sus enfermedades, porque lo muelen y se untan el cuerpo con ello, y los sanos también, por lo cual se gasta mucho todos los años.

De aquí me torné a recoger a la isla de Mazol, y de ahí me fui a las isla del rey de Baygeo, las cuales son muchas y pobladas. Y en la que él reside se llama Borón. Tendrá de boj quince leguas. Hay en ella mucho landa, gallinas, puercos de monte. Podrá tener este lugar mil hombres, que todos obedecen al dicho rey. Éste me recibió muy bien y con mucho amor, diciéndome muchas veces que deseaba mucho estuviera yo en su tierra para le enseñar las costumbres de nuestra santa fe católica, que era él gentil y vivía como bestia, y así su gentilidad le prohibía no comiese puerco y, porque se lo mandé comer, lo comió luego y me pidió que pues teníamos por insignia [142r] la cruz, le quisiese poner yo una en su pueblo para adorar en ella, así como nosotros hacemos.

Lo cual mandé yo hacer por dos maestros, muy grandes y hermosas, y se la arbolé en su pueblo a lo largo de la playa, disparando los versos y arcabuces que yo llevaba, de que el dicho rey recibió mucho contento y alegría, y su mujer e hijos en tanto lloraban de placer. También le di una bandera que yo llevaba con la cruz de Cristo, para que cuando tuviese algunas refriegas con los de la misma isla, digo con los de la Nueva Guinea, la arbolase por su cuadra, que nuestro señor le defendería y le daría victoria. Con lo cual quedó muy satisfecho y luego aprestó su armada y se fue conmigo camino del sureste, y tomamos una isla que se llama Garán, la cual hallamos despoblada por causa de una serpiente que en ella anda, la cual ha comido la mayor parte de los naturales que allí vivían.

**Fig. 33. A Giao Chi (Vietnamese) Loincloth-clad Soldier and His Consort [156r]**

*Jiaozhi* (*Giao Chi* in Vietnamese) was a Chinese term used to denote the geographical region of northern Vietnam centered around Hanoi. In Malay it was pronounced as *Kuchi*, which became the source of the Portuguese name Cochinchina. Chapter 22 states that "Giao Chi is a land that borders China, and is a tributary of its emperor. It is said that its soldiers and warriors go about like this, naked, and the townsfolk and educated men go about dressed. They observe the same rites and ceremonies as the people of China."

**Fig. 34. A Xa que or She (Minority Chinese) Couple [166r]**

From the Chinese term sheyu, meaning from the mountains, the Xa que represent the largest ethnic group in the province of Fujian.. In chapter 16 they are described this way: "The people of She are Chinese workers who dress in this manner. And they pay no tribute to the king because they do not engage in deals or contracts, but only look to their living by toiling in the field."

Fig. 35. A Simple Cheylam (Keelung, Taiwan) Man and Woman 170r

According to Prof. Boxer, this was an illustration of an aboriginal pair from the Cheylam or Keelung area in northern Taiwan. The Cheylam name was applied to the whole of Taiwan during the Ming dynasty. In the *Codex* they are described this way: "Keelung is a kingdom that borders Japan. It is ruled by a king to whom taxes are paid. It is a land rich in sulfur. And they fight and fish with harpoons."

**Fig. 36. A Berobed Champa (Central Vietnam) Couple [174r]**

Prof. Boxer identified this illustration of an odd-looking couple as being that of a pair from Champa. The Amoy word *Chamcia* meant Chiam city, which was a name given by the Fujianese to that area near Annam.. The *Codex* states that "Champa is an independent kingdom bordering Giao Chi. The people are brave and bold. They are much inclined to robbing the neighboring areas, and they are also pirates."

Fig. 37. A Tamchuy (Tamsui, North Taiwan) Headhunting Male and Skull-Holding Consort [178r]

Prof. Boxer identified this illustration as that of a head-hunting aboriginal couple from Tamsui in northern Taiwan. The charming caption reads: "...the head of the enemy leader is always carried around by the wife of the one who killed him so that she is admired and respected as the wife of a brave man."

**Fig. 38. A Daimao [Lingayen Gulf] Couple [182r]**

There is some debate as to the origins of the depicted pair. Prof Boxer speculates that Taipue is in reality another name for Taimei (Daimao) or people of the tortoise shell, perhaps the inhabitants of the present-day Lingayen Gulf in central Philippines.. The *Codex* describes them rather tersely:: "The people of Daimao observe the same rites as those on the island of Luzon, and there are many of those here."

**Fig. 39. A Cambodian Man and His Consort [186r]**

The kingdom of Cambodia was pivotal to the Spanish dream of conquest in Southeast Asia. Different accounts told to the Spanish king revealed the keen rivalry of the Cambodians and the Siamese. The *Codex* account admitted spare knowledge of the area: "Cambodia is an independent kingdom, and is bordered by Siam. Nothing is known at this time of its rituals and customs."

Fig. 40. A Temquigui (Terengganu, Malaysia) Couple [190r]

Temquigui was identified by Prof. Boxer as the present Malaysian island of Pulau Tinggi, while George Bryan Souza and Jeffrey Turley propose that this is the pepper-producing Terengganu region.

**Fig. 41. A Richly Dressed Tohany (Patani, Thailand) Couple [194r]**

Patani was a Muslim sultanate that was considered a tributary to Sukhothai and Ayutthaya, the two kingdoms of Siam. Present-day Patani is located in the most southeastern tip of Thailand.

**Fig. 42. A Warmly Clad Tarraro (Tatar) Couple [198r]**

Tatar was a European designation for Mongols and other Turkic peoples that lived under Mongol rule. Properly China was ruled by the Mongols from 1271 when Kublai Khan, descendant of Genghis, proclaimed the Yuan dynasty, thus establishing China's first foreign dynasty until 1368, when it was succeeded by the Ming dynasty.

**Fig. 43. A Sangley (Resident Chinese) Couple [202r]**

The Fujianese word *sangley* was a term used by the Spaniards to denote itinerant pure-blooded Chinese traders that they encountered all over the Philippines and Southeast Asia. It is derived from a Fujianese word which means business and is pronounced *seng-li*..

**Fig. 44. A Berobed Sangley (Resident Chinese) Couple [204r]**

"All China was named by the Venetian Marco Polo the kingdom of Cathay, perhaps because it was such in the Tatar [Mongol] tongue. Because when he went there, it was ruled by the Tatars, around the year 1312. The natives of these [Philippine] islands call China *sangley*, and the Chinese merchants call themselves Zhonghua [Middle Flowery Kingdom]."

**Fig. 45. A Richly Berobed Chinese General and His Aide [206r]**

"The viceroy always resides in the main city of the province of Fujian, which is Fuzhou; the viceroy is called *junmen*, and is the second person after the *tidu*, who is the captain general of the army. And these two control all the people and governors of the whole province."

**Fig. 46. A Mandarin Scholar and Partner [208r]**

A term derived from the Malay word menteri for "minister." The first Portuguese used the term to denote the bureaucrat scholars they encountered in China. In widespread use by the middle of the 16th century, the term was frequently employed in the Chinese treatises by Gaspar da Cruz and Galeote Pereira.

Fig. 47. A Chinese Prince and Princess [210r]

**Fig. 48. The Chinese Emperor and Empress [212r]**

This splendid illustration of a fully resplendent Ming dynasty emperor and his empress was translated as *rey* or "king" in Spanish. The *Codex* adds, "Beijing or Pacquin is where the emperor resides, and is governed by his court. And Lamquia or Nanjing used to be the seat of the ancient kings, and is now also governed by a court. Beijing means "court of the north," and Nanjing "court of the south..."

and engage in battle sometimes even with them [those of Seram]. The hoard is also tapped whenever those of Misool capture a prominent citizen of Seram Laut who cannot afford the ransom, so that the town does not lose that person and suffer the dishonor.

The men of Seram Laut said they were surprised I had no knowledge of their island and their great wealth. They have many *versos*, about 600 in all, with their metal chambers, which they believe makes them great, even if they do not know how to use them. [141v]

The men of Seram Laut sail their ships—which they build well, like Javanese junks—across all the islands of Timor, through the inner regions in search of the scented stick called sandalwood, and throughout the kingdoms of Bali, where they get a large amount of gold and mats, and Bima, which has much gold, amber, and cereal, and through most of greater Java. They also trade with the people on the islands of Makassar[11] and Butung, where they get much gold, mats, and cotton yarn. They also trade with Tobungku, where they get plentiful iron which they sell in New Guinea in a kingdom called Manggusa,[12] and there they barter for a wood called *masollo* [massoia], which they later sell to the Javanese who use this to treat the sick by grinding and smearing it on the body, including those of the healthy, so that they spend much on this every year.

From here I returned to the island of Misool, and from there proceeded to the islands of the king of Waigeo, which are numerous and inhabited. The island on which the king lives is called Batan. These islands are fifteen leagues [northeast] from Boo. They have many landang trees, chickens, and wild pigs. This place could have as much as a thousand men, all subjects of said king. He bade me welcome and showed much affection, saying often that he wanted me very much to stay in his land and teach them the ways of our Catholic faith, for he was a pagan and lived like an animal and his beliefs forbade him to eat pork, but I convinced him to eat it and he did. Then he asked that we raise a cross as our symbol. [142r] I decided to put up one in his town for them to worship as we do.

I had it made by two craftsmen. The cross was very big and beautiful, and we set it up in the town along the beach, firing the versos and arquebuses I brought with me, which made the king very happy and content, and his wife and children wept with joy. I also gave him a banner bearing the cross of Christ, so that whenever conflict arose with those on the same island, meaning those of New Guinea, he could raise this, and the Lord would protect him and give him victory. This made him very happy, and later he prepared his fleet and sailed southeast with me, and we came to an island called Garán, which we found empty because of a serpent that had devoured most of the people who had lived there. We beached the fleet of thirteen caracoas on this island. We stayed

11  SG, Boxer and Manguin, and S&T all agree that Marcho is the copyist's error for Makassar.
12  Manggusa was identified by Boxer and Manguin as an independent kingdom found along the southern shore of the MacCluer Gulf on the Bomberai peninsula of New Guinea island. Its name was derived from the word *manggowitu* ('seven mango trees'). Manggusa is presently located in the village of Pulai Adi, which lies southwest of Kaimana, as cited in SG, 133n36.

En esta isla varamos el armada, la cual era de trece caracoas. Estuvimos aquí concertándonos y haciendo bastimentos para la chusma de landa y pescado, y por haber aquí mucho.

Lo cual acabado echamos el armada a la mar y nos fuimos camino del sureste, y hallamos una isla pequeña, la cual se llama Onelor, y en ella había obra de doscientas personas, y nos dieron la obediencia y algunas prendas en reconocimiento de vasallaje, lo cual el rey mandó que se me diese a mí y que yo era el general de aquella armada y gente. Y de esta misma isla camino del este un día de camino, dimos en el reino de One, que es en la tierra firme de la Nueva Guinea, de la banda del sur [142v] y podrá estar en medio grado poco más o menos de éstos, también nos dieron la obediencia algunos lugares que tenían ruin defensa y por estar situado por el agua a lo largo de la playa, y algunos pueblos que estaban en parte dificultosa nos resistían, y con todo, aunque se resistían, trujimos uno a la obediencia por muertes de algunos de nuestra compañía con flechas, porque es el arma que usan y están diestros en ellas, y no hay por toda esta tierra otra arma sino son flechas y dardos, y sin yerba ninguna.

La gente de esta provincia son todos negros como los de Guinea, y son todos mercaderes, porque van a un reino que está debajo de la equinoccial, el cual se llama Segat, donde hay un pueblo que hay en él una gran feria y rescate de negros, que éstos de One compran aquí y llevan a vender a Cerdeña. Y como los de Cerdeña son muy ricos, los compran y los meten en la isla de Citan para la granjería de sus huertas. En ella tienen y es cierto que hay indio cerdeño que tiene mil esclavos negros, y le hacen éstos mucha landa, a modo de bizcocho. Y lo tienen junto para lo vender a los javos, y con ello rescatan la nuez moscada en Masa y en Banday, porque las carecen de bastimento.

Tienen también éstos de One mucho oro labrado que traen en las orejas y en el pescuezo. Preguntando yo de dónde cogían aquel oro, respondieron que por aquella banda y costa adelante de la banda del sur, estaba un reino que llaman Ufia, y junto a éste están dos reinos muy poderosos [143r] de gentes en una provincia que llaman Ugar, en que hay mucho y fino oro. Y diciendo yo al rey de Baygeo que fuésemos en busca de esta gente, dijeron los de One que corríamos mucho riesgo, por tener muchas embarcaciones y muy ligeras, y que si hubiese cuarenta o cincuenta, que se le podría tomar el pueblo aunque era muy grande, porque de oír los arcabuces habrán todos de huir. Y que este oro de Ugar lo van a buscar por la tierra adentro, y que también hallan mucho oro en ríos.

Y que demás de esta provincia más allá hay otras que también lo tienen, que no saben si lo compran en Ugar o si tienen en la tierra, y que todo este reino de Ugar es nombrado por rico de oro. Y el mismo rey de Baygeo, que siempre oyó decir de Ugar que tienen en él mucho oro, está en otra provincia que queda entre Ugar y One que se llama Sufia, que hay en ella más de 40 mil hombres. Son todos negros como los de guinea. Aquí vienen los de Cerdeña a comprar el palo que llaman *masor*, que es lo que tiene valor en la Java. Ahí lo rescatan a trueque

here to organize and stock supplies for the rabble, and to catch fish, which we found plentiful here.

With this done we sailed away and headed southeast, and we came to a small island called Onelor,[13] where lived two hundred people who as subjects gave us obeisance and some clothing that the king had ordered them to give to me because he had hailed me as the leader of the fleet and the men. And from this island we traveled east for a day and reached the kingdom of Onin, which is part of southern New Guinea [142v] and may be more or less half a degree from these. We were given obeisance in some places that had defenses in ruins, being located in water along the beach, and some villages located in difficult ground showed some resistance, but in spite of the resistance we reduced one to obedience after having lost several of our men with arrows, which is what they use and skillfully at that. Across this land there are no weapons other than arrows and darts. The land is bare of grass.

The people of this province are all dark-skinned like those of Guinea,[14] and all are merchants because they go to a kingdom below the equator, which they call Sekar, where there is a town that holds a grand fair and an auction of negroes whom the people of Onin buy and then sell in Seram Laut. And since the people of Seram Laut are very rich, they buy these and send them to work on their orchards on the island of Kidang. There they are kept, and it is certain that a native of Seram Laut has a thousand negro slaves who make a lot of the biscuit-like landang, which they gather for sale to the Javanese and with the proceeds they buy nutmeg in Masa and Banda, which they lack.

These people of Onin are also rich in wrought gold, which the people wear on their ears and around their necks. Asking them where they got the gold, they told me that beyond the southern part is a kingdom called Offin, and adjacent to this are two very powerful kingdoms [143r] that are rich in fine gold. And urging the king of Waigeo that we go seek these people, the men of Onin told us we faced the danger of their numerous, very light boats, which numbered forty to fifty,. We could take the town even if it was quite large because upon hearing the arquebuses fire everyone would flee. And the gold of Ogar they could seek inland, and plenty of gold could also be found in the rivers.

And aside from this province, there are others beyond that also have gold, although they are not sure if it is bought from Ogar or found in the land. The whole kingdom is so named Ogar for its richness in gold. The king of Waigeo who had always heard there was plenty of gold in Ogar, is in another province located between Ogar and Onin called Offin, which has more than 40,000 men. These are all dark-skinned like those of Guinea. It is where the men of Seram Laut go to buy the wood called massoia, which is valued in Java. There they

---

13 SG, 134, posited that this was the island of Saboeda.
14 A comparison was being made here by Roxo de Brito between the Papuans and the natives of Guinea, West Africa. Inhabitants of this region below the Senegal River were called Guineans by the Spanish and Portuguese observers to differentiate them from the lighter-skinned Moors of North Africa.

de hierro y espadas que se llaman *talisae*, las cuales éstos después venden por otras provincias. Y así son los más de éstos de la banda del sur todos mercaderes.

También tienen éstos de Sufia mucho oro porque lo traen por las orejas y pescuezo como he dicho por éstas y otras partes. El bastimento que hay es landa que lo hacen muy bueno y tal que puede pasar por pan, y es duro para bizcocho, y pone mucha sustancia. Hay muchas gallinas y puercos de monte, y hay mucho género de pescado muy bueno, y tiene asimismo algunas cabras [143v] y búfanos bravos, y hay muchas riberas de agua.

Y de luengo de ésta tierra firme, de esta banda del sur, va corriendo una cordillera de islas todas pequeñas y todas pobladas de gente, alguna negra, y otra amulatada, donde dicen en algunas islas hay gente blanca y de cabellos rubios y sardos, porque significan tenían salpicas pardas y bermejas por el rostro, y que también éstos tienen oro y sándalos. Por aquí hallé la concha en que nace el aljófar en mucha cantidad, por lo que parece y no debe de faltar por aquí, si lo supiesen buscar. También por aquí entraban los indios y negros por el monte y traían pedazos de panales de miel, y venían como bestias mordidos de las abejas, por lo cual es claro de ver que aquí hay cera.

De aquí nos tornamos yo y el rey de Baygeo y fuimos corriendo la costa camino del este, y pasamos por la provincia de Segat, donde nos hicieron una emboscada de más de 3 mil hombres, en una ensenada que está por allí al desembarcadero de aquel pueblo. En el agua hasta la cinta, todos almagrados y con muchas plumas de gallo en las cabezas, así de la manera que lo usan en Guinea, en esta emboscada los negros arrojaban muchas flechas y dardos. Y del primer arcabuzado que se tiró de nuestros navíos echaron todos a huir por el monte como si el diablo fuera tras de ellos. Y de ahí a obra de media hora, vinieron a mirar lo que hacíamos desde lejos. Todavía cogimos al que con la bala del arcabuz herimos por una pierna, y lo metieron en mi navío. Y luego vinieron los negros a la playa con muchas cañas de tuba y [144r] gallinas a pedirnos el negro herido, y que querían nuestra amistad. Y el rey de Baygeo habló con ellos y los hizo traer una campana de cuatro palmos de largo que ellos estimaban mucho, y la dieron en reconocimiento de nuestra amistad.

De aquí nos fuimos adelante corriendo la misma costa por la banda del norte y, en una punta, por estar la chusma cansada de haber bogado todo aquel día, dimos fondo y echamos gente en tierra, que nos trajesen un poco de pescado. Y detrás de esta punta, de la otra banda, 150 embarcaciones de remos, las cuales estaban en tierra comiendo y holgándose como después supimos, y parece que vieron el humo del fuego que los nuestros hacían. Se embarcaron todos y vinieron luego a la mar descubriendo la punta y tanto que reconocieron nuestros navíos, y estuvieron parados como hombres que se querían determinar. Luego se vinieron hacia nosotros en una media luna trayendo en cada cuerno treinta y cinco navíos y todo lo demás compuesto, no como bárbaros, sino como gente diestra y de razón, lo que me puso espanto y temor. Fue por los ver tantos que cubrían la mar, a lo cual me dijo el rey de Baygeo que no tuviese pena, porque era aquella gente flaca, y así nos fuimos para ellos por la misma orden, que el tiempo nos enseñaba y, arremetiendo con ellos, disparando dos versos y dos arcabuzos que

barter it for iron and swords called *kris*, which are then sold to other provinces. Thus most of the people from the southern part are merchants.

The people of Offin are also rich in gold because they wear it in their ears and around their necks, as I have said earlier. The food supply available is landang, which is good enough to pass for bread and harder than biscuit, and is quite filling. There are many chickens and wild pigs, and there are many kinds of good fish, a few goats, and water buffalos, [143v] as well as numerous rivers.

Next to this land in the southern part is a collection of small islands inhabited by people, some of whom are black and others brown, where it is said there are people who are conspicuous because of their white skin and blond and reddish-brown hair. They have brown and russet splashes across their faces, and they also have gold and sandalwood. Here I found in large quantity the shell in which pearls are born, thus it seems there should be no lack here, if one knows how to find them. Also, natives and negroes came here across the mountain bringing pieces of honeycomb, and appeared like beasts stung by bees, which makes it certain that wax can be found here.

From here the king of Waigeo and I proceeded east while hugging the coast, and we passed by the province of Sekar, where we were ambushed by more than three thousand men in an inlet where their wharf was located. From the water line up to the waist they were all painted in red ochre and all wore plenty of chicken feathers on the head, in the style practiced in Guinea. In this ambush the negroes let loose a great number of arrows and darts. But with the first arquebus volley fired from our vessels, they all fled to the mountain as if the devil was after them. After half an hour they came back to observe us from afar. We captured one that was hit by an arquebus shot in the leg, and he was taken to my ship. Later the negroes came to the beach bearing a lot of *tubo*[15] cane and [144r] chicken that they offered in exchange for the wounded negro and as a gesture of peace. The king of Waigeo spoke with them and told them to bring him a gong four palms in length that they valued dearly, and they gave it up for the sake of our friendship.

From here we continued hugging the coast up the northern part, and at a point because the crew was tired of rowing the whole day, we set foot on land and sent out men to catch some fish. Behind this point, on the other side, there were 150 rowing boats whose crews were on land eating and idling as we later learned, and it seems they saw the smoke coming from our campfire. They got into their boats and headed for the point and saw our boats, and some were standing to better see us. They then approached us in a half-moon formation with each arm having thirty-five boats. The rest were organized, unlike savages, but like skilled and rational men, which appalled and frightened me. It was from seeing so many covering the sea, but the king of Waigeo told me not to worry because these men were weak, and so we approached them in the same formation, which we had learned over time. We attacked them, and we fired two versos and two arquebuses that my ship carried, and they all dove into the

---

15   Perhaps this is a mix-up with the Tagalog word *tubo* for sugar cane.

yo llevaba, se lanzaron todos en la mar sin quedar ninguno en sus navíos. Fue tan grande el miedo que recibieron que después el rey de Baygeo se metió en un baroto pequeño y los hizo embarcar, porque sabía muy bien la lengua, y me trujo el rey y señor de aquella armada [144v] con algunos parientes y principales. Me vinieron a abrazar por los pies y, viniendo primero pidiendo que escondiese los versos apuntados para ellos, porque tenían temor que tornasen a hacer otra vez fuego. Yo les aseguré y les hice el mejor recibimiento que pude. Estaban tan espantados de ver nuestro modo que estuvieron más de media hora como mudos sin hablar palabra.

Esta gente son negros cafres como los de Guinea, y más negros, y son de una provincia que está poco menos de un grado de la banda del norte. Serían en esta armada siete mil hombres, los cuales se salían a holgar y a desechar la tristeza a que tenían por la muerte de su reina, que parece ser aquella su costumbre. Esta provincia se llama Apaa, y es muy poblada de gente, los cuales todos andan desnudos en cueros, salvo algunos principales que traen algunas mantas coloradas y negras. No vi a éstos oro ni plata, ni hacen caudal de ello, por lo cual me parece no lo pasen. Huélganse mucho con el hierro. Su riqueza son campanas. Respondían que iban a hurtar a una isla la cual llaman de Gele y que, por la gente que cautivaban, les dan las campanas. Y que éstos de Gele traen mucho oro, como el que yo les enseñé cuando les pregunté si tenían de aquello, y que ellos no lo querían, porque mucho mejor era el hierro, lo uno por ser mayor y lo otro porque es servicio de muchas cosas, y el oro no les servía de nada.

Tienen éstos en su tierra muchas palmas, gallinas, puercos. Hacen sus sementeras de arroz [145r]. Cuando andan embarcados traen por su bastimento landa. Las islas que dicen de Gele están por el nordeste, algunas setenta leguas, conforme a las jornadas que ellos andan, y yo anduve con ellos. Y más adelante de éstas de Gele dicen que hay otras muchas poblaciones.

Éstos de Apaa me dieron nueva de tres hombres blancos que estaban en esta tierra firme de la Nueva Guinea y que eran muchos más, mas que murieron, y ahora que no había más que tres y, preguntándoles yo qué vestido traían, mandó este rey buscar en su navío un vaqueruelo y un sombrero viejo que había mucho que lo tenía, mostrándome que aquél era vestido de ellos, y que estos tres estaban casados. Mandeles preguntar si les dieron ellos aquel vestido. Respondió el rey que peleando con algunos navíos de un rey su enemigo, le tomaron dos navíos, en los cuales halló esta ropa. Y que la gente que cautivó en ellos le dijeron que más allá de su tierra, en la misma costa, estaban estos hombres.

Después que yo volví al Maluco supe cómo eran éstos de aquellos levantados de San Gerónimo, porque también éstos dieron nueva que habían poblado una isla de gente con barbas cumplidas, por la cual razón éstos son los barbudos a do fue a tener San Gerónimo. En la carta la pintan tan lejos de la tierra firme

sea, leaving all their boats empty. Such was the fear they had that the king of Waigeo came forward in a small canoe and ordered them back on their boats, for he knew the language well, and introduced me as master and commander of the fleet [144v] to some of their relatives and elders. They embraced my legs and asked that the versos be pointed away because they were afraid of being fired upon again. I gave them my assurance and the best welcome possible under the circumstances. They were so astonished by our fashion that they remained silent for more than half an hour.

These people are primitive blacks like those of Guinea, and even darker, and come from a province barely a degree north of the equator. Their fleet had seven thousand men who were whiling away the time and driving away the sadness caused by the death of their queen. This province is called Wabau and is densely populated, with everyone going about naked except for a few elders who were draped with scarlet and black mantles. They wore neither gold nor silver, nor do they desire these, which makes me think they do not trade in these. They do treasure iron. Their wealth is measured in gongs. They said they raided an island they called Gebe, and the ransom they received for captives were gongs. According to them Gebe has plenty of gold, like that which I showed them when I asked if they had it, but they themselves do not want it because iron is much better, for it is stronger and more useful, while gold is useless.

Their land is rich in palms, chickens, and pigs. They sow their fields with rice [145r]. When their boats go out they are provisioned with landang. The so-called islands of Gebe are to the northeast, about seventy leagues away, based on the trips they have made, and I went with them. They say that beyond the islands of Gebe there are many more settlements.

The men of Wabau informed me there were three white men in the mainland of New Guinea and that there had been much more, but many had died, and now there were no more than three. When I asked how they were dressed, the king ordered a *vaqueruelo*[16] and an old hat be fetched from his boat, which he had aplenty, telling me these were what the three had been dressed in and that they had wives. I had them asked if the articles had been gifts. The king replied that in a skirmish with several boats of an enemy king, they captured two boats in which they found these articles. He said the men captured with the boats told him that the white men could be found on the same coast beyond his land.

After returning to the Maluku islands, I learned that these were men from the mutiny on the *San Gerónimo*,[17] for they also told me that men with full beards had settled on an island, which made it likely these bearded men were from the *San Gerónimo*. In the chart these are drawn as being very far from the mainland

16 *Vaqueruelo* is a short sleeveless garment.
17 This was a very unlikely supposition because of the distance. *San Gerónimo* was a galleon that had set off for Cebu in May 1566 with Pedro Sánchez Pericón as the commander of a crew of 120 men. The ship was credited as having begun the Acapulco–Cebu route. There occurred a mutiny in which around twenty-six crew members were jettisoned off in Ujelang, an atoll in the Marshall Islands. See Carlos Madrid, "Pedro Sánchez Pericón," *Guampedia*, accessed 22 August 2015, http://www.guampedia.com/european-trade-pedro-sanchez-pericon/, and William L. Schurz, *Manila Galleon* (New York: E.P. Dutton), 278–79.

de la Nueva Guinea y conforme a lo que los negros dicen, que van allá algunos en sus navíos. Está mucho más cerca. Y habiendo tanto golfo como lo pintan en las cartas, no puede ser en ninguna manera, por lo que el rey de Baygeo se informó de estos [145v] negros y, con otros que hallamos, supo cómo por esta banda del norte se usa también oro, mas le parece que mucho más hay por la banda del sur, porque los más de ellos lo traen generalmente.

En este reino de Apaa hay unos árboles cuya causa los negros quitan y la ponen al sol, y les sirve para muchas enfermedades, a lo menos en el dolor de estómago. Me hallaba yo muy bien con él. Tiene un color muy bueno como de canela y un ardimiento muy singular, y cuando se come abrasa la cara como si comiese buyo. Éste debe de ser muy estimado en tierras frías, y se podría tener por *dioja*, porque en el color y sabor lo parece.

Esta tierra por donde anduve, con ser debajo de la equinoccial y, cuando mucho, un grado, es muy templada y de muy buenos aires. El sol no quema sino cuando anda empinado sobre la cabeza. Todas las noches cae tanto rocío que hasta las nueve del día aún no tiene el sol acabado de consumir, por lo cual me allegué siempre muy recio y bueno.

Por haber más de dos meses en que andábamos por éstas y la chusma muy cansada, nos tornamos con la proa al oeste noroeste. Tomamos una isla despoblada adonde cogimos mucho pescado y langostas como las de España, y de aquí corriendo una cordillera tomamos la de Noton, que es del rey de Baygeo, adonde estuvimos más de un mes holgándonos, y sus vasallos que allí tiene trayéndonos muchas frutas, gallinas, y cabras y mucho género de pescado, con determinación [146r] de nos juntar con el rey de Mazol y hacer una jornada en busca de estos tres españoles que arriba he dicho.

Estando en este tiempo que digo en esta isla Noton con el rey de Baygeo, por ser él muy curioso en preguntar muchas cosas, era también leve en me contar algunas que él estimaba por extrañas, entre las cuales fue preguntarme si entre nosotros había gente que no tenían fuego y comían el pescado crudo. Yo le respondí que no hay, y le pregunté con qué se alumbraban, y él me respondió que había en aquella isla donde éstos vivían unos animales que eran de grandura de gatos grandes, y que éstos de noche venían a comer y que en la frente tienen una piedra, la cual traen abierta con un capillo. Y cuando vienen de noche a buscar de comer, la descubren con la claridad de ella, lo buscan, y sienten algo. Cúbrenla con el capillo y así quedan oscuras. Y que los de estas islas los espían y, con sus arcos y flechas, los matan y quitan la piedra que les sirve de lumbre. Preguntele si había de aquellas piedras muchas, y díjome que no había casa que no hubiese siete u ocho. Y que tomaban un bejuco y lo abrían por medio de la punta y metían allí la piedra, y la tomaban de noche y andaban de luengo de los arrecifes buscando marisco con la claridad de la piedra. Díjele que por qué no

of New Guinea and based on what the negroes say, some of them go there in their boats. [They claim that] they are much closer. There is no possibility that there is so much distance as that drawn on the charts. And from what the king of Waigeo heard from these [145v] negroes and from others we encountered, we learned that gold was used in this northern strip, more so than in the south because more people normally wore it.

In this kingdom of Wabau there is a tree bark that the negroes dry under the sun and use for many illnesses, the least of which is stomach ache. I found it quite effective. It has a nice color like cinnamon and brings about exceptional heat, and when put in the mouth it turns the face red as if one were chewing betel. This could fetch a high price in cold lands, and could be taken for *dioja*,[18] being similar in color and taste.

This land in which I have traveled, being below the equator by as much as one degree, is quite temperate and has good winds. The sun does not burn the skin except during midday. Every night there is so much dew that by nine in the morning it has not dried up completely because of which I always feel good and fresh.

Having been at sea for more than two months and with the crew exhausted, we pointed the bow west-northwest. We came to a deserted island where we caught plenty of fish and lobster like those of Spain, and from here, following a ridge, we arrived at Notan, which is under the king of Waigeo, and where we rested for more than a month. His subjects there brought us many fruits, chickens, goats, and many kinds of fish. We decided [146r] to join the king of Misool on a trip to find the three aforementioned Spaniards.

During the time I spent on the island of Notan with the king of Waigeo, he, being curious to learn many things, frequently asked me to relate to him all those things he was curious about, one of which was if there are those among our people who have no fire and eat their fish raw. I told him there are none, and I asked him what they use for lighting, and he replied that on that island lives a certain animal the size of a big cat[19] that feeds at night and that on the forehead it has a carbuncle covered by a flap. And when these come out at night to forage, their head stones provide illumination, and when they can sense and feel [something] they cover the stone with the flap to extinguish its light. And the men of these islands hunt these with bows and pry out the stone to use for lighting. I asked if there are any of those to be found, and he told me there is not a house that does not have seven or eight of them. And that people take a rod, split its tip in half, and insert the stone so that at night they can go looking

18 SG believes that this was a transcription error for the word *droga*. S&T believe that *droga* is in turn another term for *dragoncillo* or tarragon.
19 The description here is a fantastical depiction of a wide-eyed furry and solitary marsupial called a cuscus. These are found in the forests of New Guinea, and are renowned for their foraging skills in the deepest and darkest forests. See SG, 139, and John Crossley, "The Early History of the Boxer Codex," *Journal of the Royal Asiatic Society* 24 (2014): 121.

tenía un par de aquellas piedras. Respondiome que mejor era su lumbre porque cuando quería la apagaba y encendía. Preguntele si fue él allá o los suyos a esta isla, o de [146v] dónde tenía noticia de ella. Díjome que en vida de su padre toparon los suyos, yendo a buscar una embarcación, toparon un navichuelo en el cual venían cinco indias, y de esta isla le dijeron eso, maravillándose de nuestra lumbre, y le dieron relación en esta isla. Le dijeron había un río que venía de un volcán que ella tiene, adonde se halla mucho y fino oro, y que por este respecto aprestó su padre dos navíos y los envió con dos de estas indias, y hasta hoy no han parecido, mas sospechan que los comió la mar. Y las razones porque los navíos son pequeños y muy delgados y que así los hacen para ser ligeros y, como las corrientes son muy grandes, parece que algún remolino de agua los cogió e quebró, y así se perdió la gente, porque de otra manera se supiera de ellos.

Díjole si quería que fuésemos allá, y que haríamos embarcaciones fuertes con que fuésemos seguros. Respondiome que piloto que supiese, allá no le había, porque las cuatro indias que quedaron en su pueblo eran muertas, por no ser acostumbradas al uso suyo, y así no duraban dos años. Preguntele si sería lejos. Díjome que no. Y, conforme a lo que me dijo, demora esta isla al nordeste y debe de estar por allí cerca de las islas de Gele, por la cual razón si carbuncos hay en el mundo, lo son éstos, porque el rey de Baygeo en todas las cosas que conmigo había tratado, le hallé siempre muy verdadero [147r] y no interesaba en esto cosa alguna.

A este rey de Baygeo está su Majestad en obligación de le hacer merced por el mucho celo que tiene de le servir, haciéndose vasallo suyo sin nadie le constreñir a esto. Y cuando venía ocasión contar la majestad del Rey don Felipe Nuestro Señor, y el mucho mundo que posee, y cómo era señor de la mejor gente del mundo, que era la nación española, que ahora nuevamente sucedió en el reino de Portugal, por donde juntó otro nuevo mundo a su real corona, y me ha respondido que se tenía por muy dichoso, pues en su vida vino a ser vasallo de un rey tan poderoso, que plega a Dios le diese vida para que un hijo suyo que tenía le dejase enseñado a servir a tal gente, como nosotros éramos, que en nuestras costumbres bien dábamos a entender quién nuestro rey podía ser. Esto todo trataba conmigo con *naguatato*, que yo había llevado desde la isla de Tamilonga. Mas el tiempo adelante lo excusé porque aprendí la lengua y la tomé muy bien y con brevedad. Hallaba tantas razones en este buen rey, que si no me acordaba de lo mucho que convenía al servicio de Dios y de su Majestad informarle de estas cosas, me quedara con él por algunos días.

for shellfish on the reef by the light of the stone. I asked why he did not have a couple of those stones. He replied that his fire was better because he could put it out and light it up as he wanted. I asked if he or his ancestors had been to that island or where [146v] we could learn of it. He told me that in the time of his father, his parents came across it while looking for a boat and that they came across one that carried five native women who came from this island. They were awed by the fire and gave an account of the island. They told of a river that flowed from a volcano where much fine gold could be found, and because of this his father equipped two boats and sent two of the women on these boats. These women have never been seen since and are believed to have been swallowed by the sea. The reason for this is that the boats were built small and very narrow to make them light, and the currents were very strong, and so it may have been that the boats were caught by a whirlpool that destroyed them, thus killing the passengers, otherwise there would have been news of them.

I asked if he wanted us to go there, and told him we could build strong vessels that would keep us safe. He answered that there was no one to guide us there because the four native women who were left in his town were already dead. Being unable to adapt to their new surroundings they did not last two years. I asked if it was far. He said no. And based on what he told me, this island lies to the northeast and should be nearby, close to the islands of Gebe, and so if there are carbuncles in this world then this must be it because in all our dealings with the king of Waigeo, he has always been truthful [147r] and he has no interest in this.[20]

Your Majesty is indebted to the king of Waigeo for his great willingness to serve, making himself your subject without being forced by anyone. And when I had occasion to tell him of the majesty of King Philip[21]—who controls a large expanse; who is master of the best people in the world, the Spaniards; who has succeeded to the throne of Portugal, from where he has added a new world to his crown—he [the king of Waigeo] replied that he was very proud to be the subject of such a powerful king, that he prayed God would give him a son who would be taught to serve such men as us, and that in our ways we made it clear who our king could be. All this we discussed through a *nahuatatle*,[22] whom I had brought with me from the island of Tobalai. In time I was able to dispense with his service for I quickly learned the language and spoke it quite well. I found many good qualities in this king so that if I had forgotten to inform him of the many things that would be suitable in the service of God and Your Majesty I would have stayed with him for several more days.

20 SG, 140, stated that this fanciful account of wondrous carbuncles had been highly embellished. Such stories were told by Francisco Viera SJ, in a letter from Ternate dated 9 March 1559, and Nicolau Nunes SJ recounted a similar eyewitness account in 1576. SG himself claimed that the carbuncle "may have been (fossil) *damar*, a resin that I have seen used, mounted on a piece of cane in the manner described by Brito, as a torch to fish by at night."
21 This is a reference to King Philip II of Spain (or Felipe II in Spanish) who ruled from 1556 to 1598. It was during his reign that Spain reached its splendiferous age when the king consolidated a vast "empire on which the sun never sets." With his victory over neighboring Portugal in 1581, he was crowned the king of both nations.
22 *Nahuatatle* is a Nahuatl word for interpreter.

La gentilidad de éstos tiene ciertas ceremonias que fácilmente se pueden quitar. Tienen a sus antepasados por dioses y así les guardan los huesos. Cuando andan embarcados los llevan metidos en una caja, y cuando comen les dan de comer y beber, y cuando [147v] van a pelear comen un cierto palo y dicen que no pueden ser heridos por la virtud de ello. También traen otro palo consigo para si encontraren vientos, lo desviaran con él. Tienen otras gentilidades de éstas.

Este rey no tiene más de una sola mujer, y así manda que use en su reino. Es gente desinteresada y afable. Andan siempre sirviendo con la boca llena de risa, lo que no tienen los de las islas de Mazol, que son muy interesables y dados a lujuria y a hurtar. Y cuando les llevé a la Nueva Guinea, que fueron tres navíos de Mazol, todo fue pedirme que fuera a hurtar a Cerdeña. Y porque me acordaba que convenía al servicio de Dios y de su Majestad tener éstos más conocimiento de nosotros, les aconsejé que muy cerca de Cerdeña está la una fortaleza de su Majestad, adonde ellos fuesen a dar la obediencia, porque la buena voluntad que ellos me mostraban tenernos, no lo podía yo pagar, mas que aquí les sería satisfecho y agradecido. Y también porque ellos viesen nueva fuerza y la manera y uso de ella, y viesen nuestra artillería, que es lo que ellos más se admiran, y viesen más iglesias y costumbres de nuestra fe. Y todo les había de agradar mucho porque, siendo yo un solo portugués, y otro que llevé conmigo, les agradábamos tanto, y también para que con testigos pudiese tirar algún premio de este pequeño servicio que a su Majestad tengo comenzado [148r].

Sin ningún refugio ni contrariedad me dijo el rey de Baygeo que, por cuanto era lejos, quería ir con dos embarcaciones, para que toda la demás de su gente quedase en guarda y defensión de sus islas, no viniesen los de Apaa sobre ellos, por la afrenta que recibieron en la pelaza que tuvieron con nosotros cuando se echaron a la mar, porque luego había de correr la nueva de cómo yo era fuera de aquellas islas. Y así partimos con cinco navíos para la isla de Mazol, donde el rey echó dos, y con siete nos fuimos camino de Cerdeña. Y luego cogimos la isla de Sirón, y corriendo la costa de ella por la banda del noroeste, hallamos por allí muchos pueblos, de quinientos y seiscientos hombres cada uno, hasta que llegamos al pueblo de Atula, donde hallé nuevas que el Reboange, capitán del rey de Ternate, andaba en la mar con una gruesa armada de caracoas, y que con ella fue a la fortaleza que su Majestad tiene en Amboína, a hacer una emboscada, en la cual matara algunos indios cristianos, por lo cual de aquí adelante fue con una centinela.

Y tanto avante corrió el pueblo de One, a do nos amaeció. Ya clara la mañana vimos hacia contra el pueblo de Beramita muchos navíos, y luego envié dos de los míos, los más ligeros, y metí en cada uno dos indios ladinos que fuesen a reconocer si eran aquellos navíos de bastimentos, y si era armada, que echasen a huir [148v] para la parte donde ellos venían, porque así tuviese yo tiempo para me recoger, porque los dos navíos que yo llevé del Maluco eran muy pesados, por haber casi un año que andaban en el agua, y la chusma cansada y trabajada de

These heathens have certain practices that can easily be removed. They hold their ancestors as gods, and so keep their bones. When they sail away they carry these in a box, and when they eat they give these food and drink, and when they go to fight [147v] they swallow a piece of wood in the belief this will protect them from harm. They carry a different kind of wood to disperse contrary winds.

This king has no more than one wife, and so he wants this to be the practice in his kingdom. These people are selfless and friendly. They go about with a smile on their faces, unlike those of Misool, who are very selfish and given to lust and thievery. And when I took them to New Guinea, on three vessels from Misool, everyone kept asking to go thieving in Seram Laut. And because I thought it would be in the interest of God and Your Majesty for them to know more about us, I told them that close to Seram Laut is one of Your Majesty's forts, where they can go to swear allegiance because I could not repay the goodwill they have shown towards us, but there they would be received with pleasure and gratitude. And also so they would see our new forces, and the manner and use of these, and to see our artillery, which is what they admire most, and see more churches and the ways of our faith. And there is much to thank them for because being just one Portuguese, apart from the other one I had brought with me, we owe them a lot, and also so that in front of witnesses they can be given some reward for this small service to Your Majesty that I have started [148r].

Without any hesitation, the king of Waigeo said he wanted to go on two ships, no matter how far, and leave the rest of his men to protect his islands against the men of Wabau, who upon hearing that I had left the islands were sure to come because of the disgrace they suffered before us when they dove into the sea. And so we sailed with five ships for the island of Misool, where the king sent out two to join us, and with the seven we headed for Seram Laut. We came to the island of Seram, and following its coast in the northwest, we found many settlements, with five to six hundred men in each, until we reached the town of Atula, where I received news that Rubohongi,[23] captain of the king of Ternate, was at sea with a large fleet of caracoas, and that he had gone to Your Majesty's fort in Amboína[24] to stage an ambush and kill a few Christian natives because of which I have since had a guard.

And there was much talk in the town of Onin, where daybreak found us. As morning came we saw before the town of Permata many boats, and I then sent out two of my lightest, and put in each two Ladinos to ascertain if these were supply ships or fighting boats, and if they the latter I instructed them to hurry back [148v] to where they came from. so that I would have time to prepare because the two ships I had brought from the Maluku islands were very heavy, having been at sea for nearly a year, and the crew was tired of rowing, and so they

23 *Rubohongi* is an old title in Ternate that means "smasher of fleets." See SG, 142.
24 *Amboína* is the Spanish word for Ambon, part of the Maluku islands and the global center of clove production. The Portuguese reestablished their fort there after their eviction from the fiercely militant Ternate.

bogar, y se fueron. Los dos que conociesen el armada, se hicieron la vuelta de la mar, y los terrenates que eran veinticinco caracoas fueron en su alcance, lo cual viendo yo me volví cogiendo su alcance, digo la tierra, para que no tuviesen vista de mí, y me metí en un pueblo que se llama Sabay, el cual es vasallo del rey de Bachán, adonde hallé un primo suyo que se llama Quilmontere, del cual recibí muy buen tratamiento. Y como fue no se volvieron los dos navíos que yo envié a reconocer el armada la vuelta de tierra. Y al otro día por la mañana fueron a dar conmigo en el dicho pueblo, adonde estuvimos doce días.

De aquí despedí a los dos reyes de Baygeo y de Mazol para sus tierras, diciéndoles que yo quería ir a la fortaleza a buscar portugueses para volver otra vez a la Nueva Guinea, con todos tres por la relación de los de Apaa, y de que así estuviesen aparejados con sus navíos para hacer esta jornada. Preguntome el rey de Baygeo que cuántas lunas había de tardar yo, le aseguré que tres o cuatro a más tardar. Y así se despidió de mí los ojos llenos de agua, dándole yo un ferreñuelo de escarlata se fue muy [149r] satisfecho y muy triste por mi ausencia, porque se han hecho de consejo.

Capitán de Amboína tuvo nuevas que yo estaba en la contracosta de Cirón, como contaba por una carta que tengo, y tenía nuevas por cartas del Maluco, como había más de un año que yo salí de Bachán en dos caracoas. Me tenían por muerto por hasta entonces no sabían de mí. Le escribió a Diego de Asambuja, lo cual sabido mandó luego al rey de Bachán que enviase una caracoa en mi busca, la cual me halló en el pueblo de Tolimanta, cerca de este otro de Sabay, adonde tenía un fuerte hecho de madera, por tener nuevas que venía sobre mí el Reboange para estorbar que los portugueses no tomasen esta contracosta de Amboína.

Y de aquí me vine al Maluco, habiendo 19 meses que había salido de allá, donde al presente hallé a Diego de Asambuja, capitán mayor que entonces era de Tidore, al cual presenté un esclavo de la Nueva Guinea, y oro labrado y por labrar, y este palo mose, y el otro palo que parece canela, y la concha del aljófar, lo cual tuvo en mucho. Y me dijo que de ello avisaría a su Majestad, por lo cual me pareció ser más conveniente hacerlo yo por mi persona, pues por mis propios ojos vi y pisé la tierra para que su real Majestad, conforme a lo que viere que conviene más a su real servicio, disponga a lo que le pareciere. Y por lo cual le dio esta relación verdadera, sin acrecentar ni poner cosa alguna más de la verdad.

Tiene esta tierra de la Nueva Guinea por la parte y camino por donde anduve [149v] muchas bajas y coronas de arena y piedras, y muchas restingas y corrientes por entre las islas, porque son muchas. También hay muchas rolleras de agua, porque no pueden por este camino ir navíos de alto bordo a la Nueva Guinea. De la banda del sur de aquí se puede hacer una contratación para la Nueva España de las cosas que he dicho y de muchos esclavos, porque son como los de Guinea, y sería muy fácil y breve. Los vientos que aquí corren son éstos: oe-sudoestes, que son los que sirven para ir a buscar altura. Pueden llevar de por aquí la nuez moscada y masa, porque las islas de Banda, de la Nueva Guinea, sesenta leguas poco más o menos, hacia el sur, y con una orden que yo daré se puede pasar por aquí. Con lo cual concluyo.

went. The two that scouted the fleet turned about and left the twenty-five vessels of Ternate out of range, and seeing this I tried to stay out of range inland, so they would not see me. I went into a village called Saway, owned by the king of Bacan, where I met his cousin called Kacili Menteri,[25] who treated me well. The two boats I sent out to scout the fleet did not come back to land. The following day I received news of these in said town, where we remained for twelve days.

Here I bade farewell to the kings of Waigeo and Misool who were heading back to their lands, telling them that all three of us wanted to go to the fort to find the Portuguese and return to New Guinea on account of what the men of Wabau had spoken of and that they should stand ready with their vessels for their trips home. The king of Waigeo asked how many moons I would be away. I assured him no more than three or four. And so he said goodbye with tears in his eyes. He was pleased [149r] when I gave him a red *ferreñuelo*,[26] but remained saddened by my absence for he would miss my counsel.

The captain of Amboína heard I was on the opposite coast of Seram, as he stated in a letter I received. He had received news in letters from the Malukus, for it had been more than a year since I left Bacan with two caracoas. I had been taken for dead for until then nothing had been heard of me. He wrote to Diogo de Azambuja,[27] who then wisely told the king of Bacan to send out a caracoa to search for me. They found me in the village of Permata, near the village of Saway, which had a wooden fort. [Azambuja] learned that the Rubohongi was coming after me to keep the Portuguese from taking the opposite coast of Amboína.

From here I returned to the Malukus nineteen months after leaving. There I met Diogo de Azambuja, then captain general of Tidore, to whom I presented a slave from New Guinea, wrought gold, gold ore, the wood massoia and another wood similar to cinnamon, plus the pearl-bearing shell, which pleased him very much. And he told me he would inform Your Majesty, but I deemed it better to report these myself because I have seen everything with my own eyes and set foot on these lands, so that Your Majesty, based on what appears will further Your royal service, may decide on what he deems should be done. And to this end I submit this true account, without embellishment or adding anything other than the truth.

This land of New Guinea has, in the area I have traveled, [149v] many lowlands, rocky and sandy peaks, sandbars, shoals, and currents between the islands, which are multitudinous. There are also many whirlpools, which make it impossible for high freeboard ships from New Guinea to take this route. In the southern region [of MacCluer Gulf] trade may be conducted with New Spain for the items I have mentioned and for many slaves, since these are like those in Guinea, and it would be very easy and quick. The prevailing winds here blow west-southwesterly, which is what is used for sailing the high seas. Nutmeg and mace can be obtained here, since the islands of Banda are about sixty leagues to the south of New Guinea, and with the instructions I shall issue, ships can sail through here. Thus I conclude.

25 A Ternatese title, *Kacili Menteri* means prince councilor (SG, 143).
26 *Ferreñuelo* is Portuguese for a short cape.
27 There is nothing known about Diogo de Azambuja, a Portuguese commander, except what is noted in this account.

## 15

# JAPÓN

[153r] EL REY QUE AHORA REINA ENTRE ESTOS JAPONES se llama Macaua Cundono. Dicen que su origen fue que éste servía a Nobunanga, nombre de otro príncipe que poseía parte de este imperio o reino de Japón, de manera que entre ellos estaba dividido. El sobrino, con deseo de señorearlo todo y ser solo en el mundo, determinó hacer guerra al Nobunanga, y juntó su ejército contra él y ciñole en una ciudad suya entrándole por fuerza, hasta matarle a él.

En este tiempo este Caua Cundono era ido por capitán con una armada a pelear en defensa de su amo Nobunanga, con otros enemigos. Y habiendo vencídolos, tornando supo la muerte de su señor Bunanga y, con la gente de guerra que tenía a su cargo y la demás que pudo juntar, hizo guerra al sobrino de su señor, en venganza de su muerte, y vino a tomarla matándole a él y a todos sus capitanes y gente, habiéndolo esperado en cierto paso en emboscada adonde le rompió y venció. Y hecho esto, sin aguardar más, se hizo rey de lo que era su amo Nobunanga. Y el sobrino, a quien venció, luego sin dilación dio en hacerse señor absoluto de otros muchos reinos que estaban en su tierra y que nunca habían tributado a sus antecesores, antes eran de por sí.

## 15

## Japan

[153r]   THE KING WHO NOW RULES THESE JAPANESE is called Kubo-sama.[1] They say that he used to serve Nobunaga,[2] the name of another prince who ruled part of this kingdom of Japan, so that this country was divided between these two. The nephew,[3] who was desirous of reigning over the whole country and being its sole ruler, decided to wage war against Nobunaga, and together with an army, trapped him [Nobunaga] in one of his cities, where they forced their way in and assasinated him.

At this time, Kubo-sama had left as a captain with an armada to fight in the defense of his master Nobunanga against other enemies. And having returned after defeating them, he learned that his lord Nobunaga had died, and with the soldiers he had under his command and others that he was able to gather, he waged war against the nephew of his lord to avenge his death. He succeeded in slaying him [the nephew] as well as all his captains and people, having lain in wait for him along a certain road to ambush him. Having done this, without any delay, he made himself king of all the possessions of his master Nobunaga and of the nephew whom he defeated. Without delay [Kubo-sama] also made himself absolute lord of many other kingdoms that were in his land and who had never paid tribute to his predecessors.

1   *Kubo-sama* was an honorific title that was used to address the shogun, a military dictator who ruled large swaths of Japanese territory from 1182 to 1867. During this time the role of the emperor was largely symbolic. See C.R. Boxer, *The Christian Century in Japan, 1549–1650*, 2nd ed. (Berkeley: University of California Press, 1968), 180; and S&T, 526n2. The ruler that is being referred to was Toyotomi Hideyoshi (1537–1598) who succeeded Nobunaga in 1582. He triumphed in the numerous battles of Yamazaki, Shizugatake, and Odawara, and within a few years consolidated his hold not just over the territory once ruled by his predecessor but of all Japan.
2   Oda Nobunaga (1534–1582) was a Japanese warrior and government official who ended the feudal wars and unified half of the Japanese provinces, which suffered more than a hundred years of disunion. He is considered one of the three founders of the Tokugawa shogunate. Open to European culture and trade, he was the first Japanese to welcome the Jesuits and to offer protection to newly converted Japanese Christians. In 1582, one of his dishonored vassals, Akechi Mitsuhide, assassinated him in the Battle of Yamazaki. His death was avenged by his protégé, Toyotomi Hideyoshi. See Osami Takizawa, *La historia de los Jesuitas en Japón* (Alcalá de Henares: Universidad de Alcalá, 2010), 63–65.
3   The anonymous chronicler here is mistaken. The so-called "prince" was not his nephew but a disgruntled vassal, Akechi Mitsuhide.

Y diose tan buena maña, que en tres años después de haberse hecho rey, señoreó y venció a todos los demás reinos y reyes que había, haciéndose señor absoluto de todo. Fue a conquistar un gran reino y tierra que corre frontera de China. Éste, temiendo el poder de Caua Cundono, pagole parias. Y habiéndosele rendido este rey, volviose [153v] a su tierra y reino de Japón, donde dicen está haciendo grandes aparatos de guerra para entrar en tierra de China, haciéndola su cala en Cure y teniendo apercibidos 2500 y quinientos navíos con otras muchas prevenciones de guerra.

A esta nación de China han hecho ellos de muchos años atrás y hacen de ordinario grandes robos en las partes marítimas de la costa, saqueándoles muchos lugares y ciudades, y encontrándose navíos en la mar de japones y chinas. Luego se acometen llevando siempre lo mejor los japones, por ser mucho mejor gente y más animosa que ellos, y así los temen tanto los chinas que aun de entrando un navío de japones todos los que estuvieren en el puerto sangleyes, por otro nombre chinas, le hacen salva a su uso con unos atabales dando golpes en unas como calderas o sartén azófar, poniéndose dos o tres hombres en la popa del navío. Y al son de estos atabales o cazuelos hacen sus reverencias con todo el cuerpo hasta el suelo. Y luego ha de responder el navío que entra. Y si no, es señal de que viene de guerra. Y así unos como otros se aperciben a pelear.

También dicen conquistó otra isla grande comarcana a Japón, que se llama Madiuyn. Dícese de él ser hombre pequeño de cuerpo y flaco, los ojos redondos y no muy grandes. En el mirar es muy temido y respetado de los suyos. Dicen es amigo de cristianos y, que antes que fuese rey, lo era. Y cuéntase de él que un día estando en cierta junta vino allí un padre [154r] de la compañía a exhortar al rey y pedirle diese licencia para predicar el evangelio y que no fuesen perseguidos los cristianos que lo eran ya, y los que de allí adelante lo quisiesen ser. Y estando el rey con alguna manera de inclinación a conceder lo que se le pedía, un sobrino o pariente muy cercano, temiendo no se le concediese, quiso estorbarlo con matarle, y así poniendo mano al espada, le tiró un golpe con que le quitara

He ruled with great skill, so that three years after he had declared himself king, he became lord and defeated all the other kingdoms and kings around, making himself absolute ruler of everyone. He went on to conquer a great kingdom [Korea] and a territory along the border of China.[4] Fearing the power of Kubo-sama, it paid him tribute. And having defeated this king, [153v] he returned to his land and kingdom of Japan, where it is said he is preparing for war and the invasion of China by making his way through Korea,[5] with 2,500 [troops], 500 vessels, and many other apparatus to to be used for war.

They have for the past many years raided the coastal areas of China, and continue to loot many places and cities.[6] Japanese and Chinese ships meet in the sea. Later they rush at each other, with the Japanese always gaining the upper hand, being more capable and courageous than the Chinese, and so they are greatly feared by the Chinese. Thus, when a Japanese ship approaches, all the *sangleyes*[7]—another name for the Chinese—who are in the port salute the incoming ship by banging on drums, brass pots, or pans, and putting two or three men on the stern of their ship. And at the sound of the banging of the drums or brass pots, the men show their respect by bowing with their entire body to the ground. The approaching ship should then respond. If it does not do so, it means they are hostile and coming to wage war, and then they begin to do battle.

It is also said that he conquered another large island near Japan called Madiuyn. They say he was a small, thin man with round eyes that were not very large. He is fearsome in appearance, and is respected by his people. It is said that he is a friend of the Christians and that he was a Christian before he became king. The story goes that one day, while he was at a meeting, a priest from the Society[8] [of Jesus] came to admonish him and ask him to grant permission [154r] to preach the gospel, and to plead that those who were already Christians and those who would become Christians should not be persecuted. The king seemed to be inclined to accede to this request, and so a nephew or a close relative—fearing that the king would give in—decided to interfere with the proceedings by seizing his sword. He [the nephew] would have cut off the [shogun's] head had

4   This is referring to the country of Korea.
5   Hideyoshi launched two campaigns against Korea in 1592 and 1598, with the intent of using it as a base against China. The first campaign ended with the fall of the capital of Seoul in 1592. The anonymous writer must have had access to classified information in order to write this account in anticipation of Hideyoshi's second campaign in 1598. Hideyoshi encountered great opposition when China sent an opposing army to aid the Koreans. The Japanese incursion ended when Hideyoshi died in 1598.
6   This passage refers to the phenomenon of *wako*, or Japanese pirates, who menaced the Chinese eastern coast from the late fifteenth to sixteenth centuries.
7   *Sangleyes* was the Spanish word for itinerant Chinese merchants who lived along the port of Manila.
8   The Society refers to the Catholic religious order established by St. Ignatius of Loyola and known as the Society of Jesus (SJ) who were initially welcomed by the first daimyos.

la cabeza, si Caua Cundono no se abrazara con él estorbándole este intento.

Dicen que el mismo Caua Cundono lo refirió después al mismo padre, siendo él rey, a propósito de que se enojó con los cristianos y padres de la compañía, y les desterró de su reino, mandando expresamente que dentro de 10 días saliesen de toda su tierra, y que nadie fuese cristiano. Y aunque esta persecución y trabajo fue muy temida de los padres, al fin, con su mucha discreción y cristiandad, por cierta industria que tuvieron y ayudados con la sangre de nuestro señor, la vencieron, y volvieron a gracia de Caua Cundono.

Fue pues el encuentro, porque Caua Cundono es muy dado a los deleites y sensualidades y, aunque tiene su mujer mayor en su casa, digo consigo, tiene otras 80 en otra casa diputada para esto solo. Y dieron de cada mes a cada mujer para su vestido y sus afeites 10 taes de oro, y éstas son las más hermosas y principales de su reino. Fuera de esto tiene sus criados que le sirven de solo y por todos sus reinos, mirando las mujeres bellas, más hermosas de todas, y éstas se las llevan para que las corrompa. Pues siendo ministro de este abominable oficio un viejo sacerdote de Caua Cundono y mayor [154v] primado suyo, tuvo encuentro con los padres de la compañía sobre algunas doncellas cristianas que quiso llevar. Y como ellas se resistieron a esta abominable ley por consejo de los padres, fue tanto el enojo de este maldito viejo que se fue a Caua Cundono y lo indignó de suerte contra los padres y cristianos, que fue la causa de promulgar aquella sentencia de destierro.

Estos japones son en sí gente bizarra y animosa, y tienen en alguna manera aquella bestialidad antigua que usaban los romanos por bizarría, de matarse a sí mismos antes de venir a manos de sus enemigos. Pero éstos aun se aventajan a esotros en esto, porque no se lo tienen por deshonra morir a manos de sus enemigos. Pero cualquiera muerte tienen por afrentosa si no se la da él mismo con sus manos. Y aquí se vio por experiencia ser esto así, en un Japón que, pasando un trozo o brazo de mar, tuvo un poco tormenta y, por ser navichuelo ruin de los que acá usan que llaman champán, se trastornó. Y él, viéndose así, sacó una catana, que son las armas que de ordinario usan como nosotros las espadas, y se abrió la barriga con ella. Y tras esto, dio muchas pañoladas. Con todo, le sacaron y, preguntando la causa de haber hecho aquello, respondió que no quería morir sino por su mano, y no en agua. Y no me alargo en esta relación porque ya haya por la vía de los padres de la compañía. La hay muy larga y amplia de las cosas de este reino, costumbres y ceremonias.

not Kubo-sama embraced him, thus preventing this from happening.[9]

It is said that Kubo-sama himself later related to the same priest that while he was already king, he was very angry with the Christians and priests of the Society and expelled them from his kingdon, specifically ordering that they leave his entire territory within ten days, and that no one shoud become a Christian. And even if this persecution instilled great fear in the priests, at the end, with their great tactfulness and Christianity, their hard work, and assisted by the blood of our Lord, they prevailed over the king and regained his favor.

Thus, an encounter took place because Kubo-sama is very fond of the sensualities and delights of the flesh, and even if he has a principal wife in his house with him, he has another eighty in another house. Every month, these women are each given twenty taels of gold for their clothes and cosmetics, and these women are the most beautiful and prominent in his kingdom. Aside from this, he has servants who serve only him, and go throughout his kingdom looking for beautiful women. The most beautiful and lovely are brought to him for his pleasure. The one in charge of this abominable practice was an old priest of Kubo-sama who was a major prelate [154v] of his who had an encounter with the priests of the Society of Jesus regarding some Christian virgins that this old prelate wanted to bring to Kubo-sama. Since these maidens resisted this abominable order on the advice of the Jesuits, this accursed old man was so infuriated that he went to Kubo-sama and spoke to him against the priests and Christians, and this was the reason why Kubo-sama promulgated the sentence of exile against the Jesuits.

These Japanese are a strange and spirited people, and in a way they possess that ancient brutal practice of the Romans of killing themselves rather than falling into the hands of their enemies. But these people still have the advantage over us on the matter of death because they do not consider it dishonorable to die at the hands of their enemies. But what they consider ignominous or insulting is dying, if not by their own hands. We have the example of a Japanese who, sailing through a branch of the sea, encountered a small storm, and since he was using a poor type of vessel that is used here and is called *champan*, it capsized. And he, seeing that he was in the water and in danger of drowning, got hold of his *katana*—which is the weapon that they ordinarily use as we do our swords—and he slashed his stomach open with the sword. After this, he waved his handkerchief many times. After all this, they took him and asked him why he had done that. He replied saying he did not want to die except by his own hand, and not in the water. I will not extend this narrative because over by the street of the Jesuit fathers, you will encounter a very long and extensive account[10] about the affairs, customs, and rituals of this kingdom.

9 Interested in trade with the Portuguese, Hideyoshi published in June 1587 an ordinance regulating commercial trade with the Portuguese and the evangelization of Christians (Takizawa, *La historia de los Jesuitas en Japón*, 86–87). He developed a friendship with a Portuguese Jesuit priest, Luis Fróis, to whom he granted several audiences. Later he would regret this and ordered the expulsion of the Jesuits. His disenchantment with the Christians and their priests would reach a pinnacle with Hideyoshi's crucifixion on 5 February 1597 of the twenty-six martyrs of Japan.
10 S&T, 528n12, suggests that this may a reference to Fr. Luis Fróis's *La historia de Japón*, which was published in 1585.

# 16

## [REINOS TRIBUTARIOS DE CHINA]

### [156v] Caupchy

Es tierra que confina con China, y tributan al rey de ella. Dicen que los soldados y gente de guerra andan de esta manera, desnudos, y los hombres ciudadanos y de letras, vestidos, según van adelante. Guardan los mismos ritos y ceremonias que las gentes de la China.

[156r] Caupchy

[158r] Caupchy

### [162v] Canglan

Es provincia grande y son vasallos del rey de Caupchy, y guardan los mismos ritos que los de China.

### [167r] Xaqué

Los de Xaqué son chinos labradores, que andan vestidos de esta manera. Y no pagan ningún tributo al rey porque no andan en tratos ni contratos, sino sólo atienen a vivir de su trabajo en el campo.

# 16

# [Tributary Kingdoms of China][1]

### [156v] **Giao Chi** 交趾

Giao Chi[2] is a land that borders China, and is a tributary of its emperor. It is said that its soldiers and warriors go about like this, naked, and the townsfolk and educated men go about dressed. They observe the same rites and ceremonies as the people of China.

[156r] [Illustration of a Giao Chi warrior and his consort]

[158r] [Illustration of a Giao Chi man and his consort]

### [162v] **Quang Nam** 廣南

Quang Nam[3] is a large province and the people are subjects of the king of Giao Chi, and observe the same rites as those of China.

### [167r] **Xaqué** [She 畲語]

The people of She[4] are Chinese workers who dress in this manner. And they pay no tribute to the king because they do not engage in deals or contracts, but only look to their living by toiling in the field.

1. See map 2 for the indicated locations of the tributary kingdoms of China.
2. Jiaozhi (Giao Chi in Vietnamese) was a Chinese term used to denote the geographical region of northern Vietnam centered around Hanoi. In Malay it was pronounced as Kuchi, which became the source of the Portuguese name Cochinchina. C.R. Boxer, in "A Late Sixteeeth-century Manila Manuscript," *Journal of the Royal Asiatic Society of Great Britain and Ireland*, no. 1 and 2 (1950): 41, doubted if this illustraton was really that of Annamites who never fought naked except for a loincloth. Boxer ascribed the image to that of the usual battle dress of the Japanese *wako* pirates who roamed the eastern coasts of China.
3. Quang Nam was a powerful city-state in Central Vietnam, and was centered in the rich trading town of Hoi An.
4. The She people are the largest minority group in Fujian province, and are found in the Guangdon, Zhejiang, and Jiangxi provinces.

## [171r] Cheylam

Es Cheylam reino junto a Japón. Tienen su rey que los gobierna, al cual tributan. Es tierra muy abundante de azufre. Y pelean y pescan con fisgas.

## [175r] Chamcia

Chamcia es reino de por sí, y confina con el de Caupchy. Es gente valiente y atrevida. Son muy inclinados a robar a las demás gentes que confinan con ellos, y también son corsarios.

## [179r] Tamchuy

Tamchui es un reino de por sí. Confina con el de Cheylam. Es de suyo la que en él habita gente soberbia e inclinada a guerras y disensiones. Son grandes flecheros y, de ordinario, andan robando, y tienen sus guerras. Y por costumbre que todas las personas que uno mata, les quita las cabezas, y desuéllanlas, y dejan sólo el casco, el cual doran. Y después de doradas, las encajan en las paredes de la sala más principal de la casa en que viven, alrededor con mucho concierto. Y esto tienen por muy gran trofeo para que se conozca que son valientes. Y la cabeza del hombre más principal que han muerto trae siempre en la mano la mujer del que le mató, para que la estimen y respeten como a mujer de hombre valiente.

## [183r] Taipué

Taipué es gente que guarda los ritos de la isla de Luzón, y hay muchos de ellos aquí.

## [187r] Tampochia

Tampochia es reino de por sí, y confina con el de Siam. No se sabe por ahora nada de sus ritos y costumbres.

## [191r] Temquigui

Temquigui es reino de por sí, y también confina con el de Siam. Es muy abundante de pimienta.

## [171r] Keelung 基隆

Keelung[5] is a kingdom that borders Japan. It is ruled by a king to whom taxes are paid. It is a land rich in sulfur. And they fight and fish with harpoons.

## [175r] Champa 占婆

Champa is an independent kingdom bordering Giao Chi. The people are brave and bold. They are much inclined to robbing the neighboring areas, and they are also pirates.

## [179r] Tamshui 淡水

Tamsui[6] is an independent kingdom. It borders Keelung. The land is inhabited by proud men who are inclined to war and strife. They are excellent archers and normally go about robbing and waging war. It is customary for the men they kill to be decapitated and flayed, leaving only the skull, which is then gilded. And after being gilded, these are mounted along the wall in the main room of the house they live in, with much ceremony. And they consider these as great trophies that prove their bravery. And the head of the enemy leader is always carried around by the wife of the one who killed him so that she is admired and respected as the wife of a brave man.

## [183r] Daimao 玳瑁

The people of Daimao[7] observe the same rites as those on the island of Luzon, and there are many of those here.

## [187r] Cambodia 柬埔寨

Cambodia is an independent kingdom, and is bordered by Siam. Nothing is known at this time of its rituals and customs.

## [191r] Terengganu

Terengganu[8] is an independent kingdom, and also borders Siam. It is rich in pepper.

5   Cheylam or Keelung is in northern Taiwan. Boxer stated that this name was used by the Ming dynasty to refer to the whole island. See Boxer 1950, 42.
6   Tamsui is the coastal area of northern Taiwan that was named after the eponymous river. There lived in the area numerous aboriginal tribes, which became the object of fascination for the early Europeans.
7   Daimao means tortoise shell in Chinese. Boxer and S&T, 543, concur that this illustration depicted the tortoise shell traders of Lingayen Gulf in the Philippines.
8   Boxer argued that Temquigui referred to Pulau Tinggi, off the eastern shore of Malaysia, while S&T pinpointed the location as that of Terengganu, which is the northeast state of Malaysia and has abundant pepper plantations.

[195r] **Tohany**
Tohany es reino de por sí, junto a Tampochia. Es también muy abundante de pimienta.

[199r] **Tártaro**
Los tártaros son los mayores enemigos que tienen los chinos. No se alarga esta relación por tocar en la de China, las guerras que entre ellos y los chinos tienen, adonde se podrá ver algo de sus costumbres.

[202r] **Sangley**

[204r] **Sangley**

[206v] **Un capitán general**

[208r] **Mandarín letrado**

[210r] **Príncipe**

[212r] **Rey**

[195r] **Patani**

Patani[9] is an independent kingdom neighboring Cambodia. It is also rich in pepper.

[199r] **Tatar**

The Tatars are the greatest enemies of the Chinese. This account is limited to what involves China, their wars with the Chinese, in which some of their customs can be seen.

[202r] [10]**Sangley Man and His Consort** [生理]

[204r] **Sangley Man and Woman** [生理]

[206v] **A Chinese captain general and his aide**[11]

[208r] **Educated mandarin [and his consort]**

[210r] **A Chinese prince [and his consort]**

[212r] **The [Chinese] King [Emperor and Empress]**

---

9 Boxer 1950, 43, cited J.V. Mills who believed that the location was Patani.
10 The following six illustrations precede the next section on China and are not meant to be representatives of Chinese tributary kingdoms.
11 Boxer 1950, 43, averred that this illustration of a *capitán general* and his aide was the finest in the whole folio, and was "reminiscent of one of the three heroes of Han."

# 17

## Relación de las cosas de China que propiamente se llama Tay Bin

[213r]  La tierra que comúnmente llamamos China, la llamó Marco Polo veneciano el reino del Catay, quizá que en lengua tartaresca se debía de llamar así entonces. Porque cuando él vio a ella, la señoreaban los tártaros, que fue cerca del año de 1312. Llaman los naturales de estas islas a la China Sangley, y los mismos mercaderes chinos la llaman Tun Sua. Pero su propio nombre de ahora es Tay Bin, el cual nombre le puso el rey Hombu, que echó los tártaros de la China. Como antes, en diferentes tiempos hubiese tenido otros nombres, que son Han Tun, Tun Zon, Guan, Tonggu, Cantay.

Y en las cosas que aquí trataremos de este reino, será parte de ellas vistas de nuestros ojos, partes sacadas de sus mismos libros impresos y descripciones de su tierra, porque tienen una curiosidad ellos para sí mismos, que no sólo tienen descripciones universales y particulares de su tierra, pero aun libros de ello impresos, adonde están descritas en particular todas las provincias, ciudades y villas y fronteras y guarniciones y todas las particularidades de ella, y las familias y tributantes y tributos y aprovechamientos que de cada una de ellas viene al rey. De los cuales libros vinieron a mi poder siete diferentes impresos de diferentes autores y años para que, cotejados los unos con los otros, se pudiese conocer mejor la verdad. Aunque como gente que sabe muy poco de ortografía ni geometría, ni aun aritmética, ponen muy toscamente sus pin-

# 17

## AN ACCOUNT OF MATTERS RELATED TO CHINA, WHICH IS PROPERLY CALLED TAI MING[1]

[213r] THE LAND WE NORMALLY CALL CHINA was named by the Venetian Marco Polo[2] the kingdom of Cathay, perhaps because it was such in the Tatar[3] tongue. Because when he went there, it was ruled by the Tatars, around the year 1312. The natives of these [Philippine] islands call China *sangley*,[4] and the Chinese merchants call themselves Zhonghua.[5] But its proper name now is Tai Ming,[6] the name given by the Emperor Hongwu,[7] who drove the Tatars out of China. Like before as in different times, it had other names, such as Han Tun, Tun Zon, Guan, Tonggu,[8] and Cathay.

And of the matters related to this kingdom that we will take up, a part will be of what we have seen, a part drawn from their own printed books and descriptions of the land, for these hold a curiosity, not only giving general and particular descriptions of the land, but there are even printed books describing in particular all the provinces, cities, towns, borders, garrisons and all their specifics, and the families, taxpayers, and benefits each one provides to the king. From these books, seven of which have come into my possession, written by different authors and printed in different years, and after counterchecking with each other, a better idea of the facts can be formed. However, as a people they know very little of spelling and geometry, and even arithmetic. Their paintings

1 Tai Ming means Great Ming, or the country ruled by the Ming dynasty. It was founded in 1368 and lasted until the suicide of the last Ming emperor Chongzhen in 1644. See map 2 for places indicated by Fr. de Rada in his account.
2 Marco Polo traveled from 1275 to 1292 throughout China, which he called the kingdom of Cathay. Fr. Martín de Rada was the first modern European to associate China with Cathay, "an honor which is usually ascribed to Matteo Ricci and his Jesuit colleagues" (Boxer 1953, 260).
3 At that time Tatar was a European designation for Mongols and other Turkic peoples that lived under Mongol rule. Properly, China was ruled by the Mongols from 1271 when Kublai Khan, descendant of Genghis, proclaimed the Yuan dynasty, thus establishing China's first foreign dynasty until 1368, when it was succeeded by the Ming dynasty.
4 *Sangley* was the Philippine word to indicate Chinese traders. See p. 115n8.
5 Tunsua means "middle flowery kingdom."
6 Great Ming is in reference to the reigning dynasty.
7 Zhu Yuazhang (1328–1398) was the founder of the Ming dynasty.
8 Boxer 1953, 261n1, believed that these garbled names represented the Han, Tung, Sung, and other dynasties.

turas, y aun las distancias y circuitos, muy falsos, que es imposible concertarlos en muchas [213v] partes.

Pero siguiendo aquello que me pareció más verdadero, cotejándolo todo y algunos derroteros suyos que vinieron a mis manos, en cuanto a las distancias, me acortaré mucho en algunas partes de lo que en sus libros está escrito, porque aun tomándolas en particular las distancias, y después de sumándolas, muy falsamente sumadas en los libros, así que en cuanto a la grandeza de la tierra y distancias, lo que aquí dijere será muy más corto de lo que por sus libros se hallará, pero entiendo que más verdadero. Y remito la verdad a la adscripción y experiencia cuando toda la tierra sea de más. En todo lo demás seguiré a lo escrito en sus libros, y llamaremos a la tierra Tay Bin, pues es su propio nombre. Porque el nombre de China o Sina no sé de dónde lo pudieron tomar los portugueses, si no es de algún pueblo o punta que por estas partes topasen de ese nombre, y así toda la tierra llamasen de ese nombre. Que en estas islas los borneyes, con llamarlos también borneynen, los llaman también china. Pero no hay que disputar de nombres, que el primer descubridor le pone el nombre que quiere y se queda con él para siempre.

## De la grandeza del reino de Tay Bin y de cómo está situado

El reino de Tay Bin será casi mil leguas de largo y cuatrocientas de ancho. Tendrá de circuito casi dos mil y quinientas leguas. Tiene por términos por [214r] la parte del oriente y por la del mediodía el mar oriental Índico de la India ulterior, que los antiguos llamaron Serica. Por la otra parte del occidente, un río muy grande que nace en unas lagunas como cincuenta leguas de la mar, y corriendo muchas leguas hacia el norte pasa por el fin de la cerca que divide de los tártaros. Y corriendo casi cien leguas por defuera de la cerca revuelve hacia el oriente, y entra por la China y casi la parte por medio, y viene a entrar en la mar en la provincia de Nanquín, después de haber corrido de la una vuelta y de otra más de mil leguas de tierra. Por la parte del norte una muralla o cerca bravísima de piedra de sillería, que es una de las más insignes obras que se han hecho en el mundo, porque será de largo seiscientas leguas, y es alta siete brazos, y ancha abajo seis brazas, y arriba tres. Y según dicen toda ella está cubierta de tejado de teja. La cual cerca o muralla la hizo el rey Cincio según sus historias, a casi mil y ochocientos años. Y aunque de fuera de la dicha muralla tienen muchas ciudades y villas como fronteras de guarnición contra los tártaros, en las cuales provee el rey de la China dos virreyes y tres capitanes generales pero, por ser cosa añadida y *ad quenda* después de echados los tártaros, no se cuentan en el reino de Tay Bin, aunque están sujetas a él.

Y en este reino, de costa de mar casi ochocientas leguas y, comenzando de veinte grados de altura de polo, hasta los veinticinco que está la ciudad de Hoc-

are quite crude, and even the distances and circumference [they give] are quite wrong, making it impossible to reconcile [213v] many parts.

But following those that appeared closer to the truth and comparing everything with some maps that came to my hands as with regard to distances, I abbreviated many of the figures written in their books because even in counting individually the distances and then summing these up, the sums in the books are [still] wrongly measured in relation to the breadth of the land and distances. What I will report here will be shorter in distance than what is written in their books, but I believe these to be closer to the truth. And I leave the truth to ascription and experience when the entire land would have been surveyed. In everything else I follow what is written in their books, and will call the land Tai Ming, this being its proper name. Because I know not where the Portuguese got the name China or Sina, if not from a town or place in these parts that bore this [same] name. For in these [Philippine] islands the Borneans are not only called Bruneians, but also Chinese.[9] But there is no need to argue about names, for the first to discover the land can name it what he wants and it remains thus for all time.

## The breadth of the kingdom of Tai Ming and how it is situated

The kingdom of Tai Ming is nearly a thousand leagues long and four hundred leagues wide. It has a boundary of nearly two thousand five hundred leagues. It is bounded [214r] in the east and south by the eastern Indian Ocean of far India, which in ancient times was called Serica. In the west, a large river flows from several lagoons about fifty leagues from the sea, and runs for many leagues to the north, passing by the end of the wall[10] that separates it from the Tatars. And running nearly a hundred leagues outside the wall it turns east and enters China, almost at the middle, and exits to the sea in the province of Nanjing, after snaking across the land for more than a thousand leagues. In the north there is a large wall made of ashlar stone, which is one of the most remarkable works done in the world, being six hundred leagues long, seven fathoms high, and six fathoms wide at the bottom and three at the top. It is said to be entirely covered by tile roofing. This wall, according to their history, was built by Emperor Qin Shi Huang[11] almost one thousand eight hundred years ago. And although beyond the wall there are many cities and garrison towns guarding against the Tatars, for which two viceroys and three captain generals have been assigned by the emperor of China, being adjuncts, these are not considered part of the kingdom of Tai Ming, even if they are subject to it.

And in this kingdom, nearly eight hundred leagues from the sea coast and starting at twenty degrees up to twenty-five degrees lattitude, where the city of

---

9 Boxer 1953, 262n2, attempted to make sense of this passage, which seemed to imply that the early Filipinos mistakenly called Bruneians as Chinese, which S&T, 561n12, confirmed.
10 This is a reference to the Great Wall of China.
11 Qin Shi Huang 秦始皇 (260–210 BC) unified all of China in 221 BC, and became its first emperor. His greatest public work was the Great Wall of China. Upon his death he was memorialized with a giant terracotta army.

chiu, corre la costa casi al lesnordeste, y desde allí [214v] hasta los veintinueve grados corre la costa al nordeste, y desde allí vuelve la costa al nordeste y, a ratos, al nor-nordeste, hasta cerca de cuarenta y cinco grados, desde donde revuelve la costa al este, sacando un mar como el Adriático o golfo de Venecia, que entra en la provincia de Santoanton hacia el noroeste cien leguas, del fin del cual hasta la cabecera o ciudad principal del reino de Tay Bin, do reside el rey, que se llama Suntien, no hay más de tres jornadas por un río arriba, por donde no pueden subir navíos grandes.

Estará a mi parecer Suntien cerca de cincuenta grados de altura de polo, toda esta costa hasta los veintinueve grados, do está la ciudad de Ninpo, o según ponen en las cartas Linpo. Es limpia y de muy buenos puertos, según dicen. A lo menos, lo que nosotros adivinamos de la costa de Hocquien, toda era puertos y muy hondables y limpios, porque hace por toda la costa grandísima suma de islas, que todas se cuentan en la misma tierra de Tay Bin, muchas de ellas pobladas, y muchas despobladas, y así la mar entre ellas es como ríos. Pero desde Ninpo para arriba, hasta pasar toda la provincia de Nanquin, hay muy muchos bajos. Y después dicen ser la costa limpia, aunque la entrada de aquel golfo que dije entrar por la provincia de Santon dicen ser peligrosa y brava, de suerte que no osan atravesar de punta a punta sino ir costa a costa.

Demás de estas islas que están pegadas a la costa, hay muy gran suma [215r] de islas y grandes y pobladas. Pondré las que ellos en sus pinturas asientan, comenzando de la última de la provincia de Cantón, que dijimos estar en veinte grados. Desde allí casi cuarenta leguas a la mar dicen estar la isla de Caupchy, grande y poblada, y que da parias a la China. Enfrente de la provincia de Hocquien, fuera de Tacao que nosotros vimos, según en la relación se cuenta está hacia el nordeste de ella la isla de Zuansin, y de ella hacia el nordeste Lusin, de la cual al este Siaugy, y de allí hacia el noroeste está Leuquiu el menor, el cual está al este de Hocchiu. Luego hacia el norte está Leuquiu el grande, las cuales islas en las cartas llaman los Lequios. Más hacia el norte está Sumal, enfrente de Chetcan. De allí al norte está Gitpon, que nosotros llamamos los japones. Y más al norte de los japones está Tausian y, junto al estrecho del golfo que entra en Santon, está Tanhay. Y sobre el fin de toda Tay Bin está Halecan.

No tuvimos tiempo ni lugar para poder saber los nombres de las gentes y naciones que confinan por tierra con Tay Bin, y así no se ponen aquí, más de las que nosotros llamamos tártaros. Ellos llaman Tac Suy, y son los con quien han tenido más guerras y pendencias que con ninguna otra nación, y con quien les ha dado más en que entender.

## [215v] De las provincias en que se reparte el reino de Tay Bin

Este reino de Tay Bin, todo lo que se comprende dentro de la muralla ya dicha y aquel río grande y la mar, se reparte en quince provincias, que ellos llaman Ce,

Fuzhou is located, the coast runs almost east-northeast, and from there [214v] up to twenty-nine degrees, the coast runs northeast, and at intervals north-northeast, as far as close to forty-five degrees, where the coast turns back to the east, forming a sea like the Adriatic or Gulf of Venice, which enters the province of Shandong one hundred leagues to the northwest from the end of which up to the capital or main city of the kingdom of Tai Ming, where the king dwells, which is called Shuntian,[12] it is no more than a three-day trip upriver along a waterway that big ships cannot navigate.

It seems to me that Shuntian comprises this entire coast from fifty degrees lattitude to twenty-nine degrees, the location of the city Ningbo, or Linpo, which is how it appears in the charts. At the least, of what can be guessed about the coast of Fujian, it is filled with ports and fit for anchorage and clear, for there are along the entire coast a large number of islands, which all belong to the land of Tai Ming, many populated and many deserted, and so the seas between them seem like rivers. But from Ningbo going up, past all of the province of Nanjing, there are many shallows. And reportedly the coast is clear, although the entrance to the gulf that I mentioned above begins in the province of Shandong and is said to be rough and dangerous enough that it is not sailed point to point but by coasting [along it].

Apart from these islands that are next to the coast, there is a large number of [215r] big, populated islands. I note down those illustrated in their paintings, starting with the last one in the province of Guangdong, which, as we know, lies at twenty degrees. From there, nearly forty leagues to the sea, is said to be the location of the island of Hainan, big and populated, and which pays tribute to China. Facing the province of Fujian, past Tacao, which we saw, according to our account, to the northeast lies the island of Lan Hsien, and from there going northeast is Lu Hsien, east of which is Siaugy, and from there to the northwest is lesser Xiao Liuqiu, which is to the east of Fuzhou. To the north is greater Da Liuqiu, the group of islands which the charts call the Lequios. Further to the north is Humal, facing Zhejiang. From there going north is Japan, which we call the *japones*. And further north is Chao Hsien and next to the strait of the gulf that enters in Shandong is Teng Lai. And at the furthest extremity of Tai Ming is Yalu river.

We did not have the time or space to learn the names of the people and races that live in lands bordering Tai Ming, and so they are not included here, apart from those that we call Tatars. These they call Tac Suy, with whom they have waged more wars and battles than any other nation, and by whom they are occupied.

## [215v] The provinces that comprise the kingdom of Tai Ming

This kingdom of Tai Ming—everything contained within said ramparts, the big river, and the sea—is divided into fifteen provinces, which they call *sheng*, of

---

12  Shuntian was another name for Beijing. See Boxer 1953, 263n5, and S&T, 563.

de las cuales las dos se gobiernan por audiencias, que son Pacquiaa y Lamquia. Es Pacquiaa o Pacquin donde el rey reside, y gobiérnase por su audiencia. Y Lamquia o Namquin era el asiento de los reyes antiguamente, y así se quedó también con gobernación de audiencia. Y quiere decir Pacquiaa "corte del norte", y Lamquia "corte del sur", porque las ciudades principales de entrambas dos provincias, que son Suthien e Ynthien, están una con otra norte sur, y está la una de la otra trescientas y cuarenta leguas.

Otras trece provincias que llaman Pochinsi son gobernadas por virreyes. Y comenzando a contar desde Pacquiaa, que es la cabecera y es provincia cuyos términos llegan a la muralla ya dicha, tienen hacia el oriente la provincia de Santon o Suatan, que llega a la mar y también a la muralla, porque la cerca comienza desde la mar. Y la parte del occidente de Pacquiaa está Sanajosu Ansay, y luego Simsay, en la cual provincia fenece la cerca, después de haber pasado desde la mar allí seiscientas leguas. Y de Simsay hacia el sudoeste está Susuam, cuyos [216r] términos hacia el poniente llegan al río grande que arriba dijimos. Y desde Susuam hacia el mediodía está Cuychiu, y luego Olam o Onnam, que es lo último de Tay Bin hacia el mediodía. Y tiene hacia el poniente las lagunas grandes donde nace el río arriba dicho en unas grandes sierras de la parte del mediodía. Llega cerca de la mar, por donde entiendo que por allí es tierra áspera y despoblada la costa de la mar, pues no ponen a ver por allí gente que more.

Desde Onnam hacia el oriente está la provincia de Cuansijoac Ynsay que, aunque llega cerca de la costa, tampoco llega a la mar. Luego sobre la misma mar está la de Cantón o Suyntan, do están poblados los portugueses. Y prosiguiendo hacia el oriente sobre la costa está la provincia de Fuquien o Hocquien, adonde nosotros fuimos. Y más adelante está Chetcan, en la cual revuelve la costa hacia el norte, y encima de ella Namquin o Lamquia. Y luego la última en la costa Santon que arriba dijimos. Y éstas son las provincias que cercan toda Tay Bin.

Y quedan mediterráneas tres provincias, que son Holam, Oucun y Cansay. Está Holam cerca de las provincias de Pacquiaa, Santon, Lamquia, Ouzun y Sanaj. Y viniendo desde Olam hacia Quansij está en medio Ouzun, casi al sudoeste. Y desde Ouzun hasta Hocquien está Cansay en medio, casi al sureste.

Ponemos a cada [216v] provincia casi dos nombres. El uno es en lengua cortesana y el otro en lengua particular de la provincia de Hocquien.

### Del número de las ciudades y villas del reino de Tay Bin

Tiene el reino de Tay Bin en las quince provincias dos maneras de ciudades, unas que llaman *hu* o *fu*, y otras que llaman *chuy*. Las más principales suelen llamar *fu*, de las cuales cada una suele tener su gobernador puesto por el rey, sacado las cabeceras de las provincias adonde suelen residir los virreyes. Pero las que llaman *chui* suelen ser sujetas al gobernador de algún *hu*, aunque algunos *chues*

which two, Beijing and Nanjing, are governed by courts. Beijing or Pacquin[13] is where the emperor resides, and is governed by his court. And Lamquia or Nanjing used to be the seat of the ancient kings, and is now also governed by a court. Beijing means "court of the north," and Nanjing "court of the south," because the main cities of the two provinces, which are Shuntian and Yingtian, lie north and south of one another, and are separated by a distance of three hundred and forty leagues.

The other thirteen provinces, called *bu zheng shi*,[14] are ruled by viceroys. And starting from the capital Beijing, whose border reaches the abovementioned wall, there is the province of Shandong or Suatan, to the east, which reaches the sea and the wall, since the wall starts from the sea. And west of Beijing is Shanxi or Suansay, and then the province Shaanxi, at the other end of the wall, which stretches for six hundred leagues. And from Shaanxi to the southwest is Sichuan, whose [216r] western border reaches the aforementioned river. South of Sichuan is Guizhou, and then Yunnan or Onnam, the last of Tai Ming's provinces in the south. To the west are large lagoons where said river originates from several tall mountains in the southern part. It comes close to the sea, where, as I understand, the land is rugged and the seacoast deserted, because they do not send people to inhabit there.

East of Yunnan is the province of Guangxi or Ynsay, which, although it comes close to the coast, also does not reach the sea. Facing the sea is Guangdong or Suyntan, where the Portuguese have settled. And continuing east along the coast is the province of Fujian or Hokkien,[15] where we went. And beyond is Zhejiang, where the coast turns back to the north, and above it is Nanjing or Lamquia. And last on the coast is Shandong, as we have mentioned. And these are the border provinces of Tai Ming.

In the interior are three provinces, Henan, Huguang, and Jiangxi. Henan is near the provinces of Beijing, Shandong, Lamquia, Huguang, and Shanxi. And nearly southwest, between Henan and Guangxi, is Huguang. Going southeast, between Huguang and Hokkien is Jiangxi.

We often use two names for each [216v] province. One is in the courtly tongue and the other in the particular language of the province of Hokkien.

## The number of cities and towns in the kingdom of Tai Ming

The kingdom of Tai Ming has in the fifteen provinces two kinds of cities, one called *hu* or *fu*,[16] and another they call *xian*.[17] The more important are often called *fu*, with each one often having a governor appointed by the king, taken from the capitals of the provinces where the viceroys reside. Those called *xian* often fall under the rule of the governor of a hu, although there are certain

13 The secondary name was listed by Rada as the equivalent term in the Amoy dialect.
14 Boxer noted that Rada had confused the term for provincial treasurers with the administrative term for the thirteen provinces. See Boxer 1953, 266n4.
15 Again, Hokkien is the Amoy equivalent of Fujian.
16 *Hu* is the term for prefecture.
17 *Xian* means county.

hay no sujetos, sino que tienen gobernador por sí. Y al revés, algunos *hus* sujetos al gobernador de otro *fu*. A las villas llaman *cua*.

Hay pues en toda Tay Bin quince provincias, trescientas y noventa ciudades, de las cuales ciento cincuenta y cinco son *hus*, y hay mil ciento cincuenta y cinco villas. Y el número de las aldeas es infinito, que cada ciudad y cada villa tiene sujetas a sí gran suma de aldeas, unas más y otras menos. Y estas ciudades y villas se reparten de esta manera, que en la provincia de Pacquiaa hay veintisiete ciudades, de la cual las ocho son *hu*, y hay ciento y quince villas. En la de Santon hay [217r] veintitrés ciudades, que las seis son *hu*, y ochenta y nueve villas. En la de Sansi hay veintitrés ciudades, las cuatro *hus*, y 29 villas. En la de Holam 20 ciudades, las 8 *hus*, y 97 villas. En la de Siamsay 28 ciudades, las 8 *hus* y 94 villas. En la de Susuan 28 ciudades, las 8 *hus*, 105 villas. En la de Oucum 31 ciudades, las 15 *hus*, y 95 villas. En la provincia de Chetcan 12 ciudades, las 11 *hus*, y 75 villas. En la de Cansay 14 ciudades, las 13 *hus*, y 74 villas. En la de Hocquien 9 ciudades, las 8 *hus*, y 58 villas. En la de Cantón 17 ciudades, las 10 *hu*, y 71 villas. En la de Cuynsay 55 ciudades, las 12 *hu*, y 58 villas. En la de Omlam 60 ciudades, las 22 *hu*, y 34 villas. En la de Cuynchiu 13 ciudades, las 8 *hu*, y más 8 villas.

Tiene fuera de estas ciudades y villas otras que no entran en la gobernación ni cuenta de las provincias, que son siete ciudades *hus* de salineros y en fronteras. Otras once que llaman *comien*, que llaman *samuy si*, y once *canbusi*, y quince *ambusi*, y una *cantosi*, y ciento quince *tionco*. Así que son por todas ciudades y villas mil y setecientas y veinte, todas cercadas de murallas de piedra altas. Y sin éstas hay otros muchos lugares cercados donde están las guarniciones por todas las fronteras, así por mar como por tierra.

Como topamos nosotros [217v] a la ida a Tinhayue pueblo muy grande cercado, que dicen tiene diez mil hombres de guarnición. Y después Tion Zozou, de quien arriba dijimos, los cuales pueblos no entran en el número arriba dicho, que por la misma manera por toda la costa hay en las fronteras de tierra que está cuajado todo de fuerzas do están las guarniciones. Y éstas no entran en la cuenta de las ciudades y villas. Bien pudiera poner en particular todos los nombres de cada ciudad, villa, que todos se sacaron, pero por evitar prolijidad, y por parecerme cosa superflua no las asiento.

Una cosa hay que advierto, que en cada provincia hay una ciudad que es la cabecera de ella, o metrópolis y, aunque ésta tiene nombre propio, pero también les suelen a ella dar el nombre de la misma provincia. Y así Hocquien que es la metrópolis de la provincia de Hocquien también la suelen llamar Hoquien. Y en la provincia de Cuanton la cabecera es Quinchiu y también se llama Cuan-

xian that have their own governors. On the other hand, some hus are under the governor of another fu. The towns are called *zhen*.[18]

There are then in all of Tai Ming fifteen provinces, 390 cities, of which 155 are hus, and 1,155 towns. There are innumerable villages, as each city and town holds a large number of villages, some having more than others. These cities and towns are divided this way: the province of Beijing has twenty-seven cities, eight of which are hu, and 115 towns. In Shandong there are [217r] twenty-three cities, of which six are hu, and eighty-nine towns. In Shanxi there are twenty-three cities, including four hus, and twenty-nine towns. Henan has twenty cities, including eight hus, and ninety-seven towns. Shaanxi has twenty-eight cities, including eight hus, and ninety-four towns. Sichuan has twenty-eight cities, including eight hus, and 105 towns. Huguang has thirty-one cities, fifteen hus, and ninety-five towns. The province of Zhejiang has twelve cities, including eleven hus, and seventy-five towns. Jiangxi has fourteen cities, including thirteen hus, and seventy-four towns. Hokkien has nine cities, eight hus, and fifty-eight towns. Guangdong has seventeen cities, including ten hus, and seventy-one towns. Guangxi has fifty-five cities, twelve hus, and fifty-eight towns. Yunnan has sixty cities, including twenty-two hus, and thirty-four towns. In Guizhou there are thirteen cities, eight of which are hu, and eight towns.

Apart from these cities and towns there are others that are not governed nor are part of the provinces, mainly seven hus of salt-makers,[19] and along the border there are eleven other cities they call *comien*,[20] which they call *zhang guans si*,[21] and eleven *canbusi*, and fifteen *ambusi*, and one *cantosi*, and 115 *tionco*.[22] Thus there are in all 1,720 cities and towns, all enclosed by high stone walls. And apart from these there are many other walled towns that serve as garrisons along the entire border, both inland and sea-facing.

We came upon, [217v] on the way to Zhenhai, a large walled town that holds a garrison of ten thousand men. After that was Tion Zozou,[23] earlier mentioned. These towns are not included in the numbers cited above, which is typical of those along the coast and inland that hold the garrisons and which are not included [in the list of] cities and towns. I could give the name of each city or town, for these all had been taken down, but to avoid being long-winded and because I considered it superfluous, these have been omitted.

Another thing to note is that in each province there is a capital or metropolis and, although this has its own name, it also bears the same name as the province. And so that of [the province of] Hokkien is also called Hokkien. And while the province is called Guangdong, the capital is Guangzhou, which is also

---

18 Boxer 1953, 268n2, noted that this term was normally translated as district.
19 Boxer 1953, 269n1, noted that Rada seemed to be contradicting himself since salt-making was considered a royal monopoly that was subjected to a special administration.
20 Both Boxer and S&T were not able to decipher this term.
21 See Boxer 1953, 269n3. The word referred to a pacification area inhabited by aboriginal tribes that paid tribute to the emperor.
22 These terms were unidentified by either Boxer or S&T.
23 Boxer 1953, 269n2, explained that this was the name of Amoy during the Ming dynasty.

ton. Así también la provincia do reside el rey, que llaman Pacquin o Pacquiaa, la principal ciudad do siempre está el rey se llama Suntin, que quiere decir "población del cielo", también la llaman a la misma ciudad del nombre de la provincia Pacquiaa.

Y siempre en las más de las escrituras e impresiones la nombran Quinsay o Quiansay, que quiere decir "la Gran corte" [218r] y así también Marco Polo la llamó Quinsay, aunque él interpretó que el nombre de Quinsay quería decir "Ciudad del cielo", lo cual no lo significa, sino su propio nombre que es Hunhien, y es la mayor ciudad de toda la China, que según dicen en sus libros, tiene de travesía derecha dos jornadas. Están allí los palacios del rey, tan grandes que, según dicen, ocupan espacio de una ciudad, adonde tiene todos géneros de recreaciones. Y dicen que jamás sale de su palacio, ni aun le ve nadie si no son los que le sirven, y alguna gente muy principal. Y a él lo tienen así como medio dios, que dicen algunas patrañas que ningún ave estorbó la paz encima de la casa real ni animal, etc.

Hay desde Hocchiu, adonde nosotros estuvimos, hasta Pacquiaa, según dicen en sus libros, ochenta jornadas, y leguas seiscientas y doce. Y hay también, sacado por sus libros, desde Cuinchiu, que es la cabecera de Cantón, hasta Zuncien, que es Pacquiaa, ciento y tres jornadas, y leguas setecientas y ochenta y tres, y de las demás ciudades y villas no quiero asentar las distancias a Pacquiaa, por parecerme cosa superflua, aunque todas las tengo sacadas.

**De la gente de guerra que hay, guarniciones y armas**

Por todas las provincias de Tay Bin hay muy gran suma de gente de guerra, de las cuales unos son naturales [218v] y de la misma provincia, a los cuales llaman *cun*, y ésta es la mayor parte de ellos, los cuales ni traen armas ni las usan, ni aun creo que las tienen en sus casas, porque en ninguna casa vimos armas, aunque entramos en muchas. Solamente es gente que tiene cargo de acudir cuando hay necesidad a la muralla a defenderla. Y tiene cada uno señalado su lugar donde ha de acudir. Y donde vimos esto por extenso fue en Hochiu adonde, como está cubierta la muralla con teja, tiene muchas ventanillas, y en cada una estaba escrito el nombre de la banderilla que había de acudir allí. Y aquellas banderillas son de a diez hombres, y esos mismos tienen cuenta de rehacer si se cayere algo de techo o pared de la muralla de su pertenencia. Y de otro trozo había una sala con su sobrado encima que es la garita, lugar de centinela para el tiempo de cerco. En cada sala de éstas está el nombre del capitán que ellos llaman *cey* o *zon*, que ha de acudir allí con su gente. Había en la muralla de Hochiu entre sala y sala diecisiete, veinte o veintidós ventanas, y habría como cien pasos comunes poco más o menos. Y lo mismo en las demás ciudades y villas, aunque no estaba cubierta la muralla tenía sus aberturas, entre las almenas, con los nombres adonde habían de acudir éstos que llaman *cun*. En este oficio hay cargo, heredan los hijos a los padres [219r] y no pagan tributo con título de soldados.

La otra manera de gente de guerra son forasteros de otras provincias que sirven a sueldo. Y entre éstos se han de contar las guardias de los virreyes y

called Guangdong. And in the province of Beijing or Pacquiaa, where the king resides, the main city where he can be found is named Shuntian, which means "heavenly city," is also called by the same name as the province, Beijing.

And in most of the writings and printed works it is referred to as Quinsay or Quiansay, which means "the Great Court," [218r] and Marco Polo also called it Quinsay, although he translated the name Quinsay as "Heavenly City," which is not what it means, but rather its name is Shuntian, and it is the largest city in all of China, for according to their books, it takes two days to go across it in a straight line. It holds the king's palaces, which they say are so enormous as to occupy the space of a city where all kinds of recreation can be found. And it is said that he never leaves his palace, nor is seen by anyone, except those who serve him and a few high-ranking people. And he is held as a demigod, and there is some nonsense about the royal house never being disturbed by bird or animal, etc.

From Fuzhou, where we stayed, to Beijing, according to their books, it takes eighty days and six hundred twelve leagues. Also according to their books, from Guangzhou, the capital of Guangdong, to Shuntian, which is Beijing, it is 103 days, and 783 leagues, and the distances from the other cities to Beijing I will not include, considering this to be superfluous, although I noted down all of these.

## Of soldiers, garrisons, and arms there

In all the provinces of Tai Ming there is a huge number of soldiers, among whom are the natives [218v] of the same province, who are called *jun*, and these comprise the majority, who neither bear arms or use them. I believe they do not have arms at home, since we never saw arms in the houses we came to, even though we entered many houses. They are only called up when there is need to man and defend the walls. Each one has his assigned place. And we saw this at length in Fuzhou where the wall, covered by roofing, has plenty of casements, each one bearing the name of the *banderilla* [banner] or squadron that should man this. Ten men are assigned to each squadron and they have the task of repairing any damaged part of the roof or wall in their assigned area. And another section has above it a watchtower for the sentry during a siege. The room attached to these bears the name of the captain, called *cey* or *zon*, who is expected to gather here his men. Along the wall of Fuzhou, between two guard rooms were placed seventeen, twenty, or twenty-two casements, and normally there were paced more or less one hundred steps. The same is true in other cities and towns, although the wall was not tiled, it had openings between the turrets, with the names of the *cun* assigned to man them. They get paid for this work, which is passed down from father [219r] to son, and they do not pay taxes as soldiers.

Another kind of soldier is the outsider from another province who receives a salary. This kind of soldier can be found among the guards of the viceroys

gobernadores y capitanes y justicias, y toda la gente de servicio de estos ministros de justicias, alguaciles, corchetes y sayones, etc., y aun todos los marineros que andan en armadas y navíos reales. Y así como cuentan todos éstos entre la gente de guerra y guarniciones, crece el número en suma increíble, que viene a ser la gente de a pie cuatro millones y ciento y setenta y ocho mil, y quinientos, y de a caballo, setecientos y ochenta mil. Repartidos en esta forma: En la provincia de Pacquiaa, de a pie 1.141.100, y de a caballo 229.000. En Cantón de a pie 223.800, de a caballo 99.000. En Sansi de a pie 152.600 y de a caballo 329.000. En Holam de a pie 140.000, de a caballo 159.000. En Siamjay de a pie 130.000 y de a caballo 61.000. En Susuan de a pie 1.200 y de a caballo 10.000. En Oucun de a pie 310.000 y de a caballo 72.600. En Lanquiaa de a pie 84.000 y de a caballo setenta mil. En Chiscan de a pie 160.000 y de a caballo 40.000. En Cansay de a pie 110.000 y de a caballo 30.000. En Hocquien de a pie 200.000. En Cuanton de a pie 197.000. En Holam de a pie 170.000 y de a caballo 12.000. En Cuansay de a pie 100.000 y de a caballo 12.000. [219v]. En Cuichiu de a pie 160.000 y de a caballo 37.400. De estos forasteros las guardias de los capitanes y gobernadores y guardias de las puertas de ciudades, que en ellas continuamente tienen guardias, están allí continuamente, con sus armas, que son arcabuces, picas y roncas y otros géneros de armas enastadas, unas como alfanjes, otras a manera de hoces, para cortar las piernas, y otras de tres puntas. Ytem alfanjes y rodelas. También usan arcos y flechas en la guerra, así a pie como a caballo. Y éstos cada mes hacen su reseña y están muy diestros en sus armas.

Vimos una en Hocchiu de dos capitanes cada una de a 600 soldados, y fue cosa de ver cuán diestros y prestos estaban en lo que habían de hacer, aunque sus acometimientos no iban en ordenanza, como lo usamos nosotros, sino de tropel muy juntos y apretados. La artillería que tienen, a lo menos la que nosotros vimos, toda es ruin, piezas pequeñas y de hierro, aunque entramos en una casa de munición en Hocchuy, y en las murallas no tienen bastiones ni caballeros de donde jugar el artillería, sino toda su fuerza ponen en las puertas. Usan mucho de bombas de fuego de pólvora, en especial en los navíos, y meten dentro muchos abrojos de hierro para que juntamente con el fuego hincha toda la [220r] cubierta del navío de abrojos, para que nadie pueda andar por ella. Ytem flechas ardiendo para abrasar las velas con ellas. Ytem gran cantidad de haces de gorguces grandes con las puntas de hierro enastadas en astas largas, y tienen el hierro largo de más de media braza para abordar.

## De la gente que hay en el reino de Tay Bin y tributantes y tributos

Aunque decir enteramente el número de la gente que hay en reinos tan grandes y tan poblados sea imposible, ni ninguno de sus libros se halle, pero conocer sea en algo que hay infinitas gentes por la cuenta de los tributantes y otras cosas que se hallan escritas, aunque en algo se pueda notar la multitud en ver que sola la gente de guerra es casi cinco millones. Pero cuanto a los tributos es de notar en las provincias de Tay Bin está la gente repartida en familias, y éstas unas son de hidalgos, otras de pecheros. Y conócense los hidalgos en el bonete que lo traen

and governors and captains and magistrates, and all the men serving under the ministers of justice, constables, bailiffs and executioners, etc., and even the seamen who serve in the royal ships and fleets. And since these count as fighting men and garrisoned troops, the number grows to an incredible figure, with the foot soldiers reaching 4,178,500, and the horses 780,000. These are broken down this way: In the province Beijing: footmen, 1,141,100 and horses, 229,000. In Guangdong: footmen 223,800, horses 99,000. In Shanxi: footmen 152,600 and horses 329,000. In Henan: footmen 140,000, horses 159,000. In Shaanxi: footmen 130,000 and horses 61,000. In Sichuan: footmen 120,000 and horses 10,000. In Huguang, footmen 310,000 and horsemen 72,600. In Lanquiaa, footmen 84,000 and horses 70,000. In Zhejiang: footmen 160,000 and horses 40,000. In Jiangxi: footmen 110,000 and horses 30,000. In Hokkien: footmen 200,000. In Guangdong: footmen 157,000. In Yunnan, footmen 170,000 and horses 80,000. In Guangxi, footmen 100,000 and horses 12,000. [219v] In Guizhou 160,000 foot and 37,400 horse. Of the outsiders, the guards of the captains and governors and the sentries at the gates of the cities, always continuously on guard, are permanently armed with harquebuses, pikes, halberds, and other types of arms, some similar to scimitars and sickles to cut legs, and others with three prongs and likewise cutlasses and shields. Both footmen and horsemen also use the bow and arrow. They hold a review every month and are very skilled with their weapons.

We witnessed one in Fuzhou with two captains each leading 600 men, and it was a sight to see how quickly and skillfully they performed their tasks, although their attack was done in an orderly manner, as is our practice, but in a tight group en masse. The artillery there, or at least those we saw, are all in decay, and are made of small pieces and iron [confirmed] when we entered a munitions store in Fuzhou. On the ramparts there are no bastions or bulwarks for sighting the artillery, but rather all their strength is concentrated at the gates. They make much use of bombs of gunpowder, particularly aboard ships, [220r] and they put in iron crowsfeet, which scatter across the entire deck of a ship and injure anyone who steps on these. They also use fire arrows to set sails aflame. They use a large number of axes with large shafts and long iron prongs, which have an iron tip more than half a fathom long [that is useful] for boarding.

## About the people in the kingdom of Tai Ming and taxpayers and taxes

Although it is impossible to learn how many people there are in such a huge and densely populated kingdom, even from the books available, an idea can be had of their infinite numbers from the roll of taxpayers and other things found in writings, and by noting that the fighting men alone already number nearly five million. But it should be taken into account regarding the subject of taxes that in the provinces of Tai Ming the people are distributed into families, with some classified as nobles and others as commoners. And the nobles are recognizable by the square headdress they wear, like a clerical cap, and the

cuadrado, como bonete de clérigo, y los pecheros redondo. Y son así tantos los hidalgos como los pecheros, según lo vimos por donde quiera que pasábamos. Y de las familias de los pecheros unos pagan por seis u ocho o menos tributantes, con tener mucha más gente, como nos lo dijeron muchos, entre los cuales uno llamado Jacsiu nos dijo [220v] que en su familia había setenta hombres que no pagaban más de siete tributos, y otro nos dijo que en la suya serían cerca de setenta hombres y que solos cuatro tributos daban, de suerte que la cuenta de los tributantes es mucho menor aunque el número de los pecheros.

Esto así advertido en la cuenta de las familias y tributantes de cada provincia, la que se sigue: En la provincia de Pacquiaa hay familias 418.789, tributantes 3.413.254. En Santon familias 770.555 y tributantes 6.759.675. En Sansi familias 589.959, tributantes 9.084.015. En Holam familias 589.296, tributantes 5.106.107. En Siamsay familias 363.207, tributantes 3.934.176. En Susuan familias 164.119, tributantes 2.104.270. En Oucun familias 531686 y tributantes 4.325.590. En Lanquiaa familias 1.962.818, tributantes 9.967.339. En Chetcan familias 1.242.135 y tributantes 4.515.471. En Cansay familias 1.583.097, y tributantes 7.925.185. En Hocquien familias 509.200 y tributantes doscientos y ochenta y dos mil y seiscientos y setenta y siete. En Cuanton familias 483.380 y tributantes 1.978.022. En Cuynsay familias 186.090 y tributantes 1.054.767. En Omitan familias 132.958 y tributantes [221r] 1.433.110. En Cuynchiu familias 148.957 y tributantes 513.289.

De suerte que las familias que hay en todas quince provincias es nueve millones y seiscientas y setenta y seis mil y doscientas y cuarenta y seis. Y los tributantes son sesenta millones y ciento y ochenta y siete mil y cuarenta y siete. Y en esta cuenta no entran las ciudades de salineros ni las demás que dijimos que eran fuera de la gobernación y cuenta de las quince provincias, porque ellas y sus sujetos van fuera de cuenta, con otras muchas, que por no venir de ellas provecho al rey, más de sustentar las guarniciones de las fronteras por la parte del poniente, no ponen los libros nada de ellas, más de solos los nombres, y no ésta, tan poco gente, que en solas las siete ciudades de salineros. Ponen los libros el número de las aldeas sujetas. Increíble que dicen que hay un millón y ciento y setenta y siete mil y quinientos y veinticinco aldeas que, aunque no tuviesen una con otra más de a treinta vecinos, eran más de treinta y cinco millones de gente, por donde se juzgará cuán infinita gente hay en este reino. Y cierto todo lo que nosotros anduvimos era un hormiguero de gente, que no creo haber tierra tan poblada en el mundo.

Los tributos que dan cada año al rey, reducidos a nuestro peso y medida, son los siguientes: En plata 2.863.211 ducados. De arroz limpio 60.171.832 fanegas. De cebada 29.391.982 fanegas. De otro género de grano 139.535 quintales. De sal 55.990.262 fanegas. Piezas de seda, de a catorce varas 205.598. Telas de algodón 130.870. De seda cruda 47.676 libras. De algodón limpio 12.856 arrobas. Piezas de lienzo 3.077. Petates 2.590. Todo esto es lo que dicen que pertenece al rey. Fuera de todo lo que se da a los oidores, gobernadores, virreyes, justicias y

commoners by their round ones. And there were as many nobles as commoners wherever we went.[24] And among the families of commoners some pay for seven to eight taxpayers, or less, even if there are more, as many have told us, among whom a certain Jacsiu[25] told us [220v] that there were seventy men in his family but taxes were paid for only four, thus the figures on taxpayers is much lower even for the commoners.

Bearing this in mind, the following are the figures for the families and taxpayers in each province: In the province of Beijing there 418,789 families, 3,413,254 taxpayers. In Shandong 770,555 families and 6,759,675 taxpayers. In Shanxi 589,959 families, 5,084,015 taxpayers. In Henan, 589,296 families, 5,106,107 taxpayers. In Shaanxi 363,207 families, 3,934,176 taxpayers. In Sichuan, 164,119 families, 2,104,270 taxpayers. In Huguang, 531,686 and 4,325,590 taxpayers. In Lanquiaa, 1,962,818 families, 9,967,439 taxpayers. In Zhejiang, 1,242,135 families and 4,515,471 taxpayers. In Jiangxi, 1,583,097 families and 7,925,185 taxpayers. In Hokkien, 509,200 families and 2,082,677 taxpayers. In Guangdong, 483,380 families and 1,978,022 taxpayers. In Guangxi, 186,090 families and 1,054,767 taxpayers. In Yunnan, 132,958 families [221r] and 1,433,110 taxpayers. In Guizhou, 148,957 families and 513,289 taxpayers.

In all there are in the fifteen provinces with 9,676,246 families. And there are 60,187,047 taxpayers.[26] And these figures do not include those from the salt-worker cities and the rest mentioned earlier that fall outside the governance of the fifteen provinces, because these and their populations are excluded from the rolls, along with many others, since they are of no benefit to the king except to garrison the western borders. The books make no mention of them apart from their names, and nor are the people, who are so few, included in the books that only mention the seven salt-making cities. The books make mention [however] of the towns subject [to the king]. Incredibly, it is said that there are 1,177,525 villages that—even though one may have an average of thirty residents each—have more than thirty-five million people, by which one can have an idea of the countless people in this kingdom. And it is a fact that what we have encountered was an anthill of people, for I believe there is no other land in the world as densely populated.

The taxes paid to the king each year, converted to our weights and measurement, are the following: In silver 2,863,211 ducats, polished rice 60,171,832 bushels, barley 29,391,982 bushels, other types of grain 139,535 quintals, salt 55,990,262 bushels, silk pieces of 14 *varas* 205,598 pieces, cotton fabric 130,870, raw silk 47,676 pounds, clean cotton 12,856 *arrobas*, linen 3,077 pieces, and mats 2,590. These are all that are said to belong to the king. These do not include what are given to the magistrates, governors, viceroys, ministers of justice,

---

24 According to Boxer 1953, 274n2), Rada seemed to imply that nobles were exempt from taxation when they were not.
25 Jacsiu remains an unidentified person.
26 Boxer 1953, 276n2, cited several estimates from the 1566 and 1579 *Kuang-yü-t'u* as being passably close by within a few million of Rada's estimates.

capitanes y soldados, que eso no entra en esta cuenta, solamente metimos en el arroz ocho cuentos de fanegas, que es lo que se da para la comida de la guardia del rey de la ciudad de Pacquiaa.

## De la antigüedad del reino de Tay Bin y las menudencias que en él ha habido

En sus crónicas, que también vinieron a nuestras manos, tratando del principio de la población de su tierra, ponen veinte patrañas, porque dicen que el cielo y tierra y agua se traban juntos *ab aeterno*. Y que uno a quien llaman Taehu apartó la tierra del cielo, y luego nació un hombre llamado Pancou, que nunca se casó ni tuvo hijos. Y tras él nació Tonho, con trece hermanos [222r]. Y del linaje de éstos poseyeron la tierra. Más de dieciocho mil años después vino Teyoncon, con once hermanos, y vivieron los de su linaje casi otros tantos, y después Sinhon, con nueve hermanos, y vivieron otros muchos años, de suerte que desde la división del cielo y la tierra hasta que hubo el linaje de hombres que ahora hay pasaron más de noventa mil años. Y éstos todos los tienen por santos.

Después de esto cayó del cielo a la provincia de Santon un hombre llamado Ochisalan, y una mujer, que los crió el cielo. Y de éstos descienden todos los hombres del mundo. Tras de él vino Sinon, y luego Usan, el cual, como la gente anduviese como salvaje, hizo congregaciones y enseñó a hacer casas en los árboles. Después vino una mujer llamada Tayhou, cuyo hijo fue Hoquiu yntey, y de éste fue hijo Vitey, que fue el primer rey de China. Y reinó cien años. Hasta aquí son patrañas.

Desde aquí entiendo ser historia verdadera. Y por evitar prolijidad no pondré los nombres de los reyes ni el tiempo que cada uno de ellos reinó, sino iré sumando las mudanzas que ha tenido. Duró el reino en él y en sus descendientes dos mil doscientos y cincuenta y siete años, y fueron ciento y diecisiete reyes. Tras de éstos se levantó uno llamado Cincion, que hizo aquella cerca o muralla de que arriba hemos tratado, que tiene seiscientas leguas de largo. En la hacerla terció [222v] toda la gente de todo el reino, mandando ir de todas partes de tres hombres uno, y de cinco dos, y como iban de tan lejanas tierras y a tiempos tan diferentes, murió infinita gente en la fábrica de ella, por lo cual se alzaron contra él y lo mataron, a él y a un hijo suyo, después de haber reinado cuarenta años.

Y hubo el reino Hancosau, y hubo de su linaje veinticinco reyes que reinaron cuatrocientos y veinte años. Contra el último que fue Yantey se levantó un

captains, and soldiers, which are excluded from the figures. We only included in the rice eight million bushels, which is what is provided to feed the king's guard in the city of Beijing.

## Concerning the history of Tai Ming and its details

Their chronicles, which also came into our possession, discuss the origin of the peopling of their land. There are twenty tales, for they say that heaven and land and water work in harmony *ab aeterno*. And one whom they call Taiji separated the land from the heavens, and then came the birth of a man called Pangu, who never married or had children. After him was born Tianhuang, who had thirteen brothers [222r]. And those of their lineage claimed the land. More than 18,000 years later came Dihuang,[27] who had eleven brothers, and those of his lineage lived for as many years, and then came Renhuang, who had nine brothers, and they lived just as long, and so since the separation of heaven and earth until the lineage of men today more than 90,000 years have passed. And all of these are considered sacred.

After this a man called Fu Xi Sanhuang[28] and a woman raised by the heavens fell from the sky into the province of Shandong. And from them descended all the men in the world. After them came Sinon, and then Usan, who, because men behaved like savages, gathered them together and taught them to make houses on the trees. Then came a woman called Tai Hou, whose son Hoquiu Yntey begot a son, Vitey, who became the first king of China.[29] And he ruled for a hundred years. To this point these are tall tales.

From here on, based on what I know, is the real history, from which, to avoid long-windedness, I will omit the names of the kings and the eras they ruled, but will rather summarize the changes that took place. His [Vitey's] rule and that of his descendants lasted for 2,257 years,[30] and there were 117 kings. After them came someone called Shi Huang Di,[31] who built the aforementioned ramparts, which is six hundred leagues long. To build it, he conscripted [222v] men from across the entire land, requiring one out of every three men, and then two out of five, and since these came from distant places and at different times, countless people died building it, and so they rose against him and killed him and his son, ending his rule of forty years.

And then came the reign of Han Gaozu,[32] and from his line came twenty-five kings who ruled for four hundred and twenty years. Against the last, who was

27 S&T identified these as the three sovereigns, one of the heaven, the second one of the earth, and the last the sovereign of people.
28 S&T, 575n111, stated that this was the first man who fell from heaven.
29 Boxer identified Vitey as Da Yu 夏朝 (ca. 2070–ca.1600 BC), the founder of China's first dynasty, the Xia.
30 The actual number of years that transpired between the Xia dynasty in 2070 BC and that of the Qin in 221 BC was 2,380.
31 Qin Shi Huangdi 秦始皇 (260–210 BC) was the founder of the Qin dynasty, and was considered the first emperor of China.
32 Han Gaozu 劉邦, or Liu Bang, was the founder of the Han dynasty. He reigned from 202 to 195 BC.

sobrino suyo llamado Laupi, y con ayuda de dos hombres muy valientes, el uno bermejo llamado Quanhu, que tienen los chinos por santo, y el otro negro dicho Tihunhuy, vino a reinar, aunque el reino se partió entonces en tres, y duró esta división cuarenta y un años.

Al cabo de ellos se levantó Chinbutey, contra el hijo de Laupi, llamado Houtey, y apoderose de todo el reino. Y hubo de su linaje quince reyes que reinaron ciento setenta y seis años. Contra el último que fue Quiontey se levantó Tzou, y hubo ocho reyes de su linaje, que reinaron sesenta y dos años. Al último que era Suntey, quitó el reino Cotey, y hubo cinco reyes de su linaje, que reinaron veinticuatro años. Y al postrero que era Hotey lo mató Dian, y hubo de su linaje cuatro reyes, que reinaron cincuenta [223r] y seis años. Luego se levantó Tin y hubo cinco reyes de su linaje en treinta y dos años.

Al tiempo quitó el reinó Tancotzou y hubo de su linaje veintiún reyes que reinaron doscientos y noventa y cuatro años. Luego se levantó Dian y entre él y su hijo poseyeron la tierra dieciocho años. Levantose después Outon, que él con otros tres de sus descendientes reinaron quince años. Tras de éstos Houtzin y su hijo reinaron nueve años. Y luego Cotzo y su hijo cuatro años, y luego Auchiu y su hijo y nieto diez años. Y luego se levantó Taytzon y hubo diecisiete reyes de su linaje, que reinaron trescientos y veinte años. Contra el último llamado Teypin peleó Tzitzou, rey de los tártaros, y lo mató, y se apoderó de toda la China. Y poseyeron nueve reyes tártaros noventa y tres años. Y al cabo de ellos se levantó Hombu del linaje real, y echó los tártaros de la tierra. Hubo desde que se comenzó a hacer la cerca hasta que los tártaros fueron echados, según esta cuenta, mil y seiscientos y cuarenta y un años.

No se pudo sacar qué tanto ha que reina este linaje porque no pudimos haber su historia a las manos, mas de que dicen que el que ahora reina, llamado Bandio, el doceno rey de su linaje, y ha tres años que reina, con ser de edad de trece años [223v] poco más o menos. Dicen que habrá doscientos años que se echaron los tártaros, a los cuales, si juntamos los mil doscientos y cincuenta y siete años que hubo reyes antes de la cerca, pone en admiración que haya estado este reino tan entero e intacto de gente extranjera, sacado el poco tiempo que lo poseyeron los tártaros, que si esta historia es verdadera, no muchos años después del diluvio comenzaron a tener reyes y han estado sin mezcla de gente extranjera.

## De la manera de la gente, y de sus costumbres y trajes

Es la gente de Tay Bin toda a una mano blanca y bien dispuesta Y cuando niños son muy hermosos, pero en siendo grandes se paran feos, y son mal barbados,

Xiandi, rose a nephew called Liu Bei, and with the help of two very brave men—one of a rosy complexion called Guan Yu, who is regarded by the Chinese as a saint, and the other with dark skin called Zhang Fei—this came to rule, although the realm was split into three, and this division lasted for forty-one years.

At the end of this period, Jin Wu Di rose against the son of Liu Bei, called Gongsi, and took control of the entire kingdom. And from his lineage came fifteen kings who ruled for 176 years. Against the last king, Gong Di, rose Shao, from whose line came eight kings who ruled for sixty-two years. The last, who was Shun Ti, was removed from the throne by Gao Di who had five descendants who ruled for twenty-four years. The last of these, He Ti, was killed by Yan, and then descended four kings who ruled for [223r] fifty-six years. And then rose Chen from whose line came five kings who ruled for thirty-two years.

In time the kingdom fell to Tang Gaozu, and his line produced twenty-one kings who ruled for 294 years. Afterwards rose Liang, and he and his son ruled the land for eighteen years. Then rose Zhuangzong, and he and three descendants ruled for fifteen years. After this came Hou Jin, and he and his son ruled for nine years. And then Gaozu and his son, for four years, followed by Taizu and his son and grandson for ten years. And then rose Taizu and seventeen kings came from his bloodline who ruled for 320 years. The last of these, Ti Bing, fought against Shizu,[33] king of the Tatars, and was killed, and the latter took control of China. And nine Tatar kings ruled for ninety-three years. At the end of these rose Hongwu,[34] from the royal bloodline, who drove away the Tatars from the land. According to this tale, from the start of the construction of the wall until the Tatars were driven away, 1,641 years had elapsed.

No information could be obtained of this bloodline, because we were unable to secure a copy of its history, apart from the current ruler, called Wan Li,[35] twelfth emperor of his line, who has now ruled for three years, and at present is about thirteen years old [223v]. It is said that it has been 200 years since the Tatars were thrown out, to which, if we add the 1,557 years when kings ruled prior to the ramparts, makes this kingdom worthy of admiration for remaining whole and undivided by foreigners, apart from the short time it was ruled by the Tatars, for if this history is true, it was not long after the great flood that the rule of kings began and this realm remains free of foreign blood.

### The people's ways, customs, and dress

The people of Tai Ming are all decent and well disposed. And during childhood they are very beautiful, but grow up to be ugly, sparsely bearded, and have

---

33 Shizu 元世祖 was the regnal title of Kublai Khan (r. 1260–94), who was the grandson of Genghis Khan.
34 Zhu Yuazhang (1328–98) was the founder of the Ming dynasty.
35 Wan Li 萬曆 (1563–1620) was the longest reigning Ming emperor. He ascended to the title at age nine. He was known for his eventual successful defense against the Japanese army of Toyotomi Hideyoshi who led the Korean offensive of 1596.

y tienen los ojos menudos. Crían el cabello largo y se precian de tener gran cabellera, la cual la retuercen, revuelven y anudan sobre la coronilla de la cabeza y luego se ponen una escofieta partida y agujerada por medio para detener y afirmar la cabellera. Y luego encima su bonete hecho de cerdas de caballo. Esto es lo común, aunque los bonetes de los capitanes son de otro hilo sutilísimo, y debajo una de redezuela sobredorada.

Tienen buen rato en que entender cada [224r] mañana en peinarse y componer sus cabellos. Las mujeres no se ponen tocado ninguno sobre la cabeza, más de, o una guirnalda, o joyas de plata o doradas que encajan en las enroscaduras de cabellos. Y es gente muy recogida con estas las mujeres, que por maravilla en las ciudades y pueblos grandes veíamos, mujer ninguna, sino era alguna muy vieja. Solamente en las aldeas que parece había más simplicidad andaban más comúnmente las mujeres, y aun por las labranzas. Y usan desde chiquitas de retorcerles y fajarles de tal manera los pies que las mancan y dejan todos los dedos debajo el pulgar retorcido el pie. Crían comúnmente los hombres en la una mano las uñas muy largas, y se precian de ello, que vimos a muchos que tenían tan largas las uñas como los dedos.

Su vestido común de lienzo de algodón teñido, azul o prieto, sino es cuando traen luto, que entonces así el vestido como el bonete es de otro género de lienzo crudo. Y cuanto más cercano fuere el parentesco del difunto, es más basto el lienzo de su ropa. El vestido común es un sayo largo hasta media, y unos zaragüelles estrechos y largos, y unos alpargates hechos de paja. Y algunos ponen en lugar de camisa debajo del sayo una camisa [224v] de red de malla gruesa, que puede entrar el dedo por la red, y aun por casa los capitanes que con nosotros andaban, como hacía calor, quitábanse los sayos y quedaban en la dicha camisa de red y zaragüelles. Los pajes de los capitanes comúnmente andan en cabello enroscado arriba y atado con un hilo y un punzón que lo pasa. Traen medias calzas y zapatos de paja tan bien tejidos que no parecen sino de punto de seda cruda.

La gente principal y capitanes y gobernadores traen unas ropas largas de seda comúnmente de damasco hasta el suelo, con unas mangas muy grandes y anchas y unas botas tapetadas anchas y grandes, retorcida la punta del pie para arriba. Y para ponérselas véndanse primero los pies y piernas con una venda grande de lienzo. Y estas botas y el bonete, que es de diferentes, es la insignia de que tienen cargo de justicia, o es capitán. Y más, suelen traer en la ropa de seda un león grande broslado delante los pechos y otro detrás. Los bonetes de la gente común son redondos, y los de los hidalgos cuadrados, como bonetes de clérigo. Y todos estos son de cerdas de caballo, sino es que traigan luto, como dijimos arriba.

Los virreyes, gobernadores, capitanes y ministros de justicia traen por casa un bonete a manera de mitra pequeña de obispo con unas tiras y [225r] labores doradas. Mas por las calles, o cuando están en su trono, llevan unos bonetes que en la mitad trasera se levantan casi un geme, y más. Tienen dos como alas, u orejas grandes, puestas derechamente a los lados. Y este bonete lo usan todos los ministros de justicia y capitanes y virreyes. Pero si alguno de sus capitanes o

tiny eyes. They grow their hair long and boast a full head of hair, which they twist, curl, and pile on top of the head. They wear a coif, parted and with a hole in the middle, to set their tresses together. On top of it they place a bonnet made of horsehair. This is the common practice, although the bonnets of the captains are made of fine thread, underneath which they wear a gilded hairnet.

It takes a while to understand that every [224r] morning they spend time in combing and fixing their hair. The women do not wear anything on the head apart from a garland or a piece of silver or gold jewelry that is fitted into the kinks of the hair. And the people are quite reclusive with these women. It is strange that in the cities and big towns we visited we saw no women other than the very old. It was only in the villages, where life seems simpler, that we saw women going about, and even working. And from a tender age their feet are bound and contorted in such a way that these become maimed, cramping all the toes under the big toe. Most of the men grow their fingernails long in one hand, and they are proud of this, as we saw many whose nails were as long as the fingers.[36]

Their regular clothes are made of cotton colored in a dark or blue color, unless they are in mourning, when the dress and bonnet are of a coarser type of linen. And the closer one is related to the deceased, the coarser the cloth one wears. They commonly wear a long tunic that reaches halfway down, and long, narrow trousers, and sandals made of straw. Some wear under the smock, instead of a shirt, [224v] a thick net through which a finger can be pushed, and even when at home the captains who accompanied us, because of the heat, removed their tunics and kept on just the net and their sandals. The pages of the captains normally wore their hair bunched at the top and held together by a thread and a needle stuck across. They wear socks and shoes made of straw woven so fine that they appear like raw silk.

Prominent men and captains and governors wear long silk gowns, normally made of damask, which reach down to the floor, with large, wide sleeves, and big, wide boots with plackets and with the toes curling upwards. And before wearing these they first wrap foot and leg with a big linen binding. And these different boots and caps depict their rank as minister of justice or captain. In addition, they have a big lion embroidered on the chest and at the back of their silk clothing. The bonnets of commoners are round and those of gentlemen are square, like clerical bonnets. And these are made of horsehair, unless they are in mourning, as mentioned earlier.

At home the viceroys, governors, captains, and ministers of justice wear a bonnet[37] that looks like a small bishop's mitre with a few golden strips [225r] and workings. But out on the streets, or sitting on the throne, they wear a bonnet upon which, on the back half, stands a flap, which has two wing-like parts that stick out level from the sides. This bonnet is worn by all ministers of justice, captains, and viceroys. But if a captain or minister goes to see someone with a

36  Boxer 1953, 283, noted that "long fingernails were a sign of gentility, as they implied that a man was above manual labor."
37  Boxer 1953, 284n3, noted that neither Rada nor an earlier chronicler, Gaspar da Cruz, were able to give satisfactory descriptions of Ming dynasty headgear.

justicias entra a ver a otro mayor que él, no lleva el bonete, sino un sombrero. El bonete del rey, según lo he visto pintado en muchas partes, es de la misma forma que el de los justicias, salvo que es cuadrado, y aquellas dos alas que dijimos no las tiene tan grandes ni a los lados, sino por la parte trasera en lo alto derechas hacia arriba como cuernos. El bonete de los escribanos o secretarios también tiene sus orejas pero es muy diferente hechura de esotros. Los bonetes de los oidores y consejeros del Rey diferencian de los demás en la postura y forma de las orejas. Los bonetes de los estudiantes son a modo de portacartas o cofrecillos muy dorados y pulidos. Los de sus frailes son a manera de mitra, diferente de la que dijimos de los capitanes. Y de los dobleces del mismo bonete hacen una como rosa en la parte delantera, de suerte que por el bonete se conoce quién es cada uno, o qué oficio tiene.

Es gente llana y humilde y servicial, sacando los mandadores, que se hacen adorar. Son grandes trabajadores y liberalísimos en sus oficios, que ponen espanto ver cuán liberalmente concluyen las obras, y son en eso ingeniosos. Hallarán calles enteras de cada [225v] oficio.

Sacando los mandadores y gente de guarnición, todos tienen sus oficios que, aunque tienen sus acémilas y asnillos y caballos de carga, usan también los hombres cargarse como los naturales de la Nueva España. Pero lleva tanta carga un chino como tres indios de la Nueva España. Y así cargado anda tanto casi como un caballo. Y más fácilmente hallarán hombres para carga que animales. Antes muchas veces andaban a porfía y apuñeándose sobre quién tomaría la carga y cuando llegábamos cerca de do habíamos de hacer la jornada, en divisándonos del pueblo, o de las aradas, acudía corriendo mucha gente, a quién más podía, para tomar alguna de las cargas. Y las tomaban, a los que las llevaban muchas veces a media legua antes del pueblo por tener posesión de aquella carga para el otro día, sólo por la ganancia y paga. Y a las veces se apuñeaban sobre quién llevaría la carga.

Su manera de cargarse es dos líos o petacas en un palo al hombro. Y si es gran carga o caja, entre dos la llevan con una palanca. Y andan comúnmente siete leguas cada día. Y en dejando la carga se vuelven hacia su pueblo. Entiendo que vuelven a él a dormir.

Su manera de andar de la gente principal, aunque sea por la ciudad a visitar a un amigo, es en unas sillas grandes con sus cubiertas, como andas a hombros de hombres. La demás gente, o a caballo o a pie. Y por los grandes soles lleva cada uno su tirasol en la mano y un mosqueador, por pobre o bajo que sea. Y si algún hombre común, o por [226r] enfermedad, o cansado, quisiere ir en silla, ha de ir en unas silletas rasas de caña, porque en las grandes y cubiertas solos los capitanes y justicias pueden andar, y según fuere su dignidad, tanto más rica silla lleva. Y los principales llevan las sillas todas guarnecidas con unas cintas anchas y muy labradas de marfil sobre unas planchas doradas, que son muy galanas, y salen mucho a la vista. Y hay en cada casa de las de comunidad mucha cantidad de unas sillas y de otras para andar en ellas la gente que allí viniere, según la calidad de la persona.

higher rank, he does not wear the bonnet but a hat. The bonnet of the king, based on the paintings I have seen in many places, appears the same as those of the ministers of justice, except that it is square, and the two wings mentioned earlier are not as big nor do they protrude out from the sides, but rather from the back, and tip upwards like horns. The bonnet of the scribes or secretaries also have ears but are made differently from the others. The bonnets of magistrates and the advisers of the king are different from the rest in the shape and position of the ears. The bonnets of students appear like highly polished and gilded mail carriers or chests. Those of their monks look like a mitre but quite different from those of captains. And the folds of the bonnet itself form something like a rose at the front part, which denotes what the wearer is or what office he holds.

The people are simple, humble, and helpful, apart from the masters, whom they honor. They are so industrious and dedicated to their trade that it is astonishing to see how they ardently do their work, and in this they are ingenious. There is an entire street for each [225v] trade.

Apart from the masters and the garrison troops, everyone is put to work, and although they have mules, asses, and packhorses, men are also used as beasts of burden like the natives in Nueva España. But a Chinese can carry three times as much as a native from the New World. And even burdened thus, he can move about like a horse. And it is easier to find men for carrying than pack animals. We used to argue about who would carry our loads, but when we came closer to where we were to start our journey, whether from the town or fields, people came racing to carry our load. And they hurried to take over from the ones who carried these from the previous town, many times from half a league away, to bear this the next day and earn the pay. And sometimes they even fought each other for the job.

They carry loads by tying two bundles to a pole that is then borne on the shoulder. Big loads or boxes are supported on poles carried by two men.[38] And they normally travel seven leagues each day. After delivering their burden they go back to their towns, I believe, in order to sleep.

The prominent men travel, even when visiting a friend in the city, on large covered seats borne on the shoulders of men. Others go about on horse or foot. And under the hot sun they carry a parasol and a flywhisk, regardless of how poor or low-ranking the man. And if a commoner, because of illness [226r] or tiredness, wants to be borne on a chair, they use a plain cane chair, because only captains and ministers are allowed the big covered ones, and the more seniority he has, the richer the chair that bears him. The chairs of prominent men are trimmed with ivory-colored ribbons that are broad and intricately designed and set on top of golden planks, which look very gallant and attractive. In the public establishments there are plenty of different chairs for conveying men of different ranks.

---

38   Passengers were also carried this way on a sedan chair.

Es gente que usa de muchos cumplimientos de palabras y comedimientos, y no quitan a nadie la gorra, o sombrero, sino cuando se topan en lugar de quitar el bonete meten las manos en las mangas, y así juntas las alzan y llegan a sus pechos. Y cuando quieren hacer más cortesía, en lugar de que nosotros hacemos reverencia ellos, metidas como hemos dicho las manos en las mangas, hacen una profunda inclinación, que llegan casi con las manos al suelo y la cabeza más abajo que las rodillas. Y enhestándose llegan las manos juntas a los pechos. Y estas inclinaciones no se contentan con hacer una, sino tres y cuatro, y más, y si topan con cuatro o cinco, con cada uno hacen sus inclinaciones, y aun cuando están hablando algunos negocios, por momentos metidas las manos en las mangas, las juntan a los pechos, y otros veinte géneros de ceremonias así en asientos como en recibir o salir a acompañar visitas.

Cuando [226v] hablan o van a saludar a otro mayor que no él, híncanse entrambas las rodillas y, metidas las manos en las mangas y juntas a los pechos, inclinan la cabeza que llega con la frente al suelo. Y esto tres veces, y más. Y mientras le hablan jamás se levantan sino de rodillas, o en lo que les dicen responden. Y aun a nosotros, la gente común algunas veces nos hablaban de rodillas, y daban cabezadas en el suelo. Y algunos de los que habían estado en Manila se reían de que los españoles en la iglesia no hincaban más de la una rodilla, y decían que si a uno de sus mandadores alguno hincara de aquella manera la una rodilla sola, que luego le sacudieran muy buenos azotes. Y por esta causa los que han de tratar muchas vezes con algún mandador, usan traer unas rodilleras colchadas.

Usan también, cuando alguno viene a visitar a otro, traer una cédula en la cual dice que le viene a besar las manos, la cual se la da después de haber hecho sus inclinaciones. Y en llegando cualquiera que vaya a ver a otro, después de haber hecho sus inclinaciones y, sentádose, viene un criado de casa y trae una tabla tantas escudillas con agua caliente cuantos son los que están allí sentados. Y aquel agua es cocida con ciertas yerbas algo amargas, y dentro del agua un bocado de conserva, alguna frutilla. Y dan a cada uno su escudilla con una cucharita muy pequeña, y comen aquel bocado y sorben el agua caliente. Y aunque a los principios no sabía [227r] bien aquel agua caliente cocida, pero ya nos hicimos a ella, y sabía bien, que a nadie irán a visitar que luego la primera cosa no sea aquello.

## De la manera del comer y de sus convites

La comida principal de todos los chinos es el arroz que, aunque tengan trigo y se venda pan amasado de él, pero no lo comen, si no es por fruta, y su principal pan es el arroz guisado, y aun de él también hacen el vino, y aun bueno, que puede competir con el razonable de uvas, y aun engañar por él. Comen sentados en mesas, pero no ponen manteles ni pañizuelos, porque no tocan cosa ninguna que hayan de comer con los dedos, sino todo lo toman con unos palillos largos,

Their language makes much use of compliments and courtesies, and no one removes his hat or headwear in greeting, but instead they cross their arms before the chest inside the sleeves. And when they wish to show greater courtesy, instead of bowing, as we do, they bend over deeply, with their crossed arms inside the sleeves nearly touching the ground and with their head reaching just below the knee. And returning to an upright posture the arms return folded to the chest. And this is not done just once, but three or four times, and if they greet four or five persons, the sequence is observed for each one, and even when they discuss business, they put their arms inside the sleeves and put these across the chest, and they observe twenty more kinds of formalities upon entering or leaving, as well as in welcoming guests.

When [226v] they greet someone of higher rank, they get on their knees and with arms inside the sleeves and crossed before the chest they bow until the forehead touches the ground.[39] And this is done three times or more. While being addressed or replying to a question they remain on their knees. And even to us, the common people sometimes speak while on their knees and touching their forehead to the ground. Some of those who have visited Manila found it funny that the Spaniards only went down on one knee inside the church, saying that going down on one knee before their masters would earn them a beating. And for this reason those who are to prostrate themselves before a master several times bring a kneepad.

It is also customary when one goes visiting another for a person to bear a document that states that he has come [before him] to kiss the other's hand, which [said document] is given after bowing to the ground. Once the visitor had bowed and sat down, a servant of the house comes in with a wooden tray bearing hot water and a bowl for each person during the visit. The water is mixed with certain bitter herbs, and inside the water is a mouthful of preserved fruit. Each is given a bowl with a very small teaspoon. They eat the preserve and slurp the hot water. And though at first we did not like [227r] that hot water, we got used to it knowing that nobody would go to visit anybody without doing this first thing.[40]

## Regarding their way of eating and their feasts

The staple food of all the Chinese is rice, but though they have wheat and bake bread, which they eat like fruit, their main food is boiled rice, which they use for making quite good wine comparable to a reasonable grape wine and could even pass for it. They eat on tables, but do not use tablecloths or fine linen, because they do not touch any food with the fingers, but instead use long sticks[41] to pick up food, and they are so adept at this they can pick up anything with these, no

---

39 The practice of kowtowing has now disappeared in China, but can still be found in a reduced fashion among the Japanese or Koreans.
40 The art of serving tea to houseguests was also described by Gaspar da Cruz in Boxer 1953, 140.
41 This was an obvious reference to the use of chopsticks.

y están tan diestros que, por pequeña cosa que sea, la toman con ellos y la pasan a la boca, y aunque sea redonda como ciruelas y otras frutas.

Comen al principio la vianda sin pan y después, en lugar de pan, se comen tres o cuatro escudillas de arroz cocido, el cual también lo comen con los palillos, aunque algo puercamente. En los convites, para cada uno, le ponen su mesa, y cuando el convite es solemne, a cada uno muchas mesas, y para esto quiero contar los convites que a nosotros nos hicieron, el modo que en ellos hubo.

En una sala grande ponían en la cabecera de la sala para cada religioso por sí siete mesas en ringlera, y luego por los lados a cinco mesas para cada español de los que allí iban, y a los capitanes que iban en nuestra compañía [227v] a cada uno tres mesas y junto a las puertas de la sala en frente de los religiosos, se asestaban los capitanes que nos convidaban cada uno en su mesa. En otra sala por sí tenían puestas a cada uno de nuestros servicios tres mesas. Todas estas mesas estaban llenas cuanto podían caber de platos con comida, salvo que en sola la mesa primera estaba la comida guisada, en las demás mesas que era para fausto y grandeza, la ponían cruda. Allí había gansos enteros y ánades, capones y gallinas, perniles de tocino enteros y otras postas de puerco, frescal, pedazos de ternera y vaca, pescados de muchos géneros, gran suma de frutas de todas maneras, alcarrazas, tinajuelas, elefantes y otros brinquiños, todos hechos de azúcar, y otras cosas. Todo esto que se ponía en las mesas, en levantándonos de ellas, lo echaban en unos canastos y lo llevaban a nuestra posada, de suerte que aquello que se pone allí por grandeza, todo es de los convidados.

Fuera de la puerta de la casa do se hacía el convite estaba en su orden toda la gente de guardia de aquel que nos convidaba, con sus armas y sus atambores y música, los cuales, en allegando nosotros, los comenzaban a tocar. Y salían los capitanes que habían de asistir al convite a recibirnos más de a la mitad del patio. Y sin hacer mesura ni inclinación íbamos juntos hasta un recibimiento que estaba antes de la sala del convite, donde hacíamos nuestras inclinaciones, uno a uno, a su uso de ellos, y con muchas ceremonias nos sentábamos [228r] allí en sendas sillas, y luego traían el agua caliente que arriba dije. Y bebida aquélla, después de haber estado un poco parlando, íbamos al lugar del convite adonde, con muchas ceremonias y cortesías, que por evitar prolijidad no las cuento, llevan uno a uno a cada uno de nosotros a la mesa do se había de sentar, y le ponían los capitanes el primer servicio, y una tazuela llena de vino. Y sentados todos comenzaban la música de unos tamboretes y sonajas y rabeles y vihuelas de arco grandes. Y mientras duraba la comida continuamente tañían otros en mitad de la sala. Representaban alguna comedia, y las que nosotros vimos eran gentiles representaciones, y todas fueron historias y guerras que, habiéndonos primero contado la historia, aunque no entendíamos las palabras, bien percibíamos lo que se hacía. Y en Hoccheu, fuera de las representaciones, hubo un volteador que hizo hermosas vueltas, así en el suelo como sobre un palo.

Y aunque la mesa está llena de comida nunca cesan de servir potajes y guisadillos mientras dura el convite. Y brindan ellos bravamente, aunque no con tazas grandes, sino con unas como salserillas, que en esto del beber son gente templada

matter how small, and bring it to the mouth, even round objects like plums and other fruits.

They start by eating the viand without bread, and later, instead of bread they partake of three or four bowls of cooked rice, which they also devour with chopsticks handily. For feasts, a table is set before each one, and when the feast is solemn several tables are laid before each one, and for this I wish to recount the banquets they gave us and the manner in which these took place.[42]

At the head of a large hall they would put for each monk seven tables around him, and at the sides five tables for each Spaniard present, and for the captains [227v] who came with us three tables each, and next to the doors of the hall facing the monks were seated the captains who invited each of us to his table. For each of us three tables were laid out in another hall to serve us. All these tables were filled with plates of food, and apart from the boiled food laid out on the first table, the food on the other tables, which were for pomp and grandeur, was uncooked. These contained whole geese, capons, chicken, entire legs of ham, other pork dishes, salted meat, chunks of veal and beef, many types of fish, all kinds of fruits, clay jars, elegant[43] water pots, and other sweetmeats, all sugared, as well as other things. After we took leave, everything that was laid out on the tables was packed in several baskets and taken to our inn. Thus everything that was displayed for grandeur was gifted to the guests.

Outside the door of the house where the banquet was held were standing at attention all the men of the guard of the host, fully armed, equipped with drums and instruments, which upon our arrival they began to play. And the captains attending to the banquet came out to welcome us halfway across the patio. Without stopping or bowing we went together to the reception before the banquet hall, where we bowed to one another in their fashion, and with much ceremony we took our seats there, [228r] and then the aforementioned hot water was brought out. After drinking this and [making] some small talk, we went to the banquet hall where, with much ceremony and pleasantries, which I will omit to avoid long-windedness, each of us was directed to his assigned table, upon which the captains placed the first serving and a bowl filled with wine. And with everyone seated, music was played on rattles, drums, fiddles, and big bow-shaped harps. And while everyone ate, others continuously performed in the middle of the hall. A theatrical play was staged, and what we saw were fine presentations, which were all about history and war and which, having been apprised of their plot, we understood through the action although we did not understand what was said. And in Fuzhou, apart from the presentations, there was an acrobat who gave a wonderful performance both on the floor and on a pole.

And though the table was filled with food, soups and stews kept coming while the banquet lasted. And they served drinks, but not in large cups, rather in something like a saucer, and instead of taking wine continuously, they drink

42  For more details on the banquets that Rada attended, see his companion Loarca's *Verdadera relación*, part I, ch. 9, mentioned in Boxer 1953, 289n2.
43  The Spanish manuscript reads *elefante*, meaning elephant, which is obviously a copyist error.

a lo que vimos, y no beben vino a la continua, sino agua. Y cuando beben vino lo beben muy caliente y a sorbos, como caldo, aunque a nosotros, como sabían que no lo bebíamos caliente, nos lo daban frío. Y ellos tienen por poquedad que el que no convida acabe con la mesa, sino mientras quieren estar los convidados nunca dejan de servir otros y otros manjares [228v] hasta que quieren levantarse y, aun después que nos levantamos nos tornan a hacer sentar, rogándonos que aguardemos otro, u otros dos servicios, y esto por dos o tres veces.

Su manera de representar es cantando, y también suelen representar con títeres, que hacen todos sus meneos, y los hombres detrás hablan lo que se ha de decir.

En sus comidas no son muy carniceros, antes su más continua comida, por lo que anduvimos, es pescado y huevos y verduras y potajuelos y frutas. Las cosas que vimos semejantes a las nuestras, fuera de muchas diferencias de pescados y trigo, es cebada y arroz, frísoles, millo y borona. Había vacas, búfanos. Dicen que la tierra adentro hay también carneros. Ytem vimos puercos y cabras y gallinas como las nuestras, y otras que tienen la carne prieta y más sabrosas, y también capones y francolines. Cazas no las vimos, porque en lo que anduvimos no había baldíos donde las hubiese. Dicen que la tierra adentro las hay. Vimos aves de rapiña y también gansos y patos reales en gran suma, y palomas y tórtolas.

De las frutas hay uvas blancas y prietas en parrales, aunque no vimos vino de ellas, y creo que no lo saben hacer. Ytem naranjas y limones de muchos géneros, y citrones grandes, peras y manzanas, peruétanos, ciruelas, priscos, moras, nueces y castañas, azufeifas, calabazas, pepinos y badeas, coles y nabos, rábanos, ajos y cebollas, y otras muchas frutas y verduras particulares de la tierra. Y tienen mucho azúcar y [229r] hacen muchas y muy buenas conservas, y aun por las plazas y calles tienen en tiestos y tinas arbolillos que no sé con qué ingenio los hacen, que tan chicos fructifican, porque los vimos cargados de fruta. Hay también unos árboles que de la fruta de ellos sacan uno como sebo, de que hacen candelas con que se alumbran en toda la tierra, que nadie juzgara sino ser sebo de ganado. Hay palmas de cocos en las provincias meridionales, pero no las hay en Hocquien ni desde para arriba hacia el norte. Hay caballos, aunque pequeños, y asnillos, mulas y machos, vimos buenos, y recuas de ellos.

**De los edificios, minas y otras cosas que hay en la tierra**

Su manera de edificar es todo bajos sin altos, aunque en algunas partes, y ésas muy pocas, vimos algunas casillas con sobrados. Y sobre las puertas de las ciudades suelen tener unos corredores y salas grandes. También hay algunas torres de ídolos cuadradas, bien altas, a todas cuatro partes llenas de ventanajes, do tienen sus ídolos. Y éstas vimos dos en Chuinchiu y otras dos en Chocchiu, y otras tres en los altos de algunas sierras, de las cuales una está a la misma entrada del puerto, en un gran cerro que ellos llaman Gouzu, que se divisa bien lejos de la mar, y puede servir de señal para el puerto.

water. When they drink wine, it is taken hot and in sips, like soup, although to us, knowing we did not like it hot, it was served cold. And as they take it as a poor show for a table to become empty, they never stop serving different delicacies as long as a guest remains seated. [228v] When we stood up, they begged us to be seated and partake of one or two more servings, and this they did twice or thrice.

Their shows are performed with singing, and usually presented through puppets that wriggle about while the hidden actors recite the lines.

They do not eat much meat; rather their most common food, in the places we came to, is fish, eggs, vegetables, pottage, and fruits. The food we saw similar to ours were many kinds of fish and grain, barley and rice, beans, millet, and maize. There were cows and buffaloes. It is said that in the interior there are also sheep. We also saw pigs, goats, and chickens like ours, and others with brown, tastier meat, such as capons and francolins. We did not see any game, because in the areas we visited there were no uncultivated lands where these could be found. It is said that in the open country these can be found. We saw birds of prey and geese and mallards in large numbers, and pigeons and doves.

As to fruits we saw light and dark grapes on vines, but we did not see wine made from these, and I think they do not know how to make it. We also saw many kinds of lemons and oranges, big citrons, pears, apples, wild pears, plums, peaches, mulberries, walnuts and chestnuts, jujubes, pumpkins, cucumbers and watermelons, cabbages and turnips, radishes, garlic and onions, and many other native fruits and vegetables. And they have plenty of sugar [229r] and make many good preserves, and even on the streets and squares they have in pots and tubs tiny trees which, by an ingenuity I cannot fathom, bear fruit despite their small size, for we saw these abundant with fruit. There were also a few trees from whose fruit they extracted something like tallow, which they make into the candles used for lighting across the land, and which anyone could mistake for livestock fat. There are coconut trees in the southern provinces, but not in Fujian, nor from there going northward. There are horses, although small, and asses, mules, and jacks, which we saw were good, and there were hordes of these.

## Regarding the structures, mines, and other things in the land

Their structures are built low, without upper parts, although in some areas we saw a few houses with lofts. And above the city gates they usually have corridors and large rooms. They also have quite tall and square worship towers that are filled with windows on all four sides and which house their idols. Of these we saw two in Quanzhou, two more in Fuzhou, and another three on mountain tops, including one that was at the entrance itself of the port, within a large enclosure called Wu-hsü,[44] a good distance from the sea, which could serve for signaling to the port.

44  According to Boxer 1953, 291n2, Wu-hsü was located at the south side of the entrance to the bay of Xiamen.

Las casas de los hombres principales, aunque no tienen altos, son muy grandes y ocupan mucho espacio, porque tienen patios y más [229v] patios y grandes salas y muchos aposentos y huertas. Y estas salas están comúnmente levantadas del suelo como tres o cuatro gradas con muy lindas lozas y grandes, y los cimientos comúnmente son de piedra de sillería que se levantan sobre el suelo de cada sala como una vara de medir. Y después arman unos pilares o postes de pino sobre basas de piedra, y encima sus llaves muy bien labradas, y el techo cubierto de teja. El suelo enladrillado de ladrillo muy junto, aunque sin cal, y a las veces enlosado. Entre poste y poste hacen tabiques de cañizo tejido fortalecido con sus barrotes de palo, y después embarrado de una parte y de otra, y luego encalados.

Las paredes de los patios y huertas son de tapias encaladas por de fuera. Una casa vimos en Tangoa muy de ver, con un estanque muy grande, todo enlosado y sus cenaderos y caminos encima del agua, y mesas muy hermosas de solo una piedra. Y de esta forma de casas son las casas de comunidad reales que dijimos que había en todos los pueblos unas mayores y otras menores. Las casas de la gente común son como casillas de moriscos. Ocupa cada una como catorce pies de calle, y tienen comúnmente dos cuadras y un patizuelo pequeño en medio. Y la primera cuadra que sale a la calle está repartida en dos, que sirve la parte delantera de tienda.

Las calles principales son muy anchas, y por todas ellas hay gran suma de arcos triunfales, unos de piedra muy bien labrados, y otros de madera, que cada [230r] hombre principal se precia dejar un arco en memoria con el nombre del que lo hizo y el año, y otras cosas insignes si hizo. Y estas calles grandes sirven de plazas, que en ellas hallarán todo género de carne y pescado, frutas y verduras, y tiendas de libros, papeles, cuchillos y tijeras, bonetes, zapatos, alpargatas, etc. Que como son tan anchas, dejando harta calle en medio, hay tiendas de un cabo y otro, y entre las tiendas y las casas hay pasaje. Las demás son callejuelas muy ruines.

La manera de las murallas arriba se declaró. Todas son de piedra de sillería, aunque pegadas con barro, sin cal. Después encaladas por defuera las junturas. La cal la hacen de conchas de ostiones y de almejas. Los caminos reales son calzadas de losas, y hay muchas puentes de piedra, y bien labradas.

Los enterramientos de la gente principal están comúnmente fuera de las villas y ciudades, y son labrados de piedra. Y delante de él, en el camino, está una losa muy grande enhiesta sobre una tortuga, u otro animal hecho de una pieza de piedra grande. Y en aquella losa están escritas las cosas que hizo aquél que está allí enterrado.

Todas las más de sus labranzas son de regadío en lo que anduvimos, y es abundantísima de aguas y ríos. Y con ciertos alcaduces de palo fácilmente las riegan todas sus sementeras. Y aun encima de los cerros tienen sementeras de regadío. Y creo que poco dejan holgar la tierra, porque cuando íbamos a Hocchiu hallamos toda la tierra de la misma manera ocupada, y el arroz aún no en almáciga, otro recién transpuesto, [230v] otro mayor, y otro espigado, y otro segándose a la vuelta.

The houses of prominent men, while not elevated, are quite large and take up plenty of space, because they have patios and more patios [229v] and large halls and many quarters and gardens. And these halls are normally built three or four steps above ground with very beautiful large slabs, and the foundations are usually made of ashlar stone that rises a yardstick high from the floor of the hall. And then they raise several pillars or posts on top of stone bases, and the braces above are well made, and the roof is made of tile. The floor is of brickwork packed tight together without lime, and is sometimes glazed. Between the posts there are dividers made of woven reed strengthened with wooden bars, plastered on both sides, and then whitewashed.

The enclosure of the patios and gardens is made of walls that have been whitewashed on the outside. A house we saw in Tangoa, quite attractive, had a very large pond, which was all tiled, with summerhouses and bridges above the water, and it had tables made of single pieces of stone. This is the same design in which they build the public establishments in all the towns, differing only in size. The houses of the common people are like Morisco[45] huts. Each takes up an area of about fourteen feet and normally has two halls and a small patio in the middle. And the hall facing the street is split in two, with the frontal part serving as a store.

The main streets are very wide, and along these there are a large number of triumphal arches, some of finely carved stone and others of wood, as it is customary for each [230r] prominent man to leave one behind as a memorial, which bears his name, the year it was built, and anything significant he may have accomplished. And these large streets act as squares where one can find all kinds of meat and fish, fruits and vegetables, as well as sellers of books, paper, knives and scissors, bonnets, shoes, sandals, etc. And being very broad, there are streets branching off from both sides that are filled with stores and houses. The rest are very dirty alleys.

The walls are built as mentioned earlier. All are made of ashlar and mortared with clay, not lime. And then the outside seams are whitewashed. They make lime from the shells of oysters and clams. The royal roads are paved with flagstones, and there are plenty of finely made stone bridges.

Prominent people are normally buried outside cities and towns, and their tombs are made of stone. And in front of this stands a very big slab on top of a turtle or a different animal made from a large piece of rock. On the slab are written the accomplishments of the deceased.

In the places we visited we observed that all their farms were irrigated, and they have an abundance of water sources and rivers. With a particular wooden aqueduct they easily irrigate their fields. Even on the hills they have irrigated fields. And I doubt they leave any land fallow, for when we came to Fuzhou we found all land utilized in the same fashion, with some rice fields recently seeded, [230v] and others newly replanted, some growing, others sprouting stalks and the rejects lying all around.

45 Rada is making a comparison to the houses of Moriscos, forced convertees from Islam to Christianity. Refer to the Moriscos' habitat in Isaac Donoso, *Hàbitat morisc a la Muntanya d'Alacant: etnografia històrica de l'espai morisc* (Onda: Ayuntamiento de Onda, 2006).

Hallamos la tierra de la misma manera, que lo que se había cogido estaba otra vez sembrado, y otro se andaba cogiendo. Labran la tierra con arado y azadones. Tienen molinos, así para mondar el arroz de la paja como para hacer harina, y son molinillos de a mano, aunque algunos pocos vimos de agua.

Hay por toda la tierra mucha abundancia de seda y algodón y azúcar y almizcle, con muchas drogas. Hay minas de todos géneros de metales, hierro, acero, cobre, latón en grandísima abundancia y baratísimo, y el plomo y estaño de azogue. Dicen que hay minas en la provincia de Namquin. Las minas de plata y oro que en sus libros están escritas son las siguientes: En la provincia de Pacquiaa, en la ciudad de Poan, en su término hay minas de plata. En la de Santon, en el término de la ciudad de Tinchiu, minas de oro. En la de Namquin, en el término de la ciudad de Linquoy, hay minas de plata. En la de Chetcan, en el término de Unchiu, oro. En la de Hocquien, en el término de Hocchiu, hay plata, y en la de Tinchiu, oro y plata. En la de Cuinsay, en el término de Quinoan, hay plata. Ytem hay pesquería de perlas en la provincia de Cuantón, en el término de la ciudad de Yamchiu.

Con todo eso en común es la gente pobre por ser infinita, y así valen todas las cosas muy baratas, y todo lo venden por peso, hasta las aves, y aun la leña. No vimos género de moneda sino fue en el término de la ciudad de Cunchiu [231r] y sus sujetos que había una moneda de cobre sellada y agujereada por medio, y dábannos de ella trescientas y doce y trescientas y veinte por cuatro reales. En todo lo demás y por allí se compra todo con pedacitos de plata por peso, que tienen una pesa que ellos llaman *nio*, que pesa once reales de los nuestros, y un *nio* son diez *lacun*, y un *lacun* diez *phou*, y un *phou* diez *dis*, de suerte que once reales de peso lo reparten en mil partes.

Vimos también pobres que andan a pedir limosna por las calles, especialmente ciegos. Como es tanta gente ninguna cosa echan a mal que ni pierden hueso ni cuerno para mil cosillas que hacen de ello, y de la paja y yerba, de todo se sirven para muchas cosas. Los navíos son algo torpes y de mala hechura, aunque se van mucho al viento y son buenos de bolina. No tienen carta de marear, pero algunos derroteros escritos de mano, y tienen aguja de marear, pero no como la nuestra, porque no es más de una lengüecita de acero muy sutil, que la tocan en piedra imán y la echan en una salserita llena de agua de mar, en la cual están pintados los vientos. Y reparten el aguja en veinticuatro partes, y no en treinta y dos como nosotros.

Su papel de ellos dicen que se hace de las telillas interiores de las cañas. Es muy delgado y no se puede bien escribir de entrambas a dos bandas, porque se pasa mucho. Venden la tinta en panecillos y, deshaciéndola en un poquillo de

All the land we saw was the same, some being sown after the harvest and others being harvested. They work the land with plows and hoes. They have mills for removing the husks and for making flour, and these are operated by hand, although we saw a few powered by water.

Across the land there is an abundance of silk, cotton, sugar, musk, and plenty of drugs. There are mines for all kinds of metals, iron, steel, copper, brass in large and cheap quantities, lead, and tin-mercury. They say there are mines in the province of Nanjing. The silver and gold mines mentioned in their books are the following: In the province of Beijing, in the city of Poan,[46] at the periphery, there are silver mines. In Shandong, at the edge of the city of Dengzhou, gold mines. In Nanjing, at the edge of the city of Ningguo, there are silver mines. In Zhejiang, at the periphery of Chuzhou, gold mines. In Fujian, at the edge of Fuzhou, there is silver, and in Guizhou, gold and silver. In Guangxi, at the edge of Guixian, there is silver. Also there are pearl farms in the province of Guangdon at the periphery of the city of Lianzhou.[47]

In spite of all this the common people are poor because of their vast numbers, and so everything is very cheap, and everything is sold by weight, even fowl and firewood. We did not see any kind of currency until we came to the end of the city of Quanzhou, [231r] where people used a stamped copper coin with a hole in the middle, and we exchanged four *reales* for 312 to 320 pieces of these. There, and in all the rest, everything was bought with weighed pieces of silver, and one of their measurements, called *nio*, is equivalent to eleven reales in our weight, and one nio is ten *lacun*, and one lacun is ten *phou*, and one phou is ten *dis*, thus the weight of eleven reales is divided into a thousand units.[48]

We also saw mostly blind and poor people begging for alms along the streets. There being so many of them nothing is wasted, not a bone nor horn, in the thousand small things they make, not straw or grass, which serve for many things. The ships are somewhat awkward and poorly built, although they make good use of the wind and have a good bowline. They do not have nautical charts, only a few handwritten maps, and they have a compass, but unlike ours, for it is no more than a small, very thin tongue of steel which they rub on lodestone and put in a small saucer filled with seawater and upon which the winds are painted. And this compass has twenty-four sections, not thirty-two like ours.[49]

Their paper, they say, is made from the inner fiber of canes. It is very thin and cannot be written on both sides, because ink seeps through. Ink is sold in small rolls and mixed with a small amount of water and can [then] be used

---

46   S&T, 587n191, believed that the area of Poan referred to Boading, which was in Hebei province.
47   For more information on the mines, see S&T's extensive notes 192–197 on p. 588.
48   Boxer 1953, 294n2, noted that these terms were the Amoy equivalents of the corresponding terms in Mandarin: *nio* = *liang*, *lacun* = *mace*, *phou* = *fen*, *dis* = *li*, meaning cash.
49   Chinese compasses were based on the traditional notion of five primordial essences of *mu* (wood), *huo* (fire), *t'u* (earth), *chin* (metal), and *shui* (water). See Boxer 1953, 295n1.

agua, escriben. Sus planas son unos [231v] pincelillos. La letra es la más bárbara y difícil que se ha descubierto, porque más son caracteres que letras, y para cada palabra o cosa tienen letra diferente, de manera que aunque uno conozca diez mil letras, no sabe leer todas las cosas. Y así entre ellos el que más sabe leer es el más sabio.

Vinieron a nuestras manos libros impresos de todas sus ciencias, así de cosas de astrología y estrellas, como de fisonomía, quiromancia y aritmética, de sus leyes y de medicina, y de esgrima, y de toda manera de sus juegos y de sus dioses. En todo lo cual, sacando las cosas de medicina, que como simplicistas por experiencia conocerán las virtudes de las yerbas, y las traen pintadas como nosotros en el libro de Dioscórides, todo lo demás no hay que echar mano, que no tienen más de sólo el olor o nombre de ello, pues ni saben cosa de geometría ni tienen compás, ni usan de él, ni saben contar más de solo sumar y restar y multiplicar. Y creen el sol y luna ser hombres, y el cielo ser llano y no redonda la tierra. Verdad es que, como también los naturales de estas islas conocen muchas estrellas, y por los nacimientos de ellas saben los tiempos del sembrar y coger, y cuándo comienzan las brisas y vendavales, y cuándo es tiempo de calmas y de tormentas, pues estos bestiales la saben, mucho mejor la sabrán los chinos.

También vi relojes [232r] de sol en la ciudad de Hocchiu, pero como de gente ignorante, mal hechos, y que no señalaran la hora cierta.

Todas sus adivinanzas comúnmente son por suertes. En sabiendo alguno de linaje de hidalgos leer bien, examínalo uno que llaman *azazu* y, hallándolo hábil, dale el grado, como así digamos de bachiller, y pónele dos ramilletes de plata a las orejas, y llévanlo a caballo a dar un paseo por la ciudad con banderas y menestriles delante. De éstos vimos uno en Hocchiu, y aun harto muchacho. Y des que tiene aquel grado, queda hábil para ejercitar algún cargo de justicia, porque ninguno que no sepa bien leer y escribir, y demás de eso la lengua cortesana, no puede ser gobernador ni justicia, porque en cada provincia tienen diferente lengua, en que todas combinan como portugués, valenciano, castellano.

Y en esta particularidad la letra de la China que, como no son letras, sino caracteres, una misma carta la leerán en todas las lenguas de la China, aunque vi cartas escritas en lengua cortesana, era diferente de la de Hocquien. Pero en la una letra y en la otra leerán entrambas a dos lenguas.

for writing.⁵⁰ They use small brushes as quills. [231v] The letters are the most barbarous and difficult I have ever encountered, being more characters than letters, and for each word or object they have a different character, thus even if one learns a thousand characters, he still cannot read everything. And so it is the wisest among them who can read the most.

We were able to obtain printed books of all their sciences, even of matters related to the stars and astrology, as well as physiognomy, chiromancy, and arithmetic, about their kings and about medicine, and fencing, and all manner of games, and their gods. On the subject of medicine, although limited by their lack of experience, they recognize the properties of herbs, and they have illustrations like ours in the book by Dioscorides.⁵¹ The rest are not worth the while, for they hold nothing but their name and smell, because they know nothing of geometry nor have a compass, nor make use of it, and they know no more than to add, subtract, and multiply. They believe the sun and moon are men, the sky is flat, and the world is not round. In truth, since the natives of these [Philippine] islands know many stars, and from birth have learned the seasons for sowing and harvesting and when the breezes and gales begin to blow and when calm weather and storms come, then if these savages know these, then the Chinese would surely know a lot more.

I also saw sundials [232r] in the city of Fuzhou, but since they are an ignorant people, these were poorly made and did not give the right time.

All their forecasts are based on luck. When someone of noble birth reads well, he is examined by one they call *azazu*⁵² who, finding him capable, gives him [the equivalent of] a bachelor's degree, puts two silver garlands on his ears, and then leads him on a horse through the city with flags and minstrels leading the way.⁵³ We witnessed one in Fuzhou, and he was a young boy. And from the time he is awarded the degree, he becomes eligible for a position in the government, for no one who cannot read and write well, apart from speaking the language of the court, cannot become a governor or a minister of justice because each province has a different tongue, which all converge like Portuguese, Valencian, and Castilian.

And because of this peculiarity of Chinese letters, which are not really letters but characters, the same character can be read in all the tongues of China, and although I saw documents written in the court language with characters that were different from those of Fujian, a letter from one or the other could be read in both tongues.

---

50  Boxer 1953, 295n2, noted that Rada must have been referring to the use of very fine bamboo-pulped paper.
51  Rada was referring to the classic work on medicinal plants, *De material medica*, by Dioscorides (ca. 40–90 AD), a Roman doctor.
52  Boxer read this term as *a ja ju*. He theorized that it could have been a garbled version of the term *chiao-yü*, or provincial director of studies.
53  Rada was describing the *zhongju* or Chinese civil examination system, which rigorously screened candidates for different government positions. See S&T, 590n210.

## De las justicias y modos de gobernación

En todo el reino de Tay Bin dicen que no hay señores de vasallos, a sólo el rey está todo sujeto. Pero hay esclavos de los mismos naturales [232v] porque también dicen que no reciben extranjeros. Y de estos esclavos, parte son nacidos en servidumbre, parte que ellos mismos se venden, por pobreza, otros que por delitos los venden por esclavos por algunos años. Mas la gente que tiene cargo de justicia es tanta que es casi sin numero. Pondremos la manera de gobernación de la provincia de Hocquien, que de la misma manera se deben de regir las demás provincias que tienen virreyes. Mas las provincias de Pacquin y Namquin tienen diferentes maneras de oficios y gobiérnanse por audiencias. En la ciudad principal de la provincia de Hocquien, que es Hocchiu, reside siempre el virrey, que ellos llaman *comind*, y la segunda persona después del *teutoc*, que es capitán general de toda la gente de guerra. Y estos dos tienen mando sobre toda la gente y gobernadores de toda la provincia. Hay después de éstos el alférez general, que ellos llaman *cancunto*, y el *pauchin* es el tesorero del rey, y el *pouchinsi*, que es teniente del tesorero, y *sanchian*, teniente del capitán general, y el *ansasi*, que es como gobernador, *abiansay*, y como alcalde mayor, y tres que llaman *tihu*, como alcaldes ordinarios.

Todos estos son justicias que pueden castigar los delincuentes, aunque los mayores por maravilla [233r] castigan sino es algún capitán, o persona principal, o algún grave delito, porque a los demás los remiten con una cédula a los alcaldes ordinarios, donde señala el castigo que se le ha de dar, como lo vimos algunas veces. Todos éstos es cosa de espanto, la gravedad que tienen así en sus casas como cuando salen en público.

Y cada uno tiene cantidad de alguaciles, cuya insignia es traer un plumaje de plumas de pavón, ytem muchos sayones que sus azotes y palos y cordeles. Los azotes son unas como palas del tronco de las cañas sacadas, que son las cañas de esta tierra, muy grandes y gruesas. Será cada pala de seis palmos o más alta, y ancha cuatro dedos, y gruesa como el pulgar. Y es bien pesada. Y comúnmente azotan con ésta, pero cuando quieren castigar más recio azotan con unos bastones o palos rollizos, tan gruesos como el brazo. La manera de azotar es que en dando un grito el mandador, luego arrebatan al pobre delincuente cinco o seis sayones, y en un momento dan con él en el suelo, y le quitan los zaragüelles. Y tendido boca abajo átale uno de los pies y otro de la cabeza, y otro con la dicha caña o bastón inclinándose dale con toda su fuerza en la parte trasera de los muslos, hasta que digan que basta. Y de cinco en cinco le revuelven el cuerpo

# Regarding justices and the system of governance

In the whole kingdom of Tai Ming, it is said that the vassals have no lords and that they are all subject only to the emperor. But there are native slaves [232v] because they also say that they do not receive foreign slaves. Of these slaves, some are born into slavery, and some of them sell themselves as slaves because of poverty. Others who have committed a crime are sold as slaves to serve for several years. But there are so many people who have charge of justice that they cannot be counted. We can say that the type of government in the province of Fujian is the same as those of the other provinces that have viceroys. However, the provinces of Beijing and Nanjing have different systems of administration and are governed by courts. The viceroy always resides in the main city of the province of Fujian, which is Fuzhou; the viceroy is called *junmen*,[54] and is the second person after the *tidu*, who is the captain general of the army. And these two control all the people and governors of the whole province. After them comes the lieutenant general, whom they call *guanjunshi*; and the *pauchiu* who is the treasurer of the emperor; and the *bu zheng shi*, who is a lieutenant of the treasurer; the *canjiang*, lieutenant of the captain general; and the *anchashi*, who is like a governor; the *uiansay*, who is the head magistrate;[55] and three that they call *zhifu*, like ordinary magistrates.

All of these are justices who can punish criminals, although it is seldom that high-ranking magistrates punish a captain, [233r] a prominent person, or someone who has committed a serious crime. The others are only given a certificate to be given to the local magistrates, who designates the punishment that is to be imposed as we have seen in a few instances. All of them are frightening in appearance for the solemn image they project even inside their homes and when they go out in public.

And each one [justice] has numerous deputies—whose insignia is [a bunch of] peacock feathers—and many executioners with their scourges or whips, sticks, and cords. Some of the whips are shaped like paddles made from the trunk of the splayed [bamboo] canes, which are indigenous to this land and are very big and thick. Each paddle measures six handspans high or more, and four fingers wide, and is as thick as a thumb, and is very heavy. This is commonly used for whipping, but when they want to inflict more severe punishment, they use canes or logs as thick as your arm. This is the way they do it. When the foreman gives a cry, five or six executioners grab the poor criminal and pin him to the floor and pull down his trousers. And when they have him face down on the floor, they hold him down by his foot and by his head, and the man with the cane will lean and strike him with full force on the back of the thighs, until they say that's enough. And after every five beatings, they rotate his body to expose

54 S&T, 591n214, and Boxer 1953, 297n7, concur that *junmen* was derived from the Hokkien word for viceroy, *kun-bun*.
55 We have chosen to translate *alcalde* here as magistrate, instead of mayor. See the involved discussions of S&T, 591–92n214–221, and Boxer 1953, 298–99n16, with regard to the differing ways of translating the other official names.

para darle en el otro lado. Y está otro de los sayones puesto de rodillas, que a voces cuenta los azotes, los cuales son de tal manera que a los que pasan de sesenta por maravilla escapan de muertos. Y al que quieren [233v] dar mayor tormento amárranlo primero de pies y manos, y muy peor de lo que llaman "la ley de Bayona", y así amarrado lo azotan. Y no hay diferencia de personas en esto, sino que el mayor en haciendo, porque hace azotar el menor por más honrado que sea, y aunque tenga oficio real. Estando nosotros en Hocchiu hizo el *teutoc* azotar a un capitán de los honrados por bien poca cosa, y le mandó dar ochenta azotes. Y al otro día expiró.

Cada mañana cuando quieren abrir su puerta, que es comúnmente a las ocho o nueve, y está aguardando toda guardia fuera de la puerta, y tiran primero tres versos y tañen su trompeta, y atambor grande, y luego los menestrales. Y así abren, está asentado con la majestad que dijimos del *insuanto* en la Relación del viaje en Chinchiu, y aun con mayor, según la mayoría de la dignidad. Y luego entran muchos capitanes a hacerle su acatamiento como arriba dijimos, desde lejos hincados de rodillas, llegando con la cabeza al suelo, tres o más veces.

Y acabado de hacer esta veneración, los capitanes hacen otro tanto, juntos todos los de la guardia desde fuera de la puerta, que estará casi un tiro de arcabuz de donde está el mandador. Hecha esta veneración los capitanes al *comind*, luego los que no han de asistir allí o no tienen negocios, van a hacer otro tanto al *teutoc* y a los demás. Fuera de estos mandadores que son [234r] los mayores hay uno que llaman *tampoa*, que es proveedor de bastimentos, y hace que siempre haya bastimentos, y castiga a los que no acuden con tiempo a las cosas que les mandan traer. Ytem uno que le llaman *choyqua*, que castiga a los vagabundos que por todos los barrios hay. Otros mandadores menores que oyen pleitos y hacen justicia en cosas menudas y rondan de noche, y éstos son a los que suelen enviar los mayores a los delitos que entre aquéllos castiguen.

En las demás ciudades de la provincia tienen sus gobernadores, aunque diferente nombre según la preeminencia del cargo, porque a uno llaman *ynsuanto*, a otro *hayto*, otro *pinpito*, otro *tiacto*, etc. Y tienen, en lugar del *bauchin*, uno que

its other side. And another executioner who is on his knees sometimes counts the number of beatings which are inflicted in such a way that it is a wonder that those who receive more than sixty manage to escape death. And those they want [233v] to give greater torment, they first tie the feet and hands, and this is the very worst of what they call "the law of Bayona,"[56] and while tied in this way, they whip him. And there is no distinction between people in the manner of punishment, except that the older one beats the younger one no matter how honorable he is and even if he is a royal official. While we were in Fuzhou, the *tidu* [captain general] punished a captain for a small offense and ordered that he be given eighty lashes. And the next day, he [the captain] expired.

Every morning when they want to open the gate, which is commonly at eight or nine, and while guards are standing outside the gate, they first fire three shots, blow the trumpet, and beat the big drum, and then the artisans come. And this is the way they open with great ceremony, as we described of the *insuanto*[57] in the account of the trip to Quanzhou, and even with greater ceremony and according to the degree of seniority. And then many captains enter to pay their respects, as we mentioned above, approaching from a distance on their knees, bowing their head to the ground three or more times.

And after having paid their respects in this manner, the captains do the same all together with the guards outside the door, which is almost a musket shot from where the foreman is. After the captains have paid their respects to the *junmen*, then those who have no business there will do the same to the *tidu* and others. Among the mandarins who are [234r] the senior ones, there is one called the *liangdao*, who is a supplier of provisions and sees to it that there are always provisions or supplies available, and punishes those who do not come in time to bring the things they were ordered to bring. The one called *zhougun* is charged with punishing the vagrants that are found in every neighborhood there. Other minor foremen hear lawsuits and administer justice in small matters and patrol at night, and they are the ones to whom the older foremen are sent to be punished for their crimes.

In the other cities of the province, they have their governors, although with different names according to the importance of their charge or responsibility. They call one *ynsuanto*, the other one *hedao*,[58] another *pinpito*,[59] another *tixuedao*,[60]

---

56  S&T, 593n226, stated that the *ley de Bayona* was a form of extreme punishment practiced in the New World. Bárbara O. Reyes provided first-person accounts of such punishment in *Private Women, Public Lives: Gender and the Missions of the Californias* (Austin: University of Texas Press, 2009), 166.
57  S&T, 593n229, deciphered this term as a reference to the governor of the prefectures of Xinghua and Quanzhou.
58  *Hedao* refers to the commander of the naval coastguard (Boxer 1953, 300n4).
59  *Pinpito* is a word of unknown origin.
60  *Tixuedao* means "education intendant circuit" (S&T, 594n234).

llaman *soupu*. Los alcaldes y proveedores como en la cabecera. Pero en las villas hay uno como corregidor llamado *ticon*, y su alcalde mayor *cansin*, y uno como alcalde de hermandad *tensu*, y su proveedor y justicias menores por los barrios.

Por las aldeas tienen sus alcaldes y alguaciles y mandadores sujetos a su cabecera, de suerte que las villas y sus jurisdicciones son sujetas a las ciudades. Y cada ciudad y villa tiene muchas aldeas sujetas. Todos estos tienen sus sayones con sus cañas para azotar, y van siempre delante de ellos donde quiera que vayan, y van dando gritos que hagan todos lugar y se aparten y, no lo haciendo, luego los mandan azotar. Y es tanto el imperio y mando que tienen sobre los otros que cuando [234v] pasa alguno delante cualquiera que va a caballo se apea de él y se desvía a un cabo, y el que va en silla la hace poner en el suelo y sale de ella, y el que trae tirasol lo bate, y el que amosqueador lo coge y lo mete en la manga. Y dicen que ninguna justicia puede condenar a muerte sino son en la guerra los capitanes, pero si alguno merece pena de muerte tiénenlo en la cárcel hasta que dan aviso de su causa al rey, y por su mandado es condenado. Y así tienen muchas cárceles, y algunos que están en ellas muchos años.

Sus prisiones, las que nosotros vimos, son unas esposas en las manos de palo o un gran tablón en el pescuezo, a manera de cepo, aunque anda levantado con él, y trae una carga y trabajo, y en él trae escrita la causa de su prisión. Dicen ser las cárceles muy escuras y hediondas.

Y los castigos comunes que dan los jueces y justicias fuera del de la cárcel que dan por castigo, son los azotes arriba dichos a todos géneros de personas, sin hacer distinción de persona alguna, y a unos palotillos que ponen entre los dedos y los aprietan fortísimamente con unos cordeles, que les estrujan los dedos, y está dando voces el miserable hasta que el juez lo mande soltar. Y esto también sirve para dar tormento. Y a las mujeres más usan de palotillos que de azotes, aunque también las azotan [235r] según dicen, y también usan de castigar a los hijos o hermanos o parientes del delincuente, faltando él, como vimos y oímos de algunos. Y según dicen, si el delito es grave, aunque tengan presente al delincuente castigan no sólo a él, mas a todos sus parientes. Todas estas justicias y gobernadores han de ser de otra provincia, y no de aquella que gobiernan, y los mudan de tres en tres años.

etc. And they have, instead of *bu zheng shi*, one called *xunfu*.⁶¹ Magistrates and purveyors are the same as in the capital. But in the villages there is one who acts as *corregidor*⁶² called *zhixian*,⁶³ and his chief magistrate is called *canzheng*, together with a mayor of the brotherhood called *dianshi*,⁶⁴ and his purveyor, as well as minor justices of the wards.

The small villages have their mayors, sheriffs, and mandarins, subject to their capital, so that the villas and their jurisdictions are subject to the cities. And every city and town has many subject villages. All these have their executioners with their canes used for whipping and who always walk before them [the officials] wherever they go. As they walk, they shout to make everyone get out of the way, and whoever does not do so is whipped. So great is their control over the people so that when [234v] anyone passes in front of someone who is on horseback, the rider dismounts and must change his direction, and he who is riding on a chair has the chair put down, and he alights from the chair; and he who brings a parasol has to close it, and he who has a flywhisk needs to insert it in his sleeve. And they say that no judge can condemn a person to death except for captains who are at war, but if anyone deserves the death penalty, he is kept in prison until the king can be informed, and then the king issues his mandate confirming the death penalty. Thus, they have many prisons, and some have been in prison for many years.

Their fetters that we saw consisted of wooden manacles for the hands. There is also a large board fashioned for a neck as a pillory, although he [the prisoner] can walk around with this, carry a load, and work. He brings with him a written notice explaining the cause of his imprisonment. It is said that the prison cells are very dark and stinking.

The common punishments that the judges and justices impose, aside from imprisonment, are whipping as mentioned above for all types of persons without distinction. Another form of punishment involves the placing of *palotillos* or sticks between the fingers and tightening the fingers together with twine until the fingers are squeezed together and the miserable victim screams until the judge orders his release. And this also serves as torment. And for women, *palotillos* are more commonly used as punishment rather than flogging, although it is said they are also whipped or flogged, [235r]and the children, siblings, and relatives of the delinquent are also punished if the wrongdoer himself goes missing. And it is said that if the crime is serious, even if the offender is present, not only he is punished but also all his relatives. All these justices and governors must be from another province, and not from the province they govern, and they are relieved every three years.

---

61 *Xunfu* is the term for provincial governor (S&T, 594n236).
62 *Corregidor* is a Spanish administrative position that was created during the time of conquest and was equivalent to a governor of a *corregimiento*, or a frontier province or region.
63 *Zhixian* refers to a magistrate appointed to a district.
64 *Dianshi* is a jail warden.

Y allende de esto envía el rey cada año a cada provincia un visitador que ellos llaman *sanhe*, el cual desagravia algunos agravios y hace sus informaciones, si usan bien su oficio el virrey y capitán general, gobernadores. Y envíales o llévales al rey. O si reciben dones, porque en esto son recatadísimos, aunque muy amigos de ellos, y apenas se negociará bien sin untarles las manos, pero ha de ser muy en secreto, que en público no recibirán nada. Y esto digo en los que nosotros vimos, otros muchos puede haber de otra condición.

Castigan mucho a los vagabundos, y así son todos muy grandes trabajadores, y son enemigos de mercaderes, que dicen ser gente vagabunda, y que no los consienten, sino por evitar que no se hagan salteadores, que dicen que hay muchos la tierra adentro, así como corsarios por la mar. Y nadie puede salir del distrito de su ciudad aunque sea la misma [235v] provincia sin licencia escrita, que luego darán con él en la cárcel y lo castigarán. Suelen dar la licencia en papel con muchos sellos y cedulillas de los alcaldes y otros mandadores, mas cuando alguno va por pública causa, o le quieren honrar, dan una patente en un tablón, como arriba dijimos, y nos la daban a nosotros. Y los correos que envían con despachos, fuera de que en el vestido son señalados, van en caballos con un pretal de cascabeles gordos.

No admiten tampoco gente extranjera, aunque dicen que en Suntien, do está la corte, hay muchas diferencias de naciones, y cada una vive en su barrio, y en la puerta de él esta escrito el nombre de la nación y gente que es. Diéronnos por minuta haber allí estas naciones: cauchy, leuquiu, chienlo, malaca, payni, campuchi, chaucin, tata, cauli, gitpon, uy ue, y estos últimos dicen ser moros que viven la tierra adentro entre la China y Bengala. Todas estas naciones dicen que pagan parias al rey de China. Vimos nosotros en Hocchiu unos hombres de lauquiu que nosotros llamamos Lequios, que venían a traer sus parias, o tributo.

Fuera de estos mandadores hay otros muchos pequeños y capitanes de muchas maneras, entre los cuales los que llaman *petzon*, que son muchos. También tienen jurisdicción y aun autoridad [236r] de andar en silla grande y traer delante de sí sus sayones con las cañas para azotar, y cordeles para amarrar, y también castigan. Y todos éstos no solo en el lugar do residen, mas donde quiera tienen poder para castigar a la pobre gente, y así los tienen avasallados.

### De los dioses, ídolos, sacrificios y fiestas

Es tanta la suma de los ídolos que vimos por todo lo que anduvimos que no se pueden contar, porque demás que en sus templos y casas particulares, para ello

Aside from this, the king sends each year to every province what they call an inspector they call *daoli*,⁶⁵ who addresses some grievances and makes his recommendations. If his report is well taken by the viceroy, captain general, and governors, it is sent to the king. Or if they receive gifts because in this matter they are very secretive, though inclined to bribes. Nothing will be done without daubing their hands. But this has to be done with great secrecy as they will not receive anything in public. And this I say about what we have seen, but many others may have had another experience.

Vagrants are very often subject to punishment, thus most people are hard workers and are enemies of merchants or traders whom they say are vagrants, and only tolerate them so that they do not become robbers—it is said there are many inland—or pirates of the sea. And no one can leave the district of their city even if it is in his own [235v] province without written permission, or else he will be jailed and punished. The permit is usually a sheet of paper with many stamps and seals of mayors and other overseers, but when one is on official business or when they want to honor or give him an award, a license is issued, which is mounted on a board and given to us, as we mentioned previously. The mail-riders that they despatch wear their distinctive garments while riding on horses that are strapped with big bells.

They also do not let in foreigners, although they say that in Beijing, where the court is, there are many people of different nationalities, each living in their own neighborhood, and on their doors is written the name of the nation and their people. We were given a note listing the nations there: Giao Chi, Xiao Liuqiu, Xianlou, Malacca, Brunei, Kampuchea, Joseon, Tatary, Kaoli, Japan, Uy Ue.⁶⁶ The last ones are claimed to be Moors living inland between China and Bengal. All these nations say they pay *parias* [tribute paid by one king to another] to the emperor of China. In Fuzhou, we saw some men from Lauquiu we call Lequios, who came to bring their *parias* or tribute.

Apart from these overseers, there are many other small foremen and captains of ample means, among whom are those called *pa-tsung*,⁶⁷ who are numerous. They also have jurisdiction and authority to go around [236r] riding on a big chair with their executioners in front and carrying their canes for whipping and their twine to tie up people and to inflict punishment. And all these not only in the place where they reside, but wherever they wish to have the power to punish the poor people, and thus in this way, they have them subjugated.

## Of gods, idols, sacrifices, and feasts

Such is the sum of the idols that we saw everywhere we went that you can not count them because there are idols in their temples and homes and there are

---

65 *Daoli* is an inspector of one of the thirteen provinces, according to Boxer 1953, 302n3.
66 Giaochi is in present-day Vietnam. See S&T's comprehensive note (596n243). Liuqiu refers to the Ryukyu islands. Xianlou to Siam, Joseon to the Korean dynasty, while Kao-li is a repeated reference to it. S&T, 597n250, identified Uy Uei as the Uighurs.
67 Boxer 1953, 303n6, noted that *pa-tsung* designates a garrison commander in charge of 2,000-strong force.

hay muchos, que en una en Hocchiu había más de cien estatuas de mil maneras, unas con seis, ocho o más brazos, y otras con tres cabezas, que decían ser príncipe de los demonios, y otras de negros bermejos y blancos, así hombres como mujeres. No hay casa que no tenga sus ídolos, y aun por los cerros y caminos apenas hay peñasco grande donde no tengan entallados ídolos.

Con todo eso, a quien por verdadero dios tienen es al cielo, y a todos los demás ponen por intercesores para que rueguen al cielo, que ellos llaman Thien, que les dé salud o hacienda o dignidad o buen viaje, y entienden que todo lo cría y hace el cielo. Y al mayor de los que están en el cielo llaman Yohon o Yocon Santey, el cual dicen que fue *ab aeterno* como el cielo, aunque es su inferior, y que no tiene [236v] cuerpo. Y su criado de éste es Sancay, que fue hecho del cielo, y tampoco tiene cuerpo, a cuyo cargo dicen estar todas las cosas debajo del cielo, y la vida y muerte, el cual tiene tres criados, que por su mandado gobiernan este mundo, Tianquan, que tiene cargo de las aguas y, Cuicuan, de la mar y navegantes, y Teyquan de los hombres y frutos de la tierra. Tienen también a uno que dicen ser portero del cielo, y otros muchos de esta manera, y fuera de éstos otros muchos que ellos tienen como por santos, que a unos llaman *fut*, y otros *poussad*, y adóranlos. O porque hicieron vida solitaria y casta y gran penitencia, o por haber sido muy valientes, como es un bermejo llamado Quanhu, de quien arriba hicimos mención, que ayudó a levantarse con el reino a Laupi.

Pero a quien más honra hacen es a una mujer llamada Quanin, hija de un rey dicho Tonsou, que hizo vida solitaria y a su modo santa. Pero los navegantes a otra mujer llamada Neoma, natural de la provincia de Hocquien, de una aldea de Ynhua llamada Puhi. Dicen que hizo vida solitaria en la isla de Vichui, despoblada, do dicen que hay caballos, que está apartada de la costa como tres leguas.

Adoran también a los demonios, porque no les hagan mal. Suelen también poner tres estatuas juntas de una misma [237r] persona, y preguntados dicen que aquellos tres no son más de uno, como vimos en Laulo tres grandes estatuas de Neoma asentadas juntas y una reja delante y su altar, y luego a los lados una estatua de hombre bermejo y otra de negro, que reciben las ofrendas. Lo que

so many. In Fuzhou there were over a hundred statues in a thousand different representations, some with six, eight, or more arms, and some with three heads, which were claimed to be the prince of demons, and others dyed black, red, and white, and male or female. No house is without their idols, and even along roads through the hills, there are hardly any large boulders on top of which there are no carved idols.

Nevertheless, they consider heaven to be their true God, and all the others are their intercessors to pray to heaven, whom they call Tian, to give them good health or wealth or dignity or a good trip, and they believe that heaven created and made everything. And the greatest of those that are in heaven they call Yuhuang or Yuhuang Shandi,[68] who they say is eternal, like heaven, although Yuhuang is inferior and has [236v] no body. And his servant is Sancay,[69] who was made by heaven, nor has he a body; he is in charge of all things under heaven, and of life and death. Sancay has three servants, who under his command rule this world: Tianquan is in charge of the waters; Shuiguan has charge of the sea and seafarers, and Diguan[70] is in charge of men and the fruits of the earth. They also have one whom they say is the keeper of heaven, and many others who they consider saints, which some call *Fo* [Buddha], and others *pusa* [bodhisattva[71]] and they adore these; because they led solitary and chaste lives and did great penance, or they were very brave, as is a red god called Guan Yu whom we mentioned above, who helped Liu Bei[72] set up his kingdom.

But they honor the most a woman named Guanyin,[73] the daughter of a king called Dao-xuan[74] who lived a solitary and holy life. But the sailors and navigators worship another woman called Niangma,[75] a native of the province of Fujian who lived in a village called Hsing-hua. They say she led a solitary life in Meizhou island which was uninhabited, although they say there were horses. This island is about three leagues away from the coast.

They also worship spirits in order for them not cause them harm. They also tend to place three statues of the same [237r] person together, and when asked why, they say that these three are no more than one, as we saw in Liau-loa,[76] three large statues of Niangma seated on a railing in front of her altar, and then on the sides a statue of a red man and another of a black man, who receive the

68  Yuhuang Shangdi is the great jade emperor, who was considered one of the three pure ones, according to Taoist religion (S&T, 598n256).
69  Boxer 1953, 305n3, speculated that this was a corruption of the word Shangdi.
70  These are the officials of the three spheres.
71  *Pusas* are buddhas who are not yet perfected by entering Nirvana (Boxer 1953, 305n2).
72  These were two characters who performed numerous heroic exploits in the popular *Romance of the Three Kingdoms*, which was set during the period 221–265 AD after the fall of the Later Han dynasty (Boxer 1953, 280n2).
73  Guanyin is often called the goddess of mercy whose depiction is always of compassion.
74  This is a confused reference of Rada. Dao Xuan was the author of the book that recounted the legend of Guanyin. His father was the Emperor Miao Chuang Wang (696–81 BC), the ruler of the Chou dynasty (S&T, 598n265).
75  Niangma was a goddess of the sea, who was called in Amoy T'ien-hou Niang-niang, or the Heavenly Concubine (Boxer 1953, 305n5).
76  Liau-loa was a spot on Quemoy island in the Bay of Xiamen that both Rada and Loarca visited (Boxer 1953, 305n8).

suelen ofrecer después de hechas sus inclinaciones y oraciones es perfumes y olores, y gran suma de moneda de papel, que después la suelen quemar tañendo campanas. También suelen quemar estos papeles sobre los muertos, y si es hombre rico, juntamente piezas de seda. Y tienen sus lamparillas ardiendo delante de sus ídolos, aunque no es gente muy devota.

También ofrecen a sus ídolos vacas enteras y puercos, patos, pescados y frutas, todo crudo, puesto sobre un altar y, después de hechas muchas ceremonias y plegarias, toman tres tazuelas de vino con grandes humillaciones, y derraman la una para su dios, que es el cielo, y las demás se beben y reparten entre sí toda aquella comida, y la comen como cosa santificada.

Fuera de estos ritos y ceremonias, tienen otras muy ridículas como vimos, que en el navío do veníamos, ya que estábamos cerca de las islas, porque se volviesen según decían Neoma, que en darnos próspero viento nos había venido acompañando, hacen un navichuelo de caña con sus velas y timón, y échanle dentro con muchas [237v] ceremonias y un pescadillo asado y un poco de arroz cocido, y una tazuela de vino, y así lo echan en la mar. Y para echar el demonio fuera del navío pónense todos por los bordos del navío con sendos garrotillos, y vienen dos con sendos grandes cazos de arroz guisado, derramándolo a la mar de un cabo y de otro, comenzando desde la proa hasta la popa y, tras de ellos, otros dos armados con alfanjes y rodelas esgrimiendo y haciendo visajes, y los demás con sus garrotillos dando en los bordos con grande algazara, y otras cosas muy ridículas.

También suelen hacer algunos botos y promesas y ofrecimientos. Vimos votos de ayunos de no comer por muchos días cosas de carne, huevos ni pescado, nomás de arroz, yerbas y frutas, ytem unos como frontales de seda que enviaban a ofrecer do iba escrito el que lo ofrecía, y por qué causa y a quién.

Es gente muy dada a suertes, y así en todas las partes, y aun por los caminos, hallarán las suertes y sus ídolos, a los cuales hecha primero su oración, toman gran cantidad de palillos y revolviéndolos, toman el que primero se le ofrece sin mirar. Y miran la palabra que en él está escrita, y por ella van a una tabla do están puestas todas las respuestas. Y también escriben en un palillo esquinado por todas las partes. Y hecha su oración, armando un altar con sus sahumerios, echan el palillo y, lo que sale [238r] arriba, aquello tienen por cierto, y otras maneras.

Celebran por fiesta todos los primeros días de luna y los días quincenos, pero principalmente el día de su año, que cae ahora por febrero. Tiene su año según dicen dos años arreo a doce lunas, y el tercero a trece. Y siempre va seguido a esta cuenta. Aun no llega a nuestro año porque en 57 años nuestros vendrá a tener dos lunas menos, y así se retrasa el año.

offerings. After praying and bowing, they usually offer incense and scents, and large amounts of paper money, which they usually burn later to the accompaniment of ringing bells. They also tend to burn these papers over the dead, and if he was a rich man, they also burn pieces of silk. They keep their lamps burning before their idols, although they are not very devout people.

They also offer to their idols whole cows and pigs, ducks, fish, and fruits, all live and placed on an altar, and after many ceremonies and prayers, they take three cups of wine and with great humility pour one for their god, which is heaven, and then drink the other two and share all the food with others, which they eat as if the food was sacred.

Aside from these rites and ceremonies, they have others which were very ridiculous as we witnessed on the ship we sailed in, and as we were nearing the [Philippine] islands,[77] because we would return if they prayed to Niangma, which then gave us a fair wind that accompanied us, so they made a small vessel of cane with sails and rudder, and after many ceremonies [237v] and filling it with a small roast fish, some cooked rice, and a cup of wine, they cast it into the sea. And to cast the devil out of the ship, everyone gathered together on the decks of the ship with croups and two other men with two large ladles of rice stew, spilling it into the sea from one end of the ship to the other, starting from the bow to the stern, and behind them, others armed with cutlasses and wielding shields and making grimaces, and others with their *garrotillos* on the boards creating a great uproar and doing some very ridiculous things.

They also tend to make some vows, promises, and offerings. We saw some persons vowing to fast and not eat meat, eggs, or fish for several days and to abstain from rice, vegetables, and fruits. Some offered swatches of silk on which were written what they were offering, for what purpose, and for whom.

These are people much given to casting lots, and thus, everywhere, even on the road, one finds [symbols of] luck and their idols, to whom they first pray, then take a great number of little sticks, and turning them around [in their hands], grab the first stick, without looking, that is offered to them. Then they look at the word that is written on it and bring it to a table on which are indicated all the answers. Or they write on a small square stick that has corners and write [their prayer] on all sides. And having prayed, they approach an altar with their incense, throw the stick, and what side comes out [238r] on top, they believe that is certain [to happen].

They hold feast days on the first days of the new moon and the fortnight, but mainly for the New Year, which now falls in February. They say that the year has twelve moons for two years in a row, and the third has thirteen.[78] And if this counting is always followed, our [Western] year will never coincide because in fifty-seven years ours will have two moons less, and thus their year would be behind.

77 Boxer and S&T concurred that this referred to Rada's return voyage to Manila. Loarca's *Relación* also confirmed this.
78 The Chinese lunar calendar is made up of twelve months of twenty-nine or thirty days.

Celebran también muy gran fiesta la oposición o quincendía de su séptimo mes, la cual fiesta vimos nosotros en Hocchiu, porque la hacen en todas las casas de comunidad. Y así vinieron a hacerla también a la posada do posábamos. Y es la fiesta de los difuntos a honra de Siquiag, que fue el instituidor de las órdenes que hay en la China. Armaron en una sala la imagen de Siquiag con otras muchas imágenes que estaban de rodillas delante de él, y allí un altar grande y siete u ocho mesas aparte llenas de comida. Y luego a prima noche, comenzaron a cantar por su libro tres hombres, el uno como sacerdote, y los otros cantores, y cantaban unas veces a manera de salmos, y otras como himnos, tañendo siempre unas sonajas y un tamborete y, de cuando en cuando, tomaba el sacerdote un platillo de aquellos con la comida y decía su oración, y asentábalo en el altar. Y esto hasta que todos los platos se concluyeron, que duró casi hasta media noche.

## [238v] De los frailes, ermitaños y monjas que hay en Tay Bin

Hay en el reino de Tay Bin dos géneros de frailes según su manera de religión, unos que ni toman carne ni huevos ni pescado, sino se sustentan con arroz solo y yerbas y frutas, y de éstos muchos viven como ermitaños, como vimos unos en un cerro pegado a la muralla de Hocchiu, el cual estaba en una celdilla muy chiquita, y tenía allí tres idolillos, y al parecer es que estaba en contemplación, y alrededor sus vergelcillos do tenía sembrados calabazas, pepinos, badeas, berenjenas y otras hortalizas, y su arroyo de agua, y todo este término cercado con un cañaveral alto y espeso, desviado de las casas del pueblo como un tiro de arcabuz. Otros hay por los montes y cerros, y de éstos vimos algunos que traían rosarios mayores y diferentemente repartidos que los nuestros.

Otro género de frailes hay que viven en comunidad en pueblos, y éstos según nos dijeron, el rey les tiene dadas posesiones de que se sustentan, aunque también vimos en Hocchiu que andaban por las calles pidiendo limosna, cantando y con unas sonajas y un gran aventador inclinándolo a una parte y a otra, para que el que quisiere dar limosna la ponga o eche allí. Éstos comen de todo. Posamos en una casa de ellos en Chinchiu, y levantábanse comúnmente más de dos horas [239r] antes que amaneciese a cantar sus maitines. Y juntamente se tañía mientras cantaban una campana grande y un atambor y sus sonajas, y era al mismo tono que dijimos de la fiesta de los difuntos. No les vimos otra cosa cantar sino era aquellos maitines, que los acababan casi al alba. Y de noche y de día delante de sus ídolos ardían perfumes. También dicen que hay monasterios de monjas. No vimos ninguno.

They also hold a very great celebration on the new moon of the fifteenth day of the seventh month, which we witnessed when we were in Fuzhou because this was celebrated in all the houses in the community, and even in the inn where we were lodging. And it is on the feast of the dead when they honor Shih-chia [Buddha], who was the founder of the religious orders that exist in China. They set up the image of Shih-chia in a room with many other images that kneel before him, and there was a great altar and seven or eight other tables full of food. And then, early in the evening, three men began to sing, one a priest, and the other two were singers. Sometimes they sang songs that sounded like psalms and others like hymns, always while ringing some bells and a tamborine. Then from time to time, the priest would take a saucer of food and pray, and would place this on the altar. And this was done until all the dishes were consumed, which lasted almost until midnight.[79]

## [238v] Of the monks, hermits, and nuns in Tai Ming

In the kingdom of Tai Ming there are two types of monks, according to their religion. One [of these] does not take meat or eggs or fish but lives on plain rice, herbs, and fruits. Many of them live as hermits, as we saw a few of them living on a hill adjacent to Fuzhou in a very small cell. And there were three small idols, and they appeared to be meditating. In the surrounding area, there were some vegetable plots on which they had planted pumpkins, cucumbers, melons, eggplants and other vegetables, and there was a water stream, and all this area was fenced with high and thick reeds, away from the houses in the village by a musket shot. There are other monks in the mountains and hills, and we saw some older ones bringing rosaries that were larger and with the beads distributed differently from ours.

There is a second type of monk who lives in community in towns, and we were told that the king supports them with supplies, although in Fuzhou we saw some who roamed the streets begging, singing with tambourines, and holding out a large fan that they can bend so that whoever wants to give alms can place or throw it there. They eat everything. We lodged in one of their houses in Quanzhou, and they would usually wake up more than two hours [239r] before dawn to sing their matins. And while they sang, they were accompanied by large bell, a drum, and little bells, and it was the same tune we said they sang on the feast of the deceased. We did not hear them sing anything else except those matins, which they ended almost at dawn. And they burned incense night and day before their idols. They also say there were nunneries, but we did not see any.

---

79 The celebration is that of the hungry ghosts, which is celebrated in Fujian (Boxer 1953, 308n1).

Ellos y ellas traen rapadas las cabezas y barbas. Llámanlos a ellos *huxio*. Tienen uno como general y viven en corte, que llaman *cisua*, el cual pone en cada provincia uno como provincial, que llaman *toucon*, y el mayor o prior de cada casa llaman *tionlo*.

Al inventor de estas órdenes llaman Siquiag, que tienen ellos por santo, y era extranjero. Dicen que era de la provincia de Tiantey, aunque unos de sus frailes nos dijeron que de Siria.

Creen los chinos ser las ánimas inmortales y que los santos van al cielo. De los otros nos dijeron que se tornaban demonios. Son en poco tenidos y estimados los frailes, y solos los capitanes y mandadores son estimados por el castigo.

Finalmente es la tierra muy fructífera y abundante y de infinita gente, aunque infieles, y con eso, los males que se siguen a quien no conoce a Dios [239v] al cual sea la honra y gloria por siempre jamás, y los convierta y traiga a su conocimiento. Amén.

All of them shave their hair and beards. They are called *heshang*.⁸⁰ They have a kind of general who lives in court, called *shangshu*,⁸¹ and there is one in each province, like a father provincial, who is called *senkang*, and the head or prior of each house is called *senglu*.

The founder of these orders is called Shih-chia, whom they consider a saint and was a foreigner. They say he was from the province of Tianzhu,⁸² although some of his monks told us that he was from Syria.

The Chinese believe souls are immortal and that saints go to heaven. They say that others become demons. The monks are little regarded and esteemed, and only captains and mandarins are held in high esteem because of the fear of punishment.

Finally, the land is very fertile and populated by countless numbers of people, including even infidels or unbelievers, and consequently it is filled with the evils that follow those who do not know God [239v] to whom be honor and glory forever and ever, and may they be converted and brought to his knowledge. Amen.

---

80 *Heshang* is a Buddhist monk.
81 A *shangshu* is the director of the board of rites at Beijing and superintendent of all Buddhist monasteries (Boxer 1953, 3095).
82 Boxer stated that Tianzhu was the old Amoy name for India (1953, 310n2).

# [Ceremonias del Emperador Chino]

[242r] El modo y orden que atrás queda figurado es el que se tiene siempre en la salida del rey de China fuera de sus palacios, la cual es bien raras veces. Porque hay rey y ha habido muchos que en toda su vida no han salido de su casa. Los personajes graves que salen en su guarda y acompañamiento son todos los mandarines, y según la grandeza del cargo y mando que cada uno tiene, va más cerca o lejos de la persona del rey. De la demás gente es infinito el número que le acompaña.

Tiene por costumbre cada año dentro de su casa hacer una salida, y es a echar el arado en la tierra el mismo rey, por su propia mano, porque tienen por fe que será el año muy fértil y abundante de todos los mantenimientos haciendo el rey este acto.

Vive con tanto temor y recato que las veces que sale fuera de su casa, o en ella a hacer esto, es de la manera y orden que se sigue: Hace que vaya por todos sus reinos la persona de mayor confianza que tiene, o cerca de la suya, y éste va mirando las personas más parecidas a la del rey, así en cuerpo como en la fisonomía del rostro. Y de éstos escoge doce y los trae a la casa real. Y éstos asisten en ella siempre. Y la vez que ha de salir el rey, los visten con las mismas vestiduras e insignias reales que él lleva, y ponen a cada uno en su carroza, que es como la propia en que va el mismo rey, sin discrepar un solo punto de ella, de manera que salen trece carrozas o coches, todos de una misma hechura, a los cuales tiran a cada uno seis venados, la vez que sale a este efecto [242v] de echar el arado (a diferencia de los caballos que lleva en la salida principal), de suerte que nadie de los que van con él sabe cuál es el rey ni más de que le acompañan, y si no es las personas de su casa y servicio, no hay otros que le conozcan. Y vive con todo este recato muy temeroso de alguna traición.

Delante de la gente que va en su acompañamiento, que ya se ha dicho que no se puede numerar, van dos pendones o enseñas, que en el medio de la una va escrita esta palabra—huir—y el que llegando este pendón no huye o se esconde de manera que no le vean, y le cogen y azotan tan cruelísimamente. Y si llega

# 18

# [CEREMONIES OF THE CHINESE EMPEROR]

[242r] THE MANNER AND ORDER THAT IS ILLUSTRATED[1] is what is always followed whenever the emperor of China goes out of his palace, which happens very rarely because there have been many emperors who have never in their lives left their abode. The important personages who appear to support and accompany him are all mandarins, and according to the greatness of their position and command each one may be closer or farther away from the person of the emperor. There are an infinite number of other people who accompany him.

It is the custom for the emperor to take leave of his domicile once each year and to plow the earth because they have faith that this act will make the earth very fertile and the harvests abundant.

He lives with such great fear and shyness that many times before he goes out of his house, this has to be done. He orders the person he trusts the most or the one closest to him to go throughout his kingdoms to look for persons who look most like the emperor in body and in facial features. Then twelve are chosen and brought to the imperial house, and they must remain there always. And when the emperor has to leave the house, the twelve are dressed in the same clothes and regalia as he is. Each one is placed in his own chariot, which is exactly the same as the one the emperor rides. Thus thirteen chariots or carriages leave, all of the same workmanship and appearance, each of them drawn by six stags, but when the purpose of this is for [242v] the emperor to plow, the difference is that horses are used to pull the carriages. But no one who goes with him knows who the emperor is among the thirteen; only the persons of his household who work for him can recognize him. And he lives in great fear of treachery.

In front of the people who accompany the emperor, which as already mentioned are innumerable, there are two banners or emblems. In the middle of one is written the word "Flee!" [out of the way]—and after this banner passes, anyone who does not get out of the way or hides so that he will not be

---

1   The image referred to is missing in the manuscript.

el segundo pendón, que trae por título—que viene el rey—y le cogen a vista de él, luego le cortan la cabeza. Y para estos castigos van ministros diputados que con grandísima brevedad los ejecutan a los transgresores. Las demás insignias que lleva son militares, excepto los *payos*, que son como quitasoles en España, y los abanillos grandes que estos llevan, los más privados del rey.

seen is caught and cruelly flogged. And after the second banner passes, which contains the words "The emperor is coming!" whoever is caught within sight of the emperor gets his head chopped off. And to carry out these punishments, there are deputy ministers who promptly punish the offenders. Other insignias carried are those of the military, except the *payos*, which are like parasols in Spain, and the large fans carried by the most private friends of the king.

# 19

## [Batallas de los chinos con los Tártaros]

[244r] De la forma que queda pintado atrás, se juntan en sus batallas los chinos con los tártaros, los cuales tártaros no traen en su ejército más que solo un estandarte, al cual siguen y guardan toda la gente de él.

Los chinos reducen toda la cantidad de gente de guerra que tienen en su ejército a cinco banderas y estandartes, de los colores y manera que van pintados. Adviértese que los más de estos chinos y tártaros pelean a caballo y con armas enastadas y otras diferencias de ellas, que es fuerza se ocupen las dos manos en jugarlas. Y había mucha duda en el modo de gobernar el caballo, teniendo las dos manos ocupadas. Y hase salido de ella porque se ha sabido por cierto que gobiernan los caballos con los pies, como nosotros en las manos, y los tienen acostumbrados y enseñados a esto. Y así no llevan riendas más de unas cabezadas por adorno.

# 19

## [BATTLES OF THE CHINESE AGAINST THE TATARS]

[244r] As illustrated on the previous page,[1] the Chinese engage in battles with the Tatars. The Tatars carry only one standard in their army, which all their men follow and defend.

The Chinese organize the number of fighting men who are in their army by arranging them under five flags and standards in the colors that are depicted. Note that most of these Chinese and Tatars fight on horseback, holding spears and other objects so that both hands are occupied. And we marveled at how they [the soldiers] could steer the horse when both of their hands were occupied. It was [later] learned that they controlled the horse with their feet in the the way we use our hands to control it. The horses have been trained and are used to this. Thus they do not make use of reins but only have some type of ornamental headgear to decorate the horses.

---

1 The illustration is missing as also noted by S&T, 605n1. Boxer 1950, 44, stated that the missing illustrations would have contained "a 16th-century equivalent of the celebrated *Triumphs of the Emperor Ch'ien-Lung.*"

## [Los dioses e ídolos que adoran en China]

[241v]     Estas figuras que se siguen son los dioses e ídolos que adoran en China

    **Susin** [245v]

    **Sanctia** [246r]

    **Yusam concho** [247v]

    **Yuay concho** [248r]

    **Lochia** [249v]

    **Sansaico** [250r]

    **Siamcoa** [251v]

    **Siamcou** [252r]

    **Tobte** [253v]

    **Quilam** [254r]

    **Chimbu [**255v]

# [GODS AND IDOLS THAT ARE WORSHIPPED IN CHINA]

[241v] THE FOLLOWING ARE THE GODS AND IDOLS that are worshipped in China.[1]

**Husin** [245v][2]

**Hanc Pia** [246r]

**Caishen** [247v]

**Yuayzon Concho** [248r][3]

**Nazha** [249v][4]

**Sansaico** [250r]

**Xianguan** [251v]

**Xiangu** [252r]

**Tu Di Gong** [253v]

**Lu Ban** [254r]

**Chimbu** [255v][5]

1 This folio was misplaced before the codex was bound. S&T, 606n1, concur with Boxer 1950, 44, who commented that "the rubric… should come after the missing battle pieces (illustrations), and be placed immediately before leaves 245–74, which comprise numerous full-page colored drawings of Chinese Taoist deities and more or less historical popular heroes…."
2 See fig. 49.
3 See fig. 50.
4 See fig. 51.
5 See fig. 52.

**Tiansu** [256r]

**Tenganzue** [257v]

**Puaqua** [258r]

**Amtan** [259v]

**Quamya** [260r]

**Chinsim** [261v]

**Chincum** [262r]

**Tirhu** [263v]

**Gouxian** [264r]

**Tiosiam** [265v]

**Honsun** [266r]

**Chiauganzue** [267v]

**Juabchu** [268r]

**Sunhonsi** [269v]

**Chendiem** [270r]

**Conganzua** [271v]

**Unganzua** [272r]

**Loocun** [273v]

**Honcsunganzue** [274r]

**Husin**   Este ídolo llamado Husin fue el primero que entre estos chinas inventó el arte de navegar, y que primero hizo navíos. Antiguamente le llamaban en sus tormentas y trabajos, y siempre le sacrificaban, aunque ahora no le tienen en tanta veneración, salvo los de Cantón, como son los que vienen a estas islas y han de navegar, así es de ellos más reverenciado.

**Tianzun** [256r]

**Tianjiang Guan** [257v]

**Puaqua** [258r]

**Amtan** [259v]

**Guan Yu** [260r]

**Chinsim** [261v]

**Chincum** [262r]

**Tirhu** [263v]

**Goujian** [264r]

**Hou Yi** [265v]

**Honsun** [266r]

**Hiau Ganzue** [267v][6]

**Huatuo** [268r]

**Shun Feng Er** [269v]

**Qian Li Yan** [270r]

**Gonggong** [271v]

**Unganzua** [272r]

**Laojun** [273v]

**Honcsunganzue** [274r]

**Husin**[7] This idol named Husin was the first one among the Chinese who invented the art of sailing and who first built ships. Formerly they called on him for assistance in their work and during storms, and always made sacrifices to him, although now they do not adore him so much, except for those from Canton, since they are the ones who come to these [Philippine] islands and have to navigate; thus they must revere him more.

6  See fig. 53.
7  See fig. 49.

Y esto de sus ídolos es propiamente como nosotros tenemos memoria de hombres famosos y valerosos que hubo en nuestra España, y en otras partes, y les estimamos por su valor, ellos ni más ni menos, a los primeros inventores de cualquier arte y oficio, y a todos aquellos que han sido entre ellos hombres famosos en la guerra, los adoran y toman por abogados para con dios, convirtiendo la honra que nosotros hacemos a los nuestros, ellos a los suyos en adoración. Aunque sobre todos reverencian a un solo dios, porque dicen que éste es amo y señor de todos los demás, y que ellos son sus criados, y que así los tiene en el cielo acomodados en oficios según lo que ellos fueron.

**Hantea** es ídolo de los de Chincheo, y no adoran a otro, porque de éste son socorridos y favorecidos en todas sus necesidades.

**Yusanconcho** es dios de todos los montes. Adóranle generalmente en toda la China, y le hacen sacrificios cuando han de ir a cazar.

**Ybayconchu**, le sacrifican los pescadores porque le tienen por dios de la mar.

**Lochia** es grandemente temido de estos chinas, porque dicen que naciendo de allí a tres días se fue a bañar a la mar y el dios de ella se enojó con él, de manera que Lochia entró en su casa y se la quebró toda, echándosela por el suelo. Y al cabo pelearon los [275v] dos, y Lochia quedó vencedor, y el dios de la mar vencido. Luego acabada esta contienda tuvo otras muchas con otros dioses y hombres valerosos de su tiempo, y siempre salió vencedor. Esto duró hasta los siete años de su edad. Y en llegando a cumplirlos y con una junta de su padre y madre, al padre le dio los huesos de su cuerpo, diciendo que aquello tenía de él por habérselo dado, y a la madre volvió la carne diciendo lo propio.

Y en acabando este razonamiento se subió al cielo, y que el dios mayor le recibió muy bien y le hizo capitán general de todos los soldados del cielo. Y que éste castiga a los demonios cuando hacen algún desacato contra dios, que en esto parece conocen y se arriman a la soberbia de Lucifer, conociendo que la tuvo, y que fue él y los de su cuadrilla desposeídos del cielo por ello. Y que este Lochia fue el que hizo el castigo, y ahora lo hace siempre que los demonios hacen mala la gente. Dicen que todos estos soldados los tiene metidos en aquel cerco o rodezno que tira con la mano, y que de allí los saca mil o cien mil, o los que ha menester para hacer el castigo, y luego los vuelve a encerrar en su fuerte o cerco. También dicen que cuando hay algunos monstruos en la tierra dañosos, que éste baja a matarlos. Y por todas estas fabulosas causas es adorado y tenido en gran veneración de esta gente.

**Sansayco**, éste adoran porque les dice y da aviso de todo lo que les ha de suceder, como si uno está enfermo, echan suertes con unas monedas de latón como contadores de España, y escrito en ellos ciertos caracteres, y échanlos como

As we remember the famous men of valor in our country Spain and elsewhere and hold them in high esteem, so do the Chinese feel more or less the same for the first inventors of any art and craft, and all those men who have been famous in war. They love them and consider them their advocates before God, converting the honor we have for ours into worship for them. Although they worship only one God because they say he is master of all the others and they are his servants, and thus they are in heaven where they are placed in positions according to what they were.

**Hantea** is the idol of those from Quanzhou, and they adore no other idol because he helps and favors them in all their needs.

**Yuayzon Concho**[8] is the god of all the mountains. He is generally adored throughout China. People make sacrifices to him when they have to go hunting.

**Ybayconchu** Fishermen make sacrifices to him because they consider him the god of the sea.

**Nazha** is greatly feared by the Chinese because they say that three days after birth, Nazha bathed in the sea, and this angered the god of the sea, so that Nazha entered his house and broke everything in it, throwing the things on the floor. Thus Nazha and the god of the sea [275v] fought; Nazha was victorious. After this, Nazha had many fights with other gods and other brave men of his time, and always emerged victorious. This went on until he was seven years of age, when he met his father and mother. The father gave him the bones of his body, saying that this had been given to him, and the mother returned the flesh, saying the same thing.

And after this, he ascended into heaven and the great God received him very well and made him commander in chief of all the soldiers of heaven. And he punishes the demons when they act with disrespect or contempt towards God and in this way, they show that they are becoming familiar with and imbibing the pride of Lucifer, knowing that he and his gang were driven out of heaven for their pride. And it was Nazha that carried out the punishment, and now it is the devils that make people ill or do evil things. They say that he places all these soldiers in an enclosure or chained [them] to a *rodezno*[9] and from them, he takes a thousand or a hundred thousand, or those who need punishment, and then they are returned to their enclosure. They also say that when there are some mischievous monsters in the land, Nazha comes down to kill them. And because of all these major reasons, Nazha is worshiped and held in great reverence by these people.

**Sansayco** is adored because he tells and advises them of what will happen, such as: if one is sick, they cast lots with brass coins, like those used by bookkeepers

---

8   See fig. 50.
9   *Rodezno* is a toothed wheel like those used in mills.

quien juega a castillo y león. Y según caen estos caracteres hacia arriba o hacia abajo, pronostican su suceso. Para echar estas suertes el sacerdote o, por mejor decir [276r] hechicero, que las ha de echar, ayuna primero dos días. Y dicen no ha de estar con pecado para echarlas. Y luego hacen sus oraciones encendiendo candelillas y sahumerios, y van rogando a Sansay que si ha de morir aquel enfermo, que tantas señales de aquéllas caigan hacia arriba o hacia abajo, como ellos quieren pedir o señalar. Y si sale como lo piden, tienen por fe que así será por estas suertes. Consultan todas sus navegaciones, guerras, jornadas, caminos y todo lo demás que han de hacer, hasta los partos de las mujeres, y como dicho, tienen tanta fe con esto que si la suerte les dice que no, saliendo mal no harán el camino o la cosa que fuere, aunque les vaya la vida en ello, hasta que la suerte le vuelva a salir buena, entonces lo hacen. Y esta es la causa de adorar a Sansayco.

**Siamcou** fue en su tiempo una mujer que sanaba de todas las enfermedades que había con agua o vino o vinagre, según ella quería esta bebida traía en una calabaza. Y no curaba si no a hombres desahuciados ya de vida, y esto hacía por más prueba y muestra de su saber y poder. Después de muerta, creen se subió al cielo, y así la adoran. También dicen fue mujer valerosa y que peleaba como un hombre, muy valiente, y así la ponen con una espada desnuda.

**Siamcoa** fue marido de Siamcou. Tuvo de él propio poder y oficio de curar que su mujer Siamcou, y así en el mismo grado es reverenciado. También dicen de la espada de Siamcou que cuando algún diablo quería llevar algún cuerpo de algún enfermo, que ella con la espada se lo quitaba. Confiesan que hay diablos y que llevan a los malos, aunque por diferente vocablo, porque para decir que uno es gran bellaco y mal hombre lo incluyen en decir "tiene mal corazón" [276v] y por el contrario decir que uno "tiene buen corazón" es decir todo el bien posible.

**Joute** es dios de la tierra y abogado de los ganados, y que sana así los animales del campo, como los de mestizos de sus enfermedades.

**Quialara** tiene cuenta de mirar la tierra y es abogado de los difuntos, y así cuando se ha de hacer alguno suntuoso le sacrifican.

**Tiansu**, éste dicen ata los demonios, y cuando hacen mal a los chinos, que los azota, y finalmente que es el dios y señor de los demonios. Y queriendo una vez el rey hacer experiencias de si era así, le dio un vaso lleno de agua y le dijo hiciese algo, y él puso el vaso en el aire, e hizo estuviese quedo. Y preguntándole el rey que quién tenía aquel vaso, respondió que un diablo criado suyo. Éste tiene muchos parientes hoy vivos, y cuando éste murió, luego quedó otro de su linaje en su lugar, y con el mismo poder que él. Y así va, en faltando uno, saliendo otro.

in Spain. There are certain characters written on them and they toss the coins like they are playing "heads or tails." And they can predict success or failure, depending on whether the coins fall face up or down. To cast lots, the priest or, better said, the wizard, [276r] who throws the coins first fasts for two days. And they say he must not be with sin to throw the coins. And then they say their prayers, lighting candles and incense, and ask Sansay to show if the sick man will die by giving a sign if the coin will face up or down as they ask. And if it happens as they ask, they believe that this is his luck. They consult him before every activity—sailing, war, work, roads to take, and everything else they have to do, even women giving birth, and if the sign received is bad, they will not make the trip or do whatever they planned even if would cost them their lives until their luck changes. And this is the reason why they worship Sansayco.

**Xiangu** was once a woman who healed all diseases with water, wine, or vinegar as she wanted, depending on what she brought in a pumpkin. And she only cured men who were already hopeless in their lives, and this she did to prove her knowledge and power. After her death, they believe she ascended into heaven, and thus they worship her. They also say she was a courageous woman and fought like a man, and thus they depict her with a drawn sword.

**Xianguan** was Xiangu's husband. He had the same power and skill to heal as his wife Xiangu and so he is revered to the same degree. It is also said of Xiangu's sword that when a devil wanted to take the body of a sick man, Xianguan drove him away with Xiangu's sword. The people confess that there are devils and that they take evil men, although the people describe them with a different name because when someone is evil and a great villain they claim that he "has a bad heart," [276v] and inversely when they say that someone "has a good heart," they express all the possible good about him.

**Tu Di Gong** is god of the earth and advocate of livestock, and thus heals all the farm animals and wild beasts of their diseases.

**Lu Ban** is in charge of caring for the land and is the keeper of the deceased, and so when something is to be made sumptuous, you have to offer a sacrifice to him.

**Tianzun**, it is said, binds the demons, and when they harm the Chinese, he whips them, and finally he is the god and lord of demons. And once the king wanted to experience if this was true, so he gave him [Tianzun] a glass full of water and told him to do something [with it], and he put the glass in the air, and it remained there. And then the king asked him who had the glass, and he replied that a devil, his servant, had it. Today he has many living relatives, and when he died, another of his line took his place with the same power as he had. And so it goes: when one passes away, another one takes his place.

Y éste que ha de ser nace con unas señales en las manos, que es testimonio de que ha de ser y es el que ha de mandar y gobernar los demonios. Este Tansu también está con los demás en el cielo según ellos creen, y dicen que cuando el que queda en su lugar le quiere consultar alguna cosa grave, o tomar su consejo, quema un poco de incienso y unas pocas de uñas de las que eran suyas, que se las cortó cuando se quiso morir para este efecto, y que luego baja del cielo y le habla y dice lo que ha de hacer. Esto es lo que creen de su dios Tiansu.

**Chinbu** fue un gran soldado en vida, de grande esfuerzo y ánimo, y acabó grandes empresas entre ellos. Después fuese al cielo y el dios mayor [277r] diole por verle tan valiente las llaves de las puertas del cielo y la guarda de ellos. Y así las abre a los de buen corazón, que son los que han vivido bien, y a los de mal corazón, que son los malos, las cierra, y así los lleva el dicho diablo.

**Tenganzuce** dicen que tiene un libro en que tiene hecha memoria de todos los hombres de China, cómo se llaman. Y cuando uno es muy bellaco y de mal corazón, que él, enojado de esto, le quita del libro, borrándole, y que luego muere el que él borra de su libro.

**Puacoa** tiene otro libro como Tenganzuce, en que hay todos los nombres de todos, y cuando uno es de buen corazón, le asienta y hace merced de los días o años más de vida de los que había de vivir, porque es de buen corazón. Este error va con los demás.

**Hamtam** fue hombre de muchas trazas y ardides, así en cosas de paz como en guerra. Fue valiente y también tuvo poder de atar los diablos con aquella cadena. Y este Hamtam igual y Quanya están en el cielo, y son como criados de Chimbue, que es el que guarda las puertas del cielo.

**Quanya** también fue gran soldado y es temido entre ellos como entre nosotros el apóstol Santiago, porque dicen que en las guerras que ellos han tenido y tienen con los tártaros le vieron muchas veces pelear en el aire a favor suyo y daño de los tártaros, y que mató tantos que fue causa de una gran victoria que entonces tuvieron.

**Chinteym** fue un gran médico de arbolario, hizo grandes curas y por esto le adoran también.

**Chincun** también fue del arte de Chintin, y así le es igual en los sacrificios.

And the one who will take the place of another must be born with some signs on his hands, which is testimony that it is he who will command and govern demons. They believe Tianzun is also in heaven with the others, and when someone wants to consult him on a serious matter or seek his counsel, they must burn some incense and a few of the nail cuttings of their kin, which were cut for this purpose when they were about to die, and then he [Tianzun] will come down from heaven and tell him what he has to do. This is what they believe of their god Tianzun.

**Chinbu** was a great soldier in life, noble and courageous, and he accomplished great things while among them. Then he went up to heaven and the most superior [277r] god, seeing how brave he was, gave him the keys to the gates of heaven. And so he opens them to the good-hearted, those who have led good lives, and to those who have a bad heart, he closes them, and thus the devil takes them.

**Tianjiang Guan** It is said that Tianjiang Guan has a book on which he has written notes on all the men in China as well as their names. And when one is very wicked and has an evil heart, this angers him and he erases this name from the book and that person later dies.

**Panguan** has another book like Tianjiang Guan, where the names of all are written, and when one is good-hearted, he adds more days or years to that one's life because he is good-hearted. This myth goes with the rest.

**Hamtam** was a man of many wiles and tricks, both in matters of peace and war. He was brave and also had the power to bind devils with that chain. Hamtam, like Guan Yu, is in heaven, and are like servants of Chimbue, who keeps the gates of heaven.

**Guan Yu** was also a great soldier and is feared among them as we revere the apostle Saint James[10] because they say that in their wars with the Tatars, they often saw him fight in the air in their favor and caused great harm to the Tatars and that he killed so many of them, resulting in a great victory for the Chinese.

**Zhendi** was a great physician who used herbs to heal. He was successful in achieving great cures and thus they also worship him.

**Zhenjun** also shared the art of Zhendi, and the same sacrifices are made to him.

---

10   St. James the Great (or Santiago in Spanish) is the patron saint of Spain, whose feast is a national holiday every July 25.

**Terhu** está en el cielo y tiene este oficio, que cuando se pelea en la tierra le dice a dios qué pasa [277v] en la batalla, y diciéndole que cómo es ese su dios, si tiene menester que otro le diga lo que pasa, responden que dios todo lo ve, pero que cuando se pelea, que no lo quiere mirar, y que vuelve el rostro y los ojos a otra parte, y que este Terhu le dice entonces lo que pasa.

**Gougian** tiene cuidado desde el cielo, cuando los diablos hacen algún mal a la gente, toma muchos puñados de ladrillos de oro, y de ciento en ciento y mil en mil arroja tantos que los demonios de miedo se recogen, y no osan salir a hacer mal.

**Tiosian** es el dios a quien sacrifican cuando la mujer estéril, y dicen que sacrificándole y haciéndole fiesta, luego les da hijos. Y más, que si el diablo quiere llevar algún muchacho, él le tira con el arco de bodoques y se lo quita.

**Honsun** fue un mozo entre ellos muy valiente y de gran esfuerzo. No vivió más de hasta edad de quince años, y así por su valor le adoran.

**Hiauganzue** es tenido por dios de las nubes. Dicen que cuando son bellacos y de mal corazón éste hace mucho ruido y estruendo en el cielo y echa rayos a la tierra, que es cuando truena, y esto piensan sucede por pecados y culpas de los hombres.

**Juabchu** dicen sanaba con palabras de cualquier mal o enfermedad, y les daba salud. Es abogado contra los venenos, mordeduras de víboras, sierpes y cosas ponzoñosas.

**Sunhonsi**, éste sabe pelear y dicen que oye todo cuanto se habla en el mundo o, por mejor decir, en su China, por paso que hablen. Y por esto le adoran como persona que sabe todos sus tratos y conciertos.

**Chendiem** ha sido también hombre famoso, y creen que ve todo cuanto se hace en el mundo, y así por el [278r] consiguiente que al otro, porque oye y a éste porque ve, entrambos son de éstos adorados y tenidos en veneración.

**Honsunganzue** es un gran dios a quien adoran y reverencian más que a otros muchos de los sobredichos, por haber sido de particular y esfuerzo entre ellos, y entienden que éste es allá en el cielo un gran dios, y así le estiman en más.

**Loocum** es el dios mayor, señor de Honsinganzue y de todos los demás. Éste es el gobernador de todas las cosas y, finalmente, el que más reverencian de todos, como a más poderoso que todos los demás. Éste no ha sido entre ellos como estotros, sino que le adoran por dios supremo a todos los demás.

**Fig. 49. The Chinese God Husin [245v]**

"This idol named Husin was the first one among the Chinese who invented the art of sailing and who first built ships. Formerly they called on him for assistance in their work and during storms, and always made sacrifices to him, although now they do not adore him so much, except for those from Canton, since they are the ones who come to these [Philippine] islands and have to navigate; thus they must revere him more."

**Fig. 50. The Chinese God Yuayzon Concho [247v]**

"Yuayzon Concho is the god of all the mountains. He is generally adored throughout China. People make sacrifices to him when they have to go hunting."

**Fig. 51. The Chinese God Nazha (Lochia) [249v]**

"...he ascended into heaven and the great God received him very well and made him commander in chief of all the soldiers of heaven. And he punishes the demons when they act with disrespect or contempt towards God and in this way, they show that they are becoming familiar with and imbibing the pride of Lucifer, knowing that he and his gang were driven out of heaven for their pride."

**Fig. 52. The Chinese God Chinbu [255v]**

"Chinbu was a great soldier in life, noble and courageous, and he accomplished great things while among them. Then he went up to heaven, and the most superior god, seeing how brave he was, gave him the keys to the gates of heaven. And so he opens them to the good-hearted, those who have led good lives, and to those who have a bad heart, he closes them, and thus the devil takes them.".

**Fig. 53. The Chinese God Hiau-ganzue [267v]**

"God keeps Hiau-ganzue in the clouds. They say that when there are evil-hearted villains, he makes a lot of noise and shouts in heaven, and sends lightning to the earth, which is when it thunders. So it is believed that there is lightning and thunder because of the sins and faults of men."

**Fig. 54. Quartet of Chinese Beasts 1 [279v]: Chu, Gac, Guiom, and Quiy**

"**Chu** When this bird is seen, they say there will be many wars. / **Gac** / **Guiom** When this bird is seen, there will be scarcity of water in the earth. / **Quiy** This bird is named Quiy because its song sounds like this."

Fig. 55. Quartet of Chinese Beasts 2 [282r]: Chaccin, Souv, Quiyrin, and Xiauqy

"**Chaccin** This bird is on a hill, and generally to please their gods, the people offer it gemstones and nothing else. / **Souv** If anyone eats this animal, he shall be filled with pestilence. / **Quiyrin**. When this animal is seen, there will be peace. They believe that whoever shall reign at the time this animal is seen will be very upright and will rule with love. And they do not know how it is born and how or if it exists and if there is more than one. This animal is only seen in time of peace. / **Xiauqy** When this bird is seen, there will be a great war, and it is named after the song it sings."

Fig. 56. Quartet of Chinese Fish [289v]: Corhu, Olohu, Caphu, and Yamhui

"**Corhu** When this fish is seen, there will be drought on the earth. / **Olohu** This fish has nine bodies. / **Caphu** / **Yamhui** He who eats this fish will never be sleepy."

Fig. 57. Quartet of Chinese Beasts [290r]: Siuhu, Liomma, Lioc, and Emliom

"**Siuhu** This was included here because of its appearance; it is a bird that always walks on water. / **Liomma** About this they say what is said about others, that it appears when there is a good king in China. / **Lioc** This animal dies in the cold of winter and returns to life with the summer heat. / **Emliom** This animal or snake has been seen in China."

**Fig. 58. Quartet of Chinese Beasts [292v]: Sau, Chay, Zay, Touv**

"**Sau / Chay** This animal eats tigers. / **Zay** This animal is considered king as we consider the lion to be the king of animals; and the emperor of China keeps one at home. / **Touv** They say that when the moon rises, these rabbits are born from the mouth of others, and do not have a whole body. They do not have another opening except for the mouth, and they eat there and do everything else necessary in the mouth."

Fig. 59. Quartet of Chinese Birds [300r]: Conchio, Tanhon, Soatiy, and Lousi

"**Conchio / Tanhon.** This bird is never away from the sight and beams of the sun, and they say that it is nourished by the sun. / **Soatiy.** / **Lousi.**."

## Relaçion delas yslas delos ladrones

La gente de gente llaman los ladrones abitan en vnas yslas que ay quatroçientas leguas antes dellegar al cauo despiritu santo y son las primeras que descubren los navios que bien de acapulco a estas yslas philipinas suelen hazer aguada en algun puerto dellas que ay muchos y buenos y quando nose haze como en el nauio que se hizo el año de 90 por no auer falta de agua que solo por ella se suele tomar puerto ellos salen dos tres leguas a lamar en vnos nauies pequeños y tan estrechos que no tienen de ancho de dos palmos y medio arriba son de la forma que ay ban pintados alos lados tienen vn contrapesso de cañas aunque es tan siguros desos barcos aq ellos se les da bien poco porque son como peçes en el agua y si acaso se ynchen de agua, el yndio se echa en ella y la saca con medio coco. Se sirue de cada illa y sino con vna paleta con que bogan estos nauies bu e los traen bela latina de petate, que ese de ospalma y se sirue mucho dellos enestas partes, y hazen los los moros con muchos colores y labores graciosas que pareçen muy bien prinçipalmente los moros burneys, y tienen ales. Son estos navios tan ligeros. Salen dos otres leguas del puerto y en vn momento estan con el navio abordo aunque bay a a la vela la tienen o napartiçular dad en su nauegaçion, que no tienen menester para ella. Bien como es el torueie se a so qual sirue que con ese marean tabe la diesuerte que land oquier en y es de manera que no pareçen si no cauallos muy domesticos y a plicados, pues se estos navios salen tan tos ende su buen donauio de alto bordo que nopare se sino que

Fig. 61. Photos of Charles R. Boxer and Carlo Quirino

*Above left:* The British historian Charles R. Boxer, authority on the colonial Portuguese and Dutch in the Far East, while in Kuala Lumpur in 1968. Photo used with permission of Filipinas Heritage Library. *Above right:* A 1956 oil portrait of then major Carlos Quirino, by artist R. B. Enríquez. It was in that year when Quirino started to correspond with Prof. Boxer who was a professor at Kings College, London, England. Reproduction courtesy of Richie Quirino.

Below: The Quirino family on their visit to the Boxer residence in April 1960. Left to right, John Maggs, unidentified, Mrs. Mickey Hahn Boxer, Mrs. Liesel Quirino, Prof. Boxer, Denden Quirino, Fr. James Sylvester Cummins, and three unidentified persons at Ringshall End in Little Gaddesden, Hertfordshire, England. Photo courtesy of Richie Quirino.

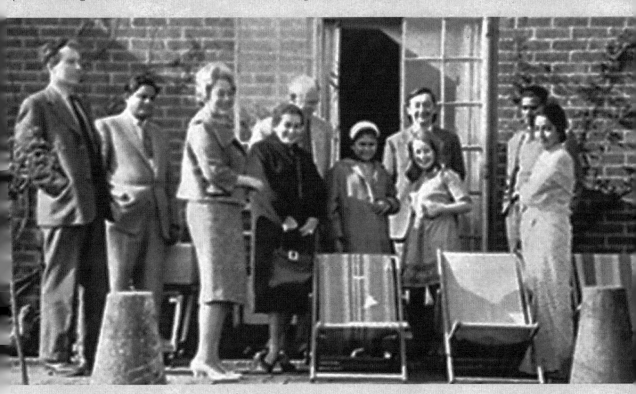

## Map 1. Routes of the Spanish Galleons and the Portuguese Maritime Empire

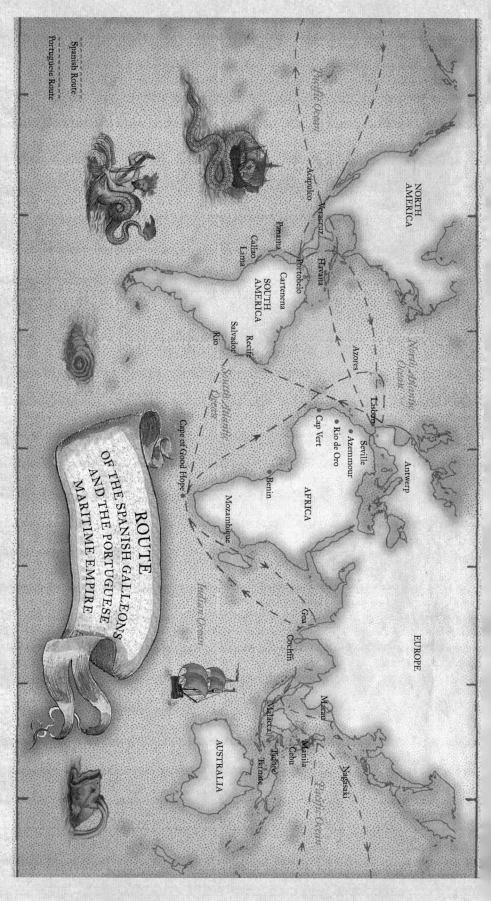

The West Indies-bound Spanish galleon routes (traced in red) were initiated in 1492 when pioneer navigators sailed from Spain across the Atlantic Ocean. The Manila-bound galleons originated from Acapulco, Mexico, and traversed the Pacific Ocean starting in 1564 when Miguel López de Legazpi sailed westward together with his brilliant navigator Andrés de Urdaneta. This started the 250-year reciprocal route of the *nao de China*, which linked Europe, Asia, and America. On the other hand, the Portuguese maritime empire (traced in purple) commenced with an initial foray into Africa in 1418. The Portuguese rounded the Cape of Good Hope in 1488, reached India in 1498, discovered Brazil in 1500, and by 1511 had conquered Goa and Malacca, thus establishing the first global maritime empire that linked Europe, Africa, South America, and Asia.

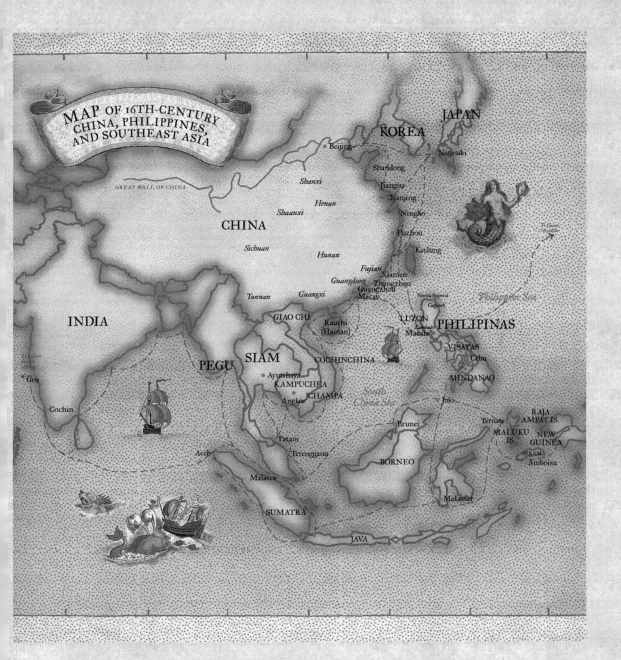

Map 2. China, Philippines, and Southeast Asia in the Sixteenth Century

Established maritime networks had already linked China with its Southeast Asian neighbors well over five centuries when the Spanish and Portuguese arrived in the sixteenth century. The red dots indicate important trading centers at the time of contact. The Portuguese came from the west via the Indian Ocean, while the Spanish arrived from the east via Guam and the Americas. (Contemporary political boundaries between countries have been placed to aid the reader.)

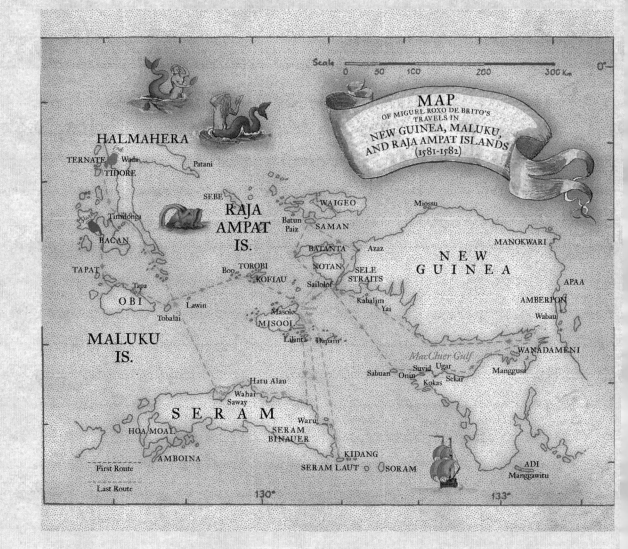

**Map 3. Miguel Roxo de Brito's routes through New Guinea, Maluku islands, and Raja Ampat**
(after J. Sollewijn Gelpke, 1994)

The routes traced in red and green represent the first and last voyages of discovery of Portuguese adventurer Miguel Roxo de Brito. He set off from Bacan island in the Malukus on 17 May 1581. From there he sojourned to the Raja Ampat islands of Obi, Tobalai, Torobi, and Misool. He was taken on a side trip by the king of Misool to the Malukan island of Seram, which was reputed to have plentiful gold. Roxo de Brito then proceeded north to visit Waigeo island, then Onin off the large island of New Guinea. Proceeding eastward along the MacCluer Gulf he reached the town of Wabau. From there he headed northwest to Notan island, where he was told a tall tale about a solitary night marsupial with carbuncles for eyes. Almost a year into the trip he was found in the village of Saway (in north Seram) by his fellow Portuguese who warned him that he was being hunted down by an enemy. Thus he returned northward to the Portuguese stronghold of Tidore.

**Terhu** is in heaven, and when there are battles on earth, his role is to tell God what is happening [277v]. When he is told that his God does not need anyone to tell him what is happening, he replies that although God sees everything, when there are battles, he does not want to witness it and turns his face and his eyes away so that Terhu tells him what is happening.

**Goujian** From heaven, Goujian takes care of people when the devil tries to harm them. He takes many handfuls of gold bricks and hurls hundreds and hundreds of thousands at the devils so that they flee in fear and dare not go out to do evil.

**Tiosian** is the god to whom they make sacrifices when a woman is sterile, and they say that through sacrifices and celebrations, Tiosian will give them children. And again, if the devil wants to take a boy, he fires at him with his bow and rescues the boy.

**Honsun** among them was a very brave and spirited boy. He only lived up to age fifteen; he is adored for his bravery.

**Hiau Ganzue** God keeps Hiauganzue in the clouds. They say that when there are evil-hearted villains, he makes a lot of noise and shouts in heaven, and sends lightning to the earth, which is when it thunders. So it is believed that there is lightning and thunder because of the sins and faults of men.

**Huatuo** It is said that Huatuo heals all kinds of disease or illness with words, and gives the people health. He is the advocate against poisons, snake bites, snakes, and poisonous objects.

**Shun Feng Er** knows how to fight, and they say he hears everything that is said in the world, or better said, in China. And thus they worship him as a person who knows all their dealings and agreements.

**Qian Li Yan** was also a famous man, and they believe that he sees all that is happening in the world, and thus because [278r] he sees and hears everything, he is worshipped and venerated.

**Honsunganzuen** is a great god who is worshipped and revered more than many of the others mentioned above for being special among them, and they believe that he is a great god in heaven, and so they respect him greatly.

**Laojun** is the greatest god, lord of Honsunganzue and everyone else. He rules over all things and is finally the most revered of all as he is more powerful than all the others. He had not been among them, like the others, but they adore him as the supreme god over all others.

# 21

## [AVES, ANIMALES Y MONSTRUOS DE CHINA]

[278v] Lo que ahora de aquí adelante se ha de proseguir y ver es algunas aves y animales y monstruos que algunos por tiempo y otros muy de ordinario se ven en China, y lo que se dice de cada una de las propiedades malas o buenas que tienen. Y acerca de éstas dicen grandes dislates, que el demonio les debe de persuadir por ser muchas de las cosas que se dicen de ellas imposibles de creer. Y de algunas aves y animales no se dice nada en su cuadro porque la brevedad del tiempo no dio lugar para poderse saber enteramente, ni ninguna parte de lo que de ellas se pronostica y dice. Otras que son aves, las cuales hay mucha abundancia en China, se pusieron por curiosidad, para que se vea la diferencia que hacen a las de España.

[279r–279v]
**Chu**. Cuando se viere esta ave dicen que habrá muchas guerras.
**Gac**.
**Guiom**. Cuando se viere esta ave habrá grande falta de aguas en la tierra
**Quiy**. Llámase de esta manera porque su canto es éste.

[280r–280v]
**Tiap**. Tiene tal propiedad esta ave que, si se quema alguna ciudad, y la traen a vista del fuego, luego cesa, y de esto tienen experiencia.
**Loam**. Cuando se viere esta ave en aquel tiempo habrá gran paz.
**Suv**. El que comiere esta ave si está enfermo sana, y si está bueno conserva la salud, y se libra para delante de enfermedad.
**Pit**. Quien viere esta ave dicen que vivirá muchos años.

# 21

# [Birds, Animals, and Monsters of China]

[278v] From here onward, we shall continue to observe birds, animals, and monsters—some of which are rarely seen and others that are very ordinary in China—and what they say are the good and bad qualities of each one. And on this subject, they state many wrong things which the devil probably persuaded them to say because these are so ridiculous and impossible to believe. Nothing is said about some birds and animals in this section because the brevity of time did not permit us to learn everything or any part of what is said or predicted. Mention is made of other birds, of which there are many in China, so you can appreciate the differences between these and the birds of Spain.[1]

[279r–279v][2]
**Chu**. When this bird is seen, they say there will be many wars.
**Gac**.
**Guiom**. When this bird is seen, there will be scarcity of water in the earth.
**Quiy**. This bird is named Quiy because its song sounds like this.

[280r–280v]
**Tiap**. This bird has the ability to stop fire, as experienced when a city was burning and the bird was brought to the site of the fire, and it stopped.
**Loam**. When this bird is seen, there will be peace.
**Suv**. He who eats this bird when he is sick will be restored to health, and if he is in good health, he will remain healthy and free of disease.
**Pit**. He who sees this bird will have a long life.

---

1  Each plate of the bestiary is divided into four equal quadrants. In the original manuscript, the captions are always written on the obverse side of the illustration. The captions that accompany each plate are to be read from top to bottom and left to right. A selection of plates accompany this edition, in which case, figure numbers have been indicated to guide the reader in locating these fascinating and charming drawings.
2  See fig. 54.

[281r–281v]

**Giemyam**. En un río de China se ahogaba gran número de gente y, en echando en él este animal, cesó el ahogarse, y no se ha ahogado más ninguno.

**Quansou**. Tiene tanta fuerza este animal en el cuerno de la cabeza, que aunque dé en una peña, la rompe como si fuese de blanda cera.

**Binhoay**. Si hay pestilencia en alguna ciudad, trayendo este animal y metiéndolo dentro dicen que cesa.

**Mateam**. Tiene voz de niño este monstruo, y susténtase de carne humana.

[282r–282v]

**Chaccin**. Este pájaro está en un monte y generalmente para tener gratos a sus dioses le ofrecen las gentes piedras preciosas, y no otra cosa.

**Souv**. Si alguno comiere este animal se henchirá de pestilencia.

**Quiyrin**. Cuando este animal se viere, habrá paz. Tienen por cierto que el que reinare el tiempo que se viere este animal será muy recto y gobernará con mucho amor. Y no saben de qué nace y cómo ni qué hay, a más que uno, y éste no se ve sino en el tiempo de paz.

**Xiauqy**. Cuando se viere esta ave habrá gran guerra, y dásele el nombre de su mismo canto que es éste.

[283r–283v]

**Homtae**. Dicen un dislate como los demás que es que cuando este animal quiere que haya mucho aire, lo hace, y cuando quiera que llueva, llueve, y no le tienen por dios, aunque le atribuyen este poder.

**Touhui**. Esta ave no se ve en tiempo de calor, sino en tiempo de frío. Dicen que el que cogiere una pluma suya trayéndola consigo no le tocará ningún rayo.

**Biym**.

**Ec**. Si alguno comiere esta ave, le nacerán lamparones.

[284r–284v]

**Huy**. Este monstruo o demonio, por decir mejor, se ha visto entre ellos.

**Cho ym**. En abriendo los ojos este animal dicen que es de día, y en cerrándolos que es de noche, y que cuando sopla hace aire y es invierno, y que cuando recoge el aliento es verano y hace calor. Y no come ni bebe. Y si vuelve la cabeza hacia el norte hace mucho viento, y que tiene el cuerpo de cien leguas de largo.

**Fuciac**. Este pescado anda en un río y canta como pájaro. Si se quema alguna casa y le sacan, dicen que cesa el fuego.

**Simlioc**. Es adorado de nueve ciudades en China, y en dejando de sacrificarle entra en la ciudad que se le rebela y hace mucho daño.

[281r–281v]
**Giemyam**. In a river in China many people were drowning, and when this animal was thrown into the water, the drowning ceased and no one was drowned.
**Quansou**. The horn of this animal is so powerful that it can break a rock as though it were soft wax.
**Binhoay**. If there is pestilence in a city, it is said that when this animal is brought to its center, the pestilence will end.
**Mateam**. This monster has a child's voice and survives on human flesh.

[282r–282v][3]
**Chaccin**. This bird is on a hill, and generally to please their gods, the people offer it gemstones and nothing else.
**Souv**. If anyone eats this animal, he shall be filled with pestilence.
**Quiyrin**. When this animal is seen, there will be peace. They believe that whoever shall reign at the time this animal is seen will be very upright and will rule with love. And they do not know how it is born and how or if it exists and if there is more than one. This animal is only seen in time of peace.
**Xiauqy**. When this bird is seen, there will be a great war, and it is named after the song it sings.

[283r–283v]
**Homtae**. What they say about this animal is an absurdity, like the others, that when the animal wants there to be much air, it makes air, and when it wants rain, it rains. They do not consider it a god, even if they attribute this power to it.
**Touhui**. This bird is not seen in hot weather but cold. They say that anyone who catches one of its feathers and carries it with him will not be hit by lightning.
**Biym**.
**Ec**. If anyone eats this bird, he will develop rashes in the neck.

[284r–284v]
**Hui**. This monster or demon has been seen among them.
**Cho ym**. When this animal opens his eyes, they say it is day, and when he closes them, it is night; when he blows, there is air and it is winter, when he inhales, it is warm and summer. And he does not eat or drink. And if he turns his head to the north, it is windy, and his body is a hundred miles long.
**Fuciac**. This fish walks on a river and sings like a bird. If a house is burning and they bring him to it, the fire ceases.
**Simlioc**. It is worshipped in nine cities in China, and if they neglect to make sacrifices to it, it enters the city and causes much harm.

3   See fig. 55.

[285r–285v]

**Teycam**. Este animal dicen que sabe cantar y bailar y que es muy regocijado de alegre, y su hechura es como parece.

**Quianleam**. Dicen que han visto este monstruo comiendo culebras.

**Chasisin**. Este monstruo se ha visto entre ellos.

**Sinpuat**. Este monstruo dicen que donde asienta el pie se seca y no vuelve más a reverdecer.

[286r–286v]

**Tiangou**. Este monstruo dicen se ha visto también en algunas partes de China.

**Quiaution**. También este monstruo dicen se ha visto en China.

**Sianecsi**. Este monstruo se ha visto entre alguna gente como los demás.

**Yocsiu**. Dicen que el demonio se les ha aparecido en esta figura.

[287–287v]

**Quivbihou**. El reino o provincia en que este animal se viere, se perderá según ellos pronostican.

**Suisiu**. Cuando el rey es virtuoso y de buen corazón como ellos dicen, se verá este animal.

**Haychay**. Este animal tuvo un rey por grandeza en su casa.

**Ytcacciu**. Cuando vieren este animal habrá paz universal en toda China.

[288r–288v]

**Hechou**. También dicen lo que de otros atrás, que cuando se viere este animal habrá mucha paz.

**Luy**. El que comiere de este animal vivirá tan contento que no habrá envidia a nadie.

**Chemhim**. Este animal llevaron en presente de otro reino comarcano al rey de China.

**Manchu**. Este animal dicen ladra como perro.

[289r–289v]

**Corhu**. Cuando se viere este pescado habrá grandes secas en la tierra.

**Olohu**. Este pescado tiene nueve cuerpos.

**Caphu**.

**Yamhui**. El que este pescado comiere dicen que jamás le vendrá sueño.

[285r–285v]
**Teycam**. They say this animal can sing and dance, and it is very cheerful, and its appearance reflects its disposition.
**Quianleam**. Some say they have seen this monster eating snakes.
**Chasisin**. This monster has been seen among them.
**Sinpuat**. It is said that the place where this monster sets down its foot dries up, and no grass or plant will ever grow there again.

[286r–286v]
**Tiangou**. Some say that this monster has also been seen in some parts of China.
**Quiaution**. This monster has also been seen in China.
**Sianecsi**. Like the others, this monster has been seen among some people.
**Yocsiu**. It is said that the devil has appeared in the shape of this monster.

[287–287v]
**Quivbihou**. It is predicted that the kingdom or province in which this animal is spotted will be lost.
**Suisiu**. When the king is virtuous and of good heart as they say, this animal will be seen.
**Haychay**. The king had this animal in his home.
**Ytcacciu**. When this animal is seen, there will be universal peace throughout China

[288r–288v]
**Hechou**. As mentioned previously, it is said that when this animal is seen, there will be peace.
**Luy**. It is said that he who eats this animal will live a contented life and will envy no one.
**Chemhim**. This animal was a present from a neighboring kingdom to the emperor of China.
**Manchu**. They say this animal barks like a dog.

[289r–289v][4]
**Corhu**. When this fish is seen, there will be drought on the earth.
**Olohu**. This fish has nine bodies.
**Caphu**.
**Yamhui**. He who eats this fish will never be sleepy.

---

4   See fig. 56.

[290r–290v]
**Siuhu**. Púsose aquí por su hechura, es pájaro que dicen siempre anda en el agua.
**Liomma**. De éste dicen lo que de otros que parece cuando hay buen rey en China.
**Lioc**. Este animal muere con el frío del invierno y torna a vivir con el calor del verano.
**Emliom**. Este animal o sierpe se ha visto en China.

[291r–291v]
**Locto**.
**Hou**.
**Quirin**.
**Yyo**.

[292r–292v]
**Rau**.
**Chay**. Este animal come tigres.
**Zay**. Este animal tiene por rey de los animales como nosotros tenemos al león, y el rey de China le tiene en su casa.
**Touv**. Dicen que cuando nace la luna nacen estos conejos por la boca de otros, y que no tienen en todo el cuerpo, otra abertura, y que por aquí comen y hacen todo lo demás necesario.

[293r–293v]
**Chuibe**. Es animal que anda en el agua.
**Pecte**. Es animal de grandísima fuerza y se sirven de él como en España de acémilas, y dicen que hasta que le echen cien quintales no quiere andar.
**Chem**.
**Chibo**.

[295r–295v]
**Tocbo**.
**Conyui**.
**Ha**.
**Tzoatziao**.

[297r–297v]
**Honen**.
**Emco**.
**Louchi**.
**Quimquey**.

[290r–290v]⁵

**Siuhu**. This was included here because of its appearance; it is a bird that always walks on water.

**Liomma**. About this they say what is said about others, that it appears when there is a good king in China.

**Lioc**. This animal dies in the cold of winter and returns to life with the summer heat.

**Emliom**. This animal or snake has been seen in China.

[291r–291v]
**Locto**.
**Hou**.
**Quirin**.
**Yyo**.

[292r-292v]⁶
**Rau**.
**Chay**. This animal eats tigers.
**Zay**. This animal is considered king as we consider the lion to be the king of animals; and the emperor of China keeps one at home.
**Touv**. They say that when the moon rises, these rabbits are born from the mouth of others, and do not have a whole body. They do not have another opening except for the mouth, and they eat there and do everything else necessary in the mouth.

[293r–293v]
**Chuibe**. This animal walks on the water.
**Pecte**. This is a very strong animal and is utilized as mules are in Spain. And they say that until you throw one hundred quintals at it, it will not walk.
**Chem**.
**Chibo**.

[295r-295v] [Seven consecutive plates of Chinese birds are reproduced here without commentary by the author. This is the first plate.]
**Tocbo**.
**Conyui**.
**Ha**.
**Tzoatziao**.

[297r-297v] [Second plate of Chinese birds.]
**Honen**.
**Emco**.
**Louchi**.
**Quimquey**.

5   See fig. 57.
6   See fig. 58.

[298r–298v]
**Suahou**.
**Lienchiac**.
**Cheguia**.
**Rahui**.

[299r–299v]
**Huabiy**.
**Quechiao**.
**Checlen**.
**Gan**.

[300r–300v]
**Conchio**.
**Tanhon**. Este pájaro nunca se aparta de la vista y rayos del sol, y dicen se sustenta de él.
**Soatiy**.
**Lousi**.

[301r–301v]
**Enm**.
**Petaucan**.
**Tiovam**.
**Suamhou**.

[302r–302v]
**Queytir**.
**Raalem**.
**Yni**.
**Ho**.

[298r-298v] [Third plate of Chinese birds.]
**Suahou**.
**Lienchiac**.
**Cheguia**.
**Rahui**.

[299r-299v] [Fourth plate of Chinese birds.]
**Huabiy**.
**Quechiao**.
**Checlen**.
**Gan**.

[300r-300v] [Fifth plate of Chinese birds.][7]
**Conchio**.
**Tanhon**. This bird is never away from the sight and beams of the sun, and they say that it is nourished by the sun.
**Soatiy**.
**Lousi**.

[301r-301v] [Sixth plate of Chinese birds.]
**Enm**.
**Petaucan**.
**Tiovam**.
**Suamhou**.

[302r-302v] [Seventh and last plate of Chinese birds.]
**Queytir**.
**Raalem**.
**Yni**.
**Ho**.

---

7   See fig. 59.

# 22

## Relación de las costumbres del reino de Champa

[303r] Es tierra muy fértil de mantenimientos y ganado mayor y muy sana. En sí la gente que tiene no es mucha. Son de color baza y gentiles. Visten como los moros de esta isla de Luzón y, desde el principio hasta ahora, no han quebrantado ninguna de sus costumbres antiguas en este reino. No hay moneda ni plaza adonde se venda cosa alguna, y para haber de comprar lo que se tiene menester, truecan mantenimientos por mantas y otras cosas que hacen al propósito, entrambas partes, del que compra y el que vende, y así se negocia, aunque sea en tratos de mayor cuantía.

Esta gente no come ninguna cosa guisada sino cruda o podrida, y para desistir y digerir estas comidas, son grandes bebedores de agua ardiente, fortísima, y bébenla muy poco a poco, y muchas veces, y no tienen por afrenta caer de beber mucha, más antes.

Cuando los grandes y el rey han de consultar algún negocio de importancia, comen primero todos juntos, y beben a discreción. Y después, determinan lo que se ha de hacer del negocio, y se cumple infaliblemente.

La justicia de esta gente es extraña, porque no escriben para cosa alguna sino conforme a su parecer. Y cuando la cosa es grave, con dos testigos lo averiguan. Sus juramentos son de fuego y aceite hirviendo, y los culpados a la muerte. Se ejecuta en ellos con grandísima crueldad la sentencia. A unos condenan a morir debajo de pies de elefantes, otros a azotes, otros teniéndolos

# 22

# ACCOUNT OF THE CUSTOMS OF THE KINGDOM OF CHAMPA[1]

[303r] THIS IS A VERY FERTILE LAND, AND ITS VEGETATION IS CAPABLE of sustaining very healthy livestock. It has very few people. They are pagans, and their skin is colored brown. They dress like the Moros in this island of Luzon and, since the beginning up to now in this kingdom, they have not changed any of their ancient customs. They have no currency or place where they engage in the sale of anything, and so when they have to buy what they need, they trade blankets or other items they make especially for this purpose. This practice applies to both those who buy and those who sell, and in this way, they conduct trade even when the transaction involves a great amount.

This people do not eat cooked food but only raw or rotten food, and to control themselves and to digest these types of food, they are heavy drinkers of strong alcoholic drinks, which they imbibe little by little. Very often after drinking too much, they collapse or pass out and do not consider this embarrassing.

When the town leaders and the king have to meet and discuss some important matters, they first eat together and drink at their discretion, and after ending the meeting and deciding what should be done, the decision is immediately implemented.

The justice system of this people is strange, because nothing is written down, and the parties involved in any issue act according to what they deem is correct. And when the case is serious, they conduct an investigation with two witnesses. Persons who are accused of crimes or misdeeds are tried and made to swear by going through tests of fire and boiling oil, and those found guilty are sentenced to death. The death sentence is carried out with great cruelty. Some of are condemned to death by being trampled on by elephants. Others

---

1 Champa was an ancient kingdom located in what is now central to southern Vietnam. Champa consisted of what were in effect a series of independent polities that ruled from the second through nineteenth centuries, until it was annexed by the north Vietnmaese kingdom of Dai Viet in 1832. The region was heavily influenced by Hinduism as attested by the number of temples and religious statues found in the area. See Georges Maspéro and Walter E.J. Tips, *The Champa Kingdom: The History of an Extinct Vietnamese Culture* (Bangkok: White Lotus Press, 2002).

penando dos o tres días, sacándoles bocados y partes de su cuerpo con tenazas o cortándolas hasta que muere. Y por cosas muy leves y ordinarias les cortan [303v] pies y manos, brazos y orejas. Y con esto satisfacen la culpa de cualquier delito, y no con azotes ni dineros ni prisiones.

En este reino por la razón dicha se concluyen luego los negocios de improviso, y los jueces de estas causas son el rey y los que gobiernan la tierra, que son cuatro mandarines.

Nadie puede andar calzado, sino sólo el rey, ni puede ser casado con más de dos mujeres. El rey y los principales de este reino ninguno de ellos deja de tener su oficio y todos lo usan por su contento. Tienen el año repartido en seis fiestas. La primera que hacen es que todos los más de sus vasallos le pagan tributo en esta primera fiesta de lo que poseen. Vase el rey a un campo y allí se juntan todos estos tributos y ellos. Da luego por las ánimas de sus difuntos de limosna, y hace grandes obsequias y honras en memoria de ellos, alzando un *arigue*, que es como una viga, por memoria cada año. Este arigue está hueco por de dentro, y allí le meten sus vestidos para que se vista. Y al pie del arigue ponen grandes comidas hechas a su uso, y luego suben a caballo en unos animales que llaman carabaos, que son propiamente búfanos de Italia, y en algunos caballos que tienen, y corren muchas carreras en ellos y en los carabaos. Y tienen por bizarría y honra salir descalabrados al cabo de esta fiesta. Y así, el que más caídas ha dado, sale más honrado. En estas fiestas están dos meses.

La segunda fiesta es que dura otro tanto tiempo como ésta, y gástanla sólo en cantar [304r] de manera que no se ha de hacer otra cosa ni dejar de cantar por cosa ninguna, y esto salvo a hora de comer. Esta fiesta se hace en la plaza donde el rey vive, adonde comen espléndidamente. A las noches hacen comedias representando las costumbres, ritos y trajes de otras tierras vecinas suyas. Tienen libertad las mujeres en estas fiestas, de cualquier estado que sean, de que no les sea pedida cuenta de sus personas en tres días, sino que hagan lo que quisieren de ellas.

Tercera fiesta es que se van a la orilla de la mar, y allí están otros dos meses pescando, y el rey es el primero que echa su red a la mar, y luego los principales tras él, y así por su orden los demás. En esto se huelgan todo este tiempo, trayendo pescado para todo el año, echándolo en sus tinajas con muy poca sal, y de esta manera lo comen podrido. Y esto tienen por gran regalo. Y cuando fresco, lo parten muy menudo y con jengibre verde y pimienta revuelta lo comen, y su vino de arroz muy fuerte encima. Y con este mantenimiento andan muy recios y robustos.

are whipped, and others are made to suffer for two or three days during which time chunks of their flesh and parts of their body are flayed from their body with pincers, or they are cut up until they die. And for very trivial and minor offenses, [303v] their feet, hands, arms, and ears, are cut off. This is the way they obtain satisfaction for any crime or offense committed, and not through flogging, money, or imprisonment.

In this kingdom, and for the reason already cited, issues are quickly settled, and the judges in these cases are the king and those who govern the land, who are four mandarins.

No one except the king can walk around wearing shoes or can marry more than two women. The king and the leading citizens of this kingdom never lose their positions, which they can use at their disposition. They divide their year into six feasts. For the first feast, they make most of their vassals pay them tribute or taxes in the form of whatever they possess. The king goes to a field where all the taxpayers gather. They then give alms in honor of the spirits of their dearly departed relations and then render great obsequies and honors in their memory, erecting an *arigue*,[2] which is like a post, in their memory each year. This arigue is hollow on the inside, and here they place their clothes to dress it up. At the foot of this arigue, they place large cooked meals to be eaten. Later, they mount some animals which they call *carabaos*, which are better known as buffaloes of Italy, and on some horses that they have they run many races and on the carabaos as well. They consider it an act of bravery and honor to emerge battered and defeated at the end of this feast. And so, he who has taken more falls or suffered more defeats is considered more honorable. These festivities last for two months.

The second fiesta lasts as long as this one, and they spend the time during the fiesta singing, [304r] and do not do anything else but sing and only stop when it is time to eat. This fiesta is celebrated in the place where the king lives and where they dine splendidly. In the evenings, they stage performances that represent their customs, rituals, and the manner of dressing of people in neighboring lands. During these feasts, women of whatever status will not be asked to give an account of their activities for three days, and will be free to do whatever they want.

On the third fiesta, the people go to the seashore, and here they spend two months fishing. The king is the first one to cast his net, and the other prominent town leaders follow him, and the rest follow in this order. This activity is enjoyable, and they catch fish for the whole year, and the fish caught is placed in a jar with very little salt, and in this way, the fish is eaten in a rotten state. And they consider this a special treat. When the fish is fresh, they slice this into small pieces and eat it with green ginger and chopped pepper and drink their potent rice wine later. And with this type of diet, they keep themselves very healthy and robust.

---

2   *Arigue* is derived from the Tagalog word *haligi*, which means a supporting beam or post. See Charles Boxer, "A Spanish Description of the Chams in 1595," in *Readings on Asian Topics: Papers Read at the Inauguration of the Scandinavian Institute of Asian Studies* (Lund: Studentlitteratur 1970), 41.

Cuando el rey se vuelve a la ciudad se ordenan luminarias de noche y de día, con algunas comedias y comidas en público que hace el rey. Ésta, cuando vuelve el rey, es la cuarta fiesta que tienen.

La quinta es que va el rey a caza del elefante, que en esta tierra hay muchos, llevando consigo los grandes y principales de su reino, y en sus elefantes hembras, y con quinientos o seiscientos indios con sus [304v] redes de mecates, que son de cuerdas de bejuco. Y cercan el monte donde ellos andan, y entran las hembras en el lugar donde andan los elefantes bravos, los cuales se van tras ellas, hasta entrarse en un pequeño lugar que para esto tienen reservado y muy fuerte. Y allí los tienen presos algunos días, hasta que se amansan. De esta manera cogen grande cantidad, aunque matan muchos de ellos por aprovecharse de los colmillos de marfil.

La postrera fiesta que hacen es una caza de tigres. Y antes que vayan a cazarlos, hacen grandes comidas y bebidas, porque dicen que con esta fiesta y alegría que ellos toman, bajan los tigres a comer los búfanos que tienen amarrados en ciertos puestos en un árbol. A éstos ponen centinelas para que, cuando los tigres bajen a comer, vengan a dar aviso al rey. Y esto se hace con mucho cuidado. Y en el punto que le viene el aviso, está el rey aprestado con mucha cantidad de indios y redes, y hace con ellos lo que con los elefantes, cercándolos una vez, y allí los mata.

Es costumbre de estos indios que en el ínter que andan haciendo esta caza despacha el rey y su mujer cien indios o más por esos caminos, con mandato expreso de que no se vuelvan sin que traigan dos vasos de oro, que les dan llenos de hiel de gente, la cual ha de ser de su misma nación y no de otra. Y ellos lo cumplen como se les manda, no perdonando a ninguna persona que hallen, sea chica [305r] o grande, como ellos la puedan coger por los caminos. Y luego lo amarran a un árbol, y allí le sacan la hiel y, en su lugar, le meten en la herida un poco de zacate, que es la yerba de estas tierras. Hecho esto, vienen al rey y él trae veinte o treinta tigres, y éstos matan en la ciudad, echándolos a búfanos, y matándolos con azagayas. Esto se hace en una plaza hecha al propósito para esto. En ésta se junta toda la gente de la tierra a verlos.

Al cabo de todo esto, sale el rey y su mujer a una ribera que tienen en la ciudad muy linda, encima de sus elefantes, y allí se bañan y lavan con esta hiel de gente, y dicen que con esto se lavan de sus culpas y pecados, y viven con este engaño.

Tienen por dioses a sus principales y antepasados, a los cuales piden todo lo que han menester. Tienen otra costumbre inventada por el mismo demonio, y es que cuando se muere alguna persona principal, quémanla. Y antes de ello, está ocho o diez días el cuerpo hasta que se le hace el aparato conveniente a su estado. Quémanlo en el campo. Y en muriendo, que muere, prenden a todos los criados y familiares de éste que muere, y guárdanlos hasta el mismo día que queman el cuerpo del amo o de la ama. Y allí los echan vivos con él,

When the king returns to the city, lamps are kept lighted night and day. Some theatrical pieces are presented, and meals are served as ordered by the king. This return of the king is the fourth fiesta they celebrate.

The fifth is when the king goes on a hunt for elephants, which are very numerous in this country. The king brings with him the great and principal leaders of his kingdom, and on his female elephants and accompanied by five or six hundred natives [304v] with their rope nets, which are made of rattan cords, they surround the hill where these elephants are found, and the females enter the place where the male elephants are. These male elephants chase them until they enter a small place that has been prepared for this purpose, which is very secure and strong. Here they are confined for several days until they are tamed. In this way, they are able to capture a great number, although many are killed for their ivory tusks.

Their last festival is a tiger hunt. Before they go hunting, they have huge meals and drinking binges. They say that because of this celebration and their enjoyment, the tigers come to eat the buffaloes that they have tied to a tree in certain places. They post sentries in these places so that when the tigers come to devour them, they can inform the king. This is done with great care. When the time comes the advice is given, the king readies himself with a large retinue of natives armed with nets, and with these, they do the same thing that is done in the case of elephants, surrounding them in an enclosure where they are killed.

It is the custom of these natives that before they go on this hunt, the king and his wife send a hundred *indios* or more to go along those roads, with the express order not to return without bringing two gold glasses to be given to them filled with the bile of people who must be from the same nation as theirs and not from another. This is accomplished as ordered, without exempting any person they encounter, whether maid or important personage, [305r] whoever they may seize along the roads. They then tie the captive to a tree, and here they extract his bile and in its place, they insert some grass which is considered a herb in this country, in the slit made to extract the bile. Having done this, they go to the king, and he brings twenty or thirty tigers, and these are killed in the city, throwing them to the buffaloes and killing them with spears. This is done in a plaza prepared for this purpose. There all the people gather to witness this spectacle.

When all this is over, the king and his wife go to a very pretty river bank that they own in the city, riding on their elephants, and there they bathe and wash themselves with this bile of people, and they say that this washes away all their faults and sins, and they accept this deception.

They consider their ancestors as gods and ask them for everything they need. They have another custom that was invented by the devil himself, and it is the burning of the dead body of a town leader. And before this is done, the body lies waiting for eight or ten days until all the pomp and rituals appropriate for his status are completed. The body is burned in the field. While the person is dying, they seize all his servants and relatives and secure or confine them until the day the body of the master or mistress is to be burned. Then all of them

llevando consigo todas las cosas con que acá le servían, para que en el otro mundo le sirvan, porque este engaño tienen entre los demás, échanlos todos en una gran hoguera o corral de fuego que tienen para este efecto, que son entre ellos sus sepulcros y entierros.

Otra costumbre guardan [305v] de harto trabajo para las mujeres, y es que cuando el marido muere, queman a la mujer con él, y por el consiguiente todos los criados de él y de ella. Esta ley dicen se hizo porque las mujeres no diesen yerba a sus maridos, porque hay grandísimos hechizos y bellaquerías en estas tierras, y grande aparejo en el conocimiento de las yerbas que tienen, que es mucho, de las cuales se aprovechan para estos efectos.

Dicen que sabiendo la mujer que no ha de vivir más de lo que viviere su marido, que procurará su vida y regalo, y no se atreverá a matarle como dicho tengo con yerba. Otras muchas cosas guardan, pero por evitar prolijidad no se escriben, por ser éstas las principales de que se tiene noticia, y que ellos guardan entre sí.

are thrown alive into the same fire, with all the things with which they served the master or mistress, so that they may continue to serve them in the other world. Because of this false belief of some, everyone else [even those who do not share this belief] are thrown into the large bonfire or corral of fire that has been prepared for this purpose, and this becomes their burial ground and tomb.

Another custom, [305v] which is very miserable for the women, is that when the husband dies, the wife is burned together with him and also all the servants, both his and hers.[3] It is said this law was enacted so that the women would not feed their husbands herbs because there are numerous spells and wicked practices in these lands, and great knowledge in the use of these herbs, which are very numerous. They use the process of drenching or soaking-through for this purpose.

They say that since the wife knows that she will not live longer than her husband, she will take care of his life, and will not dare to kill him with [poisonous] herbs, as we have said. They have many other practices, but to avoid verbosity, we shall not include them here, as we have written the principal practices they observe and which we know about.

---

3   This ancient Hindu practice of ritual immolation of a recently widowed woman is called *suttee* or *sati*. It is still surreptitiously practiced in India, where it had been previously banned by Queen Victoria in 1861. Because of Hindu influences, the practice spread to Southeast Asia, such as in Indonesia and Champa.

# Adenda

## [Cartas del Obispo de Malaca escritas a su Majestad y al Gobernador de Filipinas]

[143r]   [**Relación de las Indias Orientales**]

Este principado de las Indias Orientales se gobierna por un virrey que reside en Goa. Es muy grande y comienza en Sofala, Mozambique, y toda la costa de Melinde y estrecho de Meca y Ormuz, y Diu, y Chaul, Goa, Cochín, Coromandel, Bengala, Pegu, hasta Malaca, con otras muchas tierras por la tierra firme adentro, incógnitas, y muchas islas grandísimas, como son las de San Lorenzo y la de Ceilán, y la de Sumatra y de Borney, y de Macasar y las de la Java, que son muchas y grandes, y las de Solor y de Maluco, dividiendo los portugueses este principado, según el modo común de hablar, en dos partes, a la una parte llamamos la parte del norte y la India, y a la otra parte del sur.

La que llaman parte del norte comienza de Sofala hasta Pegu y Tanacamai. Y la parte del sur comienza de Tanacamarin e islas de Nicobar hasta Japón y Maluco, islas Filipinas a la parte de la India solamente.

Puede el susodicho virrey acudir con sus armadas y aun a esta parte de la India acude con que se adeudar ya sea miserablemente, y a la parte del sur no

# Addenda

# [Letters of the Bishop of Malacca Written to His Majesty and to the Governor of the Philippines]

[143r]   **[Account of the East Indies[1]]**

THIS PRINCIPALITY OF THE EAST INDIES is ruled by a viceroy who resides in Goa. It is very extensive and begins in Sofala, Mozambique, and [includes] the entire coast of Melinde and strait of Mecca, Hormuz, Diu, Chaul, Goa, Cochin, Coromandel, Bengal, Pegu, until Malacca, with many other lands in the interior which are unknown, and many large islands such as those of San Lorenzo and that of Sri Lanka, and that of Sumatra, Borneo, and Makassar, and those of Java which are numerous and large, and those of Solor[2] and Maluku, which the Portuguese have divided, as is commonly done, in two parts: one part includes the north and India, and the other part is the south.

What is called the northern part begins in Sofala until Pegu and Tanacamai. And the southern part commences with Tanacamarin and the islands of Nicobar and extends to Japan and Maluku, and to the India-facing part of the Philippine islands.

The aforementioned viceroy can go to the rescue with his armadas and even up to this part of India,[3] even if miserably provisioned, although he cannot go

---

1   The letters of the bishop of Malacca, João Ribeiro Gaio, were included in this addenda as part of the original bound compilation. They have been written in another hand, with a pagination starting at 143r. A close examination of these added leaves reveals that they were tipped into the compilation. In these inclusions, the bishop explains the extent of the Portuguese viceroyalty of Goa, also known as Estado da India. It was first headquartered by Francisco de Almeida in Cochin, India, and was subsequently moved upon the conquest of Goa in 1510 by Afonso de Albuquerque. From this base, the Portuguese dominated trade extending from East Africa to the Maluku islands. With the conquest of the strategic port of Malacca in 1511, they secured control of the largest spice market in the world, thus dominating the ancient Islamic global routes. See the comprehensive study of Sanjay Subrahmanyam, *The Portuguese Empire in Asia, 1500–1700: A Political and Economic History* (Malden, Massachusetts: Wiley-Blackwell, 2012).
2   Solor is an island off the eastern side of the Flores islands in the Indonesian province of East Nusa Tenggara. In 1520 the Portuguese established a fort there to serve as a transit point between Malacca and the Maluku islands.
3   The bishop is referencing his location, which is Malacca.

puede acudir. Y cuando acude, lo hace con un galeón. Y cuando llegados con cuatro fustas o fragatas, es una armada que casi no hacen otra, y muchas veces llega a Malaca y se torna luego, por donde estas partes del sur, que son las mejores de lo descubierto, y muy ricas de especies, oro, maticas y hacienda de oro y plata, en donde se contiene la isla de Sumatra, muy rica de oro y pimienta, y otras muchas cosas, y la Sonda, que tiene comino, y todas las islas de la Java y de Solor, que son muy ricas, y Maluco y Banda, que tiene todas las especies, y las islas de Japón, que tiene mucha plata, y la China, que tiene todas las haciendas del mundo, de la Cochinchina y Siam y Champan, y la costa de Malaca, hasta Pueda y Tanaceamarin, todo muy rico y que tiene mucha hacienda y muchas otras [143v] tierras incógnitas, y por las tierras firmes adentro, de estas costas de las partes del sur, todo esto se pierde, por mengua y falta de no haber conquistador y virrey que trate de ello.

Y por lo cual me pareció servicio de nuestro Señor y de su Majestad hacer esta remembranza. A todas estas partes del sur conviene, a saber Malaca y las islas Filipinas, importa tener virrey, conquistador particular, porque la India no puede ser, por lo mucho que el virrey que asiste en Goa tiene que conservar en las partes del norte. Y como arriba queda dicho, no puede acudir a estar partes del sur. Y habiendo en ellas virrey y conquistador darle a nuestro Señor muchas victorias, que la gente de estas partes del sur no tiene muchas armas, y es gente poco ejercitada en la guerra.

*Hasta aquí son palabras sacadas de una carta del obispo de Malaca escrita a su Majestad en once de abril de 1595.*

EL REY DECÍAN SE HACE MUY PODEROSO y tiene alcanzadas algunas victorias contra el rey de Pegu, grande amigo nuestro y de los cristianos, en donde andan en las doctrinas y conversiones religiosos de la orden de los descalzos de San Francisco. Y tiene hechas iglesias. Y le tiene tomado el reino de Tanacamarin y otros más lugares y así. Y también tiene tomado y destruido el reino de Camboya, que también es grande amigo nuestro, y había en él cristiandades e iglesias. Y corrían con las dichas cristiandades religiosos de las órdenes de San Francisco y Santo Domingo, a quines tienen cautivos con muchos cristianos.

Es este reino de Siam grandísimo enemigo de los cristianos y del nombre de Jesús y de su Santa Cruz. Hácese muy poderoso, soberbio y cruel, importa mucho para el servicio de Dios y de su Majestad y bien de estos estados ser destruido, con un castigo notable. El virrey de la India en ninguna manera puede enviar armada [144r] que tiene mucho que acudir.

Por lo que debo al servicio de nuestro Señor y de su Majestad, y por el mucho celo que entiendo hay en Vuestra Ilustrísima Señoría, para estos servicios le hago

in aid of the southern part. And when he does go to the rescue, he goes with a galleon. And when he arrives with four *fustas* or frigates, it is an armada and they can hardly make another, and many times they reach Malacca, and then return to these parts of the south that are the best that have been discovered. The region is very rich in spices, gold, herbs, and land where there is gold and silver. Where the island of Sumatra is found is very rich in gold, pepper, and many other things. The Sonda has cumin, and all the islands of Java and Solor, which are very rich, and Maluku and Banda, which has all the spices, and the island of Japan, which has much silver, and China, which has all the treasures of the world; of Cochinchina and Siam and Champa, and the coast of Malacca, until Pueda and Tanaceamarin, all are very rich and have much wealth and many other unknown lands, [143v] and in the interior of these coasts on the southern part, all these are lost because of weakness and lack of a conqueror and viceroy who could deal with these.

And for this reason, I felt it would be a service to Our Lord and His Majesty to write this recollection. In all these parts of the south, namely Malacca and the Islas Filipinas, it is advisable that they should have a viceroy, particularly a conquistador, because the one in India cannot handle this since the one in Goa has to safeguard the northern parts. And as has been stated previously, he cannot protect these parts in the south. By having a viceroy and conquistador in these areas, it will be possible to give our Lord many victories, since the people over there do not have many weapons and are not schooled or experienced in warfare.

*The words up to this point are taken from a letter of the Bishop of Malacca written to His Majesty on the eleventh of April 1595.*

IT IS SAID THAT THE KING HAS BECOME VERY POWERFUL and has won some victories against the king of Pegu, a great friend of ours and of the Christians, and where the doctrines are preached and religious conversions are undertaken by the order of the Discalced of San Francisco. It has built churches. It has taken and destroyed the kingdom of Cambodia, which is also our great friend, and had in it Christian communities and churches. And in said Christian communities there were religious of the orders of San Francisco and Santo Domingo, who were also held captive together with many Christians.

This kingdom of Siam is a great enemy of the Christians and of the name of Jesus and His Holy Cross. Their king has become very powerful, arrogant, and cruel, and it is very important for the service to God and to His Majesty, and for the good of these states, that it should be destroyed with a notable punishment. There is no way that the viceroy of India can send an armada [144r] because of such a long distance.

In view of what I owe to Our Lord and His Majesty, and because of the great zeal of Your Most Illustrious Lordship, for these reasons I prepare this

esta remembranza, que ya que Dios le ha puesto en ese lugar y le tiene hecha merced de la haber amigo y celoso de sus obras para que, dando el tiempo lugar, se corra al rey de Camboya y al de Pegu. Con destruir este enemigo tan grande del nombre de Cristo, cual es este rey de Siam, y como yo después que estoy en este estado, he trabajado por dar a su Majestad las remembranzas para bien de las cristiandades y conquistas. Y si algunos derroteros de los lugares principales, como es del Achen, Siam, Patani y China, si el tiempo me diere lugar, para que se traslade o escriba lo de Siam.

Irá en la primera embarcación, y cuando no, la enviaré en la segunda que partiere por todo este mes de abril, para que Vuestra Ilustrísima Señoría lo vea, y así por Patani, Siam, Camboya, Cochinchina, y toda la demás costa que cae en este obispado, envío una provisión mía y hará que por ella se provea las dichas partes de ministros eclesiásticos por el orden de Vuestra Ilustrísima Señoría.

*Hasta aquí son palabras de una carta escrita por el obispo de Malaca al Gobernador de estas islas Filipinas don Luis Pérez Dasmariñas, en once de abril de 1595 años.*

*remembranza*, since God has put you in that place and has shown mercy by being friendly and protective of your works, so that, given the time and place, the kings of Cambodia and Pegu will be captured. By destroying this great enemy of the name of Christ, who is this king of Siam, I, after having been in this state, have worked to give to His Majesty [these] *remembranzas* for the good of the Christian communities and [His] conquests. And if some sea-charts of the important places such as those of Aceh, Siam, Patani, and China are needed, if I will have time, I will [also] remit that of Siam.

It will go on the first ship, and if not, I will send it on the second that will depart on this month of April, so that Your Most Illustrious Lordship will receive it, and in this same way for Patani, Siam, Cambodia, Cochinchina, and all the rest of the coast that lies within this bishopric, I will send a provision of mine, and I will see to it that the said ecclesiastical ministries will be provided with this through the order of Your Illustrious Lordship.

*The words up to this point are taken from a letter of the Bishop of Malacca to the Governor of these Philippine Islands Don Luis Pérez Dasmariñas on the eleventh of April 1595.*

# [Carta de Fray Gregorio de la Cruz al Gobernador de Filipinas]

No dejaré también de pedir a Vuestra Señoría que, no obstante que estas cosas han sucedido, no se olvide del rey de Camboya vasallo, padre nuestro y tan amigo de los portugueses ya hace años y que nos trataba con tanto amor, como a hijos, y nos proveía de todas las cosas necesarias, conviene a saber, casas, iglesias, gente de servicio, y de todo bastimento de que éramos proveídos siempre que era necesario, y de otras muchas dádivas. Y mire su Alteza que anda por los montes por no le ayudar los suyos, y cuando su Majestad [144v] lo encomienda a los gobernadores de las islas de Luzón y de Malaca, pues ahora es el tiempo de la necesidad, y demostrar amor a quien lo merece y aquí, en tanto se debe como yo lo escribí por vía de Malaca a su Majestad. Porque no obstante que hasta ahora no ha habido cristiandad, no fue él la causa, según lo mostraba, pues nos decía públicamente que hiciéremos cristianos a todos los que quisiesen serlo, y ellos daban sus disculpas. Pero ni por esto se dejaba de hacer mucho servicio a nuestro Señor. Y principalmente por estar todos con esperanzas de ser Camboya muy presto una puerta para que entren muchas almas en el cielo, y un camino muy ancho para que muchos se alcen, y para todos estos reinos ser y estar sujetos al culto divino y servicio de su Majestad, como espero verlo en estos postreros días con mis ojos.

Mas esto no puede ser sino con disponerse a su Alteza para esta empresa que tanto importa, porque por vía de la India o Malaca no tenemos esperanza de ello, porque harto hacen en defenderse de sus enemigos. Mas de Manila, como más cerca, pues tiene más abundancia de gente, esperamos el socorro, y no es necesario andar con opiniones ciegas, esto es nuestro y esto otro es vuestro, y esta conquista es nuestra y esta otra es vuestra, siendo ya todo ordenándolo así Dios de un señor solo tan cristianísimo, y amparo de la iglesia de nuestro verdadero Dios.

Y por esta causa entiendo que muchas almas perecen por estas opiniones. Mas aunque entiendo que a vuestra Señoría no falta prudencia para hacer sus cosas conforme a la voluntad de Dios, y como experimentado capitán no dejaré como viejo experimentando en estas partes por diez años que he estado en ellas de aconsejar a vuestra Señoría que cuando hubiere de enviar gente se dirija primero a dar en Champan, amparo de todo el latrocinio, y en donde hay muchos

# [Letter of Fr. Gregorio de la Cruz to the Governor of the Philippines]

I must not forget to ask Your Lordship that, although these things have happened, not to forget the king of Cambodia, a vassal, our father and great friend of the Portuguese for many years and who treated us with such love as his sons, and provided us with all the things necessary such as houses, churches, service people, and all supplies whenever we needed them, and many other gifts. And look Your Highness at those who walk in the mountains because they were not helped by your people, and when will Your Majesty [144v] entrust them to the governors of the islands of Luzon and Malacca. Well now is the time it is needed, and also to show love to those who deserve it, here as well as in both places, as I wrote via Malacca to His Majesty. Notwithstanding the fact that up to now there has not been Christianity, he was not the cause, as has been proven, since we were told publicly that we should make Christians of all those who wished to be converted, and they gave their excuses. But this was not the reason why service to Our Lord was neglected. It was principally because everyone was hoping that Cambodia would soon become a door for the entry of many souls to heaven and a very wide road for many to raise themselves, and for all these kingdoms to be and become subjects to the divine worship and service of His Majesty, which I hope to see with my own eyes in these last days.

But this cannot be done except with the approval of His Highness for this undertaking that is so important, as this would be hopeless if done through India or Malacca because they are unable to defend themselves against their enemies. However, Manila is closer and is more populated, so we can expect aid, and it is not necessary to proceed blindly or with uncertainty, saying this is ours and this is yours, and this conquest is ours and this is yours, since all these has been ordered by God to a most Christian gentleman who is the protector of the church of our true God.

For this reason, I understand that many souls are perishing for these opinions, although I undestand that Your Lordship does not lack prudence to act in conformity with the will of God, and being an experienced captain and an old man who has lived in these parts for ten years, I will not hesitate to advise Your Lordship that when you have to send people to Champa they must first be provided with protection from all types of thievery and where there are

bastimentos, conviene a saber muchas carnes, mucho arroz y pescado, mucha madera y buena para poder hacer todas las embarcaciones que quisieren. Y si hubiere de ser en este tiempo y sazón de este año venga juntamente la embajada hasta Champan. Y después de estar sujeto puede venir el embajador a presentar su embajada a este rey, y nos llevarán a todos [bis144r] para que tratemos lo que se ha de hacer y dar con nosotros en Camboya, para tratar con el rey todo lo que quisiéremos, porque todo lo concederá y con la ayuda de nuestro Señor este perrillo quebrantará su soberbia, que lo merece bien por lo que ha hecho a los portugueses.

Dícenme que hay en esta tierra algunos hombres que son aficionados a Siam, y que dicen que hacen grandes honras a los portugueses y castellanos, mas tienen poca experiencia, y en Camboya se halla todo. Y por tanto es necesario hacer estas cosas con mucho secreto, porque este hombre que allá va no entienda alguna cosa, porque de los mismos nuestros no faltará quien lo avise.

*Hasta aquí son palabras sacadas de una carta escrita por el padre Fray Gregorio de la Cruz de la orden de San Francisco, al Gobernador de estas islas, don Luis Pérez Dasmariñas, su fecha a 24 de septiembre de 1594.*

many vessels, it is advisable to provide much meat, rice, and fish, and a lot of good wood so they can build all the vessels they need. And if it has to be done, it should be at this time and season of the year that the embassy will come together up to Champa. And later, after being established, the ambassador can come and present his embassy to this king, and we will all be brought so we can see [bis144r] what has to be done and given to us in Cambodia to be able to deal with the king in whatever we want because he will grant everything and with the help of our Lord, this dog's arrogance will be broken, which is what he well deserves because of what he did to the Portuguese.

I am told that there are in this land some men who like Siam, and they say that they pay homage to the Portuguese and Castilians, but they have little experience, and in Cambodia, everything is [already] known. Thus, it is necessary to do these things with much secrecy so that this man who is there will not be apprised of anything

> *The words up to this point are taken from a letter written by Father Fray Gregorio de la Cruz of the order of San Francisco, to the governor of these islands, Don Luis Pérez Dasmariñas, dated the 24th of September 1594.*

# [Carta del Fr. Gerónimo de Belén certificando la traducción del portugués]

[145r] *Fray Gerónimo de Belén de la orden de Santo Domingo y portugués de nación, doy fe que traducí bien y fielmente lo contenido en este papel, de unas cartas escritas en lengua portuguesa al Rey nuestro Señor, y al Gobernador de estas islas, como arriba en fin de cada una de ellas se dice, y todo fue sacado de los mismos originales en Manila, a cinco de julio de mil y quinientos y noventa y ocho.*

*Fray Gerónimo de Belén.*

# [Letter of Fr. Gerónimo de Belén certifying the Translation from the Portuguese]

[145r] I *Fray Gerónimo de Belén of the order of Santo Domingo* and Portuguese in nationality, testify that I translated faithfully and well the contents of this sheet, from letters written in Portuguese to the king our lord, and to the governor of these islands, as stated above at the end of each of these pages, and everything was extracted from the originals themselves in Manila, on the fifth of July, fifteen hundred and ninety eight.

*Fray Gerónimo de Belén.*

# [De la conquista del reino de Siam]

[145r] De la conquista señor del reino de Siam es la cosa más conveniente al servicio de Dios y de vuestra Majestad y bien de la nación española de cuantas se pueden en todos estos reinos hacer, así por ser rico y abundantísimo de bastimentos y cosas de pedrería, y otras muchas de mercancía y trato que tienen en sí de mucho interés y valor.

Y porque está en medio y vecino de otros muchos reinos que le tienen y reconocen, y del de Pegu, amigo de cristianos, con quien tiene guerra, y generalmente tiene amistad. Y porque este rey de Siam es el más conocido y temido de todos y además soberbio, y que más inauditas crueldades infernales [bis145v] castigos hace de cuantos hay. Y asimismo por ser Siam la madre y seminario antiquísimo y maldito de las idolatrías, y que está poblado de muchos pegus y extranjeros cautivos y ofendidos del mismo rey, y que no puede ni merece ser amado sino odiado y aborrecido de los suyos, y cuanto más de los extraños, cuyos ánimos y corazones lastimados y sujetos a un gobierno y modo de proceder más de demonio que de hombre.

Será fácil mover contra el mismo, y para admitir otro dominio menos maldito cuanto, y más pío y justo, debajo del cual vivan con libertad y seguridad de sus vidas y haciendas, cosa naturalmente tan amada, y de que totalmente carecen ahora.

Y porque desbaratado este reino como mediante nuestro Señor yo tengo por sin duda que lo será, con tan poco poder y fuerza como adelante se dirá, queda vuestra Majestad por señor del mejor y más importante reino y rico, que quitado el de China, hay por estas partes. Y es con el que más se acredita la nación española, y donde mejor podrá vivir, sustentarse, enriquecerse, conquistar y emplear el evangelio y corona de nuestra Majestad con más comodidad, facilidad y menos poder y fuerzas.

Y es de donde más amigos de otros reinos se pueden adquirir y abrir la puerta para la predicación del evangelio en muchas partes, y para que en ellas por propia seguridad e interés del tener por amigos a los españoles, sean admitidos y respetados los ministros de él, y entren en muchos reinos con paz y seguridad

# [On the Conquest of the Kingdom of Siam]

[145r]     Lord, regarding the conquest of the kingdom of Siam, this is something that is most advisable for the service of God and for Your Majesty and the good of the Spanish nation because so much can be gained from these kingdoms that are so rich and have an abundance of supplies and precious stones and many other kinds of merchandise and trade they have that are of great interest and value.

[It is also very advisable] because it [Siam] is in the middle and adjacent to many other kingdoms that exist and which they recognize, and Pegu, friend of Christians, with whom they are at war, and [with whome we] generally enjoy friendship. And because this king of Siam is best known and feared by all for his arrogance and his unheard-of and infernally cruel punishments [bis145v] that he imposes. And in the same way, because Siam is the mother and most ancient and wicked motherhouse of idolatries. [In Siam] there there are many Pegus and foreigners held captives and prisoners who have offended the [Siamese] king himself, who does not deserve to be loved but is hated and abhorred by his people, and so much more by the foreigners, whose spirits and hearts he has hurt and who are subjected to a government and manner of governing that is more like that of the devil than of man.

It would be easier to move against him and to welcome another less wicked, more pious, and just domain under which people could live with freedom and security of their lives and properties, something which is naturally greatly desired and which is completely lacking now.

And if, through Our Lord, this kingdom is defeated, and I have no doubt that it will be, with a little power and force as I shall later state, Your Majesty will become lord of the greatest and most important and wealthiest kingdom in these parts, aside from China. And it is through Him that more is credited to the Spanish nation, and where more people can live, support themselves, enrich themselves, conquer, and use the gospels and the Crown of our Majesty with more comfort, ease, and less use of power and force.

And this is where more friends from other kingdoms can be found and will open the door for the preaching of the gospels in many parts, and so that in these places because of greater security and the desire to befriend the Spanish, they will be allowed entry and will be respected by the ministers, and they

a predicar, y no con el rigor y odio de las armas y escándalo de malos ejemplos seculares, que dañan e impiden grandemente obra de tanta paz, amor y santidad.

Y para que es tan necesario el buen ejemplo y obras conformes a lo que se enseñase y predicase de la ley de Dios a estos gentiles, y es para advertir mucho este punto, por ser de suma consideración e importancia, también portugueses y de Malaca y Macao se holgarán mucho [146r] de esta conquista, en particular gente pobre, que hay mucha, y se irán a vivir a aquel reino y para mayor bien y sustento de las Philipinas, y para que pase a ellas mucha gente voluntaria y honrada, y no lo contrario, como ha ocurrido con mucho daño e inconvenientes, y será señor, gran señuelo y motivo, la voz y nombre de población de españoles en estas partes y conquista de este reino, y esperanza de otras que cada día con el tiempo se podrán ir haciendo, una vez puesto pie y poblados en este reino españoles bien gobernados.

Y para esta conquista y otras de por acá, sin hacer merma ni falta a la importancia, grandeza, ni a la expedición de las cosas de España y otros reinos de vuestra Majestad, se puede hacer, y con no más de mil españoles, o con ochocientos o seiscientos, y aun a más no poder con quinientos, debajo buen gobierno y orden, se puede hacer lo dicho y mucho en estos reinos de por acá, que son muchos y fáciles, quitado el de China. Porque los señores de ellos, por hacer crueldades y tiranías y la gente, aunque mucha por su desorden, cobardía y mal uso de armas y otras cosas que tienen, hacen tan fáciles estas conquistas, que para quien sabe y ha visto éstos no es temeridad ni arrojamiento el decir que con tan pocos se puede hacer tanto.

Pero el dolor y lástima es que eso poco sea tan dificultoso, como si fuera mucho, y asimismo poco sabido y no creída, y por el consiguiente olvidada la importancia, grandeza y facilidad de estas partes y cosas dichas, y que no se emprendan ni trate de ellas.

Bastimentos y navíos con mucha comodidad y poca costa se pueden hacer en las Philipinas, y gente de ellas irá con mucho gusto y voluntad a servir en esta jornada, porque se desea y sabe lo que es. Sólo algunas armas como son mosquetes, muy necesarios, arcabuces, cotas y morriones, convendría [146v] traer de España, [146v] porque en Nueva España y Philipinas no deja de haber de esto.

No se alarga aquí esta relación y apuntamientos de este reino y caso propuesto por huir prolijidad, y porque se hace en otras partes, en particular en unos que gobernando en las Philipinas me envió el obispo de Malaca don Juan Ribero Gayo, prelado de su alto celo y muy deseoso de la gloria de Dios y del servicio de su Majestad y bien común, y persona de mucha experiencia y noticia de estas partes y muy quitado de los dañosos puntos y pretensiones de su nación.

Luis Pérez Dasmariñas

will be able to enter many kingdoms peacefully and preach, and not with the harshness and hatred of weapons and the scandal of bad examples, which will greatly hinder the work of peace, love, and sanctity.

It is necessary that good example and work conform to what is taught and preached by the law of God to these pagans. The Portuguese and those of Malacca and Macao will gain much [146r] from this conquest, particularly the poor people, who are numerous, who will go to live in that kingdom for the greater good and support of the Philippines. This point should be emphasized, since it is important and so that many honorable people will come here voluntarily and not the contrary, as has occured with great harm and inconvenience and with the conquest of this kingdom, it will become an attraction and motivation, the voice and name of the Spanish people in these parts, and the hope of others that each day, with the passage of time, once they have set foot and lived in this kingdom, they can establish well-governed Spanish towns.

And for the conquest of this and other places in this area, without denigrating the importance, grandeur, or the dispatch or speed of issues in Spain and and other kingdoms of Your Majesty, this can be done, and with no more than 1,000 Spaniards, or with eight hundred or six hundred and even with five hundred. Under a good and orderly government, it can be done, and also with many of the kingdoms around here that are numerous and easy to conquer, with the exception of China. This is because their rulers are cruel and tyrannical to the people, so although they are numerous, they are not organized, are cowardly, and are not trained in the use of arms and other weapons. Thus it is easy to conquer them so that for those who know and have seen them, it is not foolhardy or rash to state that much can be done with so few.

But what is painful and pitiful is that something that is so little is so difficult, as if it were much, and it is also a little known fact and not believed, and as a result, the importance, grandeur, and resources of these parts have been forgotten and not heeded or dealt with.

Vessels and ships can easily be made in the Philippines and at little cost, and the people there would gladly volunteer to serve on this journey because they know what it means and are eager to join. Their only weapons are muskets that are very necessary, arquebuses, chain mail, and helmets that have to be brought from Spain [146v] because in Nueva España and the Philippines these are not available.

I shall not extend this narration and reports on this kingdom and the proposed case to avoid verbosity and because some of the points mentioned have been cited in other reports, in particular in those sent to me by the bishop of Malacca, Don Juan Ribero Gayo, prelate of that region, who is a person of great zeal and desirous for the glory of God, and dedicated to the service of His Majesty, and for the common good, a person of much experience and who is very knowledgeable on those areas, and [a person] far removed from the doubtful issues and claims of his nation.

LUIS PÉREZ DASMARIÑAS

# Acknowledgments

This book could not have been made without the generous support of the following institutions and individuals:

The Lilly Library, most especially Cherry Dunham Williams, curator of manuscripts, and Joel Silver, director and curator of early manuscripts and books, who gave Vibal Foundation permission to reproduce illustrations and transcribe the original manuscript for this book;

The editors of *Philippine Journal of Science*, who granted our request to use Carlos Quirino and Mauro García's essay "The Manners, Customs, and Beliefs of the Philippine Inhabitants of Long Ago, Being Chapters of 'A Late Sixteenth-century Manila Manuscript.' Transcribed, Translated, and Annotated," previously published in 1958 in the 87th volume of the journal;

The heirs of Carlos Quirino—Karl, Denden, and Richie—who eagerly and without hesitation allowed us to re-publish their father's research in time for the Carlos Quirino memorial exhibit at the Ayala Museum. In addition, Richie graciously allowed us access to the personal correspondence of Prof. Boxer and Carlos Quirino and gave permission to reproduce family photographs;

The Ayala Museum and the Filipinas Heritage Library who allowed us to use the images of the ancient gold ornament discovered in Visayas and Mindanao provinces, as well as the photo of Charles R. Boxer, from their respective collections;

Carlos Madrid, director of Instituto Cervantes Manila, who offered his invaluable advice on improving the English translation of the book and the scholarly annotations of the Ladrones (Mariana) islands section;

Lastly, Mercy Servida of the López Museum and Library, who retrieved from their collection the map *Indiae Orientalis* (Antwerp, 1587) by Abraham Ortelius.

# East–West, Iberian Empires, Islamic Southeast Asia, and *Boxer Codex* Chronology

221 BC  Qin Shi Huang becomes the first emperor of China. He orders the construction of the Great Wall.
202 BC  Han Gaozu, or Liu Bang, establishes the Han dynasty.
c. 4 BC  Jesus Christ is born in Nazareth.
c. 33 AD  Jesus Christ is crucified.
c. 70  The center of Christianity moves to Rome.
313  Christianity becomes the official religion of the Byzantine empire.
320  Barangay boats sail the open seas around Butuan, Philippines.
570  Muhammad is born.
632  Muhammad dies. Abu Bakr becomes the first caliph.
651  The first Islamic embassy reaches China.
710  Islamic armies from northern Africa conquer the major parts of the Iberian peninsula.
732  The Muslim empire in southern Europe reaches its furthest spread with its defeat in Potiers, France.
928  Umayyad Abd ar-Rahman III becomes the caliph of Córdoba, Spain.
1001  The Song dynasty of China records a diplomatic mission from the kingdom of Butuan. Islam spreads throughout Africa.
1030  The Umayyad caliphate of Córdoba is defeated, marking the beginning of the Spanish *reconquista*.
1096  European knights begin the Crusades to liberate the Holy Land from the Muslims.
1099  Jerusalem is taken by the Crusaders.
1120  Islam spreads throughout Asia and Southeast Asia.
1154  Al-Idrisi, Islamic geographer, publishes a world map depicting the Indus, Euphrates, and China.
1178  Champa attacks the Khmers by sea.
1190  The compass is mentioned for the first time by a European.
1210  The Mongols, led by Genghis Khan, invade China.
1240  Muslim Tuan Masha'ika brings Islam to the Sulu islands.
1271  Kublai Khan, descendant of Genghis, proclaims the Yuan dynasty.
1276  Marco Polo visits China, which he calls Cathay. He later publishes his travel accounts, sparking wonder throughout the Western world.
1281  Osman (Uthman) begins his reign over the Ottoman empire. Muslim merchants and priests continue eastward to Asia and Southeast Asia.
1291  The Crusades end.

| | |
|---|---|
| 1325 | Ibn Battuta leaves Morocco to travel to India and China. |
| 1351 | The kingdom of Siam is established. |
| 1368 | The Ming dynasty is established by Zhu Yuazhang. |
| 1380 | Muslims build a mosque in Jolo island. |
| 1400 | Parameswara, an exiled Sumatran prince, founds the sultanate of Malacca (Melaka). |
| 1405 | Chinese admiral Zheng He, on orders of emperor Yongle, visits Aceh, Sri Lanka, and Calicut. |
| 1409 | The Sultan of Brunei visits China, dies, and is buried with imperial honors. |
| 1410 | The Chinese emperor presents Parameswara with an insignia of office, a suit of yellow silk robes, and an umbrella, symbolizing his recognition of Malacca. |
| 1421 | The Chinese send a mission to chart much of Asia and part of east Africa. |
| 1431 | The Thais sack Angkor. |
| 1439 | Portuguese prince Henry the Navigator establishes a naval institute to promote overseas exploration. |
| 1450 | The Sultanate of Jolo is established. |
| 1453 | Constantinople is conquered by the Ottoman Turks. Its name is changed to Istanbul. |
| 1469 | Ferdinand of Aragon weds Isabel of Castile and unites Spain. |
| 1475 | The Sultanate of Maguindanao on western Mindanao island is established. Islam starts to spread to Manila and south Luzon. |
| 1487 | The Portuguese navigator Bartolomeu Dias rounds the Cape of Good Hope. |
| 1492 | The kingdoms of Castile and Aragon capture Granada in Andalusia, marking the end of Islamic rule in Iberia. All Muslims and Jews are expelled from Spain. Christopher Columbus crosses the Atlantic in his attempt to reach China and the Indies by sailing west. |
| 1493 | The pope divides the West Indies between Spain and Portugal. |
| 1494 | Portugal and Spain agree to move the demarcation line further west, thus inadvertently giving Spain the authority over a larger unexplored land mass. |
| 1498 | The Portuguese navigator Vasco da Gama circumnavigates Africa and reaches India. |
| 1505 | Amerigo Vespucci explores the eastern coast of the Americas from Florida to Argentina, thus bequeathing his name to both continents. |
| 1510 | Portuguese Afonso de Albuquerque conquers Goa, India. |
| 1511 | Portugal takes the Sultanate of Malacca and establishes a base there, setting off rivalry between the sultanates of Johor and Aceh, while the other kingdoms of Terranganu, Kedah, and Kelantan pay tributes to Siam. Ferdinand Magellan, traveling eastward from Portugal, reaches the Spice Islands. He meets Enrique, a Filipino or Sumatran slave, who serves as his guide and translator. |
| 1512 | Portuguese adventurer Tomé Pires travels to China. |
| 1520 | The sultanates of Aceh and Johor achieve prominence on the Straits of Malacca. Ferdinand Magellan begins his journey, sailing westward to discover a new way to the Spice Islands. He discovers a vast ocean off the western coast of Africa that he ironically names the Pacific. The Ottoman empire reaches its zenith with its control of Algeria, Hungary, and Tunisia. |
| 1521 | On 21 March Ferdinand Magellan, sailing westward from South America, lands in the Philippines and claims it for the Spanish king. He is killed by native chieftain Lapu-lapu, but his shipmates, Sebastián Elcano and chronicler Antonio Pigafetta, complete the first circumnavigation of the world. Off the coast of Borneo the Spanish expedition captures young Raja |

| | |
|---|---|
| | Matanda of Manila. Hernán Cortés conquers Tenochtitlán, the capital of the Aztecs. He makes it the seat of the Viceroyalty of New Spain. |
| 1524 | Brunei sultan Abdul Kahar commences his reign. |
| 1533 | Saiful Rijal becomes the eighth sultan of Brunei and establishes polities in Manila. His relatives Lakandula, Raja Matanda, and Raja Soliman would in time become rulers of kingdoms in Manila. Francisco Pizarro conquers Peru, which is rich with silver mines. |
| 1539 | Pegu becomes the capital of the Taungoo kings of Burma. |
| 1543 | The Portuguese arrive in Japan. |
| 1549 | Saint Francis Xavier evangelizes in Japan. |
| 1556 | Philip II becomes king of Spain. The Philippines is to be named after him. |
| 1558 | The Burmese capture Chiang Mai. |
| 1564 | Miguel López de Legazpi departs Mexico to establish settlements in the Philippines and to seek a return route from Asia to New Spain. |
| 1565 | Legazpi establishes the first permanent Spanish settlement in Cebu. Andrés Urdaneta successfully charts the return route of the galleon to Acapulco, thus beginning a 250-year history of return voyages that unites Asia with America and Europe through trade. |
| 1568 | The Portuguese attack Cebu. |
| 1569 | The Burmese sack Ayutthaya. |
| 1570 | Legazpi sends Martin de Goiti on an expedition to Manila. Portuguese priest Gaspar da Cruz writes the *Tractado das cousas de China*, an early chronicle of East Asia. |
| 1571 | Conquistador Miguel López de Legazpi establishes Manila on the ruins of a Muslim fortress and declares it as the capital of the first Spanish colony in Asia. |
| 1572 | Juan de Salcedo, grandson of Miguel López de Legazpi, establishes the first town among theZambals of Zambales province in central Luzon. |
| 1574 | Manila is besieged by Chinese corsair Limahong or Lin Hong. Juan de Salcedo repels Limahong in the Battle of Parañaque on 29 November. |
| 1575 | Limahong encamps in Lingayen Gulf, Pangasinan, in northern Philippines where he is pursued by Salcedo. Eventually he is able to escape on 4 August. Martín de Rada sails from Manila to China on 26 June with fellow Spaniard Miguel de Loarca. Loarca pens the *Verdadera relación de la grandeza de China*. |
| 1578 | Philippine governor-general Francisco de Sande leads an expedition against Bruneian sultan Saiful Rijal, constituting the first attempt to conquer the Islamic sultanates of the Philippine archipelago. |
| 1580 | Spain and Portugal are united under Philip II. Miguel de Loarca pens one of the first secular accounts on the Philippines. He also writes an account of the Bisayans that later influences the compiler of the *Boxer Codex*. Oda Nobunaga establishes firm control over most of Japan with his domination of the samurai class. |
| 1581 | Portuguese explorer Miguel Roxo de Brito embarks on a one-year sojourn in the Maluku and Raja Ampat islands and the western half of New Guinea. |
| 1582 | The first Northern Luzon town of Cagayan called Nueva Segovia (now Lal-lo) is established. In Japan, Toyotomi Hideyoshi succeeds Oda Nobunaga as shogun of Japan. |
| 1583 | The first Parián of Manila burns down. |
| 1584 | The Acehnese sultanate besieges Malacca. Malacca's bishop, João Ribeiro Gaio, beseeches the Spanish king to dispatch an expedition to attack Aceh. At the same time he recommends that a Portuguese armada be sent from Goa to conquer Siam, a perceived enemy of the two Iberian nations. |
| 1585 | Jesuit priest Luis Fróis, a friend of Hideyoshi, pens *La historia de Japón*. |

| | |
|---|---|
| 1587 | The first Spanish Dominican friars arrive as the Parián of Manila is rebuilt. Due to the influence of Fróis, Hideyoshi encourages Portuguese trade and evangelization in limited areas of Japan. |
| 1588 | Ten thousand Chinese residents are recorded in Manila. |
| 1589 | Fr. Juan de Plasencia writes an account of the Philippines entitled *Relación de las Islas Filipinas*. The landmark work describes the native legal system and the role of the *barangay* in the social organization of early Filipinos with their three distinct social classes. It also describes in detail how people become indentured help through birth, debt, or captivity in war. This account also influences the scribe of the *Boxer Codex*. |
| 1590 | In May the new Philippine governor-general, Gómez Pérez Dasmariñas, makes a stopover in the Marianas en route to Manila. He is accompanied by his son Luis. |
| 1592 | Silver mines are found in Potosí, Mexico. Silver coins minted from these mines would become the first global currency. In May Manila is threatened by Hideyoshi of Japan, who sends a letter to Governor Gómez Pérez de Dasmariñas. Hideyoshi invades Korea with an eye to conquering China. |
| 1593 | Woodblock printing commences in Manila. Philip II prohibits direct trade between China and New Spain, thus encouraging the growth of Manila as the entrepot between the New World and Asia. Luis Pérez Dasmariñas assumes the governorship of the Philippines after the assassination of his father Gómez. |
| 1594 | Governor Luis Pérez Dasmariñas purchases land for Manila's Chinese community, who are resettled in the district of Binondo across the Pasig river from the walled city of Intramuros. |
| 1595 | A Chinese fleet visits Manila for an undisclosed purpose, thus stirring suspicions on the part of the Spanish. On 11 April Bishop Ribeiro Gaio writes to king Philip II and the Philippine governor Luis Pérez Dasmariñas inveigling them to undertake the conquest of neighboring kingdoms. |
| 1596 | Emperor Wan Li of China repels the Japanese army of Hideyoshi during the Korean campaign. Luis Pérez Dasmariñas is replaced by newly appointed Philippine governor Francisco de Tello. Dasmariñas commences the compilation of reports to convince the Spanish king to support plans for the conquest of other Asian kingdoms. |
| 1597 | Japan invades Korea for the second time. Hideyoshi orders the crucifixion of Christian missionaries in Nagasaki, Japan. Shortly thereafter Miguel Roxo de Brito dies there. |
| 1598 | Luis Pérez Dasmariñas pleads with the king of Spain for the invasion and conquest of Siam. He pays for an expedition to Cambodia, which ends in disaster. Hideyoshi dies in Japan, and his planned second campaign against China is called off. Felipe III accedes to the throne of Spain. |
| 1599 | Felipe III takes measures to protect the voyages of Manila galleons against Dutch and British privateers. |
| 1600 | The Dutch attack the Philippines. Queen Elizabeth I of England charters the British East India Company. |
| 1601 | Marcelo de Rivadeneyra publishes his voluminous account of East Asia entitled *Historia de las islas del archipiélago y reinos de la Gran China*. |
| 1602 | Typographic printing commences in Manila with Juan de Vera, a Chinese artisan. The Dutch charter the East India Company. |
| 1603 | Luis Pérez Dasmariñas is killed in the great Chinese uprising and massacre of Manila. Tokugawa Ieyasu becomes shogun of Japan. |
| 1604 | Fr. Pedro Chirino writes *Relación de las costumbres que los indios solían tener en estas islas*. |
| 1605 | Philippine procurator Hernando Coronel de los Ríos takes the unbound Dasmariñas compilation to the royal court in Madrid, where he meets the |

| | |
|---|---|
| | explorer Pedro Fernández de Quirós, a Portuguese navigator in the service of Spain. |
| 1607 | Sultan Iskandar Muda begins his reign in Aceh and helps spread Islam in Indonesia. |
| 1609 | Antonio de Morga pens *Sucesos de las Islas Filipinas*, which is considered the most comprehensive secular account of the Philippines and which would be employed in the exercise of nation-making by Philippine national hero José Rizal. |
| 1614 | The Dasmariñas compilation is bound in sheepskin at the Compañía de Impresores y Libreros del Reino in Madrid. |
| 1621 | Felipe IV ascends to the Spanish throne. |
| 1940 | On 27 September a German air raid damages the Earl of Ilchester's library located in Holland House in London. |
| 1947 | On 10 July Prof. Charles R. Boxer acquires a mysterious illuminated manuscript that dates to the sixteenth century and which the heirs of the Earl of Ilchester have auctioned. He names it the "Manila Manuscript." |
| 1950 | Prof. Boxer publishes the first monograph on the "Manila Manuscript." He speculates that its owners may have been the father-and-son Dasmariñases. |
| 1957 | Filipino historian Carlos Quirino contacts Prof. Boxer to solicit his permission to transcribe and translate the Philippine sections of the *Boxer Codex*. |
| 1953 | Prof. Boxer translates Fr. Martín de Rada's China account in his landmark book, *South China in the Sixteenth Century: Being the Narratives of Galeote Pereira, Fr. Gaspar da Cruz, OP, and Fr. Martín de Rada, OSA, 1550–1575*. |
| 1958 | Carlos Quirino and Mauro García transcribe, translate, and annotate the Philippine sections of the *Boxer Codex*. Eminent Filipino nationalist historian Teodoro Agoncillo publishes a preliminary edition of the *History of the Filipino People* where he declares that the country's history only began in 1872, claiming that the previous epochs represented only the history of Spain in the Philippines. |
| 1961 | Prof. Boxer delivers a memorial lecture on José Rizal during the first international congress on the Philippine national hero. |
| 1965 | Prof. Boxer agrees to sell his library to Lilly Library at Indiana University. |
| 1975 | American historian William Henry Scott argues for the reclamation of the *Boxer Codex* in Philippine history. |
| 1982 | John S. Carroll translates and annotates the Bornean section of the codex. |
| 1991 | Marjorie Driver translates and annotates the Mariana islands account. |
| 1994 | The *Boxer Codex* is transferred to the Lilly Library. |
| 1997 | Jorge Manuel dos Santos Alves and Pierre-Yves Manguin provide a transcription and an in-depth study of the codex's Acehnese section. |
| 2013 | Isaac Donoso publishes the first complete and modern Spanish transcription of the *Boxer Codex*. |
| 2014 | John N. Crossley concludes that the Dasmariñas compilation was brought to Spain by procurator Hernando Coronel de los Ríos for presentation to the Spanish king. |
| 2016 | Brill publishes George Bryan Souza and Jeffrey S. Turley's complete transcription and English translation of the Boxer Codex. Universitat Pompeu Fabra holds the international workshop, "The Boxer Codex: Colonial Ethnography in the Spanish Philippines" on 23 September in Barcelona. On 9 October Vibal Foundation launches Isaac Donoso and Ma. Luisa García's *Boxer Codex: A Modern Spanish Transcription and English Translation* in Ayala Museum to close the Carlos Quirino memorial exhibit and inaugurate Vibal Foundation's quincentenary series marking 500 years of Filipino and Spanish encounters. |

# Glossary

*Ar. (Arabic), Bs. (Bisayan), En. (English), Hk. (Hokkienese), Ja. (Japanese,), Nah (Nahuatl), Es. (Spanish), Pt. (Portuguese), Ms. (Malay), Tl. (Tagalog), Vi. (Vietnamese), Zh. (Chinese)*

*alipin* Tl. Traditionally translated as "slave," William Henry Scott argues that it should be more accurately translated as "debtor." VAR. *oripon*.
*aliping namamahay* Tl. An alipin with land rights (literally, a householder) or the ability to live outside the house of the master.
*aliping sagigilid* Tl. A debtor who lived in the master's household.
*almud* Es. A unit of volume measurement that is variable depending on the region. In Spain it is around 4.6 liters.
*amok* Ms. A sudden and desperate charge of killing that is associated with Southeast Asian culture. Var. *amuk*.
*anito* Tl. A generic term used to refer to spirits that represent an ancestor, a god, or soul of animate beings or inanimate objects. This belief in benign or evil spirits was prevalent among all native Filipino peoples. They kept statues that represented these spirits from whom they asked guidance and protection. Miguel de Loarca wrote in 1582 that "The nature of the Anito is such that he comes on earth, deals with men and speaks in his behalf to Bathala." Their subordinate role is confirmed in Loarca's further observation that "accordingly there is a house which contains one hundred or two hundred of these idols. These images also are called anitos; for they say that when people die, they go to serve the Bathala. Therefore they make sacrifices to these anitos, offering them food, wine, and gold ornaments; and request them to be intercessors for them before the Bathala, whom they regard as God."
*arquebus* En. An early gun used in fifteenth to seventeenth century Europe that was muzzle loaded. Its successor is the musket. VAR. *harquebus*.
*arras* Es. Hispanic wedding tokens, usually represented by thirteen coins given by the groom to the bride.
*aswang* Bs. A mythical creature, often female in form, which is capable of shifting form. At night they are reputed to feast on body parts.
*audiencia* Es. A royal Spanish court in the colonial era that was supervised by the Council of Indies and was composed of a *presidente* and at least four *oidores*. Apart from its judicial powers, the audiencia also served as an advisory body to the governor-general and as a fiscal auditor.
*babaylan* Bs. A community healer and spirit intermediator who was normally a woman and was skilled in spiritual or physical therapies. Contrast with *catalonan* and *bayog*.
*bahag* Tl. A loincloth or g-string pulled between the thighs, commonly used by both highland and lowland Filipino tribes.
*bahandi* Bs. A generic noun to designate wealth or treasure.
*balai* Ms. a native house made of bamboo and palm thatch. A cognate of the Tagalog *bahay*.

*bangka* Tl. an outrigger dugout canoe that is prevalently found with many variations in Malayo-Polynesian regions.

*bantay* Tl. a guard.

*barangay* Bs. A unit of social organization, which consists of a community of 30 to 100 families. The term is thought to have derived from the ancient use of boats called *barangay*.

*bararao* Tl. A double-edged dagger around a foot long that is sheathed in a scabbard and used to cut a tree or a head with one stroke.

*baroto* Tl. A primitive dugout canoe

*Bathala na may kapangyarihan sa lahat* Tl. "God who has the power over everything."

*Bathala* Tl. A supreme God, who was the creator of all things. F. Landa Jocano defined it as deriving from the word *bahala* for care, thus the God who cares. The *Boxer Codex* account tells of a god who was "ab eterno (from eternity) and not made or created by anybody from anything." The term was supposedly derived from the Sanskrit term *batara*, which means god. See also *Malayari*.

*bayani* Tl. An prominent and honored man that was the featured guest in town feasts. The present word designates a "hero."

*baylan* Bs. A female priest or spirit intermediator. Definitely tagged as only referring to a female priestess by Carolyn Brewer.

*bayog* or *bayugin* Tl. A male transvestite that acts as a shaman and conducts *maganitos*. William Henry Scott described the bayog as dedicated to a particuar spirit, which he would supplicate by sacrificing a pig and conducting a seance, after which he would fall to the ground in a trance. Carolyn Brewer stated that "the third sex/gender group is regarded as being neither male nor female or being a composite of both. It is their ambiguous status which locates them beyond the more conventional sexual and gender dualism of society and becomes a sign associated with the primal creative force." Also known as *asog*. Contrast with *babaylan* and *catalonan*.

*bendahara* Ms. A vizier or governor in some Malay kingdoms, who is normally appointed for life by a sultan. The sultan and bendahara are normally related by blood.

*bigay-kaya* Bs., Tl. Dowry given by a man to his betrothed.

*Bisaya* Bs., Tl. The natives of the Visayas islands of the Philippines. Contrast with the Visayas of Borneo.

*bu zheng zhi* Zh. An administrative term for the thirteen provinces of China, which was mistaken by Fr. Martín de Rada as the term for provincial controllers.

*buyo* Tl. An areca nut that has been mixed with betel leaf and lime to produce a chew that is a bitter stimulant. Repeated use stains the teeth red.

*calicut* En. A fabric manufactured in Calicut, an Indian city now known as Kozhikode on the southwestern coast. It is an unbleached and unprocessed cotton cloth that became a staple trade good throughout Asia.

*camelete* Es. A small bronze cannon that fired ten to thirteen-pound stone shots.

*carabao* Bs. A water buffalo.

*casanaan* Tl. A term to designate the place of hell, which was probably a garbled transcription of the word *kasamaan* ("evil"). Also reported on 21 October 1589 by Juan de Plasencia who wrote that it was a "place of anguish," adding that all the wicked went to that place, and there dwelt the demons, whom they called *sitan*."

*catalonan* Tl. A female priest or shaman. In the Tagalog area, the priestess was called *baylan* or *babaylan*. Some speculate that *catalonan* is a corruption of the Tagalog term *katulungan*, or "helper."

*corregidor* Es. A royally appointed civil governor of a *corregimiento*, which was a frontier province.

*culverin* En. A long thin cannon used during the sixteenth to seventeenth centuries. A 30-caliber, it was capable of firing light or medium-size iron shots over great distances.

*daoli* Zh. An inspector employed by a Chinese province.

*datu* Tl., Ms. A title to designate male chieftains of native royalty and still in use in Mindanao, Sulu, Indonesia, and Malaysia.

*diwata* Tl. Another term for spirits. Quirino and Garcia insist that this is "not the name of a god, but a term referring to spirits, the equivalent of the *anitos* in Tagalog." It is thought to derive from the Hindu word *devata*, which means "deity."

*encomienda* Es. A royal grant given to a conquistador over people living in a locality from whom the conquistador could exact tributes or forced labor in exchange for the provision of spiritual and physical protection to the designated peoples.

*falcon* Es. A small light cannon that was much in use from the fifteenth to seventeenth centuries.

*falconet* En. A very light cannon that fires 1 or 2 pounders.

*fanega* Es. A unit of capacity used throughout the Hispanic agrarian world and normally equivalent to a bushel, which is around 8 gallons or 35 liters. It was also used to denote surface areas, which were divisible into 100 *varas*.

*fathom* En. A unit of water depth used by mariners, which was defined at 6 feet or 1.8288 meters.

*foist* En. In Spanish, *fusta*. A shallow draft boat that was powered by a single lateen sail and oars, and much favored for exploration.

*galliot* En. A shallow-draft flat-bottomed ship, bigger than a foist. It had two masts and was also powered by sails and oars. Much used in the Mediterranean during the sixteenth and seventeenth centuries.

*gantang* Ms., Bs. A traditional unit of measure for unhusked rice, which is 3 liters. The Tagalog cognate is *ganta*.

*hidalgo* Es. A member of the Spanish or Portuguese nobility who were exempt from paying taxes, as opposed to the *pecheros* or taxpayers. The Portuguese cognate is *fidalgo*.

*Islas del Poniente* Es. An early term for the Philippine islands, which were the Islands of the West (from Spain).

*kalakal* Tl. Goods that are traded.

*katana* Ja. A traditional single-edge bladed sword used by the samurai.

*khatib* Ar., Ms. The leader of Friday prayers.

*kupang* Ms. Weight equal to 1/3 of a mace.

*laksa* Ms. & Tl. The number 10,000.

*landang* Bs. A powdered palm starch dish.

*langgar* Ms. A pilgrim's house.

*mace* En. A term used that the English derived from the Malay *mas* to refer to a traditional Chinese unit of weight that was equivalent to 1/10 of a tael or 3.78 grams.

*maganito* Tl. Derived from *mag-anito*, the term refers to the rituals used to appease or satisfy *anitos*, which generally included drunken revelry.

*mandarin* Ms. A term derived from the Malay word *menteri* for "minister." The early Portuguese used the term to denote the bureaucrat scholars they encountered in China. In widespread use by the middle of the sixteenth century, the term was frequently employed in the Chinese treatises by Gaspar da Cruz and Galeote Pereira. Today it can also refer to standard modern Chinese language.

*maravedí* Es. A copper coin used for small transactions and equivalent to 1/34 of a *real*.

*masjid* Ms. Mosque. The term is derived from the Arabic.

*Malayari* Tl. The Zambal term for God. See also *bathala*.

*mejora* Es. A Spanish custom of bequeathing something beyond what is expected. This was normally given to women due to their disadvantaged position in society.

*morisqueta* Es. A term concocted by the Spaniards for cooked rice.

*Moro* Es. A term used to designate Muslim natives, who were likened by the Spaniards to the Moors of Andalusia.

*muara* Ms. Estuary.

*Negrito* Es. A term the Spanish used to denote the Filipino race of short-statured and kinky-haired "little blacks" found in the mountain fastnesses. Negritos were famed for their skills at bow and arrow and foraging in the jungle.

*olipon* Bs. See *alipin*

*olipon namamahe* Bs. See *aliping namamahay*.

*orang baik* Ms. A gentleman.
*orang berkelahi* Ms. A soldier.
*palmo* Es. Literally, a palm. A unit of length equivalent to the distance between the tip of the thumb and the pinky finger with all fingers splayed, which is around 8 inches, or 20 centimeters.
*pangasi* Bs. Rice wine.
*panguan* Zh. Judicial officer.
*panicas* Tl. Gold alloyed with 18 karats.
*parias* Es. A tribute.
*parao* Tl. A sail boat.
*pechero* Es. A taxpayer.
*pelachur* Ms. A prostitute.
*pengiran* Ms. A prefix used in Brunei to honor those who are related by bloodline to a royal. Thus in modern usage it may be equivalent to prince or princess.
*pengiran degaron* Ms. A chief of public security.
*peso* Es. Literally a weight, a unit of currency in the Spanish colonial world to designate eight *reales*, which thereafter became known as the piece of eight. It had a legal weight of 27.465 grams or 25.561 grams of fine silver.
*picul* Ms. A traditional measure of weight equivalent to 60 kilograms, or the equivalent of a shoulder load.
*Pintados* Es. A term used by the early Spanish to designate tattooed people living in the Visayan islands.
*quilang* Bs. Wine made from fermented sugarcane.
*quintal* Es., Pt. a traditional unit of mass in Hispanic countries, which is defined as a hundredweight of pounds (*libras*), therefore around 46 kg.
*raja* Ms. Derived from Sanskrit, the term is a title for prince or princely ruler in India and Southeast Asia.
*real* Es. A currency of the Spanish colonies in the Americas and the Philippines that was struck from silver mined in Peru. Spanish silver coins were issued in denominations of $1/4$, $1/2$, 1, 2, 4, and 8 reales, which was equivalent to a *peso*.
*sagra* Tl. A multiple-tipped metal penis ring. VAR. *sakra*.
*salang* Ms. Execution by a *kris* plunged into the heart from above the shoulder.
*sangley* Hk. From the words *seng-li*, meaning business, this word was a convenient way for the early Spanish to refer to Chinese merchants in the Philippines who traveled from southern Fujian and spoke Hokkien.
*shahbandar* Ms. A port master.
*sumpa* Tl. A word with a double meaning that could either mean a pledge or a curse.
*tael* En. A traditional measure of weight in Asia. It is derived by the early Portuguese from the Malay word *tahil* or "weight." It is equivalent to 10 mace. Taels were silver ingots produced locally, hence they have different shapes and weights. The average weight was 40 grams of silver.
*temenggung* Ms. An assistant vizier.
*timawa* Bs. A member of the free warrior class.
*vara* Es. A traditional unit of length that is roughly equivalent to a yard or slightly less than a meter.
*verso* Es. An intermediate-size cannon between the culverin and the saker.
*Visayas* Es. The Spanish term for the native non-Islamized people of Borneo. Contrast with *Bisayans*.
*xian* Zh. County.
*zacate* Nah. Fodder for horses and cattle.
*zhen* Zh. A town.

# Bibliografía / Bibliography

Alcina, Francisco Ignacio de, SJ. *History of the Bisayan People in the Philippine Islands (Historia de las islas e indios de Bisayas, 1668)*. Translated, edited, and annotated by Cantius Kobak OFM, and Lucio Gutiérrez. Manila: UST Publishing House, 2002–2005.

Agoncillo, Teodoro A. and Oscar M. Alfonso. *A Short History of the Filipino People*. Quezon City: University of the Philippines Press, 1960.

Alden, Dauri. *Charles R. Boxer: An Uncommon Life: Soldier, Historian, Teacher, Collector, Traveler*. Lisbon: Fundação Oriente, 2001.

Arens, Richard, SVD. "Witches and Witchcraft in Leyte and Samar Islands, Philippines." *Philippine Journal of Science* 85 (1956): 451–65.

Blair, Emma H. and James A. Robertson, eds. *The Philippine Islands, 1493–1898*. 55 vols. Cleveland: Arthur H. Clark Co., 1903–1909.

Blumentritt, Ferdinand. "Diccionario mitológico de Filipinas. 2a ed. cor. y aumentada." In W.E. Retana, *Archivo del bibliófilo filipino*, vol. 2 (1896): 335–454, 511.

———. "Filipinas en tiempo de la conquista." *Boletín de la Sociedad Geográfica* 21 (1886).

Borao, José Eugenio. "The Massacre of 1603: Chinese Perception of the Spaniards in the Philippines." *Itinerario* 23, no. 1 (1998): 22–39.

Boxer, Charles R. *The Christian Century in Japan, 1549–1650*. 2nd ed. Berkeley: University of California Press, 1967.

———. "A Late Sixteenth-century Manila Manuscript." *Journal of the Royal Asiatic Society* (April 1950): 37–49.

———. "Portuguese and Spanish Projects for the Conquest of Southeast Asia, 1580–1600." In *South East Asia, Colonial History: Imperialism before 1800*, edited by Paul H. Kratosk. London: Routledge, 2001. Originally published in *Journal of Southeast Asian History* 10 (1969): 415–28.

———. *South China in the Sixteenth Century: Being the Narrative of Galeote Pereira, Fr. Gaspar da Cruz OP, and Fr. Martín de Rada OSA, 1550–1575*. London: Hakluyt Society, 1953.

———. "A Spanish Description of the Chams in 1595." In *Readings on Asian Topics: Papers Read at the Inauguration of the Scandinavian Institute of Asian Studies*. Lund: Studentlitteratur 1970.

Boxer, Charles R. and Pierre-Yves Manguin. "Miguel Roxo de Brito's Narrative of his Voyage to the Raja Empat (May 1581–1582)." *Archipel* 18 (1979): 175–94.

Brewer, Carolyn. "*Baylan, Asog*, Transvestism, and Sodomy: Gender, Sexuality and the Sacred in Early Colonial Philippines." *Intersections: Gender, History and Culture in the Asian Context* 2 (May 1999).

———. *Holy Confrontation: Religion, Gender and Sexuality in the Philippines, 1521–1685*. Manila: Institute of Women's Studies, St. Scholastica's College, 2001.

———. *Shamanism, Catholicism and Gender Relations in Colonial Philippines, 1521–1685*. Aldershot: Ashgate Publishing, 2004.

Brown, Donald, James Edwards, and Ruth Moore. *The Penis Inserts of Southeast Asia.* Berkeley: University of California at Berkeley Press, 1988.

Buschmann, Rainer F., Edward R. Slack Jr., and James B. Tueller. *Navigating the Spanish Lake: The Pacific in the Iberian World, 1521–1898.* Honolulu: University of Hawai'i Press, 2014.

Buzeta, Manuel, OSA, and Felipe Bravo. *Diccionario geográfico, estadístico, histórico de las Islas Filipinas.* Madrid: José C. de la Peña, 1850–1851.

Capistrano-Baker, Florina. *Philippine Gold: Treasures of Forgotten Kingdoms.* New York: Asia Society, 2015.

Carreón, Manuel L., trans. "Maragtas: the Datus from Borneo (the Earliest Known Visayan Text)." *Sarawak Museum Journal* 8, no. 10 (December 1957): 51–99.

Carroll, John S. "Berunai in the *Boxer Codex*," *Journal of the Malaysian Branch of the Royal Asiatic Society* 55, no. 2 (1982): 1–25.

———. "Brunei in the Boxer Codex." *Journal of the Royal Asiatic Society* (Third Series) 24, no. 1 (2014): 115–24.

Castaño, José, OFM. "Breve noticia acerca del origen, religión, creencias y supersticiones de los antiguos indios del Bicol." In W.E. Retana, *Archivo del bibliofilo filipino*, vol. 1 (1895): 323–79.

Chirino, Pedro, SJ. *Relación de las Islas Filipinas.* Manila: Imp. de D. Esteban Balbás, 1890.

———. *Relación de las Islas Filipinas* [1604]. Translated by Frederic W. Morrison and Emma Blair. In Emma H. Blair. and James A. Robertson, eds., *The Philippine Islands, 1493–1898*, vols. 12 and 13. Cleveland: Arthur H. Clark Co., 1907.

Claudio, Lisandro. "Postcolonial Fissures and the Contingent Nation: An Antinationalist Critique of Philippine Historiography." *Philippine Studies: Historical and Ethnographic Viewpoints* 61, no. 1 (2013): 45–75.

Colín, Francisco, SJ. *Labor evangélica de los obreros de la Compañía de Jesús en las Islas Filipinas. Nueva edición illustrada con copia de notas y documentos para la crítica de la historia general de la soberanía de España en Filipinas* [1663]. Edited by Pablo Pastells. 3 vols. Barcelona: Henrich y Cía., 1900–1902.

———. "Native races and customs (from *Labor evangélica*, ch. IV and book I, xiii–xvi; from a copy of original edition [1663] in possession of Edward E. Ayer, Chicago." Translated by J. A. Robertson. In Emma H. Blair and James A. Robertson, eds., *The Philippine Islands, 1493–1898*, vol. 40. Cleveland: Arthur H. Clark Co., 1906.

Conklin, Harold C. "Betel Chewing Among the Hanunoo." In *Proceedings of the 4th Far East Pre-Historical Congress*, Paper no. 56 (Diliman, Quezon City, 1958), 1–35, pls. 1-5.

Cooper, Michael. "In Memoriam: Charles R. Boxer." Asiatic Society of Japan website. Accessed 1 August 2016. http://asjapan.org/Memorial_Wall/boxer.htm.

Crossley, John Newsome. *The Dasmariñases, Early Governors of the Spanish Philippines.* Abingdon, Oxon: Routledge, 2016.

———. "The Early History of the Boxer Codex." *Journal of the Royal Asiatic Society* 24 (2014).

———. *Hernando de los Ríos Coronel and the Spanish Philippines in the Golden Age.* Farnham, England: Ashgate, 2011.

Cunningham, Charles. *The Audiencia in the Spanish Colonies, as Illustrated by the Audiencia of Manila, 1583–1800.* Berkeley: University of California Press, 1962.

Delbeke, Edmunde. *Religion and Morals of the Early Filipinos at the Coming of the Spaniards.* Manila: University of Santo Tomás Press, 1928.

Delgado, Juan Jose, SJ. *Historia general sacro-profana politica y natural de las Islas del Poniente llamadas Filipinas.* Manila: Juan Atayde, 1892.

Donoso, Isaac. "Al-Andalus and Asia: Ibero-Asian Relations Before Magellan." In *More Hispanic than We Admit: Insights into Philippine Cultural History*, 9–35. Quezon City: Vibal Foundation, 2008.

———. "Cuestiones de historiografía literaria Filipina." *Revista Filipina* 1, no. 1 (2013). Accessed 12 August 2016. http://revista.caravanpress.com.resources/Historiografia.pdf.
Donoso, Isaac. "El barroco filipino." In *Historia cultural de la lengua española en Filipinas: ayer y hoy*. Madrid: Verbum, 2012.
———."Ensayo historiográfico de las letras en Filipinas." *Transmodernity: Journal of Peripheral Cultural Production of the Luso-Hispanic World* 4, no. 1 (2014): 8–23.
———. *Hàbitat morisc a la Muntanya d'Alacant: etnografia històrica de l'espai morisc*. Onda: Ayuntamiento de Onda, 2006.
———. "La formación de la historiografía literaria filipina." *Perro Berde: Revista hispano-filipina de agitación cultural* 1 (2010): 107–11.
———. "Historiografía comparista de las letras en Filipinas." In Pedro Aullón de Haro, ed., *Historiographia y teoría de la historia del pensamiento, la literatura y el arte*. Madrid: Clásicos Dykinson, 2015.
———. "Intracomparatismo: El paradigma filipino." In Pedro Aullón de Haro, ed., *Metrodologías comparatistas y literatura comparada*. Madrid: Clasikos Dykinson, 2012.
———. *Islamic Far East: Ethnogenesis of Philippine Islam*. Quezon City: University of the Philippines Press, 2013.
Driver, Marjorie. "An Account of the Islands of the Ladrones." *Journal of Pacific History* 26 (1991): 103–6.
Ellis, Robert Richmond. *They Need Nothing: Hispanic–Asian Encounters of the Colonial Period*. Toronto: University of Toronto Press, 2012.
Encarnación, Juan Félix de la. *Diccionario Bisaya-Español*. 3rd ed. Manila: Tipografía de Amigos del Pais, 1885.
Fernández López, Ventura. *La religión de los antiguos indios tagalos*. Madrid: Imp. de la Vda. de M.M. de los Ríos, 1894.
Flores, Patrick D. et al. *Imelda Cajipe Endaya: Stitiching Paint into Collage*. Manila: Lenore RS Lim Foundation for the Arts, 2009.
Galende, Pedro G. *Apologia pro Filipinos: The Quixotic Life and Chivalric Adventures of Fray Martín de Rada, OSA, in Defense of the Early Filipinos*. Manila: Salesiana Publishers, 1980.
———. *Fray Martín de Rada: científico y misionero en Filipinas y China*. Pamplona: Gobierno de Navarra, 2015.
García, Mauro, ed. *Readings in Philippine Prehistory*. Manila: Filipiniana Book Guild, 1979.
Gerona, Danilo Madrid. *Ferdinand Magellan: The Armada of Maluco and the European Discovery of the Philippines*. Quezon City: Spanish Galleon Publisher, 2016.
Giráldez, Arturo. *The Age of Trade: The Manila Galleons and the Dawn of the Global Economy*. Lanham, Maryland: Rowman and Littlefield, 2015.
Gómez Platero, Eusebio, OFM. *Catálogo biográfico de los religiosos franciscanos de la provincia de San Gregorio Magno de Filipinas desde 1577 en que llegaron los primeros a Manila hasta los de nuestros días*. Manila: Imp. del Real Colegio de Santo Tomás, 1880.
González de Mendoza, Juan. "Historia de las cosas más notables; ritos y costumbres del gran reyno de la China and el viaje que hizo Antonio de Espejo [1585]." Translated by Henry P. Wagner. In *The Spanish Southwest*. Berkeley, 1924.
Greenblatt, Stephen. *Marvelous Possessions: The Wonder of the New World*. Chicago: University of Chicago Press, 1991.
Harrison, Tom. "Bisaya in North Borneo and Elsewhere," *Sabah Society Journal*, no. 2 (March 1962).
Haslam, Andrew. *Book Design*. London: Laurence King Publishing, 2006.
Huerta, Felix de, OFM. *Estado geográfico, topográfico, estadístico, histórico-religioso de la Santa y Apostólica Provincia de S. Gregorio Magno de religiosos menores descalzos de la regular y más estrecha observancia de N.S.P.S. Francisco en las Islas Filipinas*. Binondo, Manila: M. Sánchez, 1865.

Jagor, Fedor. *Travels in the Philippines*. London: Chapman and Hall, 1875.

Jocano, F. Landa. *Philippine Mythology*. Manila: Centro Escolar University Research and Development Center, 1969.

Kamen, Henry. *Empire: How Spain Became a World Power, 1492–1763*. New York: Harper Collins Publishers, 2003.

Kohut, Karl. *Narración y reflexión: las crónicas de Indias y la teoría historiográfica*. México: El Colegio de México, 2007.

Kroeber, Alfred Louis. *People of the Philippines*. 2nd rev. ed. New York: Anthropological Handbook Fund, 1943.

Lévesque, Rodrigue. *History of Micronesia: A Collection of Source Documents*. Gatineau, Quebec: Levesque Publications, 1992.

Lietz, Paul S., ed. *Calendar of Philippine Documents in the Ayer Collection of the Newberry Library*. Chicago: The Newberry Library, 1956.

Llanes, José. "A Study of Some Terms in Philippines Mythology." *University of Manila Journal of East Asiatic Studies* 5 (January 1956): 1–14; 5 (April 1956): 15–35; 5 (July 1956): 36–85; 6 (April 1957): 87–126; 7 (January 1958): 127–52; 7 (April 1958): 153–83. [Up to letter N. Beginning with vol. 5, no. 3, it is retitled as *Dictionary of Philippine Mythology*.]

Loarca, Miguel de. "Relacion de las Yslas Filipinas (Tratado de las Islas Philipinas, en que se contiene todas las islas i poblaciones que están reducidas al servicio de la Magestad real del Rei don Philipe, MS 1580)." In Emma H. Blair and James A. Robertson, eds., *The Philippine Islands, 1493–1898*, vol. 5. Cleveland: Arthur H. Clark Co., 1903.

Lobingier, Charles Sumner. "The Primitive Malay Marriage Law." *American Anthropology* 12 (1910): 250–56.

Lynch, F. X., SJ. "Ang Mga Aswang." *Philippine Social Sciences Humanities Review* 14 (1949): 401–27.

Madariaga, Salvador de. *Spain: A Modern History*. New York: Praeger, 1958.

Madrid, Carlos. "Pedro Sánchez Pericón." *Guampedia*. Accessed 22 August 2016. http://www.guampedia.com/european-trade-pedro-sanchez-pericon/.

Majul, César. *The Muslims in the Philippines*. Quezon City: University of the Philippines Press, 1973.

Martínez de Zúñiga, Joaquín, OSA. *Estadismo de las Islas Filipinas o mis viajes por este país. Publica esta obra por primera vez extensamente anotada por W.E. Retana*. Madrid: M. Miñuesa de los Ríos, 1893.

Martínez Shaw, Carlos, and Marina Alfonso Mola. "The Philippine Islands: A Vital Crossroad During the First Globalization Period." *Culture and History Digital Journal* 3, no. 1 (June 2014). Accessed 15 August 2016. http://cultureandhistory.revistas.csic.es/index.php/cultureandhistory/article/view/43/166.

Maspéro, Georges, and Walter EJ Tips. *The Champa Kingdom: The History of an Extinct Vietnamese Culture*. Bangkok: White Lotus Press, 2002.

Maxwell Kenneth R. "The C.R. Boxer Affaire: Heroes, Traitors, and the Manchester Guardian." *Council on Foreign Relations*, 16 March 2001. Accessed 1 August 2016. http://www.cfr.org/world/cr-boxer-affaire-heroes-traitors-manchester-guardian/p3924.

Medina, Juan de, OSA. *Historia de los sucesos de la orden de N. Gran P. S. Agustín de estas Islas Filipinas*. Manila: Tipo-litog. de Chofre y Cía., 1892.

Merrill, Elmer D. *An Enumeration of Philippine Flowering Plants*. 4 vols. Manila: Bureau of Printing, 1922–1926.

Merriman, Roger B. *The Rise of the Spanish Empire in the Old World and in the New*. 4 vols. New York: Macmillan, 1918–1934.

Miguel Santos, César de. "Las relaciones de sucesos: particularidades de un género menor. Las relaciones de sucesos de tema asiático." In *V Congreso Internacional de la Asociación Asiático de Hispanistas*. Unpublished conference paper. Tansui: University of Tamkang, 2005.

Morga, Antonio de. *History of the Philippine Islands from Their Discovery by Magellan in 1521 to the Beginning of the XVII Century with Descriptions of Japan, China and Adjacent Countries.* Completely translated into English, edited and annotated by Emma H. Blair and James A. Robertson. Published as a separata of *The Philippine Islands, 1493–1898.* Cleveland: Arthur H. Clark Co., 1907.

───────. *Sucesos de las Islas Filipinas por el Dr. Antonio de Morga. Nueva edicion por W.E. Retana.* Madrid: Victoriano Suárez, 1909.

───────. *Sucesos de las islas Filipinas por el doctor Antonio de Morga, obra publicada en Méjico el año de 1609, nuevamente sacada a luz y anotada por José Rizal y precedida de un prólogo del prof. Fernando Blumentritt.* Paris: Garnier Hermanos, 1890.

Morrow, Paul. *Kalantiaw: The Hoax.* First published 1998. Last revised 2008. Accessed 1 August 2016. http://paulmorrow.ca/kalant_e.htm.

Noceda, Juan de, and Pedro de Sanlúcar. *Vocabulario de la lengua Tagala.* Manila: Imprenta de Ramírez y Giraudier, 1860.

Paterno, Pedro. *La antigua civilización Tagalog.* Madrid: M.G. Hernández, 1887.

Pérez, Lorenzo, OFM. "Fr. Juan de Plasencia y sus relaciones sobre los costumbres que los Filipinos observaban en la tramitación de sus juicios civiles y criminales ante de la llegada de los españoles a Filipinas." *Archivo Ibero-Americano* 14 (1920): 52–75.

Phelan, John Leddy. *The Hispanization of the Philippines: Spanish Aims and Filipino Responses, 1565–1700.* Madison: University of Wisconsin Press, 1959.

Pigafetta, Antonio. *Magellan's Voyage Around the World.* Translated by James A. Robertson. Cleveland: Arthur H. Clark Co., 1906.

───────. *The First Voyage Around the World, 1519–22: An Account of Magellan's Expedition.* Edited by Theodore J. Cachey. Toronto: University of Toronto Press, 2007.

Pardo de Tavera, T.H. *Los costumbres de los Tagalos en Filipinas según el Padre Plasencia.* Madrid: Tipografía de M. Ginés Hernández, 1892.

Plasencia, Juan de, OFM. "Relación del culto que los indios Tagalos tenían y dioses que adoraban, y de sus entierros y supersticiones." In Francisco de Santa Inés, *Crónica de la Provincia de San Gregorio Magno*, vol. 2. Manila: Tipo-litografía de Chofre y comp., 1892.

Plasencia, Juan de, OFM. "Customs of the Tagalogs." In Emma H. Blair and James A. Robertson, eds., *The Philippine Islands, 1493–1898*, vol. 7. Cleveland: Arthur H. Clark Co., 1903.

Quirino, Carlos. "Enrique." *Who's Who in the Philippine History.* Manila: Tahanan Books, 1995.

───────. "The First Man Around the World Was a Filipino." *Philippines Free Press*, 28 December 1991.

───────. "Pigafetta: The First Italian in the Philippines." In *Italians in the Philippines.* Manila: Philippine-Italian Association, 1980.

Quirino, Carlos and Mauro García. "The Manners, Customs, and Beliefs of the Philippine Inhabitants of Long Ago; Being Chapters of 'A Late Sixteenth-century Manila Manuscript.' Transcribed, Translated and Annotated." *Philippine Journal of Science* 87 (1958): 325–449.

Quisumbing, Eduardo. *Medicinal Plants of the Philippines.* Manila: Bureau of Printing, 1951.

Rath, Imke. "Depicting Netherworlds, or the Treatment of the Afterlife in a Colonial Contact Zone: The Paete Case." In Astrid Windus and Eberhard Crailsheim, eds., *Image-Object-Performance: Mediality and Communication in Cultural Contact Zones of Colonial Latin America and the Philippines.* Münster: Waxmann Verlag, 2013.

Rausa-Gómez, Lourdes. "Sri Vijaya and Madjapahit." *Philippine Studies* 15, no. 1 (1969): 63–107.

Reid, Anthony. *Southeast Asia in the Age of Commerce, 1450–1680.* 2 vols. New Haven: Yale University Press, 1993.

Retana, Wenceslao E. *Archivo del bibliófilo filipino*. 5 vols. Madrid : Impr. de la viuda de M. Minuesa de los Ríos, 1895–1905.

———. *Diccionario de filipinismos*. New York, Paris: *Revue Hispanique*, 1921 [separata].

Reyes, Bárbara O. *Private Women, Public Lives: Gender and the Missions of the Californias*. Austin: University of Texas Press, 2009.

Reyes, Isabelo de los. *La religión antigua de los filipinos*. Manila: Imp. de El Renacimiento, 1909.

Reyes, Portia. "Pananaw and Bagong Kasaysayan: A History of Filipino Historiography as a History of Ideas." PhD diss., University of Bremen, 2002. http://elib.suub.uni-bremen.de/diss/docs/E-Diss389_reyes.pdf.

Ribadeneira, Marcelo de, OFM. *Historia del archipiélago y otros reynos (History of the Philippines and Other Kingdoms)*. Manila: Historical Conservation Society, 1970.

Rizal, José Rizal,. "Sobre la indolencia de los Filipinos." *La Solidaridad*, nos. 35–39, July–September 1890.

Rodao, Florentino. *Españoles en Siam, 1540–1939: una aportación al estudio de la presencia hispana en Asia*. Madrid: CSIC, 1997.

———. "The Castilians Discover Siam: Changing Visions and Self-Discovery." *Journal of the Siam Society* 95 (2007): 1–23.

Romuáldez, Norberto. *Filipino Musical Instruments and Airs of Long Ago*. Manila: Catholic Trade School, 1932.

———. "A Rough Survey of the Prehistoric Legislation of the Philippines." *Philippine Law Journal* 1 (1914): 149–80. Also in Zoilo M. Galang, ed., *Encyclopedia of the Philippines*, vol. 6. Manila, 1935.

Saleeby, Najeeb. *The History of Sulu*. Manila: Bureau of Printing, 1908.

San Agustín, Gaspar de, OSA. *Conquistas de las Islas Filipinas: la temporal por las armas del Señor Don Philipe Segundo el Prudente y la espiritual, por los religiosos del Orden de nuestro Padre San Agustín*. Madrid: Manuel Ruiz de Mvega, 1698.

San Antonio, Juan Francisco de. *Chrónicas de la apostólica provincia de S. Gregorio de religiosos descalzos de N.S.P.S. Francisco en las Islas Filipinas, China, Japón*. Sampaloc: Por fr. Juan del Sotillo, 1738–1744.

———. *The Native Peoples and Their Customs from Chrónicas, I:129–72, Manila, 1738–44*. Translated by James A. Robertson. In Emma H. Blair and James A. Robertson, eds., *The Philippine Islands, 1493–1898*, vol. 40. Cleveland: Arthur H. Clark Co., 1907.

Sánchez, Cayetano. "The First Printed Report on the Philippine Islands." *Philippiniana Sacra* 26, no. 78 (1991): 473–500.

Sancho, Silvestre, OP. "Las creencias de los primitivos filipinos." *Missionalia Hispánica* 2 (1945): 5–40.

Santa Inés, Francisco de, OFM. *Crónica de la provincia de San Gregorio Magno de religiosos descalzos de N.S.P. San Francisco en las Islas Filipinas, China, Japón*, etc. 2 vols. Manila: Tipo. Litog. de Chofre y Cía., 1892.

Santarén, Tomás. *Bisayan Accounts of Early Bornean Settlements in the Philippines Recorded by Father Santarén*. Translated from the Spanish by Enriqueta Fox. Chicago: University of Chicago Department of Anthropology, Philippine Studies Program, 1954. Transcript no. 4. Reprinted in the *Sarawak Museum Journal* 7, no. 7 (June 1956): 22–42.

Santos Alves, Jorge M. dos, and Pierre-Yves Manguin, eds. *O roteiro das cousas do Achem de D. João Ribeiro Gaio*. Lisbon: Comissão Nacional para as Comemorações dos Descobrimentos Portugueses, 1997.

Santiago, Luciano P.R. "The Houses of Lakandula, Matanda, and Soliman, 1571–1898: Genealogy and Group Identity." *Philippine Quarterly of Culture and Society* 18 (1990).

Sanz, Carlos. *Primitivas relaciones de España con Asia y Oceania; los dos primeros libros impresos en Filipinas, mas un tercero en discordia*. Madrid: Victoriano Suárez, 1958.

Saunders, Graham. *A History of Brunei*. 2nd ed. New York: Routledge, 2002.

Schurz, William L. *Manila Galleon*. New York: E.P. Dutton, 1939.

———. "The Spanish Lake." *Hispanic American Historical Review* 5 (1922): 181–94.

Scott, William Henry. *Barangay: Sixteenth-century Philippine Culture and Society*. Quezon City: Ateneo de Manila University Press, 1984.

———. "Filipino Class Structure in the Sixteenth Century." In *Cracks in the Parchment Curtain*. Quezon City: New Day Publishers, 1985.

———. "Kalantiaw: The Code that Never Was." In *Looking for the Pre-Hispanic Filipino*. Quezon City: New Day, 1992.

———. *Looking for the Prehispanic Filipino and Other Essays in Philippine History*. Quezon City: New Day, 1992.

———. *Prehispanic Source Materials for the Study of Philippine History*. Rev. ed. Quezon City: New Day, 1984.

Serrano-Laktaw, Pedro. *Diccionario tagalog-hispano*. Manila: Imprenta de Santos y Bernal, 1914.

Shonago, Masayoshi. "The Philippine Islands as Viewed from a Religious and Social Standpoint, especially Before the Introduction of Christianity." *Tenri Journal of Religion*, no. 1 (March 1955): 31–52.

Sollewijn-Gelpke, J.H. "The Report of Miguel Roxo de Brito of His Voyage in 1581–1582 to the Raja Ampat, the MacCluer Gulf, and Seram." *Bijdragen tot de Taal-, Land- en Volkenkunde* 150 no. 1 (1994): 123–45.

Souza, George Bryan and Jeffrey S. Turley. *The Boxer Codex: Transcription and Translation of an Illustrated Late Sixteeenth-century Spanish Manuscript Concerning the Geography, Ethnography, and History of the Pacific, South-east Asia, and East Asia*. Leiden: Brill, 2016.

Sousa Pinto, Paulo Jorge de. *The Portuguese and the Straits of Melaka, 1575–1619: Power, Trade and Diplomacy*. Singapore: NUS Press, 2012.

Subrahmanyam, Sanjay. *The Portuguese Empire in Asia, 1500–1700: A Political and Economic History*. Malden, Massachusetts: Wiley-Blackwell, 2012.

Takizawa, Osami. *La historia de los jesuitas en Japón, siglos XVI–XVII*. Alcalá de Henares: Universidad de Alcalá, 2010.

Totanes, Vernon. "History of the Filipino People and Martial Law: A Forgotten Chapter in the History of a History Book, 1960–2010." *Philippine Studies* 58, no. 3 (2010): 313–48.

Treacher, W.H. "Genealogy of the Royal Family of Brunei." *Journal of the Society of the British Royal Asiatic Society* 15 (1885).

Tremml, Birgit M. "Review of Eva María Mehl's 'Vagrants, Idlers and Troublemakers in the Philippines, 1765–1861." *Dissertation Reviews*. http://dissertationreviews.org/archives/4753.

Valcárcel Martínez, Simón. *Las crónicas de Indias como expresión y configuración de la mentalidad renacentista*. Granada: Diputación Provincial de Granada, 1997.

Venturello, Manuel Hugo. "Manners and Customs of the Tagbanuas and Other Tribes of the Island of Palawan." Translated from the original Spanish manuscript by Mrs. Edward Y. Miller. *Smithsonian Miscellaneous Collection* 48 (1907): 514–58.

Veyra, Jaime C. De. "Hubo elefantes en Filipinas?" *Cultura Filipina* 2 (1912): 490 ff. Reprinted in *Tandaya o Kandaya; algunas ensayos histórico-literario*. Manila, 1948.

Zingg, Robert M. "American Plants in Philippine Ethnobotany." *Philippine Journal of Science* 54 (1934): 221–74.

# Índice alfabético / Index

**A**
Aceh
  advice for conquering, 173–78, 199
  crops, 157
  distrustfulness of natives, 189
  foreigners, 167
  fortifications, 165, 181, 183, 193
  kingdoms conquered by, 195–97
  king's residence, 169
  mosques, 167
  trade by ship, 197, 201
  weapons, 199
  weather, 159
adultery
  Borneo, 125, 127
  Cagayan, 19
afterlife
  Bisayans, 35
  China, 311
  Tagalogs, 79
amok, xxix, 149, 373
animals
  beliefs about, 89, 241, 241–43, 331–39
  elephants, 189, 345
  in mythology, 27–28, 33
  *See also* cockfighting
  *See also* omens, bird omens
archipelagic Hispanization, xi, xxi
aswang, 39
audiencia, 119

**B**
babaylan, 37, 65, 373
bathing habits, 47
bayani, 95
betel chewing, 7, 11, 105
Bisayans
  architecture, 45
  clothing, 25–27
  creation myths, 27–31
  etymology of Visayas, 25
  hairstyles, 41
  jewelry, 27, 41, 49
  justice system, 45
  marriage customs, 47
  mortuary customs, 55
  occupations, 49
  sibling relations, 55
  sleeping arrangements, 51
  social classes, 33, 41
  superstitions, 37–39
  weapons, 43
blood compact, 57
boats
  Aceh, 199
  bangkas, xxv, 137
  barotos, 9, 187
  Bisayans, 43
  boatbuilding, 49, 93
  Borneo, 139
  caracoa, 227
  China, 293
  Ladrones, 3
  New Guinea, 229
  paraos, 217
Borneo
  author's use of term, 109
  calendar, 143

Borneo (cont.)
    clothing, 133
    description of king at the time, 141
    etiquette before the king, 131, 133–35
    justice system, 113, 119–25
    marriage customs, 125, 127
    money, 135–37
    mortuary customs, 131
    Muslims, 113, 129–31
    royal succession, 117
    ships, 139
    social order, 113, 133
    term for natives, 113–14
    ties to Manila, 109
    women and men separated, 133
Boxer, Charles R., xv, xxv, xxxi
    background, xxxiii–xxxvii
    relationship with Quirino, xxxvii
*Boxer Codex*
    authorship, xxiii, xxv, xxvii, xxxiii, xliii–xlv, xlvii
    basis for González de Mendoza's account, xxxi
    binding, xlv
    compared to earlier accounts, xli
    discovery, xv, xxxiii
    historical context, xvii
    illustrators, xxv, xlvii
    objective, xlvii–xlix
    overview, xxiii
    printing, xlix–li
    translations, xxxvii–xxxix, xliii
    value, xli

## C

Cagayan
    celebrations, 17
    crops, 11
    dress, 13
    gold mines, 11–12
    mortuary customs, 19–20
    superstitions, 15
    weapons, 15–13
Cambodia
    Christians in, 355
    king's friendship to Spain, 355
catalonan, 65, 81, 374

Champa
    eating of raw food, 341
    festivals, 343–45
Champa (cont.)
    tiger hunt, 345
childbirth
    Bisayans, 51
    Cagayan, 19
    Tagalogs, 77, 87, 103
China
    appearance of people, 279–81
    architecture, 291
    beliefs and superstitions, 307
    cities, 267–69
    clothing, 281
    coasts, 265
    emperor lookalikes, 313
    etiquette, 285
    feast days, 307–9
    food, 285–89
    gods, 305, 319–29
    governors, 299–301
    Great Wall, 263
    grooming, 281
    history, 277–79
    industriousness of people, 283
    money, 293
    name, 261–63
    provinces, 265
    sciences, 295
    social classes, 273
    Tatar rule, 261, 265, 279
    weapons, 273
    writing, 295
chronicles
    genres, xiii
    sense of the marvelous, xvii–xix
cockfighting, 49, 73, 91, 127
codex
    definition, xv
cosmogony
    Bisayans, 27–29
    China, 277
currency
    Borneo, 135
    China, 293
    Mexican silver, xvii, 370
    Siam, 223

## D

Dasmariñas, Gómez Pérez, xxv
  death, xxxiii, xlv, xlvii, 370
  sponsor of *Boxer Codex*, xxv, xxxiii, xliii
Dasmariñas, Luis Pérez, xxv, xxxi–xxxiii, xlv, xlvii, li, 11, 370
  death, xxxiii, xlv, 370
  pleads for conquest of Siam, 361–363, 370
  sponsor of *Boxer Codex*, xxv, xxxiii, xliii, xlvii, xlix

## E

East Indies
  products, 351
  territory, 349

## F

food
  Bisayans, 55
  Champa, 341
  China, 285
  pork avoidance, 63, 73, 113, 133, 233
  Tagalogs, 73

## G

galleon trade, x, xv
globalization.
  definition, xvii
  Hispanic, xi, xix
  Islamic, xix
  Philippine role in, xi, xv, xvii
  *See also* archipelagic Hispanization
gold
  exhibited in museums, xxvii
  mines, 11–13, 293
  payment, 47, 53, 197
  smithing, 49
  teeth, 57

## H

hair styling
  Bisayans, 41
  Cagayan, 15, 21
  China, 281, 311
  facial hair, 71, 145, 149, 279, 311
  hair cut in mourning, 87
  hair not cut during wife's pregnancy, 87, 103, 131
  Ladrones, 7
  Tagalogs, 71, 77

headhunting, 23, 257
historiography
  globalized, xi
  narrative devices, xiii
  traditional, x

## I

imperialism, xix, xxi
indio
  definition, 9
inheritance
  Borneo, 117–19
iron
  smithing, 49
  value of, 5, 239
Islam. *See also* Moros
  belief in Koran, 113, 119, 131
  cultural influence, xxi, 63, 101, 115, 367
  prohibition against pork, 63, 73, 113
  worship, 129, 145

## J

Japan
  Christians in, 251–53
  concubines, 253
  raiding Chinese coasts, 251
  ritual suicide, 253
  ruler, 249
Javanese, 149
jewelry
  Bisayans, 27, 41, 49
  Tagalogs, 77
justice system
  Bisayans, 45
  Borneo, 113, 119–25
  Champa, 341–43
  China, 297–99, 301–3
  execution methods, 123

## L

Ladrones
  boats, 3
  desire for iron, 5
  physical traits, 5–7
Lilly Library, xv, xxxvii, liii, 371
liquor
  Bisayans, 55–57
  Tagalogs, 75

## M

maganito
  Cagayan, 17–19
  Zambals, 23
Malacca. *See* Maluku
Maluku
  feast days, 147
  Islamic customs, 145
  weapons, 145
Manila
  strategic value, xvii, 209, 215
marriage customs
  Bisayans, 47
  Borneo, 125, 127
  divorce, 47, 127
  dowry, 47, 93
  polygamy, 125, 145
  Tagalogs, 93
  virginity before marriage, 47, 127
  wife killed upon death of husband, 347
Matanda, Raja, 109, 125, 368, 369
menstruation, 103
mirabilia, xvii
Moros
  in Manila, 7
  named by Spaniards, 3, 9, 63
  *See also* Tagalogs
mortuary customs
  Bisayans, 55
  Borneo, 131
  Cagayan, 19
  Champa, 345–47
  Maluku, 147
  Tagalogs, 75, 83–85
mourning customs
  Borneo, 131
  Cagayan, 15
  cutting hair, 87
  Tagalogs, 87
  Zambals, 23
music
  Bisayans, 57
  Tagalogs, 75

## N

Negritos, 11, 15
New Guinea
  boats, 229, 233

New Guinea (cont.)
  climate, 241
  description, 227, 247
  description of people, 235, 237, 239, 245
  gold, 229
  king of Waigeo, 243
  light sourced from animal, 241–43
  natives' reaction to white men, 229, 239
  ransoming captives, 231, 237
  trade, 233

## O

omens, 37–39, 69, 89–91, 105–7
  bird omens, 15, 69, 89, 91–93, 331
  houses, 91, 99

## P

Patani
  advice for conquering, 209–11
  defenses, 207
penis rings, 57–61
Philippines
  historiography, x–xi, xiii–xv
  *See* Bisayans
  *See* Cagayan
  *See* Tagalogs
  *See* Zambals
Pigafetta, Antonio de, xix, 35, 59, 125, 368
Polo, Marco, xvii, 261, 271, 367
Portuguese
  cannon-making, 73
  conquest of Malacca, xxi, 151
pregnancy. *See* childbirth
prostitution, 137

## Q

Qin Shi Huang, 263, 277, 367
Quirino, Carlos, xxxvii–xxxix

## R

Rada, Martín de, xxiii, xxxi, 261, 369
religious beliefs
  Christianization, xvii, 233–34, 251–53, 355
  devil worship accusations, 15
  gods, 63–67, 79, 305, 319–29

religious beliefs (cont.)
  places of worship, 39
  priests and priestesses, 17, 37, 65, 81–83, 187
  *See also* maganito
Ríos, Hernando Coronel de los, xliii–xlv

## S

*San Gerónimo* mutiny, 239
sexual habits
  Bisayans, 59
  love spells, 91
  Tagalogs, 77, 107
  *See also* penis rings
  *See also* prostitution
Siam
  advice for conquering, 225, 361–63
  description of city, 221
  etiquette before the king, 219
  food, 219
  king's wickedness, 351, 361
  money, 223
  ports, 215
  royal family, 219
  trade products, 221
slavery
  Bisayans, 53
  China, 297
  New Guinea, 235
  slaves killed upon death of master, 55, 77, 85, 345
  Tagalogs, 97, 99–101, 107
Soliman, Raja, 109, 125, 369
Spain
  compared to European neighbors, xix
  perception by non-Spaniards, xxi

## T

Tagalogs
  beliefs and superstitions, 63–69, 87–91, 105
  called Moros by Spaniards, 63
  childrearing, 103
  clothing, 71, 75
  coloring teeth, 75
  food, 73
  hair and grooming, 71
  inheritance, 77
  marriage customs, 93

Tagalogs (cont.)
  mortuary customs, 75, 83–85
  oaths, 69
  slaves, 99–101, 107
  sleeping arrangements, 77
  writing system, 71–73
tattoos, 25

## W

war
  Bisayans, 41
  Cagayan, 15
weapons
  Aceh, 199
  armor, 15, 43, 97
  artillery, 73, 99, 139, 149, 181, 199, 207–9, 233, 273
  Bisayans, 43
  blowguns, 43, 137
  Borneo, 137–39
  bow and arrow, 15, 97
  Cagayan, 15
  Javanese, 149
  kris, 149, 237
  Maluku, 145
women
  inheritance, 117
  work, 51, 137, 219
  *See also* childbirth
  *See also* menstruation

## Y

Yusuf, Sultan, 113–17

## Z

Zambals
  headhunting, 23
  raw meat consumption, xxv, 23
  vendettas, 23

# *Seryeng Kinsentenaryo*

Vibal Foundation's *Seryeng Kinsentenaryo* (Quincentennial Series) commemorates 500 years since the first Filipino-Spanish encounter in 1521. Thanks to increasing digital access to archives from all over the world, these books allow modern-day readers new ways of understanding the distant past.

This quincentenary series sheds light on significant aspects of political, economic, and cultural "encounters" between Spaniards and Filipinos from the pivotal years 1521 to 2021. Iberian imperial expansion led to the unleashing of the historical processes of colonization, imperialism, and globalization. Through meticulous and scholarly presentations of primary documents, engaging illustrations, and thoughtful analysis, five hundred years of shared history and culture are brought to life in new, unorthodox, and delightful ways.

### Old Manila, 2nd edition

CARLOS QUIRINO
EDITED BY MA. ELOISA P. DE CASTRO

First published in 1971, this evocative collection of essays charts the changing fortunes of Manila and its inhabitants. National Artist Carlos Quirino examines Manila from the early fourteenth century through the end of Spanish rule, rendering the past in witty and imaginative ways. No mere chronology, it addresses such varied themes as religion, theater, war, food, pestilence, immigration, crime and punishment, economics, and art. This new edition contains the original text with enriched visuals—maps, postcards, engravings, sketches, and photographs—making it a comprehensive pictorial record of Manila and its denizens through the centuries.

### Santo Niño de Cebu 1565–2015: 450 Years of History, Culture, and Devotion

FR. PEDRO G. GALENDE, OSA

In 1565, when Miguel López de Legazpi landed in Cebu, his expedition stumbled across a wooden box holding a figure of the Holy Child. This book follows the blessed image on its journey through time to become the oldest and most beloved Catholic icon in the Philippines. Fr. Pedro G. Galende meticulously details the historical background of the Augustinian order, the voyages of Magellan, Urdaneta, and Legazpi, the wondrous circumstances of the image's discovery, and the construction of its basilica. Particular attention is given to creating a detailed history of its attached *colegio* (convent school) and the role that Augustinian formal education played in the shaping of Cebuano culture. Father Galende also

delves into the devotion, rituals, and folk beliefs that surround the Santo Niño up to the present day. The author's exhaustive research makes use of primary documents from the Archivo de la Provincia Agustiniana de Filipinas, Archivo General de Indias, the Santo Niño Museum Archive, and the Bibliothèque Nationale de France, offering the first-time reader a rich historical summary using classic Spanish sources and eminent Augustinian scholars.

## Encuentro Filipinas–España, 1521–2021: 500 Years of Philippine and Spanish Encounters

EDITED BY FR. PEDRO G. GALENDE, OSA

The first volume of *Encuentro Filipinas–España* addresses the scarcity of books on sixteenth- to eighteenth-century Philippines. The essays shed light on significant aspects of political, economic and cultural "encounters" between the Spaniards and early indios in the first two hundred years of the Philippines.

Seven key figures—Ferdinand Magellan, the first Spaniard to encounter Filipinos, Fray Andrés Urdaneta, pioneer Augustinian missionary and discoverer of the famed *tornaviaje*; the conquistador Miguel López de Legazpi; Rajah Lakandula, one of the three datus of Manila; Don Nicolás de Herrera, the first "brown Spaniard," Don Antonio Tuason, the first Filipino to be given a title of nobility by the Spanish king, and Mother Ignacio del Espiritú Santo Iuco, the founder of the Beaterio de la Compañía de Jesús and the first Filipino religious congregation—are studied as representatives of this rich period. The book attempts to balance hegemonic colonial and/or nationalist narratives with meticulous research using primary documents that reveal the subtext of the Filipino response to Spanish incursion—whether it be resistance, co-optation, or acculturation.

Fully illustrated with pictures, maps, and artifacts from both the 500th anniversary celebrations of Legazpi (2002), Urdaneta (2008), and the San Agustín Museum collection, *Encuentro* is an important contribution to the continuing study of Hispanic legacy and Hispano-Filipino identity, as well as of the question of Filipino agency during the early stage of Spain's imperial project.

# About the Editor and Translators

**ISAAC DONOSO** holds a doctorate in Islamic studies and master's degrees in humanities and Hispanic philology from the University of Alicante in Spain. He also has a master's degree in Islamic studies from the University of the Philippines and another in musicology from the University of La Rioja in Spain. In 2004 and 2008 he was awarded the research prize Ibn al-Abbar, the most important Spanish award for Islamic studies. His published works include *More Islamic than We Admit* (2018), *Islamic Far East: Ethnogenesis of Philippine Islam* (2013), as well as critical editions of José Rizal's *Noli me tangere* (2011) and *Prosa selecta* (2012), and of Jesús Balmori's novel *Los pájaros de fuego* (2010). He also edited the volumes *More Hispanic than We Admit: Insights into Philippine Cultural History* (2008) and *Historia cultural de la lengua española en Filipinas: ayer y hoy* (2012). He currently teaches at the University of Alicante.

**MARÍA LUISA GARCÍA** is a translator, editor, writer, and researcher. She has worked as a cataloguer at the National Archives, preparing abstracts of original Spanish documents from the sixteenth century onwards. She has translated numerous books, documents, papers, and publications for various institutions, including the National Historical Commission and the National Library. Publications that she has translated include *Anales ecclesiásticos de la Philipinas, 1574–1682* (for the Roman Catholic Archbishop of Manila), *The Letters of Marcelo H. del Pilar* (for the National Historical Commission), and *The Philippine Revolution* by Apolinario Mabini (for the National Historical Commission).

**CARLOS QUIRINO** was conferred National Artist for Historical Literature in 1997, a fitting tribute to his groundbreaking historical and biographical writings. Among his works are *The Great Malayan* (1940), a prizewinning biography of José Rizal; *Lives of the Philippine Presidents* (1952); *The Young Aguinaldo* (1969); and *Filipinos at War* (1981). Quirino was director of the National Library, founding curator of the Ayala Museum and Iconographic Archives, and fellow of the Royal Geographic Society of the United Kingdom. He was the only Filipino to twice win the prestigious Republic Cultural Heritage Award.

**MAURO GARCÍA** was a renowned bibliographer and a scholarly editor who specialized in Philippine prehistory. He worked with Carlos Quirino and the distinguished librarian Gabriel Bernardo, and was editor of the *Philippine Journal of Science*. He was also known for being the man who alerted pre-Hispanic scholar William Henry Scott to the hoaxes perpetrated by José E. Marcó regarding the ancient Code of Kalantiaw that supposedly dated to 1433.

Printed in Poland
by Amazon Fulfillment
Poland Sp. z o.o., Wrocław